Vollmer/Heidrich/Neher

Die Assessorklausur im Strafprozess

Die Assessorklausur im Strafprozess

Bearbeitet von

Walter Vollmer

Leitender Oberstaatsanwalt a. D.
(bis zur 11. Auflage)

Andreas Heidrich

Vorsitzender Richter am Landgericht

und

Ivo Neher

Oberstaatsanwalt
(ab der 12. Auflage)

12., überarbeitete und aktualisierte Auflage 2019

C.H.BECK

www.beck.de

ISBN 978 3 406 74258 3

Wilhelmstraße 9, 80801 München
Druck: Druckhaus Nomos
In den Lissen 12, 76547 Sinzheim

Satz: jürgen ullrich typosatz, Nördlingen
Umschlaggestaltung: Druckerei C.H. Beck Nördlingen

Gedruckt auf säurefreiem, alterungsbeständigem Papier
(hergestellt aus chlorfrei gebleichtem Zellstoff)

Vorwort zur 12. Auflage

Seit Erscheinen der Vorauflage hat es wiederum eine Vielzahl von Normänderungen gegeben. Allein die Strafprozessordnung wurde durch mehr als 30(!) Gesetze oder Verordnungen in größerem oder kleinerem Umfang geändert. Herausgehoben seien dabei vor allem das Gesetz zur effektiveren und praxistauglicheren Ausgestaltung des Strafverfahrens mit Einführung einer Ausnahme vom Richtervorbehalt für die Entnahme von Blutproben bei Verdacht auf Trunkenheitsfahrten, Einführung der sog. Onlinedurchsuchung, Einführung einer Eröffnungserklärung in der Hauptverhandlung, gesetzlicher Regelung einer Fristsetzung für Beweisanträge, Erweiterung der Möglichkeit zur Verlesung von Urkunden und vielem mehr, die Änderung bzw. Einführung der §§ 32ff. StPO durch das Gesetz zur Einführung der elektronischen Akte in der Justiz und zur weiteren Förderung des elektronischen Rechtsverkehrs, die Stärkung der Verteidigerposition durch das Zweite Gesetz zur Stärkung der Verfahrensrechte von Beschuldigten im Strafverfahren und zur Änderung des Schöffenrechts, die Änderung der §§ 111bff. StPO durch das Gesetz zur Reform der strafrechtlichen Vermögensabschöpfung, die Änderungen der §§ 329, 340 StPO durch das Gesetz zur Stärkung des Rechts des Angeklagten auf Vertretung in der Berufungsverhandlung und über die Anerkennung von Abwesenheitsentscheidungen in der Rechtshilfe sowie die Einführung der psychosozialen Prozessbegleitung durch das 3. Opferrechtsreformgesetz.

Hinzu kommt eine Flut obergerichtlicher Entscheidungen.

Eine Neuauflage – unter Beibehaltung der bewährten Struktur – war somit überfällig.

Begleitet wird die Herausgabe der Neuauflage von einem Autorenwechsel. Leitender Oberstaatsanwalt a.D. Walter Vollmer, der nach knapp zehn Jahren an der Spitze der Staatsanwaltschaft Tübingen im April 2016 in den gesetzlichen Ruhestand getreten ist, war es ein Anliegen, auch die Mitautorenschaft an diesem Buch wieder in die Hände eines Praktikers zu geben. Der neue Coautor verfügt als Oberstaatsanwalt nicht nur über die angesprochene praktische Erfahrung, sondern ist auch seit vielen Jahren in der Referendarausbildung tätig und prüft im Zweiten Juristischen Staatsexamen.

Stuttgart, im Juni 2019 *Die Autoren*

Inhaltsverzeichnis

Hinsichtlich der verwendeten (allgemein üblichen) **Abkürzungen** wird auf das Abkürzungsverzeichnis in dem Kommentar „Meyer-Goßner/Schmitt: Strafprozessordnung" (61. Aufl. 2018) verwiesen.

1. Teil. Übergreifende Verfahrensfragen

Bevor wir uns den Einzelproblemen der Strafrechtsklausur im Assessorexamen zuwenden, sollten zunächst vor die Klammer gezogen einige Begriffe vorab geklärt und bedeutsame, für das gesamte Spektrum strafprozessualer Fragestellungen zu berücksichtigende Aspekte angesprochen werden. 1

A. Grundbegriffe

I. Ermittlungsverfahren

Ein Ermittlungsverfahren setzt den Verdacht einer Straftat voraus. In diesem Verfahren wird geklärt, ob einer bestimmten Person ein gerichtliches Verfahren gemacht werden kann und soll. Es wird von der Staatsanwaltschaft oder der Polizei, eventuell auch der Finanzverwaltung (Steuer- oder Zollfahndung, Straf- und Bußgeldsachenstelle des Finanzamts) eingeleitet. Dies kann auf Grund einer Strafanzeige, eines Strafantrags oder von Amts wegen (z. B. auf Grund eines Zeitungsberichts oder auf Grund von Erkenntnissen im Rahmen eines anderen Verfahrens) geschehen. 2

Die Leitung des Ermittlungsverfahrens obliegt zwar grundsätzlich der Staatsanwaltschaft (§§ 152 I, II, 160, 161 StPO). In der Praxis wird – jedenfalls in kleineren Verfahren – die Staatsanwaltschaft jedoch erst eingeschaltet, wenn die Polizei ihre Ermittlungen abgeschlossen hat und den Vorgang der Staatsanwaltschaft zur Entscheidung unterbreitet. In diesen Fällen handelt die Polizei zunächst auf Grund des § 163 I StPO. 3

Bedeutung hat dies im Bereich sogenannter Vorfeldermittlungen, insbesondere bei der „Überwachung der Rauschgiftszene", z. B. für die Frage, ob beim Einsatz sogenannter Verdeckter Ermittler die Staatsanwaltschaft eingeschaltet werden muss (zu den Voraussetzungen für diesen Einsatz im repressiven Bereich vgl. §§ 110a–110e StPO – siehe auch bei den Zwangsmitteln unten Rn. 192 ff.) oder ob es sich um eine rein polizeirechtliche Tätigkeit handelt. Die Abgrenzung hat danach zu erfolgen, ob die Polizei zur Verfolgung von bereits begangenen Straftaten tätig wird oder zur reinen Prävention, der Verhinderung künftiger Straftaten. Sobald der Polizei allerdings bei ihrer präventiven Überwachung Straftaten bekannt werden, ist sie nach dem **Legalitätsprinzip gemäß § 152 II StPO verpflichtet,** die **Ermittlungen aufzunehmen,** handelt dann also repressiv für die Staatsanwaltschaft.

Gelegentlich taucht auch der Begriff der sog. **Vorermittlungen** auf, z. B. im Zusammenhang mit Strafanzeigen gegen Politiker („die Staatsanwaltschaft prüft zur Zeit, ob ein Ermittlungsverfahren gegen ... einzuleiten ist"). Echte Vorermittlungen kann es nur dort geben, wo die Staatsanwaltschaft von Amts wegen tätig wird (z. B. auf Grund von Zeitungsmeldungen über eine Umweltverschmutzung), da dann erst geprüft werden muss, ob ein Ermittlungsverfahren einzuleiten ist. Wurde Strafanzeige erstattet, so prüft die Staatsanwaltschaft zunächst, ob sie der Strafanzeige Folge geben und die Ermittlungen aufnehmen muss (vgl. § 152 II StPO). Erst bei Einleitung oder tatsächlicher Aufnahme von Ermittlungen gibt es auch ein Ermittlungsverfahren. 4

Nach geltendem Recht gibt es gegen die Einleitung und Fortführung eines Ermittlungsverfahrens grundsätzlich keine Rechtsbehelfe.

II. Verdacht

5 Im Ermittlungs- und Strafverfahren werden unterschiedliche Anforderungen an den Grad des Verdachtes gestellt. Dies hängt zum einen mit dem Stand des Verfahrens zusammen, zum anderen mit dem Ausmaß des Eingriffs in die Rechte Dritter; zur Aufnahme der Ermittlungen reicht ein geringerer Verdacht als zur Verhaftung oder gar zur Verurteilung. In allen Fällen ist Voraussetzung, dass sich der Verdacht auf eine **verfolgbare Straftat** bezieht, d. h. Verfahrenshindernisse dürfen nicht bestehen, Verfahrensvoraussetzungen müssen entweder vorliegen oder noch beigebracht werden können und die Tat muss strafbar sein. War die Tat bei Eingang der Strafanzeige bereits unzweifelhaft verjährt, darf die Staatsanwaltschaft also die Ermittlungen erst gar nicht aufnehmen (nicht behebbares Verfahrenshindernis). Erfährt die Polizei von einem Diebstahl unter Familienangehörigen (unbedingtes Strafantragsdelikt, vgl. § 247 StGB), so können die Ermittlungen indessen weitergeführt werden, solange der verletzte Verwandte noch Strafantrag stellen kann.

1. Anfangsverdacht

6 Für den Anfangsverdacht zur Einleitung eines Ermittlungsverfahrens genügt die **auf Tatsachen** – nicht reine Vermutungen – gegründete **Möglichkeit,** dass eine Straftat vorliegt und – soll sich das Verfahren nicht gegen Unbekannt richten, sondern gegen einen bestimmten Verdächtigen – dass der Verdächtige an der Tat beteiligt sein kann. Die Tat muss auf Grund kriminalistischer Erfahrung möglich gewesen sein. Außerdem muss, wie schon dargelegt, aus rechtlicher Sicht eine verfolgbare Straftat vorliegen. Die Staatsanwaltschaft hat bei der Frage, ob ein Anfangsverdacht besteht, kein Ermessen, sie hat allenfalls einen gewissen Beurteilungsspielraum (BGH NJW 1970, 1543).

2. Hinreichender Tatverdacht

7 Hinreichender Tatverdacht liegt vor, wenn nach der – vorläufigen – Bewertung des gesamten Akteninhalts eine **Verurteilung wahrscheinlich** ist. Eine Verurteilung ist dann wahrscheinlich, wenn nach vorläufiger Einschätzung eine materiell strafbare Tat vorliegt, ihrer Verfolgung keine unbehebbaren prozessualen Hindernisse entgegenstehen und die Tat mit in einer Hauptverhandlung verwertbaren Beweismitteln auch nachgewiesen werden kann. Dies bedeutet nicht, dass bereits die Überzeugung von der Täterschaft des Beschuldigten verlangt würde. Auch bei widersprüchlichen Aussagen kann die Staatsanwaltschaft Anklage erheben, wenn sie der Auffassung ist, das Gericht könne auf Grund des persönlichen Eindrucks in der Hauptverhandlung die Überzeugung von der Täterschaft des Beschuldigten gewinnen.

3. Dringender Tatverdacht

8 Dringender Tatverdacht verlangt bei ansonsten gleichen Voraussetzungen die aus bestimmten Tatsachen gewonnene **große Wahrscheinlichkeit,** dass der Beschuldigte Täter oder Teilnehmer einer bestimmten, verfolgbaren Straftat ist. Die Anforderungen an die Wahrscheinlichkeit der Täterschaft steigen selbstverständlich im Laufe des Verfahrens. Zeigt der Alkomat beim Atemalkoholtest einen entsprechenden Wert (ca. 0,6 AAK) an, so genügt dies, um den Führerschein des Beschuldigten sicherzustellen zu können. Ergibt das Blutalkoholgutachten aber nur einen Wert von 0,9‰, so bedarf es weiterer Feststellungen zur Fahrunsicherheit.

4. Überzeugung

9 Die Überzeugung von der Täterschaft des Beschuldigten wird im Zusammenhang mit dessen Verurteilung verlangt. Sie liegt vor, wenn das Gericht **sicher** ist, dass der Be-

schuldigte die vorgeworfene Straftat begangen hat, d.h. wenn jeder *vernünftige Zweifel* daran schweigt (vgl. für die Beweiswürdigung unten Rn. 446f.).

III. Beschuldigter/Verdächtiger/Zeuge

1. Beschuldigter

Beschuldigter ist nur derjenige, gegen den sich ein Ermittlungsverfahren richtet und auch nur dann, wenn sich das konkrete Verfahren gerade (auch) gegen ihn richtet. Die Entscheidung, ob bei mehreren Personen die Ermittlungen gegen alle innerhalb eines einheitlichen Ermittlungsverfahrens, oder ob getrennte Verfahren geführt werden, trifft allein die Staatsanwaltschaft (BGH NJW 1987, 1033). **10**

Hinweis: Diese strikte Trennung setzt sich durch das gesamte Strafverfahren fort. Sie ist von enormer Bedeutung, da es z.B. für die häufig gestellte Frage der Verlesbarkeit früherer Angaben ausschließlich auf die jetzige Funktion des Beteiligten als Beschuldigter oder Zeuge ankommt. Ist er jetzt Beschuldigter, gilt § 254, sonst § 253 StPO. Die Frage hat Bedeutung auch, wenn es beim Zeugnisverweigerungsrecht darauf ankommt, ob zu einem früheren Zeitpunkt einmal ein einheitliches Verfahren geführt worden ist. Dann nämlich kann der Zeuge auch im Verfahren gegen einen „Nichtverwandten" ein Zeugnisverweigerungsrecht haben (Einzelheiten siehe unten Rn. 121).

2. Verdächtiger

Da der Tatverdacht allein die Beschuldigteneigenschaft nicht begründet, ist derjenige, der als Täter/Teilnehmer einer Straftat in Betracht kommt, ein Verdächtiger. Der Verdächtige hat bei Vernehmungen die Stellung eines Zeugen. Über sein Recht zur Auskunftverweigerung ist er gemäß § 55 II StPO zu belehren. Die Durchsuchung beim Verdächtigen ist bereits unter den Voraussetzungen des § 102 StPO zulässig; er muss die Durchsuchung in weiterem Maß dulden als der unverdächtige Zeuge (§ 103 StPO). Die Beschuldigteneigenschaft wird demgegenüber grundsätzlich erst durch einen Willensakt der zuständigen Strafverfolgungsbehörde begründet. Aber auch ohne förmliche Verfahrenseröffnung ist die **konkludente Zuweisung der Rolle als Beschuldigter** möglich. Dies richtet sich danach, wie sich das Verhalten des ermittelnden Beamten bei seinen Aufklärungsmaßnahmen nach außen darstellt (BGH NStZ 2015, 337), ob dieser also Maßnahmen gegen den Verdächtigen ergreift, die erkennbar darauf abzielen, gegen ihn wegen einer Straftat vorzugehen (BGH NJW 1997, 1591). Ob die Einleitung eines Ermittlungsverfahrens gerade gegen den Beschuldigten geboten ist, richtet sich nach der **Stärke des Tatverdachts.** Von der Zeugen- zur Beschuldigteneigenschaft muss erst dann übergegangen werden, wenn sich der Verdacht so verdichtet hat, dass die vernommene Person ernstlich als Täter der untersuchten Straftat in Betracht kommt (BGH NStZ-RR 2004, 368, der den Ermittlungsbehörden dabei einen Beurteilungsspielraum zubilligt). Es ist daher zulässig, wenn der Polizist, der zu einem Unfall gerufen wird, die Unfallbeteiligten zunächst zu dem Hergang befragt, ohne dass er sie zuvor belehren müsste. Man spricht hier auch von der **„informatorischen Befragung".** Von dieser wird allerdings immer wieder auch dann noch Gebrauch gemacht, wenn bereits klar ist, dass gerade der Vernommene konkret im Verdacht einer klar umrissenen Straftat steht, wenn also der Tatverdacht so stark ist, dass die Strafverfolgungsbehörde bei der (weiteren) Behandlung der Person als Zeugen willkürlich die Grenzen ihres Beurteilungsspielraums überschreiten würde (z.B. die Befragung des Ladendiebs durch den vom Kaufhausdetektiv zugezogenen Polizisten). Wird in einem solchen Fall der Verdächtige nur deshalb nicht zum Beschuldigten gemacht, um die Beschuldigtenrechte zu umgehen, liegt ein Verstoß gegen die Belehrungspflicht gem. § 136 I 2 StPO vor (BGH NJW 2007, 2706 – Lesen!). **11**

3. Zeuge

12 Zeuge schließlich ist derjenige, der etwas bekunden soll, was er selbst wahrgenommen hat und der nicht Beschuldigter in diesem Verfahren ist.

Sachverhalt	Stationen des Verfahrens	Funktion des A
A und B stoßen mit ihren Autos zusammen. A ist betrunken, B fährt davon.	Rechtsgutverletzung	A ist Zeuge
Die Polizei kommt und hört A an, um zu erfahren, was vorgefallen ist.	Hinweis auf eine Straftat	Verdächtiger
Die Unfallsituation kann den Verdacht einer Straftat begründen. Auf Grund Alkoholgeruchs besteht bei A erheblicher Verdacht. Bei B liegt § 142 StGB auf der Hand.	Hinweis gerade auf Beschuldigte A und B führt zur Einleitung des Verfahrens gegen A und B	Beschuldigter
Der Aufenthalt des B ist nicht zu ermitteln.	Abtrennung des Verfahrens gegen B	
Es ergeht Strafbefehl gegen A.	Verfahren gegen A	Beschuldigter
Anklage gegen B, sobald dessen Aufenthalt bekannt ist.	Verfahren gegen B	Zeuge

Nochmals: Der frühere Mitbeschuldigte A ist in dem allein noch gegen den Beschuldigten B geführten Strafverfahren Zeuge!

IV. Verteidiger

1. Eigenschaft

13 Der Verteidiger ist nach h.M. ein selbstständiges, dem Gericht und der Staatsanwaltschaft gleichgestelltes Organ der Rechtspflege. Er ist deshalb auch nicht bloßer Vertreter des Beschuldigten, sondern unabhängig und nur sich selbst verantwortlich. Unter Beachtung dieser Stellung hat er allerdings – anders als Gericht und Staatsanwaltschaft – ausschließlich die Interessen seines Mandanten zu wahren (die Grenzen der aktiven Verteidigung sind im Einzelnen streitig, vgl. dazu *Meyer-Goßner/Schmitt* Vor § 137 Rn. 2). Wer Verteidiger sein kann, ergibt sich aus §§ 138, 142 II StPO, also insbesondere der Rechtsanwalt.

2. Wahlverteidiger

14 Wählt der Beschuldigte einen Verteidiger, so spricht man vom Wahlverteidiger (§ 138 StPO). Die Anzahl der Wahlverteidiger je Beschuldigter ist auf *3 Verteidiger* beschränkt (§ 137 I 2 StPO). Außerdem darf ein Verteidiger in einem Verfahren *nicht mehrere Beschuldigte gleichzeitig* verteidigen (§ 146 StPO, der allerdings eine Abstimmung mehrerer Verteidiger untereinander nicht verbietet, vgl. OLG Düsseldorf NJW 2002, 3267). Dagegen ist die sukzessive Verteidigung mehrerer derselben Tat Beschuldigter nach der StPO zulässig. Ob der Verteidiger damit den Interessen der Beschuldigten tatsächlich dient und ob er nicht dadurch im Einzelfall die Interessen des einen verrät, hat der Verteidiger selbst zu entscheiden. Wegen eines entsprechenden Interessenkonflikts kann er jedenfalls – außerhalb des § 146 StPO – nicht von der

Verteidigung ausgeschlossen werden. Er kann sich aber im Einzelfall des Parteiverrats schuldig machen.

Praxishinweis: Die Bevollmächtigung eines Verteidigers bedarf keiner bestimmten Form. Das Auftreten des Verteidigers in der Hauptverhandlung lässt vermuten, dass ihm Verteidigungsvollmacht erteilt worden ist. Die äußerst praxisrelevante **Zustellungsermächtigung** i. S. d. **§ 145a StPO** setzt jedoch eine schriftliche, zu den Akten gegebene Vollmacht voraus.

3. Pflichtverteidiger

Wird der Verteidiger vom Gericht (zuständig ist im Ermittlungsverfahren nach **§ 141 IV** 15
StPO n.F. der Ermittlungsrichter, ansonsten der Vorsitzende – § 142 I StPO) bestellt, so spricht man vom **Pflichtverteidiger.** Diese Bestellung dient dazu, dem Beschuldigten den erforderlichen Rechtsbeistand zu gewähren. Sie kann aber auch erforderlich sein, um einen geordneten Verfahrensablauf zu sichern. Für die Pflichtverteidigung gilt die Beschränkung auf drei Verteidiger nicht. Es kann also durchaus neben drei Wahlverteidigern noch vom Gericht zusätzlich ein Pflichtverteidiger bestellt werden.

4. Notwendige Verteidigung

Praktisch wird die Bestellung von Pflichtverteidigern in den Fällen notwendiger Ver- 16
teidigung (§ 140 StPO).

Die wichtigsten Fälle der notwendigen Verteidigung sind in **§ 140 I StPO** genannt:

- erstinstanzliche(!) Hauptverhandlung vor dem Landgericht oder Oberlandesgericht oder
- Vollstreckung (Aufrechterhaltung der Haft nach § 115 IV 1 StPO) eines Haftbefehls nach §§ 112, 112a StPO oder einer vorläufigen Unterbringung nach §§ 126a, 275a V StPO oder
- im Zeitpunkt der Hauptverhandlung, wenn sich der Angeklagte mindestens drei Monate aufgrund richterlicher Anordnung oder Genehmigung in einer Anstalt befunden hat und nicht mindestens zwei Wochen vor Beginn der Hauptverhandlung entlassen worden ist oder
- wenn dem Verletzten nach §§ 397a, 406h III und IV StPO ein Rechtsanwalt beigeordnet worden ist (die Pflichtverteidigerbestellung war bis zur Gesetzesänderung durch das StORMG fakultativ, ist jetzt aber zwingend vorgeschrieben) oder
- der Tatvorwurf ein Verbrechen ist.

Ansonsten kann die Bestellung eines Verteidigers gemäß **§ 140 II StPO** wegen der 17
Schwere der Tat oder der **Schwierigkeit der Sach- oder Rechtslage** erfolgen. Die „Schwere der Tat“ richtet sich vor allem nach der zu erwartenden Rechtsfolgenentscheidung. Bei einer Straferwartung von 1 Jahr ist in der Regel die Beiordnung eines Pflichtverteidigers geboten (KG, Beschluss v. 6.1.2017 – 4 Ws 212/16). Im Jugendverfahren bedarf § 140 II StPO einer jugendspezifischen Auslegung, die zu berücksichtigen hat, dass der Jugendliche oder Heranwachsende in der Regel unerfahren ist im Umgang mit staatlichen Instanzen, eingeschränkte sprachliche Ausdrucksmöglichkeiten hat und dadurch in seiner Interessenwahrnehmung vor Gericht gehandicapt sein könnte (OLG Schleswig StV 2009, 86).

Schon im Ermittlungsverfahren kann die Bestellung eines Pflichtverteidigers notwen- 18
dig werden, wenn der unverteidigte Beschuldigte sich ohne Anwalt nicht sachgerecht gegen den Tatvorwurf wehren kann, insbesondere wenn hierfür eine umfassende Akteneinsicht notwendig ist oder wenn der Beschuldigte von der Anwesenheit bei der ermittlungsrichterlichen Vernehmung eines Hauptbelastungszeugen ausgeschlossen ist (vgl. BGH NJW 2000, 3505, NJW 2002, 975 und NStZ 2002, 380, die sich auch mit

der Frage auseinandersetzen, ob nach Belehrung über die Möglichkeit der Verteidigerkonsultation die Vernehmung des Beschuldigten ohne einen Verteidiger fortgesetzt werden darf). **§ 141 III StPO ist im Lichte von Art. 6 III lit. c und d EMRK auszulegen.** Nach EGMR, Urt. v. 15.12.2015 – 9154/10 „Schatschaschwilli v. Germany" kann ein **Fairnessverstoß** vorliegen, wenn die Bestellung eines Verteidigers vor der Vernehmung des einzigen Augenzeugen unterlassen wird, obwohl absehbar ist, dass der Zeuge in der Hauptverhandlung nicht anwesend sein wird. Entscheidend für die Beurteilung der Fairness des Verfahrens ist aber letztlich, ob die fehlende Möglichkeit zur konfrontativen Befragung von abwesenden Zeugen angemessen kompensiert worden ist und die Verteidigungsrechte insgesamt gewahrt wurden (vgl. dazu schon EGMR NStZ 2007, 103).

Gleichwohl hat der BGH wiederholt klargestellt, dass auch mit Bedacht auf Art. 6 III c EMRK keine Pflicht besteht, dem Beschuldigten immer schon dann bereits frühzeitig im Ermittlungsverfahren einen Verteidiger zu bestellen, sobald sich der Verdacht eines Verbrechens ergibt (vgl. BGH 2004, 390; 2014, 722). Auch vor verantwortlicher Vernehmung des Beschuldigten nach dessen Ergreifung aufgrund eines Haftbefehls ist eine Pflichtverteidigerbestellung noch nicht erforderlich (BGH NJW 2015, 265), sondern nach § 141 III 5 StPO erst unverzüglich nach Vollstreckung der Untersuchungshaft.

Klausurtipp: Ist der Beschuldigte in Haft, sollten Sie immer prüfen, ob er ordnungsgemäß verteidigt ist. Besteht ein Haftbefehl, wird aber Strafhaft (immer vorrangig, vgl. § 116b S. 2 StPO) vollstreckt, greift § 140 I Nr. 4 StPO nicht, befindet sich der Beschuldigte aber schon drei Monate in Haft, liegt stattdessen ein Fall der Pflichtverteidigung nach § 140 I Nr. 5 StPO vor. War er vor der Hauptverhandlung mindestens drei Monate in Haft, benötigt er auch dann einen Verteidiger, wenn er weniger als zwei Wochen vor der Verhandlung entlassen worden ist (vgl. den Wortlaut des § 140 I Nr. 5 StPO).

Ferner sollten Sie immer dann, wenn Sie in Ihrem Gutachten zur materiellen Rechtslage zu einer vom Anklagevorwurf abweichenden Beurteilung kommen, überprüfen, ob dem Beschuldigten deshalb jetzt ein Verbrechen zur Last gelegt wird. Auch in einem solchen Fall würde die Verhandlung ohne Verteidiger einen revisiblen Verstoß gegen § 140 I Nr. 2 StPO bedeuten (absoluter Revisionsgrund nach § 338 Nr. 5 StPO).

5. Ausschluss des Verteidigers

19 Der gewählte Verteidiger kann unter den engen Voraussetzungen des § 138a StPO von der Verteidigung des Beschuldigten ausgeschlossen werden. Der Verteidiger muss – abgesehen von den weniger examensrelevanten Alternativen nach § 138a I Nr. 2, II und § 138b StPO – mindestens *hinreichend verdächtig* sein,

- der Beteiligung an der angeklagten Tat (§ 138a I Nr. 1 StPO), oder
- der Begünstigung, Strafvereitelung oder Hehlerei im Zusammenhang mit der angeklagten Tat (§ 138a I Nr. 3 StPO).

Über die **Ausschließung des Verteidigers** entscheidet das Oberlandesgericht auf Antrag der Staatsanwaltschaft oder auf Vorlage des erkennenden Gerichts (§ 138c I, II StPO). Letzteres kann anordnen, dass bis zur Entscheidung des Oberlandesgerichts die Rechte des Verteidigers ruhen (§ 138c III StPO). Exemplarisch war der Ausschluss der Verteidigerin im Verfahren Zündel (BGH NStZ 2006, 510).

V. Ermittlungsrichter

1. Erfordernis

20 Da durch die in einem Ermittlungsverfahren notwendig werdenden Zwangsmaßnahmen teilweise sehr stark in die Rechte des Beschuldigten oder Dritter eingegriffen

wird, stehen einzelne, besonders schwerwiegende Maßnahmen unter dem Richtervorbehalt (z. B. Untersuchungshaft, Durchsuchung, Überwachung der Telekommunikation und vorläufige Entziehung der Fahrerlaubnis). In diesen Fällen ist vor dem Vollzug der Maßnahme die Zustimmung des Ermittlungsrichters erforderlich. Den vom Staatsanwalt beim Ermittlungsrichter gestellten Antrag prüft der Richter allein auf seine *Zulässigkeit* (vgl. § 162 III StPO, eine Prüfung der Zweckmäßigkeit steht ihm nicht zu) und ordnet die Maßnahme dann an, bei Unzulässigkeit lehnt er den Antrag ab. Beides geschieht durch Beschluss.

Ohne Antrag darf der Ermittlungsrichter allerdings nicht tätig werden, es sei denn, sofortiges Handeln ist geboten und ein Staatsanwalt nicht erreichbar – § 165 StPO (was in der heutigen Zeit auch außerhalb der Dienstzeit kaum mehr der Fall sein wird).

Hinweis: Dies gilt selbstverständlich nur, solange das Verfahren bei der Staatsanwaltschaft anhängig ist. Mit Anklageerhebung ist das Gericht, welches das Hauptverfahren eröffnen soll, für alle weiteren Maßnahmen zur Aufklärung des Sachverhalts selbst zuständig **(§ 162 III 1 StPO),** kann also auch ohne oder gegen den Antrag der Staatsanwaltschaft Ermittlungsmaßnahmen anordnen.

2. Zuständigkeit

Zuständig für richterliche Untersuchungshandlungen ist grundsätzlich der Amtsrichter, in dessen Bezirk die ermittelnde Staatsanwaltschaft ihren Sitz hat (§ 162 I 1 StPO). Es gibt allerdings auch **besondere Regelungen,** z. B. die **§§ 125, 126a StPO** für den Haft- bzw. Unterbringungsbefehl und § 81 StPO für den Beschluss einer Unterbringung zur Beobachtung, die gegenüber der allgemeinen Zuständigkeitsvorschrift des § 162 I 1 StPO Vorrang haben. Sind daneben weitere ermittlungsrichterliche Entscheidungen erforderlich, kann die Staatsanwaltschaft auch einen Haft- oder Unterbringungsbefehl nach § 125 bzw. § 126a StPO beim Ermittlungsrichter des Amtsgerichts ihres Sitzes gleichzeitig mit stellen. § 162 I 2 StPO räumt der Staatsanwaltschaft insoweit einen Ermessensspielraum ein, bei welchem der beiden Gerichte es den Haft- bzw. Unterbringungsbefehl beantragen will. Entsprechendes gilt auch für eine richterliche Vernehmung oder einen Augenschein (§ 162 I 3 StPO). 21

Entscheidungen wie Durchsuchungsbeschlüsse werden häufig sehr kurzfristig benötigt. Nicht immer ist dann in der zur Verfügung stehenden Zeit ein Ermittlungsrichter zu erreichen (ein richterlicher Bereitschaftsdienst ist jedenfalls dann auch für die Nachtzeit einzurichten, wenn in den in Frage stehenden Zeiträumen einem Richtervorbehalt unterliegende Zwangsmaßnahmen nicht nur ausnahmsweise anfallen; BVerfG NJW 2004, 1442). Das Gesetz sieht deshalb häufig vor, dass an Stelle des Ermittlungsrichters der **Staatsanwalt oder dessen Ermittlungspersonen** (vgl. § 152 I GVG) die Anordnung selbst treffen dürfen, wenn Gefahr im Verzug vorliegt (vgl. z. B. für die Durchsuchung § 105 I StPO). 22

Gefahr im Verzug besteht immer dann, wenn die richterliche Anordnung nicht eingeholt werden kann, ohne dass der Zweck der Maßnahme gefährdet wird. Das BVerfG hält die telefonische Erreichbarkeit des Richters allein für ausreichend, auch wenn dies nur zu einer mündlichen Anordnung der Zwangsmaßnahme führt (vgl. zur Wohnraumdurchsuchung NJW 2001, 1121). Dies ist aber nicht unproblematisch, da der richterlichen Entscheidung besondere Bedeutung beigemessen wird und dies eigentlich voraussetzt, dass dem Richter der Sachverhalt schriftlich mit den Ermittlungsakten unterbreitet werden und seine Entscheidung auch schriftlich ergehen kann (vgl. dazu *Trück* in JZ 2010, 1106). Unproblematisch erscheint die aufgrund mündlicher Information nur mündlich angeordnete richterliche Maßnahme, wenn der Richter bereits auf Grund früherer Entscheidungen über das Ermittlungsverfahren ausreichend inhaltlich informiert ist (wenn sich z.B. bei einer von ihm angeordneten Durchsuchung die Notwendigkeit der Durchsuchung einer bisher nicht bekannten Zweitwohnung des Beschuldigten ergibt).

23 Ist der Richter in diesem Sinne nicht rechtzeitig erreichbar, kann der Polizeibeamte, der Ermittlungsperson der Staatsanwaltschaft ist, die Anordnung nicht selbst treffen, ohne vorher den Staatsanwalt zu befragen. Zwischen der Eilanordnung durch den Staatsanwalt und der durch die Ermittlungsperson gibt es ein Rangverhältnis derart, dass die Ermittlungsperson erst dann selbst entscheiden darf, wenn sie zuvor erfolglos versucht hat, eine Entscheidung des Staatsanwalts herbeizuführen (*Meyer-Goßner/Schmitt* § 98 Rn. 6). *Ermittlungsperson der Staatsanwaltschaft* ist nicht jeder im Auftrag der Staatsanwaltschaft tätig werdende Polizist. Es sind nur bestimmte Gruppen von Ermittlungsbeamten, die gemäß § 152 II GVG von den Landesregierungen per Verordnung bezeichnet sind (vgl. z.B. für Baden-Württemberg Verordnung vom 12.2.1996, GBl. 184, für Bayern Verordnung vom 21.12.1995, GVBl. 1996 S. 4, 14; im Übrigen *Meyer-Goßner/Schmitt* § 152 GVG Rn. 6). Darüber hinaus definieren einige Spezialvorschriften weitere Gruppen von Ermittlungspersonen, z.B. die Beamten der Zoll- und Steuerfahndung (vgl. § 404 Abgabenordnung).

Beachte: Nach **§ 98 II 2 StPO** kann der Betroffene nachträglich die Zulässigkeit einer von der Staatsanwaltschaft oder der Polizei angeordneten Beschlagnahme vom Ermittlungsrichter überprüfen lassen. Diese Vorschrift wird unter Hinweis auf die Rechtsgarantie des Art. 19 IV GG entsprechend auf andere von Staatsanwaltschaft oder Polizei angeordnete Zwangsmaßnahmen angewandt, so z.B. für die Anordnung der erkennungsdienstlichen Behandlung (vgl. OLG Braunschweig NStZ 1991, 551).

Unabhängig davon, ob nun Richter oder Staatsanwalt bzw. Polizei die Maßnahme mündlich anordnen, in jedem Fall muss schriftlich dokumentiert werden, wer wen angerufen hat, was mitgeteilt wurde, ggf. warum Gefahr im Verzug angenommen wurde und was warum angeordnet wurde. Ein Verstoß gegen diese **Dokumentations- und Begründungspflicht** führt aber allein deshalb noch nicht zu einem Verwertungsverbot (BVerfG NJW 2008, 3053).

3. Beweissicherung

24 Da die StPO dem richterlichen Protokoll im Verhältnis zu anderen Protokollen (vgl. z.B. § 254 StPO) besondere Bedeutung beimisst, dient die Einschaltung des Ermittlungsrichters häufig auch der *Beweissicherung* durch Erlangung eines richterlichen Vernehmungsprotokolls. Ob dies noch zweckmäßig ist in Zeiten, in denen auch dem Staatsanwalt die Befugnis zur Erzwingung einer Vernehmung des Beschuldigten oder eines Zeugen gegeben ist, mag bezweifelt werden. Solange allerdings allein die falsche Aussage vor dem Richter eine strafbewehrte Falschaussage darstellt, kommt dieser Vernehmung auch aus der Sicht des Laien durchaus besonderes Gewicht zu. Deshalb wird der Staatsanwalt auch weiterhin bei sich widersprechenden Zeugenaussagen die richterliche Vernehmung der Zeugen beantragen, um so wahrheitsgemäße Aussagen schon in einem frühen Verfahrensstadium zu erzwingen.

Klausurhinweis: Auf die besondere Bedeutung der richterlichen Vernehmung eines zeugnisverweigerungsberechtigten Zeugen, der im gegenwärtigen Ermittlungsstadium noch aussagebereit ist, kann nicht oft genug hingewiesen werden. Häufig wird in diesem Zusammenhang in Klausuren erwartet, dass der Kandidat z.B. die Notwendigkeit erkennt, zur Beweissicherung noch die **richterliche Vernehmung der Ehefrau des Beschuldigten zu beantragen,** obwohl diese ihren Mann bei der Polizei bereits erheblich belastet hat. Denn diese gegenüber der Polizei gemachten Angaben sind bei Geltendmachung des Zeugnisverweigerungsrechts unverwertbar (§ 252 StPO). Ist der Beschuldigte von der Anwesenheit bei der Vernehmung ausgeschlossen, ist wegen des Rechts auf konfrontative Befragung (vgl. Rn. 81) auch daran zu denken, ihm einen **Pflichtverteidiger** zu **bestellen,** der an seiner Stelle an der Vernehmung teilnehmen kann.

4. Exkurs: Das richterliche Vernehmungsprotokoll

Für eine Verwertbarkeit in der Hauptverhandlung ist erforderlich, dass der Beschuldigte bzw. der Zeuge ordnungsgemäß belehrt und dem Gesetz entsprechend vernommen wird. Über die Vernehmung ist ein Protokoll anzufertigen (§§ 168, 168a StPO), dem allerdings nicht die Beweiskraft des § 274 StPO zukommt. 25

Praxis- und Klausurtipp: Häufig liegt der Fehler bei einer richterlichen Vernehmung darin, dass der Richter keine eigene Vernehmung durchgeführt, sondern nur auf die vorangegangene polizeiliche Vernehmung Bezug genommen hat und sich dann deren Richtigkeit vom Vernommenen bestätigen ließ. Da es hier an einer richterlichen Vernehmung fehlt, kommt eine Verlesung als richterliches Protokoll, z.B. nach § 254 StPO, nicht in Betracht. Dies bedeutet aber noch kein allgemeines Verwertungsverbot. So ist es im Fall des **missglückten richterlichen Protokolls** über die Wiederholung eines Geständnisses gegenüber der Polizei durchaus zulässig und auf Grund der Aufklärungspflicht des Gerichts gem. § 244 II StPO auch geboten, den Polizisten über das Geständnis des Beschuldigten zu befragen.

Macht der Vernommene allerdings auch vor dem Richter im Zusammenhang die gleichen Angaben wie vor der Polizei, dann wäre es tatsächlich unnötige Schreibarbeit, würde der Richter nochmals alles im Protokoll festhalten. *Sinnvoll* ist in diesen Fällen *folgendes Vorgehen:*

Zunächst sollten die wesentlichen Punkte der Angaben des Vernommenen im Protokoll möglichst wörtlich wiedergegeben werden, schon damit bewiesen ist, dass tatsächlich eine *Vernehmung* stattgefunden hat. Hat der Vernommene im Übrigen gleich wie vor der Polizei ausgesagt, kann dann protokolliert werden, dass der Beschuldigte/Zeuge im Zusammenhang die gleichen Angaben wie bei seiner Vernehmung am ... in ... vor der Kriminalpolizei ... gemacht hat, dass ihm dann diese Aussage vorgelesen worden sei und der Beschuldigte/Zeuge daraufhin erklärt habe: „Meine gegenüber der Polizei am ... gemachten Angaben sind richtig. Ich mache sie zum Gegenstand meiner heutigen richterlichen Vernehmung."

VI. Akteneinsicht

Ein Problem, das in der Praxis zunehmend an Bedeutung gewinnt und sich deshalb auch in Klausuren niederschlägt, ist die Frage, wer Einsicht in die Ermittlungsakten erhält, wann die Akteneinsicht erfolgen muss und wer mit welchem Rechtsbehelf die Entscheidung anfechten kann. In diesen Fällen stoßen verschiedene Interessen aufeinander. Der Staatsanwalt will dem Verteidiger Akteneinsicht erst möglichst spät gewähren, damit das Ermittlungsergebnis nicht verfälscht werden kann. Verteidiger und Beschuldigter haben dagegen ein Interesse, möglichst bald Akteneinsicht zu bekommen, um zu erfahren, welche Vorwürfe erhoben werden und welche Beweise vorliegen, um die Verteidigung aufzubauen. Der Verletzte will Akteneinsicht, um seine zivilrechtlichen Ansprüche durchzusetzen, der Beschuldigte diese Einsicht gänzlich verhindern, da das Ermittlungsverfahren weit in seine Privatsphäre eindringt und er durch die Einsicht Dritter sein Persönlichkeitsrecht verletzt sieht. 26

Mit dem Gesetz vom 5.7.2017 (BGBl. I S. 2208) hat der Gesetzgeber zum 1.1.2018 die elektronische Akte für die Justiz eingeführt. Ab dem 1.1.2026 tritt sie allein an die Stelle der bisher zu führenden Papierakte. In der Übergangszeit bis zum 31.12.2025 stellt die elektronische Aktenführung eine Alternative dar. Das Verfahren über die Akteneinsicht regelt § 32f StPO. **§ 32f I StPO** bestimmt die **Form** (das „Wie") der Einsicht in die elektronische Akte, Abs. 2 in die Papierakte. Hinsichtlich des Rechts auf Akteneinsicht (des „Ob") ist zu differenzieren:

1. Akteneinsicht durch Verteidiger/Beschuldigte

27 Der Verteidiger und nunmehr auch der unverteidigte Beschuldigte haben Anspruch auf Akteneinsicht **(§ 147 I und IV StPO n.F.)**. Diese beschränkt sich, wie aus **§ 147 I StPO** zu entnehmen ist, auf die Aktenteile, die im Falle der Anklage dem Gericht vorzulegen sind, bzw. alle dem Gericht vorliegenden Akten. Die Handakten des Staatsanwalts gehören also nicht zu den Akten, in die der Verteidiger Einsicht nehmen kann. Das Gleiche gilt für die sogenannten Spurenakten (streitig – vgl. *Meyer-Goßner/Schmitt* § 147 Rn. 18). Dem Verteidiger kann allerdings – solange der Abschluss der Ermittlungen noch nicht in den Akten vermerkt ist (vgl. dazu **§ 169a StPO**) – Einsicht in die gesamten Akten oder auch nur in bestimmte Aktenteile versagt werden, wenn sonst der Untersuchungszweck gefährdet wäre. In diesem Fall darf allerdings auch ein Haftbefehl in der Regel nur auf die Aktenteile gestützt werden, in die dem Verteidiger Akteneinsicht gewährt werden kann oder zu denen ihm wenigstens die für die Beurteilung der Rechtmäßigkeit der Freiheitsentziehung wesentlichen Informationen zugänglich gemacht werden können. Dies ist ausdrücklich in **§ 147 II 2 StPO** geregelt. Auch wenn § 147 II 2 StPO nur die Frage der Akteneinsicht bei vollzogener Untersuchungshaft regelt, dürfte der Rechtsgedanke auch auf andere Zwangsmaßnahmen entsprechend anzuwenden sein. So hat das BVerfG darauf hingewiesen, dass zum Anspruch auf rechtliches Gehör vor Gericht auch die Information über die entscheidungserheblichen Tatsachen gehört, weshalb die Anordnung eines dinglichen Arrests nur auf die Aktenteile gestützt werden darf, für die dem Verteidiger Akteneinsicht gewährt wurde, und jedenfalls vor einer dem Beschuldigten nachteiligen Letzt-Entscheidung über eine gegen den Arrestbeschluss gerichtete Beschwerde dem Verteidiger Akteneinsicht in die entscheidungserheblichen Akten gewährt werden muss. Ist dies aus ermittlungstaktischen Gründen nicht möglich, muss in diesem Verfahrensstadium auf schwerwiegende Eingriffsmaßnahmen verzichtet werden (BVerfG NJW 2006, 1048). Keinesfalls dürfen die Ermittlungsbehörden noch geheimhaltungsbedürftige Tatsachen, z.B. eine andauernde Observation, durch Darstellung unwahrer Sachverhalte verschleiern; hier helfen nur die §§ 147 II und 101 IV 1 Nr. 12, V, VI 1 StPO (BGH NStZ 2010, 294).

Die Einsicht in die in § 147 III StPO aufgeführten Aktenteile kann dem Verteidiger nicht versagt werden. Dies sind vor allem Protokolle über Vernehmungen des Beschuldigten, Protokolle über richterliche Vernehmungen und Gutachten von Sachverständigen.

Praxishinweis: Solange in einem laufenden Ermittlungsverfahren ein bestehender Haftbefehl gegen den untergetauchten Beschuldigten noch **nicht vollstreckt** ist, hat der Verteidiger weder einen Anspruch auf Akteneinsicht noch auf Mitteilung des Haftbefehls (OLG München NStZ 2009, 109).

28 **Akteneinsicht in Papierakten** erfolgt grundsätzlich durch Einsichtnahme in den Diensträumen **(§ 32f II 1 StPO),** auf besonderen Antrag werden dem Verteidiger die Akten aber auch weiterhin zur Einsichtnahme in seine Geschäftsräume oder Wohnung mitgegeben, soweit nicht wichtige Gründe entgegenstehen (§§ 32f II 3; 147 IV a.F. StPO). Dem unverteidigten Beschuldigten können statt der Einsichtnahme Kopien aus den Akten bereitgestellt werden (§ 147 IV 2 n.F.). Für Beweisstücke gilt dagegen ein Mitgabeverbot. Der Verteidiger und der Beschuldigte (§ 147 IV 1 StPO n.F.) haben lediglich ein Besichtigungsrecht an ihrem Verwahrungsort (Meyer-Goßner/Schmitt § 147 Rn. 19). Für den Rechtsanwalt, der im Auftrag von Nichtverfahrensbeteiligten Akteneinsicht nimmt, ist dies in § 475 III StPO, für den des Verletzten in § 406e I StPO geregelt. Aufzeichnungen auf Bild-Ton-Träger erhält der Verteidiger nach

§ 58a II 3 StPO als Kopie, die weder vervielfältigt, noch weitergegeben werden darf und an die Staatsanwaltschaft herauszugeben ist, sobald kein berechtigtes Interesse mehr an der weiteren Verwendung besteht. Die Herausgabe dieser Kopie an den Verteidiger ist auch nur dann zulässig, wenn der vernommene Zeuge der Herausgabe nicht widersprochen hat (§ 58a III StPO – über dieses Recht ist der Zeuge anlässlich seiner Vernehmung zu belehren, vgl. a.a.O. Satz 4). In diesem Fall kann der Verteidiger die Aufzeichnung nur in den Räumen der Staatsanwaltschaft einsehen und eine Kopie der Übertragung der Aufzeichnung in ein schriftliches Protokoll verlangen.

Über die Akteneinsicht entscheidet im Ermittlungsverfahren und nach Rechtskraft 29 des Verfahrens der Staatsanwalt, ansonsten der Vorsitzende des mit dem Verfahren befassten Gerichts. Die Verweigerung der Akteneinsicht gegenüber dem Verteidiger oder dem Beschuldigten ist nur ausnahmsweise anfechtbar, nämlich soweit der Staatsanwalt sie verweigert und der Beschuldigte sich entweder nicht auf freiem Fuß befindet oder die Einsicht in Aktenstücke nach § 147 III StPO verweigert wird, oder wenn die Einsicht verweigert wird, obwohl der Staatsanwalt schon den Abschluss der Ermittlungen in den Akten vermerkt hat (§ 147 V StPO). Gegen die beabsichtigte Gewährung von Akteneinsicht an den Verteidiger (jetzt auch an den Beschuldigten) als einer Prozesshandlung der Staatsanwaltschaft kann nach Auffassung des OLG Stuttgart (NJW 2006, 2565) der Verletzte in entsprechender Anwendung des § 147 V 2 StPO gerichtliche Entscheidung nach Maßgabe des § 161a III 2 bis 4 StPO beantragen, was gerade im Bereich von Urheberrechtsverletzungen von erheblicher praktischer Bedeutung sein kann, wenn der Beschuldigte spätestens durch die Akteneinsicht Kenntnis von den Geschäftsgeheimnissen des Verletzten erlangen würde.

Demgegenüber sind Entscheidungen über die Form der Gewährung von Akteneinsicht nicht anfechtbar (§§ 32f III; bisher 147 IV 2 StPO a.F.). Es besteht kein Anspruch auf eine bestimmte Form der Akteneinsicht (OLG Stuttgart NStZ-RR 2013, 217).

2. Akteneinsicht durch Dritte

Vielfach kann das Opfer einer Straftat seine vertraglichen oder deliktischen Ansprü- 30 che nur durchsetzen, wenn es entsprechende Informationen aus dem Ermittlungsverfahren erhält – sei es, dass die Person des Schädigers sich nur aus den Ermittlungsakten ergibt, oder dass das betrügerische Verhalten des Beschuldigten sich nur aus einem groß angelegten Plan ergibt, den der einzelne Vertragspartner ohne umfangreiche staatsanwaltschaftliche Ermittlungen nie aufdecken könnte. **§ 406e I StPO** gewährt *dem Verletzten* das Recht, *durch einen Rechtsanwalt* Einsicht in die Akten und die Beweismittel zu nehmen. Dieser muss allerdings darlegen, dass er ein berechtigtes Interesse an der Akteneinsicht hat, es sei denn, der Verletzte ist nebenklagebefugt (vgl. § 395 StPO), dann bedarf es dieser Darlegung nicht (§ 406e I 2 StPO). Die Einsicht ist nach Abs. 2 dieser Vorschrift zu versagen, wenn überwiegende schutzwürdige Interessen des Beschuldigten oder Dritter entgegenstehen und kann versagt werden, soweit der Untersuchungszweck in diesem oder auch in einem anderen Verfahren dadurch gefährdet würde, oder wenn die noch laufenden Ermittlungen dadurch erheblich verzögert würden. Auch der nicht durch einen Rechtsanwalt vertretene Verletzte ist in entsprechender Anwendung von Abs. 1 und 2 nunmehr befugt, die Akten einzusehen und amtlich verwahrte Beweisstücke zu besichtigen **(§ 406e III 1 StPO n.F.).** Werden die Akten nicht elektronisch geführt, können ihm zur Wahrung der Integrität von Papierakten Abschriften aus den Akten erteilt werden (Abs. 3 S. 2 n.F.).

Akteneinsicht erhalten auch die sogenannten Drittbetroffenen im Sinne von § 101 VII 2 StPO, also zum Beispiel der Gesprächspartner eines Beschuldigten, dessen Telefon abgehört worden ist. Diesem Dritten ist Akteneinsicht zu gewähren, damit er seine Bedenken gegen die Rechtmäßigkeit der Überwachungsmaßnahme begründen kann; dieses Recht ist Folge des Anspruchs auf rechtliches Gehör, zu dem die Möglichkeit gehört, sich auf Antrag über alle entscheidungserheblichen Tatsachen und Beweismittel durch Einsicht in die Akten zu informieren (BGH NStZ-RR 2010, 281). Der Umfang der Akteneinsicht richtet sich in diesem Fall nach §§ 475 ff. StPO mit der Einschränkung, dass bei deren Anwendung in geeigneter Weise dem Anspruch auf rechtliches Gehör Rechnung zu tragen ist (BGH a. a. O. und BGH BeckRS 2009, 86260, bei der es insbesondere auch um das Geheimhaltungsinteresse der Ermittlungsbehörden geht).

31 Ansonsten richtet sich die Akteneinsicht durch Dritte nach §§ 474 ff. StPO. Soweit sie nicht Verletzte sind, erhalten Privatpersonen oder sonstige Stellen (mit Ausnahme der Gerichte, Staatsanwaltschaften und anderer Justizbehörden, deren Auskunfts- und Akteneinsichtsrecht sich nach § 474 StPO richtet und mit Ausnahme der Hochschulen oder anderer Forschungseinrichtungen, die nach § 476 StPO Informationen erhalten können) nach § 475 StPO Auskunft, soweit sie ein berechtigtes Interesse darlegen und schutzwürdige Interessen Dritter eine Versagung nicht erfordern. Die Auskunft wird in der Regel gegenüber einem Rechtsanwalt erteilt werden, dem ähnlich wie dem Verteidiger bei entsprechendem berechtigten Interesse auch Einsichtnahme in die Akten unter Überlassung in die Kanzlei gewährt werden kann (§ 475 I–III StPO; Ton-Bild-Aufzeichnungen von Vernehmungen kann der Anwalt des Verletzten, der nach § 406e StPO zur Akteneinsicht berechtigt ist, gem. § 58a II und III StPO in gleicher Weise einsehen wie der Verteidiger, vgl. oben Rn. 28). Nach § 475 IV StPO kann den Privatpersonen und sonstigen Stellen auch ohne Rechtsanwalt Auskunft aus den Akten erteilt werden, wenn die sonstigen Voraussetzungen vorliegen. Die Staatsanwaltschaft kann die Entscheidung über die Akteneinsicht nach § 475 StPO und deren Durchführung der Polizeibehörde, die im Verfahren ermittelt oder ermittelt hat, übertragen (§ 478 I 3 StPO).

32 Versagt der Richter die Akteneinsicht oder ordnet er ihre Gewährung an, so ist diese Entscheidung im Falle des Verletzten nach § 406e IV 4 StPO, bei Dritten nach § 478 III 3 StPO unanfechtbar. Dagegen kann gegen die staatsanwaltschaftliche Versagung oder Gewährung von Akteneinsicht an Dritte nach §§ 406e IV 2, 478 III 1 StPO **Antrag auf gerichtliche Entscheidung** gestellt werden. Hat die Polizei auf Grund Delegation durch die Staatsanwaltschaft entschieden, so ist dagegen zunächst die Entscheidung der Staatsanwaltschaft einzuholen (§ 478 I 4 StPO).

Beachte: Selbst, wenn grundsätzlich Akteneinsicht gewährt werden kann, so können doch gesetzliche Vorschriften einer konkreten Einsichtnahme entgegenstehen. Zu denken ist dabei insbesondere an Geheimhaltungsvorschriften wie § 30 Abgabenordnung (Steuergeheimnis) oder § 35 Sozialgesetzbuch I (Sozialgeheimnis). Keine Akteneinsicht erhält auch der anwaltliche Zeugenbeistand zur Klärung der Frage, ob sein Mandant ein Auskunftsverweigerungsrecht hat. Seinem Informationsinteresse steht entgegen, dass durch die Akteneinsicht und die damit verbundene Vorbereitung auf die Vernehmung die Unvoreingenommenheit des Zeugen beeinträchtigt wäre und somit Belange des Strafverfahrens nach § 477 II 1 StPO der Einsichtnahme entgegenstehen (KG StV 2010, 298).

B. Sachentscheidungsvoraussetzungen

I. Anklagegrundsatz

Wie aus den §§ 151, 155, 264 StPO folgt, gibt es einerseits kein gerichtliches Strafverfahren ohne Anklage der Staatsanwaltschaft, andererseits ist das Gericht nicht an deren Anträge gebunden, sondern bei der Beurteilung der angeklagten Tat frei. Das sog. *Akkusationsprinzip* dient dem Schutz des Beschuldigten und der Sachlichkeit des Verfahrens. Der Richter wird nunmehr in die Mitte des Verfahrens gerückt, da er den Vorwurf nicht selbst erhebt. Mit der Anklage muss die Staatsanwaltschaft klar herausarbeiten, durch welchen konkreten Lebenssachverhalt (zur **prozessualen Tat** vgl. Rn. 58ff. und 383ff.) sich der Angeklagte strafbar gemacht haben soll. Wird dies mangels ausreichender Darstellung des historischen Vorgangs nicht deutlich (zur **Umgrenzungsfunktion** der Anklage siehe unten Rn. 211), fehlt es an einer wirksamen Anklage und damit an einer Verfahrensvoraussetzung, die Eröffnung muss abgelehnt bzw. nach Eröffnung muss das Verfahren eingestellt werden. Demgegenüber berühren bloße Mängel in der **Informationsfunktion** die Wirksamkeit der Anklage nicht (Rn. 213). 33

Merke: Eine unwirksame Anklage führt zu einem Verfahrenshindernis!

Gemäß § 170 I StPO erhebt die Staatsanwaltschaft Anklage, wenn die Ermittlungen genügenden Anlass hierfür ergeben haben, d.h. wenn hinreichender Tatverdacht besteht (Rn. 7). Die Staatsanwaltschaft kann grundsätzlich nur durch ein **Klageerzwingungsverfahren** zur Erhebung der Anklage gezwungen werden (§§ 172ff. StPO).

Ist nach der Fragestellung der Klausur eine Anklage zu fertigen, ist also nicht nur auf die rechtlichen Erwägungen zu achten, sondern auch der Sachverhalt sauber darzustellen (häufig geschieht diese Arbeit erst am Ende der für die Klausurbearbeitung zur Verfügung stehenden Zeit und unter entsprechendem Zeitdruck, was man dann auch merkt!). Ist die Entscheidung des Gerichts gefordert, muss ganz am Anfang der prozessualen Überlegungen geprüft werden, ob von der Staatsanwaltschaft für alle in Betracht kommenden prozessualen Taten wirksam Anklage erhoben worden ist und damit diese von Amts wegen zu berücksichtigende Prozessvoraussetzung vorliegt. Möglicherweise ergibt sich auch aufgrund der Beweisaufnahme der Nachweis einer weiteren Strafbarkeit, die in der Anklageschrift nicht angesprochen ist. Dann ist zu prüfen, ob diese Tat noch (zumindest) dieselbe prozessuale Tat darstellt – dann muss sie (nach rechtlichem Hinweis nach § 265 StPO und rechtlichem Gehör) mit abgeurteilt werden, andernfalls ist die Frage einer Nachtragsanklage zu erörtern. Besteht nur der Anfangsverdacht einer neuen prozessualen Straftat, hat die Staatsanwaltschaft den Vorwurf im Rahmen eines neuen Ermittlungsverfahrens zu prüfen. 34

Prüfungsfolge Anklagegrundsatz

Was ist zu tun, wenn nach der Fragestellung in der Klausur zu fertigen ist

eine Anklage:

Zu jeder Tat sind Tatzeit und Tatort anzugeben sowie in der Sachverhaltsschilderung alle objektiven und subjektiven Tatbestandsmerkmale der einzelnen Straftatbestände zu umschreiben.

ein Urteil:	
Umschreibt die Anklage wirklich jede Tat ausreichend?	
ja	**nein**
Dann ist für diese Taten die Prozessvoraussetzung einer wirksamen Anklageerhebung erfüllt.	Dann fehlt es für die nicht ausreichend umschriebene Tat an einer wirksamen Anklage und es erfolgt insoweit eine **Einstellung nach § 260 III StPO** wegen Fehlens einer Prozessvoraussetzung.
Hat die Hauptverhandlung den **Nachweis** einer in der Anklage nicht erwähnten Tat erbracht, ist zu prüfen, ob eine prozessuale Tat mit (einer) der angeklagten Tat(en) besteht:	
ja	**nein**
Es besteht zwar kein Verfahrenshindernis, erforderlich ist aber noch ein Hinweis nach § 265 StPO (also Wiedereintritt in die Hauptverhandlung).	Auch hier Einstellung wegen Fehlens einer Prozessvoraussetzung, es sei denn der Angeklagte stimmt einer Nachtragsanklage zu – auch dann ist ein Wiedereintritt in die Hauptverhandlung erforderlich.
Hat die Hauptverhandlung den **Verdacht** einer in der Anklage nicht erwähnten Tat erbracht, ist auch hier zu prüfen, ob eine prozessuale Tat mit (einer) der angeklagten Tat(en) besteht:	
ja	**nein**
Da mit dem Urteil Strafklageverbrauch eintritt, ist hinsichtlich des weiteren Vorwurfs entweder nach §§ 154, 154a StPO zu verfahren, andernfalls ist die Beweisaufnahme fortzusetzen und auch dieser Vorwurf zu klären.	Der Staatsanwalt wird einen Vermerk über die Information aus der Hauptverhandlung schreiben und ein neues Ermittlungsverfahren einleiten.

II. Verfolgungsverjährung

35 Die Verfolgungsverjährung nach §§ 78 bis 78c StGB hindert die Verfolgung wegen einer Straftat. Die Vollstreckungsverjährung nach §§ 79 bis 79b StGB ist hiervon zu unterscheiden; wie lange eine rechtskräftige Strafe oder Maßnahme vollstreckt werden darf, ist im Gegensatz zu ihrer Verfolgbarkeit nicht klausurrelevant.

1. Verjährungsfristen

36 **a) Grundsatz.** Die Verjährungsfristen bestimmen sich nach § 78 StGB; hiernach richtet sich die Verjährungsfrist nach der für die jeweilige Straftat vom Gesetz angedrohten (nicht der konkret zu verhängenden) Höchststrafe.

Achtung: Ein häufiger Fehler beim flüchtigen Lesen ist die Anknüpfung an die Mindeststrafe, es kommt aber auf die **Höchststrafe** an. Gerne überlesen wird auch „mehr als". So beträgt beispielsweise die gesetzliche Höchststrafe bei § 316 StGB ein Jahr – somit ist § 78 III Nr. 5 StGB einschlägig, nicht Nr. 4, da die Höchststrafe nicht „mehr als" ein Jahr beträgt.

37 **b) Strafrahmenänderungen.** Bei Privilegierungen und Qualifikationen ist der hierfür vorgesehene Strafrahmen entscheidend, also z.B. bei § 250 StGB. Unbenannte Strafschärfungs- oder Strafmilderungstatbestände oder Strafrahmenverschiebungen nach dem Allgemeinen Teil bleiben jedoch unberücksichtigt. Daher richtet sich die Verjährung für den Teilnehmer nach der Strafdrohung der Haupttat.

Beispiele: § 249 II StGB als unbenannter Strafmilderungsgrund bleibt bei der Verjährungsfrist unberücksichtigt; §§ 242, 243 I StGB als bloße Regelbeispielsregelung bleibt ebenfalls unberücksichtigt; das Gleiche gilt für §§ 212, 22, 23 StGB, da es sich um eine Strafrahmenverschiebung nach dem Allgemeinen Teil handelt.

c) Konkurrenzen. Jeder Tatbestand verjährt gesondert, unabhängig von seinem Konkurrenzverhältnis zu anderen, also auch bei Tateinheit im Sinne von § 52 StGB; deshalb ist die Verjährungsprüfung für jeden gefundenen und bejahten Tatbestand gesondert vorzunehmen. 38

Beispiele: A hat sich der fahrlässigen Gefährdung des Straßenverkehrs gem. § 315c I Nr. 1a, III Nr. 2 StGB und des unerlaubten Entfernens vom Unfallort in Tateinheit mit fahrlässiger Trunkenheit im Verkehr gem. §§ 316 II, 142 I Nr. 1, 52 StGB schuldig gemacht. Die Verjährungsfrist beträgt nun für die fahrlässige Straßenverkehrsgefährdung und die Verkehrsunfallflucht gem. § 78 III Nr. 4 StGB jeweils fünf Jahre, für die fahrlässige Trunkenheit hingegen gem. § 78 III Nr. 4 StGB nur drei Jahre.

d) Gesetzesänderungen. Eine nachträgliche Änderung einer Verjährungsfrist gilt grundsätzlich auch für bereits begangene Taten (BGH NStZ 2006, 32). Verjährungsregelungen ändern nicht die Strafdrohung, sondern sind Verfahrensrecht (BVerfG NStZ 2000, 251). Ergibt sich eine Veränderung der Verjährung allerdings erst mittelbar aus einer Veränderung der betreffenden Strafdrohung, gilt dies nicht. 39

2. Verjährungsbeginn, § 78a StGB

Die Verjährungsfrist beginnt, sobald die Tat beendet und nicht nur vollendet ist (also bei Erfolgsdelikten auch der Erfolg eingetreten ist bzw. bei Dauerdelikten mit Beendigung des rechtswidrigen Zustands, z.B. Ende der Fahrt unter Alkohol). 40

3. Fristberechnung

Die Fristberechnung erfolgt **analog § 188 II und III BGB**. Die Verjährung endet an dem Tag des der Frist entsprechenden Folgejahres, der um eins kleiner ist als der Tag des Fristbeginns. Fällt bei einer am 1. März begonnenen und nach drei Jahren bemessenen Verjährungsfrist das Fristende in ein Schaltjahr, endet die Frist am 29. und nicht schon am 28. Februar. Ob das Ende der Verjährungsfrist auf einen **Samstag, Sonntag oder allgemeinen Feiertag** fällt, ist für den Fristablauf **ohne Bedeutung**. 41

4. Ruhen der Verjährung, § 78b StGB

Ruhen der Verjährung bedeutet, dass die nach dem Eintritt des Verjährungshindernisses verbleibende Frist nach Wegfall des Hindernisses weiterläuft. Praktisch bedeutsam sind vor allem die Regelungen der Absätze 1, 3 und 4. Dabei kommt Abs. 3 besondere Bedeutung zu, wonach das erstinstanzliche Urteil den Eintritt der Verjährung im Rechtsmittelverfahren hindert. Damit soll verhindert werden, dass durch unbegründete Rechtsmittel das Verfahren verzögert und die Verjährung herbeigeführt werden kann (Sch-Sch-*Sternberg-Lieben/Bosch*, § 78b Rn. 12). Abs. 3 bezieht sich sowohl auf Sachurteile als auf Prozessurteile wegen eines Verfahrenshindernisses (BGH NJW 2018, 1268), nicht aber auf Strafbefehle. Aus Abs. 1 ist vor allem die Regelung der Nr. 1 bedeutsam, wonach bei zur Tatzeit noch nicht 21 Jahre alten Opfern die Verjährung bei Sexualdelikten nach §§ 174 bis 174c und 176 bis 179, sowie bei den Straftaten nach § 225 und § 226a StGB ruht, bis das Opfer das 21. Lebensfahr vollendet hat. Dies trägt dem Umstand Rechnung, dass die jungen Opfer von Sexualstraftaten meist nicht in der Lage sind, die Tat anzuzeigen. Abs. 4 bestimmt, dass bei Tatbeständen, die 1. unter die Verjährungsfrist des § 78 III Nr. 4 StGB fallen, 2. eine Strafdrohung von mehr als fünf Jahren für besonders schwere Fälle vorsehen und bei denen 3. Anklage zum Landgericht erhoben und das Hauptverfahren bereits eröffnet worden ist, die Verjährung für bis zu fünf Jahre ruht. So kann also, wenn nur vor Eintritt der Verjährung in einem Verfahren wegen des Vorwurfs des besonders schweren 42

Betruges gem. § 263 III StGB beim Landgericht ein Eröffnungsbeschluss ergangen ist, während des Hauptverfahrens die Verjährung nicht mehr eintreten, wenn dieses nicht länger als fünf Jahre andauert. Dies soll bei Großverfahren den Eintritt der absoluten Verjährung verhindern (Sch-Sch-Sternberg/Lieben, § 78b Rn. 14).

5. Verjährungsunterbrechung, § 78c StGB

43 **a) Bedeutung.** Unterbrechung der Verjährung bedeutet, dass die Frist am Tag der Unterbrechung von Neuem beginnt, **§ 78c III StGB**. Nach Ablauf der doppelten Verjährungsfrist, mindestens aber drei Jahren, tritt die absolute Verjährung ein, § 78c III 2 StGB, sog. **absolute Verjährung**.

44 **b) Reichweite.** Unterbrechungen erfassen nicht nur einzelne Gesetzesverletzungen, sondern die **gesamte prozessuale Tat**, aber nur Adressaten, also den Beschuldigten, dem sie gelten, § 78c IV StGB. Das bedeutet:

Die Unterbrechungshandlung muss sich gegen eine bestimmte bzw. zweifelsfrei bestimmbare Person richten. Dies wird aus § 78c IV StGB abgeleitet. Die Personalien des Beschuldigten müssen dazu aktenkundig sein. Wenn sie unvollständig oder fehlerhaft sind, ist dies unschädlich, sofern die Identität dennoch eindeutig ist. Nicht ausreichend ist eine Handlung, die erst die Täterermittlung zum Ziel hat. Stellt umgekehrt die Staatsanwaltschaft das Ermittlungsverfahren gegen den zum Tatvorwurf vernommenen Beschuldigten gemäß § 170 II 1 StPO ein und führt es sodann gegen Unbekannt weiter, so wird die Verfolgungsverjährung gegen den (früheren) Beschuldigten nicht nach § 78c I Nr. 3 StGB unterbrochen, wenn die Staatsanwaltschaft oder ein Richter nunmehr z.B. einen Sachverständigen beauftragt (BGH NJW 2013, 1174).

45 **c) Schriftliche Unterbrechungshandlungen.** Soweit Unterbrechungshandlungen schriftlich möglich sind, tritt die Unterbrechung mit dem Zeitpunkt der Unterzeichnung der Anordnung oder Entscheidung ein. Das betreffende Schriftstück muss aber datiert sein. Wenn das Schriftstück jedoch nicht alsbald danach in den Geschäftsgang kommt, zählt der Zeitpunkt, in dem dies geschieht, § 78c II StGB. Dies ist wenig praktisch bedeutsam. Gemeint sind Verzögerungen auf dem Weg **in den** Geschäftsgang, aber nicht solche **im** Geschäftsgang, wie sie durchaus häufig vorkommen können (Verzögerungen bei der Versendung, im Postweg etc.).

46 **d) Einzelne Unterbrechungshandlungen.** Die unterbrechenden Ereignisse ergeben sich enumerativ aus § 78c I StGB. Handlungen ohne jeden sachlichen Grund unterbrechen nicht. Zu den wichtigsten Unterbrechungshandlungen:

47 **aa) § 78c I Nr. 1 StGB**. Sämtliche dort aufgeführten Maßnahmen bilden eine Einheit, so dass, sobald eine der genannten Unterbrechungshandlungen durchgeführt worden ist, die Verjährung durch eine andere in Nr. 1 genannte nicht erneut unterbrochen werden kann (BGH NStZ 2005, 33). Dabei ist es gleichgültig, wer die Handlung vornimmt. Dies können Polizei, Staatsanwaltschaft und Gericht sein. Wenn also z.B. eine polizeiliche Vernehmung erfolgt ist, unterbricht eine anschließende staatsanwaltschaftliche Vernehmung nicht erneut. Anders bei einer richterlichen Vernehmung, § 78c I Nr. 2 StGB. Eine nur informatorische Befragung unterbricht die Verjährung nicht, da es sich nicht um eine Vernehmung handelt.

Die in der Praxis äußerst bedeutsame **Anordnung der Vernehmung** kann auch mündlich oder durch schlüssige Handlung ergehen, Zeitpunkt und Inhalt müssen sich jedoch mit Gewissheit aus den Akten ergeben. Hierfür kann auch ein später erstellter polizeilicher Vermerk, der zu den Ermittlungsakten genommen wird, ausreichend sein. Lassen sich tatsächliche Umstände mit Relevanz für eine Anordnung nicht mit Sicherheit feststellen, ist der Zweifelssatz in dubio pro reo zu beachten (BGH wistra 2018, 78).

Wichtig: Nur die Vernehmung des Beschuldigten unterbricht die Verjährung, die Vernehmung eines Zeugen hat keine verjährungsunterbrechende Wirkung!

bb) § 78c I Nr. 2 StGB. Die richterliche Beschuldigtenvernehmung ist nicht mit der Einschränkung verknüpft, dass die Unterbrechung nur beim ersten Mal eintritt; durch mehrfach richterliche Vernehmungen kann also mehrfach unterbrochen werden. **48**

cc) § 78c I Nr. 3 StGB. Die Beauftragung eines Sachverständigen stellt eine Unterbrechungshandlung dar, wenn sie 1. durch einen Richter oder Staatsanwalt erfolgt und 2. vorher der Beschuldigte vernommen oder ihm die Einleitung des Ermittlungsverfahrens bekanntgegeben worden ist. **49**

dd) § 78c I Nr. 4 StGB. Jede **richterliche** Durchsuchungs- und Beschlagnahmeanordnung unterbricht die Verjährung, auch wenn sie sich gegen Dritte richtet. Auch Anordnungen, die nichtrichterliche Anordnungen bestätigen, gehören hierzu, ebenso die vorläufige Entziehung der Fahrerlaubnis gem. § 111a StPO, da sie die Wirkung einer Beschlagnahmeanordnung hat. Richterliche Durchsuchungs- und Beschlagnahmeanordnungen, die schwerwiegende Mängel aufweisen und den verfassungsrechtlichen Mindestanforderungen an die Konkretisierung des Tatvorwurfs nicht genügen, vermögen die Verjährung allerdings nicht zu unterbrechen (vgl. BGH NStZ 2018, 45). **50**

ee) § 78c I Nr. 5 StGB. Haftbefehl, Unterbringungsbefehl, Vorführungsbefehl sowie jede Entscheidung, die eine derartige Anordnung aufrechterhält, z.B. die Entscheidung im Haftprüfungsverfahren durch das OLG gem. §§ 121, 122 StPO, wirken verjährungsunterbrechend. **51**

ff) § 78c I Nr. 6, 7 und 9 StGB. Eine Verjährungsunterbrechung tritt ein bei Anklageerhebung und anderen Arten der Erhebung der öffentlichen Klage (Antrag im objektiven Verfahren, im Sicherungsverfahren, Nachtragsanklage, Strafbefehlsantrag), beim Eröffnungsbeschluss und beim Erlass des Strafbefehls. Der Antrag auf Durchführung des beschleunigten Verfahrens gem. § 418 StPO fällt nicht unter § 78c I Nr. 6 StGB, da er einer Klageerhebung nicht gleichkommt; hier ist ja eine Anklageerhebung noch zusätzlich erforderlich, kann allerdings mündlich erfolgen, § 418 III StPO. Bei der Klageerhebung ist zu beachten, dass maßgebender Zeitpunkt für die Unterbrechungswirkung der Eingang bei Gericht ist, nicht die Abfassung der Klage (BGH StV 1993, 71). Keine Unterbrechungswirkung kommt einer unwirksamen Anklage zu, z.B. wenn der Anklagesatz nicht ausreichend konkretisiert ist. **52**

gg) § 78c I Nr. 8 StGB. Jede Bestimmung eines Hauptverhandlungstermins unterbricht die Verjährung, nicht aber eine bloße Terminsaufhebung. **53**

hh) § 78c I Nr. 10–11 StGB. Schließlich wird die Verjährung auch durch jede gerichtliche vorläufige Verfahrenseinstellung wegen Abwesenheit oder Verhandlungsunfähigkeit des **„Angeschuldigten"** (also erst nach Anklageerhebung) unterbrochen. **54**

6. Prüfungsfolge

55

Verjährungsprüfung

(für jeden Tatbestand gesondert zu prüfen!)

- Verjährungsbeginn, § 78a StGB (i. d. R. Tattag)
- Verjährungsfrist, § 78 StGB
- Ende der Frist vor der fraglichen Entscheidung?
  Wenn nein: nicht verjährt!
  Wenn ja:
- Verjährungsunterbrechung, § 78c StGB?
  - Wirksame Unterbrechungshandlung?
  - Gegenüber dem Beschuldigten?
  - Identität des Beschuldigten eindeutig bestimmt?
  - Zeitpunkt der Wirksamkeit?
  - Keine absolute Verjährung?
  - Falls Ende der neuen Verjährungsfrist vor Entscheidungsdatum, erneut Unterbrechung prüfen.
- Ruhen der Verjährung, § 78b StGB (Vorsicht insbesondere bei Sexualdelikten zum Nachteil von zur Tatzeit unter 21 Jahre alten Opfern)?

III. Rechtskraft

56 Ist ein Urteil mit Rechtsmitteln nicht mehr anfechtbar – weil auf Rechtsmittel verzichtet wurde, weil die Frist zur Einlegung eines Rechtsmittels abgelaufen ist oder weil das OLG oder der BGH als letzte Rechtsmittelinstanz die Revision verworfen hat – ist es rechtskräftig und entfaltet Rechtskraftwirkung. Wegen der Tat, die Gegenstand des Urteils ist, kann der Freigesprochene nicht nochmals angeklagt werden. Der Verurteilte muss zwar die Strafe verbüßen (von dem Ausnahmefall einer Wiederaufnahme abgesehen), muss aber nicht mehr mit einer weiteren (ne bis in idem) oder höheren Strafe rechnen. Die Rechtskraft des Urteils steht also einer weiteren Anklageerhebung derselben Tat entgegen. Geschieht es dennoch, ist die anderweitige Rechtskraft für die weitere Verfolgung dieser Tat ein von Amts wegen zu beachtendes Prozesshindernis.

57 Was so selbstverständlich klingt, kann im Einzelfall sehr schwierig sein: Kann etwa der wegen Körperverletzung rechtskräftig Verurteilte noch wegen Körperverletzung mit Todesfolge verurteilt werden, wenn das Opfer nach dem Urteil verstirbt? Oder der wegen illegalen Führens einer Schusswaffe Verurteilte nachträglich noch wegen eines Banküberfalls, den er, wie sich erst später herausstellt, mit dieser Waffe begangen hat? Wie steht es mit dem wegen Mitgliedschaft in einer terroristischen Vereinigung Verurteilten, dem erst jetzt nachgewiesen werden kann, als Mitglied auch selbst Morde begangen zu haben?

58 Zu beantworten ist dabei jeweils, wie weit denn der mit der Rechtskraft verbundene **Strafklageverbrauch** der rechtskräftigen Entscheidung reicht. In Rechtskraft erwächst die Tat. Wie oben in Rn. 33 bereits zum Anklagegrundsatz erwähnt, hat das Gericht nach § 264 StPO über *die prozessuale Tat* als das angeklagte geschichtliche Geschehen zu entscheiden und ist dabei an die tatsächliche und rechtliche Beurteilung der Staatsanwaltschaft nicht gebunden. Der **Begriff der prozessualen Tat** im Sinne der §§ 155, 264 StPO ist deshalb von zentraler Bedeutung. Sowohl für den Anklagegrundsatz wie für die Rechtskraftwirkung kommt es also darauf an, was als „Tat“ in diesem Sinne anzusehen ist.

Zeit also, schon hier auf diesen Tatbegriff einzugehen (Einzelheiten dann ab Rn. 383). **59** Er ist nicht identisch mit dem Tatbegriff der §§ 52ff. StGB. Die prozessuale Tat ist die „Tat als das in der Anklage bezeichnete geschichtliche Vorkommnis, soweit es nach der Auffassung des Lebens – ohne Rücksicht auf die rechtliche Einordnung – einen einheitlichen Vorgang bildet" (BGHSt. 25, 72; *Meyer-Goßner/Schmitt* § 264 Rn. 1f.).

Als Grundsatz soll hier zunächst ausreichen, dass **bei Tateinheit grundsätzlich auch von einer Tat im prozessualen Sinn auszugehen** ist. Bei Tatmehrheit kommt es entscheidend darauf an, ob es sich um einen einheitlichen Lebenssachverhalt handelt, dessen einzelne Teile nicht gesondert betrachtet werden können, ohne diesen Lebenssachverhalt unnatürlich aufzuspalten.

60

Prüfungsfolge Rechtskraft Wird in der Klausur auf ein anderes rechtskräftiges Urteil hingewiesen (z. B. eine Vorstrafe)?	
Wenn nicht, aber es in der Klausur um die Entscheidung in der Rechtsmittelinstanz geht: Prüfung, ob Teilrechtskraft des Schuldspruchs eingetreten ist.	**Wenn ja,** besteht zwischen dem diesem Urteil zugrundeliegenden Sachverhalt und der jetzt abzuurteilenden Tat ein so enger Zusammenhang, dass von **einer prozessualen Tat** auszugehen ist?
Denkbar, wenn Schuldspruch durch Verzicht oder Nichtanfechtung (ev. auch nur teilweise) rechtskräftig geworden ist und es jetzt um eine Schuldspruchererweiterung gehen würde.	a) Stünden beide Taten **in Tateinheit:** → regelmäßig Tatidentität und deshalb Strafklageverbrauch → (Teil-)Einstellung des Verfahrens wegen Prozesshindernis
→ Der (ev. teilweisen) Änderung des Schuldspruchs steht dessen Rechtskraft entgegen. Es ist nur noch über die Rechtsfolgen zu befinden.	b) Stünden beide Taten **in Tatmehrheit:** Würde die getrennte Aburteilung als **unnatürliche Aufspaltung eines einheitlichen Sachverhalts** anzusehen sein? Wenn ja, dann Einstellung wie bei a) Wenn nein, steht die Rechtskraft des früheren Urteils der neuen Verurteilung nicht entgegen (u. U. aber nachträgliche Gesamtstrafenbildung).

C. Beweisgewinnung und -verwertung

I. Beweiserhebungsverbote/Beweisverwertungsverbote

61 In nahezu jeder Klausur geht es auch darum, welcher Sachverhalt dem Beschuldigten mit welchen Beweismitteln nachzuweisen ist. Dabei stellt sich dann die Frage, ob der Beweis überhaupt erhoben, ob er auf diese Weise gesichert werden durfte, ob er in der Hauptverhandlung verwertet werden durfte etc. Vielfach wird von den Examenskandidaten viel zu schnell ein Beweisverwertungsverbot angenommen.

Dabei ist eine differenzierte Betrachtung bei den Beweiserhebungsverboten und Beweisverwertungsverboten angebracht. Leider gibt es auf diesem Gebiet keine wirkliche Systematik. Die StPO schweigt hierzu vielfach, die Rechtsprechung begnügt sich mit Einzelfallentscheidungen.

62 Zunächst gibt es Verbote bei der **Erhebung** von Beweisen. So wenn Beweis erhoben wird in einem Bereich, der aufgrund eines Verbotes der Beweiserhebung nicht zugänglich ist; z.B. ist es aufgrund des Beratungsgeheimnisses nach §§ 43, 45 DRiG nicht zulässig, aufzuklären wie die Richter bei der Urteilsberatung abgestimmt haben. Oder es wird bei der Vernehmung mit verbotenen Methoden, wie zum Beispiel bewusster Täuschung im Sinne des § 136a StPO, auf den Willen des Beschuldigten eingewirkt.

63 Dann gibt es Verbote, erhobene **Beweise** zu **verwerten.** Hier unterscheidet man die selbständigen und die unselbständigen Beweisverwertungsverbote. **Selbständige Beweisverwertungsverbote** führen zur Unverwertbarkeit des erhobenen Beweises, **obwohl die Erhebung rechtmäßig war.** Zu denken ist hier insbesondere an das von der Rechtsprechung aus § 252 StPO abgeleitete Verwertungsverbot, wenn sich der Zeugnisverweigerungsberechtigte nachträglich auf sein Zeugnisverweigerungsrecht nach § 52 StPO beruft. Die **unselbständigen Beweisverwertungsverbote** haben ihren Namen daher, dass sie die **Folge der Verletzung eines Beweiserhebungsverbotes** sind.

64 **Merke:** Dem Strafverfahrensrecht ist ein allgemein geltender Grundsatz fremd, wonach jeder Verstoß gegen Beweiserhebungsvorschriften ein strafprozessuales Verwertungsverbot nach sich zieht (BVerfG NJW 2008, 3053; BVerfG NJW 2012, 907 ff.). Nicht jeder Fehler bei der Beweiserhebung führt zu einem Verwertungsverbot.

Klarheit herrscht nur dort, wo das Gesetz ausdrücklich als Folge der fehlerhaften Beweiserhebung ein Verwertungsverbot bestimmt **(absolutes Verwertungsverbot),** wie dies in § 136a III, 2 StPO oder für die Verwertung getilgter Vorstrafen in § 51 BZRG geschehen ist. Ansonsten richtet sich die Verwertbarkeit nach den Umständen des Einzelfalles, insbesondere nach der Art des Verbots, des Gewichts des Verstoßes unter Abwägung der widerstreitenden Interessen. Es gibt zwar keine Aufklärung um jeden Preis. Andererseits hat das Gericht die Wahrheit zu erforschen und muss nach § 244 II StPO in die Beweisaufnahme alle Beweismittel, die zur Verfügung stehen, einbeziehen, um auch dem staatlichen Strafanspruch gerecht zu werden. Deshalb ist das aus der fehlerhaften Beweiserhebung gefolgerte **Verwertungsverbot die Ausnahme**, die, wenn nicht schon gesetzlich vorgesehen, mit übergeordneten wichtigen Umständen im Einzelfall begründet werden muss **(relatives Verwertungsverbot).**

Beachte: Das **relative Verwertungsverbot** wird aber nur wirksam, wenn der Angeklagte, der entweder einen Verteidiger hat oder vom Vorsitzenden über die Möglichkeit des Widerspruchs unter-

richtet worden ist, der Verwertung zustimmt oder ihr nicht bis zu dem in § 257 StPO bestimmten Zeitpunkt widerspricht (sog. **Widerspruchslösung;** vgl. auch Rn. 87, 155, 176).
Zur Prüfung von Rechtsverstößen im Ermittlungsverfahren als Gegenstand der Revision vgl. instruktiv Hombrecher JA 2016, 457.

Wichtig ist auch der Grundsatz, dass der **Zweifelssatz für Verfahrensfehler nicht gilt.** Diese müssen vielmehr von dem nachgewiesen werden, der sich darauf beruft (bei Verstößen gegen die Dokumentationspflicht des Ermittlungsbeamten kann es allerdings Beweiserleichterungen geben). 65

Beweiserhebungsverbote	
	Beispiele
Beweis**thema**verbot	Verstoß gegen das Dienstgeheimnis (§ 54 StPO), das Beratungsgeheimnis (§§ 43, 45 DRiG, § 193 GVG), gegen die Teilrechtskraftwirkung aufgrund Rechtsmittelbeschränkung (§ 327 StPO)
Beweis**mittel**verbot	Vernehmung des Zeugen trotz Berufung auf Zeugnisverweigerungsrecht (§ 52 StPO) oder auf umfassendes Auskunftsverweigerungsrecht (§ 55 StPO); Verwertung von Akten, die mit einem Sperrvermerk versehen sind (§ 96 StPO), Abhörmaßnahmen im Kernbereich privater Lebensgestaltung (§ 103 IV StPO)
Beweis**methoden**verbot	unerlaubte Vernehmungsmethoden nach § 136a StPO; unterlassene, unvollständige, fehlerhafte Belehrung nach §§ 136, 163a StPO oder Hinweis nach Art. 36 WÜK
Beweisverwertungsverbote	
selbstständiges Beweisverwertungsverbot	Beispiele: Verstoß gegen die Menschenwürde; § 252 StPO bei Berufung auf das Zeugnisverweigerungsrecht; Verwertung des Ergebnisses eines Lügendetektors (Polygrafen)
unselbständiges Beweisverwertungsverbot	Wenn nicht ausdrücklich gesetzlich angeordnet (§ 136a III, 2 StPO), führt fehlerhafte Beweiserhebung nur **ausnahmsweise** nach eingehender Interessenabwägung zum Verwertungsverbot. Kriterien für die Abwägung sind insbesondere: – Wie schwer ist der Verstoß objektiv? – Wurde gegen die Norm bewusst verstoßen? – Wie schwer wiegt der Strafvorwurf? – Wurde der Beweiswert hierdurch eingeschränkt? – Hätte der Beweis auch rechtmäßig erlangt werden können? – Welche Schutzrichtung hat die Norm, gegen die verstoßen wurde? – Bedarf es eines Verbots, um der Bedeutung der Norm, gegen die verstoßen wurde, in diesem Verfahren Geltung zu verschaffen, oder um deren Einhaltung durch die Strafverfolgungsbehörden zu gewährleisten? Ggf. Widerspruch erforderlich.

Im Zusammenhang mit den Beweisverboten stellt sich auch die Frage einer **Fernwirkung** von Fehlern bei der Beweiserhebung. Hat der Beschuldigte z. B. bei seiner polizeilichen Vernehmung angegeben, der Zeuge X habe ihn bei der Tat beobachtet, kannte er aber sein Recht, Angaben zu verweigern, nicht und wurde darüber vor der Vernehmung auch nicht belehrt, darf, wie schon oben ausgeführt, das, was er gesagt hat, nicht in die Hauptverhandlung eingeführt werden, wenn er der Verwertung in 66 der Hauptverhandlung widerspricht. Dies ist die Folge des unselbständigen Beweisverwertungsverbots. Dies bedeutet aber nicht, dass die Ermittlungsbehörden nicht berechtigt wären, den Zeugen X, auf den sie nur durch die Angaben des Beschuldigten gekommen sind, zu befragen. Dessen Angaben können dann vielmehr nach ständiger Rechtsprechung des BGH und nach h. M. verwertet werden, da es im deutschen Strafrecht **keine Fernwirkung von Beweisverboten** gibt – die Früchte des verbotenen Baumes dürfen geerntet werden.

II. Fehler bei der Beweiserhebung und Folgen im Verlauf des Verfahrens

67 Wie aber geht man nun in der Examensklausur sinnvoll mit diesen Beweisverboten um?

Befindet sich das Verfahren im Stadium des Ermittlungsverfahrens bietet es sich an, bei der materiell-rechtlichen Prüfung der Strafbarkeit der Beteiligten alle Beweismittel zu berücksichtigen und in einem zweiten Teil, der Prüfung der Verfahrensfragen, alle Verfahrensfehler zu erörtern. Ob man bei jedem Fehler bei der Beweiserhebung bereits auf die Frage des Verwertungsverbots eingeht, ist Geschmacksfrage, hängt aber auch vom Umfang der Verfahrensfehler ab. Stellt sich nicht nur bei einem Beweisverbot die Frage der Fernwirkung, erscheint es sinnvoll, darauf für die betroffenen Erhebungsverbote gemeinsam einzugehen.

68 Liegt der Klausur eine Hauptverhandlung zugrunde und sind die Verfahrensfragen in einem Gutachten zu erörtern, kann wie bei der Klausur zum Ermittlungsverfahren vorgegangen werden, wobei sich die Erörterung der Verfahrensfehler an der zeitlichen Abfolge in der Hauptverhandlung orientieren sollte. Ist in der Klausur ein Urteil zu entwerfen und sind darin die Verfahrensfragen anzusprechen, sollten die Verwertungsverbote bei der Beweiswürdigung angesprochen werden und zwar in der Reihenfolge, wie sie sich aufgrund der logischen Argumentation in der Beweisführung anbietet. Können nicht alle Verfahrensfehler im Urteil angesprochen werden, sind die offen gebliebenen Fragen regelmäßig in einem Hilfsgutachten zu erörtern.

2. Teil. Ermittlungsverfahren

A. Klausuraufgaben mit Prüfungsfolge

Probleme des Ermittlungsverfahrens spielen nicht nur eine große Rolle in den Fällen, 69
in denen die Aufgabenstellung aus dem Bereich des Ermittlungsverfahrens kommt, sondern auch bei Klausursachverhalten zur Hauptverhandlung. Auch da kann es auf die Ordnungsmäßigkeit der Beweiserhebung (ordnungsgemäße Belehrung des Beschuldigten oder des Zeugen, die Zulässigkeit der Durchsuchung oder Überwachung der Telekommunikation etc.) ankommen.

In Klausuren, die nur den Bereich Ermittlungsverfahren betreffen, wird nicht selten 70
neben einem Gutachten zur materiellen Rechtslage als praktische Aufgabenstellung der Entwurf einer Anklageschrift und/oder einer (Teil-)Einstellungsverfügung verlangt. Weniger zeitaufwendig und deshalb häufiger wird statt einer vollständigen Anklage nur der Anklagesatz gefordert, in geeigneten Fällen auch stattdessen der Entwurf eines Haftbefehls, da dieser kurzgefasst ist und doch starke Ähnlichkeit zum Anklagesatz hat. Sind die Ermittlungen noch nicht abgeschlossen, muss der Referendar erkennen, welche sinnvollen Anträge an den Ermittlungsrichter zu stellen sind, z. B. Antrag auf richterliche Vernehmung einer zeugnisverweigerungsberechtigten Ehefrau, auf Durchsuchung, auf vorläufige Entziehung der Fahrerlaubnis etc.

Prüfungsfolge Stadium Ermittlungsverfahren Verlangt wird **I. die Prüfung der Rechtmäßigkeit des Handelns der Ermittlungsbehörden (z. B. Vernehmung als Zeugen) oder von Zwangsmaßnahmen (z. B. Durchsuchung)**	
A. Verdachtslage	Welche Strafbarkeit steht im Raum? – also Prüfung der materiellen Rechtslage anhand der aus der sich aus dem Klausursachverhalt ergebenden Erkenntnisse Welcher Grad des Verdachts besteht? – Würdigung der bisher erhobenen Beweismittel – ev. ist bei den einzelnen Taten ein unterschiedlicher Tatverdacht anzunehmen.
B. Verfahrenshindernisse?	z. B. Verjährung, anderweitige Rechtskraft (ne bis in idem).
C. Rechtsgrundlage für das Handeln/die Maßnahme	Meist sind mehrere Handlungen oder Maßnahmen zu prüfen. Dann bedarf es an dieser Stelle für jede Handlung/Maßnahme eigenständiger Ausführungen – Prüfung der Voraussetzungen anhand der Ermächtigungsgrundlage (z. B. § 163a III StPO oder § 102 StPO – welche Einschränkungen können der Maßnahme entgegenstehen (z. B. Zeugnisverweigerungsrecht nach § 252 StPO oder Überwachung im Kernbereich der Privatsphäre).
D. Konsequenzen	Besteht kein Grund zur Beanstandung, ist dies festzustellen. Ist das Handeln oder die Maßnahme dagegen rechtswidrig, ist darzulegen, welche Konsequenzen dies für das Verfahren (bzw. bei Anwaltsklausuren: für den Mandanten) hat. Regelmäßig ist auch zu prüfen, welche Rechtsmittel oder Rechtsbehelfe der Betroffene (bzw. der Mandant) hat.

<table>
<tr><td>E. Hilfsgutachten</td><td>Konnten nicht alle sich aus der Klausur ergebenden Fragen und Problemstellungen im Rahmen des Gutachtens angesprochen werden, sind sie regelmäßig noch im Rahmen eines Hilfsgutachtens anzusprechen (in diesem Bereich werden nicht selten wertvolle Punkte verschenkt).
Völlig fernliegende Fragen anzusprechen kann allerdings hilflos wirken und macht dann keinen guten Eindruck.</td></tr>
<tr><td colspan="2">II. einen Antrag/ein Rechtsmittel des Betroffenen gegen das Handeln/die Maßnahme oder die darauf zu treffende gerichtliche Entscheidung zu formulieren</td></tr>
<tr><td></td><td>Hier ist der Aufbau wie unter I., nur dass nach D als E. der Antrag oder die gerichtliche Entscheidung formuliert wird und unter F gegebenenfalls noch das Hilfsgutachten folgt. Vgl. die Prüfungsfolge in Teil 4, Abschnitt C II</td></tr>
<tr><td colspan="2">III. eine Abschlussverfügung</td></tr>
<tr><td colspan="2">Ausgangsfrage: Besteht genügender Anlass zur Erhebung der öffentlichen Klage?

A. Hinreichender Tatverdacht
I. Materielle Strafbarkeit
II. Fehlen von Verfahrenshindernissen
III. Vorhandensein ausreichender verwertbarer Beweismittel
B. Erforderliche Verfügungen
I. Öffentliches Interesse notwendig/gegeben?
II. Einstellung nach § 170 II StPO?
III. Einstellung oder Verfahrensbeschränkung nach §§ 153 ff. StPO?
VI. Art der Klageerhebung/des Antrags
V. Sonstige Verfügungen
Ergebnis: Entwurf der Verfügungen (falls verlangt – Einschränkungen beachten!)</td></tr>
</table>

B. Verfahrensfragen aus dem Ermittlungsverfahren

I. Beweisgewinnung im Ermittlungsverfahren

Geht es in der Klausurbearbeitung – wie regelmäßig – um die Rechtmäßigkeit der Befragung und damit letztlich um die (spätere) Verwertbarkeit der Vernehmungen sollten Sie sich diese Fragen stellen: **71**

Wer führt die Vernehmung durch?	Voraussetzungen und Konsequenzen sind unterschiedlich je nachdem, ob die Polizei, der Staatsanwalt oder der Richter die Vernehmung durchführt.
In welcher Eigenschaft?	Belehrung und die Verpflichtung zur Aussage ist höchst unterschiedlich, ob jemand als Beschuldigter oder als Zeuge (oder ev. als Sachverständiger) gehört wird.
Wer darf teilnehmen?	Darf das Opfer, darf der Mitbeschuldigte an der Vernehmung anderer Zeugen oder Beschuldigten teilnehmen? Vom Teilnahmerecht hängt u. U. ab, ob das Recht auf konfrontative Befragung beeinträchtigt war.
Darf der Teilnahmeberechtigte einen Anwalt mitbringen?	Damit hängt dann auch zusammen, ob dem Teilnahmeberechtigten zur Vorbereitung ein Akteneinsichtsrecht zusteht. Auch hat dies Bedeutung für die Frage, ob dem nicht anwaltlich Vertretenen ein Pflichtverteidiger oder ein Zeugenbeistand zu bestellen ist.
Wer ist zu laden?	Bei Fehlern steht die Rechtmäßigkeit der Vernehmung in Frage.
Besteht eine Verpflichtung zum Erscheinen?	Wer nicht erscheinen muss, dessen Aussage kann auch nicht erzwungen werden.
Belehrungen erforderlich?	Vor allem beim Beschuldigten bestehen vielfäl tige Belehrungspflichten, neben §§ 163a IV, 136 StPO ist z. B. bei festgenommenen ausländischen Staatsangehörigen das Wiener Konsularrechtsübereinkommen zu beachten. Beim Zeugen ist vor allem auf die Einhaltung der §§ 52, 55 und 252 StPO zu achten.
Besteht eine Verpflichtung zur Aussage (in welchem Umfang)?	Das Schweigerecht des Beschuldigten sowie das Recht auf umfassende Zeugnisverweigerung stehen hier im Vordergrund. Aber auch § 55 StPO, der u. U. zur Verweigerung jeglicher Angaben zur Sache berechtigen kann, gehören hierher.
Erstreckt sich das Schweigerecht/Zeugnisverweigerungsrecht auch auf Mitbeschuldigte, abgetrennte Verfahren und andere Verfahren?	Der Status des zu Vernehmenden ist grundsätzlich formal nach seinem Status in dem Verfahren zu bestimmen, in dem er gehört wird. Besonderheiten gibt es beim Zeugnisverweigerungsrecht nach Abtrennung eines Mitbeschuldigten.

In welchem Umfang dürfen aus Teilschweigen Rückschlüsse gezogen werden?	Der Zeitpunkt der Berufung auf ein Zeugnisverweigerungsrecht ist nicht der Beweiswürdigung zugänglich, ebenso die Berufung auf das Schweigerecht durch den Beschuldigten. Teilschweigen kann Rückschlüsse zulassen – aber Vorsicht!
Wurden nicht erlaubte Vernehmungsmethoden angewandt?	In erster Linie ist hier an § 136a StPO zu denken – Verstöße dagegen führen zu einem Verwertungsverbot!
Darf die Vernehmung aufgezeichnet werden und muss der Vernommene trotzdem noch vor Gericht Angaben machen?	Gesetz sieht Möglichkeiten der Videovernehmung vor (§ 58a StPO), die aber i.d.R. die Vernehmung nicht ersetzen kann (§ 255a StPO – bitte aber auch dessen Abs. 2 beachten!).
Details zur Prüfungsfolge beim Personalbeweis siehe auch unten Rn. 131	

1. Pflicht zum Erscheinen und zur Aussage

72 Mit dem am 24.8.2017 in Kraft getretenen Gesetz zur effektiveren und praxistauglicheren Ausgestaltung des Strafverfahrens vom 17.8.2017 ist die **Pflicht für Zeugen** eingeführt worden, **bei der Polizei zu erscheinen und auszusagen**, wenn der Ladung ein **Auftrag der Staatsanwaltschaft** zugrunde liegt (**§ 163 III StPO n. F.).** Bisher bestand diese Pflicht nur für staatsanwaltschaftliche und gerichtliche Vernehmungen. Die Entscheidung über das Vorliegen der Zeugeneigenschaft, das Bestehen von Zeugnis- und oder Auskunftsverweigerungsrechten sowie die Festsetzung von Maßnahmen bei unberechtigtem Ausbleiben verbleibt gem. § 163 IV StPO n. F. bei der Staatsanwaltschaft. Die Festsetzung von Ordnungs- und Erzwingungshaft bleibt indessen dem nach § 162 StPO zuständigen Gericht vorbehalten (Abs. 4 S. 1 Nr. 4); ebenso die eidliche Vernehmung (III 3). Im Übrigen gelten für die Durchführung der Vernehmung die Zeugenvorschriften §§ 48–71 StPO entsprechend, über § 69 III auch § 136a StPO (verbotene Vernehmungsmethoden). Der Zeuge ist folglich über die Freiwilligkeit seiner Angaben aufzuklären, wenn er darüber irrt, dass die Ladung auf staatsanwaltschaftlicher Anordnung beruht (zur aktuellen Rechtslage vgl. *Soine* NStZ 2018, 141).

Ansonsten hat die Polizei weder die Möglichkeit, einen Zeugen zum Erscheinen zur Vernehmung zu zwingen, noch kann sie, wenn der Zeuge erscheint, seine Aussage erzwingen. Auch eine Vorladung des Beschuldigten zur Vernehmung kann sie nicht durchsetzen.

73 Daneben sind **Zeugen gem. § 161a I StPO verpflichtet,** auf Ladung vor der Staatsanwaltschaft zu **erscheinen und auszusagen,** es sei denn, sie hätten ein Zeugnisverweigerungsrecht. Der Staatsanwalt hat dazu die gleichen Rechte wie der Richter (vgl. §§ 161a, 51, 70 StPO – eine staatsanwaltschaftliche Vernehmung setzt allerdings voraus, dass der Staatsanwalt tatsächlich die Vernehmung leitet und das Vernehmungsgespräch im Wesentlichen selbst führt, die bloße Gegenwart bei der Vernehmung durch einen Polizeibeamten genügt nicht, OLG Hamburg NStZ 2010, 716). Allerdings kann er auch hier den Zeugen nicht vereidigen (§ 161a I 3 StPO) und keine Ordnungshaft anordnen (§ 161a II 2 StPO). Der Staatsanwalt kann den Zeugen vorführen lassen und/oder ein Ordnungsgeld (zu dessen Höhe vgl. Art. 6 EGStGB) festsetzen sowie ihm die Kosten seiner Säumnis auferlegen. Gegen die Entscheidung des Staatsanwalts ist Antrag auf richterliche Entscheidung möglich (§§ 161a III, 163a III 3 StPO). Für die Vernehmung eines Sachverständigen gilt Entsprechendes (§§ 161a, 77 StPO). Auch das **Erscheinen des Beschuldigten** zur Vernehmung

kann der Staatsanwalt durch Vorführung erzwingen (vgl. **§ 163a III i.V.m. §§ 133ff. StPO**).

Hinweis: Die Vorführung erfolgt auf Grund eines schriftlichen Vorführungsbefehls, der den Tatvorwurf und den Grund der Vorführung enthält (vgl. § 134 II StPO). Auf Grund dieses Vorführungsbefehls kann der zu Vernehmende nicht länger festgehalten werden als bis zum Ende des Tages, der dem Beginn der Vorführung folgt (§ 135 StPO).

Selbstverständlich ist der Beschuldigte jedoch auch gegenüber dem Staatsanwalt nicht verpflichtet, Angaben zur Sache zu machen (§§ 163a III, 136 StPO). Deshalb kann seine Vorladung dann nicht zwangsweise durchgesetzt werden, wenn der Beschuldigte – z.B. über einen Verteidiger – ernsthaft zum Ausdruck gebracht hat, dass er – im gegenwärtigen Verfahrensstadium – keine Angaben machen werde. Anders ist es allerdings, wenn seine Anwesenheit aus anderen Gründen erforderlich ist, z.B. zur Gegenüberstellung oder um den Beschuldigten auf die Beweislage hinzuweisen und ihm ein Geständnis nahe zu legen (gerade hier allerdings kommt es immer wieder zu unerlaubten Versprechen im Sinne von verbotenen Vernehmungsmethoden nach § 136a StPO – siehe unten Rn. 100ff.). 74

Hinweis zur materiellen Strafbarkeit: Falsche Angaben sind deshalb weder gegenüber der Staatsanwaltschaft noch der Polizei als falsche Aussage im Sinne der §§ 153ff. StGB strafbar, da sie weder Gericht noch zur Abnahme einer eidlichen Vernehmung zuständige Behörde sind. Ist die Aussage allerdings falsch und belastet sie den Beschuldigten, so kommt eine Strafbarkeit wegen falscher Verdächtigung gemäß **§ 164 StGB** und das Vortäuschen einer Straftat nach **§ 145d StGB** (Aufbauschen einer tatsächlich begangenen Straftat reicht hierfür nicht) in Betracht. Entlastet die falsche Aussage den Beschuldigten, so kommt eine Strafbarkeit wegen (versuchter) Strafvereitelung (**§ 258 StGB**) oder wegen (versuchter) Begünstigung in Betracht (§ 257 StGB). Bei Prüfung der Strafbarkeit wegen Strafvereitelung sollte aber daran gedacht werden, dass der Zeuge möglicherweise nur die Strafverfolgung von sich selbst bzw. einem Angehörigen abwenden wollte (§ 258 V bzw. VI StGB beachten).

Für die Vernehmung durch den **Ermittlungsrichter** gilt das für die Vernehmung durch den Staatsanwalt Gesagte mit der Ergänzung, dass der Richter auch die Ordnungshaft anordnen kann, Zeugen vereidigt werden können und die – auch im Ermittlungsverfahren – gemachten Angaben, wenn sie falsch sind, eine Falschaussage im Sinn der §§ 153ff. StGB darstellen. 75

Hat ein Zeuge ein gesetzliches Recht, die Aussage ganz oder zu bestimmten Punkten zu verweigern, so kann selbstverständlich diese Aussage insoweit nicht erzwungen werden. Zu denken ist hierbei neben dem Zeugnisverweigerungsrecht an sogenannte Schweigepflichten (vgl. dazu *Meyer-Goßner/Schmitt* § 161 Rn. 3ff.) wie das Steuergeheimnis (§ 30 Abgabenordnung) und das Sozialgeheimnis (§ 35 Sozialgesetzbuch I).

Praxistipp: Denken Sie bei Berufung auf das im Strafverfahren nicht existente Bankgeheimnis daran, dass der Staatsanwalt den Bankangestellten vorladen und dessen Aussage erzwingen kann und dass Banken in der Regel zur Abwendung dieser Vernehmung oder einer Durchsuchung Auskunft erteilen.

2. Anwesenheitsrechte bei den Vernehmungen

Auch das Recht, an einer Vernehmung teilnehmen zu dürfen, ist für die einzelnen Vernehmungen unterschiedlich geregelt. Allgemein sei in diesem Zusammenhang darauf hingewiesen, dass der Staatsanwalt als Herr des Ermittlungsverfahrens selbstverständlich an jeder Vernehmung im Rahmen des Ermittlungsverfahrens teilnehmen kann. Auf dieses Recht wird deshalb im Folgenden nicht mehr besonders hingewiesen (Besonderheiten gelten für Vernehmungen im Ausland auf Grund von Rechtshilfeersuchen). Ferner ist zu beachten, dass das Anwesenheitsrecht in der Regel auch eine 76

Benachrichtigungspflicht auf Seiten der Staatsanwaltschaft bzw. des Gerichts bedeutet (vgl. § 168c V 1 – Ausnahme: § 168c V 2 StPO).

Tipp: Im Einzelfall sollte deshalb geprüft werden, ob eine unterlassene Benachrichtigung eines Anwesenheitsberechtigten dazu geführt hat, dass ein richterliches Protokoll nicht mehr als solches verlesen werden kann (vgl. zum Verwertungsverbot BGH NStZ 1999, 417). Es bleibt aber die Möglichkeit, es **wie** ein **polizeiliches Protokoll zu behandeln** (streitig: dazu *Meyer-Goßner/Schmitt* § 168c Rn. 6 und BGH NStZ 1998, 312).

77 **a) Vernehmung durch Polizeibeamte.** Mit der Ergänzung des § 163a IV StPO durch das Gesetz vom 27.7.2017 (BGBl. 3295) und dem Verweis in Abs. 4 S. 3 auf § 168c I und V StPO wurde das **Anwesenheits-, Frage- und Erklärungsrecht des Verteidigers bei polizeilichen Vernehmungen des Beschuldigten** gesetzlich statuiert. Der Verteidiger ist von der polizeilichen Vernehmung seines Mandanten zu benachrichtigen. Auch bei Gegenüberstellungen hat der Verteidiger nunmehr ein Anwesenheitsrecht (§ 58 II 2–4 StPO n. F.). Dritte, auch der Verletzte, sind dagegen wie bisher nicht zur Teilnahme berechtigt.

78 Vernimmt die Polizei **Mitbeschuldigte, Zeugen oder Sachverständige** oder macht sie einen **Augenschein,** z. B. eine Tatortbesichtigung, hat aber weder der Verteidiger noch der Beschuldigte ein Anwesenheitsrecht. Dagegen hat der **Anwalt eines Zeugen** ein Anwesenheitsrecht bei der Vernehmung seines Mandanten (§ 163 III i.V.m. **§ 68b I StPO**). Unter besonderen Umständen ist dem Zeugen sogar für die Dauer der Vernehmung ein Rechtsanwalt beizuordnen (vgl. § 68b II StPO); die Anordnung trifft bei polizeilichen und staatsanwaltschaftlichen Vernehmungen der Staatsanwalt (§ 163 IV Nr. 3 StPO). Ein Verletzter kann sich für das ganze Verfahren des Beistands eines Rechtsanwalts bedienen (als Nebenklageberechtigter kann ihm gem. §§ 397a, 406h III StPO vom Ermittlungsrichter auch ein Rechtsanwalt als Beistand bestellt werden) und sich auch von diesem vertreten lassen (§ 406f I StPO – die Vertretung bezieht sich natürlich nicht auf die Beantwortung von Fragen, die dem Mandanten in dessen Eigenschaft als Zeuge gestellt werden); er kann aber auch eine Person seines Vertrauens zur Vernehmung hinzuziehen, solange dies nicht den Untersuchungszweck gefährden könnte (vgl. § 406f II StPO – klassisches Beispiel wäre die Begleitperson, die selbst als Zeuge erst noch vernommen werden soll). In den genannten Fällen werden die Rechtsanwälte nicht zum Vernehmungstermin geladen. Es obliegt dem Zeugen, seinen Anwalt mitzubringen. Im Falle des § 68b II StPO verbietet es allerdings die Schutzwürdigkeit des Zeugen, diesen ohne seinen Anwalt zu vernehmen, so dass die Ladung des Anwalts schon im eigenen Interesse des Vernehmenden liegt.

79 **b) Vernehmung durch den Staatsanwalt.** Auch bei der Vernehmung des **Beschuldigten** durch die Staatsanwaltschaft hat der **Verteidiger** dieses Beschuldigten das Recht auf Anwesenheit bei der Vernehmung (§ 163a III 2 i.V.m. § 168c I StPO). Ebenso ist dem **Anwalt eines Zeugen** und der **Vertrauensperson des Verletzten** die Anwesenheit bei der Vernehmung ihrer Mandanten durch den Staatsanwalt gestattet (§ 68b I i.V.m. § 161a I 2 StPO; § 406f II StPO), diese werden allerdings, ebenso wie bei der polizeilichen Vernehmung, nicht vom Termin benachrichtigt. Der Zeuge ist zum Erscheinen und zur Aussage vor dem Staatsanwalt verpflichtet (§ 161a II StPO). Im Übrigen gilt für die staatsanwaltschaftliche Vernehmung von Zeugen und Sachverständigen und für die Einholung eines Augenscheins das Gleiche wie für die entsprechenden polizeilichen Ermittlungshandlungen. Das heißt insbesondere, dass der Beschuldigte und sein Verteidiger bei diesen Ermittlungshandlungen kein Anwesenheitsrecht haben (§ 161a StPO verweist nämlich nicht auf § 168c StPO). Dies hat

zunehmend Bedeutung für den Umgang mit dem Anspruch auf konfrontative Befragung, wenn bei belastenden Angaben der Mitbeschuldigte später schweigt oder ein Zeuge sich dann auf sein Zeugnisverweigerungsrecht beruft (siehe Rn. 81).

Beachte: Eine staatsanwaltschaftliche Vernehmung des Beschuldigten, die ohne Benachrichtigung des Verteidigers erfolgte, obwohl die Voraussetzungen des § 168c V 2 StPO nicht vorlagen, ist gegen den Willen des Beschuldigten nicht verwertbar (vgl. Löwe-Rosenberg-*Rieß* § 163a Rn. 125).

c) Vernehmung durch den Ermittlungsrichter. Wie bei der staatsanwaltschaftlichen Vernehmung ist auch bei der richterlichen Vernehmung im Ermittlungsverfahren dem **Verteidiger** die Anwesenheit bei der Vernehmung seines Mandanten, nicht aber bei der eines Mitbeschuldigten (gegen die analoge Anwendung des § 168c II StPO auf diesen Fall BGH NJW 1997, 1790; so auch OLG Köln – NStZ 2012, 174 – für die Anwesenheit im Haftprüfungsverfahren des Mitbeschuldigten) gestattet, ebenso dem **Anwalt des Zeugen** (§ 68b I 2 StPO) bei dessen Vernehmung. Darüber hinaus haben der **Beschuldigte,** sein **Verteidiger** sowie der **Anwalt des Nebenklageberechtigten** grundsätzlich ein *Anwesenheitsrecht* bei der richterlichen Vernehmung von Zeugen, Sachverständigen und der Einholung eines richterlichen Augenscheins (§§ 168c II, 168d I 1, 406h II 3 StPO). Das Recht des Beschuldigten ist allerdings eingeschränkt durch §§ 168c III bis V, 168d I 2 und 168e StPO. Danach kann der Beschuldigte von der Anwesenheit ausgeschlossen werden, wenn seine Anwesenheit den Untersuchungszweck gefährden würde (§ 168c III StPO). Dies ist z.B. dann der Fall, wenn die Gefahr besteht, der Beschuldigte werde die bei der Vernehmung gewonnenen Erkenntnisse zu Verdunklungshandlungen nutzen (*Meyer-Goßner/Schmitt* § 168c Rn. 3) oder wenn zu befürchten ist, der Zeuge werde aus Angst vor dem Beschuldigten nicht wahrheitsgemäß aussagen. Ferner hat der in Haft befindliche Beschuldigte nur Anspruch auf Anwesenheit bei Vernehmungen am Haftort (§ 168c IV StPO). Und schließlich wird er nicht vom Vernehmungstermin benachrichtigt, wenn diese Unterrichtung den Untersuchungserfolg gefährden würde (§ 168c V 2 StPO). Dazu gehört zum einen der Fall, dass die Gefahr besteht, der Beschuldigte werde auf den Zeugen Einfluss nehmen, damit dieser nicht wahrheitsgemäß aussagt. Gefährdet werden kann der Erfolg aber auch aus zeitlichen Gründen, wenn also bei Benachrichtigung z.B. eine zur Beweissicherung sofort notwendige Vernehmung zeitlich nicht mehr möglich wäre. Bleibt die Vernehmung auch nach der Verzögerung möglich und wird ihr Beweiswert dadurch auch nicht eingeschränkt, so rechtfertigt die bloße Verzögerung das Unterlassen der Benachrichtigung nicht, da erforderlich ist, dass der Untersuchungserfolg vereitelt oder verschlechtert wird. Da § 168c III StPO nur vom Beschuldigten spricht, kann dem Verteidiger die Anwesenheit nicht verwehrt werden. Nach § 168c V StPO kann aber auch bei ihm von der Benachrichtigung abgesehen werden. Dazu reichen aber nicht Gründe, die allein in der Person des Beschuldigten liegen. Entsprechendes gilt auch für den Anwalt des Nebenklageberechtigten (§ 406h II 3 StPO). Lässt die Anwesenheit des Beschuldigten die dringende Gefahr eines schwerwiegenden Nachteils für das Wohl des Zeugen befürchten, soll die Vernehmung mittels Videotechnik getrennt von den Anwesenheitsberechtigten erfolgen, diesen aber in Bild und Ton übertragen werden (§ 168e StPO). Richterliche Protokolle von Vernehmungen, bei denen Benachrichtigungs- oder Teilnahmerechte verletzt wurden, dürfen ohne Einverständnis des Angeklagten und des Verteidigers nicht als richterliches Protokoll gemäß § 251 II StPO in der Hauptverhandlung verlesen werden, es sei denn, das Unterbleiben der Benachrichtigung hat sich nicht auf das ihr Mitwirkungsrecht ausgewirkt (OLG München NStZ 2015, 300). Solche Niederschriften sind auch nicht durch Vernehmung 80 des Ermittlungsrichters verwertbar. Jedoch kann die Verlesung als Protokoll einer „anderen Vernehmung oder als schriftliche Äußerung i.S.d. § 251 I StPO zulässig sein. Der Tatrichter muss in diesem Fall entsprechend § 265 I StPO darauf hinweisen, dass er die Vernehmungsgrundlage umstellen will und in den Urteilsgründen zum Ausdruck bringen, dass er sich des minderen Beweiswerts der Aussage (sog. **Beweisminderungslösung**) bewusst ist (BGH NStZ 1998, 312).

Hinweis: Selbst wenn bei einer richterlichen Vernehmung des Mitbeschuldigten B dessen Verteidiger nicht vom Termin zur Vernehmung des B benachrichtigt worden war, und selbst wenn man – was umstritten ist – hierin bei Widerspruch des B ein Verwertungsverbot begründet sehen sollte, kann sich der Beschuldigte A – auch wenn das Verfahren weiterhin einheitlich geführt wird – auf diesen Verfahrensfehler, der lediglich seinen Mitangeklagten B betrifft, nicht berufen, da sein Rechtskreis nicht betroffen ist, weil die Benachrichtigung des Verteidigers von B nicht den Interessen des A dient (BGH NJW 2009, 1619; str., für eine analoge Anwendung von § 168c II-IV StPO auf Vernehmungen von Mitbeschuldigten *Mosbacher* NStZ 2015, 303).

Klausurtipp: Prüfen Sie bei Vernehmungen, wer anwesenheitsberechtigt war, wer benachrichtigt werden musste und wer tatsächlich geladen wurde. Bei Differenzen müssen Sie darlegen, ob die Benachrichtigung zu Recht unterblieb. Bei Verstößen müssen Sie schließlich noch zur Frage der Verwertbarkeit Stellung nehmen. Bei mehreren Beschuldigten kann diese Frage selbstverständlich nicht einheitlich beantwortet werden, wenn nur bei einem gegen die Benachrichtigungspflicht verstoßen wurde (siehe vorangegangenen Hinweis).

81 **d) Das Recht auf konfrontative Befragung.** Art. 6 III d EMRK garantiert als eine besondere Ausformung des Grundsatzes des fairen Verfahrens nach Art. 6 I 1 EMRK das Recht des Angeklagten, Fragen an Belastungszeugen zu stellen oder stellen zu lassen. Dieses Recht ist vom Anwesenheitsrecht bei der Vernehmung im Ermittlungsverfahren zu unterscheiden! Regelmäßig kann der Beschuldigte z.B. den Zeugen, der polizeilich vernommen worden war und bei dessen Vernehmung er deshalb nicht anwesend sein konnte, in der Hauptverhandlung persönlich befragen. Das Recht auf konfrontative Befragung ist erst tangiert, wenn der Zeuge dann in der Hauptverhandlung nicht mehr als Beweismittel zur Verfügung steht (weil er unerreichbar ist oder von seinem Recht, die Aussage zu verweigern, Gebrauch macht). Allerdings liegt selbst dann, wenn der Angeklagte zu keinem Zeitpunkt die Gelegenheit zur konfrontativen Befragung des Zeugen hatte, nicht in jedem Fall ein Verstoß gegen die EMRK vor. Entscheidend ist vielmehr, ob das Verfahren in seiner Gesamtheit einschließlich der Art und Weise der Beweiserhebung und -würdigung fair war. Bei unterbliebener Konfrontation eines Belastungszeugen beurteilt der **EGMR** (Urteil v. 15.12.2015 -9154/10) die Einhaltung des Verfahrensrechts nach Maßgabe einer **3-Stufen-Theorie.** Danach ist zu prüfen, ob (1.) ein triftiger Grund für das Nichterscheinen des Zeugen vorlag, der die Einführung seiner Aussage über ein Beweismittelsurrogat rechtfertigen konnte, (2.) die Aussage des abwesenden Zeugen die einzige oder entscheidende Grundlage für die Verurteilung darstellte und ob es (3.) ausgleichende Faktoren (z.B. die Anwesenheit des Verteidigers bei der Zeugenvernehmung) gab, die ausreichten, um die Schwierigkeiten der Verteidigung infolge der Zulassung eines solchen Beweismittels auszugleichen (BGH NStZ 2017, 602 – Lesen!). Beruht die Unmöglichkeit der konfrontativen Befragung auf der Justiz zuzurechnenden Fehlern – z.B. wenn der Verteidiger sich vor der richterlichen Vernehmung des Zeugen legitimiert hatte, sein Schreiben aber durch ein Versehen der Geschäftsstelle erst nach der Vernehmung dem Staatsanwalt bzw. Richter vorgelegt wurde – so kann eine Verurteilung auf die Aussagen dieses Zeugen nur gestützt werden, wenn seine Angaben durch andere gewichtige Gesichtspunkte außerhalb der Aussage (z.B. durch die Angaben anderer Zeugen) bestätigt werden. In jedem Fall bedarf die Aussage eines

Zeugen, den der Angeklagte nicht befragen (lassen) konnte, einer besonders sorgfältigen und kritischen Würdigung durch das Tatgericht (BGH NStZ 2018, 51).

Praxis- und Klausurtipp: Da der Ausschluss des Beschuldigten von der Vernehmung dieses konfrontative Fragerecht berührt, ist immer auch zu prüfen, ob nicht für eine ordnungsgemäße Verteidigung die **Bestellung eines Pflichtverteidigers** geboten ist. Im Falle der Vernehmung des zentralen Belastungszeugen in einem Verfahren, bei dem mit i.S.d. § 140 I oder II StPO gewichtiger Anklageerhebung zu rechnen ist, wird dies regelmäßig bereits im Ermittlungsverfahren der Fall sein.

Beachte: Art. 6 III d EMRK erfasst auch die Aussage eines Mitangeklagten im Ermittlungsverfahren, der den Angeklagten im Ermittlungsverfahren belastet hat, in der Hauptverhandlung aber von seinem Schweigerecht Gebrauch macht. Dass ihn der Angeklagte in der Hauptverhandlung nicht befragen oder befragen lassen kann, führt aber grundsätzlich nicht zu einem Konventionsverstoß (BGH NStZ 2009, 581; 2010, 589; NStZ-RR 2017, 224) und steht damit einer (allerdings kritisch zu würdigenden) Verwertung der Aussage nicht entgegen, solange das Verfahren im oben genannten Sinne fair war.

3. Beschuldigtenvernehmung

a) Belehrung. Wird der Beschuldigte im konkreten Ermittlungsverfahren zum ersten Mal als solcher vernommen, so ist er vom Vernehmenden darüber aufzuklären, welche Tat ihm vorgeworfen wird und zwar so, dass der Beschuldigte tatsächlich weiß, um was es geht und sich entsprechend einlassen kann. Also nicht „Sie sollen geklaut haben", sondern „Sie sollen heute Vormittag im Kaufhof in Stuttgart eine Flasche Whisky gestohlen haben". Richter und Staatsanwalt müssen darüber hinaus auch die in Betracht kommenden Strafvorschriften angeben (vgl. § 136 I 1 und den darauf Bezug nehmenden § 163a III 2 sowie den davon abweichenden § 163a IV 1 StPO; vgl. auch BGH NStZ 2012, 581, wonach dem Beschuldigten der ihm vorgeworfene Sachverhalt zumindest in groben Zügen zu eröffnen ist, der Vernehmende aber hierbei im Einzelnen einen gewissen Beurteilungsspielraum hat, dessen Grenzen jedoch überschritten sind, wenn z.B. dem Beschuldigten eines Gewaltdelikts der Tod des Opfers nicht eröffnet wird). **82**

Praxistipp: Diese Belehrung kann nicht sorgfältig genug durchgeführt und auch entsprechend dokumentiert werden. Insbesondere bei der Frage der verjährungsunterbrechenden Wirkung der Belehrung (vgl. § 78c I Nr. 1 StGB) kann es Jahre später entscheidend darauf ankommen, was dem Beschuldigten bereits damals vorgeworfen worden ist.

Darüber hinaus ist der Beschuldigte bei der *jeweils ersten Vernehmung* durch Richter/Staatsanwalt oder Polizei darauf hinzuweisen, dass er keine Angaben machen muss und Beweiserhebungen zu seiner Entlastung beantragen kann. Da in einfach gelagerten Fällen auch eine schriftliche Stellungnahme des Beschuldigten genügen kann, ist er in einem solchen Fall auch darauf hinzuweisen (zu den Hinweispflichten vgl. die §§ 136 I, 163a III und IV StPO; der verhaftete Beschuldigte ist sogar sehr umfangreich nach § 114b StPO zu belehren – lesen!). **83**

Vor allem aber ist er vor der ersten Vernehmung auch darauf hinzuweisen, dass er jederzeit einen Verteidiger seiner Wahl befragen darf, im Falle einer notwendigen Verteidigung ist er gemäß **§ 136 I 5 StPO n.F.** auch über die Möglichkeit einer Pflichtverteidigerbestellung zu belehren. Zu Letzterem ist er außerdem auf die Kostenfolge des § 465 StPO hinzuweisen. Nach **§ 136 I 3 StPO n.F.** sind dem Beschuldigten, der noch keinen Verteidiger hat, überdies Informationen zur Verfügung zu stellen, die es ihm erleichtern, einen Verteidiger zu kontaktieren. Auf bestehende anwaltliche Notdienste ist er hinzuweisen (**§ 136 I 4 StPO n.F.;** äußert der Beschuldigte aber keinen Wunsch auf Hinzuziehung eines Verteidigers, muss er auch nicht auf den anwaltlichen Notdienst hingewiesen werden – BGH NStZ 2006, 114). Aus diesen

Rechten folgt aber nicht das Verbot, einen – nach Belehrung – zur Aussage bereiten Beschuldigten ohne Verteidiger zu vernehmen, auch wenn er zunächst die Hinzuziehung eines Verteidigers gewünscht hatte (BGH NJW 1996, 2242). Nur wenn dem Beschuldigten von Seiten der Ermittlungsorgane bedeutet wird, er werde seine prozessualen Rechte nicht durchsetzen können oder wenn ihm gar die Kontaktaufnahme zu einem Anwalt aktiv verweigert wird, führt dies zum Verwertungsverbot, wenn der Beschuldigte der Verwertung in der Hauptverhandlung widerspricht (BGH NStZ 1997, 502; StV 2004, 57; nach BGH NStZ 2004, 450 bleibt die Aussage verwertbar, wenn der Beschuldigte sie in Kenntnis seiner Rechte machte). Wichtig ist letztlich, dass der Beschuldigte nach einem fehlgeschlagenen Kontaktversuch mit einem Verteidiger bei einem zweiten Vernehmungsversuch in seiner Entschließung, sein Schweigerecht auszuüben, frei und in seinem Recht auf Verteidigerkonsultation nicht beeinträchtigt ist (vgl. BGH NStZ 2013, 299 m.w.N.).

Hinweis: Für die Frage, ob eine verwertbare Vernehmung vorliegt, kommt es nicht auf die äußere Form an. Auch wenn der Inhalt eines Gesprächs des Beschuldigten mit dem Polizisten nicht protokolliert wird, ist sein Inhalt verwertbar, solange klar ist, dass das Gespräch eine Ermittlungshandlung darstellt (BGH NStZ 1995, 353).

84 In diesem Zusammenhang ist § 168b StPO zu beachten. Nach dessen Abs. 1 sind die Ergebnisse der Untersuchungshandlungen aktenkundig zu machen; nach Abs. 2 soll über Vernehmungen ein Protokoll erstellt werden und die Belehrung des Beschuldigten vor seiner Vernehmung nach § 136 Absatz 1 sowie § 163a StPO ist zu dokumentieren.

Nach § 163a V StPO gelten die §§ 187 I–III und 189 IV GVG entsprechend. Danach muss bei Vernehmung eines der deutschen Sprache nicht mächtigen Beschuldigten, oder wenn dieser sprach- oder hörbehindert ist, ein Dolmetscher bzw. Übersetzer hinzugezogen werden.

85 Wie bereits oben erwähnt, kann es im Einzelfall fraglich sein, ob der zu Vernehmende nun bereits Beschuldigter oder noch Zeuge ist. Die sog. **„informatorische Befragung"** ist solange zulässig, bis sich nach pflichtgemäßer Beurteilung der Verdacht so verdichtet hat, dass die vernommene Person ernstlich als Täter in Betracht kommt (BGH NStZ-RR 2012, 49). Ist die Person Verdächtiger und ist auch bereits klar, dass sich die weiteren Ermittlungen (auch) gegen sie richten werden, dann ist sie als Beschuldigter zu vernehmen (vgl. dazu auch BGH NJW 1990, 2633; wistra 2018, 91).

Unproblematisch verwertbar – weil nicht unter Verstoß gegen § 136 I StPO erlangt – bleibt die **bloße Entgegennahme** sog. **„Spontanäußerungen"**, also dessen, was der Beschuldigte der Vernehmungsperson spontan von sich aus mitteilt. Es besteht hier grundsätzlich keine Pflicht des Polizeibeamten, den Beschuldigten zu unterbrechen und zu belehren.

Beispiel: Erklärt der Beschuldigte während der Durchführung der Blutentnahme dem Polizeibeamten, es tue ihm leid, dass er seinen Nebenbuhler nicht richtig getroffen habe, er habe ihn umbringen wollen, so ist diese Aussage verwertbar – vgl. BGH NJW 1990, 461. Anders ist es, wenn der informatorisch Befragte dem Polizeibeamten spontan erklärt, er habe die Tat begangen, der Polizist sich dann aber noch über eine längere Zeitspanne hinweg Details der Tatbegehung schildern lässt, ohne ihn zu belehren (BGH NJW 2009, 3589).

Die Verwertung von Spontanäußerungen erscheint aber bedenklich, wenn sich Polizeibeamte nach einem pauschalen Geständnis weiterhin Einzelheiten der Tat berichten lassen, ohne den Verdächtigen zu belehren (BGH NStZ 2009, 706; lesenswert!). Überdies gebietet es der hohe Rang der Selbstbelastungsfreiheit, Spontanäußerungen

nicht zum Anlass für **sachaufklärende Nachfragen** zu nehmen, wenn der Beschuldigte schon nach Belehrung über seine Rechte nach § 136 I 2 StPO die Konsultation durch einen benannten Verteidiger begehrt und erklärt hat, von seinem Schweigerecht Gebrauch zu machen (BGH NStZ 2013, 604).

Ist die erforderliche Belehrung auf das Schweigerecht nach §§ 136 I 2, 163a IV 2 StPO unterblieben, begründet dies grundsätzlich ein Beweisverwertungsverbot (BGHSt 38, 215; so schon zuvor BGHSt. 25, 325 für Verstöße gegen die Belehrungspflicht in der Hauptverhandlung nach § 243 IV StPO – siehe dazu unten Rn. 287). Entsprechendes gilt, wenn der Beschuldigte infolge seines geistig-seelischen Zustandes den Hinweis des Polizeibeamten über seine Aussagefreiheit nicht versteht (BGH NJW 1994, 333; diese Fähigkeit ist in der Regel nur durch schwere körperliche oder seelische Mängel oder Krankheiten ausgeschlossen, BGH NStZ 1993, 395). Ein Verwertungsverbot besteht auch, wenn der Beschuldigte über das Recht auf Verteidigerkonsultation gemäß § 136 I 2 StPO nicht oder nur unzureichend belehrt worden ist (BGH NJW 2002, 975), nicht aber bei einer unterbliebenen Belehrung gemäß **§ 136 I 5 StPO n. F.** auf die Möglichkeit einer Pflichtverteidigerbestellung bei einer polizeilichen Beschuldigtenbelehrung (BGH NStZ-RR 2018, 219). Auch **Verstöße gegen § 136 I 3 und 4, II, III StPO n. F.** begründen kein Beweisverwertungsverbot (vgl. Meyer-Goßner/Schmitt § 136 Rn. 21). 86

Beachte: Die Angaben bleiben verwertbar, wenn feststeht, dass der Beschuldigte sein **Recht zu schweigen** auch ohne Belehrung **gekannt** hat, es sei denn, er erkannte im konkreten Fall nicht, dass er gerade als Beschuldigter vernommen werden soll.

Kannte der Angeklagte sein Schweigerecht nicht, bleiben seine Angaben trotzdem in der Hauptverhandlung verwertbar, wenn der Angeklagte, der entweder einen Verteidiger hat oder vom Vorsitzenden über die Möglichkeit des Widerspruchs unterrichtet worden ist, der Verwertung zustimmt oder ihr nicht bis zu dem in § 257 StPO bestimmten Zeitpunkt widerspricht (BGH NJW 1992, 1463, sog. **Widerspruchslösung**). Entscheidend ist dabei der Zeitpunkt, zu dem erstmals der Verwertung in der Hauptverhandlung widersprochen werden konnte (zum verspäteten Widerspruch erst nach erstinstanzlichem Urteil vgl. BGH NJW 2006, 707). Die Frage, ob tatsächlich eine Belehrung erfolgte, ist im Freibeweisverfahren zu klären. Bleibt offen, ob der Hinweis auf das Schweigerecht erfolgt ist, darf der Inhalt der Vernehmung verwertet werden. Gibt es allerdings in dieser Konstellation keine hinreichenden Anhaltspunkte für eine erfolgte Belehrung und ist auch der nach Nr. 45 I RiStBV geforderte Aktenvermerk über die Belehrung nicht gefertigt worden, sind die Angaben des Beschuldigten, die er in dieser Vernehmung gemacht hat, nicht verwertbar (BGH NStZ-RR 2007, 80). 87

Ein Verwertungsverbot besteht auch dann nicht, wenn die Angaben des unbelehrten Beschuldigten gegen einen Dritten verwertet werden sollen (BayObLG NJW 1994, 1296). In diesem anderen Verfahren ist der unbelehrte Beschuldigte ein (verdächtiger) Zeuge, der Rechtskreis des Dritten wird nicht berührt (zur sog. Rechtskreistheorie vgl. Rn. 635).

Die Belehrungspflicht besteht nur bei echten Vernehmungen, nicht bei **Äußerungen gegenüber Privatpersonen**. Auch ein Telefongespräch ist verwertbar, welches eine Privatperson auf Veranlassung der Ermittlungsbehörden mit dem Beschuldigten ohne Aufdeckung der Ermittlungsabsicht geführt hat und das von einer dritten Person mitgehört wurde, um so Angaben zum Ermittlungsverfahren zu erlangen. Dies gilt jedenfalls, wenn es um die Aufklärung einer Straftat von erheblicher Bedeutung geht und der Einsatz anderer Ermittlungsmethoden erheblich weniger Erfolg versprechend oder wesent- 88 lich erschwert gewesen wäre (sog. **„Hörfallenentscheidung“** des BGH NJW 1996, 2940). Desgleichen führt allein die Entgegennahme von belastenden Informationen durch die Ermittlungsbehörden, die ein eigeninitiativ handelnder Zeuge durch Täuschung des Beschuldigten erlangt hat, nicht zu einem Beweisverwertungsverbot. Eine Pflicht, dies zu unterbinden, trifft die Ermittlungsbehörden grundsätzlich nicht (BGH NJW 2017, 1828).

89 Davon abzugrenzen ist aber wiederum die sog. **„vernehmungsähnliche Situation“.** So darf ein Verdeckter Ermittler einen Beschuldigten, der sich auf sein Schweigerecht berufen hat, nicht unter Ausnutzung eines geschaffenen Vertrauensverhältnisses beharrlich zu einer Aussage drängen (BGH NStZ 2007, 714; 2009, 343). Zwar stellt die Durchführung eines „verdeckten Verhörs“ in der JVA grundsätzlich eine erlaubte kriminalistische List dar (BGH NStZ 2010, 527, wobei der BGH in diesem Fall wegen einer Drohung seitens des als Besucher getarnten nicht offen ermittelnden Polizeibeamten gleichwohl ein Verwertungsverbot der Aussage des inhaftierten Beschuldigten angenommen hat). Das Schweigerecht nach Art. 6 EMRK kann jedoch verletzt sein, wenn ein Informant als Agent des Staates dem Beschuldigten Eingeständnisse entlockt hat, welche die Behörden in der Vernehmung des Beschuldigten nicht erlangen konnten (EGMR StV 2003, 257). Demgemäß dürfen Angaben eines Beschuldigten gegenüber einem Mitgefangenen, der auf Veranlassung der Polizei auf seine Zelle gelegt wurde, um ihn über das Tatgeschehen auszuhorchen, wegen der Ausnutzung einer psychischen Zwangslage nicht verwertet werden („Zellengenosse als Lockspitzel“ der Polizei, BGH NJW 1987, 2525). Der Schutzzweck des § 136a StPO kann es gebieten, in entsprechender Anwendung der Norm ein Verwertungsverbot dann anzunehmen, wenn sich Behörden die in § 136a I, II StPO umschriebenen Verhaltensweisen Privater zurechnen lassen müssen. Eine solche – auf Ausnahmefälle beschränkte – Zurechnung kann sich sowohl aus der Art des Zusammenwirkens zwischen den Ermittlungsbehörden und der Privatperson ergeben als auch aus den Umständen, unter denen die Privatperson zu beweiserheblichen Angaben eines Tatverdächtigen gelangt (vgl. BGH NStZ 1999, 147: „Wahrsagerin“, die mit der Polizei zusammenarbeitet, verspricht ihren Mitgefangenen durch ihre „übersinnlichen Kräfte“ bei rückhaltloser Offenbarung des Tathergangs mildere Verurteilung, ansonsten drohe Rache „höherer Mächte“).

Merke: Das Recht auf Selbstbelastungsfreiheit ist jedenfalls nicht verletzt, wenn sich der private Informant aus eigenem Antrieb gegenüber der Polizei bereit erklärt hatte, an der Überführung des Beschuldigten mitzuwirken, der Beschuldigte sich nicht auf sein Schweigerecht berufen hatte und sich nicht in Haft befand (BGH NStZ 2011, 596).

Im Übrigen ist bei der Bewertung des Sachverhalts immer der „Fair-trial-Grundsatz“ aus Art. 6 EMRK zu beachten: Einem Beweisverwertungsverbot wegen eines Verstoßes gegen das Recht auf ein faires Verfahren unterliegen kann auch die – ansonsten nach § 100f StPO zulässige – heimliche Überwachung und Aufzeichnung von Ehegattengesprächen in der Untersuchungshaft, soweit dies in einem eigens dafür zugewiesenen separaten Besuchsraum ohne die übliche erkennbare Überwachung geschieht und dem Beschuldigten hierdurch suggeriert wird, in diesem Raum unüberwacht mit seiner Frau sprechen zu können (BGH NJW 2009, 2463).

90 Darüber hinaus ist zu beachten, dass die Aussagefreiheit **auch außerhalb Vernehmungen i.S.d. §§ 136, 136a StPO,** insbesondere bei einer ärztlichen Untersuchung der Beschuldigten in Anwesenheit einer Polizeibeamtin und der Zuführung dorthin, verletzt werden kann. Die – über die Polizeibeamtin in die Hauptverhandlung eingeführten – Angaben der Beschuldigten gegenüber dem Arzt unterliegen einem Beweisverwertungsverbot (vgl. BGH NJW 2018, 1986 – unbedingt lesen!).

Das Verwertungsverbot bedeutet nicht, dass die Ermittlungsbehörden diese Angaben in keiner Weise zur Kenntnis nehmen dürften. Vielmehr darf die Polizei durchaus die so erlangten Kenntnisse zum Anlass weiterer Ermittlungen nehmen (sogenannte **Früchte des verbotenen Baums**), sie darf sich allerdings zur Begründung von Zwangsmaßnahmen nicht auf diese Aussagen stützen, jedenfalls nicht, wenn der Beschuldigte einer Verwertung widersprochen hat. **91**

Wurde der Tatverdächtige zunächst zu Unrecht als Zeuge vernommen, so ist er wegen des Belehrungsverstoßes (§ 136 I 2 StPO) **bei Beginn der nachfolgenden Vernehmung** als Beschuldigter auf die Nichtverwertbarkeit seiner früheren Angaben hinzuweisen (BGH NStZ 2015, 291); unterbleibt diese **qualifizierte Belehrung** hat der Beschuldigte auch hier die Möglichkeit des Widerspruchs. Ob die Aussage verwertbar bleibt, hängt dann von einer Abwägung von Gewicht und Ausmaß des Verstoßes und dem Interesse der Sachaufklärung ab. Von Gewicht ist vor allem, ob der Beschuldigte glaubte, von seinen früheren Angaben nicht mehr abrücken zu können (BGH NStZ 2009, 702; NJW 2009, 1427; zur Problematik der **„Fortwirkung"** bei der 2. Aussage vgl. auch Rn. 108). Der BGH hat einen Fall, in dem auch bei der zweiten Beschuldigtenvernehmung keine qualifizierte Belehrung erfolgt ist, zum Anlass genommen, mit deutlichen Worten die Staatsanwaltschaft auf ihre Verantwortung im Ermittlungsverfahren hinzuweisen, und eingefordert, insbesondere in Kapitalsachen die ihr zustehenden Kontroll- und Leitungsbefugnisse auch effektiv auszuüben (NStZ 2009, 648). **92**

Wurde der Beschuldigte zu Recht als Zeuge vernommen, weil er zu diesem Zeitpunkt zum Beispiel noch nicht einmal Verdächtiger war oder weil er in einem anderen Ermittlungsverfahren zum Tatbeitrag eines getrennt verfolgten Dritten gehört wurde, so ist diese Zeugenaussage auch im Verfahren gegen den Beschuldigten verwertbar. Es gelten für die Einführung in die Hauptverhandlung allerdings die Grundsätze der Beschuldigtenvernehmung. Für die Verlesbarkeit der Vernehmung gilt also § 254, nicht §§ 251, 253 StPO (vgl. zum Urkundenbeweis Rn. 346). Problematisch ist dies dann, wenn der Beschuldigte auch als Zeuge bei dieser Vernehmung nicht auf sein Recht nach § 55 StPO (oder z.B. § 384 Nr. 2 ZPO) hingewiesen wurde. Auf Grund der geänderten Rechtsprechung zum Belehrungsverstoß bei § 136 StPO wird man nunmehr auch ein Verwertungsverbot annehmen müssen, wenn der Beschuldigte sein Recht, die Beantwortung einzelner Fragen verweigern zu dürfen, nicht kannte und er der Verwertung seiner Antwort später widerspricht. Das für § 55 StPO bekannte Schlagwort, diese Vorschrift berühre nicht den Rechtskreis des Beschuldigten (siehe dazu Rn. 635), gilt natürlich nicht für diesen Fall. Hier geht es gerade um die Identität zwischen Beschuldigtem und (früherem) Zeugen. **93**

Hinweis: Es ist selbstverständlich unzulässig, daraus Schlüsse zum Nachteil des Angeklagten zu ziehen, dass er sich früher als Zeuge auf das Auskunftsverweigerungsrecht gem. § 55 StPO berufen hat (vgl. BGH NJW 1992, 2304 – zum Recht, als Beschuldigter schweigen zu dürfen siehe unten Rn. 96).

Besitzt der Beschuldigte eine ausländische Staatsangehörigkeit, so ist im Falle seiner Festnahme Art. 36 des Wiener Konsularrechtsübereinkommens (WÜK) zu beachten, wonach er bei Festnahme darüber zu belehren ist, dass er konsularische Hilfe seines Heimatstaates in Anspruch nehmen kann. Art. 36 WÜK besitzt den Rang eines Bundesgesetzes und gilt damit unmittelbar für den deutschen Strafprozess (BVerfG NJW 2007, 499). Ein Verstoß gegen diese Belehrungspflicht kann im Einzelfall ein Beweisverwertungsverbot zur Folge haben (BVerfG NJW 2011, 207). Entsprechend der vom BGH entwickelten Rechtsprechung zu den nicht speziell geregelten Beweisverwer- **94** tungsverboten hat für die Verwertbarkeit im Kern eine Abwägung stattzufinden zwischen dem durch den Verfahrensverstoß bewirkten Eingriff in die Rechtsstellung des Beschuldigten einerseits und den Strafverfolgungsinteressen des Staates andererseits, wobei auf den Schutzzweck der verletzten Norm ebenso abzustellen ist wie auf die Umstände, Hintergründe und Auswirkungen der Rechtsverletzung im Einzelfall (BGH StV 2011, 603; bestätigend BVerfG NJW 2014, 532).

95 **b) Vernehmungsinhalt.** Der Beschuldigte unterliegt, anders als der Zeuge, nicht der Wahrheitspflicht, auch nicht vor dem Richter. Er kann also auch lügen, ohne sich der Falschaussage schuldig zu machen. Beschuldigt er allerdings andere zu Unrecht, täuscht er eine andere Straftat vor oder täuscht er über die Beteiligung Dritter daran, so kann auch er sich nach §§ 145d, 164, 185ff. StGB strafbar machen (vgl. dazu BGH NStZ 1995, 78).

Vorsicht ist allerdings geboten bei einem Schluss von der Lüge auf die Täterschaft des Beschuldigten, da es dafür genügend Motive auch für einen Unschuldigen geben kann. Den Beschuldigten der Lüge zu überführen kann deshalb nur *ein* Indiz für die Täterschaft sein, das allein nicht für eine Verurteilung ausreicht (BGH StV 1994, 175).

96 Der Beschuldigte darf auch **schweigen.** Das Recht zu schweigen ist eine Ausprägung des aus dem Grundrecht der Menschenwürde abgeleiteten Grundsatzes, dass niemand an seiner eigenen strafrechtlichen Überführung mitwirken muss **(nemo-tenetur-Grundsatz).**

Aus diesem Recht dürfen keinerlei Schlüsse auf seine Tatbeteiligung gezogen werden. Nur dann kann der Beschuldigte wirklich frei entscheiden, ob er aussagen will oder nicht. Entschließt sich demnach der Angeklagte erst in der Hauptverhandlung zu einer Sacheinlassung, dürfen aus seiner anfänglichen Aussageverweigerung, also seinem zeitweisen Schweigen, keine nachteiligen Schlüsse gezogen werden (BGH NStZ 2014, 666). Erst recht darf aus dem Zeitpunkt, zu dem ein Verteidiger einen Beweisantrag anbringt, nichts zum Nachteil des bis dahin schweigenden Angeklagten hergeleitet werden (BGH NStZ 2016, 59).

Das Recht zu schweigen kann der Beschuldigte aber auch noch wahrnehmen, nachdem er bereits Angaben gemacht hat. Auch dann dürfen daraus keine negativen Schlüsse gezogen werden.

Davon zu unterscheiden ist das Schweigen auf einzelne Fragen, (obwohl nach den Umständen Angaben zu diesem Punkt zu erwarten gewesen wären, vgl. BGH NStZ 2011, 357), bzw. das Verschweigen eines bestimmten Punktes eines einheitlichen Geschehens (sog. **„beredtes Schweigen"**). Hier macht sich der Beschuldigte, indem er sich zur Sache einlässt, insgesamt zum Gegenstand der Beweiswürdigung (siehe dazu unten Rn. 454ff.), so dass auch sein **teilweises Schweigen verwertbar** ist. Allerdings liegt nicht in jeder Erklärung des Angeklagten eine solche Teileinlassung. Vielmehr ist unter Umständen durch Auslegung zu ermitteln, ob tatsächlich eine Sacheinlassung vorliegt (instruktiv BGH NStZ 1997, 147 und 2003, 45). In der Praxis wird nicht selten gegen diesen einfachen Grundsatz verstoßen, wobei die negative Wertung häufig verbal nicht an dem Schweigen, sondern an anderen Umständen ansetzt, letztlich aber das Gleiche bewertet. Dies ist z.B. der Fall, wenn das Gericht auf die Täterschaft des Beschuldigten schließt, weil er die jetzige Einlassung nicht bereits bei der Durchsuchung seiner Wohnung gebracht, sondern geschwiegen habe (vgl. OLG Stuttgart NStZ 1986, 182). Schweigt der Beschuldigte zu einer Tat und äußert er sich zu anderen Taten, so liegt kein Teilschweigen vor, das indiziell verwertbar wäre (BGH NStZ 2000, 386).

Hinweis: Der Beschuldigte darf nicht nur schweigen, er kann auch auf den **Antritt eines Entlastungsbeweises verzichten,** ohne befürchten zu müssen, dass dieses Verhalten als belastender Umstand bewertet wird. Äußert er sich allerdings, ohne auf die entlastende Situation einzugehen, ist dieses Verhalten der Beweiswürdigung zugänglich (vgl. BGH NStZ 2002, 161). Auch aus dem ursprünglichen, einem Schweigen gleichzusetzenden **pauschalen Abstreiten einer Tatbeteiligung** darf der Tatrichter keinen Schluss zum Nachteil des Angeklagten ziehen, selbst wenn sich dieser in einem früheren Verfahren anders verhalten hat (BGH NStZ 2013, 57).

Desgleichen kann der Beschuldigte in keinem Fall zu einem aktiven Mitwirken, sondern – insbesondere im Bereich der Zwangsmaßnahmen – allenfalls zu einem passiven Dulden gezwungen werden. Hiergegen wird oft verstoßen. So darf der Beschuldigte zum Beispiel bei Verdacht einer Trunkenheitsfahrt nicht zum Alkoholtest durch Blasen in ein Röhrchen gezwungen werden. Er kann dies allerdings freiwillig tun, um so eine sonst erforderliche Blutentnahme zu vermeiden. 97

Kontrovers wird derzeit die Problematik diskutiert, ob die **Entsperrung eines Mobiltelefons mittels biometrischer Daten** des Beschuldigten (Fingerabdruck, Iris) erzwungen werden kann. Die Praxis zieht derzeit vor allem **§ 81a StPO** als Ermächtigungsgrundlage heran. Die Abnahme der Fingerabdrücke und deren Verwendung zum Entsperren des Smartphones dürften indessen schon von **§ 81b StPO** gedeckt sein. Der Beschuldigte muss nur dulden, dass der Fingerabdrucksensor an seinen Finger geführt wird. Die Selbstbelastungsfreiheit ist deshalb nicht verletzt.

Ist das sichergestellte Smartphone dagegen durch eine PIN, ein Passwort oder ein Entsperrmuster geschützt, besteht neben der freiwilligen Preisgabe durch den Beschuldigten nur die Möglichkeit, diese verschriftlicht aufzufinden und sicherzustellen. Die Nutzung der aufgefundenen Entsperrdaten ist dann als Annex zu der erfolgten Sicherstellung gemäß § 94 StPO zulässig (vgl. *Bäumerich* NJW 2017, 2718 m.w.N.).

Manchmal kollidiert allerdings das Recht aus der StPO zu schweigen mit der **Verpflichtung** aus anderen Gesetzen heraus, **Angaben zu machen.** So hatte das BVerfG in dem sogenannten „Gemeinschuldnerurteil" (BVerfG NJW 1981, 1431) darüber zu befinden, ob der Beschuldigte, der wegen Insolvenzdelikten in Untersuchungshaft saß, gezwungen werden konnte, Angaben gegenüber dem Insolvenzgericht zu machen, z.B. über den Verbleib des Firmenvermögens. In diesem Fall wurde das Interesse der Gläubigergemeinschaft über das des Beschuldigten gestellt, er musste Angaben machen. Seinen Interessen hat das BVerfG dadurch Rechnung getragen, dass es aus dem oben genannten Grundsatz heraus ein Verwertungsverbot für die so erlangte Aussage des Beschuldigten im Strafverfahren konstituierte. Seine Aussage ist also im Insolvenzverfahren, nicht aber – gegen seinen Willen – im Strafverfahren verwertbar (zu Angaben des Gemeinschuldners gegenüber einem Gutachter im Insolvenzverfahren vgl. OLG Jena NStZ 2011, 172; zu Angaben im Asylverfahren vgl. BGH NJW 1990, 1426; zur Versicherung nach § 807 ZPO vgl. BGH NJW 1991, 2844; zu Angaben im Besteuerungsverfahren vgl. BGH NStZ 2005, 519; vgl. auch *Verrel* NStZ 1997, 361, 415). 98

Das eben Gesagte kann allerdings nur bei einer Aussagepflicht gegenüber staatlichen Stellen gelten. Ist der Beschuldigte **zivilrechtlich verpflichtet,** sich zu einem eventuell auch strafrechtlich relevanten Vorgang zu äußern, zum Beispiel bei einem Verkehrsunfall gegenüber der Haftpflichtversicherung, so sind diese Angaben des Beschuldigten verwertbar (BVerfG StV 1995, 562; zur Beschlagnahme von Versicherungsakten siehe unten Rn. 172). Überhaupt ist das, was der Beschuldigte Privatpersonen gegenüber äußert, grundsätzlich verwertbar, obwohl er dabei selbstverständlich nicht belehrt wird (s.o.). 99

Beachte: Schweigt der Beschuldigte gegenüber Privatpersonen, die ihm einen Strafvorwurf machen (z.B. Arbeitgeber beschuldigt Arbeitnehmer der Sabotage), so ist dieses Verhalten der Beweiswürdigung durch das Gericht durchaus zugänglich (vgl. OLG Karlsruhe NStZ 1989, 287).

100 **c) Vernehmungsmethoden.** Wie der Beschuldigte vernommen werden soll, ist in der StPO nur unvollständig geregelt. Zunächst muss dem Beschuldigten – ebenso wie dem Zeugen (für diesen ausdrücklich geregelt, vgl. § 69 StPO) – die Möglichkeit gewährt werden, *Angaben im Zusammenhang* zu machen und dadurch den Sachverhalt aus seiner Sicht zu schildern, auch um die gegen ihn vorliegenden Verdachtsmomente zu entkräften und für ihn entlastende Umstände vorzubringen (§ 136 II i.V.m. § 163a III bzw. IV StPO). Dies gilt im Grundsatz für jede Vernehmung, nicht nur die erste. Ist allerdings der Beschuldigte intellektuell dazu gar nicht in der Lage oder ergibt sich aus anderen besonderen Gründen die Notwendigkeit dazu, kann gleich mit einzelnen Fragen begonnen werden. Im Übrigen ist es weitgehend dem kriminalistischen Geschick und der Menschenführung des Vernehmungsbeamten überlassen, wie er den Beschuldigten vernimmt. Die Grenze zieht allerdings § 136a StPO, der bestimmt, welche Vernehmungsmethoden *nicht erlaubt* sind.

Diese Vorschrift verbietet die Beeinflussung der Vernehmung durch Misshandlung, Ermüdung, körperliche Eingriffe, Verabreichung von Mitteln, Quälerei, Täuschung, Hypnose, unzulässigen Zwang, Drohung mit verfahrensrechtlich unzulässigen Mitteln, Versprechen gesetzlich nicht vorgesehener Vorteile, Beeinträchtigung des Erinnerungsvermögens oder der Einsichtsfähigkeit. Nach Auffassung des BGH (NJW 1999, 657) soll der freiwillige Einsatz eines Lügendetektors zwar nicht gegen § 136a StPO verstoßen, die Untersuchung führe aber zu einem völlig ungeeigneten Beweismittel i.S.d. § 244 III S. 2 4. Alt. StPO.

Von besonderer praktischer Bedeutung sind die Fälle, die nur schwer von der erlaubten kriminalistischen Taktik abzugrenzen sind. Hierzu einige **Beispiele aus der Praxis:**

101 **Ermüdung:** Intensive nächtliche Vernehmungen sind durchaus erlaubt und im Einzelfall auch unerlässlich, um Absprachen zwischen Beschuldigten oder/und Zeugen zu verhindern. Verboten ist aber eine Vernehmung, wenn der Beschuldigte auf Grund Übermüdung in seiner Willensfreiheit eingeschränkt ist. Es kommt nicht darauf an, dass der Beamte diese Übermüdung erkannt und ausgenutzt hat (*Meyer-Goßner/Schmitt* § 136a Rn. 8). Auch allein der subjektive Eindruck der vernehmenden Polizeibeamten, der Beschuldigte wirke „weder betäubt noch übermüdet" bzw. er „mache einen den Umständen entsprechenden frischen Eindruck", vermag eine Übermüdung in diesem Sinne ebenso wenig auszuschließen wie der Umstand, dass der Beschuldigte sich nicht ausdrücklich auf Müdigkeit beruft und in der Lage ist, Fragen sinnvoll zu beantworten (BGH NJW 2015, 360).

102 **Verabreichung von Mitteln:** Die Aushändigung von Kaffee oder Tabakwaren ist ebenso zulässig wie deren Versagung. Verboten ist dagegen das Verabreichen von hemmungslösenden Mitteln (sog. Wahrheitsserum). Unter diesem Stichwort wird in der Regel auch die Problematik der Vernehmung eines betrunkenen Beschuldigten abgehandelt, obwohl hier die Verabreichung nicht durch die Polizei erfolgt ist. Sie ist zulässig, solange der Beschuldigte verhandlungsfähig und seine Willensfreiheit nicht ernsthaft beeinträchtigt ist (*Meyer-Goßner/Schmitt* § 136a Rn. 10).

103 **Täuschung:** Erlaubt ist die kriminalistische List, verboten die *bewusste* Täuschung. Dies abzugrenzen fällt im Einzelfall schwer. Erlaubt ist danach, den Beschuldigten im Unklaren über die Beweislage zu lassen, verboten ist die Lüge, die Beweislage sei erdrückend. Weiß der Vernehmende, dass aufgrund der bisherigen Ermittlungen kein dringender Tatverdacht bzgl. eines Mordes besteht, erklärt aber trotzdem, angesichts der vorliegenden Beweise könne der Beschuldigte seine Lage nur durch ein Geständnis verbessern, täuscht er den Beschuldigten über die Beweis- und Verfahrenslage

(BGH NJW 2017, 1253). Verboten ist auch die Lüge, ein Mitbeschuldigter habe gestanden. Erlaubt ist, einen Irrtum des Beschuldigten über den Stand der Ermittlungen auszunutzen. Verboten ist die falsche Behauptung, aus seinen Angaben keine negativen Schlüsse ziehen zu wollen, erlaubt das Vorspiegeln einer freundschaftlichen Gesinnung, das Schaffen einer aussagefreundlichen Atmosphäre.

Zwang: Unzulässiger Zwang kann beispielsweise im Festhalten nach Ablauf der Vorführungsdauer des § 135 StPO liegen. **104**

Drohung mit unzulässigen Mitteln: Die Drohung, den Beschuldigten in Untersuchungshaft zu nehmen bzw. nehmen zu lassen, wenn er keine Angaben mache, ist nur dann eine verbotene Methode, wenn die Voraussetzungen für die Anordnung der Untersuchungshaft nicht vorlagen. Häufig besteht jedoch tatsächlich zu Beginn der Ermittlungen Verdunklungsgefahr, die der Beschuldigte dadurch abwenden kann, dass er sich zur Sache äußert. **105**

Versprechen eines gesetzlich nicht vorgesehenen Vorteils: Der Staatsanwalt kann eine milde Strafe nicht zusagen, da er nicht selbst entscheidet. Er kann aber zusichern, sich insoweit für den Beschuldigten einzusetzen. Nicht versprechen kann der Staatsanwalt die Außervollzugsetzung eines Haftbefehls, da auch dies eine freie Entscheidung des Richters ist (§ 116 StPO). Zusagen kann er – im Ermittlungsverfahren – die Aufhebung des Haftbefehls (§ 120 III StPO). Bevor also entsprechende Zusagen erfolgen, sollte der Vernehmende genau seine Kompetenzen prüfen, um nicht eine Unverwertbarkeit der Aussage des Vernommenen zu riskieren. Jederzeit erlaubt sind generelle Hinweise auf die strafmildernde Wirkung eines Geständnisses und die Vorteile von Kronzeugenregelungen. **106**

Die Rechtsprechung verlangt nur für die Täuschung, dass sie bewusst begangen worden sein muss. Im Übrigen genügt der objektive Verstoß. Ein zielgerichtetes Verhalten des Ermittlungsbeamten wird also nicht vorausgesetzt.

In allen Fällen führt die Anwendung einer verbotenen Vernehmungsmethode allerdings nicht per se zu einem Verwertungsverbot. § 136a StPO verlangt vielmehr zusätzlich, dass diese Methode kausal war für eine Beeinträchtigung der Freiheit der Willensentschließung oder der Willensbetätigung. **107**

Praxishinweis: Für das Vorliegen der Voraussetzungen des § 136a StPO ist derjenige beweispflichtig, der sich darauf beruft, in der Regel also der Beschuldigte. Der Grundsatz „in dubio pro reo" gilt hier nicht (BGHSt. 16, 164). In der Hauptverhandlung kann das Vorliegen dieser Umstände im Wege des **Freibeweises** (vgl. unten Rn. 291) nachgewiesen werden.

Beweisverwertungsverbot: Selbstverständlich darf das so gewonnene Beweismittel nicht unmittelbar verwertet werden. Das Vernehmungsprotokoll ist also nicht verlesbar. Die Vernehmung des Vernehmungsbeamten ist ebenfalls unzulässig. Auch eine mittelbare Verwertung durch Vorhalte aus dem Vernehmungsprotokoll ist verboten. **108**

Bei Verstößen gegen **§ 136a StPO** muss – anders als beim Verstoß gegen § 136 I 2 StPO – der **Verwertung in der Hauptverhandlung nicht widersprochen werden** (BGH StV 2016, 772). Aus § 136a III, 2 StPO folgt ein absolutes Verwertungsverbot.

Fernwirkung? Ein Verstoß gegen § 136a StPO hat nach noch herrschender Rechtsprechung keine Fernwirkung (BGHSt 34, 362; OLG Köln NZV 2001, 137; streitig – vgl. *Meyer-Goßner/Schmitt* § 136a Rn. 31). Das illegal erlangte Geständnis darf also von den Ermittlungsbehörden zum Anlass weiterer Ermittlungen genommen werden. Führen diese zu gerichtsverwertbaren Erkenntnissen, sind diese verwertbar. Demgegenüber nimmt der EGMR im Anwendungsbereich des Art. 3 EMRK (Folterverbot) jedoch regelmäßig eine Fernwirkung an (EGMR NStZ 2008, 699 – Fall Gäfgen). Insgesamt wird das Verfahren aber nur unfair und konventionswidrig, wenn der Verstoß auch den Schuld- und Strafausspruch beeinflusst hat (EGMR NJW 2010, 3145).

Fortwirkung? Von der Fernwirkung zu unterscheiden ist die Frage der Fortwirkung des § 136a StPO. Wurde der Beschuldigte vom Polizisten getäuscht und zu einem Geständnis veranlasst, so sagt dies noch nichts über die Verwertbarkeit des Geständnisses, das der Beschuldigte am nächsten Tag gegenüber dem Haftrichter abgab. In diesen Fällen ist danach zu unterscheiden, ob die unerlaubte Vernehmungsmethode sich auch im Zeitpunkt der weiteren Vernehmung noch auf die Willensfreiheit ausgewirkt hat. Wurde der Beschuldigte über die Beweislage getäuscht, wird dies dann richtig gestellt und der Beschuldigte auf die Unverwertbarkeit der bisherigen Angaben hingewiesen, so wird die Täuschung in der Regel sich auf die danach folgende Vernehmung nicht mehr auswirken können (vgl. im Einzelnen BGH NStZ 1995, 462).

4. Zeugenvernehmung

109 Nochmals zur Klarstellung: Zeuge ist, wer – ohne in diesem Verfahren Beschuldigter zu sein – Angaben zu eigenen Wahrnehmungen machen soll. Auch der sachverständige Zeuge ist Zeuge, nur dass er Wahrnehmungen gerade auf Grund seiner besonderen Sachkunde gemacht hat.

a) Zeugnisverweigerungsrechte. Bei Zeugnisverweigerungsrechten stellen sich besondere Probleme der Beweissicherung im Ermittlungsverfahren. Da diese sehr examensrelevant sind, soll darauf bereits hier eingegangen werden:

110 **aa) Allgemeines.** Wer ein Zeugnisverweigerungsrecht hat, ergibt sich aus den eindeutig formulierten Vorschriften der **§§ 52, 53, 53a StPO.** Die Vorschriften sind *abschließend* in dem Sinne, dass sie nicht entsprechend auf weitere, nicht aufgeführte Personen- oder Berufsgruppen angewandt werden können. Das BVerfG schließt allerdings nicht aus, dass sich aus den Artikeln 1 und 2 des Grundgesetzes heraus eine Beschränkung der Zeugenpflicht ergeben kann, ohne allerdings bislang einen solchen Fall bejaht zu haben (z.B. BVerfG NJW 1999, 1622; vgl. OLG Koblenz NStZ-RR 2008, 283).

111 Beim Zeugnisverweigerungsrecht aus persönlichen Gründen (§ 52 StPO) ist zu beachten, dass es für Ehegatten auch nach der Scheidung fortbesteht, während es für Verlobte nur für die Dauer des Verlöbnisses gilt. Auf im Inland nach islamischem Recht geschlossene „Ehen" ist § 52 StPO nicht analog anwendbar. Eine Umdeutung in ein Verlöbnis kommt ebenfalls nicht ohne weiteres in Betracht (BGH NStZ-RR 2018, 20).

Hinweis: Das Gericht kann vom Zeugen verlangen, dass er die Tatsachen, aus denen sich sein Zeugnisverweigerungsrecht ergibt, glaubhaft macht (vgl. § 56 StPO – Freibeweisverfahren! Siehe unten Rn. 291). Der Grundsatz „in dubio" gilt hier nicht.

112 Bei den **Zeugnisverweigerungsrechten der Berufsgeheimnisträger (§ 53 StPO)** ist das für bestimmte Berufsgruppen geltende umfassende (Abs. 1) bzw. eingeschränkte (§ 160a Abs. 2 StPO; zur Verfassungsmäßigkeit, das absolute Beweiserhebungs- und Verwendungsverbot des Abs. 1 nicht in gleicher Weise auf die in Abs. 2 angesprochenen Berufsgruppen zu erstrecken, vgl. BVerfG NJW 2012, 833) Ermittlungsverbot im zeugnisverweigerungsberechtigten Bereich zu beachten.

Hinsichtlich des Zeugnisverweigerungsrechts der Steuerberater, Rechtsanwälte und Ärzte ist zu beachten, dass es für das Recht auf Zeugnisverweigerung **nicht darauf**

ankommt, dass ihr Mandant bzw. Patient Beschuldigter war, dieser kann auch „Dritter" sein. Es genügt, dass sie über etwas aussagen sollen, was ihnen in ihrer besonderen beruflichen Eigenschaft vom Patienten/Mandanten anvertraut worden ist. Deshalb hat ein Zeugnisverweigerungsrecht auch der Arzt, der das Opfer einer Schlägerei ärztlich versorgt hat. Demgegenüber ist **Beschlagnahmefreiheit** iSd **§ 97 StPO nur** gegeben in den Fällen, in denen der **Patient/Mandant Beschuldigter** ist (siehe auch unten Rn. 166).

Beschlagnahmefreiheit liegt, darauf sei ergänzend hingewiesen, selbstverständlich auch dann nicht vor, wenn sich das Verfahren gegen den Zeugnisverweigerungsberechtigten richtet. Wird also z.B. gegen den Arzt wegen eines Kunstfehlers ermittelt, kann dieser sich bei der Sicherstellung seiner Patientenunterlagen nicht auf § 53 StPO berufen.

Einer Abgrenzung bedarf im Einzelfall die Frage, ob es sich bei dem Gegenstand der Beweiserhebung um Umstände handelt, die dem Zeugnisverweigerungsberechtigten *gerade auf Grund seiner besonderen Eigenschaft* im Sinn des § 53 StPO *anvertraut* worden bzw. bekannt geworden sind (vgl. z.B. die instruktiven Entscheidungen BGH NJW 1985, 2203 und OLG Köln StV 2017, 805, wonach §§ 53, 53a StPO auch die Umstände der Anbahnung des Beratungs- und Behandlungsverhältnisses und die Aufnahme eines Patienten in ein Krankenhaus erfassen; BGH NJW 2007, 307 – bestätigt von BVerfG NJW 2007, 1865 – zum Zeugnisverweigerungsrecht eines Anstaltsseelsorgers einer Justizvollzugsanstalt nur für Aufgaben, die zum unmittelbaren Bereich seelsorgerischer Tätigkeit gehören). **113**

Wird der Zeugnisverweigerungsberechtigte von demjenigen von seiner Schweigepflicht **entbunden,** zu dessen Gunsten das Schweigerecht besteht, so entfällt in den Fällen des § 53 I Nr. 2, 3 und 3a StPO die Möglichkeit, sich darauf zu berufen (**§ 53 II StPO;** zum Verwertungsverbot nach Widerruf der Schweigepflichtsentbindung BGH NJW 1996, 2435). Wer zu dieser Befreiung berechtigt ist, kann im Einzelfall schwierig zu entscheiden sein (vgl. dazu Meyer Goßner/Schmitt § 53 Rn. 46ff.). Ein **konkludenter** und **partieller Widerruf** der zunächst durch den Angeklagten erteilten Schweigerechtsentbindung kann (auch) dadurch erfolgen, dass dessen Verteidiger in der Hauptverhandlung Fragen des Vorsitzenden an den Zeugnisverweigerungsberechtigten beanstandet (OLG Köln StV 2017, 805). **114**

Hinweis: Mit der einstweiligen Unterbringung nach § 126a StPO liegt einer der wenigen von der StPO vorgesehenen Ausnahmefälle vor, in denen die sonst erforderliche Zustimmung zur Preisgabe der Geheimnisse auf Grund einer gesetzlichen Duldungspflicht ersetzt wird, weil hier das staatliche Interesse an der Aufklärung des Sachverhalts vorgeht. Der Stationsarzt einer Anstalt, in welcher der Beschuldigte untergebracht ist, kann deshalb vom Gericht als Sachverständiger angehört werden, ohne dass es der Entbindung des Arztes von der Schweigepflicht bedürfte (BGH NStZ 2002, 214).

bb) Belehrung über das Zeugnisverweigerungsrecht. Die Personen, die aus persönlichen Gründen ein Zeugnisverweigerungsrecht haben, sind darüber vor jeder Vernehmung zu belehren (§ 52 III StPO). Für die nach **§ 53 StPO** Schweigeberechtigten fehlt eine entsprechende Vorschrift, eine **Belehrung** ist **nicht erforderlich.** Bei ihnen wird die Kenntnis über ihr Schweigerecht vorausgesetzt. **115**

Eine unterlassene, nach § 52 III StPO vorgeschriebene Belehrung macht die richterliche Vernehmung unverwertbar. Entscheidend ist die objektive Lage. Auf die subjektive Kenntnis des Gerichts von dem bestehenden Angehörigenverhältnis kommt es nicht an. Durch die Nachholung der Belehrung und die weitere Aussagebereitschaft des Zeugen kann dieser Mangel aber geheilt werden.

Nach einer – allerdings nicht zur Verallgemeinerung geeigneten – Entscheidung des BGH soll unter Umständen aus dem Prozessverhalten des Nebenklägers darauf geschlossen werden können, dass er auch nach einer Belehrung über sein Zeugnisverweigerungsrecht als Zeuge ausgesagt hätte und deshalb das Urteil nicht auf der unterbliebenen Belehrung beruht (NStZ-RR 2004, 18).

116 **cc) Ausübung des Zeugnisverweigerungsrechts.** Dass dem Zeugen ein Zeugnisverweigerungsrecht zusteht, bedeutet nicht, dass er auch davon Gebrauch machen muss. So kann die Ehefrau des Beschuldigten aus guten Gründen für oder gegen diesen aussagen. Auch wer aus beruflichen Gründen ein Schweigerecht hat, kann trotzdem aussagen. Lehnt ein Patient es ab, seinen Arzt von der Schweigepflicht zu entbinden, oder widerruft er eine frühere Entbindungserklärung, so hat er keinen strafprozessualen Anspruch darauf, dass der Arzt die Aussage verweigert. Selbst wenn der Arzt sich mangels Entbindung von der Verschwiegenheit gemäß § 203 StGB strafbar machen sollte, bleibt seine Aussage strafprozessual verwertbar (BGH NStZ 2018, 362). Für das Gericht kommt es also nicht darauf an, ob der Berufsgeheimnisträger befugt oder unbefugt handelt, sondern nur darauf, er sein Zeugnis verweigert oder nicht.

Klausurtipp: Ist in der Klausur die Prüfung der Strafbarkeit aller Beteiligten verlangt, so ist in einem solchen Fall im Gutachten zur materiellen Rechtslage die Strafbarkeit des Arztes zu prüfen (der Bruch der ärztlichen Verschwiegenheit kann im Einzelfall, insbesondere bei Kapitaldelikten, als Notstand gerechtfertigt/entschuldigt sein) und daneben im prozessualen Teil die Verwertbarkeit seiner Aussage zu bejahen.

117 Beruft sich der Zeuge jedoch auf sein Schweigerecht, so darf dies nicht zum Nachteil des Beschuldigten ausgelegt werden. Es ist ein allgemeiner Grundsatz, dass dem Beschuldigten allein aus der Geltendmachung prozessualer Rechte kein Nachteil entstehen darf, weshalb – wie bereits oben dargestellt – auch das Schweigen des Beschuldigten keiner Beweiswürdigung zugänglich ist. Das Gleiche gilt für das Verhalten von Zeugen.

118 Beruft sich der Beschuldigte in der Hauptverhandlung für die Richtigkeit seines Alibis auf das Zeugnis seiner Mutter, so darf deren das Alibi bestätigende Aussage nicht deshalb als unglaubhaft angesehen werden, weil sie erst jetzt diese entlastenden Angaben macht (vgl. BGH NStZ 2014, 415), selbst wenn dies dazu geführt hat, dass der Beschuldigte monatelang in Untersuchungshaft saß. Der Zeuge darf jederzeit von seinem Recht Gebrauch machen, also auch nachdem er bereits Angaben gemacht hat. Aus dieser nachträglichen Berufung auf das Schweigerecht dürfen keine für den Beschuldigten negativen Schlüsse gezogen werden (BGH NStZ 1987, 182 und 373; NStZ 2010, 101). Auch darf aus dem Umstand, dass ein umfassend schweigender Beschuldigter die Entbindung eines Zeugen von der Schweigepflicht verweigert, nicht als belastendes Indiz gegen ihn verwendet werden (BGH NJW 2000, 1426).

119 Das bis zur Zeugnisverweigerung *im Ermittlungsverfahren* Gesagte ist im Fall des § 52 StPO insgesamt unverwertbar, bei § 53 StPO ist das Vernehmungsprotokoll nicht verlesbar (§ 252 StPO). Eine bedeutsame Einschränkung wird für die richterliche Vernehmung gemacht (siehe im Einzelnen unten Rn. 348), bei der für den Fall vorausgegangener ordnungsgemäßer Belehrung der Ermittlungsrichter als Zeuge gehört werden kann.

Klausurtipp: In Klausuren, die nach der staatsanwaltschaftlichen Entscheidung fragen, ist also daran zu denken, dass zur Beweissicherung eine richterliche Vernehmung des zur Zeit noch aussagebereiten Zeugnisverweigerungsberechtigten geboten sein kann.

Davon zu unterscheiden ist der Fall, dass der Schweigeberechtigte als Zeuge Angaben gemacht, aber gerade den entlastenden Umstand verschwiegen hat. Dies kann selbstverständlich verwertet werden, da dies nicht Ausfluss des Zeugnisverweigerungsrechts war. Beruft sich der Zeuge gerade nicht auf dieses Recht, muss auch er vollständige und wahrheitsgemäße Angaben machen. 120

Probleme treten in der Praxis auch dann auf, wenn ein *minderjähriger Zeuge* in einem Verfahren gegen einen Angehörigen aussagen soll. Grundsätzlich bestimmt § 52 II StPO bei minderjährigen Zeugnisverweigerungsberechtigten, die noch nicht die entsprechende Verstandesreife haben, diese Frage entscheiden zu können, dass diese nur vernommen werden können, wenn sie aussagebereit sind und auch der gesetzliche Vertreter zustimmt. Ist der gesetzliche Vertreter selbst der Beschuldigte, kann er darüber nicht entscheiden (§ 52 II StPO am Ende). In diesem Fall ist gemäß § 1909 I BGB ein Pfleger zu bestellen.

Hinweis: Bestehen Bedenken, ob der Minderjährige über die erforderliche geistige Reife verfügt, eine mögliche Konfliktlage zwischen wahrheitsgemäßer Aussage und den familiären Rücksichten verstandesgemäß genügend erfassen zu können, ist im Zweifel von fehlender Verstandesreife i.S.v. § 52 II 1 StPO auszugehen (BGH NStZ 2012, 578).

dd) Zeugnisverweigerungsrecht bei Mitbeschuldigten. Da in einem einheitlichen Verfahren ein Zeugnisverweigerungsrecht nur einheitlich ausgeübt werden kann, muss bei Mitbeschuldigten z. B. die Ehefrau F des Beschuldigten A nicht für oder gegen den Mitbeschuldigten B aussagen. Dies gilt allerdings nur, soweit sich die Aussage auf *eine Tat im prozessualen Sinne* (siehe dazu Rn. 383ff.) bezieht, die beiden vorgeworfen wird, oder jedenfalls der Sachverhalt, zu dem der Zeuge aussagen soll, auch den Angehörigen betrifft (BGH NStZ 1998, 583). Bestand das Zeugnisverweigerungsrecht der F einmal, so bleibt es auch nach der *Abtrennung* des Verfahrens gegen B vom Verfahren gegen A bestehen. Entscheidend ist also, dass **zu irgendeinem Zeitpunkt** vor der jetzigen Vernehmung einmal eine **prozessuale Gemeinsamkeit** bestanden hat. Die bloße einheitliche Handhabung der Ermittlungen durch die Polizei genügt zur Begrundung einer derartigen prozessualen Gemeinsamkeit aber nicht (BGH NJW 1987, 1033). Allein der Staatsanwalt als Herr des Ermittlungsverfahrens kann darüber entscheiden, ob gegen mehrere Beschuldigte im Rahmen eines einheitlichen oder in mehreren getrennten Verfahren ermittelt wird. Es bedarf insoweit eines ausdrücklichen oder konkludenten Willensakts der Staatsanwaltschaft. Ausreichend sind jedoch die Beschuldigten gemeinsam betreffende Verfahrenshandlungen wie das Erwirken von Durchsuchungsbeschlüssen. Diese Grundsätze gelten auch dann, wenn der als Zeuge vernommene Angehörige eines früheren Mitbeschuldigten damals ebenfalls Mitbeschuldigter war (zu dieser besonderen Konstellation vgl. BGH NStZ 2012, 340). 121

Bestand das Zeugnisverweigerungsrecht der F auch im Verfahren gegen B, so *erlischt* es erst mit dem *rechtskräftigen Abschluss* des Verfahrens gegen A (Urteil oder endgültige Verfahrenseinstellung – BGH NJW 1992, 1116), durch eine (Teil-)Einstellung nach § 154 StPO bei ansonsten rechtskräftiger Verurteilung des A (BGH NJW 2009, 2548) oder durch dessen Ableben. Dem steht die Einstellung gemäß § 153a StPO nach Erfüllung der Auflagen gleich. Ergeht gegen A ein Urteil (gleichgültig ob Freispruch oder Verurteilung), so kann also die F zu der Tat, die auch dem A vorgeworfen worden war, im Verfahren gegen B das Zeugnis nur noch so lange verweigern, wie das Urteil gegen A noch nicht rechtskräftig ist (vgl. auch BGH NJW 1993, 2326 und *Meyer-Goßner/Schmitt* § 52 Rn. 11). Bei einer Einstellung nach §§ 170 II StPO (BGH NStZ 2012, 221 m.w.N.) und nach § 153 I StPO erlischt das Zeugnisverweigerungsrecht grundsätzlich noch nicht, da die Ermittlungen jederzeit wieder aufgenommen werden können. Anders soll es allerdings sein, wenn die Staatsanwaltschaft bei neuerlichem Tatverdacht und anderer Beweislage förmlich ein neues, selbstständiges Ermittlungsverfahren einleitet (BGH NJW 1998, 3363).

Beachte: Das Zeugnisverweigerungsrecht gilt nur, wenn sich der Aussagende tatsächlich in der Zeugenrolle befindet. Werden zwei Brüder angeklagt, so können die Angaben des einen gegen den anderen verwertet werden (gegebenenfalls über § 254 StPO durch Verlesung bzw. Vernehmung des Polizeibeamten), auch wenn in der Hauptverhandlung beide keine Angaben machen (vgl. unten Rn. 349).
Wenn aber der jetzt zeugnisverweigerungsberechtigte Zeuge damals als Beschuldigter vernommen worden war, so hindert das die Verlesung seiner Angaben und die Vernehmung des Richters und zwar auch dann, wenn der Richter ihn – unzulässigerweise – zusätzlich zu § 136 StPO auch nach § 52 StPO belehrt hatte (BGH NStZ 2003, 217).

Klausurtipp: Obwohl das Zeugnisverweigerungsrecht primär den Rechtskreis des mitbeschuldigten Ehegatten (in unserem Beispiel A) betrifft, kann ein Verstoß gegen die Vorschrift des § 52 StPO auch vom Beschuldigten, der zum Zeugen nicht in der besonderen persönlichen Beziehung im Sinne dieser Vorschrift steht (hier B), mit der Revision geltend gemacht werden.

122 **ee) Zeugnisverweigerungsrecht und Untersuchung gemäß § 81c StPO.** Ebenso wie ein Zeuge die Aussage nach § 52 StPO verweigern darf, kann er sich auch einer Untersuchung nach § 81c StPO (Einzelheiten siehe unten Rn. 202) widersetzen. Er ist deshalb gemäß **§ 81c III 2,** V iVm § 52 III 1 StPO **vom Anordnungsberechtigten** (die Belehrung durch den Arzt reicht nicht aus; vgl. *Meyer-Goßner/Schmitt* § 81c Rn. 24) über dieses Recht zu **belehren,** selbst wenn er schon über sein Zeugnisverweigerungsrecht belehrt worden war. Ein Verstoß macht das Untersuchungsergebnis unverwertbar, es sei denn, der Zeuge stimmt nach nachgeholter Belehrung zu oder verzichtet später nach Belehrung auf sein Recht aus § 81c III StPO. Ein Verwertungsverbot besteht auch dann nicht, wenn sicher auszuschließen ist, dass der Zeuge bei einer formell ordnungsgemäß erfolgten Belehrung von seinem Untersuchungsverweigerungsrecht Gebrauch gemacht hätte, z.B. bei mehrmaliger Belehrung über sein Zeugnisverweigerungsrecht bei der Polizei und in der Hauptverhandlung (BGH NStZ-RR 2016, 377). Selbstverständlich darf im Falle der fehlenden richterlichen Belehrung auch der Sachverständige nicht zu den Angaben gehört werden, die der in der Hauptverhandlung das Zeugnis verweigernde Angehörige im Rahmen einer Exploration zur Erstellung eines Glaubwürdigkeitsgutachtens gegenüber dem Sachverständigen gemacht hat (BGH NJW 2001, 528).

123 **ff) Zeugnisverweigerungsrecht und Angaben gegenüber Dritten.** Äußert sich der Zeugnisverweigerungsberechtigte gegenüber Dritten, z.B. seinem Nachbarn, so unterliegt dies selbstverständlich keinem Verwertungsverbot, da der Zeuge nur in seinem Handeln gegenüber den Ermittlungsbehörden durch § 252 StPO geschützt werden soll. Die Verantwortung, ob und wem er sich selbst offenbart, hat er allein zu tragen. Deshalb bleibt auch verwertbar, was ein Zeugnisverweigerungsberechtigter gegenüber einem V-Mann erklärt hat, der im Umfeld des Angeklagten eingesetzt war (Fall Sedlmayr BGH NJW 1994, 2904). Es ist aber unzulässig die Vertrauensperson gezielt dazu einzusetzen, den zeugnisverweigerungsberechtigten Zeugen zu Angaben zu veranlassen (BVerfG NStZ 2000, 489). Zur vergleichbaren Problematik bei Angaben des Beschuldigten gegenüber Dritten siehe oben Rn. 88 und 99.

124 **b) Auskunftsverweigerungsrecht gemäß § 55 StPO.** Jeder Zeuge kann die Antwort auf solche Fragen verweigern, durch die er sich selbst oder Angehörige i.S.d. § 52 I StPO der Gefahr der Strafverfolgung aussetzt. Über das Auskunftsverweigerungsrecht ist zu belehren, die fehlende Belehrung ist im Verfahren gegen den Be-

schuldigten aber nicht revisibel, die Aussage ist insoweit verwertbar (**Rechtskreistheorie**, BGHSt 11, 203). Die Gefahr einer Strafverfolgung im Sinne des § 55 StPO setzt voraus, dass ein Zeuge Tatsachen bekunden müsste, die geeignet sind, den Anfangsverdacht einer von ihm selbst oder von einem Angehörigen begangenen Straftat zu begründen oder einen bereits bestehenden Verdacht zu bestärken. Bloße Vermutungen ohne Tatsachengrundlage reichen nicht (BGH NStZ 2017, 546). § 55 StPO gilt auch, wenn der Zeuge über Tatsachen Auskunft geben müsste, die den Verdacht als Teilstück eines mosaikartigen Beweisgebäudes nur mittelbar begründen (sog. **Mosaiktheorie;** vgl. BVerfG NJW 2002, 1411; BGH StraFo 2008, 423; StV 2016, 774).

Während das Zeugnisverweigerungsrecht zur umfassenden Verweigerung der Aussage insgesamt berechtigt, erlaubt **§ 55 StPO** nur, die **Beantwortung einzelner Fragen** zu **verweigern**. Ein Zeuge ist daher grundsätzlich nicht berechtigt zu erklären, er verweigere im Hinblick auf § 55 StPO die Beantwortung jeder Frage. Vielmehr muss er die Fragestellung abwarten und kann erst dann beurteilen, ob die Voraussetzungen des § 55 StPO vorliegen. Es ist allerdings unbestritten, dass es Konstellationen geben kann, bei denen der Zeuge tatsächlich in der Sache nur zu solchen Fragen vernommen werden kann, die auch eine eigene mögliche Strafbarkeit berühren können (zum vollumfänglichen Auskunftsverweigerungsrecht vgl. KG Berlin NStZ-RR 2010, 16; NStZ 2011, 652). Insbesondere bei dem als Zeugen vernommenen früheren Mitbeschuldigten ist dies denkbar. In diesem Fall braucht auch der Auskunftsverweigerungsberechtigte keine Angaben zur Sache zu machen; macht er aber Angaben, bleiben diese auch dann verwertbar, wenn er auf einzelne Fragen der Verteidigung die Auskunft verweigert (BGH NJW 2002, 1508). Beruft sich ein Zeuge erst im Verlaufe einer Vernehmung auf sein Auskunftsverweigerungsrecht nach § 55 StPO, so sind seine bis zu dieser Erklärung gemachten Angaben auch dann im Verfahren gegen den Angeklagten verwertbar, wenn der Zeuge seine Erklärung auf seine bisherigen Angaben bezogen wissen will (BGH StV 1997, 512).

Ist das Verfahren gegen den Zeugen bereits rechtskräftig abgeschlossen, besteht das **125**
Auskunftsverweigerungsrecht nicht mehr. Ausnahmsweise ist aber auch in solchen Fällen eine Verfolgungsgefahr dann nicht auszuschließen, wenn zwischen der abgeurteilten Tat und anderen Straftaten, deretwegen der Zeuge noch verfolgt werden könnte, ein so enger Zusammenhang besteht, dass die Beantwortung von Fragen zu der abgeurteilten Tat die Gefahr der Verfolgung dieser anderen Taten mit sich bringt. Dass der Angeklagte wahrheitsgemäße, ihn belastende Angaben des Zeugen aus Rachegelüsten zum Anlass nehmen könnte, den Zeugen anderer Straftaten zu bezichtigen, rechtfertigt die Zubilligung eines Auskunftsverweigerungsrechts nicht (BGH NStZ 2017, 546).

§ 55 StPO gilt auch, wenn das Verfahren gegen den Zeugen noch nicht endgültig erledigt ist, sei es, dass ein Wiederaufnahmeverfahren läuft – die Berufung auf die Möglichkeit eines solchen genügt nicht –, sei es, dass das Verfahren nur vorläufig (z.B. nach § 153a StPO und die Raten noch nicht vollständig bezahlt sind) oder gemäß §§ 153, 170 StPO eingestellt wurde. Ist nur der Schuldspruch rechtskräftig, besteht ein Auskunftsverweigerungsrecht, soweit der Zeuge strafzumessungsrelevante Umstände offenbaren müsste, die nicht bereits durch bindende Feststellungen vorgegeben sind (BGH NStZ 2005, 524).

Die Entscheidung, ob und in welchem Umfang sich ein Zeuge auf § 55 StPO berufen **126**
darf, ist gemäß § 238 I StPO vorrangig dem Vorsitzenden anvertraut; hält ein Verfahrensbeteiligter diese Entscheidung allerdings für rechtsfehlerhaft, muss er gemäß § 238 II StPO hiergegen den gesamten Spruchkörper anrufen. Hierdurch kön-

nen Fehler des Vorsitzenden korrigiert und Revisionen vermieden werden. Wer also die Revision im Wege der **Aufklärungsrüge** darauf stützen will, das Gericht habe ein verfügbares Beweismittel nicht ausgeschöpft, indem es dem Zeugen zu Unrecht die Nichtbeantwortung einzelner Fragen gestattete, muss in der Hauptverhandlung bereits die prozessleitende Maßnahme des Vorsitzenden nach § 238 II StPO beanstandet haben (BGH NStZ 2007, 230).

Merke: Nach ständiger Rechtsprechung des BGH betrifft § 55 StPO nur den Rechtskreis des Zeugen, ein Verstoß kann also vom Angeklagten nicht gerügt werden. Der Angehörige des im selben Verfahren Mitbeschuldigten hat deshalb zwar sowohl nach § 52 StPO ein Zeugnisverweigerungsrecht, wie er auch ein Auskunftsverweigerungsrecht nach § 55 StPO hätte. Hat der Zeuge die Fragen der Verfahrensbeteiligten zu beantworten, ist nur ein Verstoß gegen § 52 StPO aus diesem Gedanken der **Rechtskreistheorie** heraus revisibel. Wird umgekehrt dem Zeugen durch das Gericht zu Unrecht zugestanden, einzelne Fragen nicht beantworten zu müssen, kann der Angeklagte die Verletzung der Amtsaufklärungspflicht nach § 244 II StPO rügen.

127 **c) Einsatz der Videotechnik.** Mit dieser Technik besteht die Möglichkeit, schutzbedürftige Zeugen bei der Vernehmung weitgehend zu schonen.

Nach § 58a I Nr. 1 StPO soll die Vernehmung von Kindern und Jugendlichen, aber auch erwachsenen Zeugen, die als Kinder oder Jugendliche Opfer von Sexualdelikten oder anderen in § 255a StPO genannten Straftaten geworden sind, im Regelfall mittels Videotechnik aufgezeichnet werden, um so die Möglichkeit zu haben, die Vernehmung dieses Zeugen durch die Vorführung des Videos über seine Vernehmung zu ersetzen. Bedingung dafür ist allerdings, dass der Beschuldigte und sein Verteidiger Gelegenheit hatten, an der (Video-)Vernehmung teilzunehmen (§ 255a II StPO – gegebenenfalls auch räumlich getrennt vom Zeugen, vgl. § 168e StPO) und dass es sich um Straftaten gegen das Leben, die sexuelle Selbstbestimmung, wegen Misshandlung Schutzbefohlener oder wegen Straftaten gegen die persönliche Freiheit nach den §§ 232 bis 233a StGB handelt. Die Verwertung der Aufzeichnung durch Augenschein in der Hauptverhandlung ist auch neben der Vernehmung des Zeugen zulässig, selbst wenn es sich nicht nur um eine ergänzende Vernehmung gehandelt hat (BGH NJW 2004, 1468). Zu beachten ist allerdings, dass mangels ausdrücklicher gesetzlicher Regelung die Vorführung zu Beweiszwecken in der Hauptverhandlung unzulässig ist, wenn der Zeuge in der Hauptverhandlung von seinem Zeugnisverweigerungsrecht Gebrauch macht und zwar auch dann, wenn er im Rahmen der richterlichen Vernehmung über dieses Recht belehrt worden war und deshalb der Richter vernommen werden darf (BGH NJW 2004, 1605 – der in der lesenswerten Entscheidung zudem klarstellt, dass die Vorführung nach § 255a II 1 StPO auch dann ausscheidet, wenn der Beschuldigte gemäß § 168c III StPO bei der Vernehmung ausgeschlossen war, selbst wenn sein Verteidiger daran teilgenommen hatte). Ein Antrag auf ergänzende Vernehmung in der Hauptverhandlung ist nach den Grundsätzen des Beweisantragsrechts zu behandeln, wenn der Zeuge zum Beweis einer neuen Behauptung benannt worden ist, zu der er bei der aufgezeichneten und vorgeführten Vernehmung noch nicht gehört werden konnte (BGH NJW 2003, 2761).

Mit Videokamera aufgezeichnet werden soll auch die Vernehmung anderer Zeugen, wenn zu befürchten ist, der Zeuge werde in der Hauptverhandlung nicht vernommen werden können (z.B. bei schwerer Krankheit) und wenn zusätzlich die Aufzeichnung zur Erforschung der Wahrheit erforderlich ist (§ 58a I Nr. 2 StPO). Dieses Video kann dann unter den Voraussetzungen, unter denen eine Verlesung zulässig ist (insbesondere §§ 251, 253 StPO), vorgeführt werden (§ 255a I StPO).

Hinweis 1: Die Vorführung der Bild-Ton-Aufzeichnungen einer ermittlungsrichterlichen Vernehmung mehrerer kindlicher Zeugen gemäß § 58a I, § 168e StPO bedarf gemäß § 255a II, 1 StPO keines förmlichen Gerichtsbeschlusses; es genügt die Anordnung des Vorsitzenden im Rahmen seiner Verhandlungsleitung nach § 238 I StPO (BGH NJW 2011, 3382).

Hinweis 2: Die elektronische Aufzeichnung der Vernehmung ersetzt das Protokoll über die Vernehmung (§§ 168, 168a, 168b StPO) nicht. Wird es nicht parallel zur Vernehmung erstellt, ist dies unverzüglich nach der Vernehmung zu erledigen.

d) Aussagegenehmigung gemäß § 54 StPO. Für Richter, Beamte und bestimmte **128**
Bedienstete des öffentlichen Dienstes gilt, dass sie erst aussagen dürfen, wenn eine entsprechende Aussagegenehmigung vorliegt. Diese zu beschaffen ist nicht Aufgabe des Zeugen, sondern dessen, der die Vernehmung durchführen will. Wie beim Zeugnisverweigerungsrecht aus beruflichen Gründen führt allerdings eine Aussage ohne Aussagegenehmigung nicht zur Unverwertbarkeit dieser Aussage, sondern allenfalls zu einer Strafbarkeit des Zeugen wegen Verletzung des Dienstgeheimnisses.

In der Praxis liegen die Probleme deshalb auch nicht in der Aussage ohne Aussagege- **129**
nehmigung, sondern in dem steigenden *Einfluss der Polizeibehörden auf den Beweisstoff,* welcher der Staatsanwaltschaft und dem Gericht zur Verfügung steht. Durch die Versagung der Aussagegenehmigung für einen V-Mann-Führer kann die Verwaltung z.B. die Identität desjenigen geheim halten, der mit dem Beschuldigten zum Schein eine Rauschgiftlieferung vereinbart hatte. Dadurch kann sie massiv Einfluss darauf nehmen, ob und wie ein Beschuldigter verurteilt werden kann. **§ 96 StPO** findet analoge Anwendung (*Meyer-Goßner/Schmitt* § 96 Rn. 12ff.). Diese **Sperrerklärung** (Versagung der Aussagegenehmigung) ist vom Gericht und der Staatsanwaltschaft nicht, vom Angeklagten oder Nebenkläger nur vor dem Verwaltungsgericht anfechtbar. Ein Anspruch darauf, die Hauptverhandlung bis zur Entscheidung des Verwaltungsgerichts auszusetzen, besteht nicht. Das Strafgericht hat eine solche Aussetzung im Rahmen seiner Aufklärungspflicht zu prüfen (vgl. zum gesamten Komplex *Meyer-Goßner/Schmitt* § 54 Rn. 27ff., § 96 Rn. 7ff.). Scheitert die Vernehmung eines wichtigen Zeugen (z.B. die Vernehmung eines in den USA einsitzenden Mittäters) an einer solchen **Sperrerklärung**, hat das Gericht die hierdurch bedingte Einschränkung seiner Erkenntnismöglichkeiten bei seiner Überzeugungsbildung zu berücksichtigen und in den Urteilsgründen im Rahmen der Beweiswürdigung zu erörtern (BGH NJW 2004, 1259 – Fall el-Motassadeq)

5. Sachverständiger

Um die Beweislage möglichst frühzeitig und umfassend zu sichern, bedarf es in vielen **130**
Fällen bereits im Ermittlungsverfahren der Einschaltung eines Sachverständigen. In Klausuren tritt dies am häufigsten auf durch die Beauftragung eines Arztes zur Blutentnahme und die Einholung eines Gutachtens zum Blutalkoholgehalt dieser Probe. Daneben ist auch an Gutachten zur Schuldfähigkeit, zur Glaubwürdigkeit von – vor allem jugendlichen – Zeugen, zur Echtheit von Unterschriften, zur Übereinstimmung des Druckertyps bei verschiedenen Schriftstücken etc. zu denken.

Die Einschaltung des Sachverständigen erfolgt in der Regel durch die Staatsanwaltschaft. In Eilfällen kann es allerdings auch erforderlich sein, dass die Polizei direkt den Sachverständigen beauftragt. Für die Verwertbarkeit ist dies unerheblich.

Wichtiger ist die Frage, ob der Sachverständige seine **Mitwirkung verweigern** kann. Da der Polizist weder das Erscheinen noch die Aussage eines Zeugen oder Sachverständigen erzwingen kann, ist auch hier seine Mitwirkung von der Polizei nicht durchsetzbar. Der Staatsanwalt dagegen kann den Arzt zum Sachverständigen bestellen und ihn

z. B. mit der Blutentnahme beauftragen. Dieser ist dazu verpflichtet, da er zur Ausübung dieser Wissenschaft durch die Approbation öffentlich ermächtigt ist (vgl. § 75 I StPO). Dies gilt allerdings nicht bei Befangenheit des Arztes (vgl. dazu § 74 StPO), bei Bestehen eines Zeugnisverweigerungsrechts aus §§ 52, 53, 53a StPO oder wenn ihm ein Tätigwerden nicht zumutbar ist, z. B. aus gesundheitlichen Gründen (vgl. § 76 I StPO). Zu berücksichtigen ist insbesondere beim Arzt im Krankenhaus auch die personelle Situation in der Klinik, die unter Umständen eine derartige Blutentnahme nicht zulässt. Der Sachverständige hat die Pflicht zur persönlichen Gutachtenerstattung, kann diese also nicht an einen anderen Gutachter delegieren, soweit durch die Heranziehung anderer Personen die Verantwortung des Sachverständigen für das Gutachten in Frage gestellt wird (BGH NStZ 2012, 103).

Zusammenfassend ist festzustellen, dass der Staatsanwalt den Sachverständigen im Ermittlungsverfahren unter den Voraussetzungen des **§§ 75, 77, 161a II StPO** zur Gutachtenserstellung **zwingen** kann, soweit der Sachverständige nicht befangen ist und die Erstattung des Gutachtens zumutbar und ohne Vernachlässigung vorrangiger Rechtsgüter möglich ist.

Beachte: Das Recht des Beschuldigten, sich in jeder Lage des Verfahrens anwaltlicher Hilfe zu bedienen, führt nicht zu einem Anwesenheitsrecht des Verteidigers bei der Exploration seines Mandanten durch den Sachverständigen, der mit der Erstellung eines Gutachtens, z. B. zur Frage der Schuldfähigkeit, beauftragt ist (BGH NStZ 2003, 101).

Praxishinweis: Entscheidend ist aufgrund der Grundsätze der Mündlichkeit und Unmittelbarkeit und der Notwendigkeit, Erkenntnisse aus der Hauptverhandlung mit einzubeziehen, das was der Sachverständige in der Hauptverhandlung angibt. Dies hindert aber nicht, dass er auch ohne gerichtliche Anordnung ein vorläufiges schriftliches Gutachten zu den Akten gibt; inwieweit die Verfahrensbeteiligten einen Anspruch darauf haben, dass ihnen dieses Gutachten auch schriftlich vorgelegt wird, ist streitig (zum Meinungsstand vgl. BGH NStZ 2008, 418).

131 6. Prüfungsfolge beim Personalbeweis

I. Allgemein
- **1. Vorfrage: In welcher Rolle befindet sich die Aussageperson?**
- **2. Gibt es Fehler im Ablauf der Vernehmung?**
  - a) Wurden alle erforderlichen Belehrungen vorgenommen (§§ 52 III, 57, 72, 161a I StPO)?
  - b) Wurde die Aussageperson korrekt zur Person vernommen (§§ 68 (72) bzw. 110b III, 161a, 163 III StPO)?
  - c) Fand eine korrekte Vernehmung zur Sache statt (§§ 69, (72), 161a StPO)?
  - d) Hätte ausnahmsweise vereidigt werden müssen oder wurde trotz Verbots vereidigt (§§ 59ff., 79 StPO)?
  - e) Wurden verbotene Vernehmungsmethoden angewendet (§§ 136a, 161a StPO)?
  - f) Wurden ggf. die Weigerungsrechte beachtet (§§ 52–55, 81c III, 161a und 163 III StPO)?
- **3. Gab es Fehler in den wesentlichen Förmlichkeiten (außerhalb der Hauptverhandlung)?**
  - a) Fand eine korrekte Protokollierung statt (§§ 168, 168a–168b StPO)?
  - b) Wurden alle Berechtigten vom Termin benachrichtigt, wurden alle Anwesenheitsrechte beachtet (§§ 168c, 168e, 68b, 406f StPO)?
- **4. Gibt es ein Verwertungsverbot bzgl. des Aussageinhalts aus Gründen außerhalb der Vernehmung?**

II. Prüfungsfolge Zeugenvernehmung
- **1. Zeugnisverweigerungsrecht?**
  - – aus persönlichen Gründen?
    - – Angehöriger des Beschuldigten im Sinn des § 52 I StPO

ja
→ Zeugnisverweigerungsrecht
nein
→ Angehöriger eines noch lebenden Mitbeschuldigten?
+ prozessuale Gemeinsamkeit
+ die gleiche prozessuale Tat als Vernehmungsgegenstand
+ Verfahren gegen Angehörigen noch nicht rechtskräftig abgeschlossen
→ Zeugnisverweigerungsrecht
– aus beruflichen Gründen
– betrifft Vernehmungsgegenstand den von § 53 StPO geschützten Bereich?
ja
→ entbunden?
nein
→ Zeugnisverweigerungsrecht und ggf. Erhebungs- und Verwertungsverbot nach § 160a StPO

2. Geltendmachung des Zeugnisverweigerungsrechtes
– bei Minderjährigen und Geschäftsunfähigen/beschränkt Geschäftsfähigen
– ausreichende Verstandesreife?
– falls nicht
nur verwertbar, wenn Zeuge aussagebereit und gesetzlicher Vertreter auf Verweigerungsrecht verzichtet
– falls Beschuldigter gesetzlicher Vertreter
Bestellung eines Ergänzungspflegers für den Zeugen
– Schweigen verwertbar?
grundsätzlich nicht, es sei denn, Zeuge hatte umfassend Angaben gemacht und gerade zu diesem Punkt geschwiegen

3. Auskunftsverweigerungsrecht
– besteht Gefahr der Strafverfolgung für Zeugen oder Angehörigen?
ja
– Verfahren gegen den Zeugen bereits rechtskräftig abgeschlossen?
ja → Kein Auskunftsverweigerungsrecht!
– Zeuge hat trotzdem Auskunft verweigert
→ revisibel, wenn Gericht die Weigerung akzeptiert und der Revisionsführer einen Gerichtsbeschluss nach § 238 II StPO herbeigeführt hat
nein → kein Auskunftsverweigerungsrecht! Revisibel wie oben
– Auskunftsverweigerungsrecht
– grundsätzlich kann nur die Beantwortung einzelner Fragen verweigert werden
– Zeuge belehrt?
falls nicht nicht revisibel (Rechtskreis!)

7. Urkundenbeweis

Der Urkundenbeweis birgt im Stadium des Ermittlungsverfahrens keine Probleme. **132**
In dieser Phase geht es insoweit ausschließlich um die Sicherung dieses Beweismittels. Dies geschieht durch die Sicherstellung, das heißt, dass die vom Beschuldigten oder von Zeugen zur Verfügung gestellten Schriftstücke zu den Akten genommen werden. Sind Schriftstücke für das Verfahren von Bedeutung, werden aber nicht freiwillig herausgegeben, so kommt die mit Zwangsmitteln durchsetzbare Aufforderung zur Herausgabe gemäß § 95 StPO oder die Beschlagnahme gemäß § 94 StPO in Betracht. Das Verhältnis dieser beider Vorschriften zueinander ist streitig (vgl. LG Bonn NStZ 1990, 327; LG Stuttgart NStZ 1992, 249; LG Lübeck NJW 2000, 3148).

II. Zwangsmittel

Zunächst im Überblick die Prüfungsfolge für die Klausurbearbeitung: **133**

Liegen die formalen Voraussetzungen der Maßnahme vor?	
Gibt es gesetzliche Einschränkungen?	z. B. Immunität, Beschlagnahmefreiheit nach § 97 StPO
Ist die Maßnahme verhältnismäßig?	
Wer ist zuständig für die Anordnung der Maßnahme?	
der Richter der Ermittlungsrichter? Staatsschutzkammer (§ 100e StPO)?	Ist er nicht erreichbar und liegt Gefahr im Verzug vor, prüfen, ob statt dessen der Staatsanwalt und falls der auch nicht erreichbar ist, eine Ermittlungsperson der Staatsanwaltschaft im Sinne des § 152 GVG entscheiden darf.
der Staatsanwalt	Ist er nicht erreichbar und liegt Gefahr im Verzug vor, prüfen, ob statt dessen eine Ermittlungsperson der Staatsanwaltschaft im Sinne des § 152 GVG entscheiden darf oder ev. jeder Polizeibeamte.
Bedarf die Anordnung einer bestimmten Form?	Grundsätzlich ist keine Form vorgeschrieben, dann auch mündliche Anordnung möglich. Schriftformerfordernis z. B. bei Wohnraumüberwachung nach §§ 100c, e II StPO.
Ist die Maßnahme bereits angeordnet worden,	
darf sie dann **jetzt** vollzogen werden?	z. B. Durchsuchung zur Nachtzeit nur, wenn so auch im Beschluss angeordnet; ev. Gefahr im Verzug prüfen.
darf sie dann jetzt **noch** vollzogen werden?	Grundsätzlich kein Ablaufdatum, aber nach gewisser Zeit nicht mehr vollziehbar.
richtet sie sich gegen das richtige Objekt/Person?	z. B. gilt der Durchsuchungsbeschluss für die Wohnung des X nicht für die neue Wohnung, wenn X nach Erlass des Beschlusses umgezogen ist. Oder geht der Beschluss von X als Wohnungsinhaber aus, hilft dies nichts, wenn tatsächlich Y Wohnungsinhaber.
deckt der Beschluss den Umfang der durchgeführten Maßnahme ab?	Der Durchsuchungsbeschluss zur Sicherstellung eines Panzerschranks deckt z. B. nicht die Durchsuchung eines kleinen Schreibtischfachs ab – Verwertbarkeit über § 108 StPO fraglich, Zufallsfund?

134 Beim Einsatz jedes der nachfolgend dargestellten Zwangsmittel ist stets die Frage der **Verhältnismäßigkeit** als allgemeiner Verfahrensgrundsatz zu prüfen, auch wenn dies im Einzelfall im Folgenden nicht ausdrücklich erwähnt sein sollte. Besonders gilt dies für schwerwiegende Eingriffe, wie solche in die körperliche Unversehrtheit. Eigentlich sollte auch für alle richterlichen Untersuchungsanordnungen selbstverständlich sein, dass sie zeitnah vollzogen werden, da sie nicht unbegrenzt gültig sind (vgl. BVerfG NJW 1997, 2165 zur Unzulässigkeit, einen Durchsuchungsbefehl zwei Jahre nach Erlass noch zu vollziehen).

1. Körperliche Untersuchung; Blutprobe (§ 81a StPO)

135 Die Vorschrift des § 81a StPO ist von großer praktischer Bedeutung, und ihre Anwendung reicht über den bloßen Wortlaut weit hinaus.

a) Voraussetzungen. § 81a StPO gestattet 136

- auf Anordnung des Richters, bei Gefahr im Verzug des Staatsanwalts oder dessen Ermittlungspersonen; bei bestimmten Straßenverkehrsdelikten unter Alkohol- oder Betäubungsmitteleinfluss gleichrangige Anordnungsbefugnis der Staatsanwaltschaft und ihrer Ermittlungspersonen, **§ 81a II, 2 StPO n.F.**
- beim Beschuldigten
- zur Feststellung von verfahrensrelevanten Tatsachen
  – die körperliche Untersuchung
  – den von einem Arzt vorgenommenen ungefährlichen körperlichen Eingriff.

b) Einzelheiten. Wie sich aus dem eindeutigen Wortlaut ergibt, gilt § 81a StPO nur für körperliche Untersuchungen und Eingriffe beim Beschuldigten. Für Untersuchungen und Eingriffe bei Dritten gilt § 81c StPO. Es ist deshalb bei der Prüfung der Rechtmäßigkeit der Handlung immer erst zu prüfen, ob derjenige, bei dem z.B. die Blutentnahme vorgenommen werden soll, Beschuldigter oder Zeuge ist. 137

Darüber hinaus gilt auch für diese Maßnahme grundsätzlich der *Richtervorbehalt,* das heißt, soweit ohne Gefährdung des Ermittlungserfolgs möglich, ist zunächst die Entscheidung des Richters einzuholen. Bei Gefahr im Verzug dürfen auch der Staatsanwalt und die Ermittlungspersonen der Staatsanwaltschaft die Anordnung treffen (§ 81a II, 1 StPO). Da sich der Alkohol schnell abbaut und die Rückrechnung nur mit großen Zuschlägen möglich ist, kommt es auf eine rasche Sicherung dieses Beweismittels an. Während man früher hier großzügig war und Gefahr im Verzug stets bejaht hat, gilt dies seit BVerfG NJW 2007, 1345 nicht mehr. Aufgrund der neuen Kommunikationsmöglichkeiten geht die Rechtsprechung inzwischen davon aus, dass der Ermittlungsrichter in der Regel jedenfalls telefonisch erreichbar ist und seine Entscheidung gegebenenfalls auch mündlich treffen kann. 138

Fehlende Versuche, den staatsanwaltschaftlichen Bereitschaftsdienst zu kontaktieren, begründen zwar regelmäßig kein Verwertungsverbot (OLG Nürnberg NStZ-RR 2017, 286). Die bewusste Umgehung des Richtervorbehalts unter willkürlicher Annahme von Gefahr in Verzug führt allerdings zur Unverwertbarkeit der Blutprobe (OLG Dresden NJW 2009, 2149; OLG Hamm NStZ-RR 2009, 243; OLG Naumburg StraFo 2016, 22). Nach Abschaffung des Richtervorbehalts durch das Gesetz vom 17.8.2017 beim Verdacht einer Straftat nach §§ 315a I Nr. 1, II, III; 315c I Nr. 1a), II, III oder 316 StGB sowie bei Verkehrsordnungswidrigkeiten nach den §§ 24a, 24c StVG dürfte diese Rechtsprechung indessen nunmehr lediglich noch im Anwendungsbereich des § 81 II, 1 StPO und dort vor allem im Rahmen der Feststellung der Voraussetzungen der §§ 20, 21 StGB bei Nichtverkehrsdelikten praktische Relevanz haben. Wenn die Anordnung der Blutentnahme durch Polizeibeamte nach altem Recht nicht rechtmäßig war, hingegen bei Aburteilung dem nunmehr geltenden § 81a II, 2 StPO entspricht, liegt ein revisibler Verfahrensverstoß ohnehin nicht mehr vor (OLG Rostock NStZ-RR 2018, 114).

Die Einwilligung des Beschuldigten macht die Anordnung nach § 81a StPO entbehrlich und gestattet selbst nach § 81a I, 2 StPO unzulässige Eingriffe. Der Beschuldigte ist dann jedoch über sein Weigerungsrecht zu belehren (*Brocke/Herb* StraFo 2009, 47). Dessen ungeachtet dürfen schwerwiegende Eingriffe trotz Einwilligung nur auf richterliche Anordnung vorgenommen werden (*Meyer-Goßner/Schmitt* § 81a Rn. 3).

Zugelassene Zwangsmittel sind: 139

- Die körperliche *Untersuchung;* sie zielt darauf ab, die Beschaffenheit des Körpers oder einzelner Körperteile, den psychischen Zustand des Beschuldigten oder die

Hirnfunktionen durch sinnliche Wahrnehmung ohne körperliche Eingriffe festzustellen (vgl. *Meyer-Goßner/Schmitt* § 81a Rn. 9); die körperliche Durchsuchung nach § 102 StPO dient dagegen dem Auffinden von Gegenständen.

- Körperliche *Eingriffe,* soweit sie keine gesundheitlichen Nachteile befürchten lassen. Der Unterschied zur Untersuchung liegt in der Beibringung von Verletzungen des Körpers, mögen sie auch ganz geringfügig sein (*Meyer-Goßner/Schmitt* § 81a Rn. 15).

Die körperliche Untersuchung kann, soweit nicht besondere Sachkunde dies erfordert, auch von einem Polizeibeamten vorgenommen werden; so z.B. die Untersuchung des Beschuldigten auf Verletzungen, wenn das Opfer behauptet, den Täter gekratzt zu haben. Dagegen dürfen körperliche Eingriffe nur vom Arzt und nur nach den *Regeln ärztlicher Kunst* vorgenommen werden.

Hinweis: Besonders hier ist streng zwischen der Rechtmäßigkeit des staatlichen, insbesondere polizeilichen Handelns einerseits und der Verwertbarkeit des Untersuchungsergebnisses im weiteren Verfahren zu unterscheiden. War die Blutentnahme beim Beschuldigten A vom Krankenpfleger K vorgenommen worden, so hat sich A, wenn er sich dagegen wehrte, nicht wegen Widerstands strafbar gemacht (mangels Rechtmäßigkeit der Diensthandlung). Dennoch bleibt das Ergebnis der Blutentnahme verwertbar, wenn der Polizist P, der die Blutentnahme überwacht hat, K für einen Arzt hielt (vgl. BGHSt. 24, 124). Kannte er die Stellung des K als Krankenpfleger allerdings, so soll wegen des bewussten schwerwiegenden Verstoßes gegen die körperliche Integrität ein Verwertungsverbot bestehen.

140 Körperliche Eingriffe, die als ungefährlich i.S.d. § 81a StPO gelten, sind neben der ausdrücklich erwähnten Blutentnahme z.B. die gewöhnliche Röntgenuntersuchung, die Computer- und Magnetresonanztomographie (CT bzw. MRT) sowie die Elektrokardiographie (EKG). Streit besteht über die Anwendbarkeit der Harnentnahme mittels Katheter und der Entnahme von Rückenmarks- oder Hirnflüssigkeit. Selbst wer diese Eingriffe für grundsätzlich zulässig hält, muss ihren Einsatz aus Verhältnismäßigkeitsgründen auf die Fälle der Notwendigkeit zur Aufklärung einer schweren Straftat beschränken.

Hinweis: Auch hier darf nie vergessen werden, dass dem Beschuldigten allenfalls vorgeschrieben werden kann, eine Untersuchung oder einen Eingriff zu dulden. Eine aktive Mitwirkung kann vom Beschuldigten dagegen nicht verlangt oder erzwungen werden. Der Beschuldigte muss deshalb nur die Blutentnahme dulden. Er muss dagegen nicht an der in der Regel damit verbundenen aktiven Untersuchung durch den Arzt, also der Tests wie „Gehen auf einem geraden Strich", „Finger-Finger-Probe" etc. mitwirken.

141 Herausragende Bedeutung hat die **Genanalyse** (vergleichende Untersuchung der genetischen Zusammensetzung von z.B. Blutspuren und dem Blut des Beschuldigten) gewonnen, die in § 81e StPO geregelt ist. Um die Analyse durchführen zu können, bedarf es einer Vergleichsprobe. Rechtsgrundlage für die hierzu erforderliche Blut- oder Zellenentnahme beim Beschuldigten ist weiterhin § 81a StPO (zur Beweiswürdigung vgl. BGH NJW 2013, 2612; zu § 81e StPO siehe unten Rn. 203).

§ 81a StPO deckt nicht nur die bloße Untersuchung oder den Eingriff wie die Blutentnahme ab, sondern ist zugleich Rechtsgrundlage für die Polizei, diese Maßnahme auch durchzusetzen. Dies bedeutet, dass sowohl das räumliche Verbringen zur Untersuchung/zum Eingriff als auch die damit verbundene zeitliche Freiheitsentziehung bereits durch § 81a StPO gerechtfertigt ist. Damit stellt sich aber die Frage, wie lange die Freiheitsentziehung bei einer Untersuchung i.S.d. § 81a StPO dauern darf. Dies ist deshalb besonders interessant, weil § 81 StPO an die freiheitsentziehende Maßnahme der Unterbringung zur Untersuchung sehr strenge Anforderungen stellt, die – wenn die Maßnahme durch § 81a StPO gerechtfertigt ist – nicht erfüllt sein müssen. OLG

Celle (NJW 1971, 256) hat eine vorübergehende Unterbringung allein auf Grund von § 81a StPO für die Dauer von 4–5 Tagen zugelassen – die Einzelheiten sind streitig (vgl. *Meyer-Goßner/Schmitt* § 81a Rn. 24).

c) Beispiel einer Anordnung nach § 81a StPO: 142

Az.: B 1 Gs 107/18

Amtsgericht Stuttgart

Beschluss vom 10.11.2018

In dem Ermittlungsverfahren
gegen Alexander Müller, geb. 7.7.1990
wegen Diebstahls u. a.

wird die körperliche Untersuchung des Beschuldigten Müller durch den Sachverständigen Dr. Schmerzlos im Bezirkskrankenhaus Stuttgart, insbesondere die Durchführung eines EKGs zur Feststellung der Verhandlungsfähigkeit des Beschuldigten, angeordnet. Die Untersuchung darf höchstens 3 Tage andauern.

Gründe:

Der Beschuldigte ist des Diebstahls und der Trunkenheitsfahrt ohne Fahrerlaubnis dringend verdächtig. Der Beschuldigte macht geltend, dass er wegen eines Herzklappenfehlers nicht verhandlungsfähig sei, weigert sich jedoch, sich ärztlich untersuchen zu lassen. Um Feststellungen über die Verhandlungsfähigkeit des Beschuldigten treffen zu können, ist deshalb gemäß § 81a StPO die vorübergehende, maximal dreitägige stationäre körperliche Untersuchung durch den mit der Erstattung eines Gutachtens beauftragten Arzt Dr. Schmerzlos erforderlich. Dazu gehört auch die Durchführung eines EKGs.

Sollte sich der Beschuldigte nicht zu dem ihm noch vom Sachverständigen Dr. Schmerzlos zu nennenden Termin im Bezirkskrankenhaus, Badstr. 21, Stuttgart, einfinden, wird er zwangsweise vorgeführt werden.

Rechtsmittel: Beschwerde
Amtsgericht

Richter/in am

d) Exkurs zur Alkoholberechnung. Fragen zum Blutalkoholgehalt (BAG) beim 143
Beschuldigten (oder auch beim Zeugen – eventuell strafmilderndes Mitverschulden prüfen!) sind primär Fragen des materiellen Rechts, nämlich der Strafbarkeit z.B. bei § 316 StGB, der Schuld bei § 20 StGB und des Strafmaßes bei § 21 StGB (vgl. auch Rn. 434, 461 und 473). Es ist häufig aber auch eine Frage der Nachweisbarkeit des Blutalkoholgehalts. Auf Grund des Zusammenspiels von Strafbarkeitsvoraussetzung einerseits und Beweiswürdigungsproblemen andererseits ist die Alkoholberechnung ein beliebtes Klausurproblem, weshalb auch im Rahmen dieses Buches auf die Grundkenntnisse eingegangen werden soll.

Folgende **Promillegrenzen** spielen bislang in der Rechtsprechung eine besondere Rolle:

- **0,3‰**
  ab diesem Wert kommt eine alkoholbedingte Fahrunsicherheit im Sinne der §§ 315c I Nr. 1a, 316 StGB in Betracht (*Fischer* StGB § 316 Rn. 7). Zu dem Blutalkoholgehalt müssen allerdings noch alkoholbedingte Fahrfehler oder Verhaltensauffälligkeiten, die auf Fahrunsicherheit schließen lassen, hinzukommen (= relative Fahruntüchtigkeit).
- **0,5‰**
  ab diesem Wert liegt auf jeden Fall eine Ordnungswidrigkeit des § 24a StVG vor, i.d.R. verbunden mit einem Fahrverbot. Bei alkoholbedingten Fahrfehlern bzw.

entsprechenden Verhaltensauffälligkeiten greifen selbstverständlich wieder §§ 316, 315c I Nr. 1a StGB.

- **1,1‰**
  ab diesem Wert liegt unwiderlegbar alkoholbedingte Fahrunsicherheit von Kraftfahrzeuglenkern (z. B. Auto, Motorrad, Moped) vor (= absolute Fahruntüchtigkeit).
- **1,6‰**
  ab diesem Wert ist auch die Fahruntüchtigkeit von Radfahrern unwiderlegbar (OLG Celle NJW 1992, 2169).
- **2,0‰**
  kann dieser Wert (oder mehr) nicht ausgeschlossen werden, muss sich das Urteil mit der beschränkten Schuldfähigkeit im Sinne von § 21 StGB auseinandersetzen, sonst liegt ein Darlegungsmangel vor (siehe dazu Rn. 473 und 598; lesenswert: BGH NJW 1997, 2460; bei Tötungsdelikten soll allerdings wegen der besonders hohen Hemmschwelle die Darlegungspflicht erst bei 2,2‰ beginnen, vgl. BGH NStZ 1994, 239; die neuere Rechtsprechung des BGH tendiert aber zunehmend dazu, der alkoholbedingten Enthemmung weniger Gewicht einzuräumen; auf die Ausführungen unten Rn. 473 sei verwiesen).
- **2,5‰**
  bei Werten um 2,5‰ und höher muss sich das schriftliche Urteil mit der Frage der Schuldfähigkeit im Sinne von § 20 StGB befassen, um nicht an einem Darlegungsmangel zu leiden. Allerdings stellt der BGH in neuerer Zeit (grundlegend BGHSt. 43, 66; bestätigt vom BGH in NJW 2012, 2672; siehe auch BGH NStZ-RR 2013, 337) bei § 20 und § 21 StGB mehr auf die sogenannten psychodiagnostischen Kriterien (äußere Symptome, insbesondere Erscheinungsbild und Leistungsverhalten des Beschuldigten) ab.

Rückrechnung:

144 Zwischen der Tat und dem Zeitpunkt der Blutentnahme kann viel Zeit verstrichen sein, in welcher der Körper des Beschuldigten Alkohol abbauen konnte. Es ist deshalb häufig erforderlich, den Blutalkoholgehalt zum Zeitpunkt der Blutentnahme auf die Tatzeit umzurechnen. Die Berechnung hierzu differiert, je nachdem, ob es für den Beschuldigten günstiger ist, einen möglichst hohen oder einen möglichst niedrigen Blutalkoholgehalt gehabt zu haben.

- **Niedriger Blutalkoholgehalt ist günstig (Fahrsicherheit):**
  Zu Gunsten des Beschuldigten ist eine *Resorptionsphase von zwei Stunden* zu berücksichtigen, in welcher der Körper zwar den Alkohol aufgenommen, aber noch nicht mit dem Abbau begonnen hat. Diese **Resorptionsphase** ist unabhängig von dem Tatzeitpunkt zu sehen. Sie beginnt mit *Trinkende.* Liegt die Tat also mehr als zwei Stunden nach Trinkende, so kann von der Blutentnahme bis zur Tatzeit zurückgerechnet werden. Ist unbekannt, wann der Beschuldigte den Alkohol zu sich genommen hat, so ist zu seinen Gunsten der späteste mögliche Zeitpunkt anzunehmen. Unter Berücksichtigung dieser Resorptionsphase darf zwischen der Tat und der Blutentnahme mit einem *stündlichen Abbauwert von 0,1‰* gerechnet werden.
  Für die Frage der absoluten Fahrunsicherheit ist es unerheblich, ob sich der Wert erst nach der Fahrt bis zur Blutentnahme aufgebaut hat (Fälle des sogenannten „Sturztrunks"). Die alkoholbedingten Ausfallerscheinungen sind in der *„Anflutungsphase",* während also der Alkohol sich schon im Körper, aber noch nicht im Blut befindet, genauso schwerwiegend, wie wenn er schon im Blut ist. In § 24a StVG ist

dies klargestellt, indem dort dem Blutalkoholgehalt von mindestens 0,5‰ gleichgestellt ist, dass der Betroffene eine Alkoholmenge im Körper hat, die zu einer solchen Blutalkoholkonzentration führen wird.

- **Hoher Blutalkoholgehalt ist günstig (Schuldfähigkeit):**
  Die Resorptionsphase entfällt in diesem Fall. Zu Gunsten des Beschuldigten wird also angenommen, dass in dessen Körper sofort nach der Alkoholaufnahme mit dessen Abbau begonnen wurde. Außerdem wird hier mit einem stündlichen Abbauwert von 0,2‰ und einem einmaligen Sicherheitszuschlag für die ersten beiden Stunden von insgesamt 0,2‰ gerechnet.

Beispiel: A verlässt die Gaststätte am 20.11.2018 um 20.00 Uhr. Um 23.30 Uhr begeht er einen Diebstahl und flüchtet mit dem eigenen Wagen. Er wird in der Nacht aus dem Bett geholt und zur Blutentnahme verbracht, die um 3.00 Uhr des 21.11.2018 erfolgt und einen Wert von 0,9‰ ergibt.

- **Berechnung niedriger Wert günstig (wegen § 316 StGB):** Ist das Trinkende unbekannt, muss zu seinen Gunsten davon ausgegangen werden, dass er auch nach dem Gaststättenbesuch an einem anderen Ort Alkohol getrunken hat und zwar bis kurz vor dem Zeitpunkt der Tat (anders ist es selbstverständlich, wenn dies aus anderen Gründen ausgeschlossen werden kann). Ende der Resorptionsphase damit um 1.30 Uhr. Es darf deshalb nur von 3.00 Uhr bis 1.30 Uhr zurückgerechnet werden mit stündlich 0,1‰. Dies ergibt einen Rückrechnungswert von 0,15‰ und damit einen Blutalkoholgehalt von (0,9‰ + 0,15‰ =) 1,05‰. Eine absolute Fahrunsicherheit kann ihm also nicht nachgewiesen werden.
- **Berechnung hoher Wert günstig (wegen Schuldfähigkeit):**
  Da die Resorptionsphase unberücksichtigt bleibt, kann hier der gesamte Zeitraum zwischen 23.30 und 3.00 Uhr, also $3^1/_2$ Stunden zurückgerechnet werden. Bei einem stündlichen Abbau von 0,2‰ und einem einmaligen Sicherheitszuschlag von 0,2‰ für die ersten beiden Stunden ergibt dies einen Rückrechnungswert von 0,9‰ und damit einen Blutalkoholgehalt von 1,8‰ zur Zeit der Tat. Bei einem nicht alkoholgewöhnten Beschuldigten kommt hier möglicherweise schon verminderte Schuldfähigkeit in Betracht. Ob sie tatsächlich vorlag, muss dann anhand von weiteren Indizien abgeklärt werden.

Wir haben also hier einen Mindestwert von 1,05‰ und einen Höchstwert von 1,8‰. Welcher Wert wird vom Gericht nun aber tatsächlich zugrunde gelegt, wenn – wie hier – jeder der beiden Werte je nach Umstand günstiger sein kann?

Die Anwendung eines sogenannten „wahrscheinlichen" Blutalkoholgehalts, der irgendwo zwischen dem Mindestwert und dem Höchstwert liegen würde, wird von der Rechtsprechung zu Recht abgelehnt, da dies dem Grundsatz „in dubio pro reo" widerspräche. Das Gericht muss also jeweils den für den Beschuldigten günstigeren Wert nehmen. Es muss demnach unter Umständen in einem Urteil mit zwei Promillewerten rechnen, hier für die Frage der Strafbarkeit wegen Trunkenheit im Verkehr (§ 316 StGB) mit dem Mindestwert und für die Frage der verminderten Schuldfähigkeit (§§ 20, 21 StGB) mit dem Höchstwert. Da für die Frage der Schuldfähigkeit der Blutalkoholgehalt jedoch nur eines von vielen möglichen Indizien ist, wird sein Beweiswert gegenüber anderen Indizien sinken, je größer die Spanne zwischen Mindest- und Höchstwert ist (BGH NStZ 1995, 226 – dieses Problem stellt sich immer bei sehr langen Rückrechnungszeiträumen).

Nachtrunk: Ist ein niedrigerer Blutalkoholgehalt günstig für den Beschuldigten und wurde dieser nicht unmittelbar nach der Tat angetroffen, z.B. in den Fällen des uner- **145**

laubten Entfernens vom Unfallort, so wird vom Beschuldigten häufig ein sogenannter Nachtrunk geltend gemacht. Er beruft sich also darauf, dass er nach der Tat noch Alkohol getrunken hat. Widerlegen lässt sich dies nur bei entsprechender Beweislage, z.B. es war gar kein Alkohol im Haus, den der Beschuldigte hätte trinken können. Kann der Nachtrunk nicht widerlegt werden, so muss zunächst ermittelt werden, wie viel Gramm Alkohol dieser Nachtrunk enthielt, und dann, wie viel Promille dies gerade beim Beschuldigten ausmacht. Dieser Wert ist von dem durch die Blutentnahme festgestellten Blutalkoholgehalt abzuziehen. Dies ergibt dann, gegebenenfalls unter Rückrechnung (soweit trotz des Nachtrunks noch möglich), den Blutalkoholgehalt zur Zeit der Tat. Diese Berechnungen müssen unter Hinzuziehung eines Sachverständigen vorgenommen werden.

2. Vorläufige Entziehung der Fahrerlaubnis gemäß § 111a StPO

146 Diese Zwangsmaßnahme dient nicht der Sicherung des Strafverfahrens, sondern der Sicherheit des Straßenverkehrs. Nicht geeignete Kraftfahrzeuglenker sollen schon vor der endgültigen Entziehung der Fahrerlaubnis als Maßregel der Sicherung i.S.d. § 69 StGB von der Teilnahme am Straßenverkehr ausgeschlossen sein.

147 **a) Voraussetzungen (§ 111a I StPO):**

- dringender Tatverdacht,
- hohe Wahrscheinlichkeit, dass im Zusammenhang mit der Verfolgung dieser Straftat das Gericht die Fahrerlaubnis gemäß § 69 StGB entziehen wird sowie
- Anordnung ausschließlich durch den (Ermittlungs-)Richter nach pflichtgemäßem Ermessen (Kann-Vorschrift), wobei die Sicherheit des Straßenverkehrs die Anordnung bei Vorliegen der übrigen Voraussetzungen in der Regel gebietet.

148 **b) Einzelheiten.** Anders als bei der endgültigen Entziehung der Fahrerlaubnis dürfen von der vorläufigen Entziehung bestimmte Arten von Kraftfahrzeugen ausgenommen werden, also z.B. Ausnahme der Kraftfahrzeuge der Klasse M bei vorläufiger Entziehung der Fahrerlaubnis der Klasse B. Bei der endgültigen Entziehung im Urteil dagegen muss die Entziehung uneingeschränkt erfolgen und es können lediglich bestimmte Arten von der Sperrfrist für die Wiedererteilung ausgenommen werden (vgl. den unterschiedlichen Wortlaut der §§ 111a StPO und 69 StGB). Da sich die Ungeeignetheit meist auf alle Arten von Kraftfahrzeugen bezieht, ist bei der Anwendung dieser Ausnahmevorschriften ohnehin Vorsicht geboten. In jedem Fall unzulässig ist es, von der vorläufigen (ebenso wie der endgültigen) Entziehung bestimmte Zeiten oder Orte auszunehmen. Auch wenn der einer Trunkenheitsfahrt verdächtige Beschuldigte glaubhaft versichert, nur abends Alkohol zu trinken, um tagsüber weiter seinen Lastwagen fahren zu dürfen, kann ihm diese Einschränkung nicht zugestanden werden, weil sie vom Gesetz nicht vorgesehen ist (und unseres Erachtens auch nicht sinnvoll wäre).

- Da nur der Richter die Fahrerlaubnis vorläufig entziehen darf, erfolgt die Sicherung des Straßenverkehrs seitens der Polizei bzw. der Staatsanwaltschaft zunächst durch die Sicherstellung des Führerscheins, bzw. wenn der Beschuldigte damit nicht einverstanden ist, durch dessen Beschlagnahme (siehe unten Rn. 161). Wendet der Beschuldigte sich auch dagegen, so bestätigt das Gericht im Tenor seiner Entscheidung nicht diese Beschlagnahme, sondern ordnet die vorläufige Entziehung der Fahrerlaubnis an (§ 111a IV StPO). Diese wirkt zugleich als Bestätigung der Beschlagnahme des Führerscheins (vgl. § 111a III StPO).

Hinweis: Fährt der Beschuldigte trotz Sicherstellung/Beschlagnahme des Führerscheins, so macht er sich nach § 21 II Nr. 2 StVG strafbar. Fährt er dagegen noch nach der richterlichen vorläufigen

Entziehung der Fahrerlaubnis, so ist er nach § 21 I Nr. 1 StVG strafbar (höherer Strafrahmen!), da die vorläufige Entziehung zwar nicht die Fahrerlaubnis erlöschen lässt, jedoch als Fahrverbot wirkt (über das der Beschuldigte zu belehren ist).

- Ist der Führerschein beschlagnahmt oder die Fahrerlaubnis vorläufig entzogen, so muss dies bereits bei der Bemessung der noch zu verhängenden Sperrfrist insoweit berücksichtigt werden, als durch die vorläufige Maßnahme bereits Einfluss auf den Beschuldigten als Kraftfahrzeuglenker genommen wurde. Im Tenor jedenfalls wird immer nur die ab Urteil noch laufende Sperrfrist angegeben. Die Sicherstellung/vorläufige Entziehung wirkt sich auch insoweit auf die Bemessung der Sperrfrist aus, als das Mindestmaß (6 Monate bei § 69a I bzw. 1 Jahr bei § 69a III StGB) sich um diese Zeit verkürzt (§ 69a IV, VI StGB), 3 Monate allerdings nicht unterschreiten darf (§ 69a IV StGB).
- Die Entscheidung über die vorläufige Entziehung der Fahrerlaubnis ergeht im Ermittlungsverfahren auf Antrag der Staatsanwaltschaft, nach Anklageerhebung muss das Gericht die Voraussetzungen von Amts wegen prüfen. Deshalb hat das Gericht, wenn es im Urteil die Entziehung der Fahrerlaubnis nach § 69 StGB ausspricht und bisher diese nicht vorläufig entzogen war, zu prüfen, ob durch einen mit dem Urteil zu verkündenden Beschluss die Fahrerlaubnis nicht bereits jetzt bis zur Rechtskraft vorläufig entzogen werden muss.

Klausurtipp: Achten Sie deshalb in Klausuren auch darauf, ob eine Entziehung der Fahrerlaubnis in Betracht kommt, welche Maßnahmen bereits getroffen und welche noch zu treffen sind.

Denken Sie an diese Maßnahmen nicht nur bei Alkoholfahrten, sondern immer dann, wenn die Tat mit dem Kfz begangen worden ist, also auch z. B. bei §§ 242, 249 oder § 316a StGB (wobei die Rechtsprechung, siehe BGH NStZ 2005, 503, allerdings außerhalb von Verkehrsdelikten für eine Entziehung der Fahrerlaubnis verlangt, dass die Anlasstat tragfähige Rückschlüsse darauf zulässt, der Täter sei bereit, die Sicherheit des Straßenverkehrs seinen eigenen kriminellen Interessen unterzuordnen – vgl. dazu auch Rn. 477 und 493).

c) Beispiel eines Beschlusses nach § 111a StPO: 149

Az.: B 16 Gs 1704/18

Amtsgericht Stuttgart

Beschluss vom 21.10.2018

In dem Ermittlungsverfahren
gegen Alexander Müller, geb. 7.7.1990
wohnhaft Turmstr. 14, Stuttgart
wegen Diebstahls u. a.
wird dem Beschuldigten die Fahrerlaubnis zum Führen von Kraftfahrzeugen aller Art gemäß § 111a StPO
vorläufig entzogen.

Gründe:
Nach den bisherigen Ermittlungen besteht der dringende Verdacht, dass der Beschuldigte am 14.10.2018 um 0.30 Uhr als Lenker des PKW S-NU 7777 öffentliche Straßen in Stuttgart befuhr, obwohl er alkoholbedingt fahrunsicher war (Blutalkoholkonzentration: 1,1‰), was er hätte erkennen können.

Damit sind auch dringende Gründe für die Annahme vorhanden, dass die Fahrerlaubnis im Urteil unter Verurteilung nach § 316 StGB gemäß der Regelvorschrift des § 69 II StGB entzogen werden wird. Hinreichende Umstände, die eine Ausnahme von dieser Regel gebieten, sind nicht ersichtlich.

Richter/in am Amtsgericht

3. Durchsuchung

150 a) **Voraussetzungen der Durchsuchung.** Zu unterscheiden ist zwischen der Durchsuchung beim **Verdächtigen** (§ 102 StPO) und der bei **Dritten** (§ 103 StPO). Gemeinsamkeiten und Unterschiede sollen hier zusammen dargestellt werden:

aa) Anfangsverdacht. Eine Durchsuchung ist nur zulässig, wenn der Anfangsverdacht eine Tatsachengrundlage hat, aus der sich die **Möglichkeit der Tatbegehung** durch den Tatverdächtigen ergibt, ohne dass es auf eine erhöhte Wahrscheinlichkeit ankommt. Nur eine Vermutung reicht allerdings nicht aus; andererseits muss sich aus den Umständen, die den Anfangsverdacht tragen, nicht bereits eine genaue Tatkonkretisierung ergeben (BVerfG NStZ-RR 2004, 143).

151 **bb) Durchsuchungsobjekt.** Als Objekt der Durchsuchung kommen in Betracht
- Wohnungen und Räume, einschließlich des befriedeten Besitztums – also auch Hausgärten, Höfe etc.;
- eine Person, das heißt die Suche nach Sachen oder Spuren in oder unter der Kleidung;
- Sachen, das ist die bewegliche Habe, z.B. Aktentasche oder nur mitgeführte Kleidungsstücke. Dazu gehören auch Mobiltelefone mit den darin gespeicherten Daten wie Ruflisten, empfangene und gesendete SMS etc., ebenso wie Computer mit den auf den Festplatten gespeicherten Kommunikationsdaten wie empfangene und gesendete E-Mails (BVerfG NJW 2006, 976). Wie sich aus §§ 105 II, 107 S. 1 StPO ergibt, gehört allerdings zur Durchsuchung, dass sie offen geschieht und nicht heimlich. Die Anordnung, den Computer eines Verdächtigen in der Weise zu durchsuchen, dass auf ihm eine Überwachungssoftware („Trojaner") installiert wird, mit deren Hilfe dann die Festplatte im Computer des Verdächtigen auf strafbare Inhalte oder Beweismittel für Straftaten überprüft werden soll (sog. Online-Durchsuchung), kann daher nicht auf § 102 StPO, aber seit dem 17.8.2018 auf § 100b StPO n.F. gestützt werden (vgl. Rn. 191).

152 **cc) Durchsuchungszweck.** Die Durchsuchung kann angeordnet werden
- zur Ergreifung des Verdächtigen;
- zur Sicherung von Spuren;
- zum Auffinden von Beweismitteln;
- zum Auffinden von Gegenständen, die der Einziehung oder Unbrauchbarmachung (§ 111b II StPO) oder dem Vermögensarrest zur Sicherung der Wertersatzeinziehung (§ 111e V StPO) unterliegen.

153 **dd) Durchsuchungssubjekt.** Durchsucht werden kann beim
- Verdächtigen – dies ist umfassender als der Begriff des Beschuldigten, da er auch für den gilt, gegen den ein Tatverdacht besteht, ohne dass er Beschuldigter sein müsste. Strafunmündige können allerdings nicht Verdächtige sein! Für die Durchsuchung beim Verdächtigen (§ 102 StPO) gelten keine Einschränkungen bezüglich des Durchsuchungsobjekts und des Durchsuchungszwecks;
- Dritten. Für die Durchsuchung beim Dritten gilt grundsätzlich (§ 103 I 1 StPO; Ausnahmen vgl. § 103 I 2 und II StPO) die Einschränkung, dass **konkrete Tatsachen** vorliegen müssen, aus denen zu schließen ist, die gesuchte Person, Spur oder

Sache befinde sich in dem Durchsuchungsobjekt (zu den hier bestehenden **besonderen Anforderungen an den Auffindeverdacht** vgl. BVerfG NJW 2016, 1645).

ee) Durchsuchungszeit. Für die Durchsuchung 154
- bei Tag gelten keine Besonderheiten;
- zur Nachtzeit (Definition § 104 III StPO) gilt:
  - die Durchsuchung von Räumen ist nur zulässig bei Verfolgung auf frischer Tat oder wenn Gefahr im Verzug besteht oder wenn es um die Wiederergreifung eines entwichenen Gefangenen geht (§ 104 I – Ausnahme § 104 II StPO für bestimmte, weniger schutzwürdige Räumlichkeiten);
  - für die Durchsuchung von Personen oder Sachen gelten keine Besonderheiten.

ff) Durchsuchungsanordnung. Die Durchsuchung wird 155
- grundsätzlich vom Richter angeordnet (§ 105 I 1 1. Alt StPO). Örtlich zuständig ist unabhängig vom Durchsuchungsort der Ermittlungsrichter des Amtsgerichts am Sitz der ermittelnden Staatsanwaltschaft (§ 162 I 1 StPO);
- bei Gefahr im Verzug vom Staatsanwalt oder von den Ermittlungspersonen der Staatsanwaltschaft angeordnet (§ 105 I 1 2. Alt StPO – beachte für die Ermittlungspersonen die kleine Einschränkung gem. § 105 I 2 i.V.m. § 103 I 2 StPO); bei Wohnungsdurchsuchungen sind die Anforderungen an die Unerreichbarkeit des Richters auf Grund des besonderen Schutzes der Unverletzlichkeit der Wohnung vom BVerfG sehr hoch angesetzt worden, vgl. dazu dessen grundlegende Entscheidung in NJW 2001, 1121; ein fernmündlicher Antrag der Staatsanwaltschaft und die fernmündliche Anordnung des Richters genügen den gesetzlichen Anforderungen.

Haben die Ermittlungsbehörden den Ermittlungsrichter durch die Stellung eines Antrags auf Erlass einer Durchsuchungsanordnung mit der Sache einmal befasst, ist für ihre Eilkompetenz jedoch kein Raum mehr (BVerfG NStZ 2015, 529 mit Anmerk. *Grube*). In der Praxis dürfte somit bei Wohnungsdurchsuchungen nur noch in folgenden Konstellationen **Gefahr im Verzug** angenommen werden:

- Mit Blick auf die tatsächliche oder rechtliche Komplexität des Falles würde durch die Einschaltung des Richters eine zeitliche Verzögerung eintreten, die den Erfolg der Durchsuchung gefährden würde.
- Der zuständige Richter kann trotz Kontaktversuchs nicht erreicht werden.
- Nach der Befassung des zuständigen Richters treten tatsächliche Umstände ein oder werden neu bekannt, die die Gefahr eines Beweismittelverlusts begründen, sog. überholende Kausalität (vgl. BVerfG, a.a.O.).

Merke: 1.) Die vom Staatsanwalt oder Ermittlungsbeamten unter gezielter oder willkürlicher Umgehung des Richtervorbehalts angeordnete Durchsuchung ist rechtswidrig und führt **in der Regel** zur **Unverwertbarkeit** der bei der Durchsuchung vorgefundenen Beweismittel und der Wahrnehmungen der in der Wohnung eingesetzten Polizeibeamten (BGH NStZ 2012, 104).
2.) Das Beweisverwertungsverbot erstreckt sich aber nicht auf Angaben des belehrten Beschuldigten gegenüber den Polizeibeamten nach Betreten der Wohnung, **keine Fernwirkung** (so aber mit unzutr. Begründung OLG Düsseldorf NStZ 2017, 177 mit abl. Anmerk. Radtke).
3.) Die Zulässigkeit einer Verfahrensrüge in der Revision, mit der ein **Beweisverwertungsverbot** wegen Fehlern bei einer Durchsuchung zur Sicherstellung von Sachbeweisen geltend gemacht wird, setzt nach herrschender Rspr. **einen auf den Zeitpunkt des § 257 I StPO befristeten Widerspruch** des verteidigten Angeklagten gegen die Verwertung voraus (zutr. 5. Strafsenat des BGH NJW 2018, 2279; a.A. 2. Strafsenat NJW 2017, 1332).

Die Durchsuchungsanordnung tritt nach einem halben Jahr außer Kraft, da die vorbeugende richterliche Kontrolle nur dann einen wirksamen Grundrechtsschutz bietet, wenn der Richter die geplante Maßnahme in ihren konkreten, gegenwärtigen Voraussetzungen beurteilt (BVerfG NJW 1997, 2165).

Beachte: Wurde die Durchsuchung wegen Gefahr im Verzug nicht vom Richter angeordnet, kann die Frage der Rechtmäßigkeit der Durchsuchungsanordnung auch noch nachträglich in entsprechender Anwendung des **§ 98 II 2 StPO** richterlich überprüft werden. Gleiches gilt für die Art und Weise des Vollzugs einer (auch richterlich) angeordneten Durchsuchung. § 98 II 2 StPO wird zunehmend als umfassende Norm zur wirksamen gerichtlichen Kontrolle strafprozessualer Eingriffe eingesetzt (vgl. BVerfG NJW 1997, 2163; NJW 1999, 273; BGH NJW 1999, 730; NJW 2000, 84).

Um eine wirksame gerichtliche Nachprüfung zu ermöglichen, ist es notwendig, dass auch bei mündlichen Durchsuchungsanordnungen vor oder unmittelbar nach der Durchsuchung die für den Eingriff bedeutsamen Erkenntnisse und Annahmen in den Ermittlungsakten **dokumentiert** werden (BVerfGE 103, 142); Mängel oder auch das Fehlen einer Dokumentation machen allerdings die Durchsuchung nicht rechtswidrig und führen auch nicht zu einem Beweisverwertungsverbot (BGH NJW 2005, 1060 – jedenfalls wenn die fehlende Dokumentation der einzige Mangel ist; vgl. die lesenswerte Entscheidung des BGH NJW 2007, 2269, der beim Zusammentreffen mehrerer Mängel ein Verwertungsverbot angenommen hatte).

156 **gg) Verhältnismäßigkeit.** Dem erheblichen Eingriff in die grundrechtlich geschützte Lebenssphäre des Betroffenen entspricht ein besonderes Rechtfertigungsbedürfnis nach dem Grundsatz der Verhältnismäßigkeit. Die Durchsuchung muss nicht nur mit Blick auf den bei der Anordnung verfolgten Zweck erfolgversprechend sein. Es muss gerade diese Zwangsmaßnahme zur Ermittlung und Verfolgung der Straftat erforderlich sein. Dies ist nicht der Fall, wenn andere, weniger einschneidende Mittel zur Verfügung stehen (z.B. Befragung weiterer Zeugen; Aufforderung zur Herausgabe der Unterlagen, wenn der Tatvorwurf bereits durch andere Beweismittel hinreichend belegt ist – vgl. BVerfG BeckRS 2015, 52608). Darüber hinaus muss die Durchsuchung in angemessenem Verhältnis zur Schwere der Tat und zur Stärke des Tatverdachts stehen (vgl. BVerfG StV 2015, 614 m.w.N.). Bei einem nur vagen Anfangs- und Auffindeverdacht (z.B. auf der Grundlage eines anonymen Hinweises) ist die Verhältnismäßigkeit wegen der Schwere des Eingriffs besonders eingehend zu begründen (BVerfG NJW 2014, 2265, 2266 m.w.N.). Darüber hinaus hat die Durchsuchungsanordnung stets den besonderen Umständen des Einzelfalles in den Beschlussgründen Rechnung zu tragen (vgl. BVerfG NJW 2015, 1585).

Können die bei einer Durchsuchung gewonnen Erkenntnisse von vornherein im Strafverfahren nicht verwendet werden, ist diese zur Aufklärung der Anklagevorwürfe offensichtlich ungeeignet und daher unverhältnismäßig (vgl. BVerfG AnwBl 2015, 177 bei Verteidigungsunterlagen mit Bezug zum Strafverfahren nach **§ 160a I StPO**).

Besonders im **Ordnungswidrigkeitenverfahren** ist beim Gebrauch von Eingriffsbefugnissen der Grundsatz der Verhältnismäßigkeit von ganz erheblicher Bedeutung. Die Durchsuchung hat der Gesetzgeber gemäß **§ 46 I OWiG i.V.m. §§ 102, 103 StPO** aber grundsätzlich auch im Bußgeldverfahren vorgesehen. Eine schematische Untergrenze für Anordnungen im Hinblick auf die Bußgeldhöhe existiert nicht; vielmehr ist auch hier eine Abwägung im konkreten Einzelfall vorzunehmen (vgl. ausführlich BVerfG DAR 2016, 641).

157 **b) Anforderungen an den Durchsuchungsbeschluss.** Die Durchsuchung stellt einen massiven Eingriff in die Rechte des Verdächtigen oder Dritter dar, der deshalb außer bei Gefahr im Verzug nur vom Richter angeordnet werden kann. Auch dieser darf aber den Eingriff nur insoweit zulassen, als dies zur Erreichung des zulässigen Durchsu-

chungszwecks notwendig ist. Nur im Rahmen dieser Genehmigung dürfen die Polizeibeamten dann auch durchsuchen. Der Richter muss deshalb in seinem Beschluss darlegen, welchem konkreten Zweck die Durchsuchung dient. Er muss also ein Durchsuchungsprogramm aufstellen. So sind z.B. bei der bezweckten Sicherstellung von Beweismitteln diese – soweit wie möglich – zu konkretisieren.

Die Formulierung *„der Beschuldigte ist eines Betrugs verdächtig. Die Durchsuchung dient der Sicherstellung von Unterlagen, die für das Verfahren von Bedeutung sind"* genügt diesen Anforderungen deshalb bei weitem nicht (zu den Anforderungen im Einzelnen vgl. BVerfG NJW 1966, 1603 und NJW 2004, 1517 m.w.N.). In der Begründung sind auch die wesentlichen Verdachtsmomente darzulegen; der bloße Verweis auf das bisherige Ermittlungsergebnis reicht nicht. Würde allerdings die Bekanntgabe dieser Umstände den Untersuchungszweck gefährden, kann sie zunächst unterbleiben und in der Beschwerdeinstanz nachgeholt werden (BGH NStZ-RR 2009, 142). Ein Beispiel für einen Durchsuchungsbeschluss befindet sich unter Rn. 173a.

Beachte: Eine Durchsuchungsanordnung, die den verfassungsrechtlichen Mindestvoraussetzungen nicht genügt, entfaltet zwar keine verjährungsunterbrechende Wirkung (BGH NStZ 2018, 45), führt aber grundsätzlich nicht zur Unverwertbarkeit der bei der Durchsuchung beschlagnahmten Gegenstände (BGH NJW 2009, 3225). Eine ordnungsgemäße Durchsuchungsanordnung vermag bei Serienstraftaten eine Unterbrechung der Verjährung auch für noch nicht bekannt gewordene Taten bewirken, auch wenn es sich dabei um eigenständige prozessuale Taten handelt (BGH NStZ 2009, 205).

Praxistipp: Dem von einer Durchsuchungsmaßnahme nach § 103 StPO betroffenen Dritten ist grundsätzlich bei Vollzug der Maßnahme eine Ausfertigung des Beschlusses mit vollständiger Begründung auszuhändigen. Die Bekanntgabe der vollständigen Gründe kann in Ausnahmefällen bei einer Gefährdung des Untersuchungserfolgs oder entgegenstehender schutzwürdiger Belange des Beschuldigten vorläufig zurückgestellt werden. Die Zurückstellung der Bekanntgabe umfasst jedoch im Regelfall nicht die Mitteilung der Tatsachen, aus denen sich die Wahrscheinlichkeit ergibt, dass sich die gesuchten Gegenstände in den Räumlichkeiten des Drittbetroffenen befinden (BGH NJW 2017, 2359).

c) **Durchführung der Durchsuchung.** Ausgeführt wird die Durchsuchung in der Praxis von Polizeibeamten. Nur bei besonders schwerwiegenden Straftaten, bei materiell-rechtlich oder prozessual besonders schwierigen Ermittlungen wird auch der Staatsanwalt an der Durchsuchung teilnehmen, nur in ganz seltenen Fällen auch der Richter. Deshalb ist § 105 II StPO besonders zu beachten, der die Teilnahme eines *Durchsuchungszeugen* regelt. In den Fällen, in denen weder ein Staatsanwalt noch ein Richter an der Durchsuchung teilnimmt, müssen ein Gemeindebeamter oder zwei Gemeindemitglieder zugezogen werden, soweit dies – insbesondere aus zeitlichen Gründen – möglich ist. Allerdings kann der von der Durchsuchung Betroffene auf die Teilnahme des Durchsuchungszeugen verzichten. **158**

Hinzuweisen ist ausdrücklich auch auf **§ 110 StPO,** wonach nur der Staatsanwalt (oder in dessen Auftrag seine Ermittlungspersonen i.S.d. § 152 GVG) die aufgefundenen Papiere durchsehen darf, sonstige Polizeibeamte nur, wenn der von der Durchsuchung Betroffene einwilligt (§ 110 I, II StPO). Der Begriff Papiere ist weit auszulegen. Dazu gehören u.a. auch alle elektronischen Datenträger und Datenspeicher.

Werden bei einer Durchsuchung Beweismittel gefunden, die zwar eine Straftat, nicht aber das vorliegende Verfahren betreffen, so können diese als **Zufallsfunde gemäß § 108 StPO** sichergestellt, bzw. bei Widerspruch beschlagnahmt werden (beachte aber die Einschränkung bei Journalisten in Abs. 3).

Merke: Die gezielte Suche nach „Zufallsfunden" ist jedoch unzulässig und führt zu einem Beschlagnahmeverbot (der Gegenstand ist also zurückzugeben, seine Existenz kann allerdings Anlass für weitere Ermittlungen sein – Früchte des verbotenen Baums!).

So kann bei der Durchsuchung wegen der Sicherstellung eines Führerscheins zwar der in der Schublade liegende Revolver ein Zufallsfund sein, nicht aber der Ordner, der Schwarzgeldzahlungen in die Schweiz enthält, jedenfalls solange nicht plausibel gemacht wird, warum nach dem Führerschein auch in Ordnern gesucht wurde.

4. Beschlagnahme

159 Die Beschlagnahme ist die Sicherstellung eines Gegenstandes gegen den Willen des bisherigen Besitzers (§ 94 II StPO).

Dies ist in erster Linie der Fall, wenn der Gegenstand nicht freiwillig herausgegeben wird, gilt aber auch, wenn nach zunächst freiwilliger Herausgabe (dann zunächst § 94 I StPO) der bisherige Besitzer mit der weiteren Verwahrung durch die Ermittlungsbehörden nicht mehr einverstanden ist.

160 a) Voraussetzungen der Beschlagnahme.

aa) Beschlagnahmegegenstand. Derartige Gegenstände sind nicht nur bewegliche Sachen jeglicher Art, sondern auch unbewegliche, also Grundstücke und Grundstücksteile, und auch E-Mails in einer Mailbox (siehe dazu unten Rn. 170).

Hinweis: Im Einzelfall kann der Schutz der Intimsphäre der Beschlagnahme entgegenstehen. So ist anerkannt, dass **Tagebuchaufzeichnungen** allenfalls bei Kapitaldelikten verwertbar sind und deshalb zum Nachweis anderer Straftaten gar nicht erst beschlagnahmt werden dürfen (vgl. BGH NStZ 1994, 350; zur Verwertbarkeit von Tagebuchaufzeichnungen eines zwischenzeitlich verstorbenen Zeugen vgl. BGH NStZ 1998, 635). Anders ist es bei einem Abschiedsbrief, da dieser dazu bestimmt ist, von Dritten gelesen zu werden (BGH NJW 1995, 269).

161 **bb) Beschlagnahmezweck.** Für die Beschlagnahme nach **§ 94 II StPO** genügt ein **Anfangsverdacht.** Der Gegenstand muss als Beweismittel für die Untersuchung möglicherweise Beweisbedeutung haben. Die Maßnahme muss verhältnismäßig sein.

Beweismittel in diesem Sinn sind alle Sachen, die unmittelbar oder mittelbar für die Tat, die Umstände ihrer Begehung und ihrer Ahndung Beweis erbringen (z.B. Tatwerkzeuge).

Die Untersuchung umfasst das gesamte Ermittlungs- und Straf-, das Sicherungs-, Einziehungs- und Privatklageverfahren, nicht jedoch die Strafvollstreckung nach Rechtskraft (*Meyer-Goßner/Schmitt* § 94 Rn. 9).

Für die Beweisbedeutung genügt, dass der Gegenstand möglicherweise im Verfahren Beweis erbringen kann.

Daneben können nach § 94 III StPO Führerscheine, die später nach § 69 III StGB eingezogen werden sollen, beschlagnahmt werden. Im Hinblick auf § 111a StPO bedarf es insoweit allerdings des dringenden Tatverdachts.

In Betracht kommt auch noch die Beschlagnahme iSd **§§ 111b, 111c, 111j StPO n.F.** zur Sicherung der Einziehung von Taterträgen gemäß §§ 73, 73a StGB, Tatmitteln, Tatprodukten und Tatobjekten gemäß §§ 74, 74b, 74d StGB sowie von Gegenständen, die der Unbrauchbarmachung unterliegen nach § 74d I, 2 StGB. Die Regelungen wurden mit dem am 1.7.2017 in Kraft getretenen Gesetz zur Reform der Vermögensabschöpfung vom 13.4.2017 (BGBl. I 872) vollständig neu gefasst. Die bisherige Bezeichnung Verfall kennt das neue Recht nicht mehr (zu den Grundzügen des neuen Rechts vgl. Köhler NStZ 2017, 497). Kommt ein Einziehungsgegenstand zugleich als Beweismittel in Betracht, so ist die Beschlagnahme als Beweismittel ausreichend (Meyer-Goßner/Schmitt-Köhler §§ 111b Rn. 2).

Besteht dringender Tatverdacht gegen den Beschuldigten und liegen auch die sonstigen Voraussetzungen des **§ 132 I StPO** vor, so kommt schließlich unter den Voraussetzungen des § 132 III StPO auch eine **Beschlagnahme der mitgeführten Sachen des Beschuldigten und seines Beförderungsmittels,** insbesondere seines Autos in Betracht. Voraussetzung ist allerdings, dass diese Gegenstände im Eigentum des Beschuldigten stehen, dass zunächst eine Sicherheitsleistung angeordnet und der Beschuldigte zu deren Zahlung erfolglos aufgefordert worden war.

cc) Beschlagnahmeanordnung. Die Beschlagnahme wird von dem Richter angeordnet, in dessen Bezirk die Staatsanwaltschaft – bzw. deren Zweigstelle – ihren Sitz hat (§ 98 I i.V.m. § 162 I 1 StPO). **162**

Bei Gefahr im Verzug können auch der Staatsanwalt oder dessen Ermittlungspersonen dies anordnen. Widerspricht der von der Beschlagnahme Betroffene der Beschlagnahme oder war er oder ein erwachsener Angehöriger bei der Beschlagnahme gar nicht anwesend, so soll allerdings binnen drei (Werk-)Tagen der **Antrag auf richterliche Bestätigung der Beschlagnahme** gestellt werden **(§ 98 II StPO).**

Beachte: Gegen richterliche Anordnungen ist die Beschwerde gemäß § 304 StPO zulässig. „Widerspricht" der Betroffene einer **richterlich angeordneten Beschlagnahme**, so ist, da die Voraussetzungen des § 98 II StPO nicht vorliegen, dieser **Widerspruch als Beschwerde** gegen die Beschlagnahme zu behandeln.

Klausurtipp: Prüfen Sie bei sichergestellten Gegenständen immer, ob nicht ein Antrag nach § 98 II StPO zu stellen ist. Möglicherweise handelt es sich dabei um einen der in der Aufgabenstellung verlangten Anträge des Staatsanwalts.

b) Inhalt des Beschlagnahmebeschlusses. In dem Beschluss ist der in Verwahrung zu nehmende Gegenstand möglichst genau zu bezeichnen. Häufig wird allerdings bereits mit dem Durchsuchungsantrag auch Antrag auf Beschlagnahme gestellt. Zu diesem Zeitpunkt können die Gegenstände, die von Bedeutung für das Verfahren sein können, häufig noch gar nicht genau bezeichnet werden. Eine Beschlagnahme kann dann aber nur angeordnet werden, soweit trotzdem durch entsprechende Umschreibung Klarheit über den Umfang der Beschlagnahme besteht. In diesen Fällen ist in den Durchsuchungsbeschluss aufzunehmen, dass diese Durchsuchung der Sicherstellung z.B. aller schriftlichen Unterlagen dient, die den Abschluss des Kaufvertrags vom 2.2. 2011 betreffen. Die eigentliche Beschlagnahme von konkreten Gegenständen erfolgt dann erst vor Ort während der Durchsuchung. **163**

c) Durchführung der Beschlagnahme. Die Beschlagnahme erfolgt durch Inverwahrungnahme oder in sonstiger Weise. In der Regel geschieht sie durch Inbesitznahme durch die Polizei. In jedem Fall muss klar zum Ausdruck kommen, dass der Gegenstand in amtliche Verwahrung genommen wird (*Meyer-Goßner/Schmitt* § 94 Rn. 14). Beim Umfang der Beschlagnahme ist besonders auf die Verhältnismäßigkeit zu achten. So hat das BVerfG (NJW 2005, 1917, 1921; 2009, 2431, 2436; 2010, 1297, 1298) eingehend dargelegt, dass schon die umfassende Beschlagnahme von Datenträgern, und sei es auch nur in der Form der Spiegelung von Computerlaufwerken, bei einem beschuldigten Rechtsanwalt rechtswidrig sein kann, dass aber jedenfalls eine rasche Durchsicht nach § 110 StPO geboten ist, um eine alsbaldige Löschung der nicht verfahrenserheblichen Daten zu gewährleisten. **164**

Die Anordnung der Beschlagnahme berechtigt nur zum Besitz des Gegenstands auch gegen den Willen des bisherigen Besitzers, rechtfertigt dagegen nicht die zwangsweise Herausnahme. Vielmehr kann entweder mit den Mitteln nach § 95 II i.V.m. § 70 StPO die Herausgabe (nicht anwendbar beim Beschuldigten und bei zeugnisverweigerungsberechtigten Zeugen) oder mit der Durchsuchung die Herausnahme (aus der Wohnung, der Kleidung etc.) erzwungen werden.

165 **d) Beschlagnahmefreiheit.** Gemäß **§ 97 StPO** dürfen bestimmte Gegenstände, soweit sie sich im alleinigen Gewahrsam des **Zeugnisverweigerungsberechtigten** befinden, nicht beschlagnahmt werden. Bei Mitgewahrsam des Beschuldigten ist § 97 StPO nicht anwendbar, bei Mitgewahrsam Dritter bleibt die Anwendbarkeit bestehen (vgl. *Meyer-Goßner/Schmitt* § 97 Rn. 12). Unterlagen, die sich ein Beschuldigter zur Vorbereitung seiner Verteidigung angefertigt hat, sollen nach LG Bonn, StV 2004, 124, allerdings auch dann nicht beschlagnahmt werden dürfen, wenn sie sich bei ihm befinden und zwar selbst dann nicht, wenn es sich nicht um Mitteilungen an oder von seinem Verteidiger handelt (zu diesem Problemkreis, insbesondere zur Frage der Beschlagnahme vermeintlicher Verteidigerpost vgl. die instruktive Entscheidung des LG Tübingen in NStZ 2008, 653). Eine freiwillige Herausgabe des Gegenstandes – nach entsprechender Belehrung – bleibt möglich. Verlangt der von der Sicherstellung betroffene Zeugnisverweigerungsberechtigte später den Gegenstand wieder heraus, muss der Gegenstand aber wieder zurückgegeben werden. Das Ergebnis der bisherigen Auswertung bleibt gleichwohl verwertbar (Meyer-Goßner/Schmitt § 97 Rn. 7).

166 Der Unterschied zwischen § 53 und § 97 I StPO kann nicht oft genug hervorgehoben werden: Während das Zeugnisverweigerungsrecht unabhängig davon besteht, welche Stellung im Verfahren der Mandant jetzt hat, besteht die Beschlagnahmefreiheit im Sinn des **§ 97 I StPO nur, soweit das Vertrauensverhältnis gerade gegenüber dem Beschuldigten bestand**. Dies gilt nach herrschender Rechtsprechung **auch für § 97 I Nr. 3 StPO**, obwohl dort der Beschuldigte nicht ausdrücklich erwähnt ist, da sonst aber die Nr. 1 und 2 des § 97 I StPO leer liefen. Diese Auffassung begegnet auch verfassungsrechtlich keinen Bedenken (BVerfG NJW 2018, 2385, 2388ff. – **Durchsuchung einer Anwaltskanzlei im Zuge des Diesel-Skandals**, unbedingt Lesen!). Das vom Arzt A über den Patienten B geführte Patientenblatt ist deshalb beschlagnahmefähig im Verfahren gegen C, wenn B dort Zeuge und nicht (Mit-)Beschuldigter ist. Dagegen kann A auch im Verfahren gegen C gemäß § 53 StPO schweigen, es sei denn, er wird von seiner Verschwiegenheit durch den Zeugen B entbunden. Allerdings besteht für Aufzeichnungen über Mitteilungen ein Beschlagnahmeverbot nach § 97 I Nr. 2 StPO, die dem Arzt von einem Patienten/Zeugen zugänglich gemacht worden sind, der bis zur Verfahrensabtrennung Mitbeschuldigter im jetzigen Verfahren war; insoweit gilt der Grundsatz für das Zeugnisverweigerungsrecht von Angehörigen ehemaliger Mitbeschuldigter (siehe oben Rn. 121) entsprechend (BGH NJW 1998, 840).

Praxis- und klausurrelevant ist auch das umstrittene Verhältnis des § 97 StPO zur Regelung des **§ 160a StPO**, der Beweiserhebungs- und Beweisverwertungsverbote für Ermittlungsmaßnahmen enthält, deren Erkenntnisse in einer Vernehmungssituation dem Zeugnisverweigerungsrecht eines Berufsgeheimnisträgers unterliegen würden. Nach **§ 160a V StPO** bleiben die **§§ 97**, 100c VI und 100g IV StPO **unberührt**!

Beachte: Aus dem in § 160a V StPO angeordneten Vorrang von § 97 StPO folgert die herrschende Ansicht, dass **§ 97 StPO** eine **Spezialregelung für Beschlagnahmen** darstellt, die **§ 160a StPO** grundsätzlich **verdrängt** (vgl. Meyer-Goßner/Schmitt § 160a Rn. 17 m.w.N.). Das Beweiserhebungsverbot aus § 160a I 1 StPO ist im Bereich der Beschlagnahme (§ 94 StPO) bzw. der dieser vorausgehenden Sicherstellung zur Durchsicht wegen der Spezialregelung des § 97 StPO nicht anwendbar. Folgerichtig steht § 160a I 1 StPO der Durchführung von Durchsuchungen bei Rechtsanwälten nicht entgegen, soweit diese auf nach § 97 StPO zulässige Beschlagnahmen abzielen. Dies verstößt nicht gegen das Verfassungsrecht (BVerfG NJW 2018, 2835, 2387 f.).

Wichtig ist ferner der **Ausschluss der Beschlagnahmefreiheit** bei Teilnahmeverdacht und bei Deliktsgegenständen (§ 97 II, 2 StPO; vgl. auch § 160a IV StPO). **167**

Für die Beteiligung i.S.d. § 97 II, 2 StPO (Wortlaut – lesen!) an der Tat (i.S.d. § 264 StPO) genügt eine rechtswidrige Tat, auch wenn sie z.B. nach § 258 VI StGB straflos bleibt (*Meyer-Goßner/Schmitt* § 97 Rn. 19; BGHSt. 25, 168) oder Verfahrenshindernisse bestehen. Für den Verdacht der Beteiligung genügt der einfache Verdacht, der aber (so die ausdrückliche gesetzliche Regelung) auf bestimmten Tatsachen beruhen muss. Nach BGH NStZ 2009, 517, sollen Schreiben eines Verteidigers an seinen Mandanten, in denen der Anwalt einen Dritten beleidigt – weshalb § 97 II StPO nicht greift, da der Mandant an dieser Tat nicht beteiligt ist – beschlagnahmt werden können; §§ 97 I und 148 I StPO stünden nicht entgegen, da das Mandatsverhältnis keine Straffreiheit für persönliche Schmähungen Dritter begründe; dies trifft sicher zu, regelmäßig dürfte aber der Verhältnismäßigkeitsgrundsatz einer Durchsuchung der Kanzlei und einer Beschlagnahme der Mandantenakte entgegenstehen.

Die Beschlagnahme trotz eines Beschlagnahmeverbots nach § 97 StPO begründet grundsätzlich ein **Verwertungsverbot.** Zu beachten ist allerdings, dass das Beweismittel trotz eines Verstoßes gegen § 97 StPO verwertbar bleibt, wenn im Zeitpunkt seiner Verwertung in der Hauptverhandlung die Voraussetzungen des Ausschlusses der Beschlagnahmefreiheit im Sinn von § 97 II 2 StPO vorliegen. Außerdem bleibt das wegen Tatverdachts zulässigerweise gemäß §§ 94, 97 II 2 StPO beschlagnahmte Beweismittel auch dann verwertbar, wenn sich in der Hauptverhandlung herausstellen sollte, dass der Verdacht der Beteiligung unbegründet war. **168**

e) Beschlagnahme an besonderen Stellen. Nicht überall können Beweismittel sichergestellt werden. Teilweise stehen dem gesetzliche Geheimhaltungspflichten entgegen. So verbietet das Steuergeheimnis (§ 30 Abgabenordnung) grundsätzlich die Beschlagnahme von Unterlagen des Steuerpflichtigen **beim Finanzamt** – was selbstverständlich nicht die Beschlagnahme der Kopie der Steuererklärung und des Steuerbescheids **beim Beschuldigten** hindert. Meist gibt es allerdings für bestimmte Fälle Ausnahmen von diesen Regelungen (für das Steuergeheimnis vgl. § 30 IV Abgabenordnung). **169**

Hingewiesen sei hier auf das in **§§ 99, 100 StPO** geregelte Vorgehen bei der **Postbeschlagnahme,** die das Postgeheimnis (Art. 10 GG) einschränkt. Auch hier gelten Einschränkungen bei der Beschlagnahme nur, soweit sich die Postsendung noch im Herrschaftsbereich der Post befindet. Sobald sie in den Briefkasten/das Postfach des Beschuldigten gelangt ist, gilt für die Beschlagnahme ganz gewöhnlich § 94 StPO. Befindet sich die Sendung noch bei der Post, kommt nur die Beschlagnahme der an den Beschuldigten gerichteten oder für ihn bestimmten, bzw. der vom Beschuldigten stammenden Sendungen in Betracht (§ 99 StPO). Diese Beschlagnahme kann nur der Richter, bei Gefahr im Verzug mit gewissen Einschränkungen auch der Staatsanwalt anordnen (vgl. § 100 StPO).

Neben § 99 StPO kommt auch § 39 IV, V PostG als rechtfertigende Grundlage für Eingriffe in das durch Art. 10 GG geschützte Postgeheimnis in Betracht. Die Reichweite der Eingriffsbefugnisse nach dem PostG, die sich nicht unmittelbar an die Strafverfolgungsbehörden, sondern an private Postunternehmen wenden, ist bisher nicht geklärt. Jedenfalls gilt hier der Grundsatz, dass Beweismittel, die unter Verletzung des Postgeheimnisses erlangt worden sind, im Strafverfahren **nicht verwertet** werden dürfen; für die Verwertbarkeit müssen besondere Umstände sprechen (*Meyer-Goßner/Schmitt* § 99 Rn. 17; lesenswert OLG Koblenz StraFo 2017, 329, das mangels bewussten und willkürlichen Verfahrensverstoßes aber eine Fernwirkung verneint).

170 Die Beschlagnahme von **E-Mails** fällt dagegen nicht unter § 99 StPO. Vielmehr ist hier zu differenzieren: Die **Übermittlung** beim Absenden der Mail vom Absender zum Provider des Empfängers und die Übermittlung beim Abrufen der Mail durch den Empfänger von seinem Provider auf seinen eigenen PC ist ein Telekommunikationsvorgang, dessen Aufzeichnung und Überwachung unter **§§ 100a, 100b StPO** fällt (BGH NStZ 2003, 668). Dagegen ist die Beschlagnahme der unter „gesendet" beim Absender auf dem PC **gespeicherten Mail nach §§ 94, 95 StPO** zulässig, ebenso die auf dem PC des Empfängers nach Abrufen/Herunterladen vom Provider gespeicherte Mail.

Die beim Provider des Empfängers zwischen- oder (beim sogenannten IMAP-Verfahren) endgespeicherte Mail unterliegt zwar dem Schutz des Fernmeldegeheimnisses aus Art 10 I GG, jedoch genügen hier die §§ 94, 95, 98 StPO als Ermächtigung für eine Beschlagnahme beim Provider (BVerfG NJW 2009, 2431). Es handelt sich hier um **offene und nicht verdeckte Ermittlungsmaßnahmen**. Der Beschuldigte ist deshalb auch dann von der Beschlagnahme der in seinem elektronischen Postfach gelagerten E-Mails zu unterrichten, wenn die Daten auf Grund eines Zugriffs beim Provider auf dessen Mailserver sichergestellt wurden. Eine Zurückstellung der Benachrichtigung wegen Gefährdung des Untersuchungszwecks sieht die StPO für diese Untersuchungshandlung – anders als § 101 V StPO für die in § 101 I StPO abschließend aufgeführten heimlichen Ermittlungsmaßnahmen – nicht vor (ebenfalls BGH NJW 2010, 1297).

Die offene Beschlagnahme von Daten eines **Nutzerkontos** bei sozialen Netzwerken (Facebook, Instagram, etc.) richtet sich ebenfalls nach §§ 94ff. StPO. Als verdeckte Maßnahme kann der Zugriff aber wiederum nur auf §§ 100a ff. StPO gestützt werden.

Beachte: Bei der Beschlagnahme eines E-Mail-Postfachs oder des gesamten Nutzerkontos ist dem Verhältnismäßigkeitsgrundsatz in besonderer Weise Rechnung zu tragen. Eine unbeschränkte Beschlagnahme ist nur ausnahmsweise bei konkreten Anhaltspunkten für eine potentielle Beweisbedeutung des gesamten Bestandes und bei erheblichen Straftaten zulässig (vgl. BGH NJW 2010, 1297).

171 Nicht gesetzlich geregelt und im Einzelnen streitig ist die **Beschlagnahme von Behördenakten.** Gegen eine solche Beschlagnahme wurde angeführt, dass es hierfür zwischen den Behörden an der erforderlichen Über- und Unterordnung fehle und für diesen Fall ausschließlich die Amtshilfe zur Verfügung stehe (vgl. zu den verschiedenen Meinungen *Meyer-Goßner/Schmitt* § 96 Rn. 2). Dem ist entgegenzuhalten, dass bereits die Existenz des § 96 StPO für eine Beschlagnahme auch von Behördenakten spricht, das Argument der Über- und Unterordnung die Gewaltenteilung verkennt und der Hinweis auf die Amtshilfe allzu blauäugig ist. Den Interessen der Verwaltung wird dadurch ausreichend Rechnung getragen, dass bis zur Entscheidung über eine eventuelle Sperrerklärung nach § 96 StPO die beschlagnahmten Gegenstände in einem versiegelten Umschlag verwahrt werden (vgl. auch BGH NJW 1992, 1973).

172 Hingewiesen sei schließlich noch auf die Beschlagnahme von **Versicherungsakten.** Da der an einem Unfall beteiligte Beschuldigte nach den Allgemeinen Versicherungsbedingungen gehalten ist, gegenüber seiner Versicherung den Schadensfall nicht nur zu melden, sondern auch den Hergang zu schildern, kann die Versicherungsakte, die diese Schilderung enthält, für das Strafverfahren durchaus interessant sein, zumal dann, wenn der Beschuldigte im Ermittlungsverfahren schweigt. Da es nicht um eine Offenbarungspflicht gegenüber staatlichen Stellen geht und ein Verstoß des Versicherungsnehmers gegen seine versicherungsvertragliche Obliegenheit allenfalls zu einer beschränkten persönlichen Haftung gegenüber der Versicherung führen kann, lässt die Rechtsprechung die Beschlagnahme zu (siehe dazu oben Rn. 99). Die Beschlagnahme wird allerdings aus Verhältnismäßigkeitsgründen auf schwerwiegende Straftaten (insbesondere fahrlässige Tötung im Straßenverkehr unter Alkoholeinwirkung) beschränkt werden müssen. Die Praxis verfährt auch entsprechend.

f) Aufhebung der Beschlagnahme/Rückgabe. Die Beschlagnahme erlischt mit Rechtskraft des Urteils bzw. mit Bestandskraft der Einstellungsverfügung. Einer förmlichen Aufhebung der Beschlagnahme bedarf es nicht. Selbst einzuziehende Gegenstände sind demnach zurückzugeben, wenn die Einziehung nicht im Urteil ausgesprochen worden ist und der Beschuldigte auch nicht auf die Rückgabe verzichtet hat. Anders ist es bei einer Beendigung des Beschlagnahmeverhältnisses noch während des laufenden Verfahrens. In diesem Fall bedarf es der förmlichen Aufhebung der Beschlagnahme – grundsätzlich durch den Richter, während des Ermittlungsverfahrens durch den Staatsanwalt, wenn die Beschlagnahme nicht richterlich angeordnet war (*Meyer-Goßner/Schmitt* § 98 Rn. 30 m.w.N.); in der staatsanwaltschaftlichen Praxis wird allerdings selten vor der Rückgabe ein richterlicher Beschluss erwirkt. 173

Gemäß **§ 111n StPO n.F.** wird eine nach § 94 II oder §§ 111b I, 1; 111c I StPO beschlagnahmte oder nach § 94 StPO sonst sichergestellte bewegliche Sache grundsätzlich an den letzten Gewahrsamsinhaber herausgegeben, wenn er für Zwecke des Strafverfahrens nicht mehr benötigt wird. Ist der Verletzte bekannt, dem der Besitz an der Sache durch die Straftat unmittelbar entzogen wurde, ist sie an ihn herauszugeben (§ 111n II StPO n.F.). Hat ein Dritter aus einem dinglichen Recht oder Schuldverhältnis einen Herausgabeanspruch an der Sache, wird die Sache an den Dritten herausgegeben (§ 111n III StPO n.F.). In allen Fällen und nicht nur bei Herausgabeansprüchen Dritter (bei Abs. 3 S. 2 statt des im Regierungsentwurf noch vorgesehenen Abs. 4 handelt es sich um ein Redaktionsversehen bei der Verkündung!) muss die Berechtigung aufgrund der Aktenlage oder aufgrund eines vom Anspruchsteller erbrachten Nachweises aber **offenkundig** sein. Bestehen Bedenken, darf der Gegenstand nicht herausgegeben werden, weil er weiterhin für Zwecke des Strafverfahrens benötigt wird. In diesem Fall ist eine gerichtliche Entscheidung herbeizuführen. Dem Beschuldigten dürfen die durch eine Straftat erlangten Sachen auch dann nicht herausgegeben werden, wenn die Voraussetzungen von II und III nicht vorliegen (*Meyer-Goßner/Schmitt* § 111n Rn. 8). Die Rückgabe der beschlagnahmten Sache hat an dem Ort zu erfolgen, an welchem diese aufzubewahren war; die zuständigen Justizbehörden sind nicht verpflichtet, die Sache dem Berechtigten an dessen Wohnsitz zu bringen (BGH NJW 2005, 988).

173a **Beispiel eines Durchsuchungs- und Beschlagnahmebeschlusses:**

Amtsgericht Stuttgart
Az.: 1 Gs 0815/18 Stuttgart, den 10.11.2018

Beschluss

In dem Ermittlungsverfahren

gegen

Alexander Müller, geb. 7.7.1990

wegen Diebstahls

wird gemäß § 33 IV StPO ohne vorherige Anhörung
auf Grund der §§ 94, 95, 98, 102, 105 StPO angeordnet

1. die Durchsuchung der Wohnung des Beschuldigten Müller in der Turmstr. 14 in Stuttgart, einschließlich aller Nebenräume, Kraftfahrzeuge und Sachen des Beschuldigten Müller sowie dessen Person
2. die Beschlagnahme des schweinsledernen Geldbeutels des Zeugen Reich mit den goldenen Initialen RR, enthaltend 10.000 EUR, den Führerschein und eine Kreditkarte des Zeugen Reich.

Gründe:
Der Beschuldigte steht im Verdacht, am 20.10.2018 dem Zeugen Reich dessen Geldbeutel mit 10.000 EUR entwendet zu haben (Verdacht des Diebstahls gemäß § 242 I StGB). Zur Aufklärung des Sachverhalts ist die Durchsuchung der oben genannten Räume und Sachen sowie der Person des Beschuldigten erforderlich, da zu erwarten ist, dass der Geldbeutel oder Teile des Inhalts dort aufgefunden werden können.

Richter/in am Amtsgericht

5. Überwachung der Telekommunikation gemäß § 100a StPO

174 **a) Voraussetzungen.** Die Überwachung der Telekommunikation, insbesondere der Telefongespräche des Beschuldigten oder von Personen, bei denen auf Grund bestimmter Tatsachen davon auszugehen ist, dass sie für den Beschuldigten als Nachrichtenmittler fungieren (vgl. Abs. 3), ist unter folgenden Voraussetzungen der **§§ 100a I, 100d I, II StPO n.F.** zulässig:

(1) Der Beschuldigte ist auf Grund bestimmter Tatsachen verdächtig, eine der in § 100a II StPO aufgeführten Katalogtaten begangen, versucht oder (nach § 30 StGB) vorbereitet zu haben („qualifizierter Tatverdacht"“);

(2) diese Tat wiegt auch im konkreten Einzelfall schwer (Einzelfallabwägung);

(3) die Erforschung des Sachverhalts oder die Ermittlung des Aufenthalts des Beschuldigten wäre auf andere Weise aussichtslos oder wesentlich erschwert;

(4) es liegen keine tatsächlichen Anhaltspunkte dafür vor, dass mit der Maßnahme allein Erkenntnisse aus dem Kernbereich der privaten Lebensgestaltung erlangt würden (§§ 100d I, II StPO n.F.; wird dies erst später bemerkt, müssen die Erkenntnisse unverzüglich gelöscht werden) und

(5) die Maßnahme ist verhältnismäßig (keine Total- und Rundumüberwachung).

Die Anordnung trifft der Richter, der bei seiner Entscheidung einen Beurteilungsspielraum hat (BGH NJW 1995, 1974). Bei Gefahr im Verzug ordnet der Staatsanwalt die Überwachung an. In diesem Fall muss aber binnen drei Tagen die Bestätigung des

Richters eingeholt werden, damit sie auch über diesen Zeitraum hinaus fortgesetzt werden kann. Die Anforderungen an den Inhalt der Anordnung sind in § 100e I, III StPO n.F. normiert, die Maßnahme ist also insbesondere auch zeitlich zu befristen.

Die an der Überwachungsmaßnahme Beteiligten müssen unterrichtet werden, sobald dies ohne Gefährdung des Verfahrens möglich ist (§ 101 StPO – siehe unten Rn. 206).

Beachte: § 100a StPO lässt die Überwachung der Telekommunikation nicht nur in den herkömmlichen Formen des Telefonierens und Fernschreibens, sondern bei jeglicher Art der Datenübermittlung zu. Als Telekommunikation gelten neben Telefonie, Chats und Messenger-Nachrichten auch das Surfen im Internet (BVerfG NJW 2016, 3508), E-Mails und bei einem weiten Verständnis auch der Zugriff auf Cloud-Speicher (*Singelnstein* NStZ 2012, 593, 594f.).

Seit dem 24.8.2017 ist in **§ 100a I, 2 V StPO** die **Quellen-TKÜ** geregelt. Damit ist 175
die bislang umstrittene Frage, ob eine Quellen-TKÜ auf § 100a StPO unter Inanspruchnahme einer Annexkompetenz gestützt werden kann, obsolet geworden. Hintergrund der Regelung ist die zunehmende Verschlüsselung der Telekommunikation infolge der IP-basierten Übertragung. Auf herkömmliche Weise kann diese Kommunikation nicht überwacht werden. Daher wird bei der Quellen-TKÜ auf den Computer des Absenders oder Empfängers eine Überwachungssoftware installiert, welche die **laufende Kommunikation** unverschlüsselt mitschneidet und diese Daten an die Ermittlungsbehörde während eines aktiven Kommunikationsvorgangs übermittelt. § 100a I, 2 StPO n.F. erfasst vor allem die verschlüsselte Sprachtelefonie, z.B. über Skype.

Bei verschlüsselten Text- oder sonstigen Messenger-Nachrichten wie Bildern ist der Übertragungsvorgang aber bereits in dem Moment beendet, in dem die Nachricht auf dem Gerät ankommt. Daher soll gemäß **§ 100a I, 3 StPO n.F.** bei der Quellen-TKÜ nicht nur auf laufende, sondern auch auf gespeicherte Kommunikation zurückgegriffen werden dürfen, wenn diese auch während des laufenden Übertragungsvorgangs im öffentlichen Kommunikationsnetz in verschlüsselter Form hätte überwacht und aufgezeichnet werden können. Die Regelung erfasst aber nur **Kommunikation,** die **nach** der **Anordnung der Maßnahme** tatsächlich erfolgt ist. Nicht gestattet ist die Erfassung zeitlich davor liegender Kommunikation, z.B. die Auslesung des gesamten älteren WhatsApp-Chat einer Person oder von noch nicht abgesandten Entwürfen; diese kann so nur über § 100b StPO n.F. erlangt werden.

b) Verwertung von Erkenntnissen aus der Überwachung der Telekommunikation. Das Ergebnis dieser Überwachung wird in der Hauptverhandlung durch Verlesung der Abschrift des Telefonmitschnitts (Urkundenbeweis) oder durch die Anhörung der Tonbänder/Audiodateien (Augenschein) eingeführt. Ggf. müssen die Schreibkraft als Zeugin für die Richtigkeit der Übertragung des Mitschnitts auf Papier gehört (Zeugenbeweis) und ein Dolmetscher für die Übersetzung des Mitschnitts und ggf. ein Stimmgutachter für die Zuordnung der Stimmen hinzugezogen werden. 176

Nach **§ 100d II StPO n.F.** dürfen durch die Überwachung erlangte Kenntnisse aus dem Kernbereich privater Lebensgestaltung nicht verwertet werden. Ansonsten gilt: Mit Blick auf die Grundsätze eines rechtsstaatlichen Verfahrens dürfen die aus einer Telekommunikations-Überwachungsmaßnahme gewonnenen Erkenntnisse nicht als Beweismittel verwendet werden, falls wesentliche sachliche Voraussetzungen für die Anordnung der Überwachungsmaßnahme fehlten, insbesondere also wenn die Überwachung ohne richterliche (oder gegebenenfalls staatsanwaltschaftliche) Anordnung erfolgte oder kein Verdacht auf eine Katalogtat vorlag. Allerdings ist das Verwertungsverbot für den Angeklagten disponibel, er muss selbst entscheiden können, ob er die Verwertung der Erkenntnisse aus einer solchen Maßnahme trotz der Mängel bei der Anordnung wünscht oder nicht. Der Tatrichter muss in der Hauptverhandlung deshalb regelmäßig die Rechtmäßigkeit einer Telekommunikationsmaßnahme nur dann überprüfen, wenn der Angeklagte der Verwertung rechtzeitig (bis zur Erklärungsmöglichkeit nach § 257 StPO) widerspricht (BGHSt 51, 1; StraFo 2014, 20). Eine Fernwirkung hat der Verstoß gegen § 100a StPO aber grundsätzlich nicht (BGHSt 32, 68, 78).

177 Aufgrund des umfassenderen Begriffs der Telekommunikation gegenüber dem früheren Begriff des „Fernmeldeverkehrs" sind auch Erkenntnisse aus einer Überwachung verwertbar, bei der der Beschuldigte eine zuvor von ihm selbst hergestellte Telekommunikationsverbindung eines Mobiltelefons versehentlich nicht beendet hat (BGH NJW 2003, 2034). Unproblematisch verwertbar sind die **Hintergrundgespräche,** die während eines Telefonats geführt und deshalb mit aufgezeichnet wurden. Dies gilt jedenfalls dann, wenn es sich um Gespräche handelt, bei denen einer der Teilnehmer eine dritte Person in die Kommunikation mit dem telefonischen Gesprächspartner einbezieht. Denn dann sind die Inhalte des Hintergrundgesprächs selbst Gegenstand der Kommunikation (BGH NStZ 2018, 550).

178 Besonderheiten treten dann auf, wenn sich im Rahmen einer zulässigen Überwachung der Telekommunikation **Hinweise auf andere Straftaten** ergeben. Hier gilt Folgendes:

- handelt es sich bei der neuen Tat ihrerseits um eine Katalogtat i.S.d. § 100a StPO ist die Verwertung der Mitschnitte aufgrund § 477 II 2 StPO erlaubt. Ist es zwar keine solche, steht sie aber in engem Bezug zu der in der Anordnung aufgeführten Katalogtat, sollen die Mitschnitte verwertbar sein, jedenfalls hat dies der BGH (NStZ 1998, 426) in einem Fall bejaht, in dem die Kommunikationsüberwachung auf § 129 StGB als Katalogtat gestützt wurde;
- ist es dagegen keine Katalogtat und steht auch mit einer solchen nicht in Zusammenhang, so führt dies zur Unverwertbarkeit für die neue Straftat. Allerdings kann das Wissen um diese Tat Anlass für weitere Ermittlungen sein (Früchte des verbotenen Baums); allein auf dieses Wissen darf aber eine Zwangsmaßnahme nicht gestützt werden (streitig; vgl. *Nack* in KK § 100a Rn. 52f.; Allgayer NStZ 2006, 603);
- wurden einem Zeugen in einer Hauptverhandlung zulässigerweise die Protokolle einer rechtmäßigen Überwachung der Telekommunikation vorgehalten und bleibt der Zeuge bei seiner falschen Aussage, so können die Erkenntnisse aus dieser Überwachung auch im Verfahren gegen den Zeugen wegen des Aussagedelikts verwendet werden (OLG Karlsruhe NStZ 1994, 201).

Nicht unter § 100a StPO fällt und damit verwertbar bleibt, was der Polizeibeamte über einen Zweithörer mit verfolgt, wenn ihm dies vom Benutzer des Anschlusses gestattet ist, auch wenn der Gesprächspartner des Anschlussinhabers davon nichts weiß (BGH NJW 1996, 2940 – *unbedingt lesen!* Siehe auch oben Rn. 88).

179 Wurde das Telefongespräch nicht von den Ermittlungsbehörden, sondern von einer Privatperson aufgezeichnet, so ist § 100a StPO zwar nicht anwendbar, da die Vorschriften der StPO immer nur das staatliche Handeln im Ermittlungsverfahren regeln können (dies gilt also nicht nur für § 100a, sondern auch z.B. für § 136a StPO!). Da es sich aber um einen massiven, in der Regel auch strafbewehrten Eingriff handelt **(§ 201 StGB),** muss, soweit der Beschuldigte nicht ohnehin einer Verwertung zustimmt oder die Aufnahme aus einer notwehrähnlichen Lage heraus gerechtfertigt war, eine Güterabwägung vorgenommen werden.

Beachte: Jedenfalls bei schwerwiegenden Straftaten ist auch das illegal von einer Privatperson mitgeschnittene Telefongespräch verwertbar.

c) Beispiel einer Anordnung nach § 100a StPO: 180

Amtsgericht Stuttgart Stuttgart, den 24.10.2018

Az.: B 1 Gs 4711/18

Beschluss

In dem Ermittlungsverfahren

gegen Berthold Braun, geboren 8.8.1990,

wohnhaft Schlossallee 2, Stuttgart,

wird gemäß § 100a StPO die Überwachung und Aufnahme aller Gespräche angeordnet, die von und mit dem Telefonanschluss des Beschuldigten – Telefonnummer 0711/1234 – geführt werden.

Die Maßnahme wird bis einschließlich 20.12.2018 befristet. Gleichzeitig wird die Installation einer Zählervergleichseinrichtung angeordnet.

Gründe:

Auf Grund der bisherigen Ermittlungen der Gemeinsamen Ermittlungsgruppe Rauschgift steht der Beschuldigte im Verdacht, mit Betäubungsmitteln in erheblichem Umfang Handel zu treiben. So konnte in einem auf Grund richterlicher Anordnung gemäß § 100a StPO gegenüber dem getrennt verfolgten Caesar Cem überwachten Telefongespräch vom 15.10.2018 mit dem Beschuldigten mitgehört werden, wie der Beschuldigte dem Cem erzählte, er erwarte Anfang November 2018 eine Lieferung von 2 kg Kokain. Auch hat eine von KOK Maier geführte Vertrauensperson diesem im Rahmen einer Vernehmung am 5.10.2018 angegeben, vom Beschuldigten im Mai 2018 drei Lieferungen über je 200 gr. Kokain bester Qualität erhalten zu haben. Der Beschuldigte habe sich der Vertrauensperson gegenüber seiner besten Beziehungen nach Kolumbien gerühmt und angekündigt, er erwarte von dort Ende des Jahres eine neue Lieferung.

Andere Ermittlungsansätze als die der Überwachung der Telekommunikation sind zur Aufklärung des Tatumfangs sowie zur Identifizierung von Abnehmern und möglichen Lieferanten zum gegenwärtigen Zeitpunkt nicht ersichtlich. Es ist amtsbekannt, dass gerade im Betäubungsmittelbereich außerordentlich konspirativ vorgegangen wird, so dass die anderweitigen Ermittlungsmöglichkeiten nicht Erfolg versprechend sind.

Richter/in am Amtsgericht

6. Maßnahmen ohne Wissen des Betroffenen (§§ 100b, c, 100f und h StPO)

Zur Bekämpfung insbesondere der organisierten Kriminalität wurden in die StPO auch weitere Regelungen über den Einsatz technischer Hilfsmittel aufgenommen, die ohne Wissen des Betroffenen eingesetzt werden sollen. 181

a) Wohnraumüberwachung. § 100c StPO n.F. erlaubt unter engen Voraussetzungen das Abhören und Aufzeichnen des nichtöffentlich gesprochenen Worts des Beschuldigten in Wohnungen (zum Begriff der Wohnung vgl. BGH NJW 1998, 3284). Möglich ist diese **akustische Wohnraumüberwachung** nur, wenn auf Grund bestimmter Tatsachen gegen den Beschuldigten der Verdacht einer der in **§ 100b StPO n.F.** abschließend aufgelisteten besonders schweren Straftaten besteht (§ 100c I Nr. 1 StPO) **und** die Tat auch im Einzelfall besonders schwer wiegt (§ 100c I Nr. 2 StPO) **und** tatsächliche Anhaltspunkte bestehen, die Aufzeichnung werde tatsächlich Äußerungen des Beschuldigten erfassen, die für die Erforschung des Sachverhalts oder die Ermittlung des Aufenthaltsortes eines Mitbeschuldigten von Bedeutung sind (§ 100c I Nr. 3 StPO) **und** diese Erforschung des Sachverhalts oder die Ermitt- 182 lung des Aufenthalts auf andere Weise unverhältnismäßig erschwert oder aussichtslos wäre (§ 100c I Nr. 4 StPO). Es muss sich entweder um eine Wohnung des Beschuldigten handeln (§ 100c II 1 StPO); bei Dritten ist die Maßnahme nur zulässig, wenn zusätzlich auf Grund bestimmter Tatsachen anzunehmen ist, der Beschuldigte werde sich in dieser Wohnung des Dritten aufhalten **und** eine Maßnahme in der Wohnung des Beschuldigten allein werde nicht zum Erfolg führen (§ 100c II 2 Nr. 1 und 2 StPO).

183 Das Abhören ist nur zulässig, wenn aufgrund der konkreten Gegebenheiten davon ausgegangen werden kann, dass Äußerungen, die zum Kernbereich privater Lebensgestaltung gehören (z. B. ein im Krankenzimmer geführtes **Selbstgespräch** des Beschuldigten – BGH NJW 2005, 3295; zum Selbstgespräch im Pkw BGH NJW 2012, 945), nicht aufgezeichnet werden **(§ 100d I, IV StPO n. F.).** Es ist sofort zu unterbrechen, wenn doch die Gefahr besteht, dass solche intimen Äußerungen mitgeschnitten werden (§ 100d IV 2 StPO); eventuell schon erfolgte Aufzeichnungen zu diesem Bereich sind unverwertbar und unverzüglich zu löschen **(§ 100d II 2 und 3 StPO n. F.).**

184 Vor Abhörmaßnahmen in Wohnungen völlig geschützt sind durch § 100d V 1 StPO alle in § 53 StPO genannten Personen, es sei denn sie wären der Teilnahme, der Begünstigung, Strafvereitelung oder Hehlerei verdächtig (vgl. § 100d V 3 i.V.m. § 160a IV StPO). Dagegen ist bei Personen, für die § 52 StPO oder § 53a StPO zur Anwendung kommt, das Abhören und Aufzeichnen zulässig, jedoch dürfen die Erkenntnisse nur verwertet werden, wenn die Verhältnismäßigkeit zwischen dem Eingriff in das Vertrauensverhältnis und dem Aufklärungsinteresse gewahrt ist (vgl. § 100d V 2 StPO).

185 Abhör- und Tonaufzeichnungsmaßnahmen in Wohnungen dürfen nur die Staatsschutzkammer des Landgerichts, in dessen Bezirk das Oberlandesgericht seinen Sitz hat, angeordnet werden (**§ 100e II 1 StPO n. F.,** bei Gefahr im Verzug durch den Vorsitzenden dieser Kammer, dessen Entscheidung dann aber binnen drei Werktagen von der Strafkammer bestätigt werden muss, vgl. Satz 2).

Die Anordnung muss schriftlich ergehen, die Maßnahme genau bezeichnen und eine sorgfältige Begründung enthalten (zu den gesetzlichen Mindestanforderungen vgl. **§ 100e III StPO n. F.**). Sie ist zeitlich – längstens auf einen Monat – zu befristen (§ 100e II 4 StPO n. F.). Liegen die Voraussetzungen weiter vor, kann die Frist jeweils um einen Monat verlängert werden, über insgesamt länger als sechs Monate hinaus allerdings nur noch durch das Oberlandesgericht (§ 100e II 5 und 6 StPO). Die Frist beginnt bereits mit Erlass der Anordnung, nicht erst mit deren Vollzug (vgl. dazu und zur Frage des Verwertungsverbots bei Fristüberschreitung BGH NJW 1999, 959).

186 Bei Wegfall der Anordnungsvoraussetzungen muss die Maßnahme unverzüglich beendet werden (§ 100e V, 1 StPO n. F.), ebenso, wenn die Maßnahme nicht mehr verhältnismäßig ist. Die Staatsschutzkammer ist über Verlauf und Ergebnisse der Maßnahme zu informieren (§ 100e V 2 und 3 StPO n. F.). Die erlangten personenbezogenen Daten sind zu löschen, wenn sie zur Strafverfolgung im konkreten Verfahren und für eine gerichtliche Überprüfung der Rechtmäßigkeit der konkreten Anordnung nicht mehr benötigt werden (§ 101 VIII StPO). Beweiserhebliches Material, das für die Hauptverhandlung aufbewahrt werden muss, wird jedoch auch nach Urteilsrechtskraft nicht vernichtet, damit es ggf. für ein Wiederaufnahmeverfahren zur Verfügung steht.

187 Für andere Zwecke dürfen personenbezogene Daten aus der akustischen Wohnraumüberwachung nur unter den Voraussetzungen des **§ 100e VI StPO n. F. verwertet**

werden, nämlich insbesondere in anderen Strafverfahren, wenn es auch dort um den Nachweis einer Katalogtat i.S.d. § 100b II StPO n.F. geht (Nr. 1, wobei das Vorliegen einer Katalogtat als solches nicht ausreicht; vielmehr muss die Verwertung der gewonnenen Erkenntnisse eine konkretisierte Verdachtslage begründen und die Subsidiaritätsklausel beachtet sein, vgl. *Meyer-Goßner/Schmitt* § 100e Rn. 23), außerdem in engen Grenzen auch zur Gefahrenabwehr (Nr. 2).

In § 100e VI Nr. 3 StPO n.F. ist die Frage der Verwertbarkeit für den Fall geregelt, dass die Anordnung der akustischen Wohnraumüberwachung allein nach Polizeirecht zur Gefahrenabwehr (dort sind die Eingriffsbefugnisse weitergehend) erfolgt ist; die Verwertung ist zulässig, wenn es um Straftaten geht, die im Katalog des § 100b II StPO n.F. enthalten sind.

Von der Maßnahme sind die davon Betroffenen zu **unterrichten,** sobald dies ohne Ge- 188
fährdung des Ermittlungsverfahrens, Gefährdung von Leib, Leben oder Freiheit von Personen oder Gefährdung von bedeutenden Vermögenswerten möglich ist (vgl. § 101 IV Nr. 5, V StPO). Diese Betroffenen können eine rechtliche Überprüfung nicht nur nach Abschluss der Maßnahme, sondern auch noch nach Abschluss des Strafverfahrens verlangen, solange der Antrag innerhalb der 14-tägigen Rechtsbehelfsfrist, die mit der Benachrichtigung beginnt (vgl. § 101 VII StPO), gestellt wird.

b) Überwachung außerhalb der Wohnung 189

aa) § 100h I Nr. 1 StPO gestattet die Anfertigung von **Bildaufnahmen,** also bewegten und unbewegten Bildern außerhalb der Wohnung (bei längerfristigen Observationen ist § 163f StPO zu beachten; siehe unten Rn. 205), während **§ 100h I Nr. 2** den **Einsatz sonstiger technischer Hilfsmittel** außer den Bild- oder Tonaufzeichnungen (z.B. GPS, Bewegungsmelder, Drohnen) regelt. Beide Maßnahmen sind gegen den Beschuldigten zulässig, wenn die Erforschung des Sachverhalts bzw. Ermittlung des Aufenthaltsorts des Täters auf andere Weise weniger Erfolg versprechend oder erschwert wäre, bei Nr. 2 muss außerdem die Maßnahme eine Straftat von erheblicher Bedeutung betreffen.

Richtet sich die Maßnahme nach Nr. 1 gegen einen Nichtbeschuldigten, ist erforderlich, dass die Ermittlung bzw. Erforschung auf andere Weise erheblich weniger Erfolg versprechend oder wesentlich erschwert sein würde (§ 100h II Nr. 1 StPO).

Maßnahmen nach Nr. 2, die sich gegen den Nichtbeschuldigten richten, sind nur zulässig, wenn aufgrund bestimmter Tatsachen anzunehmen ist, dass eine Verbindung zum Beschuldigten besteht oder hergestellt wird, dass die Maßnahme zur Erforschung des Sachverhalts oder Ermittlung des Aufenthaltsorts des Täters führen wird, und dies aufzuklären auf andere Weise aussichtslos oder erschwert wäre (§ 100h II Nr. 2 StPO).

Angeordnet werden dürfen die Maßnahmen durch die Staatsanwaltschaft oder die Beamten des Polizeidienstes. Der Richtervorbehalt gilt nicht.

Bei der **Verwertbarkeit** von **Videoaufnahmen von Privatpersonen** ist wiederum eine **Abwägung im Einzelfall** vorzunehmen (vgl. Rn. 88, 358):

Private Aufnahmen Dritter durch eine an einem Wohnhaus fest installierte Videokamera können zur Aufklärung und Verfolgung von Straftaten, insbesondere gegen Eigentum, Gesundheit und Leben, zulässig sein (EuGH CR 2015, 100). Auch beim Warenhausdiebstahl vermag der entgegen § 6b II BDSG unterbliebene Hinweis auf dort durchgeführte Videoüberwachungen die Unverwertbarkeit des Beweismittels für den Strafprozess grundsätzlich nicht zu begründen (OLG Hamburg NStZ 2017, 726).

Beachte: Aufzeichnungen privat genutzter „**Dashcams**" im Straßenverkehr können bei einem etwaigen Verstoß gegen § 6b BDSG verwertbar sein. Abzuwägen sind im Einzelfall das Interesse des Betroffenen an der Beweissicherung und das Allgemeininteresse an der Aufklärung von Straftaten im Straßenverkehr einerseits und das Recht der betroffenen Verkehrsteilnehmer andererseits. Maßgebliche Bedeutung können dabei der unmittelbaren eigenen Betroffenheit des Nutzers der Kamera und der Erheblichkeit der aufgezeichneten Straftat oder von besonders verkehrsbeeinträchtigender Ordnungswidrigkeiten zukommen (vgl. OLG Stuttgart NJW 2016, 2280 – Lesen!).

190 **bb) § 100f StPO** erlaubt das ***Abhören und Aufzeichnen*** des nichtöffentlich und **außerhalb einer Wohnung** gesprochenen Worts (z.B. durch „Wanzen"), wenn ein auf bestimmten Tatsachen beruhender Verdacht einer – auch im konkreten Einzelfall schwer wiegenden – Katalogtat i.S.d. § 100a StPO besteht und, soweit sich die Maßnahme gegen den Beschuldigten richtet, wenn sonst die Erforschung des Sachverhalts oder die Ermittlung des Aufenthaltsorts des Täters aussichtslos oder wesentlich erschwert wäre. Richtet sich die Maßnahme gegen einen Nichtbeschuldigten, ist die auf Tatsachen gestützte Erwartung erforderlich, die entsprechende Verbindung zum Beschuldigten bestehe, die Maßnahme führe zur Aufklärung des Sachverhalts bzw. des Aufenthaltsorts und diese Aufklärung sei ansonsten wesentlich erschwert oder aussichtslos (§ 100f II StPO).

Während Maßnahmen nach § 100h StPO auch jeder Polizist treffen kann, darf die *Anordnung* von Abhör- und Tonaufzeichnungsmaßnahmen nur durch den Richter erfolgen (§ 100f IV i.V.m. § 100e I StPO n.F – bei Gefahr im Verzug auch durch den Staatsanwalt oder eine Ermittlungsperson i.S.d. § 152 GVG).

Beachte: Direktiven zum Schutz des Kernbereichs privater Lebensgestaltung enthält § 100f StPO zwar nicht. Äußerungen während eines in einem Kraftfahrzeug mittels akustischer Überwachung aufgezeichnetes **Selbstgesprächs** – auch gegen Mitbeschuldigte – hat der BGH dennoch für unverwertbar erachtet, obwohl sie unmittelbar den Tatvorwurf des Mordes betrafen. Das Selbstgespräch unterscheidet sich vom sog. **„Zwiegespräch"** dadurch, dass die Äußerungen nicht auf Verständlichkeit angelegt und jedenfalls auch durch unwillkürlich auftretende Bewusstseinsinhalte gekennzeichnet sind. Die Nichtöffentlichkeit der Gesprächssituation hat der BGH hier bei einer **Gesamtbewertung der Umstände des Einzelfalls** derjenigen in einer Wohnung gleichgesetzt (BGH NJW 2012, 945 – unbedingt Lesen!).

§ 100f StPO ist auch Ermächtigungsgrundlage für die typischerweise mit dem Vollzug der Überwachungsmaßnahme verbundenen **Vorbereitungsmaßnahmen**. Dazu gehört beim vorgesehenen Abhören und Aufzeichnen der in einem PKW geführten Gespräche nicht nur das heimliche Öffnen des Fahrzeugs zum Anbringen der „Wanze", sondern auch das vorübergehende Verbringen in eine Werkstatt (so zum damals noch geltenden § 100c II Nr. 2 StPO zutreffend BGH NStZ 2001, 386). Zu beachten ist in diesem Zusammenhang auch, dass derartige Überwachungsmaßnahmen nicht zulässig sind in Fahrzeugen, die nicht nur als Verkehrsmittel, sondern – wie Wohnwagen oder zum Aufenthalt geeignete Schiffe – auch als Rückzugsbereich für die private Lebensgestaltung dienen und die deshalb unter Art. 13 GG fallen, es sei denn die Voraussetzungen des § 100c StPO – Abhören in Wohnungen – lägen vor.

Beachte: Für **optische Ermittlungsmaßnahmen** betreffend eine Wohnung enthält weder § 100c noch § 100h StPO eine einschlägige Regelung. Innerhalb einer Wohnung sind optische Maßnahmen daher absolut verboten (vgl. *Eisenberg* NStZ 2002, 638). Erfolgen solche Maßnahmen hingegen von außerhalb der Wohnung, wird man sie jedenfalls so lange über § 100h I Nr. 1 StPO für zulässig halten müssen, wie die Wahrnehmungen ohne weiteres möglich sind, weil der Beschuldigte insoweit von Schutzmaßnahmen (z.B. Anbringen von Jalousien) abgesehen hat.

Zum gesamten Bereich des Einsatzes technischer Mittel zur Strafverfolgung sei auf den Aufsatz von *Singelnstein* in NStZ 2014, 305 hingewiesen.

c) Online-Durchsuchung (vgl. dazu den Beitrag von *Soine* NStZ 2018, 497). Mit dem 24.8.2017 in Kraft getretenen **§ 100b StPO** sieht die StPO erstmals eine Rechtsgrundlage für die **Online-Durchsuchung** vor. Dabei handelt es sich um den verdeckten Zugriff der Ermittlungsbehörden auf ein von dem Betroffenen genutztes technisches Informationssystem, z.B. Computer, Tablet, Handy, mittels einer Überwachungssoftware, um dort Zugriff auf die dort **gespeicherten Daten** zu erhalten. Mit der Maßnahme darf das gesamte Surf- und Nutzungsverhalten des Betroffenen überwacht werden. Die Befugnis gestattet jedoch nur eine Erhebung von Daten aus, aber nicht durch das System. Eine eigenständige Inbetriebnahme des Systems ist daher ebenso unzulässig wie die Veränderung vorhandener oder Erzeugung neuer Daten (keine Manipulation!). Erlaubt sind lediglich die Installation der Software, die „Durchsuchung" des Systems und das bloße **passive Abschöpfen von Daten**. Ein heimliches Betreten der Wohnung zum Zwecke der Installation der Software ist nicht gestattet. **191**

Die Maßnahme darf sich grundsätzlich nur gegen den Beschuldigten richten (§ 100b III 1 StPO n.F.). Sie stellt einen besonders schwerwiegenden Eingriff in das Grundrecht auf Integrität und Vertraulichkeit informationstechnischer Systeme als eigenständige Ausprägung des Rechts auf informationelle Selbstbestimmung gemäß Art. 2 I GG dar. Der Gesetzgeber hat die Eingriffsvoraussetzungen und Schranken weitgehend an die Regelungen der Wohnraumüberwachung angeglichen (vgl. Rn. 182ff.). Das **Verfahren** ist in **§ 100e II–VI StPO n.F.** geregelt. Über die Anordnung soll nicht der Ermittlungsrichter, sondern eine Kammer des Landgerichts entscheiden (§ 100e II 1 StPO n.F.). Regelungen zum Kernbereichsschutz finden sich zusammengefasst in § 100d StPO n.F.; im Gegensatz zur Wohnraumüberwachung verlangt der Gesetzgeber aber nicht, dass die Ermittlung des Sachverhalts andernfalls unverhältnismäßig (vgl. § 100c I Nr. 4 StPO n.F.), sondern nur **auf andere Weise wesentlich erschwert** würde **(§ 100b I Nr. 3 StPO n.F.).** Damit tritt die Online-Durchsuchung – anders als die Wohnraumüberwachung – nicht als ultima ratio hinter allen anderen Ermittlungsmaßnahmen zurück, sondern kann bei zu erwartendem ergänzenden Erkenntnisgewinn auch **daneben angeordnet** werden.

Abgrenzung: Im Gegensatz zur Quellen-TKÜ erfasst die Online- Durchsuchung nicht nur laufende und hinzukommende Kommunikationsinhalte, sondern alle im System **bereits gespeicherten Daten, auch** die in einer **Cloud** (*Meyer-Goßner/Schmitt* StPO § 100b Rn. 1).

7. Einsatz Verdeckter Ermittler (§§ 110a–110e StPO)

a) Begriff. Verdeckter Ermittler ist ein Polizeibeamter, der unter einer *auf Dauer* angelegten veränderten Identität ermittelt (§ 110a II 1 StPO) und unter dieser Legende – auch noch nach Beendigung seines Einsatzes (§ 110b III StPO) – am Rechtsverkehr teilnehmen darf (§ 110a II 2 StPO). Abzugrenzen ist insoweit der Verdeckte Ermittler mit seiner tatsächlich auf Dauer eingerichteten verdeckten Tätigkeit von anderen verdeckt ermittelnden Polizeibeamten und Dritten, die der Polizei oder anderen Strafverfolgungsorganen Informationen liefern. Ein nur im Einzelfall unter einem Decknamen handelnder, z.B. als Scheinaufkäufer auftretender Beamter ist jedenfalls dann kein Verdeckter Ermittler, auf den die §§ 110a ff. StPO anzuwenden sind, wenn sich seine Tätigkeit im Umfeld des Beschuldigten auf eine Einzelaktion beschränkt (vgl. grundlegend zur Abgrenzung BGH NJW 1996, 2108). Der Einsatz dieser nicht offen ermittelnden Polizeibeamten (**sog. noeP**), die nur gelegentlich verdeckt auftreten, unter- **192**

liegt (noch) der **Ermittlungsgeneralklausel** der **§§ 161, 163 StPO** und setzt keine Katalogtat nach § 110a I StPO voraus. Auch der verdeckt im Internet, z.B. in offenen Chatrooms, sozialen Netzwerken etc., nur gelegentlich ermittelnde Polizeibeamte ist daher grundsätzlich kein verdeckter Ermittler (BVerfG NJW 2008, 822); anders aber, wenn er unter Überwindung von Zugangsschlüsseln in einer geschlossenen Benutzergruppe oder in einem sozialen Netzwerk unter einer auf Dauer angelegten Legende gezielt mit dem Betroffenen kommuniziert (*Meyer-Goßner/Schmitt* § 110a Rn. 4 m.w.N.).

Daneben unterscheidet man noch Vertrauenspersonen (VP) und Informanten. **Vertrauenspersonen** sind Dritte, die – oft selbst in eine kriminelle Szene verstrickt – auf längere Zeit bereit sind, Informationen an die Polizei zu liefern. Die Motive hierfür sind vielschichtig: Sie reichen – neben dem finanziellen Interesse an den von Behörden gezahlten Belohnungen – von ideellen Motiven über persönliche Motive, wie Rache oder Konkurrenzneid, bis hin zum Interesse an Vergünstigungen, wie Unterlassen der Strafverfolgung in bestimmten Fällen.

Hinweis: Allerdings bindet die Zusage der Vertraulichkeit durch den Staatsanwalt zwar – mit gewissen Einschränkungen – Polizei und Staatsanwaltschaft; für das gerichtliche Verfahren ist sie aber ohne Bedeutung (BGH StV 2012, 5).

Informanten sind Personen, die einzelne Tipps geben. Die Begriffe „V-Mann" bzw. „V-Leute" sind demgegenüber unscharf und ohne Aussagekraft.

193 Soweit dies für die Legende unerlässlich ist, dürfen auch entsprechende Urkunden hergestellt, verändert und gebraucht werden (§ 110a III StPO). Diese Vorschrift ermächtigt allerdings nicht dazu, öffentliche Bücher oder Register zu verändern (*Hilger* NStZ 1992, 523). **§ 110c StPO** gestattet dem Verdeckten Ermittler ausdrücklich, unter Wahrung seiner Legende fremde Wohnungen *mit* dem Einverständnis des Berechtigten zu betreten. Mit diesen Regelungen soll verhindert werden, dass sich der Verdeckte Ermittler nahezu zwangsläufig strafbar macht. Denn selbstverständlich darf er keine Straftaten begehen. Die Praxis wird hierdurch vor sehr große Probleme gestellt, die häufig unter dem Stichwort „Keuschheitsprobe" diskutiert werden und auch große Klausurrelevanz haben, da hier materiell-rechtliche Fragen mit prozessualen Problemen eng verflochten sind (vgl. Nachweise bei *Perron* in Schönke/Schröder § 34 StGB Rn. 41c).

Hinweis: Ob der nur im Rahmen einer Einzelaktion eingesetzte Scheinaufkäufer unter einem Decknamen die Wohnung des Beschuldigten betreten darf, ist bislang noch nicht höchstrichterlich entschieden. Ob wegen des Fehlens einer ausdrücklichen gesetzlichen Regelung das Betreten von Wohnungen durch Beamte, die nicht Verdeckte Ermittler sind, generell untersagt ist, ob in diesem Fall die §§ 110a ff. StPO analog angewandt werden können oder ob sogar § 163 StPO als Rechtsgrundlage ausreicht, wurde vom BGH in NStZ 1997, 448 ausdrücklich offengelassen.

194 **b) Voraussetzungen.** Der Einsatz eines Verdeckten Ermittlers ist zulässig, wenn der **Anfangsverdacht** für eine der in § 110a I 1 StPO genannten Straftaten von erheblicher Bedeutung oder für ein Verbrechen mit Wiederholungsgefahr (Satz 2) vorliegt und die Aufklärung auf andere Weise aussichtslos oder erheblich erschwert wäre (Satz 3). Bei **Verbrechen** ist sein Einsatz auch zulässig, wenn es sich um eine Tat von besonderer Bedeutung handelt, deren Aufklärung auf andere Weise aussichtslos erscheint (Satz 4).

Außer bei Gefahr im Verzug darf ein Verdeckter Ermittler erst nach Zustimmung des Staatsanwalts eingesetzt werden (§ 110b I 1 StPO). Gegebenenfalls ist dessen Zustimmung – die in jedem Fall schriftlich (kein Verwertungsverbot bei Verstoß – BGH StV

1995, 398) und befristet sein muss (Satz 3) – nachzuholen oder die Maßnahme spätestens nach drei Werktagen zu beenden (Satz 2).

Richtet sich der Einsatz gezielt gegen einen bestimmten Beschuldigten oder muss der Verdeckte Ermittler eine nicht allgemein zugängliche Wohnung betreten, so bedarf es der Zustimmung des Ermittlungsrichters (§ 110b II 1 StPO), der seine Entscheidung begründen und dabei erkennen lassen muss, dass eine Abwägung auf der Grundlage sämtlicher im Einzelfall relevanter Erkenntnisse stattgefunden hat (BGH NStZ 1997, 249). Bei Gefahr im Verzug genügt die Zustimmung des Staatsanwalts (§ 110b II 2 StPO). Ist auch diese nicht rechtzeitig zu erhalten, muss sie unverzüglich (Satz 3) und die richterliche Zustimmung spätestens innerhalb von 3 Werktagen (Satz 4) nachträglich eingeholt oder der Einsatz beendet werden. Unterbleibt die nachträgliche Zustimmung des Richters nach § 110b II 4 StPO, wird die Anordnung durch den Staatsanwalt dadurch nicht von vornherein unwirksam (BGH NJW 1995, 2237).

c) Identitätsangaben. Die wahre Identität des Ermittlers muss gegenüber Staatsanwalt und Ermittlungsrichter, die über dessen Einsatz zu befinden haben, auf Verlangen preisgegeben werden, nicht aber gegenüber dem erkennenden Gericht in der Hauptverhandlung. Ansonsten kann auch im Strafverfahren seine **wahre Identität nach** den Grundsätzen des **§ 96 StPO geheim gehalten** werden, wobei im Einzelfall die widerstreitenden Interessen abzuwägen sind. Das für die Entscheidung allein zuständige Innenministerium (BGH NJW 1995, 2569) kann also nicht pauschal in jedem Fall die wahre Identität des Ermittlers verweigern. Liegen die Voraussetzungen des § 96 StPO nicht vor, kommt immer noch ein Zeugenschutz über § 68 StPO in Betracht (vgl. dazu Rn. 337 ff.). 195

Beachte: Die gesetzlichen Bestimmungen über den Einsatz Verdeckter Ermittler sind weder direkt noch entsprechend auf den Einsatz von Vertrauenspersonen und Informanten anwendbar, selbst wenn diese auf den Beschuldigten angesetzt sind (BGH NJW 1995, 2236).

d) Tatprovokation. Lockspitzel, seien es verdeckt ermittelnde Polizeibeamte oder Vertrauenspersonen, dürfen nur gegen Personen eingesetzt werden, gegen die schon ein Verdacht i.S.d. § 160 I StPO besteht, entsprechende Straftaten zu planen oder darin verwickelt zu sein. Dabei darf der Lockspitzel die Begehung von Straftaten gegenüber dem Beschuldigten vortäuschen (zur „Cold-Case-Technik" vgl. OLG Zweibrücken NStZ 2011, 113). Eine Art 6 I EMRK verletzende polizeiliche Tatprovokation liegt aber vor, wenn eine unverdächtige und zunächst nicht tatgeneigte Person durch eine von einem Amtsträger geführte Vertrauensperson „durch stimulierende Einwirkung von einiger Erheblichkeit" zu einer Straftat verleitet wird und dies zu einem Strafverfahren führt. Auch bei bereits bestehendem Tatverdacht kann eine rechtsstaatswidrige Tatprovokation vorliegen, soweit die Einwirkung im Verhältnis zum Anfangsverdacht „unvertretbar übergewichtig" ist. Spricht eine polizeiliche Vertrauensperson eine betroffene Person lediglich ohne sonstige Einwirkung darauf an, ob diese Betäubungsmittel beschaffen könne, handelt es sich indessen nicht um eine Tatprovokation (zu den Einzelheiten vgl. BGH NStZ 2018, 355). 196

Die rechtlichen Konsequenzen einer unzulässigen Tatprovokation (Beweisverwertungsverbot, Strafabschlag, Vollstreckungslösung, Verfahrenshindernis) sind heftig umstritten (vgl. dazu Nachweise bei Meyer-Goßner/Schmitt Einl Rn. 148a). Während der EGMR ein Beweisverwertungsverbot bejaht (JR 2015; NStZ 2015, 412), begründet eine rechtsstaatswidrige Provokation nach Auffassung des 2. Strafsenats regelmäßig ein Verfahrenshindernis (BGH NJW 2016, 91). Mit überzeugender Begründung hält der 1. Strafsenat aber weiterhin an der bisher in der Rechtsprechung vorherrschenden **Strafzumessungslösung** (vgl. BGH NStZ 2013, 99) fest und betont, dass in diesen Fällen ein **Verfahrenshindernis** „lediglich **in extremen Ausnahmefällen**" aus dem Rechtsstaatsprinzip hergeleitet werden könne (NStZ 2015, 541; 2018, 355; vgl. auch BVerfG NJW 2015, 1083, 1084ff.).

8. Sonstige Ermittlungsmaßnahmen

197 **a) Identitätsfeststellung (§§ 163b, c StPO).** Zur Identifizierung eines **Verdächtigen**, z.B. nach einer Festnahme gemäß § 127 I StPO, können nach § 163b StPO die hierzu erforderlichen Maßnahmen getroffen werden. Ein **Anfangsverdacht**, der Anlass zum Einschreiten gibt und zur Erforschung des Sachverhalts verpflichtet, genügt (BGH NStZ 2016, 551). Zu den möglichen Maßnahmen gehört neben der Befragung des Verdächtigen die Anfrage beim Melderegister und gegebenenfalls Ermittlungen bei Nachbarn. Zu diesem Zweck kann der Beschuldigte festgehalten, auf das Revier mitgenommen und erkennungsdienstlich behandelt werden, soweit sonst Identitätsfeststellungen nicht oder nur erheblich erschwert getroffen werden könnten (§ 163b I 2 und 3 StPO – oftmals genügt hierfür allerdings schon ein Blick in den mitgeführten Personalausweis des Betroffenen, vgl. BVerfG NJW 2011, 2499). Das Festhalten ist nur solange zulässig, wie dies zur Identitätsfeststellung unerlässlich ist, maximal jedoch 12 Stunden (vgl. § 163c II StPO). Selbst die Durchsuchung des Verdächtigen und der von ihm mitgeführten Sachen (dazu gehört auch der Pkw) ist unter diesen Voraussetzungen bereits nach § 163b I 3 StPO zulässig, ohne Rückgriff auf § 102 StPO. Die gleichen Maßnahmen – außer der Durchsuchung und der erkennungsdienstlichen Behandlung gegen den Willen des Dritten – sind auch gegenüber Dritten zulässig, soweit es zur Sachaufklärung erforderlich ist und zum Tatvorwurf nicht außer Verhältnis steht (§ 163b II StPO – beachte die Verpflichtung zur Vernichtung der Unterlagen § 163c III StPO).

Beachte: Ist die Identität erst einmal geklärt, kommen weitere Maßnahmen zur Überführung des Verdächtigen (z.B. Fingerabdrücke, Fußabdrücke, Gegenüberstellung, Stimmenvergleich) nur noch über andere Vorschriften wie z.B. § 81b StPO (der z.B. im Gegensatz zu § 163b StPO eine förmliche Beschuldigteneigenschaft voraussetzt!) in Betracht. Auch weitere Durchsuchungsmaßnahmen können nicht mehr auf § 163b StPO, sondern nur noch auf §§ 102, 105 StPO gestützt werden. Ob sich aus dem Verstoß gegen den darin enthaltenen Richtervorbehalt ein Beweisverwertungsverbot ergibt, ist im Einzelfall aufgrund umfassender Abwägung der Interessen zu prüfen (BGH NStZ 2016, 551).

Kann die Identität nicht innerhalb der 12-Stunden-Frist geklärt werden, ist zu prüfen, ob nicht ein Haftbefehl wegen Fluchtgefahr erwirkt werden kann.

198 **b) Erkennungsdienstliche Behandlung nach § 81b StPO.** Die Vorschrift ist, soweit sie zum Zwecke des Erkennungsdienstes Maßnahmen gestattet, ein Fremdkörper in der StPO, da sie insoweit materielles *Polizeirecht* enthält (*Meyer-Goßner/Schmitt* § 81b Rn. 3). Sind diese Maßnahmen dagegen zur Durchführung des Strafverfahrens erforderlich, handelt es sich um prozessuale Maßnahmen zur Strafverfolgung. Im Gegensatz zu § 163b genügt für § 81b StPO nicht der Verdacht, sondern der Verdächtige muss förmlich Beschuldigter sein.

199 Typische Beispiele der Identifizierungsmaßnahmen nach § 81b StPO sind die Abnahme von **Fingerabdrücken** und das Anfertigen von **Lichtbildern** vom Beschuldigten. Für diese Maßnahmen können auch vorbereitende Handlungen notwendig werden, insbesondere die Veränderung des äußeren Erscheinungsbildes des Beschuldigten (z.B. Aufsetzen/Entfernen einer **Perücke** oder eines künstlichen Bartes), wobei allerdings streitig ist, ob das **Haar- oder Bartabschneiden** nicht schon ein

nur nach § 81a StPO zulässiger körperlicher Eingriff ist (vgl. *Meyer-Goßner/Schmitt* § 81b Rn. 10). Ähnliche Maßnahmen i.S. der Vorschrift sind nur solche, die, ohne dass es einer körperlichen Untersuchung nach § 81a StPO bedarf, der Feststellung der körperlichen Beschaffenheit dienen. So ist es nach § 81b StPO zulässig, den Beschuldigten sowie Dritte auf Videofilm festzuhalten, um diesen Zeugen zur Gegenüberstellung vorzuspielen oder diese Gegenüberstellung selbst auf Videofilm aufzunehmen (vgl. zu nachgestellten Vergleichsaufnahmen vom Beschuldigten mit einer Raumüberwachungskamera BGH NStZ 1993, 47). Streit besteht darüber, ob sich die Rechtspflicht eines Beschuldigten, sich einem Zeugen gegenüberstellen zu lassen (**Identifizierungsgegenüberstellung** als Wahlgegenüberstellung), aus § 81a, § 81b oder § 58 II StPO ergibt. Die Rechtsprechung tendiert zu **§ 58 II StPO**, die herrschende Literatur zu § 81a StPO (vgl. *Meyer-Goßner/Schmitt* § 58 Rn. 9).

Praxistipp: Da es bei den Gegenüberstellungen auf das **Wiedererkennen des Beschuldigten** als den Täter durch einen Zeugen ankommt, ist alles zu vermeiden, was diese Beweiskraft beeinträchtigen könnte. Insbesondere ist auf das Problem des sogenannten „**wiederholten Wiedererkennens**" zu achten. Wurden dem Augenzeugen z.B. Bilder des Verdächtigen A gezeigt und dieser als der Täter bezeichnet (das ist ganz falsch – es muss ausdrücklich darauf hingewiesen werden, dass der Täter sich nicht unter den gezeigten Personen befinden muss!), so kann nicht ausgeschlossen werden, dass der Zeuge später bei einer Wahlgegenüberstellung oder in der Hauptverhandlung nur deshalb den A als den Täter „wiedererkennt", weil ihm dessen Lichtbild bei der Polizei gezeigt worden ist. Es ist deshalb zu **vermeiden, dem Zeugen Lichtbilder allein des Beschuldigten vorzuhalten.** Vielmehr sind vergleichbare Lichtbilder Dritter ebenfalls vorzuhalten. **Einzellichtbildvorlagen und dem – wiederholten – Wiedererkennen** des Angekl. in der Hauptverhandlung durch die Opferzeugin kommt ein allenfalls **geringer Beweiswert** zu (BGH NStZ-RR 2017, 90). Bei einer Wahllichtbildvorlage sollten einem Zeugen Lichtbilder von wenigstens acht Personen vorgelegt werden. Dabei ist es vorzugswürdig, ihm diese nicht gleichzeitig, sondern nacheinander (sequentiell) vorzulegen oder (bei Einsatz von Videotechnik) vorzuspielen. Wird die Wahllichtbildvorlage vor der Vorlage bzw. dem Vorspielen von acht Lichtbildern abgebrochen, weil der Zeuge erklärt hat, eine Person wiedererkannt zu haben, macht dies das Ergebnis der Wahllichtbildvorlage zwar nicht wertlos, kann aber ihren Beweiswert ebenfalls mindern (BGH NJW 2012, 791).

All diese Bilder sind zu den Strafakten zu nehmen, damit sich das Gericht über die Auswahl aus diesen Personen vergewissern kann. Bei Gegenüberstellungen sollten durch den genannten Videomitschnitt oder durch Lichtbilder die Einzelheiten dieser Gegenüberstellung festgehalten werden.

Auch bei all diesen Maßnahmen darf der Beschuldigte selbstverständlich **nicht zu einem aktiven Mitwirken gezwungen** werden, z.B. dazu, bestimmte Grimassen zu schneiden, bestimmte Gesten vorzunehmen oder gegen seinen Willen für Stimmenvergleiche auf ein Band zu sprechen. Dagegen ist es zulässig, die Audioquelle einer mit dem Einverständnis des Beschuldigten mitgeschnittenen Vernehmung für einen Stimmenvergleich zu verwerten. Auch bei derartigen Stimmvergleichen sollte – wie oben bei der Gegenüberstellung – möglichst sorgfältig vorgegangen und dem Zeugen eine Auswahl unter mehreren Stimmen gelassen werden (vgl. BGH NStZ 1994, 295). **200**

c) Unterbringung zur Beobachtung nach § 81 StPO. Voraussetzung für eine Unterbringung nach § 81 StPO sind: **201**

- Unterbringung zur Vorbereitung eines Gutachtens zum psychischen Zustand des Beschuldigten erforderlich (zur Frage der Schuldfähigkeit, Gemeingefährlichkeit, Verhandlungsfähigkeit)
- dringender Tatverdacht

- nach **vorheriger** Anhörung eines **Arztes und** des **Verteidigers** (Fall der notwendigen Verteidigung gemäß § 140 I Nr. 6 StPO) gemäß § 81 I StPO und des Staatsanwalts nach § 33 II StPO
- Verhältnismäßigkeit.
- Die Anordnung deckt nur das Festhalten und Beobachten. Körperliche Eingriffe sind zusammen mit der Unterbringung in diesem Beschluss oder später in einem weiteren Beschluss ausdrücklich nach § 81a StPO anzuordnen. Die Unterbringung erfolgt in einem psychiatrischen Krankenhaus und darf nur bis zu 6 Wochen dauern (§ 81 I, V StPO).

Im Unterschied zu § 81a StPO, der mit der einfachen Beschwerde anfechtbar ist, kann die Anordnung der Unterbringung nur mit der sofortigen Beschwerde angefochten werden, die Suspensiveffekt hat (§ 81 IV StPO).

Hinweis: Wie die vorläufige Unterbringung kann auch die Anordnung der körperlichen Untersuchung in einer Klinik nach § 81a StPO mit der weiteren Beschwerde angefochten werden, da es sich auch hier um eine freiheitsentziehende Maßnahme handelt (vgl. § 310 StPO).

202 **d) Untersuchung anderer Personen nach § 81c StPO.** Diese Vorschrift ist auf alle Personen anwendbar, die *nicht Beschuldigte* sind. Bei ihnen sind nach Absatz 1 auch ohne Einwilligung notwendige und zumutbare (Absatz 4) Untersuchungen an deren Körper zur Feststellung von Spuren oder Tatfolgen zulässig.

Nach § 81c II StPO sind zur Aufklärung der Tat unerlässliche Untersuchungen zur Feststellung der Abstammung und Entnahmen von Blutproben zulässig. Untersuchung oder Entnahme müssen vom Arzt vorgenommen werden und dürfen im konkreten Fall nicht gesundheitsgefährlich sein.

Einzig zulässiger körperlicher Eingriff bei *Zeugen* ist also die Blutentnahme.

Die Untersuchung und Blutentnahme kann verweigert werden, soweit der betroffene Zeuge ein Zeugnisverweigerungsrecht im Sinn des § 52 StPO hat (§ 81c III StPO). Hierüber ist der Betroffene zu belehren, wobei der Arzt diese Belehrung nicht selbst vornehmen kann, da er seinerseits als Sachverständiger tätig ist. War der Zeuge vom Richter belehrt worden, so bleibt das bisherige Untersuchungsergebnis verwertbar, auch wenn der Zeuge in der Hauptverhandlung von seinem Zeugnisverweigerungsrecht Gebrauch macht. Die Belehrung durch den Staatsanwalt oder dessen Ermittlungsperson genügt, wenn dieser nach § 81c V StPO die Untersuchung angeordnet hatte (vgl. BGH StV 1993, 563). Hat ein Zeuge von der Bedeutung seines Untersuchungsverweigerungsrechts mangels Verstandesreife keine genügende Vorstellung, so entscheidet über die Einwilligung zur Untersuchung allein sein gesetzlicher Vertreter; nur dieser ist zu belehren. Wurde er nicht belehrt, bleibt die Untersuchung verwertbar, wenn feststeht, dass der gesetzliche Vertreter bei Kenntnis des Rechts, die Untersuchung zu verweigern, in diese eingewilligt hätte (BGH NStZ 1995, 198).

Hinweis: Äußert sich der zeugnisverweigerungsberechtigte Zeuge im Rahmen der Untersuchung gegenüber dem Arzt zu **Befundtatsachen (sachverständige Feststellungen aufgrund besonderer Sachkunde),** so kann dies auch für den Fall der Zeugnisverweigerung in die Hauptverhandlung eingeführt werden, da insoweit § 252 StPO nicht eingreift. Anders ist es allerdings mit Angaben zu **Zusatztatsachen.** Sie stehen solchen in einer Vernehmung gleich und unterliegen deshalb dem Verwertungsverbot des § 252 StPO (vgl. *Meyer-Goßner/Schmitt* § 252 Rn. 10). Dies gilt auch für Zusatztatsachen aus Untersuchungen, die der Sachverständige außerhalb des Strafprozesses, z. B. in einem Zivilrechtsstreit oder einer Vormundschaftssache vorgenommen hatte (BGH StV 2007, 68).

203 **e) DNA-Analyse („Genetischer Fingerabdruck") gemäß § 81e StPO.** Für die Frage der Abstammung oder zum Nachweis der Übereinstimmung des aufgefunde-

nen Materials, insbesondere Blut oder Sperma, mit dem beim Beschuldigten oder beim Opfer erhobenen Vergleichsmaterial kann eine Genanalyse vorgenommen werden, bei der allerdings keine über die in § 81e I 1 StPO genannten Tatsachen hinausgehenden Erbinformationen offen gelegt werden dürfen. Dabei ist unerheblich, auf welchem Weg das Material beschafft worden ist (vgl. § 81e II StPO). §§ 81e und 81f StPO sind demnach keine Eingriffsnormen zur Entnahme einer Zell- oder Blutprobe, sondern setzen diese voraus. Diese wird regelmäßig in § 81a StPO zu finden sein. Wenn der Betroffene schriftlich in die Untersuchung eingewilligt hat, bedarf es weder einer richterlichen, noch einer staatsanwaltschaftlichen oder polizeilichen Entscheidung; der Betroffene ist allerdings über den Zweck der Datenerhebung gemäß § 81f I 2 StPO zu belehren. Auch wenn es sich um die Untersuchung von Spurenmaterial eines unbekannten Verursachers handelt, bedarf es keiner solchen Anordnung (vgl. § 81e II i.V.m. § 81f I StPO). In den übrigen Fällen setzt nach § 81f I 1 StPO die DNA-Untersuchung eine schriftliche, **richterliche** Anordnung voraus, es sei denn es liegt Gefahr im Verzug vor, dann kann auch der Staatsanwalt oder dessen Ermittlungsperson die Anordnung treffen.

Hinweis: Nach der Rechtsprechung des BGH ist das Ergebnis eines DNA-Vergleichsgutachtens nur als ein – wenn auch bedeutsames – Indiz anzusehen, das allerdings der Würdigung im Zusammenhang mit anderen für die Täterschaft sprechenden Beweisanzeichen bedarf (BGH NStZ 2012, 464).

f) Fahndung. Die Fahndung nach Beschuldigten und Zeugen ist in den §§ 131 bis 131c StPO geregelt. Zu unterscheiden ist zwischen einer Öffentlichkeitsfahndung (§§ 131 III, 131a III und 131b StPO) und der Fahndung, die sich nicht an die Öffentlichkeit richtet. Letztere darf in allen Fahndungshilfsmitteln der Strafverfolgungsbehörden vorgenommen werden (§ 131a V StPO, der nicht nur für Ausschreibungen zur Aufenthaltsermittlung gilt, sondern erst recht für Ausschreibungen zur Festnahme – zu den einzelnen Fahndungshilfsmitteln vgl. den nicht abschließenden Katalog in Nr. 40 RiStBV). Auf die – wie bei allen primär datenschutzrechtlich ausgerichteten Vorschriften – sehr detaillierten Regelungen kann hier nicht im Einzelnen eingegangen werden. Hingewiesen sei darauf, dass für eine Öffentlichkeitsfahndung der Verdacht einer **Straftat von erheblicher Bedeutung** vorliegen muss und andere Formen der Aufenthaltsermittlung weniger Erfolg versprechend oder wesentlich erschwert wären. Bei der Öffentlichkeitsfahndung zur Aufenthaltsermittlung oder Identitätsfeststellung ist **dringender Tatverdacht** erforderlich! Erwähnt sei auch, dass den Ermittlungspersonen der Staatsanwaltschaft weitgehend **Eilkompetenzen** zugebilligt wurden (§§ 131 I, II, 131c I 1 und 2 StPO), die so getroffenen polizeilichen Anordnungen allerdings grundsätzlich nach kurzer Zeit (24 Stunden bei der Öffentlichkeitsfahndung zur Festnahme, § 131 III 4 StPO; 1 Woche bei der Fahndung zur Aufenthaltsermittlung oder Identitätsfeststellung, § 131c II StPO) wieder außer Kraft treten, wenn sie nicht von der Staatsanwaltschaft bestätigt werden (ausgenommen die nicht an die Öffentlichkeit gerichtete Ausschreibung zur Festnahme, vgl. § 131 I–III StPO). Für die Überprüfung der staatsanwaltschaftlich angeordneten Ausschreibung ist in **entsprechender Anwendung des § 98 II StPO** der Ermittlungsrichter beim Amtsgericht zuständig (vgl. OLG Brandenburg NStZ 2007, 54). 204

g) Längerfristige Observation (§ 163f StPO). Eine *längerfristige Observation* liegt vor, wenn die planmäßig angelegte Beobachtung durchgehend länger als 24 Stunden dauert *oder* an mehr als zwei Tagen stattfinden soll. Diese Observation des Beschuldigten ist nur zulässig, wenn es um Straftaten von erheblicher Bedeutung geht und wenn die Erforschung des Sachverhalts oder die Ermittlung des Aufenthalts des Beschuldigten auf andere Weise erheblich weniger Erfolg versprechend oder wesentlich er- 205 schwert wäre (§ 163f I 2 StPO). Gegenüber einer anderen Person als dem Beschuldigten erfordert eine solche Observation darüber hinaus die auf bestimmte Tatsachen gestützte Annahme, dass die Person mit dem Täter in Verbindung steht oder eine solche Verbindung aufgebaut werden soll (§ 163e I 3 StPO). § 163f StPO gilt für die Beobachtung durch „ermittelnde Beamte", also nicht für die planmäßige Beobachtung des Beschuldigten durch einen V-Mann, wohl aber für den nicht offen ermittelnden Polizeibeamten. Dagegen deckt die richterliche Zustimmung zum Einsatz eines Verdeckten Ermittlers nach § 110b II StPO auch die durch diesen Beamten vorgenommene längerfristige Observation ab. Soll die Observation mit Lichtbildern oder einer Videoaufzeichnung dokumentarisch gesichert werden, so ist auch § 100h I Nr. 1a StPO zu beachten.

Die längerfristige Observation darf nur durch den Richter, bei Gefahr im Verzug auch durch den Staatsanwalt angeordnet werden. Gegebenenfalls muss die richterliche Zustimmung unverzüglich nachgeholt werden, sonst tritt die Anordnung nach drei Werktagen außer Kraft (vgl. § 163f III StPO).

206 **h) § 101 StPO.** § 101 StPO hat als **gemeinsame Vorschrift** für die **heimlichen Ermittlungsmaßnahmen** zur Regelung insbesondere der Benachrichtigung der Betroffenen über die durchgeführten Maßnahmen und zur Gewährung nachträglichen Rechtsschutzes besondere Bedeutung. Für welche Maßnahmen § 101 Anwendung findet, ist in dessen Abs. 1 geregelt. Nach **§ 101 IV** sind die nach Maßgabe der Nr. 1–12 dieses Absatzes von der durchgeführten Maßnahme Betroffenen von der Überwachung und unter Hinweis auf die Rechtsschutzmöglichkeit des Abs. 7 zu **benachrichtigen**, was insbesondere bei länger durchzuführenden Telefonüberwachungsmaßnahmen zu einem erheblichen Aufwand für die Ermittlungsbehörden führen kann. Um den Untersuchungszweck dieser oder einer damit zusammenhängenden Maßnahme nicht zu gefährden, bzw. eine Person oder bedeutende Vermögenswerte zu schützen oder den weiteren Einsatz von verdeckten Ermittlern zu ermöglichen, erfolgt die Benachrichtigung erst, wenn diese Gefahr nicht mehr besteht, ggfls. muss der Verlängerung der Zurückstellung der Benachrichtigung richterlich zugestimmt werden (vgl. § 101 V und VI StPO).

Klausurrelevant ist vor allem der Rechtsschutz: Nach **§ 101 VII 2 StPO** können die zu benachrichtigenden Personen auch (und vor allem) nach Beendigung der Maßnahme bis zu zwei Wochen nach ihrer Benachrichtigung die **Überprüfung der Rechtmäßigkeit** der Maßnahme und der Art und Weise ihres Vollzugs beantragen.

Beachte: Da es sich bei § 101 StPO um eine abschließende Sonderregelung handelt, verdrängt dessen Abs. 7 jedenfalls für beendete Maßnahmen den Rechtsbehelf der Beschwerde nach § 304 StPO sowie den von der Rechtsprechung entwickelten Rechtsschutz nach § 98 II StPO (BGH NJW 2009, 454).

207 9. Erhebung von Verkehrs- und Bestandsdaten gemäß §§ 100g, j StPO

Mit dem „Gesetz zur Einführung einer Speicherfrist und einer Höchstspeicherfrist für Verkehrsdaten" vom 10.12.2015 wurden die Speicher- und Übermittlungspflichten der Telekommunikationsanbieter in §§ 113a und 113b TKG, die Zulässigkeit des Datenabrufs durch die Ermittlungsbehörden in §§ 100g, 100j StPO sowie weitere Verfahrensregeln in §§ 101, 101a, 101b StPO (Lesen!) neu geregelt. Die Neufassung war erforderlich geworden, weil das BVerfG §§ 113a, 113b TKG und § 101g I 1 a.F., soweit danach Verkehrsdaten nach § 113a TKG (Vorratsdaten) erhoben werden durften, für nichtig erklärt hatte (NJW 2010, 833). Hinzu kam, dass die europäische Richtlinie 2006/24/EG mit dem Gesetzgebungsauftrag, die Vorratsdatenspeicherung zu regeln, durch den EuGH für ungültig erklärt worden war (NJW 2014, 2169).

a) Erhebung von Verkehrsdaten gemäß § 100g StPO. Bei § 100g StPO geht es im Gegensatz zu § 100a StPO nicht um den Inhalt der Kommunikation, sondern lediglich um die Feststellung technischer Daten wie beispielsweise Teilnehmernummern, Anschlussstellen, Zeit und Ort des Gesprächs. § 100g StPO ist auf Grund der heutigen Möglichkeiten der Kommunikation über Mobiltelefone und Internet zu einem unverzichtbaren Instrument der Aufklärung von Straftaten geworden. Die Vorschrift hat daher enorme praktische Bedeutung. Nach dieser Vorschrift sind die Telekommunikationsunternehmen (also insbesondere Telekom, Vodafone, O2 etc.) verpflichtet, unverzüglich Auskunft über die Telekommunikations-Verkehrsdaten zu erteilen. **Bei der Erhebung der Verkehrsdaten handelt es sich nunmehr um eine offene Ermittlungsmaßnahme** (vgl. **§ 101a VI 1 StPO**). 208

§ 100g I StPO regelt die Erhebung von Verkehrsdaten nach § 96 I TKG, die von Diensteanbietern (ohnehin) zu geschäftlichen Zwecken erhoben wurden. Mit den Rufnummern und Anschlusskennungen werden auch die IMEI-Nummer und Standortdaten von Mobiltelefonen sowie die sog. dynamischen IP-Adressen von Computern erfasst (weitere Einzelheiten in *Meyer-Goßner/Schmitt* § 100g Rn. 8). Für die Beantwortung der Auskunftsersuchen werden die Rechnungs-, Betriebs- und Störungsdaten herangezogen. Voraussetzung für eine solche Auskunftserteilung ist, dass

- auf Grund bestimmter Tatsachen der **qualifizierte Tatverdacht** besteht,
  - (Abs. 1 S. 1 Nr. 1) es liege entweder eine Straftat von erheblicher Bedeutung vor (§ 100a II StPO dient als Orientierung, ohne dass ein abschließender Katalog vorliegt), oder
  - (Abs. 1 S. 1 Nr. 2) eine Straftat sei mittels Telekommunikation begangen worden, insbesondere also wenn ein Telefon oder ein Computer über Internetanschluss zur Begehung der Straftat eingesetzt wurde,
- die Auskunft zur Aufklärung des Sachverhalts erforderlich ist und die Erhebung der Daten zum Verfahren in angemessenem Verhältnis stehen; im Falle der Nr. 2 müsste die Aufklärung auf andere Weise aussichtslos sein.

Beachte: Die Erhebung von Standortdaten ist im Fall des S. 1 Nr. 2 überhaupt nicht zulässig, bei S. 1 Nr. 1 nur für die Zukunft oder in Echtzeit. Ermittelbar ist aber nur, in welcher Funkzelle sich ein Teilnehmer befunden hat. Eine genaue Ortung ist dann mit dem sog. IMSI-Catcher (vgl. § 100i StPO) möglich. Eine **retrograde Standortdatenerhebung ist auf der Grundlage des § 100g I StPO ganz unzulässig.**

§ 100g II StPO erlaubt Verkehrsdaten zu erheben, die nach **§ 113b TKG** vom Dienstanbieter **auf Vorrat gespeichert** worden sind. Dazu gehören hier **auch die retrograden Standortdaten.** Verbindungsdaten sind für 10 Wochen, Standortdaten für 4 Wochen zu speichern. Die Befugnis setzt

- den qualifizierten Tatverdacht einer in § 100g II 2 StPO abschließend aufgelisteten besonders schweren Straftat,
- besonderes Gewicht der Tat im Einzelfall,
- die wesentliche Erschwerung oder Aussichtslosigkeit der Erforschung des Sachverhalts oder der Ermittlung des Aufenthaltsorts des Beschuldigten auf andere Weise
- sowie die Angemessenheit der Erhebung der Daten zur Bedeutung der Sache (Verhältnismäßigkeit) voraus.

Die Speicherpflicht und die weiteren damit verknüpften Verpflichtungen nach den §§ 113b–113e TKG waren von den Netzbetreibern bis zum 1.7.2017 zu erfüllen.

Gleichwohl haben bis dato fast alle Provider keine Vorratsdaten erhoben, so dass diese für die Sicherheitsbehörden bei einem Abruf nach § 100g II StPO nicht zur Verfügung stehen. Nachdem nach der Übergangsregelung des § 12 I EGStPO eine rückwirkende Abfrage von Standortdaten sogar nach § 100g I StPO a.F. bis zum 29.7.2017 möglich war, ist es jedenfalls unter den qualifizierten Voraussetzungen des § 100g II StPO n.F. wegen des überragenden öffentlichen Interesses an der wirksamen Verfolgung schwerer Straftaten zulässig, auf nach § 96 TKG gespeicherte Standortdaten zurückzugreifen (**§ 100g II StPO i.V.m. § 96 TKG analog**; zum Problemkreis vgl. LG Mannheim NStZ 2018, 430).

§ 100g III StPO enthält eine neue Regelung der **Funkzellenabfrage**. Mit dieser Maßnahme wird festgestellt, welche mobilfunkfähigen Endgeräte, insbesondere Mobiltelefone und Smartphones, zu einer bestimmten Zeit in einer Funkzelle kommuniziert haben. Die Bestimmung differenziert ebenfalls zwischen nach § 96 I TGK vom Diensteanbieter zu geschäftlichen Zwecken zu speichernden Verkehrsdaten und solchen, die nach § 113b TKG verpflichtend auf Vorrat zu speichern sind.

§ 100g IV StPO n.F. enthält ein Verbot zur Erhebung von Verkehrsdaten einer in § 53 I 1 StPO genannten Personen – unter anderem Seelsorger, Anwälte, Notare, Steuerberater, Ärzte, Parlamentsmitglieder und Journalisten -, wenn sie voraussichtlich Erkenntnisse erbringen würde, über diese das Zeugnis verweigern dürften. Gleichwohl erlangte Erkenntnisse dürfen nicht verwendet werden.

Die Erhebung von Verkehrsdaten nach § 100g StPO darf nur auf Antrag der Staatsanwaltschaft **durch das Gericht angeordnet** werden **(§ 101a I 1 i.V.m. § 100e I 1 StPO).** Die Staatsanwaltschaft verfügt bei Gefahr im Verzug lediglich in den Fällen des § 100g I und III StPO über eine Eilkompetenz, nicht aber gemäß § 100g II StPO für den Zugriff auf nach § 113b TKG gespeicherte Vorratsdaten, auch wenn auf diese für eine Funkzellenabfrage zurückgegriffen werden soll; § 101a I 2 StPO erklärt § 100e I 2 StPO für unanwendbar. Der Betroffene kann die Anordnung sowie Art und Weise ihres Vollzugs gemäß § 101a VI i.V.m. § 101 VII StPO bis zu zwei Wochen nach seiner Benachrichtigung überprüfen zu lassen.

Die **Benachrichtigung** des Betroffenen hat gemäß **§ 101a VI StPO** grundsätzlich nach der Anordnung und vor der Erhebung zu erfolgen. Sie kann aber unterbleiben, weil ihr überwiegende schutzwürdige Belange einer Person entgegenstehen, oder zurückgestellt werden, wenn dies den Untersuchungszweck gefährden würde. Hierfür bedarf es stets einer richterlichen Anordnung. Eine erstmalige Zurückstellung darf 12 Monate nicht übersteigen.

Examenstipp: Rechtlich umstritten war bisher die Ermächtigungsgrundlage für sog. „stille SMS". Mit der **„stillen SMS"** sollen bei eingeschalteten Mobiltelefonen grundsätzlich nicht wahrnehmbare Verkehrsdaten und dabei vor allem **Standortdaten erzeugt** werden, um diese sodann mittels Anordnungen gem. §§ 100a, 100g StPO beim Netzbetreiber erheben zu können. Während die Praxis diese Vorgehensweise bisher auf die Ermittlungsgeneralklausel §§ 161, 163 StPO und auf eine Annexkompetenz zu §§ 100g, 100a StPO gestützt hat (vgl. *Meyer-Goßner/Schmitt*, §§ 100g Rn. 9), haben Teile der Literatur § 100h I 1 Nr. 2 StPO als Rechtsgrundlage erwogen (BeckOK StPO/*Graf*, § 100a Rn. 233). Der BGH hat nun aber klargestellt, dass es mit **§ 100i I Nr. 2 StPO** eine Eingriffsnorm gibt, die die Ermittlung des Standorts eines Mobiltelefons durch Einsatz technischer Mittel explizit regelt und als **lex specialis zu § 100h I 1 Nr. 2 StPO** anzusehen ist (BGH NStZ 2018, 611; NJW 2018, 2809).

209 **b) Erhebung von Bestandsdaten gemäß § 100j StPO.** Mit dem Gesetz vom 20.6.2013 ist die strafprozessuale Ermächtigung für die Erhebung von Bestandsdaten eingeführt worden. Damit ist den Vorgaben des BVerfG Rechnung getragen worden,

das die bisherigen Regelungen in § 113 TKG übergangsweise bis zum 30.6.2013 für anwendbar erklärt hatte (BVerfG NJW 2012, 1419).

Besteht ein **Anfangsverdacht** für eine Straftat, dürfen gemäß **§ 100j I 1 StPO** Bestandsdaten zur Erforschung des Sachverhalts oder zur Ermittlung des Aufenthalts eines Beschuldigten erhoben werden.

Bestandsdaten sind gemäß §§ 3 Nr. 3, 95, 111 TKG Daten eines Teilnehmers, die für die Begründung, inhaltliche Ausgestaltung, Änderung oder Beendigung eines Vertragsverhältnisses über Telekommunikationsdienste erhoben werden. Zu ihnen gehören z.B. Name, Anschrift und Geburtsdatum eines Anschlussinhabers, Rufnummer, Anschlusskennung, die dem Kunden fest zugewiesene statische IP-Adresse für die Internet-Kommunikation sowie die Gerätenummer (IMEI) des Mobiltelefons. Gemäß **§ 100j II, I 1 StPO** können Bestandsdaten auch für eine bereits fest zugeteilte dynamischen IP-Adresse gemäß abgefragt werden. Dabei darf auch auf nach § 113b TKG gespeicherte Daten zugegriffen werden. Es bedarf hierfür keiner Katalogtat nach § 100g II StPO. Die Anordnungskompetenz für die Abfrage steht den Ermittlungsbehörden zu.

Beachte: Wenn Bestandsdaten im Rahmen eines Telekommunikationsvorgangs erhoben werden, handelt es sich insoweit aber um Verkehrsdaten i.S.d. § 100g StPO.

Demgegenüber unterliegt ein Auskunftsverlangen nach Bestandsdaten, mittels derer der Zugriff auf Endgeräte oder auf Speichereinrichtungen geschützt wird und die in diesen Endgeräten oder hiervon räumlich eingesetzt werden, gemäß **§ 100j I 2, III StPO** dem Richtervorbehalt. Bei diesen Zugangsdaten handelt es sich vor allem um **Passwörter, PIN/PUK** und **sonstige Zugangssicherungscodes.** Die Erhebung ist hier nur zulässig, wenn auch die gesetzlichen Voraussetzungen für die Nutzung der Daten vorliegen. Soll mit dem Zugangscode ein noch nicht abgeschlossener Kommunikationsvorgang überwacht werden, setzt dies je nach Fallgestaltung auch die Einhaltung der strengeren Anforderungen der §§ 100a, b StPO sowie eine richterliche Anordnung der TKÜ-Maßnahme voraus (BVerfG a.a.O).

Über die Erhebung von Bestandsdaten hinter dynamischen IP-Adressen und von PIN/PUK oder sonstigen Zugangscodes ist gemäß **§ 100j IV StPO** zu **benachrichtigen.** Die Benachrichtigung kann jedoch soweit zurückgestellt werden, als durch sie der Strafverfolgungszweck vereitelt würde oder gegebenenfalls ganz unterbleiben.

C. Öffentliche Klage

210 In zahlreichen Klausuren wird die Fähigkeit zur Umsetzung des Wissens in die Praxis dadurch geprüft, dass der Referendar neben einem Gutachten die Abschlussverfügungen der Staatsanwaltschaft fertigen muss, wobei häufig bei einer Anklage nur der Anklagesatz verlangt wird. Da auch der oft verlangte Haftbefehl ähnlich wie ein Anklagesatz aufgebaut ist, sollte man sich damit unbedingt vertraut machen.

I. Anklageschrift

1. Allgemeines

211 Die Staatsanwaltschaft erhebt gemäß § 170 I StPO Anklage, wenn die Ermittlungen einen **hinreichenden Tatverdacht** (vgl. Rn. 7) ergeben haben. Mit der Anklage muss die Staatsanwaltschaft also unmissverständlich zum Ausdruck bringen, in welchem konkreten Lebenssachverhalt sie ein strafbares Verhalten sieht (man nennt dies eingängig die **Umgrenzungsfunktion** der Anklage). Erfüllt die Anklage mangels ausreichender Darstellung des historischen Vorgangs diese Funktion nicht, fehlt es an einer wirksamen Anklage und damit an einer Verfahrensvoraussetzung, die auch nicht durch den Eröffnungsbeschluss nachgeholt werden kann, da die Anklage von der Staatsanwaltschaft erhoben werden muss (vgl. instruktiv BGH NStZ-RR 2018, 353).

212 Da nicht die Strafvorschrift, sondern die **prozessuale Tat im Sinne der §§ 155, 264 StPO,** der historische Sachverhalt, angeklagt wird, bedeutet dies aber auch, dass die Staatsanwaltschaft innerhalb dieser Tat nicht gleichzeitig wegen des einen Straftatbestandes einstellen und wegen eines anderen Anklage erheben kann (Ausnahme: Ausklammerung gemäß § 154a I StPO). Dies ist noch leicht verständlich bei Tateinheit (keine Einstellung wegen des nicht nachweisbaren Vorwurfs der Trunkenheit im Verkehr, wenn der Beschuldigte diese Fahrt auch noch ohne Fahrerlaubnis gemacht hat und deswegen angeklagt wird), gilt aber entsprechend bei Tatmehrheit, wenn beide Delikte eine prozessuale Tat darstellen (zum Tatbegriff siehe unten Rn. 383ff.). In beiden Fällen erfolgt in der Anklage nur ein Hinweis auf die nach Auffassung der Staatsanwaltschaft fehlende Strafbarkeit wegen des weiteren Straftatbestandes.

213 Daneben hat die Anklageschrift aber auch die Aufgabe, die Beteiligten, insbesondere den Angeschuldigten davon zu unterrichten, welche Schlüsse die Staatsanwaltschaft aus dem angeklagten Verhalten des Angeschuldigten zieht und mit welchen Sanktionen dieser zu rechnen hat (**Informationsfunktion** der Anklage; vgl. BGH NStZ 2006, 649f.). Bloße Mängel in der Informationsfunktion berühren die Wirksamkeit der Anklage nicht. So ist es z.B. unschädlich, wenn die Anklage in der Darstellung des wesentlichen Ergebnisses Ermittlungen zu knappe Ausführungen über die Verdachtsgründe enthält (BGHSt 40, 390).

Bei der Prüfung, ob die Anklage die gebotene Umgrenzung leistet, dürfen die Ausführungen im wesentlichen Ergebnis der Ermittlungen zur Ergänzung und Auslegung des Anklagesatzes herangezogen werden (vgl. BGH NStZ 2012, 85). Tatzeit und Tatort als Umgrenzungsmerkmale können durch andere Umstände ergänzt oder ersetzt werden. Maßgeblich ist letztlich, ob der historische Geschehensablauf mit der Gesamtheit der mitgeteilten Umgrenzungsmerkmale noch ausreichend gekennzeichnet ist (BGH NStZ 2017, 551).

§ 200 I StPO regelt den **Mindestinhalt einer Anklage,** nämlich Angabe des Angeschuldigten, seines Verteidigers, des Gerichts, vor dem die Hauptverhandlung stattfinden soll, der vorgeworfenen Tat mit Zeit und Ort der Begehung, der gesetzlichen Merkmale der Tat, der angewandten Strafvorschriften sowie der Beweismittel. Dass der Beschuldigte in diesem Stadium **Angeschuldigter** heißt und er deshalb auch in der Anklageschrift nur angeschuldigt und nicht angeklagt wird, ergibt sich aus **§ 157 StPO.**

Praxishinweis: Die Anklageschrift sollte selbstverständlich unterschrieben sein. Ist sie dies nicht, kommt es für die Frage der wirksamen Anklageerhebung (als Prozessvoraussetzung von Amts wegen zu prüfen) darauf an, ob sie mit Wissen und Wollen des Staatsanwalts bei Gericht eingereicht worden ist oder ob es sich nur um einen Entwurf handelt (OLG Düsseldorf MDR 1994, 85). Die Klärung dieser Verfahrensfrage erfolgt im Freibeweisverfahren (siehe dazu unten Rn. 291).

Der Aufbau der Anklage ist je nach örtlichen Gepflogenheiten unterschiedlich. Da **214** wird der Adressat der Anklage teilweise zu Beginn, teilweise erst am Ende der Anklage genannt. Der Anklagesatz wird teilweise mit den gesetzlichen Merkmalen begonnen und der Sachverhalt als „Indem-Satz" angehängt, teilweise erfolgt umgekehrt zunächst die Sachverhaltsschilderung und dann die Nennung der Tatbestandsmerkmale und die Bezeichnung der Strafvorschriften. Dies sind Äußerlichkeiten, die den Blick auf das Wesentliche nicht versperren sollten.

Ob Anklage vor dem Strafrichter, dem Schöffengericht, der allgemeinen oder einer **215** besonderen Großen Strafkammer erhoben wird, richtet sich nach dem GVG. Danach ist das Landgericht insbesondere zuständig (vgl. **§ 24 I GVG**), wenn Taten vorgeworfen werden, die im Katalog der §§ 74 II, 74a GVG genannt sind, wenn im konkreten Einzelfall Unterbringung nach § 63 StGB, Sicherungsverwahrung oder Freiheitsstrafe von mehr als 4 Jahren droht oder wenn die Staatsanwaltschaft wegen des Umfangs oder **der besonderen Bedeutung des Falles** zum Landgericht Anklage erhebt. Im letzteren Fall muss sich die Sache aus der Masse der durchschnittlichen Strafsachen herausheben. Dies kann sich aus dem Ausmaß der Rechtsverletzung, aus den verschuldeten Rechtsfolgen oder auch aus der herausragenden Stellung des Beschuldigten oder Verletzten ergeben (vgl. zur besonderen Bedeutung *Meyer-Goßner/Schmitt* GVG § 24 Rn. 8) und sollte vom Staatsanwalt aktenkundig gemacht werden (vgl. BGH NStZ-RR 1998, 336). Eine besondere Bedeutung in diesem Sinn liegt auch vor, wenn die rasche Klärung einer grundsätzlichen, für eine Vielzahl gleichgelagerter Fälle bedeutsamen Rechtsfrage durch den BGH ermöglicht werden soll. Die Staatsanwaltschaft kann auch dann Anklage zum Landgericht erheben, wenn dies wegen der besonderen Schutzbedürftigkeit von Verletzten der Straftat, die als Zeugen in Betracht kommen, geboten erscheint. Damit soll dem Umstand Rechnung getragen werden, dass gegen erstinstanzliche landgerichtliche Strafurteile nur die Revision zum BGH statthaft ist, während gegen amtsgerichtliche Strafurteile auch und in erster Linie die Berufung in Betracht kommt, die zu einer weiteren Tatsacheninstanz und damit regelmäßig auch einer erneuten Vernehmung des Opfers führen würde. Innerhalb des Amtsgerichts besteht die Zuständigkeit des Strafrichters für die Privatklage (§ 25 Nr. 1 GVG) oder für Vergehen, wenn keine höhere Strafe als Freiheitsstrafe von 2 Jahren zu erwarten ist (§ 25 Nr. 2 GVG). Hierbei hat die Staatsanwaltschaft keinen Beurteilungsspielraum. Es kommt nicht darauf an, ob es sich um eine Sache minderer Bedeutung handelt, entscheidend ist allein die Straferwartung (vgl. *Meyer-Goßner/Schmitt* GVG § 25 Rn. 3).

Für die Abfassung der Anklage ist im Einzelnen Folgendes zu beachten, wobei die angegebenen und in Klammer gesetzten Zahlen als Fußnoten zu den unter V. 1 und 2. aufgeführten Musteranklagen angesehen werden sollten:

2. Eingang

216 Die Anklageschrift beginnt mit dem **Absender,** also der die Anklage erhebenden Staatsanwaltschaft unter Angabe des **Aktenzeichens,** welches das Verfahren bei der Staatsanwaltschaft führt und des **Datums** der Unterzeichnung der Anklage. Bei der Angabe des **Adressaten (1) –** in Bayern wird der Adressat erst am Ende der Anklageschrift genannt, also des zuständigen Gerichts, ist streitig, ob hier das für die Eröffnung zuständige Organ oder das für die Hauptverhandlung zuständige Gericht genannt werden soll (also z.B. ob man an den Vorsitzenden des Amtsgerichts – Schöffengericht – adressiert oder an das Amtsgericht – Schöffengericht – direkt).

In jedem Fall ist nicht erforderlich, das gerade funktionell zuständige Gericht zu benennen (es ist also nicht erforderlich, bei der nach dem Geschäftsverteilungsplan zuständigen 12. Strafkammer des Landgerichts Stuttgart anzuklagen. Es genügt, die Anklage an das Landgericht Stuttgart – Große Strafkammer – zu richten).

217 Neben der **Angabe der übersandten Akten** wird üblicherweise hier der **Vermerk (2)** nach **§ 169a StPO** angebracht, dass die Ermittlungen abgeschlossen sind. Die sehr geringe Bedeutung des Vermerks beschränkt sich auf Konsequenzen für die Bestellung des Verteidigers und dessen Akteneinsicht (§§ 141 III 3, 147 II, VI StPO). Die Staatsanwaltschaft ist aber weiterhin berechtigt, Nachermittlungen zu führen, soweit diese keinen störenden Eingriff in den Gang des – nach Anklageerhebung – nunmehr in der Hand des Gerichts liegenden Verfahrens bedeuten. Beauftragt das Gericht die Staatsanwaltschaft mit Nachermittlungen, so hat es die Verteidigung hierüber zu informieren (BGH NStZ 2010, 53).

3. Anklagesatz

218 **a) Allgemeines.** Üblicherweise beginnt dann der Anklagesatz mit der **Überschrift** „Anklage“, gefolgt von den **Personalien** des Angeschuldigten. Dabei ist zu beachten, dass bei Untersuchungshaft des Angeschuldigten anzugeben ist, seit wann er sich in **Haft (3)** befindet. In diesem Fall sollte im Anklageeingang auch bereits deutlich auf die beschleunigte Bearbeitung und den nächsten Haftprüfungstermin hingewiesen werden. Gegebenenfalls gehört zu den Personalien auch der Hinweis, dass der Angeschuldigte zur Tatzeit Heranwachsender oder Jugendlicher war, da in diesem Fall besondere Vorschriften für die Hauptverhandlung und die Rechtsfolgen der Tat gelten. Auch sind bei Jugendlichen in der Anklage unter den Personalien der/die Erziehungsberechtigten bzw. gesetzlichen Vertreter anzugeben (zu deren Stellung im Verfahren vgl. § 67 JGG). Auch der Hinweis auf eine eventuelle ausländische Staatsangehörigkeit ist hier sinnvoll, da dies Auswirkungen auf die Notwendigkeit von Übersetzungen und auf zwischenstaatliche Vereinbarungen haben kann. Richtet sich die Anklage gegen mehrere Angeschuldigte, so werden sie untereinander nach Nummern geordnet. An die erste Stelle kommt in der Regel der Hauptbeschuldigte. Manche Staatsanwaltschaften führen die Angeschuldigten auch in der Reihenfolge des Alters oder des Alphabetes auf. Bei der Angabe des **Verteidigers (4)** wird sinnvollerweise auch gleich die Fundstelle der schriftlichen Vollmacht mitgeteilt, da es auf deren Existenz (vgl. insbesondere § 145a I StPO) bzw. deren genauen Inhalt (vgl. z.B. § 411 II StPO) im Einzelfall ankommen kann.

219 **b) Besonderheiten.** Folgendes ist besonders zu beachten:

aa) Beim Gesetzeswortlaut (5):

- ist, soweit die Tat sowohl vorsätzlich als auch fahrlässig begangen werden kann, die **Schuldform** anzugeben;

– ist nur der Wortlaut des Gesetzes wiederzugeben, die eigene Umschreibung ist unzulässig;
– ist bei mehreren Alternativen (z. B. bei § 263 StGB Vorspiegelung falscher, Entstellung oder Unterdrückung wahrer Tatsachen) nur die Alternative anzugeben, die auf den konkreten Sachverhalt zutrifft;
– sollten bei komplexen Sachverhalten die Tatkomplexe nach römischen Zahlen, die tatmehrheitlichen Handlungen nach arabischen Zahlen und die jeweils dazugehörigen tateinheitlichen Handlungen nach Buchstaben gekennzeichnet werden – wichtig ist dann allerdings, dass die gleiche Kennzeichnung in der Sachverhaltsschilderung fortgesetzt wird;
– sollte gegebenenfalls vollständig nach Angeschuldigten getrennt werden, um die Übersichtlichkeit zu erhalten;
– muss auf die Darstellung auch der angewandten Vorschriften des Allgemeinen Teils zum StGB geachtet werden, also z. B. auf § 14 oder § 27 StGB;
– ist auch anzugeben, inwieweit Nebenstrafen oder Maßregeln zu erwarten sind (z. B. „weshalb er ein Fahrverbot verwirkt hat" oder „wodurch er sich als ungeeignet zum Führen von Kraftfahrzeugen erwiesen hat");
– **Idealkonkurrenz** kann z. B. durch Formulierungen ausgedrückt werden wie „durch dieselbe Handlung" oder „in rechtlich einer Handlung" oder „und dadurch zugleich" oder „und tateinheitlich hiermit" oder z. B. „durch dieselbe Handlung vier Menschen getötet zu haben";
– sollte bei mehreren **tatmehrheitlichen Handlungen**, von denen nur eine in Tateinheit mit einer weiteren Handlung steht, nur einmal der Gesetzestext angegeben und durch die Nummernangabe klargestellt werden, in welchem Fall die tateinheitliche Verwirklichung hinzukommt (z. B. „er habe durch 3 tatmehrheitliche Handlungen in den Fällen 1. bis 3. …, wobei er im Fall Nr. 2 tateinheitlich hierzu …);
– ist, soweit Prozessvoraussetzung, die Tatsache der Strafantragsstellung oder der Bejahung des besonderen öffentlichen Interesses zu vermerken.

bb) Beim Sachverhalt (6): 220

– muss jede einzelne Tathandlung so konkret dargestellt werden, dass sicher ist, welche Tat vorgeworfen wird; prüfen Sie das, indem Sie sich fragen, ob ein Dritter ohne Ihr Wissen allein auf Grund des in der Anklage dargestellten Sachverhalts diesen unter die angeklagten Tatbestände subsumieren könnte, ob also alle **Tatbestandsmerkmale im Sachverhalt auch tatsächlich umschrieben** sind;
– ist es absolut **unzulässig, Formulierungen des Gesetzes zu verwenden;** vielmehr sind die Tatbestandsmerkmale konkret zu umschreiben. Es genügt nicht, zu schreiben, der Angeschuldigte habe das Buch „gewaltsam" entwendet, sondern es muss dargestellt werden, worin der Staatsanwalt hier die tatbestandsmäßige Gewalt sieht;
– ist immer darauf zu achten, dass der **Tatort und die Tatzeit** angegeben sind und auch die **subjektive Seite** ausreichend dargestellt wurde (schlägt A auf B ein und stirbt B, so kann dies von der fahrlässigen Tötung bis zum Mord alles sein);
– durch Formulierungen wie „was der Angeschuldigte alles wusste und billigte" stellen Sie klar, dass der Angeschuldigte vorsätzlich handelte; dagegen sind bei angenommenem bedingten Vorsatz Formulierungen wie „was der Angeschuldigte ohne weiteres hätte erkennen können" zu vermeiden, da sie auf Fahrlässigkeit schließen lassen (vgl. zum Urteil insoweit Rn. 439).

cc) Bei den angewandten Vorschriften (7): 221

– sind die Strafvorschriften mit ihrer **gesetzlichen Überschrift** (also z. B. „falsche Versicherung an Eides statt" – nicht: „falsche eidesstattliche Versicherung"), der

genauen Angabe nach Paragraf, Absatz, Satz und Nummer und der Bezeichnung des Gesetzes (nur allgemein bekannte Abkürzungen verwenden, wie z.B. StGB, ansonsten ausschreiben!) anzugeben;
- ist es zwar üblich, aber nicht notwendig, jeweils den Deliktstypus im Sinn des § 12 StGB anzugeben (es genügt also „die Tat ist ein Betrug gemäß § 263 I StGB" statt „ein Vergehen des Betrugs gemäß ..."");
- sind auch die konkret anzuwendenden Vorschriften des Allgemeinen Teils des StGB anzugeben, also z.B. §§ 14, 27 StGB, ebenso das Konkurrenzverhältnis;
- sind nur die konkreten zu erwartenden Strafschärfungs- oder Strafmilderungsmöglichkeiten sowie eventuell zu erwartende Nebenfolgen oder Maßregeln anzuführen, wie z.B. §§ 243, 213, 44, 74 oder 69 StGB, nicht aber die allgemeinen Strafzumessungsregeln, wie z.B. § 46 StGB aufzuführen.

4. Beweismittelverzeichnis (8)

222 Nicht mehr zum Anklagesatz gehört das Beweismittelverzeichnis. Dort werden die Beweismittel genannt, deren Verwertung die Staatsanwaltschaft für geboten hält (eine Auflistung aller vernommenen Zeugen ist hier also weder erforderlich noch erwünscht). Zeugen werden unter Angabe ihres Wohnortes (zur Einschränkung der Angabe des Wohnortes bzw. der Identität vgl. unten Rn. 337) und der Fundstelle des dazugehörigen Vernehmungsprotokolls, Sachverständige unter Angabe ihres Geschäftssitzes und der Fundstelle ihres Gutachtens, Urkunden und Augenscheinsobjekte mit Bezeichnung und Fundstelle aufgelistet.

Im Beweismittelverzeichnis wird üblicherweise auch vermerkt, ob sich der Angeschuldigte eingelassen hat unter Angabe der Fundstelle des Vernehmungsprotokolls. Dies ist üblich, obwohl der Angeschuldigte streng genommen kein Beweismittel ist, was sich bereits daraus ergibt, dass die Beweisaufnahme erst nach seiner Vernehmung zur Sache beginnt. Echtes Beweismittel ist allerdings das richterliche Protokoll seiner Vernehmung, nämlich eine nach § 254 StPO verlesbare Urkunde.

Hinweis: Ist die Anklageschrift in allen wesentlichen Teilen in Deutsch verfasst, so verstößt es nicht gegen § 184 GVG, wenn sie inhaltlich auf einer in einer fremden Sprache errichteten Urkunde beruht. § 184 GVG verlangt jedenfalls nicht, sämtliche anfallenden Akteneteile von Amts wegen in die deutsche Sprache übersetzen zu lassen. Sie sind erst von einem Sachverständigen zu übersetzen, wenn dies von der Aufklärungspflicht nach § 244 II StPO geboten ist. Fremdsprachige Urkunden dürfen daher in ihrer Originalbezeichnung in der Liste der Beweismittel aufgeführt werden (BGH NStZ 2012, 523).

In Bayern werden die Beweismittel nicht im Anschluss an den Anklagesatz aufgeführt, sondern folgen dem Antrag auf Eröffnung des Hauptverfahrens nach.

5. Wesentliches Ergebnis der Ermittlungen (9)

223 Lediglich bei **an den Strafrichter** des Amtsgerichts gerichteten Anklagen kann auf die Darstellung des **wesentlichen Ergebnisses der Ermittlungen verzichtet** werden. Im Übrigen ist sie ausdrücklich vorgeschrieben **(§ 200 II StPO).** Dort werden zunächst, soweit bekannt, der Werdegang des Angeschuldigten, seine Vorstrafen und seine gegenwärtige Situation geschildert. Inwieweit dann auch der Sachverhalt nochmals – jetzt ausführlicher – dargestellt wird, die Einlassung des Angeschuldigten angegeben und durch eine Auseinandersetzung mit den Beweismitteln die Beweissituation dargestellt und rechtlich gewürdigt wird, hängt von der Schwierigkeit, aber auch der Bedeutung des Falles ab. Soweit der Angeschuldigte bestreitet, ist jedenfalls eine kurze Auseinandersetzung mit dieser Einlassung erforderlich. Im Gegensatz zum Urteil sind

hier umfassende Verweise auf (zutreffende und aussagekräftige) Berichte der Polizei durchaus zulässig und sinnvoll, um unnötige Schreibarbeit zu vermeiden.

6. Anträge (10)

Bei der Anklage zum Strafrichter schließen sich die Anträge direkt an das Beweismittelverzeichnis an, in den übrigen Fällen folgen sie dem Wesentlichen Ermittlungsergebnis. Bei der Formulierung der Anträge sollte man sich – wie auch bei der Urteilstenorierung – möglichst an den Wortlaut des Gesetzes halten. Es sollte deshalb beantragt werden, **224**

- das Hauptverfahren zu eröffnen und die Anklage zur Hauptverhandlung vor dem … (Bezeichnung des für die Hauptverhandlung sachlich zuständigen Gerichts, z. B. „vor dem Landgericht Stuttgart – Wirtschaftsstrafkammer") zuzulassen;
- Termin zur Hauptverhandlung zu bestimmen (soweit dieser Antrag im Ausbildungsbezirk des Referendars üblich ist);
- dem Angeschuldigten einen Pflichtverteidiger zu bestellen (soweit dies notwendig ist, vgl. § 140 StPO und oben Rn. 16);
- Haftfortdauer anzuordnen (soweit sich der Angeschuldigte in Untersuchungshaft befindet – vgl. § 207 IV StPO; gegebenenfalls ist der Haftbefehl auch dem Umfang der Anklage anzupassen!).

Klausurtipp: Beachtet werden sollte, dass sich häufig die Notwendigkeit ergibt, **außerhalb der Anklage,** aber zugleich mit ihr, **weitere Anträge** zu stellen. Dazu gehört z. B. der Antrag auf Erlass eines **Haftbefehls** (z. B. weil beim Angeschuldigten auf Grund der Anklageerhebung möglicherweise jetzt Fluchtgefahr besteht – für den dringenden Tatverdacht im Sinn des § 112 StPO kann im Antrag auf die Anklageschrift verwiesen werden) oder der Antrag auf **vorläufige Entziehung der Fahrerlaubnis** (z. B. wenn der Beschlagnahme des Führerscheins widersprochen worden war oder bislang keine Führerscheinmaßnahmen getroffen wurden, die Voraussetzungen des § 111a StPO aber vorliegen), möglicherweise auch der Antrag auf **Beschlagnahme** von Beweismitteln (deren Rückgabe der von der Sicherstellung Betroffene z. B. jetzt fordert).

7. Besonderheiten bei Serienstraftaten

Nach Aufgabe des von der Rechtsprechung entwickelten Instituts des Fortsetzungszusammenhangs (BGH NJW 1994, 1663 ff.) sind auch bei Tatserien die einzelnen Taten möglichst genau nach Tatzeit, Tatort, Ausführungsart und anderen individuellen Merkmalen zu kennzeichnen, so dass der Rechtskundige den gesetzlichen Tatbestand darin erkennen und der Angeklagte sich gegen den Tatvorwurf im Einzelnen verteidigen kann (BGH NStZ 1996, 294). Eine Einschränkung der Anforderungen an die Konkretisierung der Einzeltaten kommt nur in Betracht, wenn anderenfalls die Verfolgung und Aburteilung strafwürdiger Taten nicht möglich wäre. Diese Ausnahme ist auf Fälle beschränkt, in denen typischerweise bei einer Serie gleichartiger Handlungen einzelne Taten etwa wegen des Zeitablaufs oder der Besonderheiten in der Beweislage nicht mehr genau voneinander unterschieden werden können (vgl. BGH NStZ 1999, 42; BGHSt 40, 44, 46). Bei solchen Serientaten reicht es aus, dass in der Anklage das Tatopfer, die Art und Weise der Tatbegehung in ihren Grundzügen, ein bestimmter Tatzeitraum und die Zahl der den Gegenstand des Vorwurfs bildenden Straftaten mitgeteilt werden (vgl. BGHSt 44, 153, 154 f. m.w.N.). Bei einer Vielzahl gleichartiger Taten genügt diese Vorgehensweise jedenfalls dann den gesetzlichen Anforderungen, wenn im wesentlichen Ergebnis die Taten – tabellarisch – detailliert aufbereitet sind (BGH NJW 2008, 2131). Zweckmäßig ist es auch, in solchen Fällen von einer jedenfalls errechenbaren Mindestzahl der verübten Taten auszugehen (vgl. BGH NStZ 1994, 383, 386), oder aber nur eine einzige Tat anzuklagen, sofern sich keine Einzeltaten mehr individualisieren lassen (BGH NStZ 1998, 208). Bei einer Vielzahl gleich- **225** gelagerter Vermögensdelikte kann es für einen seiner Umgrenzungsfunktion genügenden Anklagesatz auch ausreichen, dort die jeweils gleichartige Tatausführung einmal zu schildern und ansonsten nur noch Tatzeitraum, Gesamtschaden und Gesamtzahl der Taten zu benennen. Die näheren Angaben zu den Einzeltaten, etwa die Tatzeitpunkte, die Tatorte, die Tatopfer und die jeweiligen Einzelschäden müssen in diesem Fall aber im wesentlichen Ergebnis der Ermittlungen gemacht werden (BGH NStZ 2009, 703, 704). Lässt sich bei einer Vielzahl einzelner Handlungen der Schaden nicht der einzelnen Tat zuordnen, ist es zur Bestimmung des Schuldumfangs zulässig, einen rechnerisch bestimmten Teil des Gesamtgeschehens bestimmten strafrechtlich erheblichen Verhaltensweisen im Wege der Schätzung zuzuordnen (BGH NJW 1995, 1166).

226 Vor allem bei Verfahren, in denen massenweise und gleichförmig begangene Delikte angeklagt sind, besteht das praktische Bedürfnis, die Hauptverhandlung von der zeitaufwändigen Verlesung von Details der einzelnen Taten zu entlasten. Der Große Senat des BGH (NJW 2011, 1687) hat daran festgehalten, dass eine Einschränkung bei der Konkretisierung der Einzeltaten im Anklagesatz nicht zulässig ist. Unter teleologischer Auslegung des Begriffs des „Verlesens“ im Unterschied zum „Vorlesen“ hält er es allerdings für zulässig, den Anklagesatz in zwei Teile aufzuspalten, von denen nur der eine vorgelesen werden muss. Es genügt, wenn der Anklagesatz insoweit wörtlich vorgelesen wird, als in ihm die gleichartige Tatausführung, welche die Merkmale des jeweiligen Straftatbestandes erfüllt, beschrieben und die Gesamtzahl der Taten, der Tatzeitraum sowie bei Vermögensdelikten der Gesamtschaden bestimmt sind. Einer Verlesung der näher individualisierenden tatsächlichen Umstände der Einzeltaten oder Einzelakte bedarf es in diesem Fall nicht. Damit berücksichtigt der BGH das Anliegen, den Anklagesatz in der Hauptverhandlung den Verfahrensbeteiligten und der Öffentlichkeit so zu präsentieren, dass die zur Aburteilung stehenden Lebenssachverhalte in ihrem wesentlichen Kern verständlich werden und somit der Gang der Hauptverhandlung nachvollzogen werden kann (BGH a. a. O.), erspart aber allen Beteiligten und der Öffentlichkeit das stunden- oder gar tagelange Vorlesen/Anhören von in dieser Form geistig gar nicht aufnehmbaren Zahlen- und Datenkolonnen, durch welche die Hauptverhandlung ohne erkennbaren Gewinn nur belastet würde (zur Umgrenzungs- und Informationsfunktion des Anklagesatzes in diesen Fällen vgl. auch BGH NStZ 2011, 418).

Der Anklagesatz sollte also in einem ersten Teil

- den allen Taten gemeinsamen und sie kennzeichnenden modus operandi in einer Weise darstellen, der eine Subsumtion unter die jeweilige Strafvorschrift zulässt;
- den Tatzeitraum, in dem die Taten begangen worden sind, benennen,
- ebenso die Gesamtzahl der Geschädigten und
- bei Vermögensdelikten die Höhe des Gesamtschadens.

In einem zweiten Teil, der durch eine Formulierung deutlich machen sollte, dass hier die Zäsur zum nicht vorzulesenden Teil kommt (z. B. durch die Einleitung: „Im Einzelnen handelt es sich um folgende Vorwürfe: ...“), werden dann die Details dargelegt, die zur Konkretisierung des Einzelfalls erforderlich sind, also die Daten der Geschädigten, die Tatzeit und der Schaden im Einzelfall etc.

II. Surrogate der Anklageschrift

227 Der Anklagegrundsatz verlangt, wie oben Rn. 211 dargestellt, dass dem Angeschuldigten ein gerichtlicher Prozess nur gemacht werden kann, wenn die Tat angeklagt ist. Neben der Anklageschrift i.S.d. § 200 StPO gibt es noch weitere, besondere Formen der „Anklage".

1. Nachtragsanklage

Die Nachtragsanklage i. S. d. **§ 266 StPO** ist erforderlich, wenn in eine laufende **228**
Hauptverhandlung eine nicht angeklagte Tat im prozessualen Sinn einbezogen werden soll. Gehört dagegen der neue Vorwurf noch zur gleichen prozessualen Tat, genügt ein richterlicher Hinweis nach § 265 StPO. Die Nachtragsanklage muss inhaltlich den Anforderungen des § 200 I StPO genügen (ein wesentliches Ermittlungsergebnis ist also nicht erforderlich). Im Gegensatz zur Anklage bedarf die Nachtragsanklage jedoch nicht der Schriftform, sondern kann **mündlich** erhoben werden (§ 266 II StPO). Eine Einbeziehung in das Verfahren ist nur möglich, wenn der Angeklagte **zustimmt, hinreichender Tatverdacht** besteht und das Gericht auch zur Verfolgung dieser Tat **sachlich zuständig** ist (§ 266 I StPO). Die Einbeziehung erfolgt durch in der Hauptverhandlung verkündeten Beschluss des Gerichts (nicht des Vorsitzenden) und hat die Wirkung eines Eröffnungsbeschlusses. Lehnt das Gericht die Einbeziehung ab (z. B. weil der neue Tatvorwurf noch die gleiche prozessuale Tat betrifft), so genügt diese Zurückweisung der Nachtragsanklage, ohne dass es noch einer Einstellung oder Nichteröffnung des Verfahrens bedarf.

Beachte: Das Fehlen der Zustimmung zur Einbeziehung der Nachtragsanklage begründet zwar kein Verfahrenshindernis, ist aber revisibler Verfahrensfehler (BGH NStZ-RR 1999, 303).

2. Antrag im beschleunigten Verfahren

Da die Strafe der Tat unmittelbar auf dem Fuße folgen sollte, sieht das Gesetz die **229**
Möglichkeit vor, das Verfahren insbesondere durch Ausschluss des Zwischenverfahrens (siehe unten Rn. 269, 272) und durch eine Vereinfachung der Beweisaufnahme (§ 420 StPO) abzukürzen sowie durch eine Hauptverhandlungshaft (§ 127b StPO) abzusichern. Im beschleunigten Verfahren (das gemäß § 79 II JGG gegen *Jugendliche* nicht zulässig ist) **kann** die Anklage ebenfalls mündlich erhoben werden (§§ 417, 418 III StPO). Ein Antrag auf Aburteilung in diesem besonderen Verfahren ist allerdings nur zulässig, wenn der Strafrichter oder das Schöffengericht sachlich zuständig und die Sache auf Grund des einfachen Sachverhalts oder der klaren Beweislage zur sofortigen Verhandlung geeignet ist. Liegen diese Voraussetzungen vor, hat der Staatsanwalt Antrag auf **Aburteilung im beschleunigten Verfahren** zu stellen. Die Verhängung von Freiheitsstrafe von mehr als einem Jahr (ab 6 Monaten notwendige Verteidigung vgl. § 418 IV StPO) und/oder von Maßregeln, außer der Entziehung der Fahrerlaubnis, ist in diesem Verfahren unzulässig (§ 419 I 2 StPO). Die Sache muss kurzfristig terminiert werden – zwischen Eingang des Antrags und dem Beginn der Hauptverhandlung sollen nicht mehr als 6 Wochen liegen (§ 418 I 2 StPO) – und darf, falls noch ein zweiter Termin erforderlich wird, höchstens für wenige Tage unterbrochen werden.

Hinweis: In der Praxis kommt es häufig zu einer faktischen Ablehnung des Antrags auf Aburteilung im beschleunigten Verfahren, indem der Richter langfristig terminiert oder das Verfahren mit einem Normalverfahren verbindet. Hier wird im Einzelfall zu prüfen sein, ob nicht ein konkludent gefasster Eröffnungsbeschluss vorliegt. Ist dies zu verneinen, so ist streitig, ob in der fehlenden Eröffnungsbescheidung ein von Amts wegen zu berücksichtigendes Verfahrenshindernis gesehen werden muss (vgl. zum Gesamten BGH NStZ 2000, 442). Besondere Bedeutung hat das beschleunigte Verfahren bei Straftaten im Umfeld von Großveranstaltungen, z. B. bei Randale von ausländischen Hooligans am Rande von Fußballländerspielen, da hier eine konsequente und schnelle Aburteilung insbesondere in Verbindung mit der oben angesprochenen Hauptverhandlungshaft präventiv wirken soll.

3. Strafbefehlsantrag

230 Der Strafbefehlsantrag des Staatsanwalts ist eine weitere besondere Form der Erhebung der öffentlichen Klage (§ 407 I 4 StPO). An den Antrag sind zunächst die gleichen Anforderungen zu stellen wie an eine Anklage. Da der schriftliche Strafbefehlsantrag mit dem Strafbefehl des Richters übereinstimmen muss (vgl. § 408 III StPO), hat bereits der Antrag den Anforderungen des § 409 StPO zu entsprechen, das heißt, er muss bereits über den Anklagesatz im Sinn des § 200 I StPO hinaus die konkret zu verhängenden Rechtsfolgen enthalten (vgl. § 409 I Nr. 6 StPO).

Ein wesentliches Ergebnis der Ermittlungen ist im Strafbefehlsverfahren nicht erforderlich. Allerdings sollte in komplizierten Verfahren durch die Anfertigung eines für die Strafakten bestimmten Aktenvermerks eine dem Wesentlichen Ermittlungsergebnis entsprechende Aufbereitung des Prozessstoffes erfolgen.

III. Einstellungsverfügungen

1. Einstellung trotz Tatverdachts

231 Nur die Staatsanwaltschaft ist berechtigt, ein eingeleitetes Ermittlungsverfahren abzuschließen, allerdings muss sie es auch förmlich zum Abschluss bringen. Neben der Möglichkeit, Anklage zu erheben, kann die Staatsanwaltschaft auch bei fortbestehendem Tatverdacht das Verfahren nach § 153 StPO oder § 153a StPO (vorläufig) einstellen – soweit erforderlich mit Zustimmung des für das Hauptverfahren zuständigen Gerichts –, wenn das Verschulden gering ist und gegebenenfalls das öffentliche Interesse an der Strafverfolgung durch bestimmte Weisungen oder Auflagen beseitigt werden kann. Das Verschulden ist gering, wenn es im Vergleich mit Vergehen gleicher Art nicht unerheblich unter dem Durchschnitt liegt. Das kann nur im Einzelfall entschieden werden, wobei insbesondere Art der Tatausführung, verschuldete Auswirkungen der Tat und das Maß der Pflichtwidrigkeit zu berücksichtigen sind. Die Frage, ob ein öffentliches Interesse an der Strafverfolgung besteht, wird durch viele Umstände beeinflusst, z.B. durch die seit der Tat verstrichene Zeit, die Stellung des Beschuldigten im öffentlichen Leben oder die Aufmerksamkeit, welche die Tat in der Allgemeinheit gefunden hat (zu Einzelheiten vgl. *Meyer-Goßner/Schmitt* § 153 Rn. 4, 7).

Merke: Eine Einstellung nach **§ 153a StPO** setzt **hinreichenden Tatverdacht** voraus; für § 153 StPO genügt schon eine „gewisse" Wahrscheinlichkeit der Schuld.

Ferner kann die Staatsanwaltschaft im Hinblick auf eine bereits erfolgte oder auf eine zu erwartende Bestrafung des Beschuldigten gemäß **§ 154 StPO** von der Verfolgung einer weiteren **prozessualen Tat** absehen oder **innerhalb einer prozessualen Tat** die Verfolgung nach **§ 154a StPO** auf die angeklagte(n) Gesetzesverletzung(en) beschränken. Wichtig ist, dass **§ 154 StPO** immer dann zur Anwendung kommt, wenn es um die vorläufige Einstellung einer **eigenen prozessualen Tat** geht, während § 154a StPO die Beschränkung des Anklagestoffes innerhalb einer prozessualen Tat regelt. Außerdem ist stets darauf zu achten, dass bei einer Einstellung nach **§ 153a StPO** mit der vollständigen Erfüllung der Auflage oder Weisung für diese prozessuale Tat **Strafklageverbrauch** eintritt, **soweit es sich um Vergehen handelt** (§ 153a I 5 StPO). Im Übrigen sind die Einzelheiten der §§ 153ff. StPO aus dem Gesetz heraus verständlich, weshalb zunächst auf die nachfolgende Übersicht, im Übrigen auf die Lektüre des Gesetzes verwiesen sei.

2. Einstellung mangels Tatverdachts

a) Tenor. Werden die Ermittlungen erst gar nicht aufgenommen, weil der angezeigte Sachverhalt nicht strafbar oder verfolgbar ist oder weil bereits jetzt feststeht, dass er sich nicht nachweisen lassen kann (kann er sich eventuell nachweisen lassen, aber steht schon fest, dass selbst dann das Verschulden gering sein würde, kommen bereits hier die §§ 153ff. StPO zum Zuge), wird im **Tenor** der Verfügung der **Strafanzeige keine Folge gegeben**. **Von der Einleitung eines Ermittlungsverfahrens wird abgesehen**, wenn diese von Amts wegen geprüft wurde (vgl. **§ 152 II i.V.m. § 171 StPO**). **Wurde bereits ermittelt**, wird das Verfahren gemäß **§ 170 II StPO** eingestellt. 232

Beachte: Eine Einstellung nach § 170 II StPO kommt nur in Betracht, soweit es sich um eine eigenständige prozessuale Tat handelt. Eine prozessuale Tat kann nicht gleichzeitig angeklagt und eingestellt werden. Wenn innerhalb einer prozessualen Tat von mehreren Tatvorwürfen einer nicht nachweisbar oder verfolgbar ist, muss in der Anklage mitgeteilt werden, warum für diese Gesetzesverletzung eine Bestrafung nicht erfolgen kann. Alternativ kommt nur eine Beschränkung des Prozessstoffes nach § 154a StPO in Betracht.

Lässt sich die Straftat nicht nachweisen, bleibt aber der Verdacht einer Ordnungswidrigkeit, so wird wegen des eindeutigen Wortlauts des § 43 OWiG trotz des eben gemachten Hinweises das Verfahren – auch wenn es nur eine einzige Tat im prozessualen Sinn betrifft – wegen der Verfolgung der Straftat eingestellt und es im Übrigen zur Prüfung der Ordnungswidrigkeit an die zuständige Verwaltungsbehörde abgegeben. Die Formulierung in einem solchen Fall könnte etwa lauten: „Im Ermittlungsverfahren gegen Paul Müller wird das Ermittlungsverfahren gemäß § 170 II StPO eingestellt, soweit es den Vorwurf des Mietwuchers zum Gegenstand hat. Zur Prüfung der Frage, ob eine Ordnungswidrigkeit der Mietpreisüberhöhung i.S.d. § 5 WiStG vorliegt, wird das Verfahren gem. § 43 OWiG zuständigkeitshalber an das Landratsamt Esslingen abgegeben."
Der Tenor der Einstellungsverfügung sollte keine Kostenentscheidung tragen, da dies nur zu Missverständnissen führt. Die Formulierung „auf Kosten der Staatskasse eingestellt" besagt nur die Selbstverständlichkeit, dass die beim Staat angefallenen Kosten dort verbleiben. Dagegen hat der Beschuldigte daraus keinen Anspruch auf Erstattung seiner Auslagen, da der die Erstattung von Kosten und Auslagen im Ermittlungsverfahren abschließend regelnde § 467a StPO Auslagenersatz nur für den Fall der Einstellung **nach Rücknahme** einer Anklage vorsieht.

b) Gründe. Unter dieser Überschrift wird zunächst geschildert, was dem Beschuldigten von wem vorgeworfen worden ist. Sodann wird durch entsprechende Beweiswürdigung und gegebenenfalls Rechtsausführungen dargelegt, warum dies zwar, so wie angezeigt, möglicherweise geschehen, aber nicht strafbar (aus Rechtsgründen kein Tatverdacht) oder zwar strafbar, aber nicht nachweisbar (mangels Tatnachweises kein Tatverdacht) oder zwar strafbar und nachweisbar, aber nicht verfolgbar ist (wegen eines Verfolgungshindernisses wie dem Eintritt der Verjährung oder fehlendem Strafantrag bei absoluten Antragsdelikten und Ablauf der Strafantragsfrist). Der Aufbau entspricht insoweit den Gründen eines freisprechenden Urteils (vgl. hierzu Rn. 437). 233

3. Besonderheiten bei Privatklagedelikten

Auf einige Besonderheiten bei Privatklagedelikten (vgl. den abschließenden Katalog des § 374 StPO) sei besonders hingewiesen. So gibt es bei diesen Delikten **kein Klageerzwingungsverfahren** (vgl. **§ 172 II 3 StPO**), weshalb auch eine Belehrungspflicht nach § 171 S. 2 StPO entfällt. 234

Treffen Privatklagedelikt (als Beispiel Hausfriedensbruch gem. § 123 StGB) und Offizialdelikt (als Beispiel Raub nach § 249 StGB) in einer prozessualen Tat zusammen, so gilt: Ist nur das Offizialdelikt nachweisbar, erfolgt unproblematisch Anklage wegen Raubes. Eine Teileinstellungsverfügung ergeht nicht, da nur eine Tat vorliegt.

Ist nur das Privatklagedelikt nachweisbar, so erfolgt bei Bejahung des besonderen öffentlichen Interesses Anklage, sonst Einstellung nach § 170 II StPO *und* Verweisung auf den Privatklageweg. In diesem Fall kann der Anzeigeerstatter hinsichtlich der Ablehnung der Verfolgung des § 249 StGB das Klageerzwingungsverfahren betreiben (zur Geltendmachung auch des Privatklagedelikts vgl. *Meyer-Goßner/Schmitt* § 172 Rn. 2). Erhebt er Privatklage und ergibt sich dort doch hinreichender Tatverdacht für § 249 StGB, erfolgt nach der Einstellung durch das Gericht (§ 389 StPO) die Übernahme des Verfahrens durch die Staatsanwaltschaft (§ 377 StPO). Sind beide Delikte nicht nachweisbar, stellt die Staatsanwaltschaft das Verfahren insgesamt nach § 170 II StPO ein. Auch hier kann wegen des Raubes das Klageerzwingungsverfahren und wegen des Hausfriedensbruchs das Privatklageverfahren betrieben werden.

Treffen Ordnungswidrigkeit und Privatklagedelikt zusammen, so kann die Staatsanwaltschaft den Verletzten wegen der Straftat auf den Privatklageweg verweisen und den Vorgang im Übrigen gem. § 43 OWiG an die Verwaltungsbehörde abgeben. Wegen der strafklageverbrauchenden Wirkung des Urteils auch in Bußgeldsachen (vgl. § 84 II OWiG) muss der Richter aber in der Hauptverhandlung über den Einspruch gegen einen Bußgeldbescheid ins Strafverfahren überleiten, wenn er hinreichenden Verdacht für das Privatklagedelikt bejaht und zwar auch dann, wenn die Staatsanwaltschaft den Anzeigeerstatter auf den Privatklageweg verwiesen hatte.

Eine Privatklage gegen *Jugendliche* ist unzulässig (§§ 79, 80 JGG – zur Verfolgung eines Jugendlichen wegen eines Privatklagedelikts durch die Staatsanwaltschaft vgl. § 80 I 2 JGG).

4. Teileinstellungsverfügungen

235 Selbst wenn Anklage gegen den Beschuldigten erhoben wird, sind häufig weitere prozessuale Taten nicht nachweisbar. Insoweit bedarf es selbstverständlich auch einer Einstellung nach §§ 152ff., 170 II StPO, die allerdings nicht in der Anklageschrift selbst, sondern in einer eigenständigen Verfügung erfolgen muss, und die zur Klarstellung als Teileinstellungsverfügung bezeichnet werden sollte. Anders ist es bei der Beschränkung des Prozessstoffes nach § 154a StPO. Diese Beschränkung kann durch Vermerk in der Anklageschrift aktenkundig gemacht werden.

Hinweis: Die (vorläufige) Einstellung eines Teils der angeklagten Taten nach § 154 II StPO in einer ersten gegen den Angeklagten geführten Hauptverhandlung begründet für die Wiederaufnahme des Verfahrens wegen dieser Taten nach Zurückverweisung durch das Revisionsgericht kein Verfahrenshindernis (BGH NStZ-RR 2006, 43).

Überblick
staatsanwaltschaftliche Einstellungsverfügungen

I. Einstellung des Verfahrens mangels Verfolgbarkeit
gemäß § 170 II StPO,
da

1. Täter bekannt
   aber
   a) Tat ist nicht verfolgbar, da
   b) Tat(beitrag) ist widerlegt oder nicht nachweisbar (der häufigste Einstellungsgrund)
   c) Tat fällt unter keinen Straftatbestand

2. Täter unbekannt

→ aa) Verfahrenshindernis
(z. B. Verjährung)

→ bb) fehlende Prozessvoraussetzung
– bei fehlendem Strafantrag:
kann er durch die Bejahung des besonderen öffentlichen Interesses ersetzt werden und liegt dieses vor (vgl. Nr. 234, 243 RiStBV)?

→ cc) bei Privatklagedelikten
– fehlendes öffentliches Interesse
(vgl. Nr. 86, 172, 229–235 RiStBV)
→ neben § 170 II StPO Verweisung auf den Privatklageweg)

II. **Einstellung bei Taten von geringerem Gewicht,**

nach § 153 I StPO | nach § 153a I StPO

wenn

1. die Voraussetzungen für eine Einstellung nach I. z. Zt. nicht vorliegen (bei § 153a StPO ist sogar *hinreichender* Tatverdacht erforderlich)

und

2.
das Verschulden des Beschuldigten gering ist (§ 153 StPO) | die Schwere der Schuld nicht entgegensteht (§ 153a StPO)

und

3. ein öffentliches Interesse an der Strafverfolgung

a) nicht besteht (§ 153 I StPO) | b) gegen eine Auflage i.S.d. § 153a I StPO beseitigt werden kann

und

4. die Zustimmung des für das Hauptverfahren zuständigen Gerichts vorliegt (keine Zustimmung erforderlich bei Bagatelldelikten – vgl. §§ 153 I 2, 153a I 6 StPO).

III. **Vorläufige Einstellung** nach

§ 154 I StPO, wenn von mehreren prozessualen Taten eine eingestellt werden soll | § 154a I StPO, wenn innerhalb einer einzigen prozessualen Tat einzelne Tatteile bzw. Einzelakte bei der weiteren Verfolgung des Angeklagten ausgenommen werden sollen

eigene Einstellungsverfügung | lediglich Aktenvermerk in Anklage/Strafbefehl

Voraussetzung ist in beiden Fällen,

dass die einzustellende(n) Tat(teile) bei der zu erwartenden Strafe/Maßregel nicht beträchtlich ins Gewicht fallen (§ 154 I Nr. 1, § 154a I Nr. 1 u. 2 StPO) oder – falls insoweit ein Urteil in angemessener Frist nicht zu erwarten ist – dass die zu erwartende Strafe/Maßregel zur Einwirkung auf Angeklagten und zur Verteidigung der Rechtsordnung ausreicht (§ 154 I Nr. 2, § 154a I 2 StPO).

IV. **Vorläufige Einstellung nach § 154f StPO**
Erfolgt, wenn der namentlich bekannte Beschuldigte unbekannten Aufenthalts oder im Ausland nicht greifbar ist. Der Sachverhalt sollte aber so weit wie möglich aufgeklärt und die Beweismittel gesichert sein. Auch nach der vorläufigen Einstellung betreibt die Staatsanwaltschaft die Fahndung nach dem Beschuldigten, insbesondere die Ausschreibung zur Festnahme bzw. Aufenthaltsermittlung.

IV. Begleitverfügung

236 Hat jemand Strafanzeige erstattet und dadurch nicht nur die Unterstützung durch die Polizei erlangen wollen, sondern auch Interesse an der Strafverfolgung des Beschuldigten bekundet, so ist er über die Einstellung des Verfahrens zu *informieren*, es sei denn, Geheimhaltungspflichten wie das Steuer- oder Sozialgeheimnis stünden dem entgegen. Er ist nicht zuletzt deshalb darüber zu informieren, um ihm die Möglichkeit zu geben, gegen die Einstellungsverfügung die **fristgebundene Beschwerde nach § 172 I StPO** oder die form- und fristlose Dienstaufsichtsbeschwerde zu erheben. In beiden Fällen wird von der **Staatsanwaltschaft beim Oberlandesgericht** (i.d.R. der Generalstaatsanwaltschaft) die Richtigkeit der Einstellung des Verfahrens geprüft.

Da nur der Verletzte die Möglichkeit des **Klageerzwingungsverfahrens** i.S.d. **§ 172 StPO** hat, ergibt sich somit folgende **Mitteilungspflicht:**

- Gemäß § 171 StPO ist der Anzeigeerstatter über die Einstellung durch Bekanntgabe der Gründe zu bescheiden.
- Ist der **Anzeigeerstatter zugleich Verletzter,** muss er außerdem über die Möglichkeit der **Beschwerde als Voraussetzung des Klageerzwingungsverfahrens** belehrt werden **(§ 171 S. 2 StPO).**

Klausurhinweis: Wird in Klausuren die Begleitverfügung verlangt, dann meist bei Einstellungsverfügungen, um die Kenntnisse des Kandidaten über das geschützte Rechtsgut der angeblich verletzten Strafvorschrift und über die Verletzteneigenschaft des Anzeigeerstatters zu prüfen (vgl. z.B. OLG Stuttgart NJW 2001, 840; OLG Celle NJW 2007, 1223).

237 Außerdem ist der **Beschuldigte**, der auf Grund von Ermittlungshandlungen Kenntnis vom Ermittlungsverfahren hat, ebenfalls über die Einstellung zu **informieren**, sinnvollerweise allerdings erst, wenn der Anzeigeerstatter bereits Gelegenheit hatte, die Entscheidung erfolglos überprüfen zu lassen.

Üblicherweise wird der Beschuldigte nur über die Tatsache der Einstellung ohne Mitteilung der Gründe informiert. Erfolgte im Ermittlungsverfahren eine **Strafverfolgungsmaßnahme nach dem Strafrechtsentschädigungsgesetz** (z.B. Untersuchungshaft, Durchsuchung, vorläufige Entziehung der Fahrerlaubnis), so ist der Beschuldigte über die Möglichkeit der Beantragung einer Entschädigung zu **belehren**, unabhängig davon, ob aus den Akten ersichtlich ist, dass dem Beschuldigten ein entschädigungsfähiger Schaden entstanden ist.

In der Begleitverfügung werden schließlich auch die sonstigen, mit dem (bestandskräftigen!) Abschluss des Verfahrens verbundenen Entscheidungen getroffen. Hierzu gehören z.B. Mitteilungen über den Ausgang des Verfahrens an Behörden nach der MiStra, ferner die Anordnung der Rückgabe von Beweismitteln oder die Rückgabe des sichergestellten Führerscheins, außerdem die Entscheidung über eine eventuelle Löschung gespeicherter Daten des Beschuldigten, die Anweisung über die Ausfüllung der Zählkarte (für die Statistik der Staatsanwaltschaft) und die Anordnung über das Weglegen der Handakte und deren Aufbewahrungsfrist.

Hinweis: Häufig werden Einstellungs- und Begleitverfügung in einer Verfügung zusammengefasst, indem unter I. die Einstellung erfolgt, hiervon auch Mehrfertigungen für Anzeigeerstatter, Polizei etc. angefertigt werden, während nur auf dem Original unter II, III etc. die weiteren Verfügungen angehängt werden (so auch in der unter V. 3. abgedruckten Einstellungsverfügung. Die Nummern II–VII stellen also die Begleitverfügung dar). Teilweise wird auch die Einstellung als Bescheid an den Anzeigeerstatter formuliert und in der Einstellungsverfügung zur Begründung auf diesen als Anlage beigefügten Bescheid Bezug genommen.

V. Muster von Abschlussverfügungen

1. Anklage in der Fassung wie z. B. in Niedersachsen üblich

238

Staatsanwaltschaft Stuttgart Stuttgart, den 18.11.2018
151 Js 007/18
Die Ermittlungen sind abgeschlossen[2].

An das
Amtsgericht
– Schöffengericht –[1]
70182 Stuttgart

Stuttgart, den 18.11.2018

Eilt sehr! Haft!
Nächster Haftprüfungstermin
gemäß § 121 II StPO am 25.4.2019

Beil.: 1 VV
1 Bd Ermittlungsakten Bl. 1–59

Anklageschrift

Der am 7.7.1990 in Kornwestheim geborene, in der Turmstraße 14, 70173 Stuttgart wohnhafte, geschiedene Arbeiter

Alexander Müller

in dieser Sache in Untersuchungshaft in der Vollzugsanstalt Stuttgart-Stammheim seit dem 25.10.2018[3]

Verteidiger: Rechtsanwalt A. Klug, Chausseestraße 1, 70193 Stuttgart (Vollmacht Bl. 49)[4] –

wird angeschuldigt, er habe[5]

in 2 tatmehrheitlichen Handlungen

1. eine fremde bewegliche Sache einem anderen in der Absicht weggenommen, dieselbe sich rechtswidrig zuzueignen,
2. a) vorsätzlich ein Kraftfahrzeug geführt, obwohl er die dazu erforderliche Fahrerlaubnis nicht hatte, und tateinheitlich hiermit
   b) fahrlässig im Verkehr ein Fahrzeug geführt, obwohl er infolge des Genusses alkoholischer Getränke nicht in der Lage war, das Fahrzeug sicher zu führen,

– wodurch er sich als ungeeignet zum Führen von Kraftfahrzeugen erwiesen hat.

Sachverhalt[6]

1. Der Angeschuldigte entwendete am 20.10.2018 gegen 23.00 Uhr in Stuttgart in der Gaststätte Bahnhof die Geldbörse des Zeugen Reich, die dieser neben sich auf den Tisch gelegt hatte. Der Angeschuldigte hatte es auf das darin befindliche Geld – 10.000 EUR in großen Scheinen – abgesehen, das er für sich behalten wollte.
2. Der Angeschuldigte befuhr am 14.10.2018 gegen 0.20 Uhr mit dem PKW des Zeugen Braun, amtliches Kennzeichen S-NU 7777, in Stuttgart von der Gaststätte Rondo kommend die Rathausstraße Richtung Schlossallee. Dabei wusste er, dass er nicht im Besitz einer gülti-

gen Fahrerlaubnis war. Außerdem hätte er bereits auf Grund des genossenen Alkohols und der von ihm zu verlangenden Sorgfalt erkennen können, dass er alkoholbedingt nicht mehr fahrsicher war (Blutalkoholgehalt zur Zeit der Blutentnahme um 1.30 Uhr 1,1‰).

Die Taten sind:[7]

1.1 Vergehen des Diebstahls gemäß § 242 I StGB

2.1 Vergehen des vorsätzlichen Fahrens ohne Fahrerlaubnis gemäß § 21 I Nr. 1 Straßenverkehrsgesetz, in Tateinheit – § 52 StGB – mit 1 Vergehen der fahrlässigen Trunkenheit im Verkehr gemäß § 316 I, II StGB;

Ziffern 1. und 2. in Tatmehrheit gemäß § 53 StGB

Beweismittel:[8]

I. Das teilweise Geständnis des Angeschuldigten (Bl. 40 ff.)

II. Zeugen:
1. Richard Reich, Parkstr. 7, 70190 Stuttgart 80 (Bl. 10 ff.)
2. Klaus Klar, Neue Straße 11, 70186 Stuttgart (Bl. 14 f.)
3. Berthold Braun, Schlossallee 2, 70174 Stuttgart (Bl. 51 f.)
4. PHM Maier, zu laden über die Landespolizeidirektion Stuttgart II, Badstr. 27, 70372 Stuttgart

III. Urkunden:
1. Blutalkoholgutachten (Bl. 16, 17)
2. Blutentnahmeprotokoll (Bl. 9)
3. Strafantrag (Bl. 13)

Hinweis: Die Fußnotenziffern beziehen sich auf die Erläuterungen in Rn. 216 ff.

Wesentliches Ergebnis der Ermittlungen[9]

A. Zur Person

Der Angeschuldigte wurde am 7.7.1990 in Kornwestheim geboren und wuchs in Stuttgart auf. Einen Beruf hat er nicht erlernt. Zuletzt war er als Gelegenheitsarbeiter auf dem Bau beschäftigt und verdiente monatlich ca. 900 EUR netto.

Er ist seit 2012 geschieden. Unterhaltspflichten bestehen nicht.

Der Angeschuldigte ist sowohl hinsichtlich der Verkehrsdelikte als auch hinsichtlich des Vermögensdelikts erheblich einschlägig vorbestraft. Insbesondere wurde er vom Amtsgericht Ludwigsburg – B 1 Ds 111/14 – am 7.2.2015 wegen vorsätzlicher Straßenverkehrsgefährdung zu einer Freiheitsstrafe von 6 Monaten mit Bewährung verurteilt, ihm die Fahrerlaubnis entzogen und eine Sperrfrist für die Wiedererteilung von 2 Jahren angeordnet. Bereits am 14.12.2013 war er vom Amtsgericht Stuttgart – C 3 Ls 555/12 – wegen Betrugs und wegen Diebstahls zu einer Gesamtfreiheitsstrafe von 1 Jahr und 10 Monaten mit Bewährung verurteilt worden. Im Übrigen verweise ich auf den beigefügten Auszug aus dem Bundeszentralregister (Bl. I–III). Der Angeklagte wurde ferner vom Amtsgericht Nürtingen – 3 Ds 1234/16 – am 21.10.2018 wegen Handeltreibens mit Betäubungsmitteln zu einer Freiheitsstrafe von 1 Jahr und 10 Monaten verurteilt. Für diese noch nicht vollstreckte Freiheitsstrafe liegen die Voraussetzungen einer nachträglichen Gesamtstrafenbildung gemäß § 55 StGB vor. Die Strafakten sind angefordert und werden nachgereicht.

Der Angeschuldigte befindet sich in der vorliegenden Sache seit dem 25.10.2018 auf Grund des Haftbefehls des Amtsgerichts Stuttgart vom 24.10.2018 (Bl. 34) in Untersuchungshaft (Festnahmeprotokoll Bl. 35).

B. Zur Sache

Der Angeschuldigte bestreitet den Vorwurf des Diebstahls (Bl. 40 f.). Er wird in der Hauptverhandlung jedoch durch die Aussagen der Zeugen Reich und Klar überführt werden. Insbesondere der Zeuge Klar hat den Angeschuldigten beobachtet, wie dieser, während sich der Zeuge Reich kurz von seinem Platz entfernt hatte, sich rasch umsah, nach der Geldbörse griff und sie in seine Hosentasche steckte (Bl. 15).

Hinsichtlich des weiteren Tatvorwurfs räumt der Angeschuldigte den äußeren Tathergang ein – er besuchte mit dem Zeugen Braun nach der Gaststätte Bahnhof noch die Gaststätte Rondo, wo beide erheblich dem Alkohol zusprachen, Braun sich zu betrunken zum Fahren fühlte und sich deshalb vom Angeschuldigten nach Hause fahren lassen wollte. Er behauptet jedoch, sich noch fahrtüchtig gefühlt zu haben (Bl. 43). Da dem Angeschuldigten, der im Rahmen einer Verkehrskontrolle Ecke Opernplatz/Theaterstraße angehalten worden war, alkoholbedingte Fahrfehler nicht nachgewiesen werden können, ist im Hinblick auf den festgestellten Blutalkoholgehalt von 1,1‰ zu seinen Gunsten von einem fahrlässigen Verstoß auszugehen.

C. Sonstiges

Das Verfahren gegen Bertold Braun wegen Ermächtigens zum Fahren ohne Fahrerlaubnis wurde im Hinblick auf dessen Trunkenheit gemäß § 153 I StPO eingestellt.

Die Zuständigkeit des Schöffengerichts ergibt sich aus der Straferwartung. Auf Grund der erforderlichen Gesamtstrafenbildung mit der Freiheitsstrafe aus dem Urteil des Amtsgerichts Nürtingen vom 21.10.2018 liegt die zu erwartende Gesamtstrafe deutlich über 2 Jahren.

Es wird beantragt,[10]
das Hauptverfahren zu eröffnen und Haftfortdauer anzuordnen.

...

Staatsanwalt

2. Anklage in der Fassung wie z. B. in Bayern und Baden-Württemberg üblich

239

Staatsanwaltschaft Ingolstadt — Ingolstadt, den 18.11.2018
151 Js 1007/18 — Haft!

Anklageschrift

in der Strafsache gegen

Mayer, Werner, geboren am 10.6.1990 in Ansbach, wohnhaft in Habermannstr. 9, 90768 Fürth, geschiedener Landwirt, in dieser Sache in Untersuchungshaft in der Vollzugsanstalt Nürnberg seit dem 25.10.2018[3]
Wahlverteidiger: Rechtsanwalt J. Wulde, Bahnhofstr. 1, 91126 Schwabach (Vollmacht Bl. 49)[4]

Die Staatsanwaltschaft legt dem Angeschuldigten auf Grund ihrer Ermittlungen folgenden Sachverhalt zur Last:[6]

1. Der Angeschuldigte entwendete am 20.10.2018 gegen 23.00 Uhr in Ingolstadt in der Bahnhofsgaststätte die Geldbörse des Zeugen Bald, die dieser neben sich auf den Tisch gelegt hatte. Der Angeschuldigte hatte es auf das darin befindliche Geld – 10.000 EUR in großen Scheinen – abgesehen, das er für sich behalten wollte.

2. Der Angeschuldigte befuhr am 14.10.2018 gegen 0.20 Uhr mit dem PKW der Zeugin Hickl, amtliches Kennzeichen N-RZ 917, in Ingolstadt die Münchener Straße stadtauswärts. Dabei wusste er, dass er nicht im Besitz einer gültigen Fahrerlaubnis war. Außerdem hätte er bereits auf Grund des genossenen Alkohols und der von ihm zu verlangenden Sorgfalt erkennen können, dass er alkoholbedingt nicht mehr fahrsicher war (Blutalkoholgehalt zur Zeit der Blutentnahme um 1.30 Uhr 1,1‰).

Der Angeschuldigte wird daher beschuldigt,

eine fremde bewegliche Sache einem anderen in der Absicht weggenommen zu haben, dieselbe sich rechtswidrig zuzueignen, sowie durch eine weitere rechtlich selbstständige Handlung vorsätzlich ein Kraftfahrzeug geführt zu haben, obwohl er die dazu erforderliche Fahrerlaubnis nicht hatte und gleichzeitig fahrlässig im Verkehr ein Fahrzeug geführt zu haben, obwohl er infolge des Genusses alkoholischer Getränke nicht in der Lage war, das Fahrzeug sicher zu führen, und sich dadurch als ungeeignet zum Führen von Kraftfahrzeugen erwiesen zu haben;[5]

also ein Vergehen des Diebstahls sachlich zusammentreffend mit einem Vergehen des vorsätzlichen Fahrens ohne Fahrerlaubnis in Tateinheit mit einem Vergehen der fahrlässigen Trunkenheit im Verkehr gemäß §§ 242 I, 316 I, II StGB, § 21 I Nr. 1 Straßenverkehrsgesetz, §§ 52, 53 StGB[7]

Wesentliches Ergebnis der Ermittlungen[9]
... *(entsprechend der Fassung in Niedersachsen)*
Ich erhebe Anklage zum Schöffengericht des Amtsgerichts Ingolstadt, beantrage diese zuzulassen und Termin zur Hauptverhandlung zu bestimmen.[10]

Ich beantrage Haftfortdauer, weil die Haftgründe fortbestehen.[10]
Als Beweismittel benenne ich[8]
Johann Bald, Ewaldstr. 20, 85057 Ingolstadt (Bl. 10 ff.)
Gertraud Hickl, Leerstraße 37, 90439 Nürnberg (Bl. 14 ff.)
Stephan Fischer, Starenweg 78, 90765 Fürth (Bl. 51 f.)
PHM Huber, zu laden über die Polizeidirektion Ingolstadt, Rathausplatz 19, 85049 Ingolstadt
als Zeugen
sowie folgende Urkunden:
Blutalkoholgutachten (Bl. 16, 17)
Blutentnahmeprotokoll (Bl. 9)
Strafantrag (Bl. 13)
Mit den Akten an das Amtsgericht Ingolstadt[1]

...
Staatsanwältin

3. Einstellungsverfügung

240 Staatsanwaltschaft Stuttgart
151 Js 1234/18

I. Einstellungsverfügung vom 18.11.2018
Das Ermittlungsverfahren

gegen Claus Clemens
wegen unerlaubten Entfernens vom Unfallort

wird gemäß § 170 II StPO

eingestellt.

Gründe:
Der Beschuldigte stand im Verdacht, am 20.10.2018 in Stuttgart auf der Seestraße mit dem PKW S-AU 11 einen Unfall mit 10.000 EUR Fremdsachschaden am Fahrzeug des Dieter Dattel verursacht und sich dann in Kenntnis des Unfalls unerlaubt entfernt zu haben.

Die Ermittlungen haben den Tatverdacht nicht bestätigt. Sie ergaben vielmehr, dass das Fahrzeug vom Vater des Beschuldigten, der auch Halter des Fahrzeugs ist, gelenkt wurde. Insbesondere erkannte Dieter Dattel bei einer Gegenüberstellung den Vater des Beschuldigten eindeutig als den Fahrer wieder.

Das Verfahren war deshalb gemäß § 170 II StPO einzustellen.

(Begleitverfügung:)
II. Mitteilung von I. mit Gründen und Rechtsmittelbelehrung an den Anzeigeerstatter Dieter Dattel, Badstr. 16, Stuttgart
III. Mitteilung ohne Gründe mit Belehrung nach dem StrEG an den Beschuldigten (Anschrift Bl. 10) gegen Zustellungsurkunde
IV. Rückgabe des beschlagnahmten Führerscheins des Beschuldigten zusammen mit III.
V. Formblattmitteilung an Polizei
VI. Zählkarte
VII. Weglegen
...
Staatsanwalt

D. Haftsachen

I. Klausurbedeutung und Aufgabenvarianten

Klausuren um das Thema Untersuchungshaft herum aufzubauen, hat für den Aufgabensteller viele Vorteile: **241**

- Der Haftbefehl ähnelt einer Anklageschrift, ist aber regelmäßig nicht so umfangreich;
- es lassen sich die ganzen Probleme der Beweisgewinnung einarbeiten;
- die unterschiedlichen Grade eines Tatverdachts können abgefragt werden (z.B. wenn zuvor eine Blutentnahme stattgefunden hat, für die einfacher Tatverdacht genügt hat, jetzt aber über die Haft, die dringenden Tatverdacht voraussetzt, zu entscheiden ist);
- existiert bereits ein Haftbefehl, können mit der Haftbeschwerde auch Rechtsmittelprobleme angesprochen werden.
- Derartige Klausuren sind deshalb häufig anzutreffen, weshalb hier zunächst darauf eingegangen werden soll, wie man bei solchen Klausuren die Lösung sinnvoll aufbaut. Als Aufgabenvarianten kommen vor allem in Betracht:

1. Prüfung, ob ein Haftbefehl zu erlassen und ggf. zu vollziehen ist:

242

Prüfungsfolge Haftbefehl

(je nach Aufgabenstellung ist auf die Sicht des Staatsanwalts bzw. des angerufenen Gerichts abzustellen)

Ausgangsfrage: Liegen die Voraussetzungen für die Untersuchungshaft vor?

A. Dringender Tatverdacht
- I. Materielle Strafbarkeit
- II. Fehlen von Verfahrenshindernissen
- III. Vorhandensein ausreichender verwertbarer Beweismittel

B. Haftgründe
- I. Haftgründe des § 112 II StPO
- II. Haftgrund des § 112 III StPO
- III. Haftgründe des § 112a StPO *(subsidiär!)*

C. Antrag der Staatsanwaltschaft (im Ermittlungsverfahren)

D. Verhältnismäßigkeit von Anordnung und Vollzug (vor allem §§ 113, 116, 127a StPO)

E. Zuständigkeit, §§ 125, 162 StPO

Ergebnis: Entwurf (falls verlangt – Einschränkungen beachten; die richterliche Anordnung der Untersuchungshaft durch schriftlichen (§ 114 I, II StPO) Haftbefehl ist zu formulieren, gegebenenfalls auch dessen Außervollzugsetzung)

Konnten nicht alle sich aus der Klausur ergebenden Fragen und Problemstellungen im Rahmen des Gutachtens angesprochen werden, sind sie regelmäßig noch im Rahmen eines Hilfsgutachtens anzusprechen (in diesem Bereich werden nicht selten wertvolle Punkte verschenkt). Völlig fernliegende Fragen anzusprechen kann allerdings hilflos wirken und macht dann keinen guten Eindruck!

2. Prüfung, ob gegen einen Haftbefehl erfolgreich vorgegangen werden kann:

243

Prüfungsfolge Haftbeschwerde/Haftprüfungsantrag

(je nach Aufgabenstellung ist auf die Sicht des Verteidigers bzw. des angerufenen Gerichts abzustellen)

A. Voraussetzungen eines Haftbefehls
I. Dringender Tatverdacht
II. Haftgründe
III. Verhältnismäßigkeit

Liegen die Voraussetzungen für einen Haftbefehl danach vor, ist die Prüfung zu Ende und der Vorschlag lautet, von Rechtsbehelfen abzusehen, es sei denn es kommt noch in Betracht, Haftbeschwerde oder Haftprüfung zu beantragen, um eine Außervollzugsetzung zu erreichen (ist nicht zu erwarten, dass der Haftrichter seine Entscheidung ändert, z.B. weil er in dieser Sache erst aufgrund unveränderter Beweislage entschieden hat, ist die Beschwerde der sinnvollere Weg).

B. Zuständigkeit, §§ 125, 162 StPO

C. Haftbeschwerde oder Haftprüfungsantrag

Liegen die Voraussetzungen für Untersuchungshaft nicht vor, ist zu prüfen, ob Haftprüfung oder besser Haftbeschwerde eingelegt werden soll – auch hier liegt der Unterschied darin, dass man zwar nach der Haftprüfung immer noch Beschwerde einlegen kann, dass der Mandant in dieser Zeit aber in Haft bleibt, dass andererseits, wenn man sich vom persönlichen Eindruck des Mandanten etwas verspricht, der Antrag auf mündliche Haftprüfung sinnvoll sein kann. Ist aus Rechtsgründen der Haftbefehl aufzuheben, ist die Beschwerde – wie schon erwähnt – sinnvoll, wenn sich der Haftrichter kurz zuvor rechtlich festgelegt hat.

Bei der Haftbeschwerde ist § 117 II StPO zu bedenken (neben Haftprüfung unzulässig).

Ergebnis: Entwurf einer Haftbeschwerde oder eines Haftprüfungsantrags ist zu formulieren.

Es ist unabhängig von der Aufgabenstellung auch daran zu denken, dass, wenn sich der Beschuldigte in Untersuchungshaft befindet, **mit** der **Eröffnung des Hauptverfahrens (§ 207 IV StPO)** und mit der **Urteilsverkündung (§ 268b StPO)** eine ausdrückliche **gerichtliche Entscheidung über die Fortdauer der Untersuchungshaft** zu treffen ist – und es sollte nicht vergessen werden, bei inhaftierten Beschuldigten in der Anklageschrift den nächsten Haftprüfungstermin nach § 121 StPO zu erwähnen!

Für die Untersuchungshaft bei Jugendlichen gilt § 72 JGG, insbesondere dessen Absatz 2. Statt Untersuchungshaft kann auch die einstweilige Unterbringung in einem Erziehungsheim (§ 71 II JGG) angeordnet werden (§ 72 IV JGG).

II. Der Haftbefehl

1. Allgemeines

244 Die Untersuchungshaft (die nachfolgenden Ausführungen gelten sinngemäß auch für die Unterbringung und den Unterbringungsbefehl im Sinn des § 126a StPO) **dient der Sicherung des Verfahrens**: Im Falle der Flucht oder Fluchtgefahr des Beschuldigten soll dafür Sorge getragen werden, dass dieser in der Hauptverhandlung als Beteiligter anwesend sein wird (eine Konsequenz aus dem Grundsatz, dass es eine Hauptverhandlung in Abwesenheit des Beschuldigten – mit geringen Ausnahmen – nicht gibt, siehe dazu Rn. 284, 300ff.) und gegebenenfalls auch die Strafe vollstreckt werden kann. Im Falle der Verdunklungsgefahr wird verhindert, dass Beweismittel verfälscht oder unterdrückt werden können. Die Untersuchungshaft wegen Wiederholungsgefahr ist dagegen eine Sicherungsmaßnahme zum Schutz vor weiteren Straftaten. Der **Europäische Haftbefehl** ist demgegenüber kein Haftbefehl im eigentlichen Sinne, sondern

ein Fahndungsinstrument auf europäischer Ebene und ein Instrument zur vereinfachten Durchsetzung einer Auslieferung des Beschuldigten aus dem Ausland (vgl. § 83a I und II IRG). Er **setzt einen nationalen Haftbefehl voraus.**

2. Voraussetzungen der Untersuchungshaft

Der häufigste Fall der Anordnung der Untersuchungshaft ist die Haft nach §§ 112ff. StPO. Daneben ist aber im Zusammenhang mit der „Festnahme" eines Beschuldigten immer auch an einen Haftbefehl nach § 230 II StPO (nach Ausbleiben in der Hauptverhandlung), an die Hauptverhandlungshaft nach § 127b StPO (im beschleunigten Verfahren), an die vorläufige Festnahme nach § 127 I und II StPO, das vorläufige Festhalten von Störern nach § 164 StPO und an die sofortige Vorführung nach § 134 StPO zu denken. 245

Hinweis: Vielfach ist das, was die Polizei mit den Worten „Sie sind vorläufig festgenommen" umschreibt, aber auch nichts anderes als die Anwendung unmittelbaren Zwangs, der seine Rechtfertigung bereits in der damit verfolgten Zwangsmaßnahme hat. So ist z.B. das zwangsweise Verbringen zur Blutentnahme aus § 81a StPO gerechtfertigt.

Ein Haftbefehl kann gegen einen Beschuldigten erlassen werden, wenn dieser einer Straftat **dringend verdächtig** ist, darüber hinaus ein **Haftgrund** vorliegt und die Untersuchungshaft auch **verhältnismäßig** ist.

a) Dringender Tatverdacht. Er liegt vor, wie oben Rn. 8 bereits dargelegt, wenn die **große Wahrscheinlichkeit** besteht, dass der Beschuldigte rechtswidrig und schuldhaft eine (noch) **verfolgbare Straftat** begangen hat (zu dem noch nachholbaren Strafantrag vgl. §§ 127 III, 130 StPO). Die Anforderungen an die der **Wahrscheinlichkeitsprüfung** zugrundeliegenden Feststellungen richten sich **nach dem jeweiligen Stand der Ermittlungen** (BGH NJW 2017, 341). Wird A mit dem blutigen Messer neben der Leiche seiner Frau angetroffen, mag dies zunächst für eine Verhaftung ausreichen, auch wenn denkbar ist, dass A die Leiche nur gefunden und das Messer eben erst in die Hand genommen hat. Die weiteren Ermittlungen müssen dann aber weitere Umstände erbringen, die darauf schließen lassen, dass es sich tatsächlich so zugetragen hatte. Für eine Verurteilung wird nun das bloße Antreffen bei der Leiche nicht mehr ausreichen. Selbstverständlich können bei der Prüfung des dringenden Tatverdachts nur die Beweismittel herangezogen werden, die auch in der Hauptverhandlung verwertbar sind. Der Zufallsfund im Rahmen einer Überwachung der Telekommunikation mag deshalb zwar Anlass für weitere Ermittlungen sein. Eine Verhaftung des Beschuldigten kann jedoch auf diese Maßnahme nur dann gestützt werden, wenn diese auch in der Hauptverhandlung verwertbar ist. 246

b) Haftgrund. Die einzelnen Haftgründe ergeben sich aus §§ 112 II und 112a I StPO. Die Haftgründe dürfen jeweils nur aus bestimmten Tatsachen hergeleitet werden. Bloße Mutmaßungen oder Vermutungen reichen hierfür nicht aus. 247

Flüchtig in diesem Sinne ist der Beschuldigte, der seine Wohnung aufgibt, ohne eine neue zu beziehen oder der, der sich ins Ausland absetzt, **um** für die deutschen Ermittlungsbehörden und Gerichte **unerreichbar zu sein** (KG StV 2015, 646). Auch das **Sich-verborgen-Halten** i.S.d. § 112 II Nr. 1 StPO verlangt **subjektiv** die Tendenz, sich dem Verfahren dauernd oder jedenfalls auf längere Zeit zu entziehen. Typisches Beispiel ist der Beschuldigte, der bei Freunden „untertaucht", sich also unangemeldet in einer für ihn fremden Wohnung aufhält und möglichst wenig an die Öffentlichkeit geht.

Hinweis: Flüchtig kann auch ein Beschuldigter sein, der über eine Anschrift, z. B. Postfach oder Anschrift eines Bekannten, postalisch erreichbar ist. Solange er sich dem Verfahren nicht stellen will, genügt es, dass er als Person für die Strafverfolgungsbehörden nicht greifbar ist.

248 **Fluchtgefahr** besteht nicht erst dann, wenn der Beschuldigte Fluchtvorbereitungen getroffen hat, sondern bereits dann, wenn es **wahrscheinlicher ist, dass er sich der Strafverfolgung entziehen, als dass er sich ihr stellen wird** (*Meyer-Goßner/Schmitt* § 112 Rn. 17). Es gilt derselbe Maßstab wie für die Annahme des dringenden Tatverdachts. Die Fluchtgefahr ist nicht bereits dadurch widerlegt, dass der Beschuldigte noch nicht geflohen ist, obwohl er vor seiner Verhaftung schon von gegen ihn laufenden Ermittlungen wusste. Es kommt vielmehr immer auf die **Abwägung der einzelnen Umstände** an. Die Floskel „ohne festen Wohnsitz" ist dabei nur ein Umstand von vielen, der allerdings im Einzelfall durchaus erhebliches Gewicht haben kann. Auch eine hohe Straferwartung ist ein solcher Umstand, ebenso – auf der anderen Seite – eine erkennbar enge Beziehung zu Familie oder Beruf. Berücksichtigung können überdies das Vorleben sowie Vor- und Nachtatverhalten finden. Das Sich-Entziehen setzt voraus, dass der Fortgang des Strafverfahrens dauernd oder wenigstens vorübergehend dadurch verhindert wird, dass der Beschuldigte für Ladungen und Vollstreckungshandlungen nicht zur Verfügung steht (BGHSt. 23, 380). Allein der Umstand eines Wohnsitzes im EU-Ausland und/oder die Rückkehr eines Ausländers in sein Heimatland begründet noch keine Fluchtgefahr (OLG Karlsruhe, Beschluss vom 14.12.2016 – 2 Ws 343/16). Dem Verfahren entzieht sich aber derjenige Beschuldigte, der sich bewusst in einen Zustand länger dauernder Verhandlungsunfähigkeit versetzt, insbesondere durch den Entzug von Flüssigkeit bzw. Nahrung (Hungerstreik) oder die Nichteinnahme von Medikamenten (OLG Hamm NStZ-RR 2015, 283).

249 Zur Begründung der **Verdunklungsgefahr** genügt der einfache Verdacht oder die nahe liegende abstrakte Möglichkeit, es werde zu Verdunklungshandlungen kommen, nicht. § 112 II Nr. 3 StPO verlangt vielmehr den **konkreten und dringenden** (!) – aus einem Verhalten des Beschuldigten abzuleitenden – **Verdacht,** er werde eine der im Gesetz näher beschriebenen Verdunklungshandlungen vornehmen oder diese veranlassen. Dabei fällt nicht jedes („neutrale") Gespräch des Beschuldigten mit einem Zeugen unter die Verdunklungshandlung, sondern nur die unlautere Einwirkung auf den Zeugen oder Mitbeschuldigten (Versprechen von Geld, wenn der Zeuge etwas „vergisst" etc.). Dagegen kann Verdunkelungsgefahr bei konspirativ arbeitenden Organisationen sogar „auf der Hand liegen" (OLG Bamberg, Beschluss vom 7.1.2016 – 1 Ws 700/15).

250 **Wiederholungsgefahr** ist Haftgrund nur bei bestimmten, in **§ 112a StPO** abschließend aufgelisteten Strafvorschriften. Bei den in Nr. 2 genannten Straftaten muss die Tat wiederholt oder fortgesetzt begangen worden sein, also durch mindestens 2 rechtlich selbständige Handlungen (§ 53 StGB). Hierfür können nunmehr auch solche Taten berücksichtigt werden, die Gegenstand eines weiteren Ermittlungsverfahrens bei demselben oder einem anderen Gericht sind oder die bereits rechtskräftig abgeurteilt wurden **(§ 112a I 2 StPO n. F.).** Über die Wiederholungsgefahr hinaus muss außerdem eine Strafe von mehr als einem Jahr Freiheitsstrafe zu erwarten sein. In diesen Fällen darf die Untersuchungshaft bis zum erstinstanzlichen Urteil nur bis zu einem Jahr andauern (§ 122a StPO).

Beachte: Wie sich aus **§ 112a II StPO** ergibt, ist der Haftgrund der Wiederholungsgefahr gegenüber den Haftgründen des § 112 StPO **subsidiär.** Stützen Sie einen Haftbefehl also nie auf Flucht- *und* Wiederholungsgefahr. Nur wenn Sie einen Antrag der Staatsanwaltschaft stellen sollen, können

Sie z. B. neben dem Haftgrund der Fluchtgefahr hilfsweise den der Wiederholungsgefahr darlegen. Der Richter muss sich dann aber entscheiden, welchen Haftgrund er bejahen will.

Bei bestimmten, besonders schwerwiegenden Straftaten soll nach dem Wortlaut des **§ 112 III StPO** Untersuchungshaft auch dann angeordnet werden können, wenn ein Haftgrund nicht vorliegt. Dies würde aber gegen den Verhältnismäßigkeitsgrundsatz verstoßen, weshalb die Vorschrift verfassungskonform dahin auszulegen ist, dass der Erlass eines Haftbefehls nur zulässig ist, wenn Umstände vorliegen, die die Gefahr begründen, dass ohne die Verhaftung des Beschuldigten die alsbaldige Aufklärung und Ahndung der Tat gefährdet sein könnte (BVerfG NJW 1966, 243, 244). Der **Haftgrund ist nicht verzichtbar**, es sind **lediglich** die **Anforderungen** hieran **vermindert**. Genügen kann schon, wenn Flucht- oder Verdunkelungsgefahr nach den Umständen des Falles **nicht auszuschließen sind** oder die **ernstliche Befürchtung** besteht, dass der Täter weitere Taten ähnlicher Art begehen werde. Ausreichend ist die Feststellung, dass jedenfalls eine verhältnismäßig geringe oder entfernte Gefahr dieser Art besteht (BGH NJW 2017, 341).

c) Verhältnismäßigkeit. Nach **§ 112 I 2 StPO** darf die Untersuchungshaft nicht 251
angeordnet werden, wenn sie zu der Bedeutung der Sache und der zu erwartenden Strafe außer Verhältnis steht **(Unverhältnismäßigkeit als Haftausschließungsgrund)**. Sie ist nur zulässig, wenn die vollständige Aufklärung der Tat oder die rasche Durchführung des Verfahrens einschließlich der Urteilsvollstreckung nicht anders gesichert werden kann. Neben § 112 I 2 StPO gibt es einige weitere ausdrückliche Regelungen, die Ausprägungen des Grundsatzes der Verhältnismäßigkeit sind:

So darf bei Delikten, deren Strafrahmen nur bis zu 6 Monaten Freiheitsstrafe oder 180 Tagessätze Geldstrafe reicht, Untersuchungshaft wegen Verdunklungsgefahr nicht **(§ 113 I StPO)** und wegen Fluchtgefahr nur unter den engeren Voraussetzungen des **§ 113 II StPO** (bereits einmal dem Verfahren entzogen oder Anstalten zur Flucht getroffen oder in Deutschland keinen festen Wohnsitz oder Aufenthalt oder Identität zweifelhaft) verhängt werden.

Hat der Beschuldigte in Deutschland keinen festen Wohnsitz oder Aufenthalt, so kann – wenn nur der Haftgrund der Fluchtgefahr besteht – bereits von der Festnahme oder von der Anordnung des Haftbefehls abgesehen werden, wenn 1. zu erwarten ist, dass keine Freiheitsstrafe oder freiheitsentziehende Maßregel angeordnet werden wird, 2. der Beschuldigte eine angemessene Sicherheit zur Abdeckung der zu erwartenden Strafe und der Kosten des Verfahrens leistet **(§ 127a I StPO)** und 3. der Beschuldigte einen Zustellungsbevollmächtigten benennt **(§ 127a II i. V. m. § 116a III StPO).** Überdies ist die Möglichkeit der **Aussetzung des Vollzugs** des Haftbefehls gegen Auflagen nach **§ 116 StPO** besondere Ausprägung des Verhältnismäßigkeitsgrundsatzes.

d) Zuständigkeit. Den Haftbefehl erlässt bis zur Anklageerhebung nach **§ 125 I** 252
StPO der Richter bei dem Amtsgericht, in dessen Bezirk ein Gerichtsstand begründet ist oder der Täter sich aufhält. Regelmäßig entscheidet also der für den Tatort zuständige Amtsrichter (zum Verhältnis des § 125 zu § 162 StPO vgl. Rn. 21). Nach Anklageerhebung ist das Gericht zuständig, bei dem Anklage erhoben wurde **(§ 125 II StPO).** Schöffen wirken an dieser Entscheidung nur in dem gesetzlich geregelten Fall der Haftprüfung bei Urteilsfällung mit, ansonsten entscheiden zur Wahrung des gesetzlichen Richters nur die Berufsrichter, auch wenn der Antrag auf Überprüfung der Haftfrage in der Hauptverhandlung gestellt worden ist (BGH NStZ 2011, 356; str., a.A. KG StraFo 2016, 292 m.w.N.). In diesen Fällen entscheidet das Gericht deshalb

in der Besetzung außerhalb der Hauptverhandlung, d.h. beim Landgericht immer in der Besetzung mit drei Berufsrichtern.

Wird der Beschuldigte aufgrund des Haftbefehls festgenommen, ist er nach **§ 115 StPO** dem zuständigen Richter des Gerichts vorzuführen, das den Haftbefehl erlassen hat. Dies wäre sinnvollerweise der Richter in Person, der den Haftbefehl auch erlassen hat; der Geschäftsverteilungsplan des Gerichts kann aber auch anderes vorsehen. Die Vorführung hat unverzüglich, spätestens am nächsten Tag zu erfolgen (§ 115 II StPO). Ist dies nicht möglich, hat eine Vorführung vor den Richter des nächsten Amtsgerichts zu erfolgen; dieser Richter hat allerdings nicht dieselben rechtlichen Möglichkeiten wie der nach § 115 StPO zuständige Richter (auch wenn seine Möglichkeiten mit der Reform des Rechts der Untersuchungshaft erweitert worden sind; vgl. § 115a StPO).

3. Inhalt des Haftbefehls

253 Welche Anforderungen an den schriftlichen Haftbefehl zu stellen sind, ist in **§ 114 II StPO** geregelt, nämlich

- die Angabe der Personalien des Beschuldigten, um die Identität des zu Verhaftenden klarzustellen.

  Dies ist wichtig, weil auch der Richter, der nicht der zuständige Haftrichter ist, bei der Ergreifung einer Person klären muss, ob es sich um den im Haftbefehl beschriebenen Beschuldigten handelt. Trifft dies nicht zu oder hat die Staatsanwaltschaft seine Freilassung beantragt, ist der Beschuldigte freizulassen (§ 115a II 3 StPO);
- die Darstellung der prozessualen Tat, derer der Beschuldigte dringend verdächtigt wird, mit Sachverhaltsschilderung, insbesondere also Tatort, Tatzeit und Umstände der Tatbegehung, mit Angabe der gesetzlichen Merkmale und mit Angabe der angewandten Strafvorschriften.

  Zusammen mit den Personalien entspricht dieser Teil dem Anklagesatz einer Anklageschrift;
- die Angabe des **Haftgrundes** und der **Tatsachen,** aus denen sich der Tatverdacht und der Haftgrund ergeben;
- soweit geboten auch Ausführungen zur **Verhältnismäßigkeit.**

4. Beispiel für einen Haftbefehl

254

Staatsanwaltschaft Stuttgart, den 24.10.2018	**Amtsgericht** Stuttgart, den 24.10.2018
Antrag 1. Eintrag Register vollst. GeschäftsNr. 151 Js 4711/18 2. Rv an das Amtsgericht 70182 Stuttgart	**Haftbefehl** 1. Eintrag Register GeschäftsNr. HR-Gs 007/18 2. Haftbefehl

Ich beantrage, folgenden Haftbefehl zu erlassen:

Der am 7.7.1990 in Kornwestheim geborene, zuletzt in der Turmstraße 14, 70173 Stuttgart, wohnhaft gewesene, zurzeit unbekannten Aufenthalts befindliche geschiedene Arbeiter

Alexander Müller

ist zur Untersuchungshaft zu bringen.

Der Genannte ist dringend verdächtig,
er habe

eine fremde bewegliche Sache einem anderen in der Absicht weggenommen, dieselbe sich rechtswidrig zuzueignen, indem er am 20.10.2018 gegen 23.00 Uhr in Stuttgart in der Gaststätte Bahnhof die Geldbörse des Zeugen Reich, die dieser neben sich auf den Tisch gelegt hatte, entwendete, um das darin befindliche Geld – 10.000 EUR in großen Scheinen – für sich zu behalten.

Die Tat ist strafbar als Vergehen des Diebstahls gemäß § 242 I StGB.

Der dringende Tatverdacht ergibt sich aus den Angaben des Zeugen Reich sowie des Zeugen Klar, der den Beschuldigten bei der Tat beobachtet hat.

Es besteht gegen ihn der Haftgrund des § 112 II Nr. 1 StPO, weil er flüchtig ist.
Der Beschuldigte hat unmittelbar nach der Tat seinen Koffer gepackt, die gemeinsam mit seiner Freundin Simone Tausendschön genutzte Wohnung in der Turmstraße 14 in Ludwigsburg verlassen und ist untergetaucht.

Von dem ergangenen Haftbefehl erbitte ich 3 Ausfertigungen	Fertigung von 3 Ausfertigungen des Haftbefehls Ur. an die Staatsanwaltschaft Stuttgart 3 Ausfertigungen des Haftbefehls sind angeschlossen
.... Staatsanwalt	.... Richter am Amtsgericht

5. Vollzug des Haftbefehls

Wird der Beschuldigte verhaftet, ist ihm eine Abschrift des Haftbefehls, gegebenenfalls auch eine (notfalls zunächst nur mündliche) Übersetzung in einer ihm verständlichen Sprache auszuhändigen **(§ 114a StPO).** Außerdem ist er über seine Rechte schriftlich, eventuell zunächst auch nur mündlich, zu **belehren** (**§ 114b I StPO** – zum **Inhalt der Belehrung** sei auf **§ 114b II StPO** verwiesen, der 2013 durch das Gesetz zur Verstarkung der Verfahrensrechte von Beschuldigten im Strafverfahren erweitert worden ist- Lesen!). Bei der deutschen Sprache nicht mächtigen Beschuldigten ist danach insbesondere ein Dolmetscher beizuziehen, der Haftbefehl, die Anklage und nicht rechtskräftige Urteile in Übersetzung zur Verfügung zu stellen und der Beschuldigte darauf hinzuweisen, welche Rechtsbehelfe er im jetzigen Stadium hat und dass er – soweit nicht verteidigt – nach Maßgabe des **§ 147 IV n.F.** auch ohne Verteidiger Akten einsehen und Beweisstücke besichtigen kann. Außerdem ist ihm Gelegenheit zu geben, einen Angehörigen oder eine Person seines Vertrauens zu benachrichtigen (**§ 114c StPO,** bei Ausländern auch seine Botschaft, Art. 36 WÜK, s. Rn. 94). Ordnet der Richter den Vollzug der Untersuchungshaft an, ist dem Beschuldigten überdies ein Verteidiger zu bestellen (ein Fall notwendiger Verteidigung nach **§ 140 I Nr. 4 StPO**). 255

Beachte: Die Angaben des Beschuldigten nach einer unrichtigen oder unvollständigen Belehrung nach § 114b StPO unterliegen **keinem Beweisverwertungsverbot**, wenn dieser bei seiner ersten Vernehmung gemäß § 136 I StPO (erneut) belehrt wird.

6. Außervollzugsetzung und Aufhebung

a) Außervollzugsetzung. Ist der Haftbefehl erlassen, so kann dennoch aus den Gründen des **§ 116 StPO** sein **Vollzug ausgesetzt** werden. Auch dies folgt aus dem Grundsatz der Verhältnismäßigkeit. Von den in **§ 116 I StPO** genannten weniger einschneidenden Maßnahmen spielt bei Ermittlungsverfahren gegen Erwachsene die mit Abstand größte Rolle die Außervollzugsetzung gegen Kaution (Nr. 4), häufig kombiniert mit der – wenig effektiven – Meldeauflage (Nr. 1). 256

Befindet sich der Beschuldigte bereits in Untersuchungshaft und wird nun der Haftbefehl gegen Sicherheitsleistung außer Vollzug gesetzt, so wird der Beschuldigte erst dann tatsächlich freigelassen, wenn der festgesetzte Geldbetrag bei der Gerichtskasse eingegangen ist und er einen Zustellungsbevollmächtigten i. S. d. § 116a III StPO benannt hat.

Ist der Haftbefehl erst einmal außer Vollzug gesetzt, so kann er nur unter den Voraussetzungen des **§ 116 IV StPO** wieder in Vollzug gesetzt werden.

Die Kaution wird frei, wenn der Haftbefehl aufgehoben oder die Haft (Untersuchungs- oder Strafhaft oder Maßregel) vollzogen wird **(§ 123 II, I StPO).** Hat ein Dritter die Kaution geleistet, so erhält er gemäß § 123 III StPO (lesen!) darüber hinaus die Kaution selbst bei einer Flucht des Beschuldigten dann, wenn er die Tatsachen, die den Verdacht der Flucht des Beschuldigten begründen, so rechtzeitig mitgeteilt hatte, dass seine Festnahme noch möglich gewesen wäre (OLG Düsseldorf NStZ 1985, 38).

Dagegen **verfällt** die **Sicherheitsleistung**, wenn sich der Beschuldigte dem Verfahren oder der Strafvollstreckung entzieht **(§ 124 I StPO).** Vor der Verfallserklärung ist allerdings der Beschuldigte und gegebenenfalls derjenige zu hören, der die Kaution gestellt hat (§ 124 II StPO). Da der Beschuldigte zu diesem Zeitpunkt häufig noch flüchtig ist, muss ihm die Möglichkeit zur Stellungnahme durch öffentliche Zustellung (§§ 37, 40 StPO) mitgeteilt werden.

Schon die bloße Existenz des Haftbefehls kann eine Belastung für den Beschuldigten darstellen, erst recht können dies mit der Entscheidung nach § 116 StPO verbundene Auflagen wie eine Abgabe des Reisepasses oder Meldeauflagen. Daher ist auch nach Außervollzugsetzung des Haftbefehls das Verfahren mit besonderer Beschleunigung zu führen (vgl. BVerfG NJW 2006, 668).

257 **b) Aufhebung des Haftbefehls.** Liegen die Voraussetzungen für den Erlass des Haftbefehls nicht mehr vor, so ist dieser durch richterlichen Beschluss aufzuheben **(§ 120 I StPO).** Dies ist insbesondere dann der Fall, wenn die Ermittlungen den dringenden Tatverdacht nicht mehr bestätigen oder wenn die Dauer der Untersuchungshaft unverhältnismäßig wird. Bei Haftbefehlen wegen Verdunklungsgefahr wird der Haftbefehl in der Regel noch während des Ermittlungsverfahrens aufgehoben, da die Beweismittel häufig zu einem bestimmten Zeitpunkt gesichert und weitere Verdunklungshandlungen daher ausgeschlossen sind.

Sind die staatsanwaltschaftlichen Ermittlungen noch nicht abgeschlossen, so muss der Richter den Haftbefehl auf Antrag des Staatsanwalts selbst dann aufheben, wenn er der Auffassung ist, die Voraussetzungen für den Haftbefehl lägen noch vor und die Haft sei auch notwendig **(§ 120 III StPO).**

Gegenstandslos wird der Haftbefehl **mit Beginn der Strafhaft.** Mit der Rechtskraft des auf zu vollziehende Freiheitsstrafe oder freiheitsentziehende Maßregel lautenden Urteils wandelt sich die Untersuchungshaft in Strafhaft bzw. Unterbringung. Gegen den Haftbefehl eingelegte Rechtsmittel werden dadurch unzulässig. Da der Haftbefehl auch gegenstandslos bliebe, wenn dem Angeklagten Wiedereinsetzung in den vorigen Stand z. B. gegen die Versäumung der Revisionseinlegungsfrist gewährt wird und die Rechtskraft der Entscheidung damit rückwirkend wieder aufgehoben ist (vgl. BVerfG NJW 2005, 3131), bestimmt § 47 III StPO, dass in diesem Fall die Anordnungen, die bei Eintritt der Rechtskraft bestanden, wieder wirksam werden, hier also der Haftbefehl wieder auflebt, aber unverzüglich eine Haftprüfung stattzufinden hat.

Besonderheiten gelten beim außer Vollzug gesetzten Haftbefehl. Wie aus § 124 I StPO zu entnehmen ist, dienen die Maßnahmen i. S. d. § 116 StPO, also insbesondere die Kaution, auch der Sicherung der Vollstreckung der Freiheitsstrafe (nicht der Ersatzfreiheitsstrafe, vgl. *Meyer-Goßner/Schmitt* § 124 Rn. 3) oder der freiheitsentziehenden Maßregel. Der Haftbefehl wird in diesen Fällen also nicht bereits mit der Rechtskraft des auf Freiheitsentziehung lautenden Urteils gegenstandslos, sondern erst mit dem Antritt der Strafe. Für den Dritten, der eine Kaution für den Beschuldigten geleistet hat, kann diese Unterscheidung sehr bedeutsam sein!

Beachte: Die Rspr. des BVerfG über das Außerkrafttreten von Durchsuchungsbeschlüssen nach einem bestimmten Zeitablauf – spätestens nach einem halben Jahr nach ihrem Erlass (BVerGE 96, 44, 53f.) – ist auf Haftbefehle nicht übertragbar. Ein Haftbefehl tritt allein wegen Zeitablaufs **nicht außer Kraft** (OLG Hamm NStZ 2016, 304).

7. Vorläufige Festnahme

Nicht immer bleibt die Zeit, beim Richter einen Haftbefehl zu erwirken. Insbesondere wenn der Beschuldigte bei schweren Straftaten auf frischer Tat angetroffen wird, besteht ein Bedürfnis, den Beschuldigten bis zur weiteren Aufklärung oder der Entscheidung des Richters festzuhalten. Dieses Recht auf vorläufige Festnahme ist in § 127 StPO geregelt. **258**

§ 127 I StPO gibt **jedermann** das **Recht,** einen **auf frischer Tat betroffenen** **259** oder verfolgten Beschuldigten vorläufig festzunehmen, wenn dessen Identität ungeklärt ist oder Fluchtgefahr besteht. Geht es um die Identitätsfeststellung, so schließt sich an die Festnahme die Überprüfung nach § 163b StPO an (vgl. hierzu Rn. 197), ansonsten hat, soll der Beschuldigte nicht freigelassen werden, nach **§ 128 StPO** die **Vorführung** zum Erlass eines Haftbefehls oder eines Unterbringungsbefehls zu erfolgen. § 127 I StPO ist aber immer nur dann anwendbar, wenn **objektiv tatsächlich** eine **Straftat begangen** worden ist, dringender Tatverdacht genügt nicht (str., vgl. *Meyer-Goßber/Schmitt* § 127 Rn. 4). Lesenswert ist die Entscheidung des BGH in NStZ 2000, 603 zum Umfang des Festnahmerechts eines Kaufhausdetektivs im Falle der tödlich verlaufenen Festnahme eines sich dagegen wehrenden Diebes.

§ 127 II StPO dagegen **gilt nur für** die **Staatsanwaltschaft und ihre Ermittlungspersonen.** Sie können immer dann, wenn die Voraussetzungen für den Erlass eines Haftbefehls vorliegen – also auch wegen Verdunklungs- oder Wiederholungsgefahr –, eine Entscheidung des Haftrichters aber nicht rechtzeitig zu erlangen ist, den Beschuldigten vorläufig festnehmen. Die **§§ 114a–114c StPO gelten gemäß § 127 IV StPO entsprechend**. Die Polizei legt, wenn sie Untersuchungshaft für erforderlich hält, die Akten der Staatsanwaltschaft vor, die entscheidet, ob sie Haftbefehlsantrag stellen oder den Beschuldigten freilassen will. Wie die Polizei kann auch die Staatsanwaltschaft unter den Voraussetzungen des § 127a StPO z.B. gegen Sicherheitsleistung vom Haftbefehlsantrag absehen oder gemäß § 132 StPO eine solche Sicherheitsleistung anordnen und bei Nichtbezahlen im Eigentum des Beschuldigten stehende Gegenstände beschlagnahmen (§ 132 II, III StPO). **260**

Spätestens am Tag nach der vorläufigen Festnahme (also nicht innerhalb von **261** 24 Stunden!) ist der nicht freigelassene Beschuldigte dem Richter zur Entscheidung über die Anordnung der Haft **vorzuführen (§ 128 I StPO).**

Wird der Beschuldigte wieder freigelassen, kann er in entsprechender Anwendung des **§ 98 II 2 StPO** die Feststellung der Rechtswidrigkeit seiner vorläufigen Festnahme beantragen (BGH NJW 1998, 3653).

8. Hauptverhandlungshaft (§ 127b StPO)

Die Vorschrift des § 127b StPO erweitert das Haftrecht um einen weiteren Haft- **262** grund, nämlich die Befürchtung, der Beschuldigte werde der Hauptverhandlung fernbleiben (§ 127b I Nr. 2 StPO), **gilt** jedoch **ausschließlich für das beschleunigte Verfahren.**

Die **Voraussetzungen** der Hauptverhandlungshaft sind gem. **§ 127b I und II StPO**
- dringender Tatverdacht,
- die Befürchtung auf Grund bestimmter Tatsachen, der Beschuldigte werde der Hauptverhandlung fernbleiben,
- die Erwartung, dass die Hauptverhandlung im beschleunigten Verfahren innerhalb einer Woche durchgeführt werden kann.

263 Die Hauptverhandlungshaft kann **nur für die Dauer von einer Woche ab dem Tage der Festnahme** vollzogen werden **(§ 127b II 2 StPO).** Dies bedeutet, dass der Beschuldigte dem zuständigen Richter (vgl. § 127b III StPO) innerhalb einer Woche zweimal vorgeführt werden muss, nämlich zur Entscheidung über den Erlass des Haftbefehls nach § 128 StPO und zur Hauptverhandlung selbst, was außerhalb von Großstädten zu ganz erheblichen praktischen Problemen führt und der Anwendung des § 127b StPO schon deshalb Grenzen setzt. Darüber hinaus wird in den meisten Fällen auch Fluchtgefahr i.S.d. § 112 II Nr. 2 StPO vorliegen. Dann aber macht es wenig Sinn, auf die viel engere und auch nicht die Strafvollstreckung sichernde Hauptverhandlungshaft abzustellen.

Unterscheide: Während Fluchtgefahr voraussetzt, dass der Beschuldigte sich dem Verfahren insgesamt entziehen will, genügt für die Hauptverhandlungshaft die Befürchtung, der Beschuldigte werde zum konkreten Hauptverhandlungstermin nicht erscheinen. Die **Möglichkeit des Fernbleibens muss aufgrund konkreter Tatsachen ernsthaft in Betracht kommen.**

264 Die **Entscheidung** über die Hauptverhandlungshaft trifft der **Richter** (vgl. **§ 127b II i.V.m. § 128 II 2 StPO**).

Staatsanwaltschaft und Polizei können den Beschuldigten nach § 127b I StPO vorläufig festnehmen, wenn
- der Beschuldigte auf frischer Tat betroffen oder verfolgt wurde,
- die unverzügliche Entscheidung im beschleunigten Verfahren wahrscheinlich ist und
- auf Grund bestimmter Tatsachen zu befürchten ist, der Beschuldigte werde der Hauptverhandlung fernbleiben.

Wie bei jeder vorläufigen Festnahme ist der Beschuldigte gem. § 128 StPO zur Entscheidung über den Haftbefehl unverzüglich, spätestens am Tage nach der Festnahme dem Richter vorzuführen.

9. Haftprüfung

265 Während des Ermittlungsverfahrens ist es zunächst einmal Aufgabe des ermittelnden Staatsanwalts, die Voraussetzungen der Haftfortdauer zu überwachen. Um zu gewährleisten, dass die Haftvoraussetzungen auch tatsächlich regelmäßig geprüft werden, sind in der StPO gewisse Zeitpunkte festgesetzt, zu denen *von Amts wegen* geprüft werden muss, ob diese Voraussetzungen noch vorliegen. Man spricht hier von den gesetzlichen Haftprüfungsterminen.

Hat die Untersuchungshaft in einer Sache **sechs Monate** gedauert, ohne dass in diesem Verfahren eine Hauptverhandlung begonnen hat und noch andauert oder ein auf Freiheitsstrafe oder freiheitsentziehende Maßregel lautendes Urteil ergangen wäre, muss das zuständige Oberlandesgericht gemäß **§§ 121, 122 StPO** über die **Fortdauer der Untersuchungshaft entscheiden**. Es darf diese gemäß § 121 I StPO nur aufrechterhalten, wenn besondere Umstände vorliegen, z.B. die Schwierigkeiten oder der Umfang der Ermittlungen ein Urteil noch nicht zugelassen haben. Die Oberlandesgerichte wachen über diese Vorschrift sehr streng, angetrieben vom BVerfG, das **hohe Anforderungen an** die **Verfahrensbeschleunigung** stellt. Die Strafverfolgungsbehörden und Strafgerichte haben alle möglichen und zumutbaren Maßnahmen zu ergreifen, um die notwendigen Ermittlungen mit der gebotenen Schnelligkeit abzuschließen und eine gerichtliche Entscheidung über die dem Beschuldigten vorgeworfenen Taten herbeizuführen. **Die nicht nur kurzfristige Überlastung eines Gerichts kann niemals Grund für die Anordnung der Haftfortdauer sein** (BVerfG, Beschluss vom 20.12.2017 – 2 BvR 2552/17 – juris).

Beachte: Mit zunehmender Dauer der Untersuchungshaft vergrößert sich das Gewicht des Freiheitsanspruchs regelmäßig gegenüber dem Interesse an einer wirksamen Strafverfolgung. Im Rahmen der Abwägung ist die **Angemessenheit der Verfahrensdauer** anhand objektiver Kriterien des jeweiligen Einzelfalles zu prüfen; insofern sind in erster Linie die **Komplexität der Rechtssache**, die **Vielzahl der beteiligten Personen** oder das **Verhalten der Verteidigung** von Bedeutung (BGH NJW 2018, 1984). **Grundsätzlich** muss **binnen 3 Monaten nach Erlass des Eröffnungsbeschlusses** mit der Hauptverhandlung begonnen werden. Der Vollzug der Untersuchungshaft von **mehr als 1 Jahr** bis zum Beginn der Hauptverhandlung oder dem Erlass des Urteils ist **nur in ganz besonderen Ausnahmefällen** zu rechtfertigen (BVerfG StV 2015, 39; OLG Karlsruhe NStZ-RR 2018, 114 m.w.N.).

Sind die Ermittlungen nicht mit der erforderlichen Beschleunigung geführt worden, so wird der Haftbefehl aufgehoben, auch wenn klar ist, dass der Beschuldigte dann fliehen wird. Ordnet das Oberlandesgericht gemäß § 121 StPO Haftfortdauer an, so kann es – und davon wird in der Praxis umfassend Gebrauch gemacht – für einen Zeitraum von bis zu drei Monaten die Haftkontrolle wieder dem bis dahin zuständigen Haftrichter übertragen (§ 122 III 3 StPO).

Nach jeweils spätestens **drei weiteren Monaten**, insgesamt also nach nunmehr **266**
neun, zwölf, etc. Monaten Untersuchungshaft muss das Oberlandesgericht erneut über die Voraussetzungen des § 121 I StPO und damit über die Fortdauer der Untersuchungshaft entscheiden, es sei denn, es wäre zwischenzeitlich ein Urteil im oben genannten Sinn ergangen **(§ 122 IV StPO).** Für die Dauer einer Hauptverhandlung ruht diese Frist **(§ 121 III 2 StPO).**

Klausurtipp: Vergessen Sie nicht, in der Anklage auf den nächsten OLG-Haftprüfungstermin nach § 121 StPO hinzuweisen. Üblicherweise geschieht dies auf der ersten Seite vor der Überschrift „Anklageschrift".

Außerhalb dieser an die Dauer der Untersuchungshaft geknüpften Haftprüfungstermine vor dem Oberlandesgericht bestimmt das Gesetz zwei weitere Termine, die an ein besonderes Verfahrensstadium anknüpfen und daher für die Klausur wichtig sind. Gemäß **§ 207 IV StPO** muss **mit der Eröffnung des Hauptverfahrens** auch über die Fortdauer der Untersuchungshaft entschieden werden.

Klausurtipp: Wird in der Klausur eine Abschlussverfügung der Staatsanwaltschaft verlangt und befindet sich der Beschuldigte in Haft, dürfen Sie bei den Anträgen nicht vergessen, auch die Fortdauer der Untersuchungshaft zu beantragen, da das Gericht hierüber mit der Eröffnung zu entscheiden hat.

Ferner muss zusammen mit der Urteilsberatung erneut über die Fortdauer der Untersuchungshaft entschieden und die Entscheidung durch Beschluss zusammen mit dem **Urteil verkündet** werden (**§ 268b StPO** – vgl. dazu Rn. 491).

Neben der Haftprüfung von Amts wegen kann der Beschuldigte jederzeit auch den **Antrag auf Haftprüfung** stellen **(§ 117 I StPO).** Außerdem kann er gegen die Anord- **267**
nung der Untersuchungshaft sowie gegen jeden ablehnenden Beschluss im Haftprüfungsverfahren **Haftbeschwerde** einlegen **(§ 304 StPO);** über beide Rechtsbehelfe ist der Beschuldigte bereits unverzüglich nach Verhaftung zu belehren (§ 114b StPO

und oben Rn. 255). Der Unterschied liegt darin, dass die **Haftprüfung der Richter vornimmt, der den Haftbefehl erlassen** hat, während über die Haftbeschwerde dessen übergeordnetes Beschwerdegericht zu entscheiden hat; der Haftrichter hat allerdings die Möglichkeit, der Beschwerde abzuhelfen (§ 306 II StPO). Solange sein **Antrag auf Haftprüfung** läuft, kann der Beschuldigte **nicht zugleich Beschwerde** einlegen. Diese ist zu diesem Zeitpunkt unzulässig **(§ 117 II StPO).** Über den Antrag auf Haftprüfung kann das Gericht von Amts wegen auf Grund mündlicher Verhandlung entscheiden. Auf Antrag des Beschuldigten muss es darüber mündlich verhandeln, es sei denn, es wurde bereits früher auf Grund mündlicher Verhandlung die Fortdauer der Untersuchungshaft angeordnet und die Haft hat seither noch keine zwei Monate und insgesamt mindestens drei Monate gedauert (§ 118 III StPO). Anspruch auf mündliche Verhandlung besteht ferner nicht nach Verkündung eines auf Freiheitsentziehung lautenden Urteils oder während der Hauptverhandlung (§ 118 IV StPO). Dem in Haftsachen geltenden Beschleunigungsgrundsatz entsprechend ist der Termin zur mündlichen Haftprüfung unverzüglich, spätestens innerhalb von zwei Wochen seit Antragstellung durchzuführen (§ 118 V StPO).

Beachte: Auf die (einfache) Beschwerde hin erlassene Beschlüsse können in Haftsachen ausnahmsweise gemäß **§ 310 I Nr. 1 StPO** mit der **weiteren Beschwerde** angefochten werden. Mit Erhebung der öffentlichen Klage endet allerdings der bisherige Haftbeschwerderechtszug und eine bis dahin **nicht erledigte Haftbeschwerde** ist **in einen Antrag auf Haftprüfung umzudeuten** (vgl. dazu auch Rn. 539).

3. Teil. Gerichtliches Verfahren bis zum Urteil

A. Das Zwischenverfahren

I. Bedeutung für das Examen

Die meisten Klausurprobleme aus dem Bereich des Zwischenverfahrens befassen sich mit der sachlichen Zuständigkeit des Gerichts – wer ist für das Hauptverfahren zuständig? – und mit den Fragen rund um den Eröffnungsbeschluss, da dessen Vorliegen als Prozessvoraussetzung im gesamten Verfahren von Amts wegen geprüft werden muss. **268**

II. Wesen und Ablauf des Zwischenverfahrens

Als Zwischenverfahren wird das Verfahrensstadium bezeichnet, das **zwischen** dem **Ermittlungsverfahren und** dem **Hauptverfahren** liegt. Das Ermittlungsverfahren endet mit Anklageerhebung, das Hauptverfahren beginnt mit der **Eröffnung des Hauptverfahrens durch** den **Eröffnungsbeschluss.** **269**

Mit der *Erhebung der Anklage* tritt **Anhängigkeit** des gerichtlichen Verfahrens ein. Der Beschuldigte wird damit zum **Angeschuldigten** (§ 157 StPO).

Zunächst stellt der Vorsitzende die **Anklage zu** und **räumt eine Frist zur Stellungnahme** ein (§§ 201, 145a I, III StPO). Liegt ein Fall notwendiger Verteidigung (§ 140 StPO) vor, bestellt der Vorsitzende spätestens jetzt einen **Pflichtverteidiger,** wenn der Beschuldigte noch keinen Verteidiger hat. Dabei muss die Anklageschrift aufgrund § 187 GVG und Art. 6 IIIa MRK einem der deutschen Sprache nicht mächtigen Angeklagten grundsätzlich in eine ihm verständliche Sprache auch dann schriftlich übersetzt sein, wenn ihm in der Hauptverhandlung ein Verteidiger zur Seite steht (BGH NStZ 2014, 725).

Zur Vorbereitung der Entscheidung über die Eröffnung und zur Sicherung der Beweise für das Hauptverfahren kann das Gericht von Amts wegen **Beweis erheben** (§ 202 i.V.m. z.B. §§ 223, 224 StPO) und zwar entweder durch kommissarische Vernehmungen des beauftragten oder ersuchten Richters oder unter Vermittlung der Staatsanwaltschaft durch die Polizei.

Im Rahmen der Eröffnungsberatung prüft das Gericht zunächst seine **örtliche** und **sachliche Zuständigkeit.**

Für eine Bejahung der örtlichen Zuständigkeit reicht es aus, wenn dem angerufenen Gericht zu diesem Zeitpunkt hinreichende Anhaltspunkte für seine Zuständigkeit vorliegen (BGH NStZ 2013, 300). Verneint es seine **örtliche Zuständigkeit (§§ 7 ff. StPO),** so **erklärt sich** das **Gericht** nach h.M. durch Beschluss nur für **örtlich unzuständig**. Eine Abgabe an das örtlich zuständige Gericht erfolgt ebenso wenig wie eine Ablehnung der Eröffnung!

Sodann prüft das Gericht, ob **hinreichender Tatverdacht** besteht. Falls es sich für **sachlich** unzuständig **(§§ 1 ff. StPO i.V.m. GVG)** hält, ist zu unterscheiden: Ist ein Gericht **höherer Ordnung oder ein vorrangiger Spruchkörper** zuständig, so erfolgt **Vorlage an dieses Gericht/Spruchkörper (§§ 209 II, 209a StPO).** Ist dagegen ein Gericht **niedrigerer Ordnung oder ein nachrangiger Spruchkörper** zuständig, so wird **„nach unten"** vor dem niedrigeren Gericht/Spruchkörper **eröffnet (§§ 209 I, 209a StPO).** Zumindest Letzteres setzt die Annahme hinreichenden Tatverdachts voraus, ansonsten kann das Gericht selbst nach § 204 StPO verfahren (vgl. *Meyer-Goßner/Schmitt* § 209 Rn. 2f.). Hingewiesen sei noch auf die Zuständigkeit besonderer Strafkammern im Sinne der §§ 74 II, 74a, 74c GVG. Deren Zuständigkeit prüft das Gericht nur bis zur Eröffnung des Hauptverfahrens, danach darf es seine Unzuständigkeit nur auf Einwand des Angeklagten beachten, der diesen Einwand aber auch nur noch bis zum Beginn seiner Vernehmung zur Sache in der Hauptverhandlung erheben kann (§ 6a StPO). Dies gilt selbst dann, wenn die Umstände, die eigentlich zur Unzuständigkeit der allgemeinen Strafkammer führen würden, erst nach dem in § 6a S. 3 StPO eingetretenen Zeitpunkt bekannt werden (BGH NStZ 2009, 404 für den Fall, dass sich in der Beweisaufnahme Umstände ergeben, die aus der bei der Großen Strafkammer angeklagten besonders schweren Brandstiftung einen versuchten Totschlag machen – ein Verweisungsbeschluss nach § 270 StPO ist nicht mehr möglich).

Nach Prüfung des hinreichenden Tatverdachts und der sachlichen Zuständigkeit entscheidet das Gericht über die Eröffnung des Hauptverfahrens (§ 203 StPO).

Beachte: Beim Strafbefehlsverfahren (vgl. Rn. 391), beim beschleunigten Verfahren (Rn. 229), bei der Nachtragsanklage (Rn. 228) und beim Übergang vom Bußgeld- ins Strafverfahren ist ein Eröffnungsbeschluss nicht erforderlich.

III. Prüfungsfolge

270 Falls nicht ein übliches materiell-rechtliches Gutachten mit einer konkreten verfahrensrechtlichen Zusatzaufgabe verlangt wird, sondern die Vorbereitung der Eröffnungsentscheidung, empfiehlt sich folgende Prüfung:

Prüfung der Eröffnung des Hauptverfahrens

Ausgangsfrage: Ist das Hauptverfahren aufgrund der vorliegenden Anklage zu eröffnen?

A. Örtliche Zuständigkeit des angerufenen Gerichts
(Bei Unzuständigkeit nur Feststellung der örtlichen Unzuständigkeit, keine Verweisung, keine Nichteröffnung!)

B. Hinreichender Tatverdacht
I. Materielle Strafbarkeit
II. Fehlen von Verfahrenshindernissen
III. Vorhandensein ausreichender verwertbarer Beweismittel

Steht der hinreichende Tatverdacht fest, ist zu prüfen, wie weiter zu verfahren ist:

C. Sachliche Zuständigkeit des angerufenen Gerichts
(Ist das Gericht für den Tatvorwurf, für den hinreichenden Tatverdacht besteht, sachlich zuständig? Nach unten eröffnen oder nach oben vorlegen?)

D. Entscheidung
I. Entscheidung über die Eröffnung
II. Nebenentscheidungen

Ergebnis: Entwurf der Entscheidungen (falls verlangt – Einschränkungen beachten)

IV. Entscheidung über die Eröffnung des Hauptverfahrens

1. Überlegungen für die Entscheidung

Neben der Prüfung der materiellen Rechtslage und der Nachweisbarkeit prüft das Gericht auch, ob ein **Verfahrenshindernis** besteht. Ist dies der Fall (zu den Anforderungen an die Wahrscheinlichkeit, dass ein Verfahrenshindernis besteht, vgl. BGH NStZ 2010, 160), so wird bei **vorübergehenden**, aber länger andauernden **Verfahrenshindernissen** gemäß **§ 205 StPO vorläufig eingestellt.** Bei **nicht behebbaren Verfahrenshindernissen** wird die **Eröffnung des Hauptverfahrens gemäß § 204 StPO abgelehnt** (§ 206a StPO gilt erst nach Eröffnung), da hinreichender Tatverdacht voraussetzt, dass die Tat noch verfolgbar ist, also gerade keine nicht behebbaren Verfahrenshindernisse bestehen. 271

Verneint das Gericht den **hinreichenden Tatverdacht** aus anderen Gründen, insbesondere weil materiell-rechtlich auch unter Zugrundelegung des angeklagten Sachverhalts eine Strafbarkeit nicht gegeben ist oder weil für den Sachverhalt, so wie von der Staatsanwaltschaft angenommen, kein hinreichender Verdacht besteht, wird ebenfalls die **Eröffnung abgelehnt (§ 204 StPO).** Das Gericht kann, um eine Ablehnung der Eröffnung zu vermeiden, die Staatsanwaltschaft auch um bestimmte Nachermittlungen bitten, und, falls diese der Bitte nicht nachkommt, die Eröffnung ablehnen. **Bejaht** es den **hinreichenden Tatverdacht,** ergeht ein **Eröffnungsbeschluss** gemäß **§§ 203, 206, 207 StPO.** Das Gericht kann auch schon in diesem Verfahrensstadium – mit Zustimmung der Staatsanwaltschaft – aus prozessökonomischen Gründen von einer Beschränkung des Verfahrensstoffes nach §§ 154 II, 154a II StPO Gebrauch machen. 272

Hinweis: Verfährt das Gericht dabei aber irrtümlich nach § 154 II StPO anstatt nach § 154a II StPO, obwohl es eigentlich innerhalb einer prozessualen Tat die Verfolgung einzelner Tatbestände ausscheiden möchte, begründet diese Verfahrenseinstellung ein der Aburteilung der Tat entgegenstehendes Verfahrenshindernis, das allerdings wieder durch einen insoweit notwendigen Gerichtsbeschluss nach **§ 154 V StPO** beseitigt werden kann (BGH NStZ 2014, 46). Zu den Anforderungen an die Bestimmtheit eines Beschlusses nach § 154 II StPO vgl. auch BGH NJW 2015, 181.

Wird die Hauptverhandlung vor der Strafkammer eröffnet, beschließt das Gericht im Eröffnungsbeschluss zugleich auch, ob es in der Hauptverhandlung mit zwei oder mit drei Berufsrichtern – einschließlich des Vorsitzenden – verhandeln wird (vgl. § 76 II GVG), wobei es insoweit zwar kein Ermessen, aber einen weiten Beurteilungsspielraum hat (BGH NJW 1999, 1644). Erhöht sich durch die Hinzuverbindung weiterer erstinstanzlicher landgerichtlicher Verfahren die Schwierigkeit und/oder der Umfang der Sache erheblich, kann es aber sein, dass eine Besetzungsreduktion nicht mehr sachgerecht ist (BGH NJW 2010, 3045), und die Unabänderlichkeit der Entscheidung über die Besetzungsreduktion nach § 76 II GVG durchbrochen werden kann (BGH StV 2009, 400); auch über diese nachträgliche Entscheidung zur Besetzung muss die Strafkammer in der Besetzung mit drei Berufsrichtern ohne Schöffen entscheiden.

Wird eine zunächst unterbliebene Entscheidung über die Eröffnung des Hauptverfahrens in der Hauptverhandlung nachgeholt, so entscheidet darüber beim Landgericht auch dann die Große Strafkammer in ihrer Besetzung außerhalb der Hauptverhandlung mit 3 Berufsrichtern ohne Mitwirkung der Schöffen, wenn die Kammer die Hauptverhandlung in reduzierter Besetzung durchführt. Der Eröffnungsbeschluss, der nur von zwei statt drei Berufsrichtern gefasst wurde, ist unwirksam (BGH NJW 2015, 2515).

Da das Gericht die angeklagte prozessuale Tat immer umfassend zu prüfen hat, kommt **nur bei mehreren prozessualen Taten eine teilweise Eröffnung und teilweise Ablehnung der Eröffnung i.S.d. § 207 II Nr. 1 StPO** in Betracht. Bejaht das Gericht zwar die Strafbarkeit der angeklagten prozessualen Tat, will es aber nicht der rechtlichen Würdigung der Staatsanwaltschaft folgen, so lässt es die Anklage mit der entsprechenden abweichenden rechtlichen Beurteilung zu (vgl. § 207 II Nr. 3 StPO).

Ein Eröffnungsbeschluss ist ausnahmsweise nicht erforderlich im beschleunigten Verfahren (§ 418 I StPO; vgl. auch § 419 III StPO) und im Strafbefehlsverfahren (§§ 407 ff. StPO). Auch hier erfolgt aber eine Überprüfung der Zuständigkeit und des hinreichenden Tatverdachts. Fehlt es hieran, wird die Aburteilung im beschleunigten Verfahren bzw. der Erlass des Strafbefehls abgelehnt.

2. Inhalt der Entscheidung

273 **A. Erklärung für örtlich unzuständig**

	Hält sich das Gericht bereits **örtlich** für nicht zuständig, so erklärt es sich für örtlich unzuständig. Eine weitergehende Entscheidung (Abgabe an das zuständige Gericht oder Nichteröffnung des Verfahrens) erfolgt nicht.

B. Eröffnung des Hauptverfahrens

1. Abweichung von Anklage?	**a) im Sachverhalt** Von welchem Sachverhalt es ausgeht, stellt das Gericht im Beschluss nur fest, wenn es von der Darstellung in der Anklage abweicht. Gegebenenfalls hat es den Sachverhalt entsprechend zu konkretisieren. **b) in der rechtlichen Würdigung** Das Gericht nennt bei Abweichung in der rechtlichen Würdigung die nach seiner Auffassung zur Anwendung kommenden Strafvorschriften.
2. Nur teilweise Eröffnung bei mehreren prozessualen Taten?	Liegen mehrere prozessuale Taten vor und sind die Voraussetzungen der Eröffnung nur bei einem Teil gegeben, so erfolgt eine **Kombination aus Eröffnung und Nichteröffnung des Hauptverfahrens.** Dies kann in einem Beschluss, aber auch in zwei zur gleichen Zeit getroffenen und bekanntgegebenen Beschlüssen geschehen. Das Gericht kann aber auch den Teil, der eröffnet werden kann, abtrennen und eröffnen, während über den Rest noch keine Entscheidung ergeht, was dann sinnvoll sein kann, wenn die Gründe für die Nichteröffnung noch beseitigt werden können. Hält das Gericht innerhalb einer prozessualen Tat einzelne Tathandlungen für nicht nachweisbar/strafbar, eröffnet es das Hauptverfahren mit der Maßgabe, dass es die Tathandlungen xy für nicht nachweisbar/strafbar hält. Die Staatsanwaltschaft kann dies auch nicht anfechten, da das Gericht selbst nicht an diese Auffassung gebunden ist und die Staatsanwaltschaft, wenn das Gericht im Urteil dabeibleibt, das Urteil anfechten kann.
3. Beschränkung nach § 154a StPO?	Die Beschränkung, die § 207 II Nr. 2 StPO ausdrücklich vorsieht, ist nur mit Zustimmung der Staatsanwaltschaft möglich.

4. Wiedereinbeziehung von bereits nach § 154a StPO ausgeschiedenen Tatteilen (oder Gesetzesverletzungen)

Die Wiedereinbeziehung (vgl. § 207 II Nr. 4 StPO) geschieht nach Anhörung der Staatsanwaltschaft und des Angeschuldigten entweder von Amts wegen oder auf Antrag der Staatsanwaltschaft (dann ist die Wiedereinbeziehung für das Gericht zwingend).

5. Beim LG: Entscheidung über die Besetzung

Bei der Eröffnung des Hauptverfahrens beschließt die große Strafkammer, dass sie in der Hauptverhandlung mit zwei Richtern einschließlich des Vorsitzenden und zwei Schöffen besetzt ist – es sei denn, es handelt sich um eine Schwurgerichtssache oder Umfang oder Schwierigkeit des Verfahrens erfordern die Mitwirkung eines dritten Berufsrichters (§ 76 II GVG).

6. Sachliche Unzuständigkeit?

Kommt das angerufene Gericht – eventuell wegen Abweichungen von der Anklage oder wegen einer teilweisen Nichteröffnung – zu dem Ergebnis, dass ein Gericht niedriger Ordnung oder ein nachrangiger Spruchkörper sachlich zuständig ist, so eröffnet es nach unten vor dem zuständigen Gericht/Spruchkörper, §§ 209 I, 209a StPO. Ist nach Auffassung des Gerichts ein Gericht höherer Ordnung oder ein vorrangiger Spruchkörper zuständig, so legt es die Sache diesem zur Entscheidung über die Eröffnung vor, §§ 209 II, 209a StPO.

7. Anordnung einer vorläufigen Entziehung der Fahrerlaubnis?

In Verkehrssachen ist zu beachten, dass wenn bislang von Führerscheinmaßnahmen abgesehen worden war, sich die Frage stellt, ob nunmehr die Fahrerlaubnis vorläufig entzogen werden soll (was bei §§ 316, 315c I Nr. 1 StGB besonders naheliegt).

8. Entscheidung über (Fortdauer) der Untersuchungshaft/vorläufige Unterbringung

Befindet sich der Angeschuldigte in Untersuchungshaft oder ist vorläufig untergebracht, ist zwingend von Amts wegen über die **Fortdauer der Haft**/Unterbringung zu entscheiden **(§ 207 IV StPO).**

Ist der Angeschuldigte noch nicht in Untersuchungshaft oder untergebracht, kann das Gericht auch ohne Antrag der Staatsanwaltschaft Untersuchungshaft/vorläufige Unterbringung anordnen, wenn es die Voraussetzungen für gegeben hält (vgl. § 125 II StPO).

C. Ablehnung der Eröffnung

1. Gründe?

a) aus tatsächlichen Gründen
Die Ablehnung erfolgt, weil der mit der Anklage umrissene Sachverhalt sich nicht hinreichend sicher nachweisen lassen wird.

b) aus Rechtsgründen
Die Ablehnung erfolgt, weil der mit der Anklage umrissene Sachverhalt unabhängig von der Nachweisbarkeit bereits nicht strafbar ist oder ein Strafverfolgungshindernis besteht.

2. Endgültig?

Sind bei der Ablehnung aus tatsächlichen Gründen nicht alle möglichen Beweismittel erschöpft oder besteht ein noch **behebbares Verfahrenshindernis,** so ist die Nichteröffnung zwar wirksam. Sie hindert aufgrund der insoweit beschränkten Rechtskraftwirkung aber nicht, dass die Staatsanwaltschaft die entgegenstehenden Umstände beseitigt und **erneut Anklage erhebt.**

3. Nebenentscheidungen

a) Fortdauer Untersuchungshaft
Befindet sich der Angeschuldigte in dieser Sache in Untersuchungshaft/vorläufiger Unterbringung, ist diese konsequenterweise aufzuheben.

b) Kostenentscheidung
Da die Nichteröffnung das Verfahren abschließt, ist eine Kostenentscheidung zu treffen – im Regelfall also der Staatskasse die notwendigen Auslagen des Angeschuldigten aufzuerlegen.

c) Entschädigung
Erfolgte im Rahmen des Ermittlungsverfahrens eine entschädigungspflichtige Maßnahme im Sinne des StrEG, so ist über die Frage der Entschädigung dem Grunde nach zu entscheiden (§§ 1 ff. StrEG – wichtig die Ausschluss- und Versagungsgründe nach §§ 5, 6 StrEG).

D. Form

Der Eröffnungsbeschluss ergeht schriftlich. Zur Eröffnung des Hauptverfahrens gem. § 203 StPO kann zwar auch eine schlüssige und eindeutige Willenserklärung genügen. Gleichwohl bedarf es im Hinblick auf die Eröffnung des Hauptverfahrens regelmäßig einer **schriftlichen Niederlegung der Entscheidung**. Für die Frage, ob ein Eröffnungsbeschluss vorliegt, ist nicht nur auf den Wortlaut der Entscheidung abzustellen, sondern entscheidend ist der sich aus der Entscheidung ergebende Eröffnungswille des Gerichts. Ein lediglich verfahrensverbindender Beschluss genügt grundsätzlich nicht (vgl. BGH NStZ 2018, 155).

E. Begründung

Wird die Anklage unverändert zugelassen oder nur mit den Veränderungen nach § 207 II Nr. 2–4 StPO, so ist der Eröffnungsbeschluss nicht anfechtbar und bedarf daher auch keiner Begründung. Wird die Eröffnung auch nur teilweise abgelehnt, bedarf die Entscheidung der Begründung. Dazu gehört auch die Eröffnung des Verfahrens vor einem Gericht niedrigerer Ordnung.
Erfolgen mit der Eröffnung Entscheidungen zur Untersuchungshaft/vorläufigen Unterbringung oder z. B. über die vorläufige Entziehung der Fahrerlaubnis, sind diese ebenfalls zu begründen.

3. Fehler oder Fehlen des Eröffnungsbeschlusses

274 Da es auch beim Beschluss über die Eröffnung zu Verfahrensfehlern kommen kann, der Eröffnungsbeschluss als Prozessvoraussetzung jedoch das ganze Verfahren hindurch geprüft werden muss, ist von erheblicher Bedeutung, welche Konsequenzen ein fehlerhafter Eröffnungsbeschluss hat. Unwirksam ist dieser Beschluss nur dann, wenn er unter offensichtlichen *und* schwerwiegenden formellen oder sachlichen Mängeln leidet. Dazu gehören z. B. fehlende schriftliche Abfassung oder die Beschlussfassung der Strafkammer mit nur einem oder zwei Richtern, nicht aber die Mitwirkung eines befangenen Richters. Diese macht den Beschluss nur fehlerhaft, jedoch nicht einmal anfechtbar wegen § 336 S. 2 StPO. Wirkt die Fehlerhaftigkeit in der Hauptverhandlung allerdings fort, kann dies mit der Revision geltend gemacht werden.

Wurde versehentlich nicht über die Eröffnung beschlossen oder ist der Eröffnungsbeschluss wegen evidenter Fehler unwirksam, so kann dieser Beschluss grundsätzlich **nachgeholt** werden. Dies ist allerdings nur möglich, solange sich das Verfahren noch **in der ersten Instanz** befindet, da nur der erstinstanzliche Richter über die Eröffnung des Verfahrens befinden kann. Wird dieser Fehler während der Hauptverhandlung bemerkt und deshalb nachträglich die Eröffnung beschlossen, so kann die Hauptverhandlung nur fortgesetzt werden, wenn der Angeklagte und der Verteidiger auf die Einhaltung der Ladungsfrist im Sinne der §§ 217, 218 StPO verzichten, da mangels Eröffnungsbeschlusses eine wirksame Ladung im Sinn dieser Vorschriften nicht vorliegen kann (§ 215 StPO). Diese Eröffnungsentscheidung ist durch die Strafkammer in ihrer Besetzung außerhalb der Hauptverhandlung, also mit drei Berufsrichtern und ohne Schöffen, zu treffen. Das Fehlen eines Eröffnungsbeschlusses stellt ein in der Revisionsinstanz nicht behebbares Verfahrenshindernis dar, das außerhalb der Hauptverhandlung nach § 206a StPO und in der Hauptverhandlung nach § 260 III StPO zur Einstellung des Verfahrens führt (vgl. BGH NStZ 2016, 747).

Beachte: Mängel in der Umgrenzungsfunktion der Anklageschrift können weder durch den Eröffnungsbeschluss noch durch einen gerichtlichen Hinweis nach § 265 StPO in der Hauptverhandlung geheilt werden. Anklageschrift und Eröffnungsbeschluss sind unwirksam, was zur Einstellung des Verfahrens führt. Denn es widerspräche dem Anklageprinzip des § 151 StPO, dem Gericht die Möglichkeit einzuräumen, eine nicht hinreichend umgrenzte und damit unwirksame Anklage zu konkretisieren (BGH NJW 2018, 566). Mangels Strafklageverbrauchs kann die Staatsanwaltschaft aber erneut Anklage erheben.

4. Anfechtbarkeit des (Nicht-)Eröffnungsbeschlusses

Wird durch Beschluss die *Eröffnung des Hauptverfahrens abgelehnt,* so kann der Angeklagte diesen Beschluss ebenso wenig anfechten wie er die *Eröffnung des Hauptverfahrens* anfechten kann (fehlende Beschwer bei Nichteröffnung, ansonsten § 210 I StPO). Dagegen kann die **Staatsanwaltschaft** die Nichteröffnung mit der **sofortigen Beschwerde** ebenso anfechten, wie wenn das Gericht nur teilweise oder vor einem Gericht niederer Ordnung eröffnet **(§ 210 II StPO).** Der die Eröffnung ablehnende Beschluss erwächst nach Ablauf der Rechtsmittelfrist in **Rechtskraft** mit der Wirkung eines **beschränkten Strafklageverbrauchs** (vgl. **§ 211 StPO**), das heißt bei neuer Sachlage (z. B. unerwartete Genesung des Beschuldigten und damit Wiederherstellung der Verhandlungsfähigkeit) kann das Verfahren durch eine neue Anklage wieder in Gang gebracht werden. Wird die Eröffnung des Hauptverfahrens abgelehnt und ficht die Staatsanwaltschaft diese Entscheidung nicht an, ist das Verfahren abgeschlossen – einer Einstellung des Verfahrens durch die Staatsanwaltschaft bedarf es nicht mehr. 275

Hinweis: Trifft das Gericht keine Entscheidung über die Eröffnung und fördert es das Verfahren auch sonst nicht, kann dies der Ablehnung der Eröffnung des Hauptverfahrens gleichkommen und zur Zulässigkeit einer **Untätigkeitsbeschwerde der Staatsanwaltschaft** führen.

5. Beispiel für einen Eröffnungsbeschluss

Landgericht Stuttgart, 1. Wirtschaftsstrafkammer 276

Beschluss vom 21.11.2018

In der Strafsache gegen
den am 1.5.1980 in Baden-Baden geborenen, in der Rathenaustr. 6, 70191 Stuttgart wohnhaften, geschiedenen Ingenieur
Dieter Dora
Verteidiger: Rechtsanwalt Juris, Stuttgart
wegen Bankrotts u. a.
wird das Hauptverfahren eröffnet und die Anklage der Staatsanwaltschaft Stuttgart vom 21.7.2018 – 151 Js 1/15 – zur Hauptverhandlung vor dem Schöffengericht des Amtsgerichts Stuttgart zugelassen, jedoch mit der rechtlich abweichenden Würdigung, dass der Sachverhalt Nr. 3 des Anklagesatzes statt als Bankrott als Untreue zum Nachteil der Fa. Dora GmbH (§ 266 I StGB) zu werten ist.
Der Haftbefehl des Amtsgerichts Stuttgart vom 5.7.2018 bleibt im Umfang dieses Eröffnungsbeschlusses aus den fortdauernden Gründen seines Erlasses aufrechterhalten.

Gründe:

I.

Die Wirtschaftsstrafkammer ist im vorliegenden Fall nicht zuständig, da zwar Katalogstraftaten nach § 74c I GVG angeklagt sind, die Voraussetzungen des § 74 I i.V.m. § 24 I Ziffer 2, 3

GVG – besondere Bedeutung des Falles oder eine ungenügende Rechtsfolgenkompetenz des Amtsgerichts – jedoch nicht gegeben sind. Allein das Ausmaß und die Dauer der Ermittlungen, sowie der Umfang der Beweismittel rechtfertigen die Annahme eines Falles besonderer Bedeutung nicht.

II.

Da der Angeschuldigte im Verdacht steht, die unter Nr. 3 des Anklagesatzes geschilderte Tat gegen die Interessen der Fa. Dora GmbH ausschließlich der eigenen Bereicherung wegen begangen zu haben, ist dies abweichend von der Anklage als Untreue im Sinn des § 266 StGB zu würdigen.

....	....	....
(Vors. Richter am LG)	(Richterin am LG)	(Richter)

B. Das Hauptverfahren

Die Hauptverhandlung als Herzstück des Hauptverfahrens ist von zentraler Bedeutung, in der Praxis und in der Klausurbearbeitung. In Klausuren, die den Gang einer Hauptverhandlung betreffen, geht es häufig um die Frage der Ordnungsmäßigkeit der Beweiserhebung und um die Frage der Auswirkung von Fehlern im Ermittlungsverfahren auf die Beweiserhebung in der Hauptverhandlung. Schließlich sind die gesamten Ermittlungen auf die Einführung der Beweismittel und den Tatnachweis in der Hauptverhandlung ausgerichtet. Erst hier gewinnt die Frage des so examensrelevanten Urkundenbeweises wirkliche Bedeutung, wirkt sich das nicht minder oft geprüfte Zeugnisverweigerungsrecht besonders stark aus. Auch die revisionsrechtlich ausgerichteten Klausuren befassen sich selbstverständlich mit den in der Hauptverhandlung gemachten Fehlern. 277

I. Allgemeines

1. Vorbereitung der Hauptverhandlung

a) Rechtshängigkeit. Mit der Eröffnung des Hauptverfahrens wird der Angeschuldigte zum **Angeklagten.** Es tritt **Rechtshängigkeit** ein mit der Folge, dass wegen derselben prozessualen Tat keine weitere Anklage mehr erhoben werden kann. Bei doppelter Rechtshängigkeit gebührt der Vorrang grundsätzlich dem zuerst eröffnenden Gericht (BGH NStZ-RR 2000, 332). 278

b) Unzuständigkeit des Gerichts. Außerdem wird der Vorrang einer bestimmten Strafkammer (§ 6a StPO) und die örtliche *Zuständigkeit* (§ 16 StPO) nun *nicht mehr von Amts wegen geprüft.* Wird die örtliche Zuständigkeit von einem Verfahrensbeteiligten beanstandet, so erfolgt nunmehr bei begründeter Rüge die Einstellung des Verfahrens, und zwar in der Hauptverhandlung durch Urteil (§ 260 III StPO), ansonsten durch Beschluss (§ 206a StPO). Ist die Rüge unbegründet, wird der Antrag durch Beschluss abgelehnt. Gemäß § 305 StPO ist dieser Beschluss nur zusammen mit dem Urteil anfechtbar. 279

Hält sich das Gericht nach Eröffnung für sachlich unzuständig, so kann es weiterhin „nach oben" vorlegen (§ 225a I StPO), in der Hauptverhandlung sogar bindend **(§ 270 StPO),** während es für Verfahren „niedrigerer Ordnung" nunmehr zuständig bleibt **(§ 269 StPO).** Für das Verhältnis der Strafkammern untereinander gilt allerdings § 270 I 2 StPO: Hat der Angeklagte bis zu seiner Vernehmung zur Sache den Einwand der Unzuständigkeit gemäß § 6a StPO erhoben, kann an die zuständige Strafkammer verwiesen werden, unabhängig vom Rangverhältnis der Kammern untereinander (vgl. Rn. 269 a. E., wenn die Unzuständigkeit erst später bekannt bzw. geltend gemacht wird).

Klausurtipp: Wer im materiell-rechtlichen Teil seines Gutachtens zu einer anderen Auffassung als die Anklage und der Eröffnungsbeschluss kommt, muss beim prozessualen Entscheidungsvorschlag an die **Anwendung des § 270 StPO** denken. Wenn bei einer Schöffengerichtssache nach Auffassung des Referendars versuchter Totschlag vorliegt, kann der Entscheidungsvorschlag nur auf bindende Verweisung nach oben, nicht aber auf Verurteilung wegen Totschlags lauten.

c) Terminierung. Nach Eröffnung bestimmt der Vorsitzende den **Termin** zur Hauptverhandlung (§ 213 StPO) und ordnet die erforderlichen Ladungen an. **Zu la-** 280

den sind die Staatsanwaltschaft, der Angeklagte und sein Verteidiger, sowie die Zeugen und Sachverständigen (§§ 214, 216, 218 StPO). Im Einzelfall sind weitere Personen zu laden, insbesondere der Nebenkläger (§§ 397 I 2 StPO), der Anwalt des Nebenklageberechtigten (§ 406h II StPO) und der Antragsteller im Sinne der §§ 403, 404 III StPO. Bei Jugendlichen sind auch die Erziehungsberechtigten und gesetzlichen Vertreter zur Hauptverhandlung zu laden (sie sind zum Erscheinen verpflichtet, ihre Anwesenheit kann gemäß § 50 II JGG zwangsweise durchgesetzt werden). Spätestens **mit der Ladung** ist dem Angeklagten der **Eröffnungsbeschluss zuzustellen** (§ 215 StPO – bei Verteidigung gilt § 145a I, III StPO). Der Staatsanwaltschaft wird der Eröffnungsbeschluss formlos mitgeteilt, es sei denn, die Eröffnung wurde teilweise abgelehnt, da dann eine Rechtsmittelfrist läuft (vgl. § 35 II StPO). Eventuell ist auch weiteren Verfahrensbeteiligten der Eröffnungsbeschluss mitzuteilen (vgl. § 397 I 2, §§ 385 I 2, II und 35 II StPO). Der Staatsanwaltschaft und dem Angeklagten bzw. seinem Verteidiger sind mit der Ladung die geladenen Zeugen und Sachverständigen (§ 222 StPO) und die **Besetzung des Gerichts (§ 222a StPO)** bekannt zu geben. Dies hat Konsequenzen für die **Besetzungsrüge** (vgl. **§ 222b i.V.m. § 338 Nr. 1 StPO**). Der nicht auf freiem Fuß befindliche Angeklagte ist nach § 216 II 2 StPO zu befragen, ob und welche Anträge er zu seiner Verteidigung stellen wolle; ein Verstoß gegen diese Befragung berührt aber die Wirksamkeit der Ladung nicht und begründet daher auch keinen Anspruch auf Aussetzung der Hauptverhandlung nach § 217 II StPO (BGH NJW 2008, 1604).

281 Probleme treten in der Praxis auf, wenn der Wahlverteidiger an dem vom Gericht bestimmten Hauptverhandlungstermin verhindert ist. Grundsätzlich hat der Angeklagte das Recht, sich in einem Strafverfahren von einem Rechtsanwalt seines Vertrauens verteidigen zu lassen, was aber nicht bedeutet, dass bei jeder Verhinderung des gewählten Verteidigers eine Hauptverhandlung nicht durchgeführt werden könnte (BGH NStZ 2018, 607). Die Terminierung ist Aufgabe des Vorsitzenden, der über Anträge zur Terminierung nach pflichtgemäßem Ermessen unter Berücksichtigung der eigenen Terminplanung, der Gesamtbelastung des Spruchkörpers, des Gebots der Verfahrensbeschleunigung und der berechtigten Interessen der Prozessbeteiligten zu entscheiden hat. Es kann deshalb auch in Fällen notwendiger Verteidigung unter Umständen ohne den Wahlverteidiger verhandelt werden, wenn neben diesem ein Pflichtverteidiger beigeordnet war (BGH StV 2006, 625, 680; vgl. auch BVerfG StV 2006, 451).

Außerdem ist die **einwöchige Ladungsfrist (§ 217 StPO)** zu beachten. Ist sie nicht eingehalten, kann die Aussetzung des Verfahrens beantragt werden. Auf die Einhaltung der Frist können Angeklagter und Verteidiger verzichten.

282 **d) Verfahrensverbindung.** Wie aus §§ 1ff. StPO zu entnehmen ist, können mehrere Verfahren verbunden werden. Dabei ist zu beachten, dass §§ 1ff. StPO nur die Verbindung erstinstanzlicher Verfahren untereinander regeln, also wenn ein Verfahren beim AG und ein weiteres z.B. beim LG – jeweils erstinstanzlich – anhängig ist. Eine Verbindung von Verfahren aus verschiedenen Amtsgerichten kann aber nur das LG beschließen und das auch nur, wenn es sich jeweils um Amtsgerichte seines Bezirks handelt, ansonsten hat das OLG bzw. der BGH als das gemeinsame Gericht höherer Ordnung zu beschließen (vgl. § 4 II 1 StPO). Zu denken ist auch an eine Verbindung mehrerer beim Landgericht anhängiger Verfahren, wovon das eine ein erstinstanzliches Verfahren, das andere eine Berufungssache betrifft. Dann ist zwischen der Verbindung nur zur *gemeinsamen Verhandlung* nach § 237 StPO und der Verhandlung der nach §§ 1ff. StPO verbundenen Verfahren als ein erstinstanzliches Verfahren zu unterscheiden. Zu beachten ist, dass zu allen verbundenen Verfahren eine Eröffnung des Hauptverfahrens vorliegen muss, gegebenenfalls muss die Eröffnung des hinzu verbundenen Verfahrens noch vor Beginn der Hauptverhandlung (jedenfalls zu dem hinzu verbundenen Vorwurf) in der Besetzung außerhalb der Hauptverhandlung beschlossen werden. Die hierzu auftretenden Probleme sind im Einzelnen bei den Rechtsmitteln – unten Rn. 557 ff. – abgehandelt.

2. Gang der Hauptverhandlung

Der Ablauf der Hauptverhandlung ergibt sich im Wesentlichen aus §§ **243,** 244, 257, 258 StPO. Im Folgenden sollen zunächst die einzelnen Stationen dargestellt werden: **283**

a) Aufruf der Sache. Zunächst erfolgt der Aufruf der Sache und die Feststellung, ob die Beteiligten erschienen und die Beweismittel herbeigeschafft sind. **284**

Fehlt der Angeklagte, so gilt der Grundsatz, dass ohne den Angeklagten eine Hauptverhandlung nicht stattfindet (vgl. die Ausnahmen in §§ 231 II, 231a, b, 232, 233 StPO; zu den Konsequenzen aus der Rechtsprechung des EGMR, wonach die Berufung des Angeklagten nicht ohne Verhandlung zur Sache verworfen werden darf, wenn zwar der Angeklagte ausbleibt, aber ein verteidigungsbereiter Verteidiger erschienen ist, vgl. EGMR NStZ 2013, 350, dazu auch unten Rn 552, 552c). Dies bedeutet nicht nur eine Pflicht des Angeklagten zum Erscheinen, sondern gibt diesem auch ein Recht auf Anwesenheit. Dieses Recht wird zwar durch Vorschriften wie § 247 StPO eingeschränkt, jedoch sind deren Grenzen genau zu beachten (häufige Fehlerquelle, vgl. Rn. 302, 625).

Die Zeugen müssen vor der weiteren Verhandlung gemäß § 243 II StPO den Sitzungssaal verlassen, und zwar nicht nur die geladenen Zeugen, sondern grundsätzlich auch der Zuhörer, der nach vorläufiger tatrichterlicher Auffassung als Zeuge in Betracht kommt (BGH StV 2002, 5 und 6). Dem Zeugen soll die Anwesenheit im Sitzungssaal bis zu seiner Vernehmung verwehrt sein, damit er ohne Kenntnis dessen aussagen kann, was der Angeklagte und die bereits gehörten anderen Zeugen erklärt haben.

b) Erörterung der persönlichen Verhältnisse. Da dies in der Regel vor der allgemeinen Belehrung über die Rechte des Angeklagten geschieht und diese Phase eigentlich nur der Identifizierung der Person des Angeklagten dient, sollten hier nur die Personalien abgefragt werden (vgl. OLG Köln NStZ 1989, 44). Alles Weitere hat in der Regel bereits in irgendeiner Form mit der Verurteilung – und sei es nur wegen der Auswirkungen auf das Strafmaß – zu tun. Will der Richter aber bereits hier den Werdegang des Angeklagten besprechen, so muss er entsprechend belehren. **285**

c) Verlesung des Anklagesatzes. Zwar wird es selten vorkommen, dass der Staatsanwalt vergisst, die Anklage zu verlesen, aber es kommt gelegentlich vor, dass dieser Vorgang nicht protokolliert wird mit der Wirkung des § 274 StPO (Lesen! – zum Wegfall dieser Beweiskraft in Ausnahmefällen siehe unten Rn. 321 f.). Die Verlesung des Anklagesatzes ist ein wesentliches Verfahrenserfordernis, weil „der Zweck der Verlesung dahin geht, die Teilnehmer an der Hauptverhandlung mit dem Gegenstand der Verhandlung und mit den Grenzen, in denen sich diese und die Urteilsfindung zu bewegen hat, bekannt zu machen" (BGH NStZ 1986, 39 und 374). Ein Verstoß hiergegen begründet in der Regel – jedenfalls bei schwierigeren und nicht einfach gelagerten Sachverhalten – die Revision (BGH NStZ 2018, 614). Bei sehr umfangreichen Serienstraftaten gibt es allerdings Teile des Anklagesatzes, die nicht verlesen werden müssen (siehe dazu oben Rn. 226). **286**

287 **d) Belehrung des Angeklagten über seine Rechte gem. § 243 V 1 StPO.** Es handelt sich nicht um eine bloße Ordnungsvorschrift. Die Belehrung muss in der Hauptverhandlung nochmals erteilt werden, selbst wenn der Angeklagte im Rahmen des Ermittlungsverfahrens bereits mehrfach nach §§ 163a III, VI, 136 I 2 StPO oder vor Aussetzung der Hauptverhandlung belehrt worden war. Ist die Belehrung in der Hauptverhandlung versehentlich unterblieben, ist der Angeklagte qualifiziert über die Unverwertbarkeit seiner bisherigen Angaben zu belehren (Meyer-Goßner/Schmitt § 243 Rn. 21). Der Verstoß gegen die Belehrungspflicht ist revisibel, wenn der Hinweis im Einzelfall erforderlich war, um den Angeklagten über seine Verteidigungsmöglichkeiten zu unterrichten und wenn der Angeklagte nach Belehrung die Aussage verweigert hätte (BGHSt 25, 325).

288 **e) Angaben des Angeklagten/Schweigen des Angeklagten.** Nach Verlesung der Anklage kann der Angeklagte Angaben machen, bevor Beweismittel in das Verfahren eingeführt werden. Er kann auch schweigen, ohne dass das gegen ihn verwendet werden dürfte. Widerruft der Angeklagte allerdings eine im Ermittlungsverfahren gemachte umfangreiche Aussage, stellt dies eine – bewertbare – Angabe zur Sache und nicht lediglich ein pauschales Bestreiten dar (BGH NStZ 1998, 209). Schweigt der Angeklagte nur teilweise, ist dies einer Würdigung durch das Gericht zugänglich, wenn nach den Umständen Angaben zu diesem Punkt zu erwarten gewesen wären, andere mögliche Ursachen des Verschweigens ausgeschlossen werden können und die gemachten Angaben nicht ersichtlich lediglich fragmentarischer Natur sind (BGH NStZ-RR 2011, 118).

289 Das **Gericht** ist grundsätzlich **nicht verpflichtet**, die **schriftliche Einlassung** eines **schweigenden Angeklagten** als Urkunde **zu verlesen**. Denn nach § 243 IV 2 StPO hat die Vernehmung des Angeklagten grundsätzlich durch mündliche Befragung und mündliche Antworten zu erfolgen (BGH NStZ 2004, 392; 2008, 527). Gleichwohl hat der Tatrichter eine schriftliche Stellungnahme des Angeklagten auch ohne dessen urkundsbeweisliche Verlesung **zur Kenntnis zu nehmen** und zu prüfen, inwieweit dieses nach Maßgabe der Aufklärungspflicht aus § 244 II StPO Anlass zu weiteren Beweiserhebungen gibt (vgl. BGH NJW 2008, 2356; NStZ 2013, 59). Es gilt nichts anderes als bei schriftlichen Äußerungen zum Tatvorwurf außerhalb der Hauptverhandlung, etwa nach § 136 I 6 StPO, oder bei Einwendungen i.S.d. § 201 StPO. Ein vom Angeklagten oder vom Verteidiger in der Hauptverhandlung übergebenes schriftliches **Geständnis** ist indessen durch **Verlesung** des Gerichts **im formellen Urkundsbeweis** in die Hauptverhandlung einzuführen, wenn es als Grundlage des Urteils herangezogen werden soll.

290 Mit dem Gesetz vom 17.8.2017 ist in **§ 243 V 3 StPO n.F.** die Möglichkeit des sog. **„Opening Statements“** für die Verteidigung verankert worden. Danach soll der Verteidiger in besonders umfangreichen Verfahren vor dem Landgericht und dem Oberlandesgericht nach der Verlesung der Anklage und vor Vernehmung zur Sache auf Antrag die Gelegenheit erhalten, für den Angeklagten eine Erklärung abzugeben. Dabei darf der Schlussvortrag nicht vorweggenommen werden. Die Abgabe einer solchen Erklärung birgt indessen auch Risiken. Denn die Regelung gewährt dem Verteidiger kein eigenes Erklärungsrecht zur Anklage, sondern stellt nach S. 3 qua Gesetz eine **Erklärung des Angeklagten selbst** dar mit der Folge, dass die darin enthaltenen Angaben prozessual als Einlassung des Angeklagten zu werten sind. Die Angaben sind der **Beweiswürdigung zugänglich,** ohne dass sich der Angeklagte diese zusätzlich noch zu eigen machen muss (vgl. *Meyer-Goßner/Schmitt* § 243 Rn. 31c). Der

Nutzen dieser Regelegung darf mit Recht bezweifelt werden, denn der Verteidiger darf ohnehin jederzeit eine Erklärung für seinen Mandanten abgeben.

Unter welchen Voraussetzungen **Angaben des Verteidigers** in Anwesenheit des Angeklagten **als Sacheinlassung** des Angeklagten verwertet werden dürfen (zur bloßen Prozesserklärung vgl. BGH NStZ-RR 2008, 21), ist allerdings sehr umstritten (vgl. dazu auch unten Rn. 456). Die bloße Erklärung des Verteidigers, sein Mandant trete der Anklage nicht entgegen, ist auch dann keine tragfähige Entscheidungsgrundlage für das Gericht, wenn der Angeklagte seinem Verteidiger nicht widerspricht (vgl. BGH NStZ 2006, 408). Grundsätzlich gilt: Eine prozessual beachtliche Einlassung des im Übrigen schweigenden Angeklagten liegt bei einer Erklärung des Verteidigers nur vor, wenn der **Angeklagte** auf Nachfrage des Gerichts **bestätigt,** dass er das Vorgelesene **als seine Einlassung verstanden wissen will.** Eine solche mit seinem Einverständnis oder seiner Billigung von seinem Verteidiger verlesene Erklärung zur Sache ist eine mündliche Äußerung des Angeklagten (BGH NStZ 2009, 173); sie ist nicht Gegenstand des Urkundenbeweises. Der Wortlaut dieses Schriftstücks wird nicht zum Inbegriff der Hauptverhandlung, sondern allein der Inhalt des mündlichen Vortrags, dessen wesentliche Punkte das Tatgericht in den Urteilsgründen festzustellen hat – nur diese Feststellungen sind Grundlage der revisionsrechtlichen Prüfung (BGH StV 2011, 607). Wenn Nachfragen des Gerichts durch den Angeklagten nicht zugelassen werden, kommt der verlesenen Einlassung allerdings nur ein erheblich **geminderter Beweiswert** zu (BGH NStZ 2008, 476).

Hinweis: Ob Angaben, die der Angeklagte gegenüber seinem amtierenden Verteidiger vor der Hauptverhandlung gemacht hat, selbst auf Antrag des Angeklagten überhaupt der Beweiserhebung zugänglich sind, ist im Hinblick darauf, dass sie zum Kernbereich der Verteidigung gehören und damit einer Beweisaufnahme – in welcher Form auch immer – entzogen sein sollten, höchst streitig (vgl. dazu BGH NStZ 2008, 115 und 349 und die konträre Anmerkung dazu von Schlösser NStZ 2008, 310 – bei Entbindung von der Verschwiegenheit bejaht auch BGH StV 2009, 287, die Zulässigkeit).

f) Beweisaufnahme. Nach **§ 244 II StPO** hat das Gericht den Sachverhalt von 291
Amts wegen aufzuklären. Es ist nicht auf die vom Staatsanwalt oder dem Angeklagten benannten Beweismittel beschränkt.

Ob die besonderen Förmlichkeiten der StPO einzuhalten sind, hängt davon ab, ob Beweis zu Verfahrensfragen (Freibeweis) oder ob Beweis über Schuld und Strafe (Strengbeweis) zu erheben ist.

Der **Freibeweis** kann in jeder dem Gericht angemessen erscheinenden Form erhoben werden, der Strengbeweis nur durch die in der StPO vorgesehenen Beweismittel und unter Beachtung der jeweiligen Förmlichkeiten (*Meyer-Goßner/Schmitt* § 244 Rn. 6).

Beweismittel des **Strengbeweises** sind:

aa) Der Zeuge (§§ 48–71 StPO). Wie bereits dargelegt, wird die Frage, ob jemand 292
Zeuge oder Angeklagter ist, rein formal beurteilt, nämlich danach, ob er in diesem Hauptverfahren angeklagt ist und gegen ihn verhandelt wird. Das heißt, der Mitangeklagte B wird zum Zeugen, wenn das Verfahren gegen ihn von dem Verfahren gegen den Angeklagten A abgetrennt worden ist und dies aus sachlichen Gründen – nicht nur willkürlich – geschehen ist (das Recht auf konfrontative Befragung des ehemaligen Mitangeklagten muss aber möglichst erhalten bleiben – BGH NStZ 2014, 660).

bb) Der Sachverständige (§§ 72–80 StPO). Sachverständiger ist, wer in behördli- 293
chem Auftrag (Polizei, Staatsanwaltschaft, Gericht) Wahrnehmungen macht, zu denen er eine spezielle Sachkunde benötigt.

Der Sachverständige baut sein Gutachten auf Anknüpfungstatsachen auf. Anknüpfungstatsachen teilen sich in Befund- und Zusatztatsachen.

Befundtatsachen sind die Umstände, die der Sachverständige auf Grund seiner Sachkunde erkennen kann. Diese werden durch eine gutachterliche Äußerung des Sachverständigen in den Prozess eingeführt.

Zusatztatsachen sind die Umstände, die das Gericht mit seinen eigenen Erkenntnismöglichkeiten feststellen kann. Sie müssen deshalb auch außerhalb des Sachverständigenbeweises erhoben werden und sei es durch Vernehmung des Sachverständigen als sachverständigen Zeugen.

294 **cc) Der Urkundenbeweis (§§ 249–256 StPO).** Dem Urkundenbeweis sind nicht nur Urkunden i.S.v. § 267 StGB zugänglich, sondern alle Schriftstücke (vgl. § 249 StPO), also auch Fotokopien (BGH NStZ 1986, 519 – davon zu unterscheiden ist die Überzeugungsbildung des Tatrichters von der Übereinstimmung der Kopie mit dem Original) und Urteile (zum Beweiswert vgl. BGH NStZ-RR 2001, 138). Eine Ausnahme macht insbesondere § 250 S. 2 StPO, wonach die Verlesung eine Vernehmung nicht ersetzen darf (Einzelheiten siehe unten Rn. 346ff.).

Eingeführt wird die Urkunde im **Normalfall** durch **Verlesung (§ 249 I StPO).** Möglich ist auch ein Verzicht auf Verlesung unter den Voraussetzungen des **§ 249 II StPO** (sog. **Selbstleseverfahren,** dessen Einzelheiten im Hauptverhandlungsprotokoll als wesentliche Förmlichkeit festgehalten werden müssen; vgl. BGH NStZ 2000, 47 und 2006, 512; lesenswert auch BGH NStZ 2012, 346). Schließlich ist – allerdings nur, wenn es nicht auf den Wortlaut der Urkunde ankommt – auch eine Einführung durch Bekanntgabe des wesentlichen Inhalts der Urkunde durch den Vorsitzenden möglich (BGHSt. 30, 10). In all diesen Fällen liegt ein echter Urkundenbeweis vor.

Hiervon streng zu unterscheiden ist der **Vorhalt.** Es handelt sich hierbei lediglich um einen **Vernehmungsbehelf.** Der Beweiswürdigung zugänglich ist deshalb immer nur die Antwort auf den Vorhalt.

Die Auskunft aus dem Bundeszentralregister stellt eine Strafliste i.S.d. § 249 I 2 StPO dar und wird im Wege des Urkundenbeweises – i.d.R. ganz zu Beginn oder zum Ende der Beweisaufnahme – verlesen.

295 **dd) Der Augenschein (§ 86 StPO).** Dieses Beweismittel erfasst jede sinnliche, nicht nur die visuelle Wahrnehmung. Wie beim Urkundenbeweis können auch beim Augenschein Probleme mit dem allgemein aus § 250 StPO abzuleitenden Verbot, individuelle Zeugenwahrnehmungen durch andere Beweismittel zu ersetzen, auftreten, z.B. bei einer Unfallskizze.

296 **g) Plädoyers und letztes Wort.** Die Plädoyers und das letzte Wort sind in § 258 I und II StPO geregelt.

Die Verletzung des Rechts auf das letzte Wort ist revisibel. Entsprechende Verstöße sind nicht selten, da immer wieder nach vorläufiger Urteilsberatung nochmals in die Verhandlung eingetreten wird (vgl. *Meyer-Goßner* § 258 Rn. 27ff.). Ein **Wiedereintritt** liegt indessen schon in jeder Handlung, in der sich der Wille des Gerichts zum **Weiterverhandlung in der Sache** zeigt, wie etwa in der Erörterung von (Beweis-) Anträgen, nicht aber in der bloßen Entgegennahme von Hilfsbeweisanträgen (BGH NJW 2018, 414 m.w.N.).

297 **h) Urteilsberatung und Urteilsverkündung.** Nach dem letzten Wort zieht sich das Gericht zur **geheimen** (§ 193 GVG, §§ 43, 45 DRiG) Beratung zurück. Sind die

Entscheidungen mit den erforderlichen Mehrheiten (vgl. § 263 StPO i.V.m. §§ 196, 197 GVG) getroffen, wird das Urteil verkündet. Dies geschieht durch **Verlesung** der Urteils**formel** und mündlicher **Bekanntgabe** der Urteils**gründe** (§§ 260 I, 268 II StPO). Die Erteilung der Rechtsmittelbelehrung gehört nicht mehr dazu (*Meyer-Goßner* § 268 Rn. 8).

i) Unterbrechung der Hauptverhandlung. Die Hauptverhandlung kann sich über mehrere Tage oder Monate, in Ausnahmefällen sogar über Jahre erstrecken. Im Interesse einer Verfahrensbeschleunigung und um tatsächlich für das Urteil aus dem in der Hauptverhandlung gewonnenen Eindruck schöpfen zu können, darf die Verhandlung allerdings zwischen zwei Verhandlungstagen nicht beliebig lange, sondern im Regelfall nur für drei Wochen unterbrochen werden, muss also am Tag nach Ablauf dieser Frist wieder fortgesetzt werden (§ 229 I StPO). Hauptverhandlungen von bisher mindestens 10 Verhandlungstagen dürfen auch bis zu 1 Monat unterbrochen werden (§ 229 II StPO). Das Urteil darf aber nicht später als am 11. Tag nach dem Schluss der Verhandlung verkündet werden (§ 268 III 2 StPO). Bloße Scheinverhandlungstermine, die der Umgehung des § 229 I StPO dienen sollen und bei denen der Gesichtspunkt der Verfahrensförderung dahinter als bedeutungslos zurücktritt, reichen für eine Unterbrechung nach dieser Vorschrift nicht aus (BGH NStZ 2012, 343). Andererseits können schon Feststellungen zum Selbstleseverfahren genügen (BGH NJW 2013, 404). Die Verlesung eines Strafregisterauszugs oder einer sonstigen Urkunde reicht für eine Unterbrechung, wenn die Verlesung nicht willkürlich auf mehrere Sitzungstage verteilt wird (BGH NJW 2006, 3077; StraFo 2011, 395). Bei einer Erkrankung des Angeklagten, eines Richters oder eines Schöffen kann die Hauptverhandlung unter den Voraussetzungen des § 229 III StPO unterbrochen werden, wobei der Lauf der Drei-Wochen- bzw. Ein-Monats-Frist während der Erkrankung für maximal 6 Wochen gehemmt ist. Eine Unterbrechung von bis zu drei Wochen ordnet der Vorsitzende allein an, für eine längere Unterbrechung oder eine Aussetzung der Hauptverhandlung bedarf es eines Gerichtsbeschlusses (§ 228 I StPO). **298**

3. Öffentlichkeit

Die Hauptverhandlung findet grundsätzlich öffentlich statt **(§ 169 GVG).** Hiervon ausgenommen sind die Verfahren gegen zur Tatzeit Jugendliche (§ 48 I, II JGG). Der Vorsitzende kann ausnahmsweise auch eine beschränkte Anzahl von Pressekorrespondenten zulassen (vgl. BVerfG NJW 2010, 1739). Diese Verfahren werden unter Ausschluss der Öffentlichkeit verhandelt und entschieden. Davon zu unterscheiden ist der vorübergehende Ausschluss der Öffentlichkeit in einem an sich öffentlichen Verfahren gemäß §§ 171a, b, 172 GVG. In jedem Fall ist jedenfalls das Urteil öffentlich zu verkünden (§ 173 GVG). Die Öffentlichkeit steht nicht zur Disposition des Richters, er kann also nicht alle Zuschauer bitten, den Saal „freiwillig“ zu verlassen (BGH NStZ 1993, 450). Für die Einzelheiten zur Öffentlichkeit der Hauptverhandlung sei auf die Ausführungen zum absoluten Revisionsgrund des § 338 Nr. 6 StPO (Rn. 630ff.) verwiesen. **299**

Hinweis: Soll derselbe Zeuge in der laufenden Verhandlung nochmals unter Ausschluss der Öffentlichkeit vernommen werden, ist grundsätzlich gemäß § 174 I 2 GVG ein neuer Beschluss erforderlich und deshalb die Anordnung des Vorsitzenden, in der auf einen vorausgegangenen Ausschließungsbeschluss Bezug genommen wird, nicht ausreichend (BGH NStZ 2013, 479).

4. Anwesenheit

a) Anwesenheit des Angeklagten. Wie bereits dargestellt, findet, von einzelnen Ausnahmen abgesehen, eine Verhandlung ohne den Angeklagten nicht statt. Um die **300**

Anwesenheitspflicht des Angeklagten durchzusetzen, kann das Gericht **Haftbefehl** gegen den unentschuldigt nicht erschienenen Angeklagten erlassen **oder** dessen **Vorführung** anordnen **(§ 230 II StPO).** Für den *Haftbefehl* in diesem Sinne genügt **hinreichender Tatverdacht**. Haftgrund ist das unentschuldigte Nichterscheinen. Daneben muss die Verhaftung selbstverständlich auch verhältnismäßig sein. Die Vorführung unterscheidet sich vom Haftbefehl durch die beschränkte Festhaltedauer. Auf Grund eines *Vorführungsbefehls* darf der Angeklagte nur bis zum Ende des Tages festgehalten werden, der dem Beginn der Vorführung folgt (§ 135 StPO). Die Vorführung bietet sich deshalb nur an, wenn der Aufenthalt des Angeklagten bekannt ist.

Hinweis: Findet die Hauptverhandlung auf Grund eines Einspruchs des Angeklagten gegen einen Strafbefehl statt, so ist der Einspruch bei unentschuldigtem Fehlen zu verwerfen (§ 412 i.V.m. § 329 I StPO – für die Abwesenheit im Berufungsverfahren s. u. Rn. 552ff.). Die Verwerfung ist nicht möglich, wenn der Angeklagte durch einen Verteidiger i.S.d. § 411 II StPO vertreten ist. Soweit das Gericht zur Sachverhaltsaufklärung nicht ohne den (vertretenen) Angeklagten verhandeln kann, muss es sein – durch Vorführung oder Haftbefehl durchsetzbares – persönliches Erscheinen anordnen (§ 236 StPO).

301 Will sich der Angeklagte nach Beginn der Hauptverhandlung entfernen, so kann das Gericht dies verhindern **(§ 231 I StPO).** Es kann aber, soweit er bereits zur Sache vernommen ist, auch ohne ihn zu Ende verhandeln, soweit es seine weitere Anwesenheit nicht mehr für erforderlich hält (**§ 231 II StPO** – der, anders als z.B. §§ 216 I 1, 232 I StPO, eine Belehrung des Angeklagten über diese Möglichkeit nicht vorsieht).

Hinweis: Blieb der Angeklagte zunächst einem Fortsetzungstermin schuldhaft fern, kann dann aber wegen einer Erkrankung am nächsten Verhandlungstag nicht teilnehmen, obwohl er es möchte, so kann das Gericht an diesem Tag nicht nach 231 II StPO verfahren, da der Angeklagte sein Recht auf Teilnahme nicht verwirkt. Dies tut er nur, wenn und solange er eigenmächtig, d.h. ohne hinreichende Rechtfertigungs- oder Entschuldigungsgründe, fernbleibt (BGH NStZ 2003, 561). In gleicher Weise kann das Gericht im Strafbefehlsverfahren unter Berufung auf § 411 II StPO nicht einfach mit dem Verteidiger, aber ohne den erkrankten Angeklagten verhandeln, da diese Vorschrift nur seine Pflicht zum Erscheinen einschränkt, nicht aber sein Recht auf Teilnahme.

302 In der Praxis wird der Angeklagte häufig vorübergehend von der Teilnahme an der Hauptverhandlung ausgeschlossen, weil zu befürchten ist, der Zeuge werde in seiner Anwesenheit keine wahrheitsgemäßen Angaben machen **(§ 247 StPO).** § 247 StPO kann auch angewandt werden, wenn der zeugnis- oder auskunftsverweigerungsberechtigte Zeuge erklärt, er werde bei Anwesenheit des Angeklagten von seinem Zeugnis- bzw. Auskunftsverweigerungsrecht Gebrauch machen. Allein der Wunsch eines Zeugen, nicht in Gegenwart des Angeklagten aussagen zu müssen, rechtfertigt dessen Entfernung aus dem Sitzungszimmer während der Dauer der Zeugenvernehmung allerdings nicht; die Befürchtung des Gerichts, dass die Anwesenheit des Angeklagten den Zeugen von einer wahren und vollständigen Aussage abhalten werde, muss sich auf konkrete, im Einzelfall begründete Tatsachen stützen und nicht etwa nur auf allgemeine Erwägungen (BGH NStZ 2015, 103). Häufig wird der Anwendung des § 247 StPO übersehen, dass der **Angeklagte** nur **für** die **Dauer** der **Vernehmung ausgeschlossen** werden darf. Zur Vernehmung gehört aber nicht mehr die Erörterung der Frage der Vereidigung des Zeugen und seiner Entlassung (BGH NStZ 2015, 104). Die Frage der Vereidigung ist allerdings kein wesentlicher Teil der Hauptverhandlung im Sinne eines absoluten Revisionsgrunds nach § 338 Nr. 5 StPO, wenn der Zeuge – entsprechend dem Regelfall – nicht vereidigt werden soll und diese Frage auch nicht kontrovers diskutiert und nicht zum Gegenstand einer Entscheidung nach § 238 II StPO gemacht wurde (BGH NJW 2006, 2934). Dagegen begründet die fortdauernde Abwesenheit des nach § 247 StPO während einer Zeugenvernehmung entfernten Angeklagten bei der Verhandlung über die Entlassung des Zeugen regelmäßig den absoluten Revisionsgrund des § 338 Nr. 5 StPO (BGH Großer Senat NJW 2010, 2450; BGH NStZ 2014, 532). Zudem darf in Abwesenheit des Angeklagten kein anderes Beweismittel als der Zeuge in die Hauptverhandlung eingeführt werden, also z.B. auch kein Augenschein durchgeführt werden. Geschieht dies doch, so ist eine Heilung dieses Verfahrensfehlers dadurch möglich, dass der Augenschein in Anwesenheit des Angeklagten wiederholt wird. Dies setzt mindestens voraus, dass dem Angeklagten das in seiner Abwesenheit gezeigte Objekt bei seiner Unterrichtung nach § 247 S. 4 StPO gezeigt wird und die übrigen Verfahrensbeteiligten die Möglichkeit haben, das Augenscheinsobjekt ihrerseits nochmals zu besichtigen (BGH NJW 2010, 1010).

Hinweis: Teil der Vernehmung des Zeugen ist das **Vorhalten** von Urkunden und von Augenscheinsobjekten im Verlauf einer Zeugenvernehmung. Diese reinen Vernehmungsbehelfe sind damit auch in Abwesenheit des Angeklagten nach § 247 StPO zulässig (BGH NStZ 2011, 51).

Nach der Vernehmung des Zeugen ist der wieder anwesende Angeklagte vom wesentlichen Inhalt der bisherigen, in seiner Abwesenheit erfolgten Zeugenaussage zu unterrichten. Um das Informationsdefizit des Angeklagten möglichst gering zu halten, ist es unzulässig, diese Unterrichtung erst nach weiteren Vernehmungen vorzunehmen. Da das Gesetz allein auf die erneute Anwesenheit des Angeklagten abstellt, ist dieser auch nach einer bloßen Unterbrechung der Vernehmung des Zeugen A über den Vernehmungsinhalt nach § 247 S. 4 StPO zu unterrichten, bevor – in Anwesenheit des Angeklagten – der Zeuge B vernommen und später die Vernehmung des A fortgesetzt werden kann (BGH NStZ RR 2007, 85). Die Unterrichtung kann grundsätzlich auch durch eine Videoübertragung der Vernehmung in den Raum erfolgen, in dem sich der Angeklagte für die Dauer seines Ausschlusses aufhält. Im Hinblick auf das Recht auf effektive Verteidigung und auf den Verhältnismäßigkeitsgrundsatz hat die Erfüllung der Unterrichtungspflicht aus § 247 S. 4 StPO durch eine **simultane Videoübertragung** im Grundsatz sogar **Vorrang vor** der **nachträglichen mündlichen Unterrichtung** durch den Vorsitzenden. Dieser Vorrang ergibt sich aus einer teleologischen Reduktion von § 247 S. 4 StPO (BGH NJW 2017, 2297 gegen BGH NStZ 2009, 582). 303

Der Ausschluss des Angeklagten nach § 247 StPO bedarf des **Gerichtsbeschlusses**, und zwar auch dann, wenn sämtliche Beteiligten einschließlich des Angeklagten mit der Anordnung einverstanden sind (BGH NStZ 2002, 44).

Die **Verhandlungsfähigkeit** ist die Fähigkeit des Angeklagten, seine Interessen innerhalb oder außerhalb der Hauptverhandlung vernünftig wahrzunehmen, seine Verteidigung in verständiger und verständlicher Weise zu führen und Prozesserklärungen abzugeben und entgegenzunehmen (*Meyer-Goßner/Schmitt* Einl. Rn. 97). Sie ist allgemeine – stets von Amts wegen zu prüfende – Prozessvoraussetzung. Hat sich der Angeklagte allerdings schuldhaft in einen Zustand der Verhandlungsunfähigkeit versetzt und erscheint so zur Hauptverhandlung, so steht er einem nicht erschienenen Angeklagten gleich, so dass z.B. sein Einspruch nach § 412 StPO verworfen werden könnte. 304

b) Anwesenheit der übrigen Beteiligten. Gemäß § 226 StPO hat die Hauptverhandlung in *ununterbrochener Gegenwart der Richter und Schöffen* zu erfolgen. Erkrankt ein Richter und muss deshalb ein Ersatzrichter hinzugezogen werden, so ist dies nur möglich, wenn dieser Ergänzungsrichter (vgl. § 192 II GVG) bereits bisher an der 305

Hauptverhandlung ununterbrochen teilgenommen hat (ohne dass er allerdings bisher an Beschlüssen hätte mitwirken dürfen).

Demgegenüber genügt es nach **§ 226 StPO,** dass die *Staatsanwaltschaft* vertreten und ein *Urkundsbeamter* (letzterer nur, wenn der Strafrichter nicht gemäß § 226 II StPO von dessen Hinzuziehung abgesehen hat) anwesend sind, so dass z.B. eine Auswechslung des Sitzungsvertreters der Staatsanwaltschaft während des Prozesses durchaus möglich ist (vgl. auch § 227 StPO). Wird der Staatsanwalt als Zeuge gehört, so muss ein anderer Staatsanwalt die Sitzungsvertretung für diese Zeit übernehmen (und möglicherweise auch danach wegen der Befangenheit des als Zeuge vernommenen Staatsanwalts – dies gilt regelmäßig jedenfalls, soweit es um die Beurteilung dieser Angaben im Plädoyer geht, die dann der hinzugekommene Staatsanwalt vorzunehmen hat).

Die für den Staatsanwalt gemachten Ausführungen gelten entsprechend für den *Pflichtverteidiger,* dessen ständige Anwesenheit in den Fällen des § 140 I und II StPO erforderlich ist (§ 145 I 1 StPO), der sich aber auch vertreten lassen kann (zur Abwesenheit des Wahlverteidigers in der Hauptverhandlung vgl. BGH NStZ 2012, 462).

Zur Abwesenheit von Verfahrensbeteiligten vgl. auch die Ausführungen auf Rn. 622ff.

5. Befangenheit

306 **a) Befangenheit des Richters.** Zu unterscheiden ist zwischen dem ausgeschlossenen und dem befangenen Richter. Der **ausgeschlossene Richter** ist von Gesetzes wegen gemäß **§§ 22, 23 StPO** von der Mitwirkung ausgeschlossen, ohne dass es insoweit eines Antrags bedürfte. Der Katalog der Ausschlussgründe in den §§ 22, 23 StPO ist **abschließend**. Typisches Beispiel ist der durch die Straftat selbst verletzte Richter (§ 22 Nr. 1 StPO) oder der Richter, der in dieser Sache bereits als Staatsanwalt tätig war (§ 22 Nr. 4 StPO; vgl. hierzu Rn. 619). Der an der Hauptverhandlung mitwirkende *Richter* kann nicht zugleich Zeuge sein (§ 22 Nr. 5 StPO). Weil § 22 Nr. 5 StPO jeden Anschein eines Verdachts von Parteilichkeit vermeiden will, ist ein Richter in diesem Sinne auch dann ausgeschlossen, wenn der konkret betroffene Tatvorwurf zwar nach § 154 StPO eingestellt ist, die Zeugenaussage aber darüber hinaus auch für die noch offenen Tatvorwürfe Bedeutung hat (BGH NStZ 2006, 113; vgl. auch BGH NStZ 2007, 711 für den Fall, dass zwar keine Verfahrensidentität besteht, aber dasselbe Tatgeschehen betroffen ist). Ein erkennender Richter ist allerdings nicht Zeuge i.S.d. § 22 Nr. 5 StPO, wenn er sich dienstlich über Vorgänge äußert, die den Gegenstand des bei ihm anhängigen Verfahrens betreffen und die er im Zusammenhang mit seiner amtlichen Tätigkeit in dieser Sache wahrgenommen hat (BGH NStZ 1998, 524). Um dem Missbrauch durch Benennung eines erkennenden Richters als Zeugen zu begegnen, ist dem als Zeugen benannten Richter das Recht eingeräumt, in einer dienstlichen Erklärung dazu Stellung zu nehmen, ob er zu der behaupteten Beweistatsache etwas bekunden kann. Diese dienstliche Äußerung darf allerdings dann nicht für die Schuld- oder Straffrage im Rahmen der Beweiswürdigung herangezogen werden (BGH NJW 2002, 2401; zur Vorbefasstheit vgl. BGH NStZ 2012, 519).

307 Dagegen bedarf es beim **befangenen Richter (§ 24 StPO)** eines **Ablehnungsantrag**s, den neben der Staatsanwaltschaft und dem Angeklagten auch der Privatkläger (§ 24 III StPO), der Nebenkläger (§ 397 I 3 StPO) und der Adhäsionskläger (vgl. BVerfG NJW 2007, 1670) stellen können (vgl. zur Richterablehnung auch Rn. 620). Die Möglichkeit zur Antragstellung ist **zeitlich befristet**. Der Antrag ist nur bis zur Vernehmung des ersten Angeklagten zu seinen persönlichen Verhältnissen möglich **(§ 25 I StPO).** Treten die Umstände erst später auf oder werden später bekannt, so ist die Ablehnung unverzüglich und damit **ohne schuldhaftes Zögern** (vgl. dazu

BGH NStZ 2018, 610) nach Bekanntwerden geltend zu machen **(§ 25 II StPO);** entscheidend ist die Kenntnis des Angeklagten, nicht seines Verteidigers (vgl. BGH NStZ 2010, 401, der hier auch anschaulich das unzulässige Ablehnungsgesuch vom offensichtlich unbegründeten abgrenzt). **Besorgnis der Befangenheit** i.S.d. **§ 24 II StPO** besteht, wenn vom Standpunkt des Ablehnenden aus ein **Grund** vorliegt, der **geeignet** ist, **Misstrauen** an der Unparteilichkeit des Richters **zu rechtfertigen,** ohne dass es darauf ankommt, ob der Richter objektiv befangen ist oder sich für befangen hält (*Meyer-Goßner/Schmitt* § 24 Rn. 6). Das Angebot einer Strafmilderung im Fall eines Geständnisses begründet keine Befangenheit (vgl. EGMR NJW 2011, 3633). Demgegenüber kann die private Nutzung eines Mobiltelefons während laufender Hauptverhandlung durch einen Richter fraglos die Besorgnis der Befangenheit begründen (BGH NJW 2015, 2986; zur Kasuistik vgl. im Einzelnen *Meyer-Goßner/Schmitt* § 24 Rn. 9 – 18).

Abgelehnt werden können immer nur die einzelnen Richter, nie das Kollegialgericht **308**
als Ganzes. Der Ablehnungsgrund muss **glaubhaft** gemacht werden. Bei eigenen Wahrnehmungen des Verteidigers genügt dessen Darstellung im Ablehnungsgesuch, einer anwaltlichen Versicherung bedarf es nicht (BGH NStZ 2007, 161). Sonst ist der Antrag ebenso unzulässig, wie wenn er verspätet oder zur Prozessverschleppung oder zu verfahrensfremden Zwecken gestellt wurde **(§ 26a StPO).** Über die Verwerfung des Ablehnungsantrags als unzulässig entscheidet das Gericht unter Mitwirkung des abgelehnten Richters (zu den Konsequenzen einer fehlerhaften Behandlung als unzulässig vgl. ebenfalls BGH NStZ 2007, 161; wichtig auch BVerfG NJW 2006, 3129 zu den Grenzen der Mitwirkung eines abgelehnten Richters bei der Entscheidung über das Ablehnungsgesuch), während er an der Beratung über einen zulässigen Antrag nicht mitwirkt. Auch ein Richter, der in der Hauptverhandlung als Zeuge ausgesagt hat, darf an der Entscheidung über ein Befangenheitsgesuch gegen einen der erkennenden Richter dieser Hauptverhandlung nicht mitwirken (BGH NStZ 2014, 44). Bei wiederholter Richterablehnung sollte darauf geachtet werden, dass die an der Beschlussfassung mitwirkenden Richter nicht „in eigener Sache" entscheiden, indem sie Entscheidungen über eigene Äußerungen bewerten, die bereits zuvor Gegenstand eines Befangenheitsantrags gewesen sind (BGH NStZ 2012, 45). Für die Einzelheiten sei auf die §§ 26a ff. StPO verwiesen. Wichtig ist **§ 29 StPO,** wonach in der Hauptverhandlung nicht nur unaufschiebbare Handlungen (§ 29 I StPO) vorgenommen werden können, sondern die Hauptverhandlung bis zum Beginn des übernächsten Verhandlungstages fortgesetzt werden kann, soweit sie sonst unterbrochen werden müsste (§ 29 II StPO). Verfahrensverzögerungen, die vor allem durch kurz vor Beginn der Hauptverhandlung seitens der Verteidigung gestellte Befangenheitsanträge entstanden sind, ist der Gesetzgeber nunmehr durch die Einführung des **§ 29 I 2 StPO n.F.** entgegengetreten. Während bislang die Anklage solange nicht verlesen werden konnte, bis über das Ablehnungsgesuch entschieden war, kann nunmehr die Entscheidung über die Ablehnung zurückgestellt werden, bis der Anklagesatz verlesen wurde.

Praxishinweis: Soll das Verfahren gegen einen von mehreren Angeklagten abgetrennt und nach dessen Geständnis durch Urteil abgeschlossen werden, während die Beweisaufnahme im Ausgangsverfahren gegen die übrigen Angeklagten fortgesetzt wird, sollte das Gericht unbedingt, um nicht die Besorgnis der Befangenheit bei diesen Mitangeklagten zu erregen, Maßnahmen treffen, die eine konfrontative Befragung des vormaligen Mitangeklagten, der die verbliebenen Angeklagten der Haupttäterschaft bezichtigt hatte, in der Hauptverhandlung ermöglichen (instruktiv BGH NStZ 2014, 660).

b) Befangenheit sonstiger Personen. Für **Schöffen, Urkundsbeamte und** **309**
Sachverständige gilt das für den Richter Gesagte entsprechend **(§§ 31, 74 StPO).**

Bei Schöffen stellt sich die Frage der Befangenheit, wenn sie vom wesentlichen Ergebnis der Ermittlungen Kenntnis erlangen. Der BGH neigt wegen der grundsätzlichen Gleichbehandlung von Berufs- und Laienrichtern in einem solchen Fall dazu, nur in Ausnahmefällen einen Verstoß gegen die Grundsätze der Mündlichkeit und der Unmittelbarkeit anzunehmen (BGH NJW 1997, 1792). Aus dem gleichen Grund wird man deshalb auch eine Befangenheit i.d.R. verneinen können.

310 Dagegen ist die **Befangenheit des Staatsanwalts** in der StPO nicht gesetzlich geregelt. Unabhängig von landesrechtlichen Vorschriften (z.B. bestimmt **§ 11 AG GVG** von Baden-Württemberg, dass der Staatsanwalt, der selbst oder dessen Verwandter durch die Tat verletzt worden ist, keine Amtshandlungen vornehmen darf), besteht in der Rechtsprechung Einigkeit, dass es auch eine Befangenheit des Staatsanwalts gibt und dessen Mitwirkung einen revisiblen Verfahrensverstoß darstellen kann. Gesicherte Rechtsprechung ist auch, dass die Ablösung des befangenen Staatsanwalts ausschließlich Sache des Dienstvorgesetzten ist und das Gericht darauf keinen Einfluss hat, aber verpflichtet sein kann, auf eine Ablösung zu drängen. Streit besteht darüber, wann ein Staatsanwalt befangen ist. Jedenfalls in den Fällen, in denen ein Richter von der Mitwirkung ausgeschlossen wäre, ist auch der Staatsanwalt befangen. Wirkt er weiter an der Hauptverhandlung mit, kann dies gerügt werden (BGH NJW 1980, 845). Nach ständiger Rechtsprechung des BGH darf deshalb der Staatsanwalt, der als Zeuge vernommen worden ist, an dieser weiteren Hauptverhandlung und hier insbesondere an den Schlussvorträgen nur insoweit mitwirken, als es um Teile geht, die von seiner eigenen Aussage nicht beeinflusst sind (BGH NStZ 2007, 419), ansonsten liegt ein relativer Revisionsgrund nach § 337 StPO vor (BGH NStZ 2018, 482). Befangen ist auch, wer als Staatsanwalt in der Berufungsinstanz eine Sache vertritt, in der er in erster Instanz als Richter entschieden hat.

6. Leitung der Verhandlung

311 Nach **§ 238 I StPO** leitet der Vorsitzende die Verhandlung. Nur soweit das Gesetz ausdrücklich vom „Gericht“ spricht, ist der gesamte Spruchkörper – in der Hauptverhandlung also auch unter Mitwirkung der Schöffen – zur Entscheidung berufen.

Soweit der Vorsitzende handelt, unterscheidet die Rechtsprechung die formelle *Verhandlungsleitung* und die *Sachleitung.*

Zur **formellen Verhandlungsleitung** gehört nur der äußere Rahmen einer Verhandlung und auch dies nur, soweit die Maßnahme nicht im Einzelfall geeignet ist, in die Rechte eines Beteiligten einzugreifen. Typische Beispiele für die formelle Leitung durch den Vorsitzenden sind z.B. die Eröffnung und Schließung der Sitzung, kürzere Unterbrechungen, die Sitzordnung der Verfahrensbeteiligten (die in Großverfahren im Zusammenhang mit der Beschränkung der Teilnahme von Pressevertretern brisant sein kann, vgl. BVerfG NJW 2014, 3013), ferner sitzungspolizeiliche Maßnahmen (§§ 176, 177 GVG) wie z.B. Ordnungsgeld an störende Zuhörer oder Kontrollen auf Waffen (jedenfalls im Saal – im Gebäude sind der Amtsgerichtsdirektor oder der Landgerichtspräsident als Hausherr zuständig).

Bei der **Sachleitung (§ 238 II StPO)** entscheidet der Vorsitzende sozusagen vorab für das Gericht. Ist ein Verfahrensbeteiligter mit einer Sachleitungsmaßnahme nicht einverstanden, so kann er die Entscheidung des Gerichts zu dieser Frage verlangen. Typische Beispiele sind die Anordnung der Verlesung einer Urkunde nach § 249 StPO (nicht nach § 251 IV StPO, da Gerichtsentscheidung!) oder die Entziehung des Fragerechts oder der (Teil-)Ausschluss der Öffentlichkeit.

Beachte: Die Entscheidung des Gerichts über die Verfügung des Vorsitzenden nach § 238 II StPO ist Voraussetzung dafür, dass Maßnahmen der Sachleitung erfolgreich mit der Revision angefochten werden können.

In der Literatur ist die Unterscheidung Verhandlungs-/Sachleitung weitgehend aufgegeben worden und es wird lediglich darauf abgestellt, ob der Prozessbeteiligte, der sich an das Gericht wendet, schlüssig darlegen kann, dass die Maßnahme des Vorsitzenden ihn beschwert (vgl. dazu *Meyer-Goßner/Schmitt* § 238 Rn. 12, 13).

7. Verständigung im Strafverfahren

Verständigungen hatten und haben in der Praxis der Strafgerichte seit den 70er Jahren **312**
eine erhebliche praktische Bedeutung. Dies ist auf die ständig wachsende Arbeitsbelastung der Strafjustiz zurückzuführen. Die Fälle werden – nicht zuletzt im Zuge der Globalisierung – komplexer. Der Gesetzgeber tendiert dazu, immer mehr Lebensbereiche strafrechtlich zu durchdringen. Das Strafverfahrensrecht wird infolge der Spruchpraxis der Oberlandesgerichte und des Bundesgerichtshofs, vor allem aber auch des Bundesverfassungsgerichts – und nicht zuletzt auch des Europäischen Gerichtshofs für Menschenrechte – ebenfalls immer komplexer. Gleichzeitig wird das Beschleunigungsgebot (vor allem in Haftsachen) immer schärfer durchgesetzt. Der Verteidigung bieten sich zahlreiche Möglichkeiten, das Verfahren zu erschweren. Der BGH hatte solche Absprachen nicht generell für unzulässig erklärt, stand ihnen aber wegen ihrer offensichtlichen Anfälligkeit für Missverständnisse skeptisch gegenüber (vgl. BGH NJW 1996, 1763 und 3018).

Im Jahre 2009 schuf der Gesetzgeber in der StPO eine ausdrückliche Regelung der Verständigung im Strafverfahren, wobei er wesentliche Grundanforderungen übernahm, die der BGH viele Jahre zuvor bereits formuliert hatte (NStZ 1998, 31), teilweise aber auch deutlich darüber hinaus ging (z. B. mit der Unwirksamkeit eines erklärten Rechtsmittelverzichts).

Mit Urteil vom 19. März 2013 hat das BVerfG (BVerfGE 133, 168) die Regelung für prinzipiell erfassungsgemäß erklärt, aber festgestellt, dass verfassungsrechtliche Vorgaben, allerdings sogar die gesetzliche Regelung selbst, nur mehr als unzureichend in der Praxis der Gerichte beachtet würden. Es hat der Rechtsprechung deshalb Handlungsanweisungen in großem Umfang mitgegeben (die überwiegend zu der Ansicht geführt haben, Verständigungen seien im Strafverfahren nicht mehr praktizierbar) und dem Gesetzgeber aufgegeben, den Vollzug fortwährend zu überprüfen. Im Anschluss an dieses Urteil hat die obergerichtliche Rechtsprechung die Anforderungen seither auf der Praxisebene weiter präzisiert.

Zum Verständnis des Gesamtkomplexes werden zunächst die gesetzliche Regelung vorgestellt, sodann die Entscheidung des BVerfG und ihre Konsequenzen.

a) Die gesetzliche Regelung. Die einschlägigen Normen finden sich in §§ 160b, 202a, 243 IV, 257b, 257c, 273 I a und 302 I 2 StPO. Im Einzelnen:

Vorgespräche und Befangenheit. Das Gericht kann nach § 257b StPO zur Vorbe- **313**
reitung einer Verständigung jederzeit den Stand des Verfahrens mit den Beteiligten erörtern, ohne dass dies allein Grund für eine Befangenheit des Gerichts sein könnte. Eine notwendige Vorbefassung des Gerichts ist für sich gesehen grundsätzlich kein geeigneter Befangenheitsgrund; dies gilt auch, wenn Verfahren gegen einzelne Angeklagte zur Verfahrensbeschleunigung abgetrennt werden und anschließend ein Schuldspruch wegen Beteiligung an später abzuurteilenden Taten erfolgt (BGH NStZ 2011, 44; vgl. auch BGH StV 2015, 5).

313a **Zeitpunkt von Vorgesprächen:** Eine Verständigung außerhalb der Hauptverhandlung ist in erster Linie im Zwischenverfahren denkbar (§ 202a StPO), aber auch noch nach Eröffnung vor Beginn der Hauptverhandlung (§ 212 StPO. Trotz des mit § 202a StPO vergleichbaren Wortlauts kommt eine Verständigung im Ermittlungsverfahren über § 160b StPO nicht in Betracht, da das Gericht an einer Absprache in diesem Verfahrensstadium nicht beteiligt ist. Die Erörterung kann aber dem Ziel dienen, eine Verständigung mit dem Gericht nach Anklageerhebung vorzubereiten.

314 **Zulässiger Inhalt einer Verfahrensabsprache:** Zentrale Norm ist § 257c StPO. Danach können sich das Gericht und die **Verfahrensbeteiligten** in einem dazu geeigneten Fall über den weiteren Verfahrensfortgang und das Ergebnis des Verfahrens verständigen. Verfahrensbeteiligte sind neben dem Gericht (einschließlich Schöffen) alle am Verfahren Mitwirkenden, die in der Hauptverhandlung mit Blick auf den Anklagevorwurf mit eigenen Rechten ausgestattet sind, also vor allem der Angeklagte, sein Verteidiger, der Staatsanwalt, nicht der Verletzte als solcher, wohl aber der Nebenkläger. Nicht jeder Beteiligte kann allerdings die Verständigung verhindern. Die Beteiligten haben ein Recht, sich hierzu zu äußern. Zustande kommt die Verständigung allein durch die **Einigung von Gericht, Angeklagtem und Staatsanwalt** (§ 257c III 4 StPO).

314a Ob ein Fall **geeignet** ist im Sinn von § 257c I StPO, lässt sich nur über eine Abwägung der widerstreitenden Interessen entscheiden, wobei das Interesse der Justiz an einer raschen Erledigung schwieriger und umfangreicher Verfahren zu bedenken ist, der Wunsch von Angeklagtem und Verteidiger an einem milden Urteil und das Verlangen des Opfers nach spürbarer Bestrafung des Täters. So verbietet sich in der Regel bei Kapitaldelikten eine Verständigung, bei Mord schon wegen der absoluten Strafdrohung; im Jugendstrafverfahren kann die Verständigung wegen des dort vorrangigen Erziehungsgedankens auch nur die Ausnahme sein (dann aber sind auch die Eltern des Angeklagten und die Jugendgerichtshilfe an der Verständigung beteiligt).

314b **Gegenstand** einer solchen Absprache können die **Rechtsfolgen** sein, die Inhalt des Urteils und der dazugehörigen Beschlüsse sein können. Aber auch auf **verfahrensbezogene Maßnahmen** im vorliegenden Erkenntnisverfahren und auf das **Prozessverhalten** der Verfahrensbeteiligten kann sich eine Verständigung beziehen – in der Praxis wird es darüber aber keine Verständigung geben, wenn nicht zugleich eine Einigung über die Rechtsfolgen zustande kommt. Das Gericht kann im Rahmen der Gespräche über eine Verständigung eine Ober- und Untergrenze der Strafe mitteilen, also einen Strafrahmen vorgeben, innerhalb dessen es entscheiden würde (§ 257c III 2 StPO; der Angeklagte muss sich allerdings bewusst sein, dass die Strafe die Strafrahmenobergrenze auch tatsächlich erreichen kann (BGH NJW 2011, 1159); die Verständigung auf eine ganz bestimmte Strafe ist ebenso unzulässig (sog. **Punktstrafe;** BGH NStZ 2011, 231; OLG Karlsruhe NStZ 2014, 294) wie die die Ankündigung einer sog **Sanktionsschere** (BGH StV 2011, 202; NStZ 2013, 671: Wird bei Verständigungsgesprächen die bei einem „streitigen Verfahren" zu erwartende Sanktion genannt, dann darf die Differenz zu der für den Fall eines Geständnisses zugesagten Strafobergrenze nicht zu groß sein. Die ohne Absprache in Aussicht gestellte Sanktion darf nicht das vertretbare Maß überschreiten, so dass der Angeklagte inakzeptablem Druck ausgesetzt wird). Entsprechend darf das Ergebnis des Strafnachlasses im Hinblick auf ein Geständnis nicht unterhalb der Grenze liegen, was noch als schuldangemessene Sanktion hingenommen werden kann.

Die Entscheidung über die Fortdauer der Untersuchungshaft nach Urteilsverkündung ist ein zum Urteil „dazugehöriger Beschluss" (§ 268b StPO), so dass auch die Vollstreckung von Untersuchungshaft grundsätzlich zulässiger Verständigungsinhalt sein kann (BGH NStZ 2014, 219). Als verfahrensbezogene Maßnahmen kommen neben einer Beschränkung der Beweisaufnahme (unter Wahrung der Aufklärungspflicht nach § 244 II StPO) in erster Linie Teileinstellungen nach §§ 154, 154a StPO in Betracht (siehe Rn. 316f).

Als Prozessverhalten kommen vor allem die Abgabe eines Geständnisses, der Verzicht auf Beweisanträge und die Zustimmung zur Verlesung von Zeugenaussagen in Betracht, aber auch die Zusage eines Täter-Opferausgleichs oder das Angebot auf Schadenswiedergutmachung. Um nicht den Eindruck entstehen zu lassen, der Angeklagte könne sich „freikaufen", muss das vom Angeklagten vorgesehene Verhalten in einem inneren Zusammenhang mit den angeklagten Vorwürfen und dem Gang der Hauptverhandlung stehen.

Beispiel: Wird dem Angeklagten in der Absprache ein bestimmtes Verhalten abverlangt, muss dieses in einem inneren Zusammenhang mit der angeklagten Tat und dem Gang der Hauptverhandlung stehen; dies ist beim Versprechen des Angeklagten, bestimmte Steuerschulden zu bezahlen, die in keinerlei Zusammenhang mit der Tat stehen, nicht der Fall; vgl. BGH NJW 2004, 1396.

Der **Schuldspruch** darf **nicht Gegenstand** der Verständigung sein (§ 257c II 3 StPO). Dies gilt auch für Qualifikationen wie die bandenmäßige Begehung oder das Mitführen einer Waffe. Auch die Anwendung eines anderen Gesetzes im Sinne des § 265 StPO – z.B. die Verständigung auf Diebstahl, solange eine Aufklärung des Raubes noch möglich ist – ist nicht zulässig. Unzulässig ist im Übrigen auch eine Verständigung über **Maßregeln der Besserung und Sicherung.** **314c**

Umstritten ist, ob das Gericht mangels Entscheidungsspielraums dem angeklagten Heranwachsenden nicht Jugendstrafe statt Erwachsenenstrafrecht zusagen kann (in diesem Sinne BGH NStZ 2001, 555; a.A. *Meyer-Goßner/Schmitt* § 257c Rn. 7). Ebenso wenig können wegen der fehlenden Entscheidungskompetenz des erkennenden Gerichts Maßnahmen des Strafvollstreckungsverfahrens, des Strafvollzugs oder ein Gnadenerweis abgesprochen werden (vgl. BGH NStZ 2011, 648; StV 2011, 74).

Amtsaufklärung: Die **Aufklärungspflicht** nach § 244 II StPO soll weiter gelten (§ 257c I 2 StPO), was für das regelmäßig mit der Verständigung verbundene Geständnis (vgl. § 257c II 2 StPO) bedeutet, dass es auf seine Richtigkeit zu überprüfen ist (siehe unten Rn. 315c, 315d, 316b). **314d**

Belehrungspflicht: Der Angeklagte ist nach § 257c Abs 5 StPO schon vor dem Wirksamwerden der Verständigung über die Voraussetzungen und Folgen einer Abweichung des Gerichtes von dem in Aussicht gestellten Ergebnis **qualifiziert zu belehren,** damit er selbst eine autonome Einschätzung des Risikos vornehmen kann, das mit der Mitwirkung an der Verständigung verbunden ist (BGH StV 2011, 76, 77; OLG München StV 2014, 79). Ferner wird mit der Belehrung ein Schutz vor übereilter Zustimmung zum Verständigungsangebot bezweckt. **314e**

Bindungswirkung: Kommt eine Absprache zustande, ist das Gericht, wie sich aus § 257c IV 1 StPO ergibt, hieran **gebunden,** während eines solche Bindungswirkung für die Staatsanwaltschaft nicht entsteht (über den Gedanken des fairen Verfahrens wird jedoch auch insoweit regelmäßig eine Schlechterstellung des Angeklagten vermieden werden müssen). Die **Bindungswirkung entfällt,** wenn rechtlich oder tatsächlich bedeutsame Umstände bei der Verständigung übersehen wurden oder sich nachträglich herausstellen **und** nach Überzeugung des Gerichts der abgesprochene Strafrahmen nicht mehr tat- und schuldangemessen ist (§ 257c IV 1 StPO). Gleiches gilt nach Satz 2 dieser Norm, wenn das weitere Prozessverhalten des Angeklagten **314f**

nicht dem entspricht, was der Prognose des Gerichts bei der Verständigung zugrunde lag.

Will das Gericht in diesen Fällen von dem abgesprochenen Vorgehen abweichen, muss es dies den Verfahrensbeteiligten unverzüglich mitteilen (§ 257c IV 4 StPO). Für das weitere Verfahren bedeutet dies, dass das vom Angeklagten abgegebene Geständnis nicht mehr verwertet werden darf (§ 257c IV 3 StPO), jedenfalls nicht zum Nachteil des Angeklagten. Aufgrund des Geständnisses erlangte Beweismittel bleiben allerdings – entsprechend den allgemeinen Grundsätzen – verwertbar.

Eine Bindungswirkung ergibt sich erst aus einer Verständigung nach § 257c Abs. 3 Satz 4 StPO, nicht jedoch aus den verschiedenen, zuvor möglichen Formen der Kommunikation des Gerichts mit den Verfahrensbeteiligten (§§ 202a, 212, 257b StPO). Der telefonische Hinweis des Strafkammervorsitzenden an den Verteidiger, der Angeklagte könne im Falle einer geständigen Einlassung mit einer Aussetzung der Freiheitsstrafe zur Bewährung rechnen, führt daher nicht zu einer Bindung der Strafkammer (BGH NStZ-RR 2012, 148).

Das Berufungsgericht ist an eine erstinstanzlich erzielte Verständigung grundsätzlich nicht gebunden (OLG Düsseldorf, StV 2011, 80; OLG Karlsruhe NStZ 2014, 294). Es kann den Angeklagten aber auch an einer Verfahrensabsprache festhalten und dann das so zustande gekommene Geständnis verwerten (OLG Nürnberg NStZ-RR 2012, 255).

314g **Mitteilungspflichten:** Sollten schon vor oder außerhalb der Hauptverhandlung Erörterungen zu einer Absprache stattgefunden haben, muss der Vorsitzende nach § 243 IV StPO zu Beginn der Hauptverhandlung mitteilen, dass solche Erörterungen stattgefunden haben und deren Inhalt darlegen, nicht nur das Ergebnis. Wie sich aus § 273 Ia 3 StPO ergibt, ist auch mitzuteilen, wenn keine Verständigungsgespräche stattgefunden haben.

314h **Protokollierungspflichten:** Von der Mitteilungspflicht nach § 243 IV StPO zu unterscheiden sind die Protokollierungspflichten. Ins Protokoll aufzunehmen ist die Mitteilung nach § 243 IV StPO, vgl. § 273 Ia 2 StPO. Für die Verständigungsgespräche während der Hauptverhandlung ist eine Mitteilung nicht vorgesehen, denn diese finden öffentlich statt. Ihr Ablauf und Inhalt sind aber ebenfalls als wesentliche Förmlichkeit in das Protokoll aufzunehmen, vgl. § 273 Ia 1 StPO. Gleiches gilt für die erforderlichen Belehrungen, § 273 Ia 2 StPO). Gab es keinerlei Gespräche über eine Verfahrensabsprache, ist auch das im Protokoll zu vermerken (sog. Negativattest; vgl. § 273 Ia 3 StPO).

314i **Kein Rechtsmittelverzicht:** Auch wenn alle Beteiligte mit dem einer Absprache nachfolgenden Urteil zufrieden sind, ist ein Rechtsmittelverzicht – also nicht nur dessen Vereinbarung im Rahmen der Absprache – ausgeschlossen (§ 302 I 2 StPO). Auch darüber ist der Angeklagte zu belehren.

Aber Vorsicht: Ein trotzdem erklärter Rechtsmittelverzicht ist zwar unwirksam, die Rechtsmittelfrist läuft aber gleichwohl. In die ohnehin nach § 35a S. 3 StPO mit dem Urteil zu erteilende Belehrung, dass der Angeklagte trotz Vereinbarung in seiner Entscheidung frei ist, Rechtsmittel einzulegen (im Protokoll genügt der Vermerk, „qualifizierte Rechtsmittelbelehrung wurde erteilt"; vgl. BGH NStZ-RR 2009, 282), sollte deshalb mit aufgenommen werden, dass die Rechtsmittelfrist in jedem Fall laufen wird (auch wenn die gesetzliche Vermutung einer unverschuldeten Säumnis nicht greift, da § 44 S. 2 StPO nicht auf § 35a S. 3 StPO verweist).

Aber Vorsicht: Ein trotzdem erklärter Rechtsmittelverzicht ist zwar unwirksam, die Rechtsmittelfrist läuft aber gleichwohl. In die ohnehin nach § 35a S. 3 StPO mit dem

Urteil zu erteilende Belehrung, dass der Angeklagte trotz Vereinbarung in seiner Entscheidung frei ist, Rechtsmittel einzulegen (im Protokoll genügt der Vermerk, „qualifizierte Rechtsmittelbelehrung wurde erteilt"; vgl. BGH NStZ-RR 2009, 282), sollte deshalb mit aufgenommen werden, dass die Rechtsmittelfrist in jedem Fall laufen wird (auch wenn die gesetzliche Vermutung einer unverschuldeten Säumnis nicht greift, da § 44 S. 2 StPO nicht auf § 35a S. 3 StPO verweist).

b) Das Urteil des Bundesverfassungsgerichts vom 19. März 2013. Mit seinem Urteil vom 19. März 2013 (BVerfGE 133, 168 = NJW 2013, 1058) stellte das Bundesverfassungsgericht zunächst einmal klar, das „Gesetz zur Regelung der Verständigung im Strafverfahren" (Verständigungsgesetz), mit dem der Gesetzgeber der Forderung nach einer Regelung der Verständigungen im Strafverfahren Rechnung tragen wollte, genüge den verfassungsrechtlichen Anforderungen. **315**

Zur Begründung wird ausgeführt, Verständigungen im Strafprozess seien nicht schlechthin ausgeschlossen. Der Strafprozess dürfe sich jedoch nicht von den Zielen der bestmöglichen Erforschung der materiellen Wahrheit sowie der rechtlichen Beurteilung durch ein unabhängiges, neutrales Gericht entfernen. Das Gebot der schuldangemessenen Bestrafung sei einzuhalten. Das verfassungsrechtliche Schuldprinzip stehe nicht zur Disposition des Gesetzgebers, und zu seiner Verwirklichung sei es unabdingbare Pflicht der Gerichte, den Sachverhalt bestmöglich aufzuklären. Der Gesetzgeber dürfe zwar zur Verfahrensvereinfachung Verständigungen zwischen Gericht und Verfahrensbeteiligten zulassen, auch wenn dies das Risiko beinhalte, dass verfassungsrechtliche Vorgaben nicht vollumfänglich beachtet werden. Der Gesetzgeber müsse jedoch die Wahrung der verfassungsrechtlichen Vorgaben sicherstellen und die Wirksamkeit der vorgesehenen Schutzmechanismen fortwährend überprüfen und ggf. nachbessern, da sich gezeigt habe, dass die Handhabung in der Praxis defizitär sei. **315a**

Das Bundesverfassungsgericht hatte Prof. Dr. Altenhain, Universitätsprofessor an der Heinrich-Heine-Universität Düsseldorf, mit der Durchführung einer repräsentativen empirischen Untersuchung zur Praxis der Verständigung im Strafverfahren beauftragt. Altenhain hatte zwischen dem 17. April und 24. August 2012 insgesamt 190 mit Strafsachen befasste Richterinnen und Richter des Landes Nordrhein-Westfalen befragt, von denen 117 als Strafrichter oder Vorsitzende eines Schöffengerichts und 73 als Vorsitzende einer Strafkammer tätig waren. Als Kontrollgruppe wurden daneben 68 Staatsanwältinnen und Staatsanwälte sowie 76 Fachanwältinnen und Fachanwälte für Strafrecht befragt. Nach Einschätzung der befragten Richter waren im Kalenderjahr 2011 17,9 % der Strafverfahren an Amtsgerichten und 23 % der Strafverfahren an Landgerichten durch Absprachen erledigt worden. Auf die Frage, in wieviel Prozent der Fälle nach ihrer Einschätzung in der gerichtlichen Praxis die gesetzlichen Vorschriften zur Verständigung verletzt würde, gaben etwas mehr als die Hälfte der Richter an, dass dies in mehr als der Hälfte aller Verfahren mit Absprachen der Fall sein dürfte. So gaben 58,9 % der befragten Richter an, mehr als die Hälfte ihrer Absprachen „informell", also ohne Anwendung des § 257c StPO durchgeführt zu haben, 26,7 % gaben an, immer so vorgegangen zu sein. 33 % der befragten Richter gaben an, außerhalb der Hauptverhandlung Absprachen geführt zu haben, ohne dass dies in der Hauptverhandlung offengelegt wurde, während 41,8 % der Staatsanwälte und 74,7 % der Verteidiger angaben, dies schon erlebt zu haben. Teilweise werden ausweislich der Studie von Prof. Dr. Altenhain durch § 257c Abs. 2 StPO ausdrücklich ausgeschlossene Inhalte wie etwa der Schuldspruch in die Absprache aufgenommen. Während 61,7 % der Richter angaben, die Glaubhaftigkeit von im Anschluss an eine Absprache abgelegten Geständnissen immer zu überprüfen, räumten 38,3 % der Rich- **315b** ter ein, die Glaubhaftigkeit des Geständnisses nicht immer, sondern nur häufig, manchmal, selten oder nie zu überprüfen. Die Einlegung eines Rechtsmittels nach einer Absprache ist sehr selten. Nach Auskunft von 27,4 % der Richter wurde sogar bei Verständigungen gemäß § 257c StPO – entgegen § 302 Abs. 1 Satz 2 StPO – ausdrücklich auf Rechtsmittel verzichtet. Nicht weniger als 16,4 % der Richter und 30,9 % der Staatsanwälte erklärten, sich im Rahmen einer Absprache schon auf eine ihrer Ansicht nach zu milde Strafe eingelassen zu haben. Demgegenüber haben sich von den Verteidigern 30,3 % nach eigener Auskunft schon auf eine ihrer Ansicht nach zu hohe Strafe im Wege der Absprache eingelassen. Der „Strafrabatt" im Anschluss an ein absprachegemäß abgelegtes Geständnis liegt nach Angaben der Befragten zumeist zwischen 25 % und 33,3 % der wahrscheinlich zu erwartenden Strafe nach „streitiger" Verhandlung.

315c Vor dem Hintergrund dieser so aufgedeckten defizitären Handhabung überprüfte das Bundesverfassungsgericht das Verständigungsgesetz als solche im Einzelnen und stellte fest, es sei verfassungsgemäß:

Es sei nach dem Willen des Gesetzgebers darauf gerichtet, die Verständigung in das System des geltenden Strafprozessrechts zu integrieren, ohne die Grundsätze der richterlichen Sachaufklärung und Überzeugungsbildung anzutasten. Der Gesetzgeber habe erkennbar kein neues, „konsensuales" Verfahrensmodell einführen wollen.

Im Einzelnen:

- § 257c II 3 StPO schließe aus, dass der Schuldspruch oder Maßregeln der Besserung und Sicherung zum Gegenstand einer Verständigung gemacht werden. Auch von der Beachtung der Strafzumessungsregeln seien die Gerichte nicht entbunden.
- Nach dem Verständigungsgesetz könne eine Verständigung niemals als solche die Grundlage eines Urteils bilden; weiterhin bleibe allein und ausschließlich die Überzeugung des Gerichts vom festgestellten Sachverhalt maßgeblich. § 257c I 2 StPO könne nur so verstanden werden, dass das verständigungsbasierte Geständnis zwingend auf seine Richtigkeit zu überprüfen sei.
- Der Belehrungspflicht des § 257c V StPO komme besondere Bedeutung zu und dieser Bedeutung müsse auch revisionsrechtlich Rechnung getragen werden. Bei einem Verstoß gegen diese Belehrungspflicht seien die Revisionsgerichte regelmäßig gehalten davon auszugehen, dass das Geständnis und damit auch das Urteil auf dem Unterlassen der Belehrung beruhe. Anders sei dies nur, wenn feststünde, dass der Angeklagte das Geständnis auch bei ordnungsgemäßer Belehrung abgegeben hätte.

315d

- Das Verständigungsgesetz enthalte umfangreiche Mitteilungs- und Dokumentationspflichten. Die Gewährleistung der Transparenz und der Dokumentation des mit einer Verständigung verbundenen Geschehens seien ein Schwerpunkt des Verständigungsgesetzes.
- Gemäß der eindeutigen gesetzgeberischen Entscheidung seien sog. „informelle" Absprachen nicht mehr zulässig. Bereits der Wortlaut des § 257c I 1 StPO schließe jegliche sonstige informelle Absprachen, Vereinbarungen und „Gentlemen's Agreements" aus. Die Regelung habe abschließenden Charakter.

Mit den einzelnen Prüfungspunkten verband das Bundesverfassungsgericht jedoch mit drohend gehobenem Zeigefinger eine Reihe deutlicher, teils über den Gesetzeswortlaut hinausgehender Mahnungen.

- Die Überprüfung eines auf einer Verständigung beruhenden Geständnisses sei durch Beweiserhebung in der Hauptverhandlung zu vollziehen. Es genüge nicht, das verständigungsbasierte Geständnis durch einen bloßen Abgleich mit der Aktenlage zu überprüfen (anders noch BGHSt 50, 40).

- Eine Strafrahmenverschiebung dürfe nicht Gegenstand einer Verständigung sein, selbst dann nicht, wenn sie sich auf Sonderstrafrahmen für besonders schwere oder minder schwere Fälle im Vergleich zum Regelstrafrahmen beziehe. Auch die Sonderstrafrahmen seien – wie jeder Strafrahmen – Ausdruck des Unwert- und Schuldgehalts, den der Gesetzgeber einem unter Strafe gestellten Verhalten beigemessen habe. Mit der Normierung von Sonderstrafrahmen bringe der Gesetzgeber – nicht anders als bei Qualifikationen und Privilegierungen – zum Ausdruck, innerhalb eines Deliktstypus eine Differenzierung schon auf der Ebene der Strafrahmenwahl für geboten zu erachten. Bei umfassender Würdigung des dem Verständigungsgesetz zugrundeliegenden Regelungskonzepts könne deshalb nicht davon ausgegangen werden, der Gesetzgeber habe diese Bewertung für den Fall einer Verständigung aufgeben und den Begriff der „Rechtsfolge" in § 257c II 1 StPO auch auf Strafrahmenverschiebungen ausdehnen wollen.
- Bereits aus dem Wortlaut von § 257c I 1 StPO ergebe sich, dass jegliche sonstigen „informellen" Absprachen, Vereinbarungen und „Gentlemen's Agreements" untersagt seien. Hätte die Regelung keinen abschließenden Charakter, könnten die vom Gesetzgeber als erforderlich erachteten flankierenden Vorschriften, die Transparenz und Öffentlichkeit des mit einer Verständigung verbundenen Geschehens sichern, die ihnen zur Ermöglichung einer wirksamen Kontrolle von Verständigungen zugedachte Funktion von vornherein nicht wirksam erfüllen. Hierin liege aber gerade ein zentrales Anliegen des Gesetzgebers. Daraus folge unter anderem, dass ein wirksamer Rechtsmittelverzicht auch dann ausgeschlossen sei, wenn sich die Beteiligten unter Verstoß gegen die gesetzlichen Vorschriften verständigt hätten. Eine solche Verständigung unterliege zudem der Protokollierungspflicht. Werde in einem derartigen Fall ein Negativattest nach § 273 I a 3 StPO erteilt, könne dies den Tatbestand der Falschbeurkundung im Amt (§ 348 StGB) erfüllen (!).
- In der Konzeption des Gesetzgebers komme der Öffentlichkeit der Hauptverhandlung eine zentrale Bedeutung zu. Mit dem Gebot, die mit einer Verständigung verbundenen Vorgänge umfassend in die Hauptverhandlung einzubeziehen, gewährleiste der Gesetzgeber nicht nur vollständige Transparenz; er lege zugleich besonderes Gewicht auf die Kontrollfunktion der Öffentlichkeit der Hauptverhandlung und bekräftige damit, dass auch im Fall der Verständigung der Inbegriff der Hauptverhandlung die Grundlage der richterlichen Überzeugungsbildung bleibe. Um dies zu sichern, habe das Verständigungsgesetz umfassende Transparenz- und Dokumentationspflichten mit Bezug auf die Hauptverhandlung statuiert. Für alle Erörterungen außerhalb der Hauptverhandlung verlange § 243 IV StPO eine Mitteilung des „wesentlichen Inhalts". Diese Mitteilung sei gemäß § 273 Ia 2 StPO zu protokollieren. Im Falle einer Verständigung seien für diese selbst gemäß § 273 Ia 1 StPO der wesentliche Ablauf und Inhalt sowie das Ergebnis wiederzugeben. Die Protokollierungspflicht hinsichtlich der Verständigung gehe also über die Protokollierung der nach § 243 IV StPO vorgeschriebenen Mitteilung hinaus. Dem liege zugrunde, dass die Verständigung als solche nach § 257c I StPO nur in der Hauptverhandlung erfolgen könne.
- Hinsichtlich des Inhalts möglicher Erörterungen des Gerichts mit den Verfahrensbeteiligten und der dabei bestehenden Transparenz- und Dokumentationspflichten sei wie folgt zu unterscheiden:
- Gespräche, die ausschließlich der Organisation sowie der verfahrenstechnischen Vorbereitung und Durchführung der Hauptverhandlung dienten, etwa die Ab-

stimmung der Verhandlungstermine, seien vom Regelungskonzept des Verständigungsgesetzes nicht betroffen und unterlägen deshalb nicht der Mitteilungspflicht des § 243 IV StPO.

- Gespräche, die als Vorbereitung einer Verständigung verstanden werden könnten, unterlägen der Mitteilungspflicht des § 243 IV StPO. Um solche handele es sich, sobald ausdrücklich oder konkludent die Möglichkeit und die Umstände einer Verständigung im Raum stünden, jedenfalls aber dann, wenn Fragen des prozessualen Verhaltens in Konnex zum Verfahrensergebnis gebracht würden und damit die Frage nach oder die Äußerung zu einer Straferwartung naheliege. Im Zweifel sei § 243 IV StPO anzuwenden. Es sei darzulegen, welche Standpunkte von den einzelnen Gesprächsteilnehmern vertreten wurden, von welcher Seite die Frage einer Verständigung aufgeworfen wurde und ob sie bei anderen Gesprächsteilnehmern auf Zustimmung oder Ablehnung gestoßen sei.
- Die Verständigung selbst habe zwingend in der Hauptverhandlung stattzufinden. Dort sei im Rahmen der Protokollierung nach § 273 I a 1 StPO festzuhalten, wer die Anregung zu den Gesprächen gab und welchen Inhalt die einzelnen "Diskussionsbeiträge" aller Verfahrensbeteiligten sowie der Richter hatten, insbesondere von welchem Sachverhalt sie hierbei ausgingen und welche Ergebnisvorstellungen sie äußerten.
- Aus dem Wortlaut von § 257c I und II StPO folge, dass sich Verständigungen ausschließlich auf das „zugrundeliegende Erkenntnisverfahren“ beziehen dürften, also sogenannte „Gesamtlösungen“ unter Einbeziehung anderer Verfahren und nicht in der Kompetenz des Gerichts liegende Zusagen (etwa Einstellung anderer Vorwürfe durch die Staatsanwaltschaft gem. § 154 StPO) unzulässig seien.
- Das Strafverfahrensrecht trage dem Anliegen, die Entscheidungsfreiheit des Angeklagten zu wahren, bereits generell in allen Verfahrensstadien Rechnung. So hätten Belehrungspflichten sowie die Freiheit von Willensentschließung und Willensbetätigung in den allgemeinen Vorschriften der §§ 136, 136a, 163a IV, 243 V StPO ihren Niederschlag gefunden. Wenn diese Sicherungen schon bei der Entscheidungsfindung über allgemeines Aussageverhalten griffen, so hätten sie eine umso größere Bedeutung, wenn es um die Frage eines Schuldeingeständnisses in der für eine Verständigung typischen Anreiz- und Verlockungssituation gehe. Deshalb komme der Belehrungspflicht aus § 257c V StPO besondere Bedeutung zu, der auch revisionsrechtlich Rechnung zu tragen sei.

316 **c) Die Entwicklung der Rechtsprechung nach der Entscheidung des Bundesverfassungsgerichts.** Sowohl der BGH als auch die OLGs sind seither erkennbar bemüht, den vom BVerfG aufgestellten Anforderungen Rechnung zu tragen, obwohl wegen der Bestätigung der Verfassungskonformität der überprüften Normen ohne deren verfassungskonforme Auslegung die Ausführungen des Gerichts zur Handhabung eigentlich keine rechtliche Bindungswirkung haben (BGHSt 59, 130; *Schneider* NStZ 2014, 192 m.w.N.).

316a Die Rechtsprechung verlangt nun stets eine **Geständniskontrolle** im Strengbeweisverfahren und nicht nur durch Abgleich mit der Aktenlage (BGH NStZ 2014, 170; NJW 2014, 872). Die in der Praxis bisher für ausreichend erachtete Geständnisüberprüfung anhand der Akteninformationen oder des „Ermittlungsergebnisses“ (BGH NStZ-RR 2012, 256) ist nun nicht mehr ausreichend. Bei Betäubungsmitteldelikten ist deshalb beispielsweise die Feststellung des Wirkstoffgehalts trotz Geständnis unerlässlich (BGH StV 2013, 703). Allerdings sind die Anforderungen nicht höher als bei einem ohne Verständigung erfolgten Geständnis (BGH wistra 2013, 400). Verständigungsbasierte Geständnisse dürfen daher beispielsweise auch mit Hilfe der Angaben eines kriminalpolizeilichen Ermittlungsführers auf ihre Wahrhaftigkeit überprüft werden (BGH NStZ 2017, 173).

Bei einer Verständigung ist eine sog. **Sanktionsschere** verboten (siehe oben Rn. 314b). Das Gericht darf also nicht etwa eine Strafe für den Fall eines Geständnisses und eine andere für den Fall des Bestreitens vorgeben (BGH NStZ 2013, 671). Zwar sieht § 257 III 2 StPO die Angabe einer Unter- und einer Obergrenze der Strafe vor. Damit ist nach dem Regelungsgehalt der Vorschrift aber nicht die Mitteilung der sogenannten Sanktionsschere gemeint, sondern allein der für den Fall einer erfolgreichen Verständigung konkret in Betracht kommende Strafrahmen. **316b**

Das *BVerfG* hat untersagt, die **Strafrahmenwahl** zum Gegenstand einer Verständigung zu machen. Rechtfertigen ohne ein absprachebasiertes Geständnis die übrigen Strafmilderungsgründe für sich bereits die Annahme eines **minder schweren Falles,** darf dieser für die Bezifferung der Ober- und Untergrenze der Strafe – nunmehr unter Berücksichtigung des verständigungsbasierten Geständnisses – herangezogen werden (*BGH* NStZ 2013, 540; vgl. auch BGH NStZ 2017, 363). **316c**

Die Frage der **Strafaussetzung zur Bewährung** kann tauglicher Gegenstand einer Verständigung sein, sofern die hierfür erforderlichen materiell-rechtlichen Voraussetzungen gegeben sind (*Meyer-Goßner/Schmitt* StPO § 257c Rn. 12). Es ist also zulässig, die Vollstreckung einer zwei Jahre nicht übersteigenden Freiheitsstrafe zur Bewährung auszusetzen, sofern der Angeklagte ein Geständnis ablegt. Die Verhängung einer Bewährungsauflage gemäß § 56b StGB verstößt aber gegen den Grundsatz des fairen Verfahrens und unterliegt im Beschwerdeverfahren der Aufhebung, wenn der Angeklagte vor Vereinbarung einer Verständigung gemäß § 257c StPO, deren Gegenstand die Verhängung einer zur Bewährung auszusetzenden Freiheitsstrafe ist, nicht auf konkret in Betracht kommende Bewährungsauflagen hingewiesen worden ist (BGHSt 59, 172; BGH NStZ 2014, 665; OLG Saarbrücken StV 2014, 82; nicht aber Weisungen; vgl. auch BGH StraFo 2014, 514). Es reicht in diesem Zusammenhang nicht aus, wenn das Strafgericht ohne nähere Konkretisierung nur mitteilt, dass eine Bewährungsauflage von Seiten des Gerichts angedacht sei (BGH NStZ 2018, 420). **316d**

Zu **Verfahrensbeschränkungen** hat das BVerfG in einer weiteren Entscheidung präzisiert, dass solche nach § 154a II StPO generell nicht als gesetzwidrige Disposition über den Schuldspruch anzusehen seien. Anderes könne aber dann gelten, wenn zusätzliche Umstände darauf hindeuten, dass die Verfahrensbeschränkung im Einzelfall der Umgehung des in § 257c II 3 StPO normierten Verbots dienen soll, so etwa bei einer Überschreitung des gerichtlichen Beurteilungsspielraums (BVerfG NStZ 2017, 422). Verfahrenseinstellungen nach § 154 II StPO dürfen in eine Verständigung nur noch einbezogen werden, sofern allein das anhängige Erkenntnisverfahren betroffen ist (OLG Nürnberg NStZ-RR 2017, 350). Daraus folgt, dass weder Zusagen der Staatsanwaltschaft zur vorläufigen Einstellung sonstiger gegen den Angeklagten geführter Ermittlungsverfahren noch weitere, bei demselben Gericht anhängige Strafverfahren Gegenstand einer Verständigung sein können. Die Staatsanwaltschaft ist deshalb aber nicht gehindert, im Zusammenhang mit Verständigungsgesprächen Erklärungen zu ihrer Einschätzung anderer Verfahren abzugeben und für Einstellungen Bedingungen aufzustellen. Solche Erklärungen sind nach § 160b StPO zu dokumentieren. Bindungswirkung haben sie grundsätzlich nicht. In solchen Fällen begründet die Zusage der Staatsanwaltschaft jedoch einen Vertrauenstatbestand, der über den Fairnessgrundsatz aus Art. 6 I EMRK zwar nicht in der laufenden Hauptverhandlung, wohl aber später in der anderen Strafsache rechtlichen Schutz genießt. Über die feh- **316e** lende Bindungswirkung ist tunlichst seitens des Gerichts zu belehren (BGH NStZ 2017, 56).

316f Die Höhe der Kompensation für eine hinsichtlich Art, Ausmaß und ihrer Ursachen prozessordnungsgemäß festgestellte **überlange Verfahrensdauer** ist ein zulässiger Verständigungsgegenstand (BGH NStZ 2016, 428).

316g Weder dem gesetzlichen Schutzkonzept zur Verständigung noch übergeordneten Grundsätzen lässt sich ein an Gericht oder Staatsanwaltschaft gerichtetes Verbot entnehmen, in einem gegen mehrere Angeklagte gerichteten Strafverfahren nur an einer **„Gesamtverständigung"** mitzuwirken. Eine solche ist jedenfalls dann statthaft, wenn eine „Partikularlösung" mit einzelnen Angeklagten nach Lage der Dinge nicht sachgerecht wäre (BGH NStZ 2015, 237).

317 Eine Verständigung ist nur dann **wirksam,** wenn auch die Staatsanwaltschaft gem. § 257c III 4 StPO ihre Zustimmung zu einem Verständigungsvorschlag des Gerichts erklärt. Die Zustimmung muss eindeutig erklärt werden, eine konkludente Erklärung genügt nicht (BGH NStZ-RR 2017, 87).

318 **Mitteilungspflichtige Erörterungen** nach § 243 IV StPO liegen aber schon vor, sobald bei im Vorfeld oder neben der Hauptverhandlung geführten Gesprächen ausdrücklich oder konkludent die Möglichkeit und die Umstände einer Verständigung im Raum stehen. Mitteilungspflichtig ist danach jedes ausdrückliche oder konkludente Bemühen um eine Verständigung in Gesprächen, die von den Verfahrensbeteiligten insoweit als Vorbereitung einer Verständigung verstanden werden können (BGH NStZ 2018, 487). Abzugrenzen sind solche Erörterungen, bei denen ein Verfahrensergebnis einerseits und ein prozessuales Verhalten des Angekl. andererseits in ein Gegenseitigkeitsverhältnis im Sinne von Leistung und Gegenleistung gesetzt werden, von sonstigen verfahrensfördernden Gesprächen, die nicht auf eine einvernehmliche Verfahrenserledigung abzielen. Gegenstand solcher unverbindlichen Erörterungen kann insbesondere der in einem Rechtsgespräch erteilte Hinweis auf die strafmildernde Wirkung eines Geständnisses sein (BGH NStZ 2017, 52) oder die Einstellung von Taten, sofern dies allein zur „Verschlankung" des Verfahrens ohne erkennbaren Bezug zu einem bestimmten Verfahrensergebnis geschieht (BGH NStZ 2018, 49). Wesentlich ist also, ob sich aus den Erörterungen eine „synallagmatische Verknüpfung in Aussicht gestellter Handlungen" ergibt (BGH NStZ 2017, 167; NStZ 2017, 658). Allerdings unterliegen ausschließlich solche verständigungsbezogenen Erörterungen der Mitteilungspflicht, an denen das betreffende Gericht auch beteiligt war (BGH NStZ 2016, 362). Verständigungsbezogene Erörterungen des erstinstanzlichen Gerichts mit den Verfahrensbeteiligten unterliegen daher nicht der Mitteilungspflicht des Berufungsgerichts (OLG Hamburg NStZ 2016, 182). Die Pflicht zur Mitteilung der mit dem Ziel einer Verständigung über den Verfahrensausgang geführten Gespräche nach § 243 IV 2 StPO gilt auch im weiteren Verlauf der Hauptverhandlung, soweit sich Änderungen gegenüber der Mitteilung zu Beginn der Hauptverhandlung ergeben haben. Die Mitteilungspflicht wird inzwischen sehr weit gefasst; wenn der Vorsitzende einer Strafkammer Zeuge von Vorgesprächen zwischen der Staatsanwaltschaft und der Verteidigung wird und das spätere Urteil, ohne dass die Kammer den Gesprächen in irgendeiner Form beigetreten wäre, nach dem Vortrag eines Formalgeständnisses unter Verzicht auf eine – an sich vorgesehene – Beweisaufnahme den übereinstimmenden Anträgen entspricht, geht der BGH von einer konkludent geschlossenen Urteilsabsprache aus, die dem Zweck dient, die Anforderungen und Rechtswirkungen einer Verständigung rechtswidrig zu umgehen (BGHSt 59, 21), sofern der Mitteilungspflicht nicht Genüge getan wurde.

Bei einem Verstoß gegen die Mitteilungspflichten des § 243 IV StPO schließt der BGH nur noch ausnahmsweise ein Beruhen des Urteils auf dem Verfahrensfehler aus (BGH NStZ 2013, 722; NStZ 2014, 219; NStZ 2014, 416; BGHSt 60, 150). Die Enzscheidungen des BVerfG gerade auch zur Beruhensfrage gehen sehr weit (BVerfG NStZ 2014, 528). Damit wird dieser Verstoß zu einem quasi absoluten Revisionsgrund erhoben (vgl. auch OLG Dresden StRR 2015, 3). Nur ganz ausnahmsweise wird das Beruhen ausgeschlossen. So etwa, wenn der Angeklagte konstant von seinem Schweigerecht Gebrauch gemacht hat und erklärt hat, dass bei ihm prinzipiell keine Verständigungsbereitschaft bestehe (BGH NStZ-RR 2014, 315), oder wenn zweifelsfrei auszuschließen ist, dass es Gespräche über die Möglichkeit einer Verständigung gegeben hat (BGHSt 58, 315; BGH NStZ 2013, 541; NStZ-RR 2014, 115; NJW 2015, 266). Vollumfängliche Unterrichtungen des Angeklagten durch seinen Verteidiger können vom Gericht bewirkte Mitteilungsdefizite nach § 243 IV StPO prinzipiell nicht dahingehend abmildern, dass ein Beruhen des Urteils auf dem Verfahrensverstoß ausgeschlossen werden kann (BGH NStZ 2017, 244). An der Mitteilungspflicht ändert sich auch durch die zwischen dem Vorgespräch und der Eröffnung des Hauptverfahrens erfolgte vollständige Neubesetzung der Strafkammer nichts (BGH NJW 2014, 3385). Das bedeutet, dass Vorgespräche, die von einem nicht mehr im Dienst befindlichen Vorsitzenden initiiert wurden und von denen der neue Vorsitzende und möglicherweise die gesamte Kammer gar nichts weiß, ein Urteil gefährden. Der BGH postuliert insoweit eine Erkundigungspflicht. Auch dass an dem Gespräch nicht alle Kammermitglieder, sondern lediglich der Vorsitzende teilgenommen hat, nimmt ihm nicht den Charakter einer die Mitteilungspflicht auslösenden Erörterung über die Möglichkeit einer Verständigung nach (BGH NStZ-RR 2018, 355). Etwas anderes gilt jedoch, wenn nach Vorgesprächen über eine Verfahrensabsprache die Anklageschrift von der Staatsanwaltschaft zurückgenommen und danach eine neue Anklageschrift eingereicht wird; das Geschehen vor Erhebung der Anklage wird vom Anwendungsbereich des § 243 IV StPO gerade nicht umfasst (BGH NStZ 2014, 600). Die Verletzung von Mitteilungspflichten nach § 243 IV StPO entfaltet nicht stets Drittwirkung zu Gunsten eines Angeklagten, der an den Verständigungsgesprächen unbeteiligt war. Bei Bandendelikten berühren solche Verfahrensfehler indessen dann den Rechtskreis des Angeklagten, wenn die Bandenabrede, die Bandenstruktur oder die Bandenmäßigkeit der Tatbegehung umstritten sind. In solchen Fällen muss der an den Verständigungsgesprächen Unbeteiligte den wesentlichen Inhalt der Erörterungen kennen, um sich gegen das Einlassungsverhalten der Mitangeklagten sachgerecht verteidigen zu können (BGH NStZ 2016, 228). **318a**

Auch ein **Verstoß gegen die Pflicht zur Belehrung** gem. § 257c V StPO führt zur Aufhebung eines Urteils, wenn dieses nach vorausgegangener Verständigung aufgrund eines Geständnisses des Angeklagten ergangen und dieser entsprechend der Zusicherung verurteilt worden ist; auch insoweit handelt es sich inzwischen um einen quasi absoluten Revisionsgrund (BGH StV 2013, 611; NStZ 2013, 728; StV 2014, 69). § 257c V StPO wird dahingehend verstanden, dass ein Angeklagter vor der Verständigung über die Voraussetzungen und Folgen der nach § 257c IV StPO möglichen Abweichung des Gerichts von dem in Aussicht gestellten Ergebnis zu belehren ist. Ganz wichtig ist dabei, dass die Belehrung vor der Verständigung erfolgt sein muss (BGH NStZ-RR 2019, 27), denn der grundlegenden Bedeutung der Belehrungspflicht für die Fairness des Verfahrens und die Selbstbelastungsfreiheit ist nur dann Rechnung getragen, wenn der Angeklagte vor dem Eingehen einer Verständigung, deren Bestandteil das Geständnis ist, vollumfänglich über die Tragweite seiner Mitwirkung an der Verständigung informiert ist. Das Urteil beruht ausnahmsweise dann **318b** nicht auf der unterbliebenen Belehrung nach § 257c Abs. 5 StPO, wenn die Belehrung zwar verspätet, d.h. erst nach nach der allseitigen Zustimmung zum gerichtlichen Verständigungsvorschlag erfolgte, der Angeklagte jedoch nach seiner Zustimmung eine Überlegungsfrist von einer Woche zur Verfügung hatte, bis er in einem weiteren Verhandlungstermin ein Geständnis ablegte (BGH StV 2014, 69). Auch ist eine Heilung des Fehlers möglich, wenn eine rechtsfehlerfreie Wiederholung des von dem Verfahrensfehler betroffenen Verfahrensabschnitts durchgeführt wurde. Dafür bedarf es eines ausdrücklichen Hinweises auf den Fehler und auf die daraus folgende gänzliche Unverbindlichkeit der Zustimmung des Angeklagten sowie einer Nachholung der versäumten Belehrung nach und der erneuten Einholung einer nunmehr verbindlichen Zustimmungserklärung (BGH StV 2014, 69). Kommt es in einer Hauptverhandlung ohne vorherige Belehrung des Angeklagten gem. § 257c V StPO zu einer Verständigung, wird er sodann vom Vorsitzenden aber mehrfach über die Unverwertbarkeit seiner früheren Aussage belehrt und gibt sein Verteidiger danach für den Angeklagten eine von diesem ausdrücklich gebilligte Sacheinlassung ab, so beruht das nachfolgende Urteil – ausnahmsweise – nicht auf einem Belehrungsverstoß (BGH NStZ 2013, 727). Die nachträgliche Belehrung muss aber qualifiziert – also unter ausdrücklichem Hinweis auf den Fehler und auf die daraus folgende gänzliche Unverbindlichkeit der Zustimmung – erfolgen (BGH NStZ-RR 2017, 151).

319 Ein **Rechtsmittelverzicht** ist auch nach einer informellen Verständigung unwirksam (BGHSt 59, 21). Hiervon zu unterscheiden ist aber die aus einer Verständigung resultierende Rücknahme eines Rechtsmittels in anderer Sache. Eine Rechtsmittelrücknahmeerklärung ist grundsätzlich unwiderruflich und unanfechtbar, auch wenn sie im Rahmen einer Verständigung in einer anderen Strafsache abgegeben worden ist (BGH NStZ 2016, 177). Die Wirksamkeit der Rechtsmittelrücknahme bestimmt sich nach den für Prozesserklärungen geltenden allgemeinen rechtlichen Maßgaben. Als Prozesserklärung ist diese grundsätzlich unwiderruflich und unanfechtbar.

320 Zu den sich hieraus für die Revision ergebenden Fragestellungen, insbesondere Art und Inhalt von Rügen, siehe im Einzelnen Rn. 432, 458a, 472f., 584, 592a, 593.

8. Hauptverhandlungsprotokoll

321 Über die Hauptverhandlung ist ein vom Vorsitzenden und vom Urkundsbeamten der Geschäftsstelle zu unterzeichnendes Protokoll aufzunehmen (§ 271 StPO). Der äußere Rahmen des Protokolls ergibt sich aus § 272 StPO. Im Übrigen muss das Protokoll den Gang und die Ergebnisse der Hauptverhandlung im Wesentlichen wiedergeben und die Beachtung aller wesentlichen Förmlichkeiten ersichtlich machen; nur beim Amtsgericht muss auch der wesentliche Vernehmungsinhalt der Einlassung des Angeklagten und der Vernehmung der Zeugen und Sachverständigen wiedergegeben werden (vgl. im Einzelnen den Wortlaut des **§ 273 StPO** – lesen!). Nach **§ 274 StPO** hat das Protokoll **positive und negative Beweiskraft** für das Vorliegen bzw. Nichtvorliegen der für die Hauptverhandlung vorgeschriebenen wesentlichen Förmlichkeiten, es sei denn, es ist in sich widersprüchlich. Die §§ 273, 274 haben damit enorme praktische Bedeutung, vor allem für das Revisionsverfahren.

Hinweis: Allerdings entfällt die Beweiskraft des Protokolls, wenn und soweit sich eine der Urkundspersonen vom Protokollinhalt distanziert. Dafür muss die Urkundsperson das Protokoll nicht ausdrücklich als unrichtig bezeichnen; es genügt, wenn sich aus ihrer Erklärung ergibt, dass sie von dem protokollierten Protokollinhalt nicht mehr überzeugt ist (BGH NStZ 2014, 668, der dies jedenfalls bei einer Distanzierung zu Gunsten des Angeklagten angenommen hat).

322 Von großer praktischer Bedeutung für die Revision ist deshalb auch die Frage, ob eine **Protokollberichtigung** zulässig ist. In der StPO ist diese nicht geregelt, wird aber gleichwohl allgemein auch für das fertiggestellte Protokoll für zulässig erachtet, wenn die Urkundspersonen durch ihre Unterschrift dokumentieren (BGH NStZ 2015, 358), dass es sich um eine nachträgliche Änderung handelt und sich beide einig sind, dass die Änderung dem tatsächlichen Geschehen entspricht; erinnert sich einer der beiden Urkundspersonen nicht mehr, ist eine Berichtigung nicht zulässig (BGH NJW 2010, 2068). Die Berichtigung kann von Amts wegen oder auf Antrag einer der Verfahrensbeteiligten erfolgen. Die Berichtigung kann auch noch zu einem Zeitpunkt vorgenommen werden, zu dem bereits eine Verfahrensrüge geltend gemacht wurde, die sich auf den bisherigen Wortlaut des Protokolls stützt (z.B. wird der notwendige Verteidiger im Protokoll nicht als anwesend erwähnt, hat tatsächlich aber an der Hauptverhandlung teilgenommen). Die frühere Rechtsprechung zur sogenannten Rügeverkümmerung, wonach eine Protokollberichtigung einer bereits eingelegten Revision nicht mehr den Boden entziehen dürfe, hat der Große Senat des BGH inzwischen aufgegeben (NJW 2007, 2419). Das BVerfG NJW 2009, 1469, hat diese Rechtsprechung gebilligt, die h.M. steht ihr allerdings sehr kritisch gegenüber (vgl. dazu *Meyer-Goßner/Schmitt* § 271 Rn. 26). Wird nach dieser Rechtsprechung durch eine beabsichtigte Protokollberichtigung der bereits auf das Protokoll gestützten Revisionsrüge der Boden entzogen, hat das Gericht folgendes zu beachten: Zunächst ist der Revisionsführer hierzu anzuhören; widerspricht er der beabsichtigten Berichtigung, sind erforderlichenfalls weitere Verfahrensbeteiligte zu befragen und über das Ergebnis ist der Revisionsführer wiederum zu unterrichten; halten die Urkundspersonen trotz des Widerspruchs an der Berichtigung fest, haben sie ihre Entscheidung hierüber mit Gründen zu versehen; diese Gründe unterliegen dann der Überprüfung durch das Revisionsgericht (BGH NStZ 2011, 168 – im vorliegenden Fall hatte das Gericht das Protokoll nicht berichtigt, sondern nur in dienstlichen Erklärungen versichert, entgegen dem Protokoll sei die Anklage tatsächlich verlesen worden; das genügt aber wegen des nach wie vor geltenden § 274 StPO gerade nicht!). Die Wiederholung des Protokollberichtigungsverfahrens nach einem ersten ungenügenden Berichtigungsversuch ist im Hinblick auf das Recht des Angeklagten auf ein faires Verfahren unzulässig; andererseits ist nach einer ordnungsgemäßen Protokollberichtigung eine freibeweisliche Aufklärung des tatgerichtlichen Verfahrensablaufs durch das Revisionsgericht nach entsprechender Verfahrensrüge schon wegen der hier geringeren Anforderungen ebenso unzulässig (BGH StV 2011, 267).

Hinweis: Da der Urkundenbeweis beim **Selbstleseverfahren** außerhalb der Hauptverhandlung erhoben wird und das Protokoll deshalb dazu nichts enthalten kann, bedarf es entscheidend der Kenntlichmachung und des Hinweises an die Verfahrensbeteiligten, dass der in dieser Sonderform gewonnene Beweisstoff dennoch als Inbegriff der Hauptverhandlung im Sinne des § 261 StPO der Überzeugungsbildung des Gerichts zu Grunde gelegt werden kann. Dies wird durch die **Feststellungen nach § 249 II 3 StPO** beweiskräftig vollzogen. Fehlt dieser Vermerk im Protokoll, hat die Inbegriffsrüge nach § 261 StPO Aussicht auf Erfolg (vgl. BGH NJW 2010, 3382; **NStZ 2017, 722**).

II. Angaben des Angeklagten

Der Angeklagte hat nach Verlesung der Anklage Gelegenheit, zum Tatvorwurf Stel- 323
lung zu nehmen. Er kann selbstverständlich auch hier schweigen und ist darüber zu belehren. Daraus, dass der Angeklagte bisher geschwiegen hat, dürfen keine Schlüsse zu seinen Lasten gezogen werden. Wäre das Schweigen der Beweiswürdigung zugänglich, so würde das Recht des Angeklagten leerlaufen (vgl. BGH NStZ 1990, 26). Hiervon zu unterscheiden ist, wie bereits oben Rn. 96 ausgeführt, die Verwertbarkeit des sogenannten „beredten“ Schweigens.

Beachte: Macht der Angeklagte, der sich zunächst zur Anklage nicht geäußert hat, im Laufe der Hauptverhandlung doch noch Angaben zur Sache, ist diese Tatsache als wesentliche Förmlichkeit i.S.d. § 273 I StPO in die Sitzungsniederschrift aufzunehmen (mit der Folge der positiven und negativen Beweiskraft nach § 274 StPO). Das gilt auch, wenn die Einlassung im Rahmen einer Äußerung nach § 257 StPO (Erklärungsrecht nach Beweiserhebung) oder nach § 258 StPO (letztes Wort) erfolgt.

III. Zeugenbeweis

1. Verfahrensbeteiligte als Zeugen

324 Wie schon mehrfach angesprochen, gilt der formale Zeugenbegriff, das heißt der Mitangeklagte B kann in diesem Verfahren auch dann kein Zeuge sein, wenn er zu einer nur dem A vorgeworfenen, weiteren Tat vernommen werden soll. Allerdings lässt die Rechtsprechung zu, dass das Gericht das Verfahren gegen A vorübergehend abtrennt und B als Zeugen hört, da dieses Vorgehen zur Erhaltung einer wahrheitsgemäßen Aussage geboten sein kann und die Verteidigungsmöglichkeit des B dadurch nicht eingeschränkt wird. Umgekehrt ist B bei getrennten Prozessen auch dann Zeuge, wenn er zu der gemeinsam begangenen Tat aussagen soll.

Hinweis: Die unmittelbare Befragung eines Angeklagten durch einen Mitangeklagten ist unzulässig (§ 240 II 2 StPO). Der Angeklagte muss seine Fragen über den Vorsitzenden oder durch seinen Verteidiger stellen lassen.

2. Belehrung der Zeugen

325 Zeugen müssen über ihre Wahrheitspflicht gemäß § 57 StPO, Zeugnisverweigerungsberechtigte i.S.d. § 52 StPO darüber hinaus über ihr Zeugnisverweigerungsrecht und soweit sie dennoch aussagen, über ihr Eidesverweigerungsrecht (§ 61 StPO) belehrt werden. Gegebenenfalls ist auch ein Hinweis nach § 55 StPO erforderlich, dessen Unterlassen jedoch vom Angeklagten nicht angefochten werden kann (Rechtskreistheorie BGHSt. 11, 213; siehe unten Rn. 635). Die Belehrung obliegt dem Richter und darf nicht auf den Sachverständigen delegiert werden (BGH NJW 1991, 2432).

3. Zeugnisverweigerungsrecht

326 Wie bereits dargelegt, kann der Ehegatte des (noch nicht verstorbenen) A im jetzt allein gegen B geführten Strafverfahren die Aussage nach § 52 I Nr. 2 StPO verweigern, wenn die Ermittlungen früher einmal gemeinsam in *einem* Verfahren gegen A *und* B geführt worden sind, solange das gegen A abgetrennte Verfahren noch nicht rechtskräftig abgeschlossen ist.

Auch wurde bereits ausgeführt, dass der Zeuge, der ein Zeugnisverweigerungsrecht hat, die Aussage von Anfang an verweigern, jedoch auch zunächst mit der Aussage beginnen und dann jederzeit abbrechen kann, ohne dass die Geltendmachung des Zeugnisverweigerungsrechts negative Schlüsse zuließe (vgl. z.B. BGH StV 1997, 171). Was der Zeuge in der Hauptverhandlung bisher gesagt hat, bleibt aber verwertbar.

4. Zeugenaussage

327 Zeugen unterliegen der Wahrheitspflicht. Sie müssen also vollständig und wahrheitsgemäß aussagen. Zu ihren Sorgfaltspflichten gehört es deshalb auch, sich auf die Vernehmung vorzubereiten. Es ist daher, obwohl gelegentlich von der Verteidigung – zu Unrecht – gerügt, Pflicht des Polizeibeamten, den Ermittlungsvorgang vor seiner Vernehmung nochmals durchzulesen. Während der Vernehmung darf der Zeuge durchaus auf seine Handakten zurückgreifen und etwas zu seiner Erinnerung nachblättern. Allerdings sollte versucht werden, den Zeugen zu einer Vernehmung im Zusammenhang ohne Zuhilfenahme von Unterlagen zu veranlassen, um zu erfahren, was der Zeuge noch in eigener Erinnerung hat. Das Vorgehen im Einzelnen gehört zur Sachleitung des Vorsitzenden.

5. Vereidigung

Nach § 59 StPO werden Zeugen nur vereidigt, wenn es das Gericht wegen der aus- **328**
schlaggebenden Bedeutung der Aussage oder zur Herbeiführung einer wahren Aussage nach seinem Ermessen für notwendig hält. Die Entscheidung über die Vereidigung trifft der Vorsitzende, sei es nur konkludent mit der Entlassung des Zeugen (BGH NStZ 2009, 647). Zu protokollieren ist dessen Entscheidung nur, wenn ein Verfahrensbeteiligter Antrag auf Vereidigung gestellt hat, da die Nichtvereidigung dem gesetzlichen und praktischen Regelfall entspricht (BGH NJW 2006, 388). Sie muss auch dann nicht begründet werden, wenn der Zeuge vereidigt werden soll. Gegen die Entscheidung des Vorsitzenden kann nach § 238 II StPO die Entscheidung des erkennenden Gerichts beantragt werden. Das Gericht muss seinerseits seine Entscheidung nur begründen, wenn es vom Regelfall der Nichtvereidigung abweichen will (so angedeutet in BGH NStZ 2006, 463).

§ 60 StPO regelt die Vereidigungsverbote, wonach ein Zeuge auch dann nicht verei- **329**
digt werden darf, wenn eigentlich die Voraussetzungen einer Vereidigung nach § 59 I StPO ausnahmsweise vorgelegen hätten. Von Klausurbedeutung sind unter diesen Vereidigungsverboten vor allem die Vernehmung eines an der Tat Beteiligten i.S.d. § 60 Nr. 2 StPO.

Für ein solches Vereidigungsverbot nach § 60 Nr. 2 StPO genügt schon ein ganz geringer Verdacht der Beteiligung an der Tat im prozessualen Sinn (zur Teilvereidigung bei mehreren prozessualen Taten vgl. BGH StV 1997, 114). Der Verdacht kann noch unterhalb des Anfangsverdachts liegen und selbst dann noch gegeben sein, wenn der Zeuge in einem gegen ihn gerichteten Verfahren freigesprochen worden ist. Der Beteiligungsverdacht muss allerdings noch im Zeitpunkt der Urteilsberatung gegen den Zeugen bestehen (BGH NStZ 1993, 341).

Soweit der Verdacht der Begünstigung oder der Strafvereitelung die Vereidigung ver- **330**
bieten soll, bedarf es der **Strafbarkeit** des Zeugen **schon vor der Hauptverhandlung.** Macht der Zeuge in der Hauptverhandlung falsche Angaben, um den Angeklagten vor einer Verurteilung zu schützen, so greift § 60 Nr. 2 StPO auch dann nicht, wenn der Zeuge die falsche Aussage vor der Hauptverhandlung versprochen hat. Das Versprechen einer uneidlichen Aussage stellt nämlich noch eine straflose Vorbereitungshandlung zu Straftaten nach den §§ 257, 258 StGB dar. Auch eine entsprechende Anwendung scheidet aus, da die von § 60 Nr. 2 StPO vorausgesetzte Zwangslage nicht vorliegt: Das Versprechen einer eidlichen Aussage ist zwar nach § 30 StGB strafbar, jedoch kann der Zeuge noch über § 31 StGB Straffreiheit erlangen (vgl. BayObLG NStZ 1991, 203). Hatte der Zeuge aber bereits früher, z.B. gegenüber der Polizei, zum Schutz des Angeklagten bewusst falsch ausgesagt und korrigiert er vor Gericht seine Aussage, so darf er dennoch wegen § 60 Nr. 2 StPO nicht vereidigt werden. Dasselbe gilt für die Vereidigung im Berufungsverfahren bei einer falschen Aussage in der 1. Instanz. Auch ein freiwilliger Rücktritt von einer versuchten Strafvereitelung durch eine Falschaussage lässt das Vereidigungsverbot nicht entfallen (BGH NStZ-RR 1998, 335).

Beachte zum materiellen Strafrecht: Der Verstoß gegen Verfahrensvorschriften wie § 57 StPO schließt die Anwendung der Aussagetatbestände gemäß §§ 153 StGB ff. grundsätzlich nicht aus, sondern ist lediglich im Rahmen der Strafzumessung zu berücksichtigen (anders aber bei einem Verstoß gegen § 136a StPO, vgl. OLG Köln NJW 1988, 2486). Der Verstoß gegen das Vereidigungsverbot begründet regelmäßig einen minder schweren Fall des Meineids gemäß § 154 II StGB.

6. Zeugenschutz in der Hauptverhandlung

331 Zeugen können in der Hauptverhandlung neben dem Schutz vor überflüssigen ehrenrührigen Erörterungen (vgl. § 68a StPO) vor allem durch folgende Maßnahmen geschützt werden:

332 **a) Ausschluss des Angeklagten.** Der Ausschluss des Angeklagten nach **§ 247 StPO** ist, wie bereits erwähnt, nur für die Dauer der Zeugenvernehmung möglich und hat durch einen *Gerichtsbeschluss,* nicht nur eine Verfügung des Vorsitzenden, zu erfolgen. Der Beschluss ist näher zu begründen. Ein Ausschluss kommt in Betracht, wenn für den Fall der Vernehmung in Anwesenheit des Angeklagten die konkrete Gefahr besteht, der Zeuge (oder Mitangeklagte) werde nicht die Wahrheit sagen (Satz 1), oder wenn die dringende Gefahr erheblicher gesundheitlicher Nachteile für den Zeugen besteht (Satz 2 2. Alt). Bei Zeugen unter 18 Jahren kann der Angeklagte darüber hinaus bereits dann ausgeschlossen werden, wenn Nachteile für das Wohl des Zeugen zu befürchten sind (Satz 2 1. Alt). Im Übrigen kann der Angeklagte auch zu seinem eigenen Schutz nach § 247 S. 3 StPO während Erörterungen über seinen (Gesundheits-)Zustand und die Behandlungsaussichten ausgeschlossen werden.

333 Die Gefährdung der Wahrheit i.S.d. § 247 S. 1 StPO liegt auch dann vor, wenn der Zeuge erklärt, bei Vernehmung in Anwesenheit des Angeklagten von seinem Zeugnisverweigerungsrecht Gebrauch zu machen, oder wenn der oberste Dienstherr des beamteten Zeugen diesem aus zulässigen Erwägungen heraus Aussagegenehmigung (vgl. § 54 StPO) nur für den Fall der Abwesenheit des Angeklagten während der Zeugenvernehmung erteilt (*Meyer-Goßner/Schmitt* § 247 Rn. 4).

334 **b) Räumlich getrennte Videovernehmung (§ 247a StPO).** Unter den in § 247a StPO genannten Voraussetzungen, insbesondere bei dringender Gefahr eines schwerwiegenden Nachteils für das Wohl des Zeugen oder wenn die Voraussetzungen des § 251 II StPO vorliegen, muss dieser nicht mehr unbedingt im Sitzungssaal aussagen, sondern es kann ihm – **durch Gerichtsbeschluss** – erlaubt werden, sich während der Vernehmung an einem anderen Ort aufzuhalten. Die Aussage wird dann zeitgleich in das Sitzungszimmer übertragen. Dies bedeutet, dass auch die Mitglieder des erkennenden Gerichts im Sitzungssaal verbleiben. § 247a I StPO gestattet die einzig zulässige Art und Weise der Videovernehmung eines Zeugen in der Hauptverhandlung (sog. Englisches Modell). Andere Formen der audiovisuellen Zeugenvernehmung, insbesondere solche, bei denen der Vorsitzende des Gerichts sich mit dem Zeugen außerhalb des Sitzungszimmers befindet und diesen dort befragt (sog. Mainzer Modell), sind nicht zulässig (BGH NJW 2017, 181).

Beachte: Das Fehlen eines Gerichtsbeschlusses gemäß § 247a S. 1 StPO stellt einen Rechtsfehler dar, der in der Regel die Revision begründet. Dieser Beschluss bedarf zwar grundsätzlich keiner Begründung; erforderlich ist jedoch, dass das Gericht kenntlich macht, auf welchen Ausnahmetatbestand des § 247a I 1 StPO es die Anordnung stützt (BGH NStZ-RR 2018, 118).

Die audiovisuelle Vernehmung von Vertrauenspersonen der Polizei oder Verdeckten Ermittlern kann durch technische Veränderungen der Bild- und Tonübertragung so verändert werden, dass eine Identifizierung des Vernommenen weitgehend ausgeschlossen ist. Die oberste Dienstbehörde kann deshalb von einer Sperrerklärung (analog § 96 StPO, siehe Rn. 195) absehen unter der Maßgabe, dass es die Identität des Zeugen nur preisgeben und ihm eine Aussagegenehmigung erteilen wird, wenn gewährleistet ist, dass durch optische und akustische Verfremdung eine Identifizierung des Zeugen über Gesichtszüge, wesentliche Elemente des Aussehens und über Stimme und Sprechweise sicher ausgeschlossen werden kann. Gegebenenfalls ist der Angeklagte zusätzlich noch nach § 247 StPO auszuschließen, wenn die Gefährdungslage dies erfordert (BGH NJW 2003, 74; 2007, 1475).

c) Zeugenbeistand (§ 68b StPO). Der Anwalt des Zeugen kann an der Vernehmung seines Mandanten teilnehmen und z.B. Fragen beanstanden. Wenn der Zeuge seine Rechte beispielsweise aus §§ 52ff., 55, 242 StPO nicht selbst wahrnehmen kann, ist ihm für den Zeitraum seiner Vernehmung sogar von Amts wegen ein Zeugenbeistand zu bestellen **(§ 68b II StPO),** wenn seinen schutzwürdigen Interessen nicht durch andere Weise (§§ 168c III, V; 247, 247a StPO) Rechnung getragen werden kann. Dies gilt auch im Ermittlungsverfahren vor Anklageerhebung, gleich ob es sich um eine polizeiliche, staatsanwaltschaftliche oder richterliche Vernehmung handelt (§§ 163 III 3, 161a I 2, 68b II StPO). **335**

d) Ausschluss der Öffentlichkeit. Die Regelungen über den Ausschluss der Öffentlichkeit (§§ 171a ff. GVG) dienen in erster Linie dem Schutz des Zeugen. **336**

e) Nichtangabe des Wohnorts. Jeder Zeuge ist nach **§ 68 StPO** grundsätzlich verpflichtet, seine *Identität* preiszugeben. Allerdings enthält die Vorschrift zum Schutz gefährdeter Personen auch einige Regelungen, die jedoch nicht abschließend sind. Es ist deshalb weiterhin möglich, Zeugen über § 96 StPO analog zu sperren (siehe dazu weiter unten). **337**

Der Zeuge muss grundsätzlich seinen Wohnort angeben. Nach § 68 I 2 StPO genügt bei Zeugen, die ihre Wahrnehmungen in amtlicher Eigenschaft gemacht haben (z.B. der zur Unfallaufnahme herbeigerufene Polizeibeamte) die Angabe des Dienstortes. Dies gilt allerdings nicht, wenn der Zeuge wie jede Privatperson Wahrnehmungen gemacht hat (z.B. der Polizeibeamte, der außerhalb seines Dienstes zufällig Zeuge eines Ladendiebstahls geworden ist). Gem. **§ 68 II 1 StPO** kann ein Zeuge statt seines Wohnorts eine andere ladungsfähige Anschrift angeben, wenn zu besorgen ist, dass durch die Angabe des Wohnorts Rechtsgüter des Zeugen oder einer anderen Person **gefährdet** werden oder dass auf den Zeugen oder eine andere Person in unlauterer Weise eingewirkt wird. Dies ist für jede einzelne Vernehmung gesondert zu prüfen und ist auf jeden Zeugen, nicht nur Amtsträger anwendbar. Reicht auch dies nicht aus, den Zeugen zu schützen, kann der Vorsitzende ihm in der Hauptverhandlung gestatten, **weder Wohnort noch sonstige ladungsfähige Adresse zu nennen (§ 68 II 2 StPO).** Noch weitergehend gibt **§ 68 III StPO** die Möglichkeit, dem Zeugen zu gestatten, **keine Angaben zur Person** oder nur Angaben über seine frühere Identität zu machen, wenn Maßnahmen nach Abs. 1 und 2 nicht ausreichend erscheinen, Leben, Leib oder Freiheit des Zeugen oder einer anderen Person zu schützen. Er muss allerdings angeben, in welcher Eigenschaft er seine Wahrnehmungen gemacht hat, also z.B. offenbaren, dass er als „Verdeckter Ermittler" gehandelt hat (§ 68 III 2 StPO). So hat der BGH akzeptiert, dass in einem Rockerprozess der Vorsitzende den ermittelnden polizeilichen Zeugen gestattete, statt ihrer Personalien lediglich ihre polizeiliche Kennnummer anzugeben (NStZ 2012, 168). **338**

Über die Möglichkeiten nach § 68 I-III StPO ist der Zeuge zu **belehren,** wenn dazu Anlass besteht. Zum Schutz des Zeugen sollte dies schon im Ermittlungsverfahren geschehen, damit die Angaben zu Wohnort bzw. Identität erst gar nicht Eingang in die Strafakten finden, sondern die Unterlagen, die darüber Auskunft geben, bei der Staatsanwaltschaft so lange gesondert verwahrt werden, bis die Gefährdung nicht mehr be- **339** steht (vgl. **§ 68 IV StPO**). Dies bedeutet ferner, dass in der Anklageschrift zur Person des Zeugen nur die Angaben enthalten sind, die auch in der Hauptverhandlung preisgegeben werden müssen, wobei auf diesen Umstand hinzuweisen ist (vgl. § 200 I 3 und 4 StPO). Bei Auskünften und Akteneinsicht ist sicherzustellen, dass die Echtdaten anderen Personen nicht bekannt werden, solange die Gefährdung besteht (Abs. 5).

340 Auch bei einer Videovernehmung nach § 247a StPO ist es zulässig, die Identität eines Zeugen dadurch zu schützen, dass er mittels Maskenbildner persönlichkeitsfremd hergerichtet wird, um ein Wiedererkennen zu vermeiden.

Vielfach schützt die Polizei ihren Informanten dadurch, dass dieser von einem Polizeibeamten vernommen wird. Die Identität des Informanten wird nicht preisgegeben (**analog § 96 StPO** – zur Anfechtbarkeit dieser **Sperrerklärung** siehe oben Rn. 129). Vernimmt in diesem Fall die Strafkammer den Polizeibeamten und verweigert dieser unter Berufung auf seine eingeschränkte Aussagegenehmigung Angaben zu der Identität des Informanten, so ist dies kein Problem des § 68 StPO, sondern der Aufklärungspflicht. Es handelt sich um eine Vernehmung eines Zeugen vom Hörensagen und es ist eine Frage des § 244 II StPO, inwieweit sich das Gericht um eine Erweiterung der Aussagegenehmigung bemühen muss (vgl. BGH NJW 1989, 3291).

Hinweis: Für besonders gefährdete Zeugen gibt es sogenannte **Zeugenschutz-Programme.** Die allgemeine Organisation dieses Zeugenschutzes und die Rechtsfolgen hat der Gesetzgeber durch das Gesetz zur Harmonisierung des Schutzes gefährdeter Zeugen (ZSHG) vom 11.12.2001 (BGBl I, 3510; vgl. *Soiné/Engelke* in der NJW 2002, 470) bundeseinheitlich normiert. Dessen Schutzzweck, das staatliche Interesse an der Geheimhaltung der näheren Umstände des Zeugenschutzprogramms sowie gesetzliche Auskunftsverweigerungsrechte (§ 55 StPO) und Verschwiegenheitspflichten (§ 54 StPO) sind in praktische Konkordanz mit dem Recht des Angeklagten und seines Verteidigers, Fragen an den Zeugen stellen zu dürfen (§ 240 II 1 StPO, Art. 6 III lit. d EMRK) sowie dem gerichtlichen Aufklärungsinteresse (§ 244 II StPO) zu bringen (vgl. BGH NJW 2006, 785; JuS 2006, 569 – Lesen!).

IV. Sachverständigenbeweis

1. Aufgabe

341 Der Sachverständige vermittelt Sachkunde und/oder wendet sie an. Seine Arbeit kann sich in einer bloßen Verrichtung erschöpfen, z.B. der Durchführung einer Blutentnahme. Sie kann in der Bekundung von Tatsachen (= Befundtatsachen) bestehen, z.B. der Auswertung einer Blutprobe auf Blutalkoholgehalt, oder im Vermitteln von Fachwissen, z.B. der Darstellung der allgemeinen Auswirkungen des Alkohols auf die Fahrtüchtigkeit. In der Regel liegt die Aufgabe jedoch in der Erstattung eines Gutachtens, in dem der Sachverständige sein besonderes Wissen auf einen Sachverhalt anwendet.

342 Die Aufteilung der Anknüpfungstatsachen in **Befund- und Zusatztatsachen** wurde bereits oben Rn. 293 dargelegt. Probleme treten insbesondere dann auf, wenn der Sachverständige Beschuldigte oder Zeugen zur Vorbereitung seines Gutachtens befragt hat und diese sich dabei zum Tatvorwurf geäußert haben. Will das Gericht diese Angaben zur Sache in die Hauptverhandlung einführen, so ist dies nicht über das Sachverständigengutachten, sondern – da es sich um Zusatztatsachen handelt – allenfalls über die Vernehmung des Sachverständigen als Zeugen möglich. Im Einzelnen gilt hier folgendes:

343 Soweit ein **Arzt als vom Gericht bestellter Sachverständiger** tätig geworden ist, gilt das Zeugnisverweigerungsrecht des § 53 StPO für ihn nicht. Er muss Angaben machen, auch wenn ihn der Angeklagte/Zeuge nicht entbindet.

Macht der **Beschuldigte** gegenüber dem Arzt Angaben zur Sache, so können diese in die Hauptverhandlung eingeführt werden, auch wenn der Beschuldigte nicht belehrt worden ist. Eine Vernehmung i.S.d. § 136 StPO liegt nicht vor.

Macht ein **Zeuge** gegenüber dem Sachverständigen Angaben, so können diese durch Vernehmung des Sachverständigen eingeführt werden, **es sei denn**, der **Zeuge hat** ein **Zeugnisverweigerungsrecht i.S.d. § 52 StPO.** Für diesen Fall sind seine **Angaben zu** den **Zusatztatsachen nur verwertbar,** wenn der Angehörige vor seiner Anhörung durch den Sachverständigen **von einem Richter über sein Zeugnisverweigerungsrecht belehrt** worden ist oder wenn feststeht, dass der Angehörige, wäre er in der Hauptverhandlung als Zeuge vernommen worden, von seinem Zeugnisverweigerungsrecht keinen Gebrauch gemacht hätte (BGH StV 1995, 564). Ist der Zeuge jedoch im Laufe des Verfahrens einmal von einem Richter über sein Zeugnisverweigerungsrecht belehrt worden, dürfen die nachfolgenden Äußerungen des Zeugen gegenüber dem Sachverständigen selbst dann verwertet werden, wenn der Zeuge in der Hauptverhandlung das Zeugnis verweigert (vgl. BGH NJW 1998, 836). An die Belehrung durch den Richter sind strenge Anforderungen zu stellen (BGH NJW 1991, 2432). Die **Befundtatsachen** bleiben **stets verwertbar,** es sei denn, der Zeuge wurde nicht ordnungsgemäß über sein Untersuchungsverweigerungsrecht **nach § 81c III StPO belehrt** (vgl. dazu oben Rn. 122). Äußert sich der Untersuchte zu Befundtatsachen, so sind diese Wahrnehmungen des Sachverständigen auch dann im Wege des Gutachtens und nicht des Zeugenbeweises einzuführen, wenn er die Wahrnehmungen bereits auf Grund einer früheren gutachterlichen Tätigkeit mit gleichem Auftrag gemacht hat (BGH NStZ 1995, 44).

2. Vereidigung

Auch beim Sachverständigen ist die Vereidigung die Ausnahme. Sie steht allein im Ermessen des Gerichts (§ 79 StPO). Ist ein Sachverständiger auch als Zeuge zu Zusatztatsachen gehört worden, bedarf es insoweit einer gesonderten Entscheidung über die Vereidigung, ebenso wie auch bereits eine spezifische Zeugenbelehrung erforderlich war. **344**

V. Urkundenbeweis

1. Allgemeines

Dem Urkundenbeweis sind, wie bereits erwähnt, alle Schriftstücke zugänglich, soweit es auf den gedanklichen Inhalt ankommt. Ist entscheidend allein der durch bloßes Ansehen erfassbare visuelle Eindruck, so ist ein Augenschein das richtige Beweismittel. Kommt es also allein auf die Echtheit der Unterschrift unter einen Kaufvertrag an, so ist die Unterschrift in Augenschein zu nehmen. Kommt es dagegen auf die Vertragsklauseln an, so können diese durch bloßes Ansehen nicht erfasst werden, also muss der Vertrag im Urkundenbeweis verlesen werden (zum Urkundenbeweis durch Augenschein vgl. die instruktive Entscheidung des BGH NStZ 2014, 606). **345**

Soweit es um die **Verlesung von Protokollen** geht, ist die Unterscheidung zwischen richterlichen und nichtrichterlichen Protokollen, die das Gesetz vornimmt, genau zu beachten. Dabei ist darauf hinzuweisen, dass nur das auf Grund ordnungsgemäßer Vernehmung korrekt errichtete Protokoll ein richterliches Protokoll sein kann. Hat ein ausgeschlossener Richter die Vernehmung durchgeführt oder fehlt es an der Unterschrift des Richters oder des Urkundsbeamten oder ist der Beschuldigte unzulässigerweise nicht vom Vernehmungstermin benachrichtigt worden, so liegt kein verlesbares richterliches Protokoll vor.

Klausurtipp: Prüfen Sie in einem solchen Fall aber immer auch noch, ob die Voraussetzungen für die Verlesung eines nichtrichterlichen Protokolls vorliegen. In diesem Fall wird das Protokoll in der Regel **als nichtrichterliches Protokoll** – das keinen besonderen Formerfordernissen unterliegt – **verlesen** werden können. Denken Sie auch an eine eventuelle Heilung der fehlenden Unterschrift des *beauftragten* Richters, der an der Hauptverhandlung mitwirkt und **mit Verlesung** den Inhalt **konkludent genehmigt**.

Im Normalfall wird die Verlesung im Urkundenbeweis als Sachleitungsmaßnahme vom Vorsitzenden angeordnet und von ihm oder einem Beisitzer ausgeführt. Nur in den im Gesetz ausdrücklich genannten Fällen – **§ 251 IV i.V.m. I, II StPO** – erfolgt die Anordnung der **Verlesung auf Grund Gerichtsbeschlusses,** um – wie nachfolgend unter 2. dargelegt – zu gewährleisten, dass das Gericht durch die gemeinsame Meinungsbildung sowie in seiner Gesamtheit die Verantwortung dafür trägt, ob ausnahmsweise die Einschränkung der Unmittelbarkeit durch den Verzicht auf den Zeugen hinnehmbar ist oder ob nicht doch die Aufklärungspflicht die Vernehmung der Beweisperson gebietet (BGH NStZ 2010, 649).

2. Urkundenbeweis und Zeugenwissen

346 **a) Unmittelbarkeitsgrundsatz.** Der in **§ 250 StPO** verankerte Unmittelbarkeitsgrundsatz bedeutet den **Vorrang des Personalbeweises vor dem Urkundenbeweis. § 250 S. 2 StPO** macht eine wichtige **Ausnahme** von dem **Grundsatz des § 249 I StPO,** dass alle Schriftstücke verlesen werden können: Die Verlesung von Protokollen oder schriftlichen Erklärungen, die von vornherein zu Beweiszwecken verfasst worden sind, darf nämlich Zeugenaussagen oder Sachverständigenangaben nicht ersetzen **(Ersetzungsverbot).** Die Vorschrift enthält kein vollständiges Verbot des Urkundenbeweises, sondern dient nur der **Ersetzung einer Vernehmung** durch Verlesung. Die Ergänzung der Vernehmung durch Verlesung ist zulässig (BGH NStZ-RR 2008, 48).

Beachte: Macht also ein Zeuge in der Hauptverhandlung Angaben zur Sache, darf ein Protokoll über dessen frühere Vernehmung im Ermittlungsverfahren oder anderen staatlichen Beweisverfahren **ergänzend** zu seiner Aussage verlesen werden. Ein auf eine solche Verlesung gerichteter Beweisantrag darf deshalb nicht nach § 244 III 1i.V.m. § 250 StPO zurückgewiesen werden (BGH NStZ 2014, 607).

Sagt ein Zeuge unter Berufung auf sein Auskunftsverweigerungsrecht nach **§ 55 StPO** nicht zur Sache aus, ist die Verlesung der Niederschriften über frühere Vernehmungen ausgeschlossen. Die bisherigen Angaben sind vielmehr durch Vernehmung der Verhörsperson in die Hauptverhandlung einzuführen (BGH NStZ 1996, 96; NJW 2007, 2195). Die **Verlesung** ist aber **nach § 251 I Nr. 3 StPO n.F. zulässig,** wenn ein sich im Ausland aufhaltender Zeuge sich nicht nur umfassend auf sein Auskunftsverweigerungsrecht beruft, sondern **daneben** erklärt, er fürchte um sein Leben und werde weder in Deutschland noch anderswo Angaben machen (BGH NStZ 2010, 466).

Hinweis: Nicht unter das Verbot des § 250 S. 2 StPO fällt auch die Verlesung zum Beweis der Existenz der Urkunde oder die Verlesung zur Feststellung ihres strafbaren Inhalts (z. B. eines beleidigenden Briefes, einer falschen Aussage). Es handelt sich hier um sogenannte **Konstitutivurkunden.**

347 **b) Urkundenbeweis durch Verlesung von Protokollen gemäß § 251 StPO.** § 251 StPO schränkt die Vorschrift des § 250 StPO wiederum ein. Insbesondere wenn es nur um das Vorliegen oder die Höhe eines Vermögensschadens geht **(§ 251**

I Nr. 4 StPO n. F.) oder wenn die **Vernehmung des Zeugen durch das Gericht nicht in absehbarer Zeit möglich (I Nr. 3),** soll die Einführung des Zeugenwissens durch Urkundenbeweis möglich sein. Dies gilt nicht nur bei Gebrechlichkeit oder unbekanntem Aufenthalt, sondern auch, wenn der beamtete Zeuge keine Aussagegenehmigung i.S.d. § 54 StPO erhält. Wohnt der Zeuge im Ausland, muss das Gericht regelmäßig versuchen, ihn zu laden und zu einem Erscheinen in der Hauptverhandlung zu veranlassen (BGH NStZ 2018, 740). Die Zeitdauer, für die das Vernehmungshindernis besteht, ist ausschließlich danach zu bemessen, wann der Zeuge erscheinen kann, nicht danach, wann das Verfahren weiter betrieben werden kann. Ob die Frist noch absehbar ist, bestimmt sich wesentlich nach Umfang und Bedeutung des Verfahrens.

Beim allseitigen **Einverständnis der Prozessbeteiligten** mit der Verlesung **(§ 251 I Nr. 1 StPO)** kommt auch eine **stillschweigende Zustimmung** in Betracht, wenn aufgrund der vorangegangenen Verfahrensgestaltung davon ausgegangen werden kann, dass sich alle Verfahrensbeteiligten der Tragweite ihres Schweigens bewusst waren; z. B. wenn die Verlesung zuvor thematisiert worden war (BGH NStZ 2017, 299).

Zu beachten ist, dass sich trotz des – als wesentliche Förmlichkeit zu protokollierenden – Einverständnisses von Staatsanwalt, Angeklagtem und Verteidiger gemäß § 251 I Nr. 1 StPO (auch hier ist die Zustimmung des Nebenklägers nicht erforderlich) aus **§ 244 II StPO** die Notwendigkeit der Zeugenvernehmung statt der Verlesung ergeben kann. Dies gilt insbesondere bei Verlesung der Aussage des einzigen Belastungszeugen, wenn der Angeklagte die Tat bestreitet, oder des früheren Mitbeschuldigen ohne die Möglichkeit der konfrontativen Befragung.

Zur Verfahrensbeschleunigung wurde am 17.8.2017 die Verlesungsmöglichkeit nach **§ 251 I Nr. 2 StPO n. F.** neu eingeführt: Wenn die Verlesung lediglich der Bestätigung eines Geständnisses des Angeklagten dient und der unverteidigte Angeklagte und der Staatsanwalt zustimmen, ist die Verlesung von Protokollen oder Urkunden von Zeugen, Sachverständigen oder Mitbeschuldigten nunmehr ebenfalls möglich. Gleichwohl kann aber auch hier die Aufklärungspflicht aus § 244 II StPO eine Vernehmung in der Hauptverhandlung gebieten (vgl. *Meyer-Goßner/Schmitt* § 251 Rn. 8a).

§ 251 I StPO gilt für **alle Protokolle,** während **§ 251 II StPO** die Möglichkeiten einer **Verlesung bei richterlichen Protokollen** noch etwas erweitert.

Eine höchst klausurbedeutsame Ausdehnung des § 250 StPO stellt demgegenüber die **348**
Vorschrift des **§ 252 StPO** dar, die über das im Wortlaut enthaltene **Verlesungsverbot** hinaus ein der Disposition der Verfahrensbeteiligten entzogenes **Verwertungsverbot** enthält. Hat der Zeuge im Zeitpunkt seiner Vernehmung in der Hauptverhandlung ein Zeugnisverweigerungsrecht und macht er davon Gebrauch, so ist das, was er während des Ermittlungsverfahrens gesagt hat, nicht verlesbar *(Verlesungsverbot).* Darüber hinaus dürfen bei einem Zeugnisverweigerungsrecht nach § 52 StPO nicht einmal die Vernehmungsbeamten dazu gehört werden, was der Zeuge damals angegeben hat *(Beweisverwertungsverbot).* Die einzige **Ausnahme,** welche die Rechtsprechung aus kriminalpolitischen Gründen zulässt, ist die **Vernehmung des Richters,** *nicht die Verlesung eines richterlichen Protokolls.* Die Vernehmung des Richters ist aber nur zulässig, wenn der Zeuge vom Richter über sein Zeugnisverweigerungsrecht ordnungsgemäß belehrt worden war. Einer **qualifizierten Belehrung** des Zeugen darüber, dass eine jetzt gemachte Aussage auch dann verwertbar bleibt, wenn der Zeuge in einer späteren Hauptverhandlung von seinem Zeugnisverweigerungsrecht Gebrauch machen sollte, bedarf es nicht (BGH, Großer Senat für Strafsachen, NJW 2017, 94 auf Anfrage des 2. Strafsenats, NStZ 2014, 596).

Klausurtipp: Auch bei § 252 StPO können **Spontanäußerungen** von der Vernehmung abzugrenzen sein. Unter das Verwertungsverbot des § 252 StPO fällt nur, was der Zeuge im Rahmen einer Vernehmung angegeben hat. Dabei ist der Begriff der Vernehmung weit auszulegen (BGH NJW 1983, 1132). Damit fallen nicht unter das Verwertungsverbot die sogenannten *spontanen Äußerungen* anlässlich eines primär polizeirechtlichen Einsatzes (die Zeugin ruft die Polizei um Hilfe und teilt mit, was vorgefallen ist, BGH NStZ 1986, 232) und die schriftlich erstattete Strafanzeige.

Stand dem Zeugen bei der Vernehmung im Rahmen des Ermittlungsverfahrens noch kein Zeugnisverweigerungsrecht zu, wohl aber im Zeitpunkt der Hauptverhandlung, so gilt § 252 StPO auch für diesen Fall (z.B. nach richterlicher Vernehmung im Ermittlungsverfahren heiratet die Zeugin den Angeklagten). Mangels Belehrung kann der Richter dann nicht vernommen werden! Eine Vernehmung kann jedoch zulässig sein, wenn die Angehörigeneigenschaft gezielt zur Vereitelung der Wahrheitspflicht im Strafverfahren aus prozesstaktischen Gründen herbeigeführt wurde (BGH NJW 2000, 1274) oder das Zeugnisverweigerungsrecht bei der früheren richterlichen Vernehmung bewusst verschwiegen wurde (BGH NJW 2003, 2619).

Im Falle der §§ 53, 53a StPO gilt das Verlesungsverbot nur, wenn schon bei der früheren Vernehmung ein Zeugnisverweigerungsrecht bestanden hat, nicht aber, wenn der Zeuge damals gemäß § 53 II, 53a II StPO von der Schweigepflicht entbunden war (BGH StV 1997, 233).

Merke: Verzichtet ein Zeuge in der Hauptverhandlung zunächst auf sein Zeugnisverweigerungsrecht nach § 52 StPO und beruft er sich erst im Laufe seiner Vernehmung hierauf, so bleiben seine zuvor **in der Hauptverhandlung** gemachten Angaben verwertbar (BGH NStZ 2015, 656).

Hinzuweisen ist noch darauf, dass – obwohl die Vorführung der nach **§ 255a II 1 StPO** vorgenommenen Videoaufzeichnung über die richterliche Vernehmung des kindlichen Zeugen das qualitativ deutlich bessere Beweismittel gegenüber der Vernehmung des Ermittlungsrichters wäre – es der BGH mangels gesetzlicher Grundlage ablehnt, diesen Augenschein in der Hauptverhandlung zuzulassen, wenn der Zeuge von seinem Zeugnisverweigerungsrecht Gebrauch macht, auch wenn der Zeuge vor der Videovernehmung über sein Zeugnisverweigerungsrecht belehrt worden war und deshalb der Ermittlungsrichter zu den Angaben des Zeugen gehört werden kann (BGH NJW 2004, 1605).

Wichtig für die Revision: Einen Verstoß gegen § 252 StPO darf der Angeklagte auch dann rügen, wenn weder er noch sein Anwalt der Verwertung widersprochen haben; auch ein Gerichtsbeschluss nach § 238 II StPO muss nicht erwirkt worden sein (BGH NStZ 2007, 353).

349 Die Geltendmachung des Zeugnisverweigerungsrechts hindert den Zeugen nicht, nach ordnungsgemäßer Belehrung der Verwertung der bei einer nichtrichterlichen Vernehmung gemachten Aussage, insbesondere durch Vernehmung des polizeilichen Vernehmungsbeamten, zuzustimmen (BGH NJW 2000, 596). Es besteht aber keine generelle Verpflichtung des Gerichts, den Zeugen dazu zu befragen, ob er einer solchen Verwertung trotz Zeugnisverweigerung zustimmt (BGH NJW 2003, 2692). Bei einer wirksamen **Zustimmung** bzw. einem wirksamen **Verzicht auf das Verwertungsverbot** ist die frühere Aussage des zeugnisverweigerungsberechtigten Zeugen nach allgemeinen Regeln verwertbar. Diese helfen aber nur über das Verwertungsverbot nach § 252 StPO hinweg, nicht über die Einhaltung des Unmittelbarkeitsgrundsatzes, so dass eine unmittelbare Verwertung einer Aufzeichnung über die frühere Vernehmung grundsätzlich unzulässig ist (BGHSt 52, 148). Eine Verlesung nach § 251 **II** Nr. 3 StPO bleibt jedoch möglich (BGH NJW 2012, 3192).

Das Einverständnis muss eindeutig sein und in Kenntnis dessen erfolgen, dass die Aussage ohne dieses Einverständnis unverwertbar ist. Der Zeuge ist über die Folgen für das ansonsten bestehende Verwertungsverbot zu belehren und diese Belehrung ist als wesentliche Förmlichkeit zu protokollieren (BGH NStZ 2007, 352). Ist der Zeuge anwaltlich beraten, reicht es aus, wenn der Zeugenbeistand für den Zeugen der Verwertung zustimmt. Dies kann durchaus auch außerhalb der Hauptverhandlung geschehen und erspart dem Zeugnisverweigerungsberechtigten in der Regel ein Erscheinen vor Gericht. Bestehen allerdings Zweifel, ob der Zeuge die prozessualen Wirkungen seiner Verzichtserklärung erfasst hat, ist er vom Gericht über die Rechtslage in der Hauptverhandlung zu belehren (BGH NStZ 2007, 712).

Ob sich das Verwertungsverbot des § 252 StPO nicht allein auf die Angaben einer angehörigen Zeugin aus einer polizeilichen Vernehmung, sondern auch auf von dieser gefertigte Handy-Videoaufnahmen erstreckt, hängt davon ab, unter welchen Umständen die Aufnahmen in den Besitz der Strafverfolgungsbehörden gelangt sind. Die Augenscheinsobjekte sind nur dann Bestandteil der Vernehmung und somit unverwertbar, wenn die aussageverweigerungsberechtigte Zeugin sie bei ihrer Vernehmung übergeben und sich hierauf bezogen hat (BGH NStZ 2013, 247 und 725).

Beachte: War der jetzt zeugnisverweigerungsberechtigte **Zeuge damals als Beschuldigter** vernommen worden, so **hindert** das die **Verlesung** seiner Angaben und die Vernehmung des Richters und zwar auch dann, wenn der Richter ihn – unzulässigerweise – zusätzlich zu § 136 StPO auch nach § 52 StPO belehrt hat (BGH NStZ 2003, 217). Anderes soll nur gelten, wenn der Mitangeklagte B flüchtig ist. Hätte er sich nämlich dem Verfahren gestellt, so hätten seine Angaben nach § 254 StPO verlesen und gegen den Mitangeklagten A auch dann verwertet werden können, wenn dieser zu B im Verwandtschaftsverhältnis nach § 52 StPO steht (BGHSt. 27, 139 – *Meyer-Goßner/Schmitt* § 252 Rn. 11). Denn es führt nicht zu einem Verwertungsverbot nach § 252 StPO, wenn ein *mitangeklagter* Verwandter in einer früheren Vernehmung von seinem Aussageverweigerungsrecht keinen Gebrauch gemacht hat.

Verstirbt der Zeuge vor der Hauptverhandlung, so ist seine Aussage nach § 251 I **350**
Nr. 3 StPO verlesbar, es sei denn, der Zeuge hätte bereits verbindlich seine Zeugnisverweigerung für die Zukunft erklärt.

c) Verlesung der Erklärungen von Behörden und Sachverständigen, § 256 **351**
StPO. Eine weitere Einschränkung erfährt der Unmittelbarkeitsgrundsatz aus § 250 StPO in § 256 StPO (lesen!), der unter anderem erlaubt, Zeugnisse oder Gutachten von öffentlichen Behörden, allgemein vereidigten Sachverständigen und Gerichtsmedizinern Abs. 1 Nr. 1) sowie Blutalkoholgutachten (Abs. 1 Nr. 4) zu verlesen. Mit dem Gesetz vom 17.8.2017 wurde zudem die Möglichkeit geschaffen, ein ärztliches Attest unabhängig vom Tatvorwurf zu verlesen, wenn durch die Verlesung lediglich eine körperliche Beeinträchtigung bewiesen werden soll **(§ 256 I Nr. 2 StPO n. F.).** Bisher galt die Vorschrift nur für Körperverletzungen, die nicht zu den schweren gehören. Die Verlesung kann nunmehr dem Nachweis von schweren Körperverletzungen nach §§ 226, 227 StGB, aber auch der Beweisführung bei Sexual- oder Raubdelikten dienen. Bedeutsam ist auch die Verlesung von **Erklärungen der Strafverfolgungsbehörden** nach **§ 256 I Nr. 5 StPO.** Darunter fallen nicht nur Protokolle und Vermerke über „Routinevorgänge" wie Festnahmen, Durchsuchungen oder Observationen (BGH NJW 2016, 1601), sondern auch Einzelheiten der Tat schildernde Sachstandsberichte des ermittelnden Kriminalbeamten. Zugleich erlaubt die Vorschrift auch die Verlesung von Urkunden aus anderen Strafverfahren (KG, Beschluss 18.12.2017, BeckRS 2017, 137018).

d) Vereinfachte Beweisaufnahme nach § 420 StPO. § 420 I–III StPO schränkt **352**
für das **beschleunigte Verfahren** (§§ 417ff. StPO) und die Hauptverhandlung nach Einspruch gegen einen **Strafbefehl** (vgl. § 411 II 2 StPO) den Grundsatz des § 250 S. 2 StPO ein und erweitert die Anwendbarkeit des § 256 StPO.

353 **e) Protokollverlesung zur Gedächtnisunterstützung nach § 253 StPO. Protokolle über frühere Vernehmungen von Zeugen und Sachverständigen** dürfen unter den in **§ 253 StPO** genannten Umständen verlesen werden, nämlich zur Gedächtnisunterstützung (Absatz 1) oder zur Behebung von Widersprüchen (Absatz 2). Auch diese Vorschrift stellt eine Durchbrechung des Unmittelbarkeitsgrundsatzes dar, da durch diese Verlesung die Vernehmung des Verhörsbeamten ersetzt wird. Ist der Widerspruch bereits durch die Vernehmung des Zeugen oder Sachverständigen in der Hauptverhandlung aufgeklärt, ist eine Verlesung des Vernehmungsprotokolls nach § 253 StPO nicht mehr zulässig (BGH NStZ 2002, 46). Außerdem ist die Verlesung nach § 253 StPO unzulässig, wenn die Aufklärungspflicht nach § 244 II StPO die Vernehmung der Verhörsperson gebietet.

Praxis- und Klausurtipp: Ein immer wieder gemachter, ärgerlicher Fehler ist die **unzulässige Anwendung** des § 253 StPO auf den **Vernehmungsbeamten.** § 253 StPO gilt nur **zur Ergänzung der Aussage des „Vernommenen".** Erinnert sich der Richter, der die das Zeugnis jetzt verweigernde Tochter T vernommen hat, nicht an das, was die Zeugin damals ausgesagt hat, so kann ihm die Aussage zwar vorgehalten werden (verwertbar ist dann nur seine Antwort), eine Verlesung ist dagegen nicht möglich (BGH NStZ 2013, 479). Anders wäre es, wenn die Zeugin T aussagebereit ist, sich in der Hauptverhandlung aber an Einzelheiten nicht mehr erinnern kann. Zur Ergänzung der Vernehmung der Zeugin T wäre dann gemäß § 253 StPO die Verlesung zulässig, mit dem Ergebnis, dass auch dann, wenn sich die Zeugin trotz Verlesung nicht mehr erinnert, der *Inhalt* ihrer Aussage in die Verhandlung eingeführt und der Beweiswürdigung zugänglich ist.

Achtung: Unterscheiden Sie immer zwischen **Vorhalt und Verlesung.** Beim Vorhalt wird verwertbar nur die Antwort des Zeugen oder Angeklagten. Antwortet der Zeuge auf den Vorhalt eines Protokolls, er könne sich nicht erinnern, aber er protokolliere immer korrekt, so ist in die Hauptverhandlung nur eingeführt, dass er immer korrekt protokolliert, nicht aber, was der Zeuge damals ausgesagt hat und auch nicht, was damals ins Protokoll gekommen ist. Ist dagegen die Verlesung – z. B. nach § 253 StPO – zulässig, ist mit der Verlesung dieser Inhalt des Protokolls in die Hauptverhandlung eingeführt.

354 **f) Protokollverlesung bei Geständnis oder Widersprüchen nach § 254 StPO.** Protokolle über **Vernehmungen des Angeklagten** sind verlesbar, soweit es sich um **richterliche Protokolle** handelt. Das Gericht wird eine solche Verlesung insbesondere dann in Erwägung ziehen, wenn der Angeklagte in der Hauptverhandlung von seinem Schweigerecht Gebrauch macht. **§ 254 StPO** gilt auch, wenn der Angeklagte im anderen Verfahren als Zeuge vernommen worden war. Entscheidend für die Anwendung des § 254 StPO ist nur seine jetzige Verfahrensposition. Der Begriff des Geständnisses in diesem Sinn ist sehr weit auszulegen. Er umfasst das Einräumen der Tat oder einzelner Tatteile, die für die Schuld- oder Rechtsfolgenfrage erheblich sein können, unabhängig davon, ob sie belastend oder entlastend sind. Die Aussage kann sogar mit der Zielrichtung verlesen werden, festzustellen, dass der Angeklagte ein Geständnis nicht abgelegt hat (*Meyer-Goßner/Schmitt* § 254 Rn. 2).

Merke: § 254 StPO begründet für polizeiliche und staatsanwaltschaftliche Protokolle über die Vernehmung des Beschuldigten lediglich ein **Verlesungsverbot.** Die Verhörsperson kann aber als Zeuge über das damalige Geständnis vernommen werden. Außerdem dürfen dem Angeklagten aus dem Vernehmungsprotokoll Vorhalte gemacht und zum Zwecke des Vorhalts das Protokoll verlesen werden.

Übersicht zum Urkundenbeweis

Grundsatz: Urkunden sind verlesbar (§ 249 StPO)

Ausnahmen: § 250 S. 2 StPO: Verlesung darf bei persönlichen Wahrnehmungen die Vernehmung nicht ersetzen davon **Ausnahmen:**

a) § 420 I, II StPO – beschleunigtes Verfahren und Hauptverhandlung nach Einspruch gegen Strafbefehl (soweit Zustimmung nach § 420 III StPO vorliegt)
b) § 256 StPO (insbesondere Blutalkoholgutachten)
c) § 251 I, II StPO – (i.d.R. wenn Vernehmung in absehbarer Zeit nicht möglich)
davon Ausnahmen: § 252 bei ausgeübtem *Zeugnisverweigerungsrecht* besteht ein Verlesungsverbot
bei § 52 StPO sogar ein allgemeines *Verwertungsverbot*
davon Ausnahme: Vernehmung des Vernehmungsrichters
d) § 253 StPO *Ergänzende* Verlesung von Protokollen bei Zeugen
e) § 254 StPO – Verlesung von *richterlichen* Beschuldigtenvernehmungs*protokollen*

VI. Augenschein

Anders als beim Zeugenbeweis gilt der **Grundsatz der Unmittelbarkeit** für den **355** Augenschein **nicht**. Das Gericht kann deshalb einen Dritten, z.B. einen Polizeibeamten, als Augenscheinsgehilfen einsetzen, um z.B. einen bestimmten Straßenverlauf festzustellen. Das Ergebnis wird durch Zeugenvernehmung des Polizisten eingeführt. Der Grundsatz des § 250 S. 2 StPO gilt aber auch für den Augenschein, soweit es um die Ersetzung der Vernehmung zu persönlichen Wahrnehmungen eines Zeugen geht (Vorrang des Personalbeweises vor dem Augenscheinsbeweis – *Meyer-Goßner* § 86 Rn. 12). Deshalb ist es z.B. unzulässig, die Wahrnehmungen des die Unfallsituation aufnehmenden Polizisten – Länge der Bremsspur, Endstand der Fahrzeuge etc. – durch Inaugenscheinnahme der vom Polizisten gefertigten Unfallskizze einzuführen, statt ihn zu hören.

Aus dem gleichen Grund ist bei erlaubten Audiomitschnitten von polizeilichen Ver- **356** nehmungen der Augenschein nur zulässig, soweit es um sinnliche Eindrücke wie Sprachfehler oder Akzent des Vernommenen geht, dagegen ist es unzulässig, durch Vorspielen des Audiomitschnitts den Inhalt der Vernehmung einzuführen.

Der Mitschnitt eines Telefongesprächs über den Polizeinotruf ist zulässig und auch dann verwertbar, wenn der Anrufer später von einem Zeugnisverweigerungsrecht Gebrauch macht, da es sich insoweit, wie oben (Rn. 85) bereits erwähnt, nicht um eine Vernehmung im Sinn des § 252 StPO handelt.

Für **ungenehmigte Audiomitschnitte** gilt zu der Verwertbarkeit Folgendes: **357**

Stimmt der Angeklagte der Verwertung zu, sind die Tonbänder/Audiodateien unproblematisch verwertbar.

Stimmt er nicht zu, so sind unzulässigerweise aufgezeichnete Gesprächs- oder Telefonmitschnitte der Polizei (vgl. zur Zulässigkeit oben Rn. 174, 182) unverwertbar, das heißt, die Audioquellen können nicht als Beweismittel in die Hauptverhandlung eingeführt werden. Die gewonnenen Erkenntnisse können allerdings Anlass für weitere Ermittlungen sein (also keine Fernwirkung).

Die von Privatpersonen mitgeschnittenen (Telefon-)Gespräche können auch dann als **358** Beweismittel verwertbar sein, wenn sie unzulässigerweise aufgezeichnet wurden und der Angeklagte einer Verwertung widerspricht. Insoweit ist allerdings eine Abwägung vorzunehmen zwischen den Interessen des Angeklagten an der Wahrung seiner Intimsphäre und dem Interesse der Allgemeinheit an der Verfolgung von Straftaten, insbesondere im Bereich der Schwerkriminalität.

Ist der Augenschein unzulässig, so dürfen aus den Audioprotokollen (= schriftliche Wiedergabe des Audiomitschnitts) auch keine Vorhalte gemacht werden.

Diese für Telefonmitschnitte entwickelten Grundsätze sind nun auch auf das sonstige Abhören und Aufzeichnen i.S.d. § 100f II StPO entsprechend anzuwenden.

Hat der beauftragte Richter einen Zeugen als „Auskunftsperson" (z.B. wegen des „wer stand zur Tatzeit wo?") zum Augenschein zugezogen, so können dessen Erläuterungen zum besseren Verständnis ins Protokoll über den richterlichen Augenschein aufgenommen und in der Hauptverhandlung auch verlesen werden. Kommt es für die Überzeugungsbildung des Gerichts allerdings auf diese Angaben zum Tathergang an, so ist der Zeuge dazu förmlich in der Hauptverhandlung zu vernehmen (BGH NJW 1986, 390).

Beachte: Nur solche Tatsachen, die durch die Hauptverhandlung und in der Hauptverhandlung gewonnen worden sind, können im Urteil berücksichtigt werden, sowie gerichtskundige Tatsachen, wenn sie zum Gegenstand der Hauptverhandlung gemacht worden sind. Eine „private Beweisaufnahme" des Gerichts außerhalb der Hauptverhandlung führt aber nicht zur Gerichtskundigkeit. Ein **privater Augenschein** des Gerichts während laufender Hauptverhandlung **aus Anlass des Verfahrens** kann die Gerichtskundigkeit der dadurch erlangten Erkenntnisse selbst dann nicht begründen, wenn das Gericht die übrigen Verfahrensbeteiligten hiervon unterrichtet (BGH NStZ 2013, 357).

VII. Form und Umfang der Beweiserhebung/Beweisaufnahme

1. Unterscheidung Freibeweis/Strengbeweis

359 Ob die besonderen Förmlichkeiten für die Beweisaufnahme in der Hauptverhandlung (!) einzuhalten sind, hängt davon ab, ob Beweis zu Verfahrensfragen **(Freibeweis)** oder ob Beweis über Schuld und Strafe **(Strengbeweis)** zu erheben ist. Außerhalb der Hauptverhandlung gilt immer der Freibeweis. Der Freibeweis kann in jeder dem Gericht angemessen erscheinenden Form erhoben werden, also auch durch schriftliche oder telefonische Auskünfte. Dagegen erlaubt der Strengbeweis nur die in der StPO vorgesehenen Beweismittel und unter Beachtung der jeweiligen Förmlichkeiten (§§ 244 bis 256 StPO, Grundsätze der Mündlichkeit und Öffentlichkeit). Ob es sich um eine Beweiserhebung zu einer Verfahrensfrage handelt, lässt sich nicht danach unterscheiden, ob davon letztlich die Verurteilung abhängt. Geht es darum, festzustellen, ob bei der Vernehmung des Beschuldigten unerlaubte Vernehmungsmethoden angewandt worden sind, so ist dies eine Frage der Anwendung des § 136a StPO, mithin eine Verfahrensfrage (vgl. BGHSt 16, 164). Dies gilt auch, wenn es ohne ein verwertbares Geständnis mangels weiterer verfügbarer Beweismittel notwendig zum Freispruch kommt. Es bedarf zur Klärung dieser Frage also keiner förmlichen Beweisaufnahme, so dass z.B. eine schriftliche dienstliche Äußerung des Vernehmungsbeamten genügen mag, wenn auch im Einzelfall die Aufklärungspflicht (§ 244 II StPO – siehe nachfolgende Ausführungen) seine Vernehmung in der Hauptverhandlung gebieten kann.

2. Aufklärungspflicht

360 Nach **§ 244 II StPO** hat das Gericht den Sachverhalt von Amts wegen aufzuklären. Es darf sich also nicht auf die von den Verfahrensbeteiligten angebotenen Beweismittel beschränken, sondern muss die zur Klärung notwendigen Beweise erheben. Die Pflicht reicht so weit, wie die Umstände, die dem Gericht bekannt sind oder auf Grund der Akte oder des Verfahrensablaufs bekannt sein müssten, zum Gebrauch eines bestimmten weiteren Beweismittels drängen oder ihn nahelegen (BGH NJW 1978, 113). Ergibt sich z.B. aus den Ermittlungsakten, dass sich der Angeklagte früher in einer Psychiatrischen Landesanstalt befunden hat, so kann sich dem Gericht die

Klärung der Schuldfähigkeit zur Tatzeit aufdrängen, auch wenn kein Beweisantrag hierzu gestellt wird.

Dies bedeutet auch, dass das Gericht selbst dann, wenn es auf Grund der durchgeführten Beweisaufnahme bereits eine Überzeugung von dem zu beurteilenden Sachverhalt gewonnen hat, weitere Beweismittel nicht ungenutzt lassen darf, wenn die (ausnahmsweise auch nur entfernte) Möglichkeit einer Änderung der durch die vollzogene Beweisaufnahme begründeten Vorstellung von dem Sachverhalt in Betracht kommt (*Meyer-Goßner/Schmitt* § 244 Rn. 12). Das gilt sogar dann, wenn der Angeklagte, der Verteidiger und die Staatsanwaltschaft auf das Beweismittel verzichtet haben (BGH NStZ 1981, 361; NStZ 1988, 37). Je weniger gesichert ein Beweisergebnis auf der Grundlage des bisherigen Verfahrensablaufs erscheint, desto größer ist der Anlass für das Gericht, trotz der erlangten Überzeugung weitere erkennbare Beweismöglichkeit zu nutzen (BGH NStZ 2017, 96).

Klausurtipp: Prüfen Sie in Gutachten zur Begründung einer Revision also nicht nur die Frage, ob Beweisanträge ordnungsgemäß abgelehnt worden sind, sondern klären Sie auch, ob das Gericht nicht Anlass gehabt hätte, von Amts wegen den Sachverhalt weiter aufzuklären. Dann müsste nämlich die **Aufklärungsrüge** erhoben werden (dazu unten zur Revision Rn. 587 f.).

Die Aufklärungspflicht kann im Einzelfall eine an sich erlaubte Verlesung zur Erset- **361**
zung einer Vernehmung unzulässig machen. So kann eine grundsätzlich nach § 251 I StPO zulässige Verlesung des Protokolls anstatt der Vernehmung des Zeugen einen Verstoß gegen die Aufklärungspflicht bedeuten, z.B. wenn es sich um den Hauptbelastungszeugen handelt und der Angeklagte die Tat bestreitet, da das Gericht zum Nachweis einer vom Angeklagten bestrittenen Tat grundsätzlich das sachnähere Beweismittel heranzuziehen hat, solange es erreichbar ist (BGH NStZ 2004, 50). Auch verlangt die Aufklärungspflicht, einen Zeugen zu vernehmen trotz der Möglichkeit der Verlesung nach § 325 StPO, wenn das Berufungsgericht die Glaubwürdigkeit des Zeugen anders als die Vorinstanz beurteilen will (BayObLG StV 1992, 152).

3. Beweisanträge

a) Begriff. Ein Beweisantrag ist ein in der Hauptverhandlung gestellter Antrag an das **362**
Gericht, zu einer bestimmten Beweistatsache ein bestimmtes Beweismittel einzuholen. Die zu beweisende Tatsache ist bestimmt zu behaupten unter Angabe eines **konkreten Beweismittels**. Bei Zeugen sind deshalb in der Regel Name und Anschrift anzugeben, damit die Identität und Auffindbarkeit gewährleistet ist. Es reicht also nicht aus, die Vernehmung „eines Nachbarn“ zu beantragen. Die bloße Namensnennung mit Angabe des Wohnorts genügt ebenfalls nicht. Erforderlich ist die Unterscheidbarkeit des Zeugen von anderen Personen durch ihn eingrenzende Merkmale, sei es die genaue Anschrift, sei es der CB-Funkname in Verbindung mit dem früheren Arbeitgeber des Zeugen oder ähnliches (BGH NStZ 1994, 247; 2014, 604). Es reicht deshalb aus, wenn beantragt wird, „zum Beweis der Tatsache ... als Zeugen Herrn Max Müller, zurzeit Hotel Zeppelin, Stuttgart, zu vernehmen“. Für den Urkundenbeweis kommen immer nur einzelne Schriftstücke in Betracht, nicht eine Sammlung von Urkunden. Für § 244 III StPO genügt deshalb nicht, zu beantragen, „die Krankenunterlagen der Zeugin A“ beizuziehen und zu verlesen, da diese aus Untersuchungsbefunden, Berichten, Attesten, Notizen etc. bestehen können (vgl. BGH NStZ 1997, 562; NStZ-RR 1998, 276).

Beweistatsachen sind nur diejenigen Tatsachen, die mit dem Beweismittel unmit- **363**
telbar bewiesen werden sollen. Wird also ein Zeuge als Beweismittel benannt, müssen die im Beweisantrag genannten bestimmten Beweistatsachen dem Zeugenbeweis

überhaupt zugänglich sein und mit ihm unmittelbar bewiesen werden. Bei der Motivation zu einem Handeln oder Unterlassen handelt es sich um einen Vorgang im Inneren eines anderen Menschen, der grundsätzlich nicht tauglicher Gegenstand des Zeugenbeweises sein kann (BGH NStZ 2004, 690). Soll aus den Wahrnehmungen des Zeugen auf ein bestimmtes weiteres Geschehen geschlossen werden, ist nicht dieses weitere Geschehen, sondern nur die Wahrnehmung des Zeugen tauglicher Gegenstand des Zeugenbeweises, da der Zeuge grundsätzlich nur über seine eigenen Wahrnehmungen vernommen werden kann. Die Schlüsse aus den Wahrnehmungen hat dann das Gericht selbst zu ziehen. Es ist deshalb für einen Antrag auf Zeugenvernehmung die Angabe dessen unverzichtbar, was der Zeuge im Kern bekunden soll (BGH StV 1993, 454). Es genügt also nicht, den Zeugen B „für die Glaubwürdigkeit des Zeugen A" zu benennen. Wird aber keine konkrete Tatsache behauptet, sondern nur eine Vermutung geäußert, eine Wertung unter Beweis gestellt oder wird kein konkretes Beweismittel benannt, so handelt es sich um einen **Beweisermittlungsantrag,** für den nicht die eingeschränkte Ablehnungsmöglichkeit nach § 244 III, IV StPO gilt, sondern nur die Aufklärungspflicht nach § 244 II StPO. Der Beweisantrag darf also nicht als unzulässig zurückgewiesen werden, sondern das Gericht muss das Beweisbegehren am Maßstab der Amtsaufklärungspflicht ausgerichtet prüfen (BGH NStZ 2013, 476). Auch ein Beweisermittlungsantrag ist **mit Gründen zu bescheiden** (entweder durch Gerichtsbeschluss oder durch Verfügung des Vorsitzenden), damit der Antragsteller nicht im Unklaren darüber gelassen wird, warum seinem Antrag nicht nachgegangen wird, und er darauf reagieren kann (BGH StV 2008, 59).
In der Regel liegt keine konkrete Beweistatsache vor, wenn lediglich behauptet wird, ein bestimmtes Ereignis habe nicht stattgefunden, da mit der behaupteten **Negativtatsache** keine Umstände oder Geschehnisse benannt werden, die unmittelbar mit dem Beweismittel bewiesen werden könnten, sondern es werden lediglich Beweisziele angegeben (z.B. kann der Zeuge nicht aussagen, das Opfer sei nicht geschlagen worden, sondern nur, dass er derartiges nicht wahrgenommen habe). Es ist aber genau zu prüfen, ob hier nicht eine Auslegung helfen kann, z.B. wenn behauptet wird, der Zeuge hätte dies aber, wenn das Opfer geschlagen worden wäre, nach den konkreten Umständen bemerken müssen (BGH NStZ 2008, 708).

Tipp: Bei der Prüfung, ob ein Beweisantrag eine konkrete Beweistatsache enthält, dürfen Sie nicht allein auf den Wortlaut der Beweisbehauptung abstellen. Sie müssen vielmehr den gesamten Inhalt des Antrags auslegen. So kann auch ein vordergründig als bloßes Ausforschungsbemühen erscheinendes Begehren („ob", „wann", „wie" etwas geschehen ist) als sachgerechter Beweisantrag im Rechtssinne einzustufen sein, wenn sich hinlänglich deutlich ergibt, was genau der Antragsteller unter Beweis stellen will (BGH NStZ 2014, 419).

Ein auf die Vernehmung eines Zeugen gerichteter Beweisantrag verlangt neben der konkreten Beweistatsache auch die Behauptung, dass der Zeuge diese Tatsache aus eigener Wahrnehmung bekunden kann. Ferner muss erkennbar sein, weshalb der Zeuge überhaupt etwas zu dem Beweisthema bekunden können soll. Soweit sich dieser Zusammenhang nicht von selbst versteht, ist die **Konnexität** zwischen Beweistatsache und Beweismittel näher darzulegen (BGH NStZ 2000, 437; NJW 2011, 1239) und dabei gegebenenfalls anzugeben, wie sich die angebliche Wahrnehmung eines Zeugen in das bisherige Ergebnis der Beweisaufnahme einfügen könnte (BGH NStZ 2009, 49).

Ein Beweisantrag liegt auch vor, wenn der Antragsteller noch nicht sicher weiß, was die Zeugen aussagen werden. Benennt er also sieben Personen, die sich zur Tatzeit in einer bestimmten Gaststätte befunden haben, zum Beweis dafür, dass sich zu dieser

Zeit auch der Angeklagte dort befunden hat, so ist dies auch dann ein Beweisantrag, wenn er nicht weiß, ob und welcher der Zeugen den Angeklagten bemerkt hat (BGH NJW 1988, 1859). Stellt der Antragsteller aber **ohne jeglichen Anhaltspunkt** unbegründete Vermutungen an, von denen er hofft, dass Nachforschungen darüber doch noch zu seinen Gunsten sprechende Tatsachen ergeben, so fehlt es an einer bestimmten Tatsachenbehauptung, z.B. wenn er nur **aufs Geratewohl ins Blaue hinein behauptet,** dass die benannten Zeugen überhaupt in der Gaststätte waren. Entscheidend für die Abgrenzung ist nicht der Wortlaut des Antrags. Gegebenenfalls ist sein Inhalt durch Auslegung zu ermitteln (BGH NStZ 2013, 476 und 536).

Wird beantragt, eine Beweisaufnahme zu wiederholen, so ist dies grundsätzlich nur ein Beweisermittlungsantrag. Der Antrag, einen in der bisherigen Hauptverhandlung bereits vernommenen Zeugen erneut zu laden, ist nur dann als Beweisantrag nach § 244 VI StPO zu bescheiden, wenn der Zeuge zum Beweis einer neuen Behauptung benannt ist, zu der er bei der ersten Vernehmung noch gar nicht gehört werden konnte (BGH StV 1995, 566).

Ein **Hilfsbeweisantrag/Eventualbeweisantrag** liegt vor, wenn ein Verfahrensbe- **364**
teiligter (in der Regel der Angeklagte oder sein Verteidiger) einen Beweisantrag für den Fall stellt, dass eine bestimmte Bedingung nicht eintritt (in der Regel für den Fall, dass das Gericht nicht freispricht). Nur für diesen Fall soll der Antrag gestellt sein. Die Besonderheit liegt darin, dass das Gericht diesen Antrag nicht notwendigerweise in der Hauptverhandlung bescheiden muss, sondern dass es den Hilfsbeweisantrag auch **in den Urteilsgründen** aus den in § 244 III, IV StPO genannten Gründen **ablehnen** kann und der Antragsteller insoweit auf weiteres rechtliches Gehör verzichtet. Ein Hilfsbeweisantrag kann auch noch nach dem letzten Wort entgegengenommen werden, ohne dass dies einen Wiedereintritt in die Verhandlung darstellen würde.

Wichtig: Hilfsbeweisanträge, die sich nach der zu beweisenden Behauptung gegen den Schuldspruch richten, aber nur **für den Fall einer bestimmten Rechtsfolgenentscheidung** als **gestellt** gelten sollen (z.B. bei Verurteilung zu einer Freiheitsstrafe ohne Bewährung), sind **unzulässig** (als unzulässiges Angebot auf eine Verfahrensabsprache, BGH NStZ 1995, 144 und 246; NStZ-RR 2017, 182).

b) Form und Frist. Der Beweisantrag muss mündlich gestellt werden. Die Stellung **365**
dieses Antrags muss als wesentliche Förmlichkeit ins Hauptverhandlungsprotokoll (§ 273 StPO). Dabei ist es üblich, dass Beweisanträge schriftlich vorgelegt, verlesen und dann als Anlage zum Protokoll genommen werden (vgl. §§ 257a, 249 StPO).

Der Antrag kann vom Beginn der Hauptverhandlung bis zum Beginn der Urteilsverkündung gestellt werden. Nach der durch das Gesetz vom 17.8.2017 eingeführten Ergänzung des **§ 244 VI StPO** n.F. besteht für den Vorsitzenden indessen jetzt auch die gesetzlich verankerte Möglichkeit, nach Abschluss der von Amts wegen vorgesehenen Beweisaufnahme eine angemessene Frist für weitere Beweisanträge bestimmen zu können. Nach deren Ablauf gestellte **Beweisanträge** können jetzt grundsätzlich **im Urteil beschieden** werden. Nach der bisherigen Rechtslage war hierfür noch ein Beschluss in der Hauptverhandlung erforderlich. Die Gesetzesänderung hat bereits bestehende Bestrebungen in der Rechtsprechung aufgegriffen (BGH NJW 2005, 2466). Der Katalog der Ablehnungsgründe wird dadurch aber nicht erweitert, eine Ablehnung allein wegen des Fristablaufs ist nicht möglich (vgl. Singelnstein/Derin, NJW 2017, 2646, 2651). Die Ablehnungsgründe haben sich vielmehr weiterhin an §§ 244 III–V, 245 I, II StPO zu orientieren (*Meyer-Goßner/Schmitt* § 244 Rn. 96) Die Nichteinhaltung der Frist wird aber wie bisher als „signifikantes Indiz“ für das Vorliegen einer Prozessverschleppung gewertet werden können (zur bisherigen Rechtslage vgl. BGH NStZ 2010, 161). Die Angemessenheit der Frist bemisst sich nach den Umständen des Einzelfalles, mit dem Umfang des Verfahrens steigt die notwendige Dauer der Frist. Eine Frist von einer Dauer von 3 Wochen, zumeist sogar schon 1 Woche, wird regelmäßig ausreichend sein (vgl. *Mosbacher* NStZ 2018, 9, 11).

Vor Beginn der Hauptverhandlung gestellte Beweisanträge müssen in ihr erneut gestellt werden. Dessen ungeachtet kann sich die Verpflichtung zur Beweiserhebung für das Gericht stets aus der Aufklärungspflicht nach § 244 II StPO ergeben.

Beachte: Ob und wann der Angeklagte einen Beweisantrag stellt, ist – wie jedes zulässige prozessuale Verhalten – grundsätzlich der Würdigung des Gerichts entzogen. Auch dürfen **Beweisbehauptungen,** die **in** einem vom Verteidiger gestellten **Beweisantrag** enthalten sind, **nicht in** eine **Einlassung** des Angeklagten **umgedeutet** werden, sofern dieser sich dazu nicht erklärt (BGH NStZ 2017, 96).

Antragsberechtigt sind neben Staatsanwalt, Angeklagtem und Verteidiger (aus eigenem Recht – auch gegen den Willen des Angeklagten, vgl. BGH NStZ 2009, 581!) insbesondere auch der Nebenkläger im Rahmen seiner Anschlussberechtigung (vgl. §§ 395, 397 StPO) sowie der Privatkläger.

Ein Beweisantrag kann selbstverständlich auch wieder zurückgenommen werden. Der in Hauptverhandlungsprotokollen regelmäßig zu findende Satz, die Beweisaufnahme sei im allseitigen Einvernehmen geschlossen worden, beinhaltet allerdings noch nicht die konkludente Erklärung des Verteidigers, auf die zuvor beantragte Vernehmung eines Zeugen werde nunmehr verzichtet (BGH NStZ 2003, 562).

366 **c) Ablehnung eines Beweisantrags. aa) Ablehnungsgründe**. Im beschleunigten Verfahren und in der Hauptverhandlung nach Einspruch gegen einen Strafbefehl (vgl. § 411 II StPO) entscheidet sich die Frage, ob einem Beweisantrag nachzugehen ist, gemäß **§ 420 IV StPO** bei der Verhandlung vor dem Strafrichter allein nach § 244 II StPO. Ansonsten sind die Gründe, aus denen heraus ein Beweisantrag abgelehnt werden kann, abschließend geregelt in den §§ 244 III–V, 245 I, II StPO. Es ist zwar denkbar, dass ein Antrag auch bei grobem Missbrauch der verfahrensrechtlichen Befugnis abgelehnt werden kann. Der BGH billigte bisher aber lediglich in einem Ausnahmefall die Anordnung eines Gerichts, wonach der exzessiv Beweisanträge stellende Angeklagte diese nur noch über seinen Verteidiger stellen durfte (BGH NJW 1992, 1245).

Die Ablehnungsgründe im Einzelnen:

367 **Unzulässigkeit der Beweiserhebung (§ 244 III 1 StPO):** Das Gesetz gibt dem Gericht kein Ermessen. Ein Antrag ist abzulehnen, wenn bereits die Durchführung der beantragten Beweisaufnahme gesetzlich verboten ist. Dies ist z. B. der Fall bei der Vernehmung eines Zeugen, der keine Aussagegenehmigung nach § 54 StPO erhalten hat oder wenn die Verlesung eines Vernehmungsprotokolls beantragt wurde, obwohl der Zeuge nach § 52 StPO das Zeugnis verweigert hat. Eine Beweiserhebung ist auch dann unzulässig, wenn sie Tatsachen in Frage stellt, denen im Rahmen horizontaler Teilrechtskraft (dazu unten Rn. 525) Bindungswirkung zukommt.

368 **Für die Entscheidung ohne Bedeutung (§ 244 III 2 StPO):** Aus *tatsächlichen* Gründen ist eine behauptete Beweistatsache in diesem Sinne bedeutungslos, wenn sie – ihre Richtigkeit gedanklich als erwiesen behandelt – nicht geeignet ist, die Entscheidung in irgendeiner rechtlich relevanten Weise zu beeinflussen und sei es auch nur im Strafmaß. Das ist insbesondere dann der Fall, wenn die Beweistatsache keine Beziehung zum Prozessgegenstand hat. Aus *Rechtsgründen* ohne Bedeutung ist eine Tatsache, wenn sie zwar auf der Tatsachenebene erheblich wäre, es aber darauf nicht ankommt, weil außerhalb dieser Ebene liegende Rechtsgründe, insbesondere Recht-

fertigungs-, Schuldausschließungs- und Strafaufhebungsgründe, der Beweistatsache ihre rechtliche Wirksamkeit nehmen.

Die **tatsächliche Bedeutungslosigkeit** ist in der Praxis das häufigere Problem.

Beispiel: Der Vorwurf lautet auf § 211 StGB am 14.5. in X, die Beweisbehauptung lautet, A sei am 13.5. nicht in X gewesen. Diese Tatsache ist tatsächlich ohne Bedeutung für die Entscheidung in jedem Stadium des Verfahrens, also auch bereits im Ermittlungsstadium.

Die Bedeutungslosigkeit muss sich aus der unter Beweis gestellten Tatsache selbst ergeben. Eine Abwägung mit dem bisherigen Ermittlungsergebnis ist also unzulässig (verbotene vorweggenommene Beweiswürdigung). Geht es nur um eine **Indiztatsache,** aus der erst Schlüsse auf die Schuldfrage gezogen werden sollen, so ist die betreffende Tatsache bedeutungslos, wenn sie **selbst im Falle ihres Erwiesenseins die Entscheidung nicht beeinflussen könnte, weil sie nur mögliche, nicht aber zwingende Schlüsse zulässt, das Gericht diesen Schluss aber nicht ziehen will** (BGH NStZ 2018, 111). Ob dieser Schluss gerechtfertigt ist, hat das Gericht nach den Grundsätzen der freien Beweiswürdigung zu beurteilen. Hierzu hat das Gericht die behauptete Tatsache – ohne Änderungen, Umkehrungen etc. – in das „Beweisgebäude" einzustellen und prognostisch zu prüfen, ob hierdurch seine bisherige Überzeugung zu der potentiell berührten Haupttatsache bzw. zum Beweiswert des anderen Beweismittels in einer für den Schuld- oder Rechtsfolgenausspruch bedeutsamen Weise erschüttert wurde (BGH NStZ-RR 2015, 315; 2018, 188).

Die Ablehnung eines Beweisantrags wegen tatsächlicher Bedeutungslosigkeit der Beweistatsache muss mit konkreten Erwägungen beweiswürdigend dahin begründet werden, warum das Gericht aus der Beweistatsache keine entscheidungserheblichen Schlussfolgerungen ziehen will. Es ist daher in aller Regel rechtsfehlerhaft, wenn die Ablehnung letztlich nur damit begründet wird, die unter Beweis gestellte Indiz- oder Hilfstatsache lasse keinen zwingenden, sondern lediglich einen möglichen Schluss zu, den das Gericht nicht ziehen wolle (BGH NStZ 2014, 110).

Offenkundig (§ 244 III 2 StPO). Offenkundig sind sowohl **allgemein bekannte** 369
als auch **gerichtsbekannte Tatsachen,** gleichviel ob die Beweistatsache selbst oder ihr Gegenteil in Frage steht. Allgemein bekannt sind Umstände, von denen der verständige und erfahrene Mensch regelmäßig ohne Weiteres Kenntnis hat oder sich aus allgemein zugänglichen zuverlässigen Quellen unschwer verschaffen kann. Gerichtsbekannt sind Umstände, die der Richter in seiner amtlichen Tätigkeit zuverlässig in Erfahrung gebracht hat. Die Merkmale des gesetzlichen Tatbestandes und andere unmittelbar beweiserhebliche Tatsachen dürfen nicht als offenkundig behandelt werden.

Praxishinweis: Auch offenkundige Tatsachen sind in der Hauptverhandlung zum Gegenstand der Verhandlung zu machen; z. B. ist die planmäßige Abfahrt eines bestimmten Zuges – da aus dem Kursbuch der Deutschen Bahn AG zu entnehmen – allgemein bekannt. Dennoch ist der Zeitpunkt, den das Gericht aus dem Kursbuch entnommen hat, in der Hauptverhandlung bekannt zu geben und mitzuteilen, dass das Gericht ihn (möglicherweise) seiner Entscheidung als offenkundig zugrunde legen werde, damit er im Urteil verwertbar ist (vgl. BGH NStZ 2013, 121).

Schon erwiesen (§ 244 III 2 StPO). Abgelehnt werden kann nur, weil die Tatsache schon erwiesen ist, nicht, weil ihr Gegenteil schon erwiesen sei (unzulässige vorweggenommene Beweiswürdigung). Wichtig ist also zu beachten, dass **nicht *das Gegenteil* der behaupteten Tatsache** als erwiesen betrachtet werden darf!

Die Wahrunterstellung (§ 244 III 2 StPO): Sie setzt das kumulative Vorliegen 370
folgender Umstände voraus: Die unter Beweis gestellte Tatsache muss **beweiserheblich** sein und sich **zu Gunsten des Angeklagten** auswirken; ferner darf der **Sachverhalt** voraussichtlich **nicht weiter aufklärbar** sein.

Bei diesem in der Praxis am häufigsten angewandten Ablehnungsgrund ist vor allem zu beachten, dass die als wahr unterstellte Tatsache als erwiesen und – im Sachverhalt des Urteils – damit feststehend behandelt werden muss; aber **nur die Tatsache,** nicht die Schlussfolgerungen, die der Antragsteller damit verbindet. Will das Gericht von dieser Schlussfolgerung abweichen, muss es aber in der Beweiswürdigung des schriftlichen Urteils auf die Wahrunterstellung eingehen (vgl. dazu BGH NStZ 1993, 447). Werden nicht unmittelbar beweiserhebliche Tatsachen, sondern die hierzu gemachten Angaben eines Zeugen (Indiztatsachen) als wahr unterstellt, ist der Tatrichter nicht gehalten, davon auszugehen, das tatsächliche Geschehen habe diesen Bekundungen entsprochen (BGH NStZ 2013, 538).

Beachte: Ob eine zu Gunsten als wahr unterstellte Tatsache sich gleichzeitig auch zu Lasten des Angeklagten auswirken darf, ist streitig. Im Zweifel hat jedenfalls der Grundsatz „in dubio pro reo" Vorrang (BGH NJW 1976, 1950). Der **Grundsatz in dubio pro reo** ist allerdings keine Beweisregel, sondern eine **Entscheidungsregel** und daher auf einzelne Elemente der Beweiswürdigung grundsätzlich nicht anwendbar. Er besagt nichts darüber, wie der Tatrichter die Beweise zu würdigen hat, sondern **kommt erst bei der abschließenden Gesamtwürdigung zum Tragen** (BGH NStZ 2012, 171).

Bei **vorrangiger Sachaufklärung** ist die Ablehnung eines Beweisantrags auf Grund Wahrunterstellung nicht statthaft. Eine Beweisbehauptung ist der Wahrunterstellung deshalb nicht zugänglich, wenn es um die Aufklärung näherer Umstände für divergierende Angaben eines zentralen Belastungszeugen geht (BGH NStZ 2007, 282).

371 **Ungeeignet (§ 244 III 2 StPO):** Ungeeignet ist ein Beweismittel, wenn sich mit ihm das im Beweisantrag in Aussicht gestellte Ergebnis nach sicherer Lebenserfahrung nicht erzielen lässt und zwar ohne jede Berücksichtigung des bisherigen Beweisergebnisses; so z. B. beim Antrag auf Sachverständigengutachten, wenn **jegliche** (wenige können schon ausreichen!) Anknüpfungstatsachen für das Gutachten fehlen oder wenn es auf der Grundlage unausgereifter Untersuchungsmethoden oder der Parapsychologie erstellt werden würde (vgl. *Meyer-Goßner/Schmitt* § 244 Rn. 59a).

Beim Zeugenbeweis ist besondere Vorsicht geboten. Es gilt das Verbot der vorweggenommenen Beweiswürdigung (Beweisantizipation). Das heißt, dass das Gericht nicht spekulieren darf, was das Beweismittel hergibt, z. B. was ein Zeuge noch weiß. Um die Ergiebigkeit eines Zeugen festzustellen, muss er gehört werden.

Beispiel: Die als angebliche Alibizeugin benannte neunzigjährige Großmutter des Angeklagten darf nicht als völlig ungeeignetes Beweismittel abgelehnt werden, weil sie sowieso nichts zuverlässig mitbekommen habe und als Großmutter ohnehin zu ihrem Enkel halte.

Nur in absoluten Ausnahmefällen kann beim Zeugenbeweis völlige Ungeeignetheit dann angenommen werden, z. B. bei geistiger Behinderung oder wenn es offensichtlich ausgeschlossen ist, dass der Zeuge etwas weiß. Der BGH hat Letzteres zugelassen, wenn Beweisthema ein viele Jahre zurückliegendes völlig alltägliches, banales Geschehen war (BGH NStZ 1993, 295). Dabei ist ein strenger Maßstab anzulegen. Ein geminderter, geringer oder zweifelhafter Beweiswert darf nicht mit völliger Ungeeignetheit gleichgesetzt werden (BGH NStZ-RR 2002, 242). Soll der Zeuge sich zu Vorgängen äußern, die sich im Innern eines Menschen abgespielt haben, so ist der Zeuge dann kein ungeeignetes Beweismittel, wenn er äußere Umstände bekunden kann, die einen Schluss auf die inneren Tatsachen ermöglichen (BGH NStZ 2008, 707).

372 **Unerreichbar (§ 244 III 2 StPO):** Unerreichbarkeit liegt erst vor, wenn das Gericht alle Erfolg versprechenden Versuche unternommen hat, das Beweismittel der Verwertung zugänglich zu machen.

Hinweis: Das Gericht muss sich also bemühen, den Aufenthalt des Zeugen festzustellen und seine Vernehmung zu erreichen. Bei Auslandsaufenthalt heißt das, dass das Gericht, soweit möglich und erforderlich, freies Geleit zusichern muss oder dass es versuchen muss, den Zeugen im Ausland vernehmen zu lassen. Vgl. für den Auslandszeugen auch § 244 V StPO (siehe unten Rn. 375).

Dazu gehört auch der Fall der Sperrerklärung, dass sich also die oberste Dienstbehörde entsprechend § 96 StPO endgültig weigert, den Namen und die Anschrift eines V-Mannes preiszugeben (vgl. dazu BGHSt 32, 115). Damit in Zusammenhang steht wiederum die durch den BGH bejahte Frage, ob unter diesen Umständen das polizeiliche(!) Protokoll über die Vernehmung des V-Mannes nach § 251 I StPO gegen den Willen des Angeklagten verlesen werden kann (BGH NStZ 1986, 130).

Prozessverschleppung (§ 244 III 2 StPO): Sie liegt vor, wenn der Antragsteller 373
ausschließlich eine nicht nur unerhebliche (streitig – vgl. BGH NJW 2007, 2501 und *Meyer-Goßner/Schmitt* § 244 Rn. 67) Verzögerung des Verfahrens bezweckt. Der Antragsteller muss sich bei Antragstellung **bewusst** sein, dass die beantragte Beweiserhebung für ihn nichts ergeben wird. Ferner muss das verlangte Beweismittel objektiv geeignet sein, das Verfahren zu **verzögern.** Schließlich darf aus der Sicht des Gerichts die beantragte Beweiserhebung die Wahrheitsfindung **in keiner Weise mehr fördern** können. Die Annahme, dass dies völlig unwahrscheinlich ist, genügt nicht (BGH StraFo 2016, 384). Dies ist eine Durchbrechung des Grundsatzes des Verbots der vorweggenommenen Beweiswürdigung!

Ist der Verteidiger der Antragsteller, so kommt es auf die Absicht des Verteidigers an, das Verfahren zu verschleppen, selbst wenn er den Antrag „namens seines Mandanten" gestellt hat (BGH NJW 2001, 1956).

Wichtig geworden ist die Möglichkeit des Vorsitzenden, eine Frist für die Stellung von Beweisanträgen zu setzen, mit der Option, nach Fristablauf gestellte Anträge wesentlich leichter wegen Prozessverschleppung ablehnen zu können (siehe oben Rn. 365).

Hinweis: Die Ablehnung eines **Hilfsbeweisantrags** wegen Prozessverschleppung **im Urteil** ist **grundsätzlich unzulässig,** damit der Antragsteller den Vorwurf noch in der Hauptverhandlung entkräften kann (BGH NStZ 1986, 372). Dies gilt allerdings nicht, wenn der Vorsitzende in der Hauptverhandlung eine Frist für die Stellung von Beweisanträgen gesetzt und auf die Folgen der Fristversäumung hingewiesen hatte (BGH NStZ 2009, 605 – siehe dazu oben Rn. 365).

Eigene Sachkunde des Gerichts (§ 244 IV StPO): § 244 IV StPO gibt erweiterte 374
Ablehnungsmöglichkeiten bei einem Antrag auf Einholung eines Sachverständigengutachtens und ergänzt insoweit § 244 III StPO.

Soweit noch kein Sachverständiger gehört worden war, kann das Gericht den Antrag ablehnen (1. Alt des § 244 IV), wenn es selbst die erforderliche Sachkunde besitzt **und** die Anhörung eines Sachverständigen nicht vorgeschrieben ist (so z.B. bei § 81 StPO).

Für die eigene Sachkunde des Gerichts ist es unerheblich, ob diese privat oder beruflich erlangt ist. Bei Kollegialgerichten reicht die Sachkunde eines Mitglieds aus, wenn er seine Sachkunde den anderen vermittelt. Die Sachkunde ist entweder im Beweisbeschluss oder im Urteil darzulegen. Erfordert die Materie eine besondere Ausbildung oder kontinuierliche wissenschaftliche oder praktische Erfahrung, sind die Anforderungen an die Darlegungspflicht erhöht (BGH NStZ 2017, 300).

Die Würdigung von Aussagen nicht nur erwachsener, sondern auch kindlicher oder jugendlicher Zeugen gehört zum Wesen richterlicher Rechtsfindung und ist daher grundsätzlich dem Tatrichter anvertraut (BGH NStZ 2001, 105). Die Einholung eines aussagepsychologischen Sachverständigengutachtens (sog. Glaubwürdigkeitsgutachten) ist allerdings dann geboten, wenn der Sachverhalt oder die Person des Zeugen solche Besonderheiten aufweist, dass Zweifel daran aufkommen können, ob die Sachkunde des Gerichts zur Beurteilung der Glaubwürdigkeit unter den gegebenen besonderen Umständen ausreicht (vgl. BGH StV 2001, 550). Die wissenschaftlichen Anforderungen an ein solches Glaubwürdigkeitsgutachten hat der BGH in NJW 1999, 2746 definiert.

Soweit bereits ein Sachverständiger gehört worden ist, kann die Ablehnung auch mit der Begründung erfolgen (2. Alt. des § 244 IV StPO), das Gegenteil sei bereits durch Sachverständigengutachten bewiesen. Soweit mit der Begründung abgelehnt wird, die unter Beweis gestellte Tatsache sei bereits erwiesen, fällt dies unter § 244 III StPO.

Eine Ablehnung ist allerdings nicht zulässig, wenn das bereits erstattete Gutachten hinsichtlich der Sachkunde des Sachverständigen zweifelhaft ist oder es von unzutreffenden tatsächlichen Feststellungen ausgeht oder in sich widersprüchlich ist. Entscheidend ist nur das mündlich vorgetragene Gutachten, nicht das zur Vorbereitung übersandte schriftliche Gutachten.

Unzulässig ist die Ablehnung des Antrags auch, wenn der neue Sachverständige über Forschungsmittel verfügt, die denen des früheren Gutachters überlegen sind. Dies gilt aber nur für Forschungsmittel (!), nicht für die höhere Reputation oder größere Berufserfahrung (bei Ablehnung aber eventuell ein Verstoß gegen § 244 II StPO).

Hinweis: Auch hier kann die Ablehnung mit der Begründung erfolgen, das Gericht verfüge über entsprechende eigene Sachkunde, eventuell sogar auf Grund des erstatteten anderen Gutachtens, das dann aber nicht an einem der oben genannten Fehler leiden darf.

375 **Ablehnung bei Augenschein und bei Auslandszeugen (§ 244 V StPO):** § 244 V StPO gibt eine **zusätzliche** Möglichkeit der Ablehnung eines Antrags auf Einholung eines Augenscheins. Die Ablehnung ist bereits dann zulässig, wenn nach pflichtgemäßem Ermessen des Gerichts der Augenschein zur Erforschung der Wahrheit nicht erforderlich ist. Dies kann der Fall sein, wenn die Beschaffenheit des Beweisgegenstandes schon auf Grund der in der Hauptverhandlung erhobenen Beweise zur Überzeugung feststeht, aber auch, wenn das, was durch den Augenschein bewiesen werden soll, bereits widerlegt ist. Soll durch den Augenschein allerdings gerade eine Zeugenaussage widerlegt werden, ist seine Einholung i.d.R. erforderlich. Im Rahmen der Ermessensprüfung hat das Gericht neben dem Gewicht der Strafsache die Bedeutung und den Beweiswert des weiteren Beweismittels vor dem Hintergrund des Ergebnisses der bisherigen Beweisaufnahme einerseits und den zeitlichen und organisatorischen Aufwand der Ladung und Vernehmung mit den damit für das Verfahren auf Grund der Verzögerungen verbundenen Nachteilen andererseits unter Beachtung des Verhältnismäßigkeitsgrundsatzes abzuwägen (BGH NStZ 2002, 653; 2007, 349).

Unter den gleichen Voraussetzungen kann auch ein Beweisantrag auf Vernehmung eines Zeugen abgelehnt werden, dessen **Ladung im Ausland** zu bewirken wäre (zu den Voraussetzungen einer solchen Ablehnung BGH NStZ 2014, 531; NStZ RR 2018, 335). Handelt es sich bei dem Auslandszeugen möglicherweise aber um den einzigen Entlastungszeugen, gebietet die Amtsaufklärungspflicht grundsätzlich seine Vernehmung, sofern die Beweislage nicht derart gesichert ist, dass sich das Gericht nicht zum Versuch weiterer Aufklärung gedrängt sehen muss (BGH NStZ 2017, 96).

Beachte: Dem Tatrichter kann es nach Maßgabe der Aufklärungspflicht obliegen, auch einen sich im Ausland aufhaltenden Zeugen in der Hauptverhandlung durch eine zeitgleiche Bild- und Tonübertragung zu vernehmen (§ 247a StPO), weshalb unter Umständen der Zeuge nicht unerreichbar ist. Sind unter Berücksichtigung des Beschleunigungsgrundsatzes und der Aufklärungspflicht weitere

Bemühungen um Ladung und Vernehmung des Auslandszeugen aber nicht veranlasst, darf das Gericht **Urkundenbeweis statt Zeugenbeweis nach § 251 StPO** – auch nach I Nr. 3! – **erheben.** Das Gericht muss das vom Beweisantragsteller benannte Beweismittel nicht verwenden, wenn ihm das Gesetz die Befugnis einräumt, es durch ein anderes zu ersetzen. In diesen Fällen bedarf es gleichwohl eines das Beweisbegehren zurückweisenden Beschlusses. Es reicht jedoch aus, wenn dies in den Gründen des Beschlusses, mit dem die Verlesung der Vernehmungsniederschrift angeordnet worden ist, geschieht (BGH NStZ 2018, 740 – Lesen!)

Einschränkung bei präsenten Beweismitteln (§ 245 StPO): Die Möglichkeiten der Ablehnung von Beweisanträgen sind allerdings dann erheblich eingeschränkt, wenn es sich um präsente Beweismittel handelt. Logischerweise können Beweisanträge in diesem Fall nicht mit der Unerreichbarkeit des Beweismittels begründet werden, aber auch die Wahrunterstellung und die Ablehnung nach § 244 IV und V StPO sind ausgeschlossen. Statt der Ablehnung wegen Unerheblichkeit gibt es nur die Ablehnung wegen fehlenden Zusammenhangs zur zu beweisenden Tatsache und dem Gegenstand der Untersuchung. **376**

Präsent ist ein Beweismittel aber nur, wenn es **förmlich geladen** (vgl. **§§ 220, 38 StPO – Zustellung durch Gerichtsvollzieher erforderlich!**) **und erschienen** ist. Sonst ist es ein „in die Sitzung gestelltes Beweismittel“, für das ganz normal die Absätze III–V des § 244 StPO gelten.

Vom Gericht geladene Zeugen und Sachverständigen müssen auch ohne Antrag vernommen werden; demgegenüber bedarf es bei den von der Staatsanwaltschaft und dem Angeklagten herbeigeschafften Beweismitteln eines Beweisantrags (§ 245 II StPO).

bb) Entscheidung des Gerichts. Soll dem Antrag stattgegeben werden, so entscheidet der Vorsitzende allein, das heißt er verfügt z. B. die Verlesung der Urkunde oder die Ladung des Zeugen. Ist allerdings dazu eine Aussetzung oder längere Unterbrechung i.S.d. § 229 II StPO erforderlich, so ist die Entscheidung des Gerichts notwendig (vgl. § 228 I StPO). **377**

Ist ein Verfahrensbeteiligter mit der Verfügung des Vorsitzenden, einem Beweisantrag nachzugehen, nicht einverstanden, kann er gemäß § 238 II StPO die Entscheidung des Gerichts herbeiführen.

Soll der Beweisantrag **abgelehnt** werden, so bedarf es eines Gerichtsbeschlusses **(§ 244 VI StPO).**

Die Entscheidung über den Antrag und ihre Bekanntgabe kann zunächst zurückgestellt werden. Der Gerichtsvorsitzende bestimmt in Ausübung seiner Verfahrensleitung den Zeitpunkt der Verbescheidung eines Beweisantrags, nämlich wenn hierzu aus Sicht des Gerichts eine hinreichend zuverlässige Entscheidungsgrundlage besteht. Nur ausnahmsweise ist es unter dem Gesichtspunkt der Verfahrensfairness geboten den Beweisantrag alsbald nach Anbringung zu bescheiden (BGH NStZ 2011, 168). Die Entscheidung muss jedoch spätestens vor Schluss der Beweisaufnahme bekannt gegeben werden, damit entsprechende weitere Anträge gestellt werden können. Eine Ausnahme bilden insoweit die bereits erwähnten Hilfsbeweisanträge und Beweisanträge nach Ablauf einer vom Vorsitzenden bestimmten Frist (§ 244 VI StPO n. F.; vgl. Rn. 365), die im Urteil beschieden werden können.

Im **Ablehnungsbeschluss** sind der Grund und die dafür erforderlichen Tatsachen genau anzugeben. Die Wiederholung des Gesetzeswortlauts genügt nicht. Auch der ablehnende Beschluss im beschleunigten Verfahren (§ 420 IV StPO) ist wenigstens kurz zu begründen. Die Begründung soll den Antragsteller in die Lage versetzen, sich auf die Prozesssituation einzurichten und gegebenenfalls neue Anträge stellen zu kön- **378** nen. Eine unzulängliche Begründung des Ablehnungsbeschlusses kann deshalb auch nicht durch eine weitere Begründung im Urteil geheilt werden (BGH StV 2007, 176).

Wird z.B. wegen Bedeutungslosigkeit abgelehnt, so ist konkret zu begründen, warum die Tatsache unerheblich ist, insbesondere ob aus rechtlichen oder aus tatsächlichen Gründen. Bei Ablehnung wegen Prozessverschleppung müssen die Umstände dargelegt und gewürdigt werden, die für die geforderte Absicht sprechen und zwar bei mehreren Beweisanträgen für jeden einzelnen Antrag und jede einzelne Beweisfrage. Bei Unerreichbarkeit muss gegebenenfalls dargetan werden, welche Anstrengungen das Gericht unternommen hat, das Beweismittel herbeizuschaffen.

Klausurtipp: Sie sollten im Gutachten zwar möglichst alle Ablehnungsgründe erörtern. Es ist aber meist nicht sinnvoll, im ausformulierten Beschluss nach § 244 V StPO die Ablehnung eines Beweisantrags auf mehrere Ablehnungsgründe zu stützen, da dies gegen § 244 III StPO verstoßen kann, wenn die Ablehnungsgründe nicht ausreichend dargelegt werden oder sich gegenseitig ausschließen. Da die als wahr unterstellte Beweistatsache erheblich sein muss, kann logischer Weise ein Beweisantrag nicht zugleich durch Wahrunterstellung und wegen Bedeutungslosigkeit abgelehnt werden (vgl. BGH StV 2007, 18). Auch ist ein Wechsel des Ablehnungsgrundes von der Wahrunterstellung im Ablehnungsbeschluss zur Bedeutungslosigkeit im Urteil problematisch, da der Antragsteller bei Angabe des richtigen Ablehnungsgrundes noch in der Hauptverhandlung auf diese neue Situation hätte reagieren können (vgl. BGH NStZ 2013, 538). Es ist auch unzulässig, eine Beweistatsache, die unter Ablehnung eines Beweisantrags als wahr behandelt wurde, im Urteil als erwiesen anzusehen und daraus Schlüsse zum Nachteil des Angeklagten zu ziehen; das Gericht hätte in der Hauptverhandlung auf die andere Bewertung hinweisen müssen und dem Angeklagten dadurch **Gelegenheit** geben müssen, **sich auf die veränderte Situation einzustellen** (BGH NJW 2007, 2566).

Der Gerichtsbeschluss, mit dem ein Beweisantrag abgelehnt worden ist, kann nicht isoliert während des Verfahrens, sondern nur zusammen mit dem Urteil angefochten werden (typischer Fall des § 305 StPO, siehe unten zur Beschwerde Rn. 536).

379 **d) Besonderheiten. aa) Austausch von Beweismitteln.** Ein Austausch des beantragten Beweismittels ist beim Sachverständigen (§ 73 I 1 StPO) und beim Augenschein (§ 244 V StPO) zulässig. Ansonsten darf das Gericht ein Beweismittel austauschen, wenn nach den Umständen des Einzelfalles das gewählte Beweismittel gegenüber dem angebotenen eine gleich sichere oder bessere Erkenntnisquelle darstellt; einer Bescheidung des Beweisantrags bedarf es in diesem Fall nicht (BGH NStZ 2008, 529). Beim Zeugenbeweis ist ein Beweismittelaustausch allerdings nur zulässig, wenn es um die Feststellung einer bestimmten, in der Außenwelt wahrnehmbaren und deshalb jederzeit nachprüfbaren objektiven Gegebenheit geht. Er ist unzulässig, wenn individuelle Wahrnehmungen des Zeugen festgestellt werden sollen (BGHSt 22, 347).

Immer dann, wenn an Stelle des benannten Beweismittels ein schlechteres Beweismittel verwendet wird oder ein unzulässiger Tausch vorgenommen wurde, liegt eine (teilweise) Ablehnung eines Beweisantrags vor, die gemäß § 244 VI StPO begründet werden muss.

380 **bb) Austausch von Ablehnungsgründen.** Das Gericht kann jederzeit seine Entscheidung der Ablehnung des Beweisantrags überprüfen und die Gründe abändern oder ergänzen. Dies geschieht insbesondere im Zusammenhang mit der Urteilsberatung. So ist das Gericht nicht gehindert, im weiteren Verlauf der Hauptverhandlung von der im Ablehnungsbeschluss erfolgten Wahrunterstellung abzurücken und die unter Beweis gestellte Tatsache als bedeutungslos zu behandeln. Es muss aber die Verfahrensbeteiligten vor der Urteilsverkündung auf diese Änderung hinweisen, um so deren irrige Vorstellung zu beseitigen und ihnen Gelegenheit zu geben, sich auf die

veränderte Sachlage einzustellen. Tut es dies nicht, verstößt es gegen § 244 III StPO und die Grundsätze des fairen Verfahrens (vgl. BGHSt. 30, 383; StV 2007, 174).

cc) Beispiel eines Ablehnungsbeschlusses: 381

> **Anlage 3 zum Hauptverhandlungsprotokoll vom 17.11.2018**
>
> **Beschluss**
>
> Der Antrag des Verteidigers des Angeklagten Müller, Rechtsanwalt Klug, das Protokoll über die Vernehmung der Zeugin Müller vom 12.5.2018 zu verlesen, wird
>
> abgelehnt,
>
> da die Beweiserhebung unzulässig ist (§ 244 III 1 StPO). Die Zeugin hat in der heutigen Hauptverhandlung als Mutter des Angeklagten von ihrem Zeugnisverweigerungsrecht Gebrauch gemacht. Gemäß § 252 StPO scheidet damit eine Verlesung des Protokolls über ihre frühere Vernehmung aus.

Anmerkung zu diesem Beschluss: Da die Unterzeichnung von Beschlüssen durch alle mitwirkenden Richter nicht vorgeschrieben ist (vgl. *Meyer-Goßner/Schmitt* vor § 33 Rn. 6), genügt hier, dass der Beschluss mit Begründung mündlich verkündet und in das Hauptverhandlungsprotokoll – in der Regel als Anlage – aufgenommen worden ist.

e) Prüfungsschema Beweisantrag: 382

> **Prüfungsfolge Beweisantrag**
>
> **I. Gebietet die Aufklärungspflicht die beantragte Beweiserhebung?**
> Dann ist der Beweis zu erheben, gleichgültig, ob der Antrag ein wirksamer Beweisantrag ist oder nicht.
>
> Ansonsten ist für die Behandlung des Antrags wichtig, ob es sich lediglich um eine **Beweisanregung** oder um einen
>
> **II. echten Beweisantrag handelt.**
> 1. Wird ein konkretes Beweisthema genannt?
> 2. Wird die Beweistatsache bestimmt behauptet?
> 3. Wird ein bestimmtes Beweismittel benannt?
> 4. Ist die Beweistatsache nicht völlig aus der Luft gegriffen?
> 5. Besteht Konnexität zwischen Beweistatsache und Beweismittel?
> 6. Ist der Beweisantrag wirksam gestellt?
>
> Liegt danach *kein wirksamer Beweisantrag* vor, so kann der Vorsitzende den Antrag *durch einfache, kurz begründete Verfügung ablehnen.*
>
> Anderenfalls kann er nur bei Vorliegen eines der gesetzlich abschließend geregelten
>
> **III. Ablehnungsgründe der §§ 244 III–V StPO**
> *durch einen begründeten Beschluss des ganzen Spruchkörpers* abgelehnt werden.

VIII. Gegenstand des Urteils

1. Tatbegriff

Wie oben (Rn. 33ff., 58f., 211ff.) schon kurz dargestellt hat das Gericht nach § 264 StPO über die Tat als das angeklagte geschichtliche Geschehen zu entscheiden. Man spricht hier von der **prozessualen Tat**, die nicht mit der Tat im Sinne der §§ 52ff. StGB identisch ist, sondern das in der Anklage dargestellte geschichtliche Vorkomm- 383 nis, soweit es unabhängig von der materiell-rechtlichen Einordnung nach der Auffassung des Lebens einen einheitlichen Vorgang bildet.

Entscheidend ist, dass es sich um einen **einheitlichen Lebenssachverhalt** handelt, dessen einzelne Teile nicht gesondert betrachtet werden können, ohne diesen Lebenssachverhalt **unnatürlich aufzuspalten.** Die Handlungen müssen also nicht nur äußerlich ineinander übergehen, sondern auch innerlich derart miteinander verknüpft sein, dass der Unrechts- und Schuldgehalt der einen nicht ohne die Umstände, die zu der anderen Handlung geführt haben, gewürdigt werden kann.

Kriterien bei der Abgrenzung können insbesondere sein: Ort und Zeit der Tat, die dem Täterverhalten innewohnende Zielrichtung, das Tatobjekt und der Taterfolg, auf den sich das Täterverhalten bezieht.

384 Die Entscheidung der Frage, ob eine prozessuale Tat vorliegt oder mehrere Taten, kann sehr weitreichende Folgen haben. Dies gilt vor allem bei der Rechtskraftwirkung von Entscheidungen (ne bis in idem!). Auf Grund von Art. 54 des Schengener Durchführungsübereinkommens gilt diese Rechtskraftwirkung auch für Urteile ausländischer Gerichte im Schengener Rechtsraum (vgl. BGH NJW 2001, 2270; zum Tatbegriff nach dem Schengener Durchführungsübereinkommen anschaulich BGH NJW 2014, 1025; StV 2018, 589), wenn also z.B. zu entscheiden ist, ob trotz Verurteilung wegen unerlaubten Besitzes einer Waffe der Täter noch wegen des mit dieser Waffe begangenen Mordes verurteilt werden kann. Von erheblicher Bedeutung ist der Begriff der Tat auch bei der Frage, was noch Gegenstand der gerichtlichen Untersuchung sein darf (vgl. § 264 StPO), ob also das Gericht z.B. ohne neue Anklage verurteilen darf, wenn ein am 12.8.2018 begangener Diebstahl einer Uhr vorgeworfen wurde, aber deren Unterschlagung am 2.10.2018 nachweisbar ist.

385 Die Frage, ob eine prozessuale Tat vorliegt, kann sich stellen bei Änderungen der *Tatzeit* (vgl. BGH NJW 2000, 3293 – Lesen!), bei Änderung des *Tatorts,* des *Tatobjekts* (z.B. nicht B ist beraubt worden, wie in der Anklage behauptet, sondern ein unbekannter Dritter), Änderung der *Tathandlung* (z.B. nicht die betrügerische Erlangung, sondern die zeitlich später liegende veruntreuende Unterschlagung ist nachweisbar), sowie schließlich eine Änderung in der *rechtlichen Beurteilung* (z.B. statt Tateinheit zwischen Diebstahl und Hausfriedensbruch Tatmehrheit zwischen beiden). Die Änderung des *Tatsubjekts* (nicht der Angeklagte ist der Täter, sondern der Zeuge X) ist dagegen kein Problem der prozessualen Tat, da Anklage immer nur gegen die in der Anklageschrift bezeichnete Person erhoben ist.

Nach der ständigen Rechtsprechung des BGH gilt als **Grundsatz**, dass immer dann, **wenn materiell-rechtlich eine Tat** vorliegt, **auch eine Tat im prozessualen Sinn** gegeben ist. Ausnahmen ließ der BGH ursprünglich für den Fall der Mitgliedschaft in einer kriminellen oder terroristischen Vereinigung und den im Rahmen dieser Vereinigung begangenen Straftaten zu (BGHSt. 29, 288). Diese Rechtsprechung hat der BGH jedoch inzwischen wieder aufgegeben (vgl. BGH NJW 2016, 675).

386 Dagegen kann trotz **Tatmehrheit** im materiell-rechtlichen Sinn dennoch insgesamt nur eine prozessuale Tat vorliegen. Klassisches **Beispiel** dafür ist der alkoholbedingte Verkehrsunfall:

Ist eine Straßenverkehrsgefährdung gemäß § 315c I Nr. 1a StGB durch Trunkenheitsfahrt und Unfall in X-Stadt angeklagt und stellt sich in der Hauptverhandlung heraus, dass der Angeklagte sofort nach dem Unfall mit dem Auto weitergefahren ist und nach 20 km Fahrtstrecke in Y-Stadt einen weiteren Unfall verursacht hat, für den er schon einen rechtskräftigen Strafbefehl wegen § 315c I Nr. 1a StGB erhalten hat, so stellt sich wegen des Strafklageverbrauchs die Frage, ob der Unfall in X-Stadt noch verfolgt werden kann. Obwohl materiell-rechtlich zwischen dem ersten Unfall und dem unerlaubten Entfernen Tatmehrheit besteht, da der Unfall eine Zäsur bildet (anders z.B. im Fall der Polizeiflucht), ist der Unfall zentrales Ereignis sowohl für die Straßenverkehrsgefährdung als auch für das unerlaubte Entfernen, so dass trotzdem für das Geschehen in X-Stadt insgesamt eine prozessuale Tat vorliegt. Das unerlaubte Entfernen und der Unfall in Y-Stadt stehen dann materiell-rechtlich in Tatmehrheit, wenn das unerlaubte Entfernen auf Grund der zurückgelegten Fahrstrecke abgeschlossen ist. In diesem Fall soll trotz des die gesamte Handlung durchziehenden § 316 StGB (der als minder schweres Delikt nicht zu klammern vermag) keine Tatidentität zwischen dem Geschehen in X-Stadt und in Y-Stadt bestehen. Das bedeutet, dass eine Verurteilung wegen des Unfalls in X-Stadt trotz der Rechtskraft des Strafbefehls noch möglich wäre (vgl. die grundlegende Entscheidung BGHSt 23, 141).

Auch bei **Dauerdelikten** stellt sich die Frage der Tatidentität. Besitzt A eine Schusswaffe, aber keinen Waffenschein und begeht er mit dieser Waffe einen Mord, so ist die Frage nach dem Strafklageverbrauch einer Verurteilung wegen unerlaubten Waffenbesitzes zunächst eine Frage des materiellen Rechts: Nur wer hier Tateinheit zwischen dem Dauerdelikt und dem Kapitaldelikt annimmt (wie z.B. OLG Hamm NStZ 1986, 278), ist gezwungen, sich Gedanken zu machen, ob trotz Tateinheit aus Gerechtigkeitserwägungen heraus mehrere prozessuale Taten vorliegen können. Nimmt man mit dem BGH (NJW 1989, 1810; NStZ-RR 1999, 8) Tatmehrheit an, kann man auch unproblematisch zwei prozessuale Taten annehmen.

Klausurtipp: Prüfen Sie also immer zuerst die materielle Rechtslage. Bei Tateinheit haben Sie dann auch Tatidentität. Denken Sie beim materiellen Recht aber daran, dass Delikte auch dann klammern können, wenn sie wegen fehlenden Strafantrags nicht angeklagt oder aus anderen Gründen vorläufig eingestellt sind.

Unterscheide: Liegt nur eine prozessuale Tat vor, so kommt eine **Teileinstellung** der nicht nachweisbaren Handlung nach § 170 II StPO auch dann nicht in Betracht, wenn diese zum angeklagten Tatbestand in Tatmehrheit steht. Es wird vielmehr im wesentlichen Ergebnis der Ermittlungen mitgeteilt, dass die Tat insoweit nicht nachweisbar ist. **Im Urteilstenor** dagegen wird **nur nach Tatmehrheit unterschieden.** Bei Tatmehrheit kann es auch innerhalb einer prozessualen Tat zu einem Teilfreispruch kommen.

Ein Problem der Tatidentität ist auch die Klärung der Frage, ob der wegen Hehlerei **387**
Angeklagte wegen des als Vortat zugrundeliegenden Raubes verurteilt werden kann (vgl. BGH NJW 1988, 1742 – in der Regel keine Tatidentität – Besitz an der Sache reicht nicht zur Herstellung eines untrennbaren Zusammenhanges – relativierend BGH NStZ 1999, 523). Gleiches gilt für das Verhältnis Begünstigung und Vortat (vgl. BGH NStZ 1989, 37 – Tatidentität dürfte jedenfalls noch gegeben sein, solange nach der Rechtsprechung statt Begünstigung noch Beihilfe möglich wäre, also zwischen Vollendung und Beendigung des Diebstahls). BGH NJW 1988, 3108 stellt klar, dass auch bei Diebstahl und Hehlerei **im Einzelfall** Tatidentität vorliegen kann.

Beachten Sie, dass die Frage, ob **Wahlfeststellung** zulässig ist, nicht mit der Frage der prozessualen Tat identisch ist. Eine Verurteilung im Wege der Wahlfeststellung zwischen Diebstahl und Hehlerei ist daher nicht zulässig, wenn es sich um selbständige Taten handelt und eine dieser Taten nicht angeklagt ist (OLG Celle NJW 1988, 1225; OLG Düsseldorf NStZ-RR 1999, 303).

Weiteres Beispiel: Zwei sich widersprechende Zeugenaussagen in zwei Verfahren, angeklagt wird aber nur die erste als falsch.

Aber: Der als Mittäter Angeklagte kann auch ohne Nachtragsanklage wegen Strafvereitelung verurteilt werden, wenn sein Nachtatverhalten zu einem Tötungsgeschehen im Anklagesatz erwähnt ist (BGH NStZ-RR 1999, 48).

Manche Fälle, die früher über eine fortgesetzte Handlung gelöst wurden, werden jetzt unter dem Begriff der natürlichen Handlungseinheit als materiell-rechtlich eine Tat behandelt. Auch hier liegt immer nur eine prozessuale Tat vor, selbst wenn sie mehrere Einzelakte umfasst. Da es sich um eine prozessuale Tat handelt, ist das Gericht verpflichtet (§ 244 II StPO), die weiteren Einzelakte auch dann aufzuklären, wenn diese im Zeitpunkt der Anklageerhebung noch nicht bekannt waren. Eine Nachtragsanklage ist dann unzulässig.

2. Hinweispflicht bei Umgestaltung der Strafklage (§ 265 StPO)

388 Nach dem eben Gesagten ist es also zum einen denkbar, dass das Gericht in der Hauptverhandlung zu einer anderen rechtlichen Beurteilung kommt als im Zeitpunkt der Eröffnung, zum anderen, dass es wegen eines Sachverhalts verurteilen will, der so gar nicht angeklagt war. Ein faires Verfahren ist in beiden Fällen jedoch nur gewährleistet, wenn sich der Angeklagte darauf einstellen und sich auch gegen die Vorwürfe in der neuen Form wehren kann. Geregelt ist dies in **§ 265 StPO.** Nach **Absatz 1** ist das Gericht verpflichtet, den Angeklagten auf **Änderungen in der rechtlichen Beurteilung der Strafbarkeit** hinzuweisen und gemäß **Absatz 4** – soweit dies zur Vorbereitung für den Angeklagten erforderlich ist – das Verfahren **auszusetzen.** Der Vorsitzende muss dabei durch sein Verhalten zum Ausdruck bringen, dass das Gericht bereit ist, mit Rücksicht auf die neu eingetretene Veränderung Erklärungen und Anträge entgegenzunehmen und zu prüfen, und es muss dem Angeklagten zu solchen Erklärungen und Anträgen Zeit gelassen werden. Wie viel Zeit dem Angeklagten und seinen Verteidigern hierzu einzuräumen ist, lässt sich nicht allgemein bestimmen. Dies hängt insbesondere vom Gewicht der Veränderung und der Schwierigkeit des veränderten rechtlichen Gesichtspunktes ab (vgl. BGH NStZ 2018, 673).

Klausurtipp: Ein entsprechender Hinweis ist in der Regel auch beim Wechsel von Vorsatz auf Fahrlässigkeit, von Vollendung auf Versuch, von Täterschaft auf Beihilfe, von eindeutiger Verurteilung auf Wahlfeststellung, bei einer Änderung des Konkurrenzverhältnisses, der Begehungsform desselben Strafgesetzes (z.B. § 224 I Nr. 4 StGB statt Nr. 2; BGH NStZ 2018, 557) oder des Tatzeitraums erforderlich. Prüfen Sie also in revisionsrechtlichen Klausuren anhand des Protokolls, ob ein entsprechender Hinweis (als wesentliche Förmlichkeit zu protokollieren!) erfolgt ist. Fehlt dieser, ist allerdings noch zu prüfen, ob das Urteil auf diesem Fehler beruht, was ausnahmsweise dann nicht der Fall ist, wenn sich der Angeklagte auf Grund entsprechender Befragung auch ohne förmlichen Hinweis ausreichend verteidigen konnte oder er sich bei Hinweis auch nicht anders hätte verteidigen können.

Dass der Staatsanwalt und der Verteidiger in ihren Plädoyers die von der Anklage abweichende rechtliche Beurteilung übereinstimmend zugrunde gelegt haben, ersetzt einen durch den Vorsitzenden zu erteilenden Hinweis nach § 265 I StPO nicht (BGH StV 2006, 5). Stellt das Gericht bei der Urteilsberatung fest, dass es noch einen Hinweis nach § 265 StPO erteilen sollte, muss es wieder in die Hauptverhandlung eintreten und erneut beraten, selbst wenn der Wiedereintritt in die Verhandlung keinen neuen Prozessstoff ergeben hat (BGH NStZ 2010, 650).

Über straferhöhende Umstände (z.B. Qualifikationen oder benannte Regelbeispiele) und die Anordnung einer Sicherungsmaßregel hinaus gilt **§ 265 II Nr. 1 StPO n.F.** nunmehr ausdrücklich auch für die (mögliche) Verhängung einer Nebenstrafe (z.B. Fahrverbot) oder Nebenfolge. Das Gesetz vom 17.8.2017 hat die Fürsorgepflichten des Gerichts erheblich erweitert. Nach **Abs. 2 Nr. 2** ist ein Hinweis auch erforderlich, wenn das Gericht dem Angeklagten in der Hauptverhandlung seine vorläufige Bewertung der Sach- und Rechtslage mitgeteilt hat und später davon wieder abweichen will. Von **Abs. 2 Nr. 3** werden zudem diejenigen Fälle erfasst, in denen eine geänderte Sachlage **im Interesse der Verteidigung** einen Hinweis erfordert. Dies hängt von den Umständen des Einzelfalles ab (BGH NStZ 2015, 233). Eine solche Hinweispflicht besteht z.B., wenn ein anderes Tatopfer oder ein weiterer Verletzter in Betracht kommt (vgl. weitere Beispiele bei *Meyer-Goßner/Schmitt* § 265 Rn. 24).

Bestreitet der Angeklagte **neu hervorgetretene Umstände**, welche die Anwendung eines schwereren Strafgesetzes zulassen würden, und macht geltend, auf die Verteidigung insoweit nicht genügend vorbereitet zu sein, so **muss** das Gericht gemäß **§ 265 III StPO** auf entsprechenden Antrag des Angeklagten die **Hauptverhandlung aussetzen** (BGH NStZ 2003, 444).

Beachte: Als **neu hervortretende Umstände i.S.d. § 265 III StPO** kommen nur Tatsachen oder tatsächliche Verhältnisse in Betracht, die erst in der Hauptverhandlung zum Vorschein kommen. Werden aus dem unverändert gebliebenen Tatsachenmaterial lediglich **andere Schlussfolgerungen** gezogen, handelt es sich **nicht** um **neue Umstände**. Dies gilt selbst dann, wenn das Gericht dadurch zu anderen Feststellungen gelangt. Auch neue Beweismittel und die erstmalige Einlassung eines Mitangeklagten sind noch keine neuen Umstände i.S.d. Abs. 3, sondern erst dann, wenn durch sie neue, bisher unbekannte Tatsachen in die Hauptverhandlung eingeführt werden (BGH NStZ 2018, 558).

3. Nachtragsanklage gemäß § 266 StPO

Soll ein Prozessstoff mit verhandelt werden, der nicht unter die angeklagte Tat im prozessualen Sinn fällt, so bedarf es wegen des Anklagemonopols der Staatsanwaltschaft einer weiteren Anklage. Unproblematisch möglich ist dies aber nur solange die Hauptverhandlung noch nicht begonnen hat. Innerhalb einer laufenden Hauptverhandlung sieht das Gesetz hierfür mit § 266 I StPO die Möglichkeit vor, dass die Staatsanwaltschaft in der Hauptverhandlung schriftlich oder mündlich (vgl. § 266 II StPO) Nachtragsanklage erhebt, wenn insoweit hinreichender Tatverdacht besteht, das Gericht sachlich zuständig ist und – woran dieser Weg in der Praxis häufig scheitert – der **Angeklagte seine Zustimmung** zur Nachtragsanklage **erteilt**. Der Angeklagte kann i.d.R. auch eine Unterbrechung der Hauptverhandlung verlangen (§ 266 III StPO). Da § 266 StPO zum Ausdruck bringt, dass dem Angeklagten in einer laufenden Hauptverhandlung jenseits der Tatidentität keine Erweiterung der Anklage gegen seinen Willen aufgezwungen werden kann, ist das Vorgehen, außerhalb der Hauptverhandlung eine weitere Anklage zu erheben und nach Eröffnung zum bereits anhängigen Verfahren dazu zu verbinden, keine Lösung. Denn auch dieses Vorgehen wäre nur zulässig, wenn der Angeklagte zustimmt (dann wäre auch der Weg über § 266 StPO gangbar) oder mit der Hauptverhandlung müsste wieder ganz von vorne begonnen werden, auch was den bereits anverhandelten Anklagevorwurf betrifft (vgl. BGH NJW 2009, 1429). **389**

Wird die Nachtragsanklage nach § 266 StPO erhoben und in das Verfahren einbezogen, so entfällt hier das Zwischenverfahren (vgl. § 266 I StPO). Dem Einbeziehungsbeschluss kommt die Wirkung eines Eröffnungsbeschlusses zu.

IX. Besondere Verfahrensarten

1. Strafbefehlsverfahren

a) Voraussetzungen. Voraussetzung für den Erlass eines Strafbefehls ist zunächst ein schriftlicher **Antrag** der Staatsanwaltschaft. Beim Übergang von der Anklage ins Strafbefehlsverfahren in der Hauptverhandlung nach § 408a StPO kann der Sitzungsvertreter der Staatsanwaltschaft den Antrag mündlich stellen; der wesentliche In- **390**

halt des Strafbefehlsantrags kommt dann ins Hauptverhandlungsprotokoll (§ 408a I 2 StPO).

Für die Entscheidung muss das Amtsgericht örtlich und sachlich zuständig sein, wobei ein Strafbefehlsantrag nur zum Strafrichter und nicht auch zum Schöffengericht gestellt werden kann, da der Strafrichter bei Vergehen immer zuständig ist und im Strafbefehlsverfahren nur Freiheitsstrafe bis zu 1 Jahr verhängt werden kann.

Bei der vorgeworfenen Tat muss es sich um ein **Vergehen** handeln.

Wie bei einer Anklage muss **hinreichender Tatverdacht** (§ 408 II StPO) bestehen; Prozessvoraussetzungen dürfen nicht fehlen.

Als Sanktionen können insbesondere Geldstrafe, Fahrverbot und die Entziehung der Fahrerlaubnis mit Sperrfrist bis 2 Jahre verhängt werden, sowie einige weniger wesentliche Sanktionen (vgl. § 407 II StPO). Nicht verhängt werden kann insbesondere Freiheitsstrafe über einem Jahr oder Jugendstrafe. Eine Freiheitsstrafe bis zu 1 Jahr kann im Strafbefehlsverfahren angeordnet werden, wenn der Beschuldigte einen Verteidiger hat – oder zuvor bestellt bekommt (§ 408b StPO) – und die Vollstreckung der Strafe zur Bewährung ausgesetzt wird (§ 407 II 2 StPO).

Hinweis: Gegen einen Jugendlichen darf kein Strafbefehl erlassen werden (§ 79 I JGG). Gegen Heranwachsende ist das Strafbefehlsverfahren zwar zulässig, soweit Erwachsenenrecht zur Anwendung kommen soll (vgl. § 109 II JGG), es darf jedoch keine Freiheitsstrafe im Strafbefehlswege verhängt werden (§ 109 III JGG).

391 **b) Inhalt des Strafbefehls.** Der Inhalt des Strafbefehls entspricht zunächst dem Inhalt einer Anklageschrift (vgl. § 407 I 4 StPO), allerdings ohne wesentliches Ermittlungsergebnis. Statt des Antrags auf Eröffnung des Hauptverfahrens wird Antrag auf Erlass des Strafbefehls gestellt. Es wird allerdings „angeklagt“, nicht „angeschuldigt“, da bereits der Erlass des Strafbefehls der Eröffnung des Hauptverfahrens gleichsteht.

Zusätzlich ist die konkrete Rechtsfolge anzugeben (§ 407 I 3 StPO), also Zahl und Höhe der Tagessätze, Dauer des Fahrverbots etc. sowie eine Kostenentscheidung zu treffen.

392 **c) Verfahren.** Der Amtsrichter prüft nach Eingang des Strafbefehlsantrags zunächst seine sachliche und örtliche Zuständigkeit sowie den hinreichenden Tatverdacht. Fehlt es daran, wird er den Erlass eines Strafbefehls ablehnen.

Hat der Amtsrichter **Bedenken,** im Strafbefehlsverfahren zu entscheiden, weil

- weitere Aufklärung des Sachverhalts geboten ist,
- die beantragte Rechtsfolge ihm zu hoch oder zu niedrig erscheint oder
- er die rechtliche Würdigung der Staatsanwaltschaft nicht teilt,

so muss er gemäß **§ 408 III 2 StPO** Termin zur Hauptverhandlung bestimmen. Dies steht der Eröffnung des Hauptverfahrens gleich.

Bestehen keine dieser Bedenken, muss er den Strafbefehl erlassen. Dieser wird dem Angeklagten zugestellt (vgl. § 410 StPO).

393 Gegen den Strafbefehl kann der Angeklagte **binnen 2 Wochen nach Zustellung Einspruch** einlegen **(§ 410 StPO).** Der Einspruch kann auch schon vor Zustellung, nicht aber vor Erlass des Strafbefehls eingelegt werden und muss nicht unbedingt unterschrieben sein, solange klar ersichtlich ist, dass kein bloßer Entwurf vorliegt (vgl. BVerfG NJW 2002, 3534). Der Einspruch muss nicht begründet werden. Er kann auch beschränkt werden auf einzelne Beschwerdepunkte (§ 410 II StPO – zur Beschränkbarkeit siehe Rn. 518ff.).

Beachte: Der **Einspruch ist Rechtsbehelf,** nicht Rechtsmittel, da er **keinen Devolutiveffekt** hat. Das heißt, das gleiche Gericht, das den Strafbefehl erlassen hat, entscheidet auch über den Einspruch. Die Entscheidung kann deshalb auch zu seinem Nachteil vom Strafbefehl abweichen, das **Verbot der reformatio in peius gilt nicht** (§ 411 IV StPO)!

Ist der Einspruch **verspätet,** wird er durch Beschluss **verworfen (§ 411 I StPO).** 394
Gegen diesen Beschluss gibt es die sofortige Beschwerde. Gegebenenfalls kann der Angeklagte auch Wiedereinsetzung gegen die Fristversäumung beantragen.

Bei rechtzeitiger Einspruchseinlegung wird Termin zur Hauptverhandlung bestimmt (§ 411 I 2 StPO), es sei denn der Einspruch wurde auf die Höhe der Tagessätze der festgesetzten Geldstrafe beschränkt; dann kann das Gericht mit Zustimmung des Angeklagten, des Verteidigers und der Staatsanwaltschaft im **schriftlichen Verfahren** durch Beschluss entscheiden **(§ 411 I 3 StPO).** Findet eine Hauptverhandlung statt, gelten für die Beweisaufnahme die Grundsätze des beschleunigten Verfahrens (§ 411 II 2 i. V. m. § 420 StPO). Außerdem sind die §§ 411, 412 StPO zu beachten:

Der Angeklagte kann sich in der Hauptverhandlung durch einen Verteidiger vertreten 395
lassen und muss dann selbst nicht erscheinen (§ 411 II StPO, der im gesamten Verfahren, also auch noch in der Berufungsinstanz gilt, vgl. OLG Dresden StV 2005, 492). Er hat aber weiterhin ein Recht auf Anwesenheit. Für die Vertretung bedarf es einer ausdrücklichen Vollmacht. Die allgemeine Verteidigervollmacht, die diesen Passus nicht enthält, kann diese Vollmacht nicht ersetzen. Das Gericht kann allerdings das persönliche Erscheinen anordnen (§ 236 StPO) und durch Vorführungs- oder Haftbefehl erzwingen.

Erscheint der **Angeklagte nicht** und ist er auch nicht vertreten i. S. d. § 411 II StPO, so wird sein Einspruch durch Urteil verworfen **(§ 412 i. V. m. § 329 StPO).** Ist er allerdings wirksam vertreten, so kann das Gericht nicht verwerfen, auch wenn es das persönliche Erscheinen angeordnet hatte!

Gegen das Verwerfungsurteil kann der Angeklagte nach Maßgabe des § 329 VII, 44, 45 StPO Wiedereinsetzung beantragen, wenn er Umstände vorträgt, die das Gericht in seiner Entscheidung noch nicht berücksichtigt hatte. Ansonsten kann er Berufung oder Revision einlegen mit der Begründung, eine Säumnis habe nicht vorgelegen.

Der Einspruch kann bis zur Urteilsverkündung **zurückgenommen** werden, aller- 396
dings **ab Vernehmung des Angeklagten** zur Sache nur noch mit **Zustimmung der Staatsanwaltschaft (§ 411 III i. V. m. § 303 StPO).**

Im gleichen Umfang kann der Einspruch auch nachträglich beschränkt werden.

Auch die Anklage, die in dem Strafbefehlsantrag zu sehen ist, kann noch bis zur Urteilsverkündung – ab Vernehmung des Angeklagten zur Sache aber nur mit dessen Zustimmung – zurückgenommen werden.

Im Verfahren nach § 408a StPO ist eine Klagrücknahme nicht mehr möglich (§ 411 III 3 StPO – auch zuvor war sie ja bereits nicht mehr rücknehmbar wegen § 156 StPO).

Hat der Angeklagte den Einspruch beschränkt, kommt eine Klagrücknahme der Staatsanwaltschaft bezüglich dieser prozessualen Tat nicht mehr in Betracht.

Selbst für den Fall, dass der Angeklagte mit seinem Einspruch in vollem Umfang „Er- 397
folg“ hat, z. B. weil er sich nur gegen das im Strafbefehl verhängte Fahrverbot gewandt hatte und dies im Urteil nicht ausgesprochen wurde, hat er die **Kosten** des Verfahrens und seine Auslagen zu tragen, auch soweit sie nach Einspruchseinlegung entstanden sind. § 473 III StPO ist nicht anwendbar, da der Einspruch kein Rechts-

mittel ist und die §§ 464ff. StPO eine abschließende Regelung darstellen (streitig – vgl. zum aktuellen Streitstand Meyer-Goßner/Schmitt § 473 Rn. 1).

398 **d) Rechtskraft.** Der Strafbefehl hat volle Rechtskraftwirkung, allerdings kann die **Wiederaufnahme** zu Ungunsten des Angeklagten betrieben werden, um eine Verurteilung wegen eines Verbrechens zu erreichen **(§ 373a StPO).**

Merke: Beim Strafbefehlsverfahren ist die Sach- und Rechtslage einfach und eine Hauptverhandlung erscheint entbehrlich. Beim beschleunigten Verfahren ist die Sachlage einfach oder die Beweislage klar, aber eine Hauptverhandlung erforderlich. Außerdem ist das beschleunigte Verfahren im Gegensatz zum Strafbefehlsverfahren auch bei Verbrechen möglich.

2. Nebenklage

399 Die Nebenklage ist kein eigenständiges Verfahren, sondern schafft dem Verletzten in bestimmten Fällen die Möglichkeit, sich dem Verfahren anzuschließen.

Der Katalog der Nebenklageberechtigten (§ 395 I–II StPO) ist abschließend (und wird bei angeklagten Jugendlichen noch weiter eingeschränkt durch § 80 III JGG), wobei die Nebenklagebefugnis auch besteht, wenn das Nebenklagedelikt in Tateinheit oder Gesetzeskonkurrenz mit einem anderen begangen worden ist, das nicht zur Nebenklage berechtigt. Bei anderen als den in Abs. 1 und 2 Nr. 1 aufgeführten Straftaten kann sich der Verletzte mit der Nebenklage anschließen, wenn dies aus besonderen Gründen, insbesondere bei schweren körperlichen und seelischen Schäden, zur Wahrnehmung seiner Interessen geboten erscheint (**§ 395 III StPO**). Neben den in Abs. 3 genannten Delikten kommen auch andere höchstpersönliche Verletzungstatbestände in Frage, nicht aber § 266 StGB (OLG Jena NJW 2012, 547).

Die Anschlusserklärung ist schriftlich einzureichen, eine gegenüber den Ermittlungsbehörden abgegebene Erklärung wird mit Anklageerhebung wirksam (vgl. § 396 StPO). Das Gericht der Hauptsache entscheidet über die Berechtigung zur Nebenklage (§ 396 II StPO). Diese Zulassung der Nebenklage ist deklaratorisch, lediglich im Fall der Nebenklage nach § 395 III, z.B. bei fahrlässiger Körperverletzung, wirkt die Zulassung konstitutiv (vgl. § 396 II 2 i.V.m. § 395 III StPO).

400 Der Nebenkläger ist in der Hauptverhandlung zur ständigen Anwesenheit berechtigt. und zwar auch, wenn er später noch als Zeuge vernommen werden soll. Er kann sich auch eines Rechtsanwalts als Beistand bedienen oder sich durch diesen vertreten lassen (§ 397 I und II StPO), unter bestimmten Voraussetzungen ist ihm sogar auf Antrag ein Rechtsanwalt als Beistand zu bestellen (§ 397a StPO). Der Nebenkläger hat aber keine Anwesenheitspflicht, die über seine eventuelle Zeugenpflicht hinausgeht.

401 Der Nebenkläger ist zur Hauptverhandlung zu laden. Er kann Richter und Sachverständige ablehnen, Fragen an Angeklagte, Zeugen und Sachverständige stellen, Maßnahmen des Vorsitzenden nach § 238 II StPO beanstanden und im Rahmen seiner Anschlussberechtigung auch Beweisanträge stellen (§ 397 I StPO). Er ist wie der Staatsanwalt vor Entscheidungen anzuhören und über Entscheidungen zu unterrichten, auch kann er über seinen Anwalt Akteneinsicht nehmen (vgl. § 406e I StPO).

Unabhängig von der Staatsanwaltschaft kann der Nebenkläger die Entscheidung des Gerichts anfechten, soweit er in seiner Stellung als Nebenkläger beschwert ist (Einzelheiten unten Rn. 504ff.).

4. Teil. Das Urteil erster Instanz

A. Bedeutung für das Examen

Eines der Kernstücke der strafgerichtlichen Praxis ist die Absetzung des schriftlichen Urteils. Diese Fähigkeit muss der Praktiker unbedingt beherrschen, nicht zuletzt, weil das schriftliche Urteil die Grundlage für die revisionsgerichtliche Nachprüfung bildet und weil es häufig von den Gründen des erstinstanzlichen Urteils abhängt, ob ein dagegen gerichtetes Rechtsmittel wirksam beschränkt werden kann, etwa auf den Rechtsfolgenausspruch. Im Examen wird daher (allerdings nicht in allen Bundesländern) immer wieder auch die Fertigung eines vollständigen Urteils mit all seinen Bestandteilen verlangt, wobei als Vorgabe in der Regel eine Anklage sowie ein Protokoll der mündlichen Verhandlung zur Verfügung stehen. **402**

Lesetipps: Klausurenbeispiele mit der Aufgabe, ein Urteil zu fertigen, finden sich in JA 2016, 218; 2016, 939; Hinweise zum Aufbau des Strafurteils in der Klausur geben *Hamann* JA 2016, 450, *Weitner/Schuster* JA 2015, 302, *Georgy/Kretschmer/Lorenz* JA 2013, 623 und 2013, 691. Der Aufbau des Urteils in der Praxis wird ausführlich behandelt bei *Meyer-Goßner/Appl*, Die Urteile in Strafsachen, 29. Aufl. 2014, sowie *Rösch/Stegbauer*, Die Erstellung des Urteils in Straf- und Bußgeldsachen, 3. Aufl. 2015. Hinweise zur Fassung des Urteilstenors geben *Ludwig/Martini* JA 2015, 61.

B. Übersicht

I. Arten der Verfahrensbeendigung

403 In der Regel endet die Hauptverhandlung mit einem Urteil. Dies ist aber nicht die einzige Möglichkeit. Die Hauptverhandlung kann auch mit Einstellungsbeschlüssen, z.B. nach §§ 153 II, 153a II und § 154 II StPO schließen. Diese sind regelmäßig unanfechtbar, ebenso die Kosten- und Auslagenentscheidungen, mit denen sie versehen werden müssen (vgl. § 464 III 1 2. Hs. StPO), und beenden das Verfahren. Eine Verfahrensbeendigung „von selbst" gibt es nicht, auch nicht beim Tod des Angeklagten (BGHSt 45, 108).

II. Arten von Urteilen

1. Einstellungsurteil

404 Stellt sich in der Hauptverhandlung ein Verfahrenshindernis heraus oder fehlt es an einer Prozessvoraussetzung, ist das Verfahren durch Urteil einzustellen, sofern nicht (vgl. nachfolgend Rn. 422) ein freisprechendes Urteil Vorrang hat. Das Einstellungsurteil ist Prozessurteil und ergeht ohne sachliche Prüfung des Anklagevorwurfs, wie z.B. auch das Verwerfungsurteil nach § 412 StPO im Strafbefehlsverfahren oder nach § 329 StPO in der Berufung. Das Einstellungsurteil beendet das Strafverfahren und ist der formellen Rechtskraft fähig. Ob es die Strafklage endgültig verbraucht, richtet sich nach der Art des im Urteil festgestellten Prozesshindernisses (Frage der Behebbarkeit oder Nichtbehebbarkeit; vgl. dazu *Meyer-Goßner/Schmitt* § 260 Rn. 47, 48).

2. Sachurteil

405 Es befindet darüber, ob der gegen den Angeklagten erhobene Schuldvorwurf berechtigt ist oder nicht. Das Sachurteil lautet auf Verurteilung, Freispruch oder – bei unterschiedlicher Beurteilung der Tatvorwürfe – beides (sogenannte gemischte Entscheidung). Selbstverständlich gibt es auch die Kombination von Sachurteil und Prozessurteil.

III. Prüfungsfolge

406 Ist ein Urteil anzufertigen, so wird der Bearbeiter nicht umhinkönnen, sich vorbereitend gutachtlich mit dem zur Verfügung gestellten Aktenmaterial auseinanderzusetzen.

Prüfung zur Vorbereitung des Urteils

Ist bereits eine Endentscheidung möglich und mit welchem Tenor?

A. Überzeugung von der Schuld des Angeklagten?
   I. Materielle Strafbarkeit
      (unter Würdigung der in der Hauptverhandlung erhobenen Beweise)
   II. Nachweisbarkeit mit verwertbaren Beweismitteln
      Zur Auswahl stehen nur die Beweismittel, die in der Hauptverhandlung erhoben wurden und verwertet werden dürfen. Diese sind darauf zu überprüfen, ob sie ordnungsgemäß erhoben sind und auf ihnen kein Verwertungsverbot aus anderen Gründen liegt.

   Es kann sich theoretisch ergeben, dass noch weiter Beweis zu erheben ist; dann ist die Sache noch nicht entscheidungsreif. Die Klausuraufgabe enthält hier aber in der Regel einschränkende Hinweise.

III. Keine Verfahrenshindernisse

B. Prozessuale Voraussetzungen für eine Endentscheidung?
Hier ist zu prüfen, ob noch vorrangige Entscheidungen zu treffen sind, z. B. noch ein Antrag zu bescheiden ist. In der Klausursituation wird es sich am ehesten um einen im Urteil selbst abzuhandelnden Beweisantrag handeln.

Darüber hinaus sind alle ggf. aufgetretenen prozessualen Probleme zu berücksichtigen, die zur Aufhebung des Urteils führen würden. Da ein Urteil anzufertigen ist, werden entweder entsprechende Bearbeitungshinweise diese Frage einschränken oder es gibt eine Heilungsmöglichkeit.

C. Entscheidungsfindung
- I. Schuldspruch (bzw. Freispruch, Einstellung)
- II. Rechtsfolgenbestimmung
- III. Sonstiges (Kosten, Entschädigung, Haft)

Ergebnis: Entscheidung (falls verlangt – Einschränkungen beachten, z. B. ohne Sachverhalt oder ohne persönliche Verhältnisse)

C. Einzelheiten

I. Rubrum

407 Was im Urteilskopf (Rubrum) zu stehen hat, regelt § 275 III StPO (vgl. auch RiStBV Nr. 141). Es soll den Angeklagten mit seinen „Rohpersonalien" kennzeichnen („Strafsache gegen Alexander Müller, geb. am 7. Juli 1990 in Berlin, Turmstr. 14, 70182 Stuttgart"). Ferner sind die Richter und Schöffen namentlich aufzuführen wie auch sämtliche – und sei es nur zeitweise – mitwirkenden Beamten der Staatsanwaltschaft und alle Verteidiger, egal, ob sie nebeneinander oder sukzessive mitgewirkt haben. Die Benennung von Nebenklägern und Nebenbeteiligten samt deren Vertretern ist zweckmäßig (BGH bei Kusch NStZ-RR 1999, 38). Von den Urkundsbeamten ist nur derjenige zu nennen, der bei Urteilsverkündung anwesend war. Hat die Verhandlung mehrere Tage in Anspruch genommen, genügt die Bezeichnung des zeitlichen Rahmens unter Hervorhebung des Tages der Urteilsverkündung. Beim „Betreff" („wegen" …) sollte nur die Straftat genannt werden, derentwegen verurteilt wurde, bei mehreren Straftaten die signifikanteste mit dem Zusatz „u. a.".

Beispiel:

2 Ls 90 Js 13252/18

AMTSGERICHT STUTTGART

Im Namen des Volkes

Urteil

in der Strafsache gegen

Alexander **M ü l l e r**
geb. am 7. Juli 1990 in Berlin,
Turmstr. 14, 70182 Stuttgart

– Verteidiger: Rechtsanwalt T. Meier,
Hauptstr. 6, Stuttgart –

– Nebenklägerin: Angelika Klein,
Pfarrgasse 3, Stuttgart –

– Nebenklagevertr.: Rechtsanwalt P. Schmitz,
Obere Str. 4, Stuttgart –

wegen Vergewaltigung u. a.

Das Amtsgericht Stuttgart – Schöffengericht – hat in der Sitzung vom 8. Oktober 2018, an der teilgenommen haben:

Direktor des Amtsgerichts Bauer
als Vorsitzender

Margarete Scheulich und Rudi Sannft
als Schöffen

Staatsanwältin Scharf
als Beamtin der Staatsanwaltschaft

Rechtsanwalt Meier
als Verteidiger

> Rechtsanwalt Schmitz
> als Nebenklagevertreter
>
> Justizangestellte Redlich
> als Urkundsbeamtin der Geschäftsstelle
>
> für Recht erkannt:
>
> ...

Die Angaben im Rubrum zählen aber nicht zu den Feststellungen. Aus fehlenden oder fehlerhaften Angaben können daher keine Anfechtungsgründe hergeleitet werden.

II. Urteilsformel (der Tenor)

1. Formelle Erfordernisse

a) Bei Verurteilung. Die Fassung des Urteilstenors regelt § 260 IV StPO nur knapp. **408**
Es gibt insoweit daher kein festes Schema, bestimmte Grundsätze sind aber zu beachten. Auf die Fassung der Urteilsformel sollte jedenfalls größte Sorgfalt verwendet werden, weil die hier begangenen Fehler in der Klausur dem Prüfer sofort ins Auge fallen und in aller Regel in den Gründen ihre Fortsetzung finden. Der Tenor soll knapp, übersichtlich und klar sein.

Ein **schlechtes Beispiel:**

> *Der Angeklagte wird wegen eines Vergehens des teils versuchten, teils vollendeten gemeinschaftlichen Diebstahls in einem besonders schweren Fall, begangen im Zustand verminderter Zurechnungsfähigkeit, zu ... verurteilt.*

Hieran ist fast alles überflüssig. Die Deliktskategorie (Verbrechen oder Vergehen) erscheint im Tenor nicht, ebenso wenig die Begehungsweise (gemeinschaftlich), der besonders schwere Fall und § 21 StGB als Strafzumessungsgründe (BGH NStZ-RR 2009, 248; NStZ 1999, 205). Ist schließlich eine Tat – z.B. im Rahmen einer natürlichen Handlungseinheit – teils versucht, teils vollendet, ist sie insgesamt vollendet. Es wäre also richtig gewesen und hätte genügt, schlicht „wegen Diebstahls" zu schreiben. Zu kennzeichnen sind dagegen die Teilnahmeform (Anstiftung, Beihilfe), der Versuch sowie jene Qualifikationsmerkmale, die einen eigenständigen Straftatbestand begründen (echte Qualifikationstatbestände), wie Diebstahl mit Waffen, Wohnungseinbruchsdiebstahl (§ 244 I Nr. 3 StGB), gewerbsmäßige Hehlerei, schwerer Raub, gewerbsmäßiger Bandenbetrug (Verbrechenstatbestand, § 263 V StGB), Körperverletzung im Amt. Zu vermeiden sind die Bezeichnung als historische Begebenheit („wegen Diebstahls eines Bildes am 24. März 2013") oder nach Gesetzesparagrafen. Nach Möglichkeit soll die gesetzliche Überschrift des Straftatbestandes („Störung des öffentlichen Friedens durch Androhung von Straftaten", vgl. § 126 StGB) verwendet werden, bei verschiedenen Überschriftsalternativen (vgl. etwa § 132a StGB) die jeweils passende. Fehlt eine gesetzliche Überschrift, wie häufig im Nebenstrafrecht, so ist eine möglichst genaue und verständliche Wortbezeichnung zu gebrauchen (z.B. bei einer Verurteilung nach § 52 I Nr. 2b WaffG „wegen unerlaubten Führens einer halbautomatischen Kurzwaffe zum Verschießen von Patronenmunition" statt „wegen Verstoßes gegen das Waffengesetz"). Bei Verurteilung nach § 30 StGB wird die Art des verabredeten Verbrechens in die Urteilsformel aufgenommen („wegen Verabredung zum Mord"). Beim Vollrausch (§ 323a StGB) unterbleibt die

Benennung der im Rausch begangenen Tat. Tenoriert wird also „wegen vorsätzlichen Vollrausches".

409 Dies führt zum Hinweis auf einen in Prüfung und Praxis besonders häufig begangenen Fehler: Stellt das Gesetz sowohl vorsätzliche als auch fahrlässige Begehungsweise unter Strafe, ist die Angabe der Schuldform im Tenor unerlässlich. Es genügt also nicht zu schreiben „wegen Trunkenheit im Verkehr", wegen „Straßenverkehrsgefährdung", wegen „Fahrens ohne Fahrerlaubnis", sondern es muss stets angegeben werden, ob dies vorsätzlich oder fahrlässig geschah. Der BGH verlangt nur die Angabe der Schuldform Fahrlässigkeit, während es überflüssig sei, vorsätzliches Handeln zum Ausdruck zu bringen (vgl. etwa BGH NStZ-RR 2014, 213), weil nach **§ 15 StGB** zunächst nur vorsätzliches Handeln strafbar ist, fahrlässiges lediglich dann, wenn es ausdrücklich mit Strafe bedroht ist; das erscheint allerdings übertrieben und ist auch weniger eindeutig. Von besonderer praktischer Bedeutung ist die Angabe der Schuldform auch bei Ordnungswidrigkeiten. Eine sorgfältige Bearbeitung des Tenors in der Prüfung lohnt sich auch deshalb, weil sie dazu zwingt, auch in den Gründen die notwendigen inneren Tatsachen zur Schuldform mitzuteilen. In diesem Zusammenhang ist auch auf § 11 II StGB hinzuweisen, wonach in den Fällen der Vorsatz-Fahrlässigkeitskombination eine Vorsatztat vorliegt; bei Verwirklichung des § 315c III Nr. 1 StGB erfolgt demnach Verurteilung wegen vorsätzlicher Gefährdung des Straßenverkehrs.

410 Das **Konkurrenzverhältnis** ist im Urteilstenor offen zu legen. Bei § 52 StGB empfiehlt sich die Wendung „in Tateinheit mit". Tatmehrheitlich (§ 53 StGB) begangene Delikte werden üblicherweise mit „und", „sowie" oder „ferner" verbunden. Der Hinweis „rechtlich selbstständig" ist regelmäßig überflüssig. Die **Wahlfeststellung** wird in der Weise kenntlich gemacht, dass die in Betracht gezogenen Tatbestände genannt und durch „oder" verbunden werden („wegen Diebstahls oder Hehlerei").

Hinweis: Ist eine Handlung gleichzeitig Straftat und Ordnungswidrigkeit, so wird nur das Strafgesetz angewendet (§ 21 I 1 OWiG). Bei fahrlässiger Körperverletzung im Straßenverkehr wird also nur diese im Tenor erwähnt, nicht die gleichzeitig verwirklichte Verkehrsordnungswidrigkeit. Allerdings kann auf Nebenfolgen (etwa Fahrverbot) erkannt werden, die sich nur aus dem Ordnungswidrigkeitentatbestand herleiten lassen (§ 21 I 2 OWiG).

411 **b) Bei Freispruch.** Spricht das Gericht frei, lautet sein Spruch: „Der Angeklagte wird freigesprochen". Freispruch „erster und zweiter Klasse" (wegen „erwiesener Unschuld" oder „mangels Beweises") gibt es nicht. Entsprechende Zusätze sind daher zu unterlassen. Die rechtliche Bezeichnung des Tatvorwurfs, von dem freigesprochen wird, unterbleibt. Bei Teilfreispruch (bezeichnet gewöhnlich mit Freispruch „im Übrigen") gilt gleiches. Lesetipp: *Ludwig/Martini* JA 2015, 61.

2. Erschöpfende Erledigung des Eröffnungsbeschlusses

412 In sachlicher Hinsicht muss der Tenor den Eröffnungsbeschluss (EB) erschöpfend erledigen. Ob dies geschehen ist, erschließt ein Vergleich der zugelassenen Anklage mit dem Urteilstenor. Die wichtigsten Fallgestaltungen werden nachfolgend aufgelistet:

413 – EB geht von Tateinheit aus; nicht wegen aller Taten wird verurteilt: Kein Teilfreispruch. Der in der teilweisen Nichtverurteilung liegende „unechte Teilfreispruch" hat allenfalls kostenrechtliche Bedeutung (§ 465 II StPO). Echter Teilfreispruch aber dann, wenn Annahme von Tateinheit von vornherein verfehlt war und eine der Taten nicht erwiesen werden kann. Kein Teilfreispruch auch dann, wenn bei identischem Sachverhalt nur ein vom EB abweichender Straftatbestand angenommen wird (Diebstahl statt Betrugs).

- EB geht von Tatmehrheit aus, Gericht folgt dem; eine der Taten kann nicht nachgewiesen werden: Teilfreispruch. **414**
- EB geht von Tatmehrheit aus, Urteil nimmt Tateinheit an und kann eine der Taten nicht nachweisen: Teilfreispruch, denn nur so wird der EB erschöpft. Geht EB von Tatmehrheit aus, das Urteil aber von Tateinheit bei vollem Tatnachweis: Kein Teilfreispruch (BGHSt 44, 196), denn hier wird der EB erschöpft, was sich freilich erst aus den Gründen erschließt; dies gilt auch dann, wenn das Gericht die tatmehrheitlich angeklagten Taten bei vollem Tatnachweis zu Bewertungseinheiten zusammenfasst (BGH NStZ 2004, 109). **415**
- EB geht von Vergehen aus (§ 316 StGB), Urteil nimmt lediglich eine – nicht tatmehrheitlich verwirklichte – Verkehrsordnungswidrigkeit an (§ 24a StVG oder §§ 24 StVG, 49 I Nr. 3, 3 StVO): Es wird ohne Teilfreispruch nur wegen der Ordnungswidrigkeit verurteilt, zu beachten ist aber § 465 II StPO, gegebenenfalls das StrEG. **416**
- Wie Rn. 416, die Ordnungswidrigkeit ist aber verjährt: Freispruch, nicht Einstellung (OLG Düsseldorf DAR 1990, 108 m. w. N.). **417**
- EB nimmt Dauerstraftat (z. B. Unterhaltspflichtverletzung) an, der vom EB erfasste Tatzeitraum ist in der Hauptverhandlung nicht erweislich, wohl aber ein anderer, nach Anklageerhebung liegender Tatzeitraum, der mit den vom EB erfassten Zeitraum, wäre er erweislich gewesen, eine einheitliche Dauerstraftat gebildet hätte: Freispruch, keine Verurteilung wegen des vom EB nicht erfassten Zeitraums. **418**
- Bußgeldbescheid nimmt Ordnungswidrigkeit nach § 24a StVG bei einer Rückfahrt vom Einkauf (Einkaufsdauer eine Stunde) an. In der Hauptverhandlung sind 0,5‰ oder mehr für die Rückfahrt nicht erweislich, wohl aber für die vom Bußgeldbescheid nicht erfasste Hinfahrt: Freispruch (OLG Köln VRS 75, 336). **419**
- Sind mehrere tateinheitlich zusammentreffende Straftaten teils nicht erwiesen (Freispruchreife), teils wegen unbehebbarer Verfahrenshindernisse (Einstellungsreife) nicht verfolgbar, so bestimmt der nach der gesetzlichen Strafdrohung schwerer wiegende Vorwurf einheitlich den Urteilsspruch, bei Gleichwertigkeit wird eingestellt. **420**
- Einstellung erfolgt aber auch dann, wenn bei Tateinheit das schwerere Delikt freispruchreif ist und das weniger schwere **derzeit** (wegen eines noch behebbaren Verfahrenshindernisses) nicht verfolgbar ist. Denn ein Freispruch würde hier die Strafklage im Ganzen verbrauchen und das Hindernis gleichsam unbehebbar machen. **421**

Beispiel: Ist die angeklagte Tat (Einbruchdiebstahl) nicht erweislich und wegen der erwiesenen Tat (Sachbeschädigung) entweder ein Strafantrag noch möglich oder eine Erklärung der Staatsanwaltschaft über die Annahme des besonderen öffentlichen Interesses nicht abgegeben, so verletzt der Freispruch sachliches Recht. Ein Einstellungsurteil hält die weitere Verfolgung wegen Sachbeschädigung offen. Sachdienlicher ist allerdings die Aussetzung oder Unterbrechung der Hauptverhandlung (BayObLG NJW 1991, 3292).

- Auf Freispruch ist auch zu erkennen, wenn zwar ein Verfahrenshindernis erkennbar wird, die Sache aber bis zur Freispruchreife gediehen ist. Dann hat der Freispruch den Vorrang (vgl. zum Ganzen *Meyer-Goßner/Schmitt* § 260 Rn. 44 bis 46). **422**
- Sind Taten alternativ angeklagt (etwa Diebstahl oder Hehlerei) und wird der Angeklagte nur wegen einer der Alternativen schuldig gesprochen, ist er vom Vorwurf der anderen Tat freizusprechen (BGH NStZ 1998, 635). Alternativ angeklagte Straftaten sind jeweils selbständige Taten im Sinne von **StPO § 264,** unabhängig davon, ob eine eindeutige Verurteilung oder eine mehrdeutige Verurteilung im Wege der Wahlfeststellung erfolgen soll. **423**

Tenor bei Abweichung vom Eröffnungsbeschluss

Eröffnungsbeschluss	Ergebnis der Hauptverhandlung	Tenor
Tateinheit	Nicht alle Vorwürfe erweisen	Kein Teilfreispruch
Tatmehrheit	Nicht alle Vorwürfe erwiesen	Teilfreispruch
Tatmehrheit	Nicht alle Vorwürfe erwiesen, aber Tateinheit	Teilfreispruch
Tatmehrheit	Alle Vorwürfe erweisen, aber Tateinheit	Kein Teilfreispruch
Vergehen	OWi	Kein Teilfreispruch
Vergehen	OWi, aber verjährt	Freispruch
Wahlfeststellung	Nur eine der Alternativen gegeben	Teilfreispruch

3. Rechtsfolgenausspruch

424 Der Urteilstenor muss auch den Rechtsfolgenausspruch enthalten. Hierzu nur einige Hinweise: Bei der **Geldstrafe** wird nur die Zahl der Tagessätze und die Tagessatzhöhe aufgenommen, nicht die Gesamtsumme. Freiheitsstrafe unter einem Jahr wird nach vollen Wochen und Monaten, Freiheitsstrafe von längerer Dauer nach vollen Monaten und Jahren bemessen, vgl. § 39 StGB. Nicht zu empfehlen, aber nach h. M. zulässig ist es, eine Freiheitsstrafe von sechs Wochen oder 16 Monaten zu verhängen; stattdessen sollte besser eine Freiheitsstrafe von einem Monat und zwei Wochen bzw. von einem Jahr und vier Monaten festgesetzt werden. Wird Strafaussetzung zur **Bewährung** bewilligt, heißt es: „Die Vollstreckung der Strafe wird zur Bewährung ausgesetzt". Alles andere (Bewährungszeit, Auflagen, Weisungen) gehört in einen gesonderten Beschluss nach § 268a StPO. Bei der **Gesamtstrafe** wird nur diese in den Tenor aufgenommen, die Einzelstrafen erscheinen nur – aber zwingend – in den Gründen. Erfolgt eine Verwarnung mit Strafvorbehalt (§§ 59ff. StGB), so ist der Angeklagte der nachgewiesenen Straftat schuldig zu sprechen, zu verwarnen und auszusprechen, welche Strafe vorbehalten bleibt (zu der er dann später verurteilt werden kann, falls er innerhalb der Bewährungszeit erneut straffällig werden sollte); wie bei der Strafaussetzung zur Bewährung ergehen die Begleitentscheidungen (Bewährungszeit, Auflagen, Weisungen) auch bei der Verwarnung mit Strafvorbehalt durch gesonderten Beschluss.

425 Die Kompensation einer rechtsstaatswidrigen Verfahrensverzögerung ist in der Urteilsformel auszusprechen und gleichzeitig zu bestimmen, dass zur Entschädigung für die überlange Verfahrensdauer ein bezifferter Teil dieser Strafe als vollstreckt gilt (BGHSt 52, 124; BGH NStZ-RR 2011, 171).

426 Aufzunehmen sind ferner **Nebenstrafen, Einziehung** sowie **Maßregeln** der Besserung und Sicherung. Bezüglich letzterer hat die Entziehung der **Fahrerlaubnis** (§ 69 StGB) die größte praktische Bedeutung. Der Ausspruch lautet: „Dem Angeklagten wird die Fahrerlaubnis entzogen. Sein Führerschein wird eingezogen. Die Verwaltungsbehörde darf dem Angeklagten vor Ablauf von … Monaten keine neue Fahrerlaubnis erteilen". Auch ein **Fahrverbot** nach § 44 StGB oder § 25 StVG gehört in den Tenor; dies auch dann, wenn es durch die vorläufige Entziehung der Fahrerlaubnis als verbüßt gilt. Letzteres ist dann gleichfalls im Tenor klarzustellen. Beim bußgeldrechtlichen Fahrverbot muss die Anordnung des bis zu viermonatigen Vollstreckungsaufschubs nach § 25 IIa StVG zwingend im Urteil tenoriert werden. Demgegenüber ist die Abgabefrist in § 44 II StGB eine sich schon aus dem Gesetz ergebende Vorgabe für die Vollstreckung nach Rechtskraft des Urteils (*Deutscher* NZV 2018, 588). Die Zeit einer (üblicherweise) schon angeordneten oder gleichzeitig mit

dem tatrichterlichen Urteil anzuordnenden vorläufigen Maßnahme (§ 111a StPO) ist nach § 69a V 2, VI StGB ab der (letzten) tatrichterlichen Entscheidung in die Frist einzurechnen. Diese gesetzlich zwingend vorgeschriebene Einrechnung steht nicht zur richterlichen Disposition; sie ist Sache der Vollstreckung. Demgemäß haben Feststellungen im Urteilstenor über den Beginn der Frist ganz zu unterbleiben.

Der Ausspruch über das **Fahrverbot** (§ 44 StGB) lautet im Normalfall: „Dem Angeklagten wird für die Dauer von ... Monaten verboten, Kraftfahrzeuge jeder Art im Straßenverkehr zu führen". Auch hier sind vollstreckungsrelevante Zusätze wie „Das Fahrverbot ist im Jahresurlaub des Angeklagten anzuordnen" unzulässig (OLG Schleswig SchlHA 1990, 130; vgl. in diesem Zusammenhang das Wahlrecht nach § 25 IIa StVG für den Antritt von Fahrverboten bei Verkehrsordnungswidrigkeiten). **427**

In den Fällen des § 44 I 3 StGB ist ein Fahrverbot regelmäßig und zur Verdeutlichung des Tatunrechts auch dann anzuordnen, wenn es durch Anrechnung gemäß § 51 I, V StGB verbüßt ist. Gegebenenfalls muss die Urteilsformel ferner darüber Aufschluss geben, ob für die „überschießende" Dauer der vorläufigen Entziehung der Fahrerlaubnis Entschädigung nach dem StrEG gewährt wird. Entziehung der Fahrerlaubnis und Fahrverbot sind ausnahmsweise gemeinsam anzuordnen, z.B. dann, wenn der Täter mit einem führerscheinfreien Kraftfahrzeug (Mofa i.S.v. § 4 I Nr. 1 FeV) gefahren ist (*Fischer* § 44 Rn. 3).

4. Nebenentscheidungen

In die Urteilsformel sind auch die Kostenentscheidung sowie erforderlichenfalls der Ausspruch über eine Entschädigung nach dem StrEG aufzunehmen. Zu diesen Nebenentscheidungen siehe unten Rn. 484ff. **428**

Nicht hierher gehört die Entscheidung über die Aufrechterhaltung des Haftbefehls und die Fortdauer der Untersuchungshaft (oder einstweiligen Unterbringung i. S. v. § 126a StPO); sie bleibt einem gesonderten Beschluss vorbehalten (insoweit unzutreffend *Ludwig/Martin* JA 2015, 61 Fall 9).

III. Liste der angewandten Vorschriften (§ 260 V StPO)

Nach der Formel des schriftlichen Urteils werden die angewendeten Vorschriften nach Paragrafen, Absätzen, Nummern und Buchstaben aufgeführt. Auch auf die „Strafliste" sollte Sorgfalt verwandt werden, da gerade sie dazu zwingt, sich über die zur Anwendung gebrachten Vorschriften Rechenschaft abzulegen. Wer z.B. – wie korrekt – § 315c I Nr. 2b, III Nr. 1 StGB zitiert, wird dies nicht ohne erheblichen gedanklichen Aufwand tun können und nochmals genau zu überprüfen haben, ob er alle objektiven und subjektiven Merkmale der Vorschriften in der Sachverhaltsschilderung wiederfindet. Bei Verurteilung besteht die Liste aus einem Schuldspruch- und einem Rechtsfolgenteil, die aber nicht voneinander getrennt werden. Zuerst werden die Straftatbestände aufgeführt, die der rechtlichen Beurteilung der Tat zugrunde liegen, danach folgen die den Schuldspruch qualifizierenden Bestimmungen und die Vorschriften, welche die Art des Verschuldens und der Beteiligung (§§ 25 II, 26, 27, 30 StGB) kennzeichnen, ferner die Angabe des Konkurrenzverhältnisses (§§ 52, 53 StGB). Bei den Rechtsfolgen werden die Grundbestimmungen (§§ 38, 39, 46, 47 StGB bei der Freiheitsstrafe, §§ 40, 43 StGB bei der Geldstrafe) nicht aufgeführt. Anzugeben sind dagegen, falls angewendet, die §§ 41, 42 StGB, ferner Strafschärfungs- und Milderungsvorschriften, bei Strafaussetzung auch § 56 StGB, bei Verwarnung mit Strafvorbehalt § 59 StGB und bei Absehen von Strafe § 60 StGB. Auch Sicherungs- **429** maßregeln und Nebenfolgen sind zu kennzeichnen (vgl. im Einzelnen die instruktive und knappe Darstellung bei *Meyer-Goßner/Schmitt* § 260 Rn. 49ff.).

Bei Verkehrsordnungswidrigkeiten gem. § 24 StVG sind jeweils – in genannter Reihenfolge – folgende Vorschriften aufzuführen: Die Blankettnorm des § 24 StVG als die eigentliche Ordnungswidrigkeitenvorschrift, sodann die Verweisungsnorm der betroffenen Verordnung (§ 49 StVO, § 69a StVZO oder § 75 FeV) und schließlich die Ge- oder Verbotsnorm der StVO, StVZO oder FeV, gegen die verstoßen wurde.

Beispiel: Bei vorsätzlicher Nichteinhaltung des gebotenen Sicherheitsabstandes in Tateinheit mit fahrlässiger Gefährdung anderer im Straßenverkehr sind zu nennen: §§ 24 StVG, 49 I Nr. 1 und 4, 1 II, 4 I StVO, 19 OWiG.

430 Bei mehreren Angeklagten ist die Liste, falls sich Abweichungen ergeben, entweder gesondert aufzustellen oder durch Ergänzungen zu kennzeichnen.

Das Revisionsgericht korrigiert bei unzulässigem Rechtsmittel die Liste nicht. Verwirft hingegen das Rechtsmittelgericht die Berufung oder Revision als unbegründet, so kann es die Liste berichtigen, um Übereinstimmung mit der Formel und den Gründen des angefochtenen Urteils herzustellen (vgl. BGH NJW 1986, 1116). Ändert das Rechtsmittelgericht das Urteil sachlich ab, hat es die Liste selbstständig zu erstellen.

Bei Freispruch oder Einstellung des Verfahrens werden die den Schuldvorwurf kennzeichnenden Straftatbestände nicht genannt, weil sie ja nicht zur Anwendung kommen, wohl aber § 20 StGB.

IV. Urteilsgründe

1. Allgemeines

431 Die Gründe sind die Rechtfertigung des Urteilstenors.

Schuld- und Rechtsfolgenausspruch des Tenors müssen in den Gründen belegt werden, und zwar in möglichst prägnanter, klarer und jede Schwülstigkeit vermeidender Darstellung.

Die Gründe sollen Antworten auf folgende fünf Fragen geben:

- Wer ist der Angeklagte (persönliche Verhältnisse)?
- Was hat er getan (Sachverhaltsschilderung oder tatsächliche Feststellungen)?
- Woher weiß das Gericht das (Beweiswürdigung)?
- Gegen welche Strafbestimmungen hat er verstoßen (rechtliche Würdigung)?
- Welche Rechtsfolgen werden gegen ihn verhängt und warum (Strafzumessung und angeordnete Maßnahmen)?

In diese fünf Hauptpunkte soll das Urteil untergliedert werden (beim umfangreichen Urteilsgründen erwartet der BGH eine knappe Zusammenfassung in einer Art Vorspann, vgl. BGH NStZ-RR 2011, 373; dies wird bei Examensaufgaben nicht notwendig sein und würde zu viel Zeit kosten). Es empfiehlt sich, die Gliederung mit römischen Ziffern (I bis V) hervorzuheben. Überschriften sind aber nicht notwendig.

Vorab noch ein allgemeiner Hinweis: Die Urteilsgründe müssen *aus sich selbst heraus verständlich* sein. Zu warnen ist vor Bezugnahmen auf Urkunden außerhalb des Urteils sowie Verweisung auf Feststellungen des in einem anderen Verfahren ergangenen Urteils (BGH NStZ 2007, 478; NStZ 2013, 410). Sie sind im erstinstanzlichen Urteil abgesehen von den Sonderfällen des § 267 IV 1 2. Hs. StPO nicht gestattet (BGH NStZ-RR 2000, 304). Eine Ausnahme vom Bezugnahmeverbot bildet § 267 I 3 StPO (Verweisung auf bei den Akten befindliche Abbildungen); hierbei muss aber die Bezugnahme deutlich und ausdrücklich zum Ausdruck gebracht sein. Bei Berufungsurteilen gelten weitergehende Bezugnahmemöglichkeiten (vgl. *Meyer-Goßner/Schmitt* § 267 StPO Rn. 2a m.w.N.).

2. Verfahrensablauf

Prozessuales Geschehen ist grundsätzlich in einem Urteil erster Instanz (anders bei Be- **432**
rufungs- und Revisionsurteilen) nicht wiederzugeben. Auch Ausführungen zur Verwertbarkeit von Beweismitteln sind von § 267 StPO nicht vorgeschrieben. Die Frage, ob eine Beweisverwertung rechtens ist, unterliegt wie jede Verfahrensfrage dem Freibeweis. Im Urteil sind deshalb Ausführungen zur Verwertbarkeit nicht veranlasst (BGHSt 51, 1; BGH NStZ-RR 2007, 244). Generell gilt, dass Verfahrensfragen im Urteil nichts zu suchen haben. Ansonsten besteht die Gefahr, dass eine an sich unvollständige Verfahrensrüge vom Revisionsgericht aufgrund von Angaben im Urteil selbst aufgefüllt werden könnte.

Etwas anderes mag gelten, wenn einer Verwertung in der Hauptverhandlung ausdrücklich widersprochen wurde.

In der Prüfung wäre dies Material für ein Hilfsgutachten.

Eine Ausnahme von diesem Grundsatz sieht § 267 III 5 StPO für den Fall vor, dass das Urteil auf einer Verständigung nach § 257c StPO beruht. Ausführungen über die der Absprache zugrunde liegenden Erörterungen und den genauen Inhalt der Absprache sind nicht notwendig, es ist allein der Umstand anzugeben, dass dem Urteil eine Verständigung vorausgegangen ist (BGH NJW 2013, 1316; BGH NStZ 2011, 170; NStZ 2010, 348). Die Dokumentation der Verständigung findet sich im Sitzungsprotokoll (siehe auch Rn. 314h). Fehlt der Hinweis auf das Vorhandensein einer Verständigung im Urteil, dann ist dies ein Verstoß gegen § 267 III 5 StPO, auf dem das Urteil regelmäßig auch beruht (BVerfG NJW 2013, 1058; BGH NJW 2013, 3046; anders noch BGH StV 2011, 76; NJW 2013, 1316).

Eine weitere Ausnahme gilt bei einem großen Abstand zwischen Tat und Verurteilung. Der Tatrichter hat einen außergewöhnlich langen zeitlichen Abstand zwischen Tat und Urteil als selbständigen Strafmilderungsgrund zu berücksichtigen (BGH NJW 1999, 1198). Die Gründe des Urteils müssen dann ergeben, dass das Gericht dies bei der Strafzumessung berücksichtigt hat. Wird dies unterlassen, liegt ein Erörterungsmangel vor, der bereits auf die Sachrüge vom Revisionsgericht zu prüfen ist (vgl. BGHSt 49, 342). Beruht nun der große zeitliche Abstand teilweise auf einer rechtsstaatswidrigen Verfahrensverzögerung, so ist in der Urteilsformel auszusprechen, dass zur Entschädigung für die überlange Verfahrensdauer ein bezifferter Teil der verhängten Strafe als vollstreckt gilt (BGHSt 52, 124). Damit das Revisionsgericht ggf. überprüfen kann, ob die ausgesprochene Rechtsfolge den Anforderungen gerecht wird, sind Art und Ausmaß der vom Gericht angenommenen Verzögerungen (BGH wistra 2008, 304) in den Urteilsgründen festzustellen.

3. Persönliche Verhältnisse

Thematisch gehören die persönlichen Verhältnisse zur Strafzumessung. Manche Rich- **433**
ter bringen sie deshalb heute noch erst dort. Es hat sich aber allgemein durchgesetzt und ist auch sachgerecht, dass die persönlichen Verhältnisse unter I. *vorangestellt* werden, denn schließlich handelt es sich ebenfalls um Feststellungen, die im Abschnitt Beweiswürdigung zu belegen sind. Auf diese Weise wird der Angeklagte dem Leser, vor allem dem Revisionsgericht, zudem gleichsam vorgestellt.

Hinweis: Dem in vollem Umfang freisprechenden Urteil sind die persönlichen Verhältnisse nicht voranzustellen. Denn mit dem Freispruch entfallen auch jedwede Strafzumessungserwägungen. Etwas anderes gilt nur dann, wenn Feststellungen zur Person des Angeklagten notwendig sind, um dem Revisionsgericht die Überprüfung des Freispruchs auf Rechtsfehler zu ermöglichen. Dies gilt etwa bei Voreintragungen wegen einschlägiger Delikte (BGHSt. 52, 314).

434 Die Angabe der „Rohpersonalien" genügt nicht. Die persönlichen Verhältnisse sollen andererseits auch kein Roman sein, keine Ansammlung überflüssiger Einzelheiten (vgl. BGHR StPO § 267 Abs. 3 S. 1 Strafzumessung 20). Wann und wo der Angeklagte geboren ist, muss hier nicht wiederholt werden, das ergibt sich aus dem Rubrum. Es bedarf aber der Mitteilung, in welchen Verhältnissen er aufwuchs, welche Schulbildung und Berufsausbildung er erfahren hat, wie er gegenwärtig seinen Erwerb bestreitet und in welchen wirtschaftlichen, persönlichen und familiären Verhältnissen er lebt. Je nach Art des Tatvorwurfs sollen auch weitere Informationen gebracht werden, etwa über Krankheiten, Alkohol- oder Drogenabhängigkeit sowie sonstige persönliche Schicksalsschläge. Für eine Examensklausur wird es dafür aber an entsprechenden Mitteilungen in der Aufgabe fehlen.

Häufig wird der Kandidat einen *Bundeszentralregisterauszug* und/oder einen Auszug aus dem Fahreignungsregister vorfinden. Daraus ist das für den Fall Notwendige und Einschlägige in eigener Darstellung mitzuteilen. Vor allem sind die Tatzeiten, die Bewährungszeiten, die Zeiten der Strafverbüßung und die Zeitpunkte der Vorerkenntnisse nebst Rechtskrafteintritt festzustellen und mitzuteilen. Das ist wichtig für die Feststellung, ob die Erkenntnisse noch verwertbar sind (Tilgungsreife), wie hoch gegebenenfalls die Rückfallgeschwindigkeit war, ob der Angeklagte Bewährungsbrecher ist und ob die Voraussetzungen für die Bildung einer nachträglichen Gesamtstrafe gem. § 55 StGB vorliegen.

Achtung: Das Beiliegen eines Strafregister- oder Urteilsauszugs deutet in aller Regel darauf hin, dass die Bildung einer nachträglichen Gesamtstrafe in Betracht kommt!

435 Soll bei der Rechtsfolgenbestimmung der Umstand, dass ein Bewährungsbruch bzw. einschlägige Vorstrafen vorliegen, berücksichtigt werden, müssen die den früheren Verurteilungen zugrunde liegenden Sachverhalte wenigstens knapp mitgeteilt werden (BGHR StPO § 267 Darstellung 1). Welchen Arbeitsaufwand diese Rspr. in vielen Fällen nach sich zieht, kann man ermessen, wenn man sich vor Augen führt, dass Angeklagte mit zehn, zwanzig oder noch mehr Vorstrafen keine Seltenheit sind. Die oft zu sehende Praxis von Strafgerichten, sich diese Arbeit zu sparen, indem Registerauszüge und/oder Teile von früheren Entscheidungen in das Urteil schlich hineinkopiert werden, ist verfehlt und kann zur Aufhebung führen (BGH a.a.O.). Enthält ein Urteil nichts oder nur Dürftiges zum Werdegang und zur Persönlichkeit des Angeklagten, unterliegt der Rechtsfolgenausspruch auf Sachrüge (Darlegungsmangel) regelmäßig der Aufhebung im Revisionsverfahren (BGH NStZ 1985, 309). Verweigert der Angeklagte in der Hauptverhandlung Angaben zu seinem Lebenslauf, muss sich das Gericht bemühen, auf anderem Wege ein Bild von der Persönlichkeit des Angeklagten zu gewinnen; das Urteil muss ein entsprechendes Aufklärungsbemühen erkennen lassen (BGH NStZ-RR 1998, 17).

4. Sachverhaltsschilderung (tatsächliche Feststellungen)

436 **a) Allgemeines.** Die Sachverhaltsschilderung muss alle objektiven und subjektiven Tatbestandsmerkmale derjenigen Tat(en), die das Gericht für erwiesen erachtet und die es in den Tenor aufgenommen hat, in geschlossener Darstellung „aus einem Guss" enthalten. Auf das, was den gesetzlichen Tatbestand ausmacht, ist größte Sorgfalt und hauptsächliches Gewicht zu legen, Randgeschehen kann kürzer dargestellt werden. Unzulässig ist es, die tatsächlichen Feststellungen im Urteil unsystematisch zu zerstreuen, so dass sie mühsam aus persönlichen Verhältnissen, Sachverhaltsschilderung, Beweiswürdigung und (oft genug) Strafzumessung herausgesucht werden müssen, um das gesetzliche Tatbild zusammenzustückeln. Solche Urteile unterliegen häufig auf die Darstellungsrüge (Sachrüge) der Aufhebung und Zurückverweisung, wenn auch die Revisionsgerichte vielfach *(wichtig für Revisionsklausuren!)* den „Gesamtzusammenhang der Urteilsgründe" bemühen, um das Urteil noch zu „retten" (vgl. BGH NStZ-RR 2011, 50). Bei Darstellung des Sachverhalts sollte man stets drei wichtige Punkte im Auge behalten: Die Schilderung des Geschehens muss nach Ort, Zeit und Ablauf unverwechselbar im Verhältnis zu möglichen anderen Geschehnissen dargestellt werden, damit ein für allemal klargestellt ist, über welche **Tat im prozessualen Sinn** rechtskräftig entschieden ist. Der Sachverhalt sollte „revisionssicher" geschrieben werden, also dem Revisionsrichter alles darlegen, was er vorfinden muss, um zu prüfen, ob der Sachverhalt den Schuldspruch „trägt". Ferner sollte über die „nackten" Tatsachen, die den gesetzlichen Tatbestand ausfüllen, hinaus der Unrechts- und Schuldgehalt der Tat so eingehend dargestellt werden, dass ein gegen das Urteil gerichtetes Rechtsmittel unbedenklich auf den Rechtsfolgenausspruch beschränkt werden kann. Das erfordert in aller Regel ein Eingehen auf Beweggründe, Hintergründe, Wurzeln und Begleitumstände der Tat. Ein Außerachtlassen dieser Grundsätze lässt jährlich unzählige im Ergebnis ganz und gar richtige Urteile in der Rechtsmittelinstanz ganz oder teilweise scheitern bzw. zwingt die Berufungsgerichte, die Wirksamkeit einer Berufungsbeschränkung zu verneinen.

In die Sachverhaltsschilderung gehört das hinein, was das Gericht auf Grund der Beweisaufnahme selbst für erwiesen erachtet, ungeachtet der Tatsache, was etwa zwischen den Verfahrensbeteiligten „streitig" oder „unstreitig" ist. Der Richter soll den Sachverhalt so schildern, als wäre er dabei gewesen und hätte ihn als Augenzeuge miterlebt. Ferner muss er sich in die Stellung des Angeklagten versetzen und mitteilen, was dieser nach richterlicher Erkenntnis dachte und wollte. Je nach Sachlage ist außerdem mitzuteilen, was andere am Tatgeschehen beteiligte Personen taten, erlebten, empfanden und fühlten, z.B. das Opfer einer Straftat. Immer ist der Sachverhalt aus der Sicht des Angeklagten zu schildern.

b) Einzelheiten – Verurteilung und Freispruch. Einige Beispiele sollen die angesprochenen Grundsätze verdeutlichen. 437

Beispiel einer fehlerhaften Sachverhaltsschilderung:

Am 20.2.2018 beobachtete der Zeuge Z., wie die Angeklagte A. im Selbstbedienungsgeschäft der Firma B. in L. zwei Ledertaschen, eine Schale, einen Bilderrahmen sowie eine Porzellanfigur im Gesamtwert von 779,50 EUR an sich nahm und die Gegenstände in eine mitgeführte Plastiktasche steckte. Der Zeuge Z. nahm ihr unmittelbar vor Verlassen des Kaufhauses die Waren wieder ab.

Diese Sachverhaltsschilderung **enthält mehrere Fehler.** Es ist weit verbreitet, aber gleichwohl falsch, bei der Benennung von Beteiligten im Sachverhalt diese als „Zeugen" zu titulieren. Als Z. seine Beobachtungen machte, war er noch nicht Zeuge. Sehr viel lesbarer und auch instruktiver ist es, den Beteiligten mit seinem Beruf zu kennzeichnen, zumal dann, wenn die Berufsangabe wie im vorliegenden Fall (der Zeuge war Kaufhausdetektiv) Funktion und Beobachtungsposition der Beweisperson näher beleuchtet. Dasselbe gilt etwa für Polizeibeamte. Unschön und unzweckmäßig ist es auch, im Sachverhalt ständig vom „Nebenkläger" oder „Einziehungsbeteiligten" zu sprechen. Die Sachbezeichnung „Angeklagter" lässt sich aber nicht vermeiden.

Das zitierte Urteil ist auch deshalb problematisch, weil es das Tatgeschehen *aus der Sicht des Zeugen* schildert. Auf diesen Mangel ist nämlich ein weiterer (der gravierendste) zurückzuführen: Die Schilderung gibt zwar (zur Not) über den Gewahrsamsbruch beim Diebstahl Auskunft, nicht aber über die Zueignungsabsicht. Richtigerweise hätte der Text anders lauten müssen:

Beispiel 1 einer korrekten Sachverhaltsschilderung:

> *Am 20.2.2018 suchte die Angeklagte das Kaufhaus B. in L. auf. Als sie sich unbeobachtet glaubte, steckte sie ... im Gesamtwert von 779,50 EUR in eine mitgebrachte Plastiktasche. Sie hatte die Absicht, die Waren an der Kasse nicht anzugeben, sondern sie ohne Bezahlung mit nach Hause zu nehmen und zu behalten. Nachdem sie die Ladenkasse ungehindert passiert hatte und dabei war, das Geschäft zu verlassen, nahm ihr der Kaufhausdetektiv Z., der sie schon beim Einstecken der Waren beobachtet hatte, die Gegenstände wieder ab.*

Diese Schilderung beinhaltet alle **Merkmale des Diebstahlstatbestandes** und hielte zweifelsfrei auch der Sprungrevision stand. Das Tatgeschehen hätte sich – bei identischem äußerem Sachverhalt – auch wie folgt darstellen lassen:

Beispiel 2 einer korrekten Sachverhaltsschilderung:

> *Die Angeklagte wurde seit längerer Zeit von ihrem Ehemann betrogen, worunter sie seelisch stark litt. Auch am Morgen des 20.2.2018 musste sie – nach einer heftigen Auseinandersetzung – feststellen, dass er sich zu seiner Freundin begab. Hierüber war die Angeklagte außerordentlich aufgebracht. Darauf fuhr sie ins Kaufhaus B. in L., nahm dort ... im Gesamtwert 779,50 EUR an sich und steckte die Gegenstände in eine mitgeführte Plastiktüte. Die Angeklagte wusste, dass sämtliche Gegenstände mit Sicherheitsetiketten gegen Diebstahl gesichert waren. Sie hatte nicht die Absicht, die eingesteckten Waren zu bezahlen. Vielmehr hegte sie die Erwartung, dass sie spätestens im Ein- und Ausgangsbereich mittels der aufgestellten Sicherheitseinrichtungen mit den Gegenständen ertappt würde. Dies wollte die Angeklagte. Sie, die sich wegen der vorangegangenen familiären Ereignisse in einem außerordentlichen Erregungszustand befand, erhoffte sich von dem Ergriffenwerden eine durchgreifende psychische Erleichterung. Die Erwartung der Angeklagten erfüllte sich: Ein Hausdetektiv hatte sie bereits beim Einstecken der Waren beobachtet und ergriff sie unmittelbar vor Verlassen des Kaufhauses. Wäre sie nicht ertappt worden, hätte die Angeklagte die Sachen im Obhutsbereich des Kaufhauses so abgelegt, dass sie unschwer vom Personal zu entdecken gewesen wären.*

Dieser Sachverhalt nötigt aus Rechtsgründen zum Freispruch, weil es nach den getroffenen Feststellungen an der Zueignungsabsicht fehlt. Im Hinblick auf die Frage der Urteilsgründe bleibt festzuhalten: Auch die Gründe des freisprechenden Urteils bringen – nach einer kurzen einleitenden Charakterisierung des Schuldvorwurfs nach Zeit, Ort und Gegenstand – die **für erwiesen gehaltenen Tatsachen** mit der späteren Darlegung, dass freizusprechen sei und ob dies aus tatsächlichen oder rechtlichen Gründen zu geschehen hat.

Von dem Sachverhalt nach **Beispiel 2** ist der Richter – was er im Rahmen der Beweiswürdigung darzulegen hat – durch die Einlassung der Angeklagten in der Hauptverhandlung, durch Vernehmung des Detektivs und des Ehemannes sowie nach Anhörung eines psychiatrischen Sachverständigen überzeugt. Wäre der Richter von dem bezeichneten inneren Sachverhalt zwar nicht überzeugt, blieben aber zu Gunsten der

Angeklagten ausschlagende vernünftige Restzweifel, müsste das Gericht – wiederum nach einleitender Charakterisierung des Schuldvorwurfs – die für erwiesen erachteten objektiven Tatsachen darstellen:

Beispiel 3 einer korrekten Sachverhaltsschilderung:

> *Am 20.2.2018 suchte die Angeklagte das Kaufhaus B. in L. auf. Als sie sich unbeobachtet glaubte, steckte sie ... in eine mitgebrachte Plastiktasche. An der Kasse offenbarte sie das Mitführen dieser Waren nicht. Indes wurde sie vom Kaufhausdetektiv Z., der sie bei ihrem Tun beobachtet hatte, noch vor Verlassen des Geschäfts gestellt.*

Sodann müsste die subjektive Vorstellung der Angeklagten nach **Beispiel 2** als deren Einlassung wiedergegeben werden mit dem Anfügen, dass und warum sie nicht widerlegt sei und daher aus tatsächlichen und rechtlichen Gründen freizusprechen sei.

c) Wahldeutige Tatsachengrundlage. Es gibt Fälle, in denen sich der Richter des- **438** halb nicht vom Vorliegen eines einzigen Geschehensablaufs überzeugen kann, weil mehrere nach demselben Straftatbestand strafbare **Sachverhaltsalternativen** in Betracht kommen. Dann muss der Tatrichter die **wahldeutige Tatsachengrundlage, also die alternativen Sachverhalte,** feststellen. Die Urteilsgründe müssen in einem solchen Fall an Stelle der für erwiesen erachteten Tatsachen, in denen die Merkmale der strafbaren Handlung gefunden werden, den äußeren und inneren Sachverhalt der Verhaltensweisen schildern, die nach Überzeugung des Gerichts allein in Betracht kommen. Andere Möglichkeiten müssen sicher ausgeschlossen sein (BGH NStZ 1981, 33).

d) Verdeutlichung der Schuldform. Der Sachverhalt muss die Schuldform, die **439** dem Angeklagten anlastet, deutlich erkennen lassen. Dies wird vor allem bei der Darstellung von Trunkenheitsfahrten häufig übersehen. Die Anwendbarkeit von § 316 I StGB setzt die Feststellung voraus, dass der Täter seine Fahruntüchtigkeit erkennt oder sich der Möglichkeit seiner Fahruntüchtigkeit zumindest bewusst ist und sich dennoch zum Fahren entschließt. Auf dieses Erfordernis kann auch bei einem festgestellten Blutalkoholgehalt von 2,5 ‰ nicht verzichtet werden.

Achtung: Der Vorsatz sollte keinesfalls mit der Wendung umschrieben werden, dem Angeklagten sei „erkennbar gewesen" oder er „hätte erkennen müssen". Dies deutet auf **Fahrlässigkeit** hin. Ganz wichtig: Die Merkmale der inneren Tatseite müssen durch tatsächliche Feststellungen belegt werden. Rechtsbegriffe wie „Vorsatz" und „Fahrlässigkeit" müssen in ihre tatsächlichen Bestandteile aufgelöst werden (OLG Brandenburg DAR 2000, 79).

Besonders sorgfältiger Darlegung bedürfen die Annahme bedingten Vorsatzes (BGHSt 57, 183; NStZ 2018, 206; *Fischer* § 15 Rn. 9ff.) sowie der Rücksichtslosigkeit im Sinn des § 315c StGB. Im Rahmen des § 315c StGB bedarf auch die konkrete Gefahr präziser und nachvollziehbarer Beschreibung. Inhaltsleere und bewertende Begriffe wie Notbremsung, Vollbremsung, scharfes abruptes Bremsen u. a. genügen nicht.

Das Problem, wie die Tatschilderung beim Fortsetzungszusammenhang beschaffen sein müsse, stellt sich nicht mehr. Nach wie vor aktuell ist (vgl. auch Rn. 225) das Problem der Darstellung der Serienstraftat, die früher überwiegend als fortgesetzte Tat behandelt wurde und nunmehr den Grundsätzen der Tatmehrheit unterliegt. Der BGH verlangt, dass für jede einzelne Tat der Serie Zeit, Ort und Art der Begehung festgestellt, der objektive und subjektive Tatbestand ermittelt und dargestellt wird. Zusammenfassungen (Vor-die-Klammer-ziehen) hinsichtlich gleichartiger Merkmale sind nur insoweit zulässig, als dadurch die Identität der einzelnen Taten in ihrem konkreten Verlauf nicht in Frage gestellt wird und im Falle der Rechtskraft kein Zweifel über deren Umfang aufkommen kann. Lässt sich die Häufigkeit der Tatbestandsverwirklichungen innerhalb eines konkret zu bezeichnenden Zeitraums nicht sicher ermitteln, muss das Urteil in Anwendung des Zweifelssatzes eine Mindestzahl feststellen und diese anhand erfahrungsgemäß vorhandener Anhaltspunkte zeitlich, örtlich und umfangmäßig möglichst genau fixieren (vgl. hierzu auch BGH NStZ-RR 2010, 205 m. w. N.). Durch diese Anforderungen soll nach der Intention des BGH einerseits gewährleistet werden, dass keine Strafbarkeitslücken durch ungerechtfertigte Freisprüche (insbes. bei sexuellem Missbrauch von Kindern, vgl. BGH a.a.O.) entstehen; andererseits will man der Gefahr begegnen, dass der Richter für die Bestimmung des Schuldumfangs sich von einer in ihren Grenzen unklaren Gesamtvorstellung leiten lässt. Letzteres wäre mit rechtsstaatlichen Grundsätzen unvereinbar. Unzulässig ist das Hoch- oder Herunterrechnen der Anzahl der Taten auf Grund unsicherer Tatsachengrundlage (BGH StV 1996, 363; 2001, 450). Unter bestimmten Umständen – z. B. bei einer Hehlereiserie – kann die Zuordnung des festgestellten Gesamtschadens auf Einzelakte unter strenger Beachtung des Zweifelssatzes durch Schätzung erfolgen (BGHSt StV 2000, 600); das ist vor allem dann unumgänglich, wenn über die kriminellen Geschäfte keine Belege oder Aufzeichnungen vorhanden sind (BGH a.a.O.). Gelingt es trotz Ausschöpfung aller Beweismittel nicht, einen Gesamtschaden konkretisierbaren Einzelhandlungen zuzuordnen, so soll in dubio pro reo von der Erfolgsverwirklichung durch eine einzige Tat auszugehen sein (BGH NStZ 1994, 586, 2003, 492), dies aber dann nicht, wenn gerade durch die Annahme einer einzigen Tat der Unrechts- und Schuldgehalt des strafbaren Verhaltens höher erscheint (BGH NStZ 1997, 233). Eine Schätzung ist auch erlaubt und geboten, wenn es um die Bildung sogenannter Bewertungseinheiten geht. Aber auch hier bedarf es einer „ausreichenden Tatsachengrundlage“, um in einen Tatbestand mit höherem Unrechtsgehalt zu gelangen (BGH JR 2003, 31 mit krit. Anm. *Puppe;* NStZ-RR 2013, 46; NStZ-RR 2018, 47).

5. Beweiswürdigung

440 **a) Grundsätzliches.** Es ist weit verbreitet, aber unnötig und auch fehlerträchtig, die Beweiswürdigung mit einer geschlossenen Aufzählung der verwendeten Beweismittel zu beginnen. Der Umfang der durchgeführten Beweisaufnahme ergibt sich aus dem Hauptverhandlungsprotokoll und nur aus diesem (§ 273 StPO). Der Bestand eines Urteils kann gefährdet sein, wenn in der Aufzählung Beweismittel als verwendet bezeichnet werden, die nach dem Inhalt des Protokolls in Wahrheit nicht herangezogen wurden. Nennt z. B. die der Beweiswürdigung vorangestellte Aufzählung „die in Augenschein genommenen Lichtbilder“ und beurkundet die Sitzungsniederschrift einen solchen Augenschein nicht, ist durch die negative Beweiskraft des Protokolls (§ 274 StPO – zur Auslegung bei unklarer Protokollierung vgl. BGH NStZ-RR 2004, 237, der auch klarstellt, dass der Zweifelssatz hier nicht gilt, sondern Verfahrensverstöße bewiesen werden müssen) ein Verstoß gegen § 261 StPO ausgewiesen, wenn die Lichtbilder in der Beweiswürdigung berücksichtigt sind. Hätten die Urteilsgründe auf den Augenschein nicht Bezug genommen, wäre dies unschädlich gewesen, weil nicht hätte ausgeschlossen werden können, dass die Lichtbilder im Rahmen eines nicht protokollierungspflichtigen Vernehmungsbehelfs (Vorhalts) in die Hauptverhandlung eingeführt wurden (vgl. BGH NStZ 2010, 466; NStZ 2007, 235). Der Richter braucht auch im weiteren Text der Beweiswürdigung *nicht auf alle* herangezogenen Beweis-

mittel *einzugehen*. Haben sie zu seiner Überzeugungsbildung nichts beigetragen, kann er sie unerwähnt lassen.

Die Beweiswürdigung beginnt mit einer gedrängten und zusammenfassenden Wiedergabe der Einlassung des Angeklagten bzw. der Mitteilung, dass er sich zum Schuldvorwurf nicht eingelassen hat. Die Wiedergabe der Einlassung des Angeklagten darf nur bei einfacher Beweislage unterbleiben, sonst liegt ein auf Sachrüge zu berücksichtigender Darlegungsmangel vor. **441**

Hat der Angeklagte die Tat eingeräumt, hat der Richter in gedrängter Form mitzuteilen, dass und wodurch dieses Geständnis bestätigt ist, denn (auch wenn dies überraschen mag) nicht selten sind Geständnisse falsch.

Ein berühmtes Beispiel: Der Landwirt Rudolf Rupp verschwand am 13. Oktober 2001 spurlos nach einem Wirtshausbesuch, bei dem er sich betrunken hatte. Am 13. Mai 2005 verurteilte das Schwurgericht am Landgericht Ingolstadt Rupps Ehefrau und den Ex-Freund einer der Töchter, Matthias E., wegen Totschlags zu je achteinhalb Jahren Haft. Die Angeklagten hatten gestanden, Rupp in seinem Haus erschlagen, zerstückelt und an die auf dem Hof lebenden Hunde verfüttert zu haben. Diese Geständnisse hatten die Angeklagten allerdings noch vor Prozessbeginn widerrufen. Die beiden zum Zeitpunkt von Rupps Verschwinden 15 und 16 Jahre alten Töchter wurden zu zweieinhalb bzw. dreieinhalb Jahren Jugendstrafe wegen Beihilfe durch Unterlassen verurteilt. Im Februar 2009 wurden oberhalb der Staustufe Bergheim zwei Autos in der Donau geortet und am 10. März 2009 geborgen. Eines der Fahrzeuge war der verschwundene Mercedes 230 E von Rupp, seine sterblichen Überreste befanden sich auf dem Fahrersitz. Die Leiche war durch Fischfraß teilweise skelettiert, ansonsten aber vollständig und wies keine Verletzungen auf, die auf ein Tötungsdelikt hindeuten würden. Dass der Tote erschlagen worden war, konnte ausgeschlossen werden (Quelle: https://de.wikipedia.org/wiki/Todesfall_Rudolf_Rupp).

Insbesondere ein im Rahmen einer Absprache abgelegtes Geständnis darf nicht ohne Überprüfung seiner Richtigkeit dem Urteil zugrunde gelegt werden (BGHSt. 50, 40; BGH NStZ 2017, 173; siehe auch Rn. 316a). Dasselbe gilt für ein „Anwaltsgeständnis" (BGH NStZ-RR 2006, 187; siehe auch unten Rn. 456).

Bestreitet der Angeklagte ganz oder teilweise, teilt der Richter seine Überzeugung mit, was er von diesem Bestreiten hält und dass und wodurch er es im Sinne der getroffenen Feststellungen für widerlegt hält, wobei es natürlich mit einer bloßen Benennung der Beweismittel, die dem Richter die Überzeugung von der Täterschaft des Angeklagten vermittelt haben, nicht getan ist. Es genügt aber die Darstellung, worauf die Überzeugungsbildung des Richters in den wesentlichen Punkten beruht. *Unnötig* ist es, jedes Detail der getroffenen Feststellungen, angefangen von den persönlichen Verhältnissen über die Vorgeschichte der Tat bis hin zu all ihren Begleiterscheinungen durch Beweismittel zu belegen. Ebenso falsch und *unzulänglich* ist es, die Beweisergebnisse, etwa den Inhalt der Zeugenaussagen und verlesenen Urkunden, im Einzelnen aneinandergereiht wiederzugeben und diese Wiedergabe mit dem unkritischen Fazit zu beschließen, damit stehe ein bestimmter Sachverhalt zur Überzeugung des Gerichts fest. Die Urteilsgründe dienen nicht dazu, den Inhalt der in der Hauptverhandlung erhobenen Beweise zu dokumentieren (BGH NStZ 1998, 51; NStZ-RR 2001, 264). Mitzuteilen ist vielmehr gezielt, was die Beweisaufnahme in Richtung auf die Realisierung des Schuldvorwurfs erbracht hat und dass und warum sich das Gericht hiervon überzeugen konnte. Hierüber befindet es nach freier richterlicher Überzeugung ohne Bindung an Beweisregeln in einer Gesamtwürdigung. Hierbei hat der Richter auch die Gründe, warum er z.B. einem Zeugen Glauben geschenkt hat und dem anderen nicht, und warum er Zeugenaussagen den Vorzug vor der Einlassung des Angeklagten gibt, nachvollziehbar darzulegen, um dem revisiblen Vorwurf zu entgehen, seine Überzeugung beruhe ohne ausreichende Abwägung aller für und gegen die Täter- **442**

schaft sprechenden Gründe auf einer rational nicht nachvollziehbaren und nicht konsensfähigen Intuition.

Hinweis: Der Richter braucht übrigens entlastende Angaben des Angeklagten, für die es keine Beweise gibt, nicht ohne weiteres als unwiderlegt hinzunehmen (BGH NStZ 2000, 86), er muss sich vielmehr auf Grund des gesamten Ergebnisses der Beweisaufnahme eine Überzeugung von der Richtigkeit oder Unrichtigkeit einer Behauptung verschaffen. Dagegen verstoßen Richter häufig in sogenannten Fahrverbotsfällen, wenn sie den Ausführungen des Betroffenen über die Einbuße des Arbeitsplatzes oder zur Existenzgefährdung im Falle des Führerscheinverlusts kritiklos folgen (OLG Düsseldorf NZV 1999, 477). Andererseits muss der Richter, wenn er einen Angeklagten auf Grund dessen eigener Einlassung verurteilt, von der Richtigkeit dieser Einlassung überzeugt sein (BGH NStZ 1987, 474). Von der Unwiderlegbarkeit vom Angeklagten behaupteter vorsatzausschließender innerer Tatsachen (z. B. Annahme fehlenden Feststellungsinteresses des Unfallgegners bei § 142 StGB, Einverständnis des Opfers mit sexuellen Handlungen) darf in der Regel erst dann ausgegangen werden, wenn der äußere Tathergang (Schadenshöhe, sexuelle Handlungsintensität) erschöpfend aufgeklärt worden ist (OLG Düsseldorf NZV 1992, 246). Der Zweifelssatz gebietet es ferner nicht, zu Gunsten des schweigenden Angeklagten einen nur möglichen entlastenden Gesichtspunkt zu unterstellen. Allerdings müssen in einem solchen Fall nahe liegende Verteidigungsumstände abgehandelt und sich aufdrängende Beweisumstände erörtert werden. Beispiel: Der Angeklagte hat ohne Beisein Dritter einen anderen getötet. Notwehr muss zu Gunsten des schweigenden Angeklagten nur erörtert werden, wenn greifbare Anhaltspunkte hierfür vorliegen. Auch das **Schweigen hat seinen Preis** (anschauliche Beispiele: BGH NStZ-RR 2002, 243; 2013, 117; 2014, 283), desgleichen das Bestreiten. Auch dieses gebietet nicht die Annahme entlastender Umstände, für die konkrete Anhaltspunkte fehlen (BGH StV 2005, 421; NStZ-RR 2003, 166 – Tatprovokation durch das Opfer).

443 **b) Einzelheiten.** Anschließend sind einige typische, häufig wiederkehrende Probleme der Beweiswürdigung einschließlich der in ihnen enthaltenen Fehlerquellen darzustellen. Diese haben Bedeutung auch mit Blick auf die **Beurteilung einer Revision.** Denn enthält die Beweiswürdigung Lücken, Denkfehler, Verstöße gegen Erfahrungssätze u. ä., ist dies auf die allgemeine Sachrüge hin zu beachten. Außerdem kann im Einzelfall ein Verstoß gegen § 261 StPO vorliegen.

Hinweis: Einen umfassenden Überblick zum Thema „Revisibilität der Beweiswürdigung" bringt *Nack* in StV 2002, 510 ff., 558 ff.

444 **aa) Lückenhafte Beweiswürdigung.** Lässt eine Tatsache oder ein Tatsachenkomplex mehrere verschiedene Deutungen zu, darf sich der Richter nur dann für eine von ihnen entscheiden, wenn er die übrigen in seine Überlegungen einbezogen und sich mit ihnen auseinandergesetzt hat. Nur unter der Voraussetzung, dass das Tatgericht den festgestellten Sachverhalt, soweit er bestimmte Schlüsse zu Gunsten oder zu Ungunsten des Angeklagten nahe legt, in den Gründen erschöpfend würdigt, gilt der Grundsatz, dass die von ihm gezogenen Schlüsse möglich, aber nicht zwingend sein müssen. Diese Grundsätze der erschöpfenden Auswertung der Beweistatsachen und Beweisanzeichen gelten auch für das freisprechende Urteil. Rein theoretische und nach Sachlage fern liegende Abläufe braucht der Richter in die Abwägung aber nicht aufzunehmen.

Beispiel: Der Autofahrer A ist mit 1,2 ‰ Blutalkoholgehalt in eine Polizeikontrolle geraten. Den *Vorsatz* im Sinn des § 316 I StGB hat das Amtsgericht der Äußerung gegenüber den kontrollierenden Polizeibeamten entnommen, „oh je, jetzt ist der Lappen weg". Dieser Schluss ist sicherlich möglich, und der Strafrichter war von seiner Richtigkeit überzeugt. Es liegt aber auch die Möglichkeit nahe, dass erst die Tatsache der polizeilichen Kontrolle den Angeklagten dazu gebracht hat, sich seiner Fahrunsicherheit bewusst zu werden und dies zu seiner Äußerung führte. Weiter ist in Betracht zu ziehen, die Äußerung des Angeklagten lasse den Schluss auf seine Befürchtung zu, wegen Überschreitung des Alkoholgrenzwerts nach § 24a StVG belangt zu werden. Schließlich kann – bei reinem Gewissen – die Befürchtung gemeint gewesen sein, die Polizei werde aus Anscheinsgründen den Führerschein zunächst einmal einbehalten. Diese anderen – gleich oder ähnlich nahe liegenden –

Bewertungsmöglichkeiten hätte das Amtsgericht in Betracht ziehen müssen, ehe es zum Vorsatz im Sinn des § 316 StGB gelangte. Der Verstoß ist revisibel. Das Urteil wurde auf die Sachrüge aufgehoben (BayObLG ZfSch 1991, 393).

bb) Fehlende Beweisgrundlage. Ein Angeklagter darf nicht verurteilt werden, 445
wenn Umstände vorliegen oder (als nicht widerlegbar) zu seinen Gunsten angenommen werden müssen, die aus rationalen Gründen nicht den Schluss gestatten, dass die Übereinstimmung z.B. von Zeugenaussagen und dem tatsächlichen Geschehen in hohem Maße wahrscheinlich ist. Gründe, die zu vernünftigen Zweifeln Anlass geben, stehen einer Verurteilung entgegen (BGH StV 1990, 99). Die Urteilsgründe müssen erkennen lassen, dass die Beweiswürdigung auf einer tragfähigen, verstandesmäßig einsehbaren Tatsachengrundlage beruht. Zwar ist das Revisionsgericht, auch soweit es sich nur um mögliche Schlussfolgerungen tatsächlicher Art handelt, grundsätzlich an die Überzeugung des Tatrichters vom Tatgeschehen gebunden. Das kann aber dann nicht gelten, wenn sich die Schlussfolgerungen so sehr von einer Tatsachengrundlage entfernen, dass sie letztlich bloße Vermutungen sind, die nicht mehr als einen – wenn auch schwerwiegenden – Verdacht begründen (BGH NStZ 1986, 373; StV 2002, 235; 2014, 610).

Beispiele: Das einmalige Überfahren der Fahrbahnmittellinie mit einem LKW auf kurvenreicher Strecke reicht für die Annahme einer relativen Fahrunsicherheit infolge Alkoholkonsums (BAK 0,69‰) nicht aus. Wird in einer großen Menge abgelagerten Mülls ein an Herrn A adressiertes Schriftstück gefunden, reicht dies nicht aus, diesen der unerlaubten Ablagerung zu überführen. Zur Annahme der Täterschaft eines politisch motivierten Brandanschlags genügt es nicht, dass sich auf dem am Tatort aufgefundenen Bekennerschreiben neben zahlreichen Fingerabdrücken unbekannter Personen auch ein solcher des Angeklagten befindet (BGH NStZ 1998, 97). Aus einem gescheiterten Alibibeweis darf nicht auf die Täterschaft des Beweisführers geschlossen werden (BGHSt. 49, 56); er darf hierfür nicht einmal als Indiz verwendet werden, denn es entfällt lediglich ein Verteidigungsargument gegen den Tatnachweis, der sodann anderweitig geführt werden muss.

cc) Keine übertriebenen Anforderungen an Überzeugungsbildung. An die zur 446
Verurteilung erforderliche Gewissheit dürfen andererseits keine zu hohen Anforderungen gestellt werden. Voraussetzung dafür, dass sich der Tatrichter vom Vorliegen eines bestimmten Sachverhalts überzeugt, ist nicht eine absolute, das Gegenteil denknotwendig ausschließende und darum von niemandem anzweifelbare Gewissheit (dergleichen gibt es nicht). Vielmehr genügt ein nach der Lebenserfahrung ausreichendes Maß an Sicherheit, das vernünftige Zweifel nicht aufkommen lässt. Dabei haben solche Zweifel außer Betracht zu bleiben, die realer Anknüpfungspunkte entbehren und sich lediglich auf die Annahme einer bloß gedanklichen, abstrakt theoretischen Möglichkeit gründen (BGH NStZ-RR 1999, 332; 2007, 43). Insbesondere setzt die richterliche Überzeugung keine „mathematische" Gewissheit voraus. Tritt z.B. der Tod des Opfers im unmittelbaren Anschluss an die massive Gewaltanwendung des Täters ein, liegt es fern, eine erhebliche gesundheitliche Vorschädigung des Opfers als alleinige Ursache für sein Ableben anzusehen. Dies gilt auch dann, wenn ein medizinischer Sachverständiger diese Möglichkeit (tatunabhängiges Herzversagen als medizinische Rarität) im Raum gelassen hat (BGH NStZ-RR 1998, 102). Das ist eine rein gedankliche Möglichkeit und deshalb irrelevant. Zur Kausalität von Produktfehlern bei Körperverletzung siehe BGHSt 41, 206 und die Entscheidungsbesprechungen hierzu: *Kühne* NJW 1997, 1951; *Hoyer* GA 1996, 160; *Schulz* JA 1996, 185; *Jähnke* Jura 2010, 582; *Puppe* JZ 1996, 318; *Schmidt-Salzer* NJW 1996, 1–8.

dd) Realitätskriterien. Bei Zeugenaussagen sind inhaltlich Detailreichtum, Origina- 447
lität, Schilderung von Komplikationen bzw. Unverständnis und Deliktstypik, strukturell Homogenität, Spontaneität und Verflochtenheit mit feststehenden Tatsachen, hin-

sichtlich des Inhalts aufeinanderfolgender Vernehmungen Konstanz im Kernbereich und stimmige Erweiterungen sowie hinsichtlich Aussageentstehung und -motivation insbesondere das Fehlen von besonderem Belastungseifer regelmäßig wichtige Indizien für deren Wahrheit (sog. Realitätskriterien oder Realkennzeichen; grundlegend BGHSt 45, 164 mit Abgrenzung in BGH NStZ 2008, 116). Zeugen vom Hörensagen sind besonders kritisch zu würdigen (vgl. BVerfG NJW 1992, 168; 2001, 2245 und 2010, 925 zu Angaben verdeckter Ermittler oder sog. V-Leute, die durch Polizeibeamte als Zeugen vom Hörensagen in die Hauptverhandlung eingeführt werden und die regelmäßig als Tatnachweis nur genügen, wenn sie durch andere, nach der Überzeugung des Strafgerichts wichtige Gesichtspunkte bestätigt werden; so auch BGH StV 1994, 413; NStZ-RR 2002, 176; abgrenzend BGH NStZ 2007, 103). Besondere Vorsicht geboten ist auch gegenüber den Bekundungen von Mitangeklagten oder Zeugen, die den Angeklagten erwiesenermaßen mindestens teilweise zu Unrecht belastet haben (BGH NJW 1999, 802; NStZ-RR 2004, 87) oder bei denen Motive für eine Falschbezichtigung nicht fern liegen (z.B. Bestreben, in den Genuss von Strafermäßigung für Aufklärungshilfe zu kommen; BGH NStZ-RR 2009, 212).

Hinweis: Die Situation „Aussage gegen Aussage" nimmt in der Rechtsprechung des BGH breiten Raum ein. Hier müssen die Urteilsgründe erkennen lassen, dass der Tatrichter alle Umstände, welche die Entscheidung beeinflussen können, erkannt und in seine Überlegungen einbezogen hat, und zwar unter Gesamtwürdigung aller Indizien (BGH NStZ-RR 2010, 317). Dies gilt verstärkt bei kindlichen Zeugen, die Opfer einer Sexualstraftat geworden sind, oder wenn ein Zusammenhang mit familiären Auseinandersetzungen besteht. Dann ist ein besonderes Augenmerk auf die Entstehungs- und Entwicklungsgeschichte der Aussage zu richten sowie darauf, ob vor Beginn der Ermittlungen „private Befragungen" stattgefunden haben (BGH NStZ 2002, 656; StV 2009, 230). **Wichtig:** Die Beweissituation „Aussage gegen Aussage" liegt nicht vor, wenn die Aussage des Belastungszeugen, und sei es auch nur in Randbereichen, durch Bekundungen anderer Beweispersonen oder sonstwie bestätigt wird (BGH NStZ-RR 2003, 268).

448 **ee) Unverwertbarkeit von Erkenntnissen aus anderen Verfahren.** Vorsicht ist geboten, wenn das Gericht die Glaubwürdigkeit eines Zeugen darauf stützen will, seine Angaben hätten sich in vorausgegangenen gleichartigen Verfahren (Rauschgiftgeschäfte!) als zuverlässig erwiesen. Nach § 261 StPO hat das Gericht über das Ergebnis der Beweisaufnahme nach seiner freien, aus dem Inbegriff der Verhandlung geschöpften Überzeugung zu entscheiden. Diese Vorschrift verbietet es, der Urteilsfindung ein Wissen zugrunde zu legen, das nicht durch die Verhandlung und in der Verhandlung gewonnen worden ist. Die Urteilsfindung darf allein auf die Erkenntnisse in der Hauptverhandlung gestützt werden, in der über den gegen den Angeklagten erhobenen Vorwurf entschieden wird. Der Inhalt anderer Hauptverhandlungen gehört dabei nicht zum Inbegriff der Verhandlung im Sinn des § 261 StPO. Hier kommen die Verlesung der früheren Urteile oder die Vernehmung von Mitgliedern des Gerichts in Betracht.

449 **ff) Erkenntnisse beauftragter Richter.** Vorsicht ist auch geboten bei der Einführung von Beobachtungen des beauftragten Richters. Solche Beobachtungen stehen der Verwertung im Rahmen der tatrichterlichen Überzeugung nur insoweit offen, als sie in der Vernehmungsniederschrift festgehalten und durch deren Verlesung in die Hauptverhandlung eingeführt worden sind (BGHSt 45, 354; BGH NStZ 1983, 182; NStZ 2013, 357).

450 **gg) Würdigung von Sachverständigengutachten.** In vielen Urteilen liest man lapidar, der Angeklagte sei „nach den überzeugenden Bekundungen des Sachverständigen X" fahruntüchtig, in seiner Steuerungsfähigkeit beeinträchtigt gewesen, zu schnell

gefahren etc. Das reicht nicht. Schließt sich der Richter dem Gutachten eines Sachverständigen im Vertrauen auf dessen Sachkunde ohne Angabe eigener Erwägungen an oder folgt er ihnen nicht, muss er die wesentlichen Grundlagen des Gutachtens, die sogenannten Anknüpfungstatsachen, ferner die wesentlichen Befundtatsachen und die vom Sachverständigen daraus gezogenen Schlussfolgerungen im Urteil wiedergeben (BGHSt 12, 311; NStZ 2011, 171). Denn das Revisionsgericht muss das Gutachten auf seine Schlüssigkeit und Rechtsfehlerfreiheit nachprüfen können.

Hinweis: Eine erleichterte Darlegungspflicht (Mitteilung des Ergebnisses) gilt allerdings für sog. **standardisierte** Gutachten wie das daktyloskopische Gutachten (BGHR StPO § 261 Sachverständiger 4), die Blutalkoholanalyse (BGHSt 28, 235) oder die Bestimmung von Blutgruppen (BGHSt 12, 311), nicht aber z.B. für anthropologische Vergleichsgutachten und sog. „Jeansfaltenvergleichsgutachten" (BGH NJW 2000, 1350; OLG Bamberg StV 2011, 717).

hh) Indizienbeweis. Für den Indizienbeweis gilt: Auch wenn keine der jeweiligen Indiztatsachen für sich allein zum Nachweis der Täterschaft ausreicht, so kann doch deren Gesamtheit dem Gericht die entsprechende Überzeugung vermitteln (BGH NStZ 1983, 133; StV 1990, 9). Allerdings müssen die einzelnen Anzeichen selbst unzweifelhaft feststehen, ehe Schlüsse daraus hergeleitet und sie in die Gesamtwürdigung einbezogen werden (*Meyer-Goßner/Schmitt* § 261 Rn. 25). Der Richter ist verpflichtet, eine Gesamtwürdigung aller Indizien anzustellen. Würdigt das Urteil die Indizien mit jeweils negativem Ergebnis nur einzeln und scheidet sie aus der weiteren Betrachtung aus, liegt ein Verstoß gegen § 261 StPO vor (BGH NStZ 1988, 19; NStZ-RR 2000, 334; NStZ 2002, 48). Dasselbe gilt, wenn der Tatrichter die Ambivalenz von Indiztatsachen nicht erkennt oder ihnen Indizwirkung beimisst, die sie nicht haben können. **451**

ii) Aufstellung nicht existenter Beweisregeln. Oft werden Zeugen allein auf Grund ihrer Herkunft, ihrer Stellung zum Tatgeschehen oder ihrer Nähe zum Angeklagten **Glaubwürdigkeitsdefizite** bescheinigt. Bedenklich ist z.B. der Satz: „Es bestehen Zweifel an der Glaubwürdigkeit der Zeugin, die als Ehefrau ein persönliches Interesse am Verfahrensausgang hat". Ferner darf die Wahrheitsliebe eines Zeugen nicht generell im Hinblick auf seine Herkunft und Nationalität in Frage gestellt werden. Ein besonders bizarres Beispiel findet sich in der NJW 1997, 1995 **(unbedingt lesen!)** – in der dort widergegebenen Entscheidung spricht das LG Mannheim einem Vorderpfälzer aus Herkunftsgründen die Glaubwürdigkeit ab. Auch die „Beifahrerrechtsprechung", wonach den Aussagen von Insassen unfallbeteiligter Fahrzeuge nur dann Beweiswert zukomme, wenn sonstige objektive Anhaltspunkte für ihre Richtigkeit sprechen, ist nicht haltbar (BGH MDR 1988, 307). In all diesen Fällen werden nicht existente Beweisregeln statuiert sowie Erfahrungssätze, die es in dieser Verallgemeinerung nicht gibt. Zulässig und regelmäßig auch notwendig ist allerdings, die Aussagen solcher Zeugen im Einzelfall besonders kritisch zu würdigen. Denn es liegt auf der Hand, dass Verwandte, gute Freunde und Beifahrer im Hinblick auf den bei ihnen zu befürchtenden Solidarisierungseffekt mindestens ein Motiv haben, zugunsten der ihnen nahestehenden Person auszusagen. Zu beachten ist aber stets, dass es im Ergebnis nie auf die **Glaubwürdigkeit** einer Aussageperson im Sinn einer persönlichen Eigenschaft, sondern nur auf die **Glaubhaftigkeit** ihrer konkreten Angaben ankommt (BGHSt 45, 164; BGH NStZ 2004, 635). **452**

Der **tatsächliche Beweiswert von Aussagen** darf auch nicht allein von der verfahrensrechtlichen Stellung der Auskunftsperson bestimmt werden. Es ist also unzulässig, in einem Fall, in dem die Einlassungen des Angeklagten ebenso nachvollziehbar und plausibel sind wie die eines Belastungszeugen, davon auszugehen, dass die Zeugenaussage im Hinblick auf die ihr innewohnende Wahrheitspflicht strukturell überlegen sei. **453**

Ein Erfahrungssatz dahingehend, dass die Angaben eines Zeugen – bei gleichem Beweiswert im Übrigen – grundsätzlich glaubhafter sind als die des Beschuldigten, gibt es nicht (Hans. OLG Bremen VRS 79, 27). Es existiert auch keine Beweisregel dahin, dass man einem Zeugen glauben müsse, wenn die Unglaubhaftigkeit seiner Angaben nicht offenkundig sei. Stets sind vielmehr alle für die Richtigkeit der Angaben des einen oder anderen sprechenden Umstände zu prüfen und zu würdigen und dies im Urteil deutlich zu machen. Alle nicht fern liegenden Motive einer Falschbelastung müssen in die Überlegungen einfließen (BGH StV 2002, 467).

454 **jj) Schweigen des Angeklagten.** Aus dem Schweigen oder allgemein gehaltenen Bestreiten des Angeklagten dürfen keine nachteilige Folgerungen für den Schuld- und Rechtsfolgenausspruch gezogen werden (BGHSt. 32, 140; 45, 363). Anderenfalls würde das Schweigerecht des Betroffenen ausgehöhlt. Sagt der Angeklagte dagegen teilweise aus (Teileinlassung), während er zu anderen Bereichen des Schuldvorwurfs schweigt, darf das Gericht aus diesem Aussageverhalten auch nachteilige Schlüsse ziehen. Denn wer sich aus freien Stücken als Beweismittel hergibt, muss sich gefallen lassen, dass sein Aussageverhalten einer Gesamtwürdigung unterzogen wird (BGH NStZ 2003, 45). Die Verwertbarkeit des Teilschweigens scheidet aber aus, wenn der Angeklagte zu einzelnen Taten i.S.d. § 264 StPO aussagt, zu anderen nicht (BGH StV 2000, 598).

Keine Teileinlassung liegt vor, wenn der Angeklagte/Betroffene erklärt, er sei Fahrzeughalter, oder er sei nicht gefahren, oder er sei unschuldig, oder sein Verhalten sei rechtlich nicht als Straftat oder Ordnungswidrigkeit zu werten, oder es lägen Verfahrenshindernisse vor. Solche Äußerungen stehen dem Schweigen gleich, weil der, der sie abgibt und im Übrigen schweigt, sich nicht als Beweismittel hergibt.

Ferner darf der Zeitpunkt der Einlassung des Angeklagten nur eingeschränkt verwertet werden. Nicht nachteilig auswirken darf sich, dass der Angeklagte nicht bereits im Ermittlungsverfahren den Tatvorwurf bestritten hat, sondern dies erst in der Hauptverhandlung tat.

455 Die Wirkungen des Schweigens dürfen auch nicht mit **Verhaltensumdeutungen** umgangen werden. In einem Bußgeldverfahren mit sogenannter „Kennzeichenanzeige“ wurde die Überzeugung von der Täterschaft des sich nicht zur Sache einlassenden Betroffenen u.a. wie folgt begründet: „Die Haltereigenschaft des Betroffenen wurde von diesem nie in Frage gestellt. Zum andern ist weiteres Beweisanzeichen außerhalb der Haltereigenschaft des Betroffenen auch das Schweigen von ihm auf die Frage, ob außer ihm jemand das Fahrzeug führe“. Beide Gesichtspunkte bedeuten in Wahrheit nichts anderes als fehlende Einlassung zur Frage der Halterschaft – soll sie, wie prinzipiell zulässig, als Indiz verwertet werden, muss sie feststehen – und Fortsetzung des Schweigens auch auf konkrete Fragen.

Hinweis: Keine dem Angeklagten nachteiligen Schlüsse dürfen auch an den Umstand geknüpft werden, dass er Verfahrensrechte ausübt oder nicht ausübt oder für das Gericht nahe liegende Spontanhandlungen ausführt oder unterlässt. Der Umstand, dass ein Angeklagter sich wort- und widerspruchslos festnehmen lässt und dem Mittäter, der nach den Angaben des Angeklagten ihn durch falsche Angaben in die Sache hineingezogen hat, keine Vorwürfe macht, darf nicht zu Lasten des Angeklagten verwertet werden, da darin eine unzulässige Verwertung des Schweigens des Angeklagten liegt (BGH StV 1989, 383). Ebenso wenig darf dem Angeklagten angekreidet werden, dass er nicht Haftbeschwerde eingelegt, der Einbehaltung seines Führerscheins nicht widersprochen, seinen anwaltlichen Prozessbevollmächtigten nicht von der Schweigepflicht befreit hat (OLG Frankfurt StV 1989, 385). Dasselbe gilt für die Weigerung des umfassend schweigenden Angeklagten, einen Arzt von der Schweigepflicht zu entbinden (BGHSt. 45, 363). Die Weigerung, bei einer Speichelprobe aktiv mitzuwirken, darf dem Angeklagten nicht angelastet werden (BVerfG NJW 1996, 1587; BGHSt. 49, 56). Das gilt selbst für ein nachweislich erlogenes Alibi (BGH a.a.O.), außer bei Hinweisen auf „Täterwissen" (BGH NStZ-RR 2011, 184). Ein Fluchtversuch darf als solcher nicht als Indiz für die Täterschaft des Angeklagten gewertet werden (BGHR StPO § 261 Beweiswürdigung 33), wenn der Flüchtende bereits mit dem Tatvorwurf konfrontiert war oder auf Grund besonderer Umstände – beispielsweise seiner Anwesenheit am Tatort – mit polizeilichen Ermittlungsmaßnahmen rechnen musste. Anders jedoch, wenn er ohne Wissen von der Tat keinen Anlass zur Flucht gehabt hätte (BGH NStZ-RR 2010, 20).

Auch aus der Weigerung des sich zur Sache einlassenden Angeklagten, Zeugen zu benennen, dürfen in der Hauptverhandlung keine für ihn nachteiligen Schlüsse gezogen werden. In dieser Weigerung liegt keine teilweise Aussageverweigerung. Vielmehr handelt es sich bei der Befugnis, Beweise zu benennen, um ein eigenständiges Prozessrecht, das in den Bereich der Würdigung seiner Einlassung nicht einbezogen werden darf (OLG Düsseldorf StV 1990, 442). Dasselbe gilt für den Zeitpunkt, zu dem der Angeklagte einen Beweisantrag stellt (BGH NStZ 2002, 161).

Gibt ein **Verteidiger** Äußerungen zur Sache ab, z.B. Tatsachenbehauptungen im 456
Rahmen von Beweisanträgen, dürfen diese nur dann als Einlassung eines Angaben verweigernden Angeklagten verwertet werden, wenn durch Erklärung des Angeklagten oder des Verteidigers klargestellt wird, dass der Angeklagte diese Äußerungen als eigene Einlassung verstanden wissen will (BGH StV 1990, 394; StV 2002, 411; weitergehend BGH StV 1998, 59).

Hinweis: In der Praxis kommt es häufig vor, dass nicht der Angeklagte, sondern der Verteidiger eingangs die Sacheinlassung vorträgt, oft in der Form des pauschalen oder „schlanken" Geständnisses. Um verwertbar zu sein, müssen diese Erklärungen vom Angeklagten in erkennbarer Form als seine eigenen bestätigt werden (BGH NStZ 2006, 408). Kopfnicken genügt ebenso wie etwa die Bestätigung im letzten Wort. Hat der Angeklagte eine schriftliche Erklärung mitgebracht, kann diese verlesen werden, ersetzt aber nicht seine mündliche Vernehmung (vgl. BGH NStZ 2000, 439). Eine vom Verteidiger verlesene und anschließend als Anlage zum Protokoll überreichte Erklärung beweist nicht deren Wortlaut (BGH NStZ 2004, 392); sie muss verlesen werden. Nicht verlesen werden darf ein Schriftsatz des Verteidigers zum Tatgeschehen, den dieser im Ermittlungsverfahren eingereicht hat, § 250 S. 2 StPO (BGH NStZ 2002, 555; BGHSt. 39, 305), außer bei Zustimmung, § 251 I Nr. 1 StPO. Hier verbleibt die Möglichkeit der Zeugenvernehmung des Verteidigers.

Es ist unzulässig, Schlüsse zum Nachteil des Angeklagten daraus zu ziehen, dass dieser sich als Zeuge in einem anderen, den gleichen Tatkomplex betreffenden Strafverfahren auf das Auskunftsverweigerungsrecht nach § 55 StPO berufen hat. Dies gilt jedenfalls dann, wenn der Angeklagte sich bis dahin nicht – über ein generelles Bestreiten des Tatvorwurfs hinaus – zur Sache geäußert hatte (BGHSt. 38, 302).

Mimik und Gestik des schweigenden Angeklagten darf zu seinem Nachteil nicht verwertet werden (BGH StV 1993, 458). Die Aussagekraft der sog. Körpersprache ist ohnehin mehr als fraglich.

kk) Verhalten Zeugnisverweigerungsberechtigter. Unterlässt es ein zur Zeug- 457
nisverweigerung Berechtigter, im Ermittlungsverfahren von sich aus entlastende Angaben zu machen, sagt er jedoch zu einem späteren Zeitpunkt aus, darf dieser Umstand nicht zum Nachteil des Angeklagten verwertet werden (BGH StV 1989, 383). Der Zeuge, der überhaupt nicht auszusagen braucht, kann auch den Zeitpunkt frei wählen, an dem er schließlich Sachangaben macht (BGH NStZ 1987, 220). Macht der Zeuge in der Hauptverhandlung von seinem Zeugnisverweigerungsrecht Gebrauch, dürfen Angaben, die er zuvor bei einer Befragung durch den Verteidiger gemacht hat, nicht verwertet werden (BGHSt 46, 1).

Hinweis: Verweigert eine Tatzeugin in der Hauptverhandlung das Zeugnis, dürfen ihre Angaben, die sie bei der Exploration für die Glaubhaftigkeitsprüfung zum Tatgeschehen gemacht hat (sogenannte Zusatztatsachen), nicht für Feststellungen zum Tathergang verwertet werden, indem der

Sachverständige als Zeuge gehört wird (BGHSt 46, 190). Verweigert ein Zeuge in der Hauptverhandlung berechtigt das Zeugnis, so dürfen auch Schriftstücke, die er anlässlich einer gemäß § 252 StPO unverwertbaren Vernehmung im Ermittlungsverfahren überreicht und auf die er sich bei dieser Vernehmung bezogen hat, ihrerseits gemäß § 252 StPO nicht verlesen und verwertet werden (BGH StV 2001, 108). Hat ein Zeuge, dem nach § 55 StPO ein umfassendes Auskunftsverweigerungsrecht zugebilligt wird, berechtigter Weise die Beantwortung von Fragen der Verteidigung verweigert, bleiben seine übrigen Angaben bei gebotener kritischer Würdigung seines Aussageverhaltens verwertbar.

458 **ll) Berücksichtigung von nach der Urteilsberatung entstandenen Beweistatsachen.** Selbstverständlich ist, dass Beweisumstände, die **erst nach der Urteilsberatung** entstanden sind, außer Betracht zu bleiben haben. Sie rühren nicht aus dem Inbegriff der Hautverhandlung. Es darf also z.B. nicht berücksichtigt werden, dass der Angeklagte während der Urteilsverkündung randaliert hat oder nach der Verkündung die Haftzelle des Landgerichts zertrümmerte (BGH NStZ 1988, 213).

458a **mm) Beweiswürdigung in einem Urteil aufgrund einer Verständigung.** Eine Revision führt auch nach einer Verständigung zu einer *umfassenden Kontrolle* des Urteils auf materiell-rechtliche Fehler, soweit diese aus den schriftlichen Urteilsgründen erkennbar sind. Daher können eine *rechtswidrige Verständigung* über den Schuldspruch oder über eine Maßregel, ferner die *Nichteinhaltung einer Zusage*, sofern sie sich aus dem Urteil ergeben, als durchgreifender Sachmangel bewertet werden. Auch ist ein Aufhebungsgrund anzunehmen, wenn aus dem Urteil erkennbar wird, dass das Tatgericht seiner Pflicht zur Überprüfung des Geständnisses und zu dessen Ergänzung im Bereich nicht geständnisfähiger Tatsachen nicht gerecht geworden ist (BGH NJW 2014, 872; NStZ 2014, 170).

6. Rechtliche Würdigung

459 **a) Grundsätzliches.** Die Sachverhaltsschilderung muss so exakt und vollständig sein, dass sich aus ihr der oder die angewendeten Straftatbestände quasi von selbst ergeben. Ist dies der Fall, ist der Bestand des Urteils durch knappe, mitunter sogar falsche Rechtsausführungen nicht gefährdet. Erschließt umgekehrt der Sachverhalt dem kundigen Leser das Vorliegen der angewendeten Strafgesetze nicht, nützen die klügsten Rechtsausführungen nichts. In der gerichtlichen Praxis sind die Rechtsausführungen daher in aller Regel äußerst knapp, enthalten manchmal überhaupt nur die Wiedergabe des Subsumtionsergebnisses („Somit hat der Angeklagte sich der fahrlässigen Körperverletzung gem. §§ 229, 230 StGB schuldig gemacht"). Nur bei einer schwierigen Subsumtion finden sich eingehendere Ausführungen.

Dies alles gilt für die Praxis. **In der Klausur liegt der Fall anders:** Der Kandidat soll ja gerade auch seine Kenntnisse im materiellen Recht zeigen. Ist ein Urteil verlangt, so ist der richtige Platz hierfür der Abschnitt, der sich mit der rechtlichen Würdigung des Sachverhalts befasst. Das heißt natürlich nicht, Selbstverständliches breitzutreten, d.h. Straftatbestände umständlich abzuhandeln, deren Vorliegen unproblematisch ist und offen zutage liegt. Das ist Zeitverschwendung. Hier genügt die knappe Darstellung, dass alle Tatbestandsmerkmale vorliegen. Überflüssig ist es, die jeweils entsprechenden Sachverhaltsteile zu wiederholen mit dem einleitenden Vermerk „dadurch dass" ... Der Sachverhalt ist ja bekannt; seine Kenntnis wird bei der rechtlichen Würdigung vorausgesetzt. Bei **problematischen Tatbeständen,** d.h. solchen, deren Anwendung in Bezug auf den geschilderten Sachverhalt in Rechtsprechung und Literatur umstritten ist, oder bei denen sich Abgrenzungsfragen zu anderen Strafnormen ergeben, sollen Probleme aufgezeigt und bewiesen werden, dass sie bekannt sind und man mit ihnen umzugehen weiß. Dies bedeutet nicht, dass in der

Rechtsprechung längst ausgestandene Lehrmeinungen wiederzugeben und abzuhandeln sind. Einzugehen ist nur auf Streitfragen, die einigermaßen aktuelle Bedeutung haben, noch im Fluss oder doch in der Diskussion sind. Bei der Durchprüfung der Tatbestandsmerkmale ist das Gewicht auf diejenigen zu legen, die echte Probleme aufwerfen. Straftatbestände, die tateinheitlich verwirklicht wären, aber nach Meinung des Bearbeiters nicht vorliegen, jedoch diskussionswürdig sind und deren Anwendbarkeit nicht ganz fern liegt, sind unter kurzer Darstellung der die Nichtverwirklichung ausmachenden Umstände gleichfalls abzuhandeln. Ausgesprochen fern liegende Delikte sind außer Betracht zu lassen.

Hinweis: Stets ist das – positive oder negative – Ergebnis der Prüfung voranzustellen und sodann die Begründung anzuschließen, nicht umgekehrt (daher auch: Urteilsstil).

b) Weitere Einzelheiten. Immer dann, wenn eine Tat nicht zur Vollendung gelangt ist, muss erwogen und gegebenenfalls ausgeführt werden, ob ein (tauglicher oder untauglicher) **Versuch** in Betracht kommt und ob ein **Rücktritt** vom unbeendeten oder beendeten Versuch vorliegt (Grds. bei BGHSt 39, 221–232; zur neueren Rspr. siehe BGH NStZ 2014, 450; NStZ-RR 2013, 105; 2012, 106; NStZ 2011, 90; 2010, 690; NStZ-RR 2010, 276; das Thema ist immer klausurrelevant). **460**

Tipp: Ist in einem Klausurfall der Tötungs- vom Körperverletzungsvorsatz abzugrenzen und wird – etwa im Hinblick auf die Hemmschwellentheorie (BGH VRS 85, 104; NStZ-RR 2011, 73; 2012, 369) – der Tötungsvorsatz verneint, sollte in einem Hilfsgutachten die Rücktrittsfrage dann erörtert werden, wenn die Aufgabengestaltung danach „riecht" (Abgrenzung unbeendeter/beendeter Versuch, Rücktrittshorizont, fehlgeschlagener Versuch, Erreichen des außertatbestandlichen Handlungsziels).

Sind mehrere Personen an der Tatausführung beteiligt, sind die im Tenor angenommenen Beteiligungsformen (Mittäterschaft, Anstiftung, Beihilfe) entsprechend den eingangs dargestellten Richtlinien zu begründen einschließlich etwaiger Besonderheiten wie Mittäterexzess, sukzessive Mittäterschaft und Beihilfe durch Unterlassen.

Die **Konkurrenzen** sind in der rechtlichen Würdigung anzusprechen. Sind sie unproblematisch, bedarf es keiner weiteren Begründung. Unterliegen sie ernsthaften rechtlichen Zweifeln, ist der Problemstand zu erörtern.

c) Rechtswidrigkeit und Schuld. Finden sich keine Zweifel, dass der Angeklagte rechtswidrig und schuldhaft gehandelt hat, hat es mit dem entsprechenden Hinweis sein Bewenden. **461**

Gibt es aber Anhaltspunkte für **Rechtfertigungsgründe** wie Notwehr, rechtfertigenden Notstand und Einwilligung, ist eine sorgfältige Begründung erforderlich, aus welchen Gründen sie verneint wurden, wobei die dem Rechtfertigungsgrund zugrunde liegenden Tatsachen wiederum bereits im Sachverhalt enthalten sein müssen.

Enthält der Sachverhalt Hinweise auf eine mögliche **Schuldunfähigkeit,** sind diese zu erörtern. Dies gilt vor allem bei hoher alkoholischer Beeinflussung: Nach der Rechtsprechung des Bundesgerichtshofs gibt es keinen gesicherten medizinischen Erfahrungssatz darüber, dass ohne Rücksicht auf psychodiagnostische Beurteilungskriterien allein wegen einer bestimmten Blutalkoholkonzentration zur Tatzeit in aller Regel vom Vorliegen einer alkoholbedingt erheblich verminderten Steuerungsfähigkeit ausgegangen werden muss (BGHSt 57, 247; BGH NStZ-RR 2016, 103 m.w.N.; NJW 2015, 3525). Für die Beurteilung der Schuldfähigkeit maßgeblich ist eine Gesamtschau aller wesentlichen objektiven und subjektiven Umstände, die sich auf das Erscheinungsbild des Täters vor, während und nach der Tat beziehen (BGHSt. 43,

66; BGHSt 57, 247). Dabei kann die Blutalkoholkonzentration ein je nach den Umständen des Einzelfalls sogar gewichtiges, aber keinesfalls allein maßgebliches Beweisanzeichen (Indiz) sein (BGH NStZ 2005, 329; NStZ-RR 2003, 71; BGHSt 57, 247). Bei einem festgestellten Blutalkoholgehalt ab 2,5 ‰ aufwärts muss sich das Urteil mit der Frage der Schuldunfähigkeit auseinandersetzen; ein Blutalkoholgehalt ab 3 ‰ begründet die – allerdings widerlegbare – Vermutung (zum Ganzen Sch-Sch-*Perron/Weißer*, § 20 Rn. 16a ff.). Soll sie verneint werden, bedarf dies sorgfältiger Begründung. Bei Blutalkoholwerten von über 2‰ für die Tatzeit dürfen Ausführungen zur verminderten Schuldfähigkeit nicht fehlen (BGH NStZ 2015, 634). Dabei genügt es nicht, allein das ungestörte Leistungsverhalten als Beweis für intaktes Hemmungsvermögen heranzuziehen (BGH StV 1990, 302; NStZ-RR 2013, 337). Bei nicht eindeutiger Fallgestaltung bzw. hohen Alkoholwerten ist sachverständiger Rat einzuholen (a.a.O.; OLG Koblenz VRS 79, 13) oder auszuführen, warum auf ihn verzichtet wurde. Zwar ist es nach der Rechtsprechung (vgl. BayObLG NZV 1988, 1950; OLG Köln VRS 67, 245) ausgeschlossen, zum Nachteil eines Angeklagten eine Blutalkoholkonzentration aufgrund von Messungen festzustellen, die mittels **Atemalkoholtestgeräten** vorgenommen worden sind. Das Gericht ist jedoch, wenn andere verwertbare Ausgangsdaten für die Berechnung der Blutalkoholkonzentration nicht zur Verfügung stehen, verpflichtet, die Ergebnisse der Atemalkoholmessung, die erhebliche Beweisanzeichen für die Blutalkoholkonzentration des Angeklagten zur Tatzeit darstellen, zu dessen Gunsten zu berücksichtigen (vgl. BGH NStZ 1995, 96; Fischer § 316 Rn. 23). **Drogenabhängigkeit** begründet für sich allein noch keine erhebliche Verminderung der Schuldfähigkeit (BGH NStZ-RR 2014, 213; NJW 2002, 150). Derartige Folgen sind bei einem Rauschgiftsüchtigen nur ausnahmsweise gegeben, wenn z.B. langjähriger Betäubungsmittelgenuss zu schwersten Persönlichkeitsveränderungen geführt hat, ferner dann, wenn das Delikt im Zustand eines akuten Rausches verübt wird, schließlich dann, wenn der Täter unter starken Entzugserscheinungen leidet und durch sie getrieben wird, sich mittels einer Straftat Drogen zu verschaffen (ständige Rechtsprechung; BGH NStZ 2001, 82; NStZ-RR 2014, 213).
Häufig sind die zu § 20 StGB anzustellenden Erwägungen eng verflochten mit denjenigen zu § 21 StGB bzw. leiten zu diesen über. In solchem Falle kann der Gesamtzusammenhang auch einheitlich bei der rechtlichen Würdigung erörtert werden.
Zu Strafzumessungsfragen in diesem Zusammenhang siehe Rn. 473 a. E.

7. Strafzumessung

462 **a) Allgemeines und Examensbedeutung.** Die Strafzumessung ist in früherer Zeit von den Tatsachengerichten weniger problembewusst behandelt worden als heute. Sie galt als echte Domäne des Tatrichters. Das hat sich grundlegend geändert: Heute ist die Strafzumessung eine „Wissenschaft" für sich. Etwa ein Drittel der Urteilsaufhebungen beruhen auf fehlerhafter Strafzumessung (KK-*Gericke* vor § 333 Rn. 7). Über die Strafzumessung sind ganze Bücher und unzählige wissenschaftliche Abhandlungen geschrieben worden. In der NStZ finden sich zahlreiche *Rechtsprechungsübersichten,* etwa von *Detter* (seit der Vorauflage erschienen NStZ 2018, 386; 2017, 624; 2016, 391; 2015, 442), deren Lektüre sich lohnt, und im Strafrechtsteil von Fachzeitschriften sind regelmäßig obergerichtliche Entscheidungen in reicher Zahl abgedruckt. Die Fülle der Probleme ist kaum noch überschaubar. Die hier zu gebende Darstellung muss sich auf wenige besonders examensverdächtige Hinweise beschränken. Sie sind durchweg auch unter dem Gesichtspunkt Erfolg versprechender Ansätze für eine Revision (Sachrüge) zu lesen. Erfahrungsgemäß bauen Prüfer gerne Fehler in die Strafzumessung ein, die es dann aufzuspüren gilt. Meist wird dann aber so dick aufgetra-

gen, dass der Prüfling, der die elementaren Regeln der Strafzumessung beherrscht, auf die Mängel gestoßen wird. Eine allzu große „Hellhörigkeit“ ist also nicht angebracht.

b) Schrittfolge bei der Strafzumessung. Die Strafzumessung ist noch heute – zumindest im Prinzip – ureigene Sache des **Tatrichters;** er allein ist auf Grund der Hauptverhandlung in der Lage, sich von der Tat und der Persönlichkeit des Täters einen umfassenden Eindruck zu verschaffen. Seine Erwägungen brauchen keineswegs weitschweifig zu sein. Nach § 267 III 1 StPO ist der Tatrichter nur verpflichtet, die für die Strafzumessung **bestimmenden Umstände** in den Urteilsgründen aufzuführen; eine erschöpfende Darstellung ist weder vorgeschrieben noch möglich. Insbesondere besteht keine Pflicht, alle in § 46 StGB benannten Merkmale ausdrücklich im Urteil abzuhandeln. Das gilt vor allem für solche Umstände, die im Urteil andernorts erwähnt werden, und von denen deshalb regelmäßig anzunehmen ist, der Richter habe sie im Rahmen der Strafzumessung nicht aus dem Auge verloren (dabei hat aber jedes Obergericht seine eigenen Maßstäbe). Wichtig für den Richter ist, die Strafzumessung in *richtiger Schritt- und Reihenfolge* vorzunehmen: Strafrahmenbestimmung, Begründung und Festsetzung der Einzelstrafe(n), Begründung und Festsetzung der Gesamtstrafe(n), gegebenenfalls Bestimmung der Tagessatzhöhe und Prüfung der Strafaussetzung zur Bewährung. **463**

Abfolge der Strafzumessungsschritte

I. Bestimmung des Strafrahmens (Grundstrafrahmen/Verschiebungen)
II. Begründung und Festsetzung der Einzelstrafen
III. Begründung und Festsetzung der Gesamtstrafe
IV. Ggf. Bestimmung der Tagessatzhöhe
V. Ggf. Strafaussetzung zur Bewährung

c) Die Strafrahmenbestimmung. Sieht der anzuwendende Straftatbestand die Möglichkeit eines minder schweren oder besonders schweren Falles vor, so ist **vorab** zu klären, ob vom Normal- oder Ausnahmestrafrahmen auszugehen ist. *Allein* schon eine erheblich verminderte Schuldfähigkeit oder ein anderer gesetzlich vertypter Milderungsgrund des allgemeinen Teils des StGB kann zur Annahme eines minder schweren Falles führen (Sch-Sch-Stree/*Kinzig* vor § 38 Rn. 55); diese Möglichkeit hat der Erörterung einer bloßen Strafrahmenverschiebung nach § 49 I StGB stets vorauszugehen (*ständige Rspr. seit* NStZ 1984, 262), da der Ausnahmestrafrahmen dem Täter in aller Regel günstiger ist als eine Strafrahmenverschiebung über § 49 I StGB. Unzureichend ist es daher beispielsweise, bei Verurteilung wegen versuchten schweren Raubes (§§ 250 I oder II, 23, 22 StGB) nur mitzuteilen, zu Gunsten des Angeklagten sei zu berücksichtigen gewesen, „dass seine Schuldfähigkeit nach § 21 StGB erheblich vermindert war und dass seine Tat im Versuchsstadium stecken geblieben ist“. Hier bleibt unklar, ob das Gericht jene Gesichtspunkte nur im Rahmen des jeweiligen Regelstrafrahmens (§ 250 I oder II StGB) mildernd berücksichtigt hat, ob und in welchem Umfang es, ausgehend von diesem Rahmen, nach §§ 21, 23 II, 49 I StGB verfuhr oder ob es den milderen Strafrahmen des jeweiligen Straftatbestandes (§ 250 III) zugrunde gelegt hat. **464**

Oft wird allerdings *ein* Gesichtspunkt allein nicht ausreichen, die Tat als minder bzw. besonders schweren Fall zu kennzeichnen. Maßgebend für einen minder schweren oder besonders schweren Fall ist in der Regel, ob das **gesamte Tatbild** einschließlich aller subjektiven Momente und der **Täterpersönlichkeit** (Vorstrafen!) vom Durch- **465** schnitt der erfahrungsgemäß gewöhnlich vorkommenden Fälle nach unten oder oben in einem Maße abweicht, dass die Anwendung des Normalstrafrahmens nicht geboten erscheint bzw. die Anwendung des geschärften Strafrahmens erforderlich ist. Nötig ist dabei eine Gesamtbetrachtung unter Einbeziehung und Abwägung aller Umstände, die für die Wertung der Tat und des Täters in Betracht kommen, gleichviel, ob sie der Tat selbst innewohnen, sie begleiten, ihr vorausgehen oder nachfolgen (BGH NStZ-RR 1996, 228 m. w. N.; ständige Rechtsprechung).

Bejaht das Gericht einen minder schweren Fall ohne Heranziehung eines vertypten Milderungsgrundes, so kann der dann niedrigere Strafrahmen bei Vorliegen eines gesetzlichen Milderungsgrundes (z. B. §§ 21, 23 II StGB) noch einmal gemäß § 49 StGB herabgesetzt werden.

Beispiel: Nimmt das Gericht allein wegen Verstoßes gegen ein Vereidigungsverbot (§ 60 Nr. 2 StPO) einen minder schweren Fall des Meineids (§ 154 II StGB) an, so steht nichts entgegen, nach § 157 StGB, wenn dessen Voraussetzungen vorliegen, nochmals zu mildern oder dies z. B. nach § 21 StGB zu tun.

Ist aber ein gesetzlicher Milderungsgrund für die Strafrahmenwahl „verbraucht" worden, kann er nicht nochmals für die weitere Milderung nach § 49 StGB herangezogen werden (Verbot der Doppelverwertung nach § 50 StGB). Deswegen ist stets sorgfältig zu prüfen und zu begründen, ob und welche benannten Strafmilderungsgründe (so §§ 13 II, 21, 23 II StGB) für die Annahme eines minder schweren Falles mit seinem günstigen Strafrahmen wirklich benötigt werden. Diejenigen, die infolge anderer hierzu geeigneter und ausreichender Erwägungen nicht benötigt werden, sind für die mögliche weitere Milderung nach § 49 I StGB „aufzusparen". Stets sind also zuerst die allgemeinen Strafmilderungsgründe für die Strafrahmenwahl heranzuziehen. Erst, wenn sie für die Annahme eines minder schweren Falles nicht ausreichen, sind die vertypten Gründe einzeln oder – falls nötig – kumulativ mit zu verwenden. Was dann an vertypten Gründen übrig bleibt, kann (§§ 21, 23 II StGB) oder muss (§ 27 II StGB) für die zusätzliche Milderung nach § 49 StGB verwendet werden. Stehen danach noch mehrere gesetzlich vertypte Milderungsgründe zur Verfügung, kommt eine mehrfache Milderung in Betracht.

Hinweis: Nach der Rechtsprechung des BGH kommt bei der Frage einer Strafrahmenverschiebung wegen Versuchs (§§ 23 II, 49 I StGB) den wesentlich versuchsbezogenen Umständen besonderes Gewicht zu, nämlich der Nähe der Tatvollendung, der Gefährlichkeit des Versuchs und der aufgewandten kriminellen Energie, weil sie die wichtigsten Kriterien für die Einstufung von Handlungs- und Erfolgsunwert einer nur versuchten Tat liefern.

466 In zahlreichen Fällen (vgl. etwa §§ 99 II, 121 III, 125a, 240 IV, 243, 253 IV, 263 III, 267 III StGB) hält das Gesetz **Regelbeispiele** für besonders schwere Fälle bereit. Sind solche Beispiele verwirklicht, ist im Normalfall ohne weitere Erwägungen der erhöhte Strafrahmen anzuwenden (§ 267 III 3 StPO). Sind allerdings besondere, für den Täter sprechende Umstände erkennbar, ist zu prüfen, ob nicht doch der normale Strafrahmen ausreicht (ständige Rspr. seit BGHSt 23, 254). Andererseits kann auch ohne Vorliegen eines Regelbeispiels ein besonders schwerer Fall gegeben sein, wenn außerhalb der Regelbeispiele besondere Erschwerungsgründe in Tat und/oder Täter erkennbar sind.

467 **d) Taugliche Kriterien für Begründung und Festsetzung der Einzelstrafe(n).** Wenn der Strafrahmen gefunden ist, sind Tat und Täter darin einzuordnen und die konkrete Strafe festzusetzen. Für die Bestimmung der (Einzel-)Strafe soll sich der Richter im Prinzip an die Vorgaben des § 46 II StGB halten. Die dort genannten Kriterien (ohne dass sie erschöpfend abgehandelt werden müssten) bilden eine zuverlässige Kontrolle für den Richter. Als weitere Faktoren kommen das Verschulden des Verletzten (Nichtausschließbarkeit genügt) sowie die Berücksichtigung ideal konkurrierender Vorschriften in Betracht. Die Wirkung von Nebenstrafen und Nebenfolgen ist gleichfalls zu berücksichtigen. Die aufgefundenen Gesichtspunkte werden zweckmäßigerweise in zwei Gruppen („für den Angeklagten spricht/zu seinen Ungunsten ist hingegen zu berücksichtigen") aufgeteilt und gegeneinander abgewogen, wobei im Allgemeinen das Fazit „unter Abwägung all dieser für und gegen den Angeklagten sprechenden Gesichtspunkte ist auf eine ... Strafe von ... zu erkennen" genügt mit Hinweis darauf, bei welcher Gruppe von Gesichtspunkten das größere Gewicht gesehen wurde.

e) Fehlergruppen. Bei der Bestimmung der verwirkten Einzelstrafe(n) kommen erfahrungsgemäß folgende Fehlergruppen am häufigsten vor (die Liste der Beispiele ist bei weitem nicht erschöpfend): **468**

aa) Gruppe 1: Unzulässige Doppelverwertung von Merkmalen des gesetzlichen Tatbestandes oder von Gründen, die den Gesetzgeber zu der Strafdrohung bestimmt haben (vgl. § 46 III StGB). **469**

Beispiele:
- Der Rauschgifthandel bewirke erhebliche Schäden für einzelne und für die Gesellschaft. Seine Bekämpfung mache deshalb die Verhängung erheblicher Strafen nötig.
- Dem Hehler wird strafschärfend angelastet, erst das Bestehen einer Absatzmöglichkeit lasse Diebstähle als lukrativ erscheinen (vgl. BGH StV 2002, 190).
- Bei der Strafzumessung für Totschlag müsse dem hohen Wert des geschützten Rechtsguts in deutlicher Weise Rechnung getragen werden.
- Die Erschütterung des Vertrauens der Öffentlichkeit in die Lauterkeit der Verwaltung ist geschütztes Rechtsgut sämtlicher Bestechungsdelikte, so dass ihre strafschärfende Berücksichtigung bei der Strafzumessung gegen § 46 III StGB verstößt (BGH StV 1997, 129).
- Dass der Vergewaltiger „seine Missachtung gegenüber der Persönlichkeit des Opfers zum Ausdruck gebracht hat", gehört zum regelmäßigen Erscheinungsbild dieses Delikts. Dem sexuellen Missbrauch eines Kindes ist immanent, dass die Sexualentwicklung des Opfers nachhaltig gefährdet ist (vgl. BGH NStZ-RR 2015, 71; StV 1998, 657; OLG Bamberg NStZ-RR 2017, 369). Achtung: Bei Sexualstraftaten ist der Verstoß gegen das Doppelverwertungsverbot besonders häufig. Die Zahl der veröffentlichten Entscheidungen ist Legion.
- Dem Brandstifter darf nicht erschwerend angelastet werden, „dass eine erhebliche Gefahr für die Allgemeinheit durch Taten wie diese heraufbeschworen wird".
- Fahren ohne Fahrerlaubnis sei kein Kavaliersdelikt. Angesichts der allgemeinen Gefahren im Straßenverkehr müsse sich die Rechtsgemeinschaft darauf verlassen, dass nur Inhaber einer Fahrerlaubnis am Verkehr teilnähmen.
- Dem Angeklagten darf bei Beihilfe zum Diebstahl nicht straferschwerend angelastet werden, dass er „zusammen mit anderen" gehandelt hat, weil Beihilfe schon begrifflich einen „anderen" voraussetzt. Ebenso darf dem Gehilfen nicht ins Wachs gedrückt werden, er habe durch sein Handeln die Bereitschaft des Haupttäters zur Tatbegehung gefördert, denn das ist eine regelmäßige Auswirkung der Beihilfe (BGH StV 1998, 656); für den Anstifter gilt Ähnliches (BGH StV 2014, 411; StV 2002, 190).
- Der Umstand, dass der Angeklagte mit direktem Vorsatz gehandelt hat, darf als solcher nicht erschwerend berücksichtigt werden. Denn bei vorsätzlicher Tatbegehung ist der direkte Vorsatz die gesetzlich vorgesehene Regel (BGH StV 1990, 304).
- Nach strafbefreiendem Rücktritt vom Versuch der Tat darf der ursprüngliche Tatvorsatz nicht mehr zu Lasten des Angeklagten gewertet werden (BGHSt. 42, 43; StV 2014, 482; NStZ 2003, 533), weil sonst die vom Gesetzgeber gewährte Straffreiheit bei Rücktritt dem Täter teilweise wieder entzogen wird. Trifft die abgeurteilte Tat mit einer in Notwehr begangenen zusammen, darf die gerechtfertigte Handlung nicht strafschärfend berücksichtigt werden (BGH NStZ 2002, 313).
- Dagegen dürfen überschießende Tendenzen strafschärfend verwertet werden, so z.B. die besonders rohe Gewaltanwendung bei § 177 StGB (BGH NStZ-RR 2002, 136) oder die ungewöhnli-

che Verschlagenheit und List bei § 263 StGB, ebenso die besondere Gefährlichkeit einer Waffe im Sinn von § 250 I Nr. 1, II Nr. 1 StGB (BGH NStZ 2003, 29: § 250 II Nr. 1 StGB unterfällt der Einsatz eines Schlaginstruments ebenso wie die Verwendung einer aufmunitionierten vollautomatischen Selbstladeschusswaffe oder einer scharfen Handgranate. Es werden ohne weitere Differenzierung Tatmodalitäten erfasst, die sich in ihrer Gefährlichkeit für die betroffenen Tatopfer sehr unterschiedlich darstellen können. Daher ist die auf Grund des verwendeten Tatwerkzeugs besonders gefährliche Art der Tatausführung, durch die das geschützte Rechtsgut in besonders intensiver Form gefährdet wird, straferschwerend zu berücksichtigen).

470 **bb) Gruppe 2:** Schärfende Berücksichtigung fehlender Milderungsgründe und mildernde Berücksichtigung fehlender Strafschärfungsgründe.

Beispiele:
- Dass kein verständlicher Anlass für die Tat bestand, darf nicht strafschärfend berücksichtigt werden. Wäre ein solcher Anlass erkennbar geworden, läge ein Milderungsgrund vor (besonders häufig bei Trunkenheit im Verkehr und Fahren ohne Fahrerlaubnis).
- Die schärfende Erwägung, das Tatopfer habe dem Täter keinen Anlass zur Tat geboten, ist unzulässig. Umgekehrt bedeutete es eine Milderung, wenn das Opfer dem Täter die Tatbegehung in vorwerfbarer Weise erleichtert hätte.
- Unzulässig ist regelmäßig die schärfende Erwägung, der Vermögensstraftat habe keine finanzielle oder wirtschaftliche Not zugrunde gelegen (BGH NStZ 1987, 323), es sei denn, der Täter habe in besonders guten wirtschaftlichen Verhältnissen gelebt und die Tat sei deshalb **besonders** verwerflich.
- Unzulässig ist es, im Rahmen eines Totschlags strafschärfend zu werten, dass sich der Angeklagte um das verletzte Opfer nicht gekümmert hat, insbesondere keine ärztliche Hilfe herbeirief. Das ernsthafte Bemühen um Rettung wäre Strafmilderungsgrund gewesen, nicht aber darf das Fehlen von Rettungsbemühungen strafschärfend berücksichtigt werden (BGH NStZ 1984, 358).

471 **cc) Gruppe 3:** Unzulässige Berücksichtigung erlaubten Verteidigungsverhaltens.

Beispiele:
- Bestreitet der Angeklagte die Tat, darf dies für Strafzumessung, Bewährungsfrage, Maßregeln und sonstige Nebenfolgen nicht nachteilig für ihn herangezogen werden (BGH StV 2015, 221; 2012, 9; NStZ 1993, 37). Dies gilt auch dann, wenn der Schuldspruch bereits rechtskräftig und nur noch über die Rechtsfolgen zu entscheiden ist (BGH NStZ 1993, 77). Siehe auch oben Rn. 454 ff.
- Verwischt ein Angeklagter nach der Tat Spuren, um sich selbst der Strafverfolgung zu entziehen, liegt darin auch dann kein Strafschärfungsgrund, wenn es „kaltblütig" geschieht (BGH StV 1990, 16; vgl. auch BGH Beschl. v. 11.6.2002 – 4 StR 183/02: Verbrennen der Leiche nach Totschlag). Jedoch darf die Maskierung des Räubers oder Erpressers strafschärfend gewertet werden (BGH NStZ 1998, 188).
- Straferhöhend darf auch nicht bewertet werden, dass der Angeklagte über sein Leugnen hinaus versucht hat, „alle Schuld auf die Mitangeklagten abzuschieben" (BGH StV 1989, 388), oder eine Notwehr behauptet (BGH NStZ-RR 2018, 170), wohl aber, dass er die Ehre eines Zeugen über das zur Verteidigung gebotene Maß in den Schmutz gezogen hat (BGH StV 2018, 162).
- An sich zulässiges Verteidigungsverhalten kann auch dann nicht strafschärfend berücksichtigt werden, wenn sich hieraus für andere erheblich nachteilige Folgen ergeben, z. B. Erleiden von Untersuchungshaft (BGH NStZ-RR 1999, 328) oder die Vernehmung im Hauptverfahren (BGH StV 2014, 413). Etwas anderes sind aber bewusst unwahre Vorwürfe gegen Zeugen, Einschüchterungsversuche oder sonst unlauteres Einwirken (BGHR StPO § 261 Beweiswürdigung 46). Achtung: Die fehlerhafte Schärfung wegen Verteidigungsverhaltens kommt wiederum bei Sexualstraftaten besonders häufig vor. Das – erlaubte – Leugnen der Tat berührt zwangsläufig die Integrität des Tatopfers und erschwert seine Stellung im Prozess. Dies ist hinzunehmen, solange das Tatopfer nicht zusätzlich gedemütigt oder beleidigt wird (BGH NStZ 2001, 419; vgl. auch HansOLG Hamburg NStZ-RR 1997, 103). Nicht strafschärfend darf deshalb z. B. gewertet werden, wenn der Angeklagte einverständlichen statt erzwungenen Geschlechtsverkehrs behauptet (BGH StV 2001, 456).
- Einem zur Sache schweigenden Angeklagten darf nicht strafschärfend angelastet werden, dass seine Verteidiger Beweisanträge bestimmten Inhalts gestellt haben, durch die Dritte – nach Auffassung des Gerichts unbegründet – schwerer Straftaten beschuldigt werden.
- Vorsicht gebietet die häufig zur Strafverschärfung herangezogene Wendung, der Angeklagte habe sich **uneinsichtig** gezeigt. ebenso wenig kann gegen den Angeklagten ins Feld geführt werden, dass

er sich gegen den Schuldvorwurf – auch entgegen richterlicher Belehrung – hartnäckig verteidigt hat und hieran auch nach einer für ihn ungünstig verlaufenen Beweisaufnahme festhielt. Dies entspricht seinen natürlichen Verteidigungsrechten (allgemeine Rechtsprechung). Die Uneinsichtigkeit könnte allenfalls dann strafschärfend berücksichtigt werden, wenn das Prozessverhalten des Angeklagten bei der Art seiner Tat und nach seiner Persönlichkeit auf Rechtsfeindschaft, Gefährlichkeit der Tat und des Täters sowie die Gefahr künftiger Rechtsbrüche schließen lässt (BGH NStZ 1987, 171; StV 2004, 480; NStZ-RR 2015, 305), jedoch ist ein solcher Fall bisher obergerichtlich noch nicht anerkannt worden.

– Strafschärfend darf auch nicht die Erwägung berücksichtigt werden, der Angeklagte habe die Falschaussage eines Entlastungszeugen nicht verhindert, solange keine Anhaltspunkte dafür bestehen, er habe die Falschaussage jenes Zeugen veranlasst (BGH StV 1994, 125).

dd) Gruppe 4: Nichtberücksichtigung anerkannter Milderungsgründe. 472

Beispiele:

– Das Geständnis oder Teilgeständnis ist regelmäßig strafmildernd zu berücksichtigen, zumal wenn es Rückschlüsse auf Einsicht und Reue zulässt, wenn es die Sachaufklärung ermöglicht oder fördert oder wenn es das Verfahren wesentlich erleichtert. Auch das sog. „taktische" Geständnis darf strafmildernd berücksichtigt werden (BGH NStZ 2000, 366). Dass ein Geständnis im Rahmen einer Absprache abgelegt wurde, steht dessen strafmildernder Berücksichtigung nicht entgegen (BGH NStZ 1998, 31; NStZ 2014, 169) – das ist aus Sicht des Angeklagten ja gerade der Anreiz. Allerdings wird einem frühzeitig und bei unklarer Beweislage abgegeben Geständnis ein ganz anderes Gewicht beizumessen sein als einem „taktischen" Geständnis am Ende einer langen Beweisaufnahme.

– Straffreie Lebensführung ist zu berücksichtigen und darf nicht als Selbstverständlichkeit abgetan werden (BGH StV 1996, 205).

– Kommt es in einem Strafverfahren zu einem ungewöhnlich langen Abstand zwischen Tat und Urteil oder einer sehr langen Dauer des Verfahrens, so hat der Tatrichter grundsätzlich drei Strafmilderungsgründe zu bedenken und ggf. zu erörtern: 1. langer zeitlicher Abstand zwischen Tat und Urteil, 2. Belastungen durch die lange Verfahrensdauer, 3. Verletzung des Beschleunigungsgebots nach Art. 6 I 1 EMRK („rechtsstaatswidrige Verfahrensverzögerung", BVerfG NJW 1995, 1277; NJW 2003, 2897; BGHSt 52, 124). Die Nr. 3 betreffenden Tatsachen sind ggf. durch Beweisaufnahme aufzuklären, im Urteil festzustellen, erkennbar zu kompensieren und exakt zu quantifizieren. Die Verletzung des Beschleunigungsgebots nach Art. 6 I 1 EMRK ist im Revisionsverfahren prinzipiell nur auf Grund einer entsprechenden Verfahrensrüge zu prüfen; die Sachrüge kann aber genügen, wenn die maßgebenden Umstände sich bereits dem Urteil entnehmen lassen (BGHSt 49, 342). Ist der Abschluss eines Strafverfahrens rechtsstaatswidrig verzögert worden, so ist der Angeklagte zunächst zu der angemessenen Strafe zu verurteilen, wobei dabei bereits der zeitliche Abstand zur Tat und Belastungen durch die Verfahrensdauer zu berücksichtigen sind. Anschließend ist dann zu prüfen, ob zur Kompensation die ausdrückliche Feststellung der rechtsstaatswidrigen Verfahrensverzögerung genügt; ist dies der Fall, so muss diese Feststellung in den Urteilsgründen klar hervortreten. Reicht sie dagegen als Entschädigung nicht aus, so hat das Gericht in entsprechender Anwendung des § 51 I 1, IV 2 StGB in der Urteilsformel auszusprechen, dass ein bezifferter Teil der verhängten (Gesamt-)Strafe als vollstreckt gilt (so. „Vollstreckungslösung"; BGHSt 52, 124). Allgemeine Kriterien für diese Festlegung lassen sich nicht aufstellen (BGH StV 2008, 399); maßgebend sind die Umstände des Einzelfalls, etwa das Ausmaß der Verzögerung, das Ausmaß eines Fehlverhaltens der Strafverfolgungsorgane und die Folgen für den Angeklagten. Da der Zeitablauf zwischen Tat und Aburteilung als solcher bereits bei der Straffestsetzung zu berücksichtigen ist, erfolgt die Anrechnung nicht in Höhe des Umfangs der Verzögerung, sondern beschränkt sich auf einen Bruchteil der Strafe (BGH a.a.O.).

– Mitwirkung bei der Aufklärung anderer Straftaten und Überführung anderer Täter ist zu berücksichtigen. Wegen der verschiedenen Kronzeugenregelungen (§§ 46b StGB, 31 BtMG) wird auf die Kommentarliteratur verwiesen (vgl. Sch-Sch-*Kinzig* 46b; *Fischer* § 46b). Jedenfalls § 31 BtMG ist kaum prüfungsrelevant.

– Unterlassener Selbstschutz des Tatopfers muss erörtert werden, wenn der Sachverhalt Anlass dazu gibt.

– Beamten- und berufsrechtliche Konsequenzen sind zu berücksichtigen, insbesondere wenn der Verlust der Beamtenstellung droht, § 41 BBG (BGHSt. 35, 148; BGH StV 1998, 536).

– In der Nichteinhaltung einer „Zusage", die die StA im Wege verfahrensverkürzender Absprachen abgegeben hat, liegt ein wesentlicher Milderungsgrund (BGH wistra 1990, 319; BGHSt 52, 165; BGHSt 37, 10).

- Jede Tatprovokation durch einen V-Mann wirkt strafmildernd. Tatprovokation ist die Einwirkung auf den späteren Täter mit einiger Erheblichkeit, um seine Tatbereitschaft zu wecken oder die Tatplanung zumindest zu intensivieren (BGH StV 2016, 70). Die Provokation ist rechtsstaatswidrig, wenn schon kein Anfangsverdacht wegen der Beteiligung an einer bereits verübten bzw. hinsichtlich einer zukünftig noch zu begehenden Straftat und keine sonst wie geartete Tatgeneigtheit bestand (BGH NJW 2000, 1123; StV 2016, 70; NStZ 2018, 355), wenn die Tatprovokation nicht in einem angemessenen Verhältnis zu dem konkret bestehenden Tatverdacht steht (BGH NStZ 2001, 553) oder ein übermäßiger Zwang auf den Provozierten ausgeübt wurde (BGH StV 2016, 70). Eine rechtsstaatswidrige Tatprovokation stellt einen Verstoß gegen den Fair-trial-Grundsatz aus Art. 6 I 1 EMRK dar, wenn der Umstand der rechtsstaatswidrigen Tatprovokation nicht ausreichend kompensiert wurde (vgl. Fischer § 46 Rn. 68 m.w.N.). Die Rechtsprechung wendet seit einer Grundsatzentscheidung (BGH NStZ 1985, 131) die Strafzumessungslösung an (BGH NStZ 1995, 506; 2009, 405; 2014, 277). Dabei ist der Verstoß in den Urteilsgründen festzustellen, zu kompensieren und zu quantifizieren (BGHSt 45, 321; NStZ 2009, 405). Der Konventionalverstoß muss mit der Verfahrensrüge geltend gemacht werden, soweit sich seine tatsächlichen Voraussetzungen nicht schon aus den Urteilsfeststellungen ergeben (BGH StV 2000, 604). Das Unterbleiben einer zu einem früheren Zeitpunkt möglichen Festnahme steht einer dem Staat zuzurechnenden Tatprovokation nicht gleich (BGH NStZ 2007, 635; zu Ausnahmen vgl. BGHSt. 47, 44).
- Eine schwere, das Leben bedrohende Krankheit des Angeklagten (Krebs, Aids) darf nicht außer Betracht bleiben, desgleichen nicht schwere Verletzungen, die der Täter bei der Tatausführung erlitten hat.
- Immer, wenn der Sachverhalt Schadenswiedergutmachung oder Bemühungen hierzu aufzeigt, ist § 46a StGB (Täter-Opfer-Ausgleich) zu prüfen. Dies strafmildernd zu berücksichtigen, genügt nicht; vielmehr muss die Möglichkeit der Strafrahmenmilderung nach §§ 46a, 49 I StGB erörtert werden. Unterbleibt dies, leidet das Urteil an einem revisiblen Mangel (BGH NStZ-RR 2002, 329). § 46a Nr. 1 StGB bezieht sich vor allem auf den Ausgleich der immateriellen Folgen einer Straftat. Die Vorschrift setzt einen kommunikativen Prozess zwischen Täter und Opfer voraus, der auf einen umfassenden, Frieden stiftenden Ausgleich der durch die Straftat verursachten Folgen gerichtet sein muss. Ein „Wiedergutmachungserfolg" ist nicht erforderlich; allerdings genügt nicht das einseitige Wiedergutmachungsbestreben ohne den Versuch der Einbeziehung des Opfers (BGH NStZ 2002, 29; 2002, 646; StRR 2018, Nr 4, 16). Bei Gewaltdelikten und Delikten gegen die sexuelle Selbstbestimmung ist regelmäßig ein Geständnis zu verlangen (BGH NStZ 2003, 365). Der Täter-Opfer-Ausgleich gemäß § 46a StGB erfordert schon nach seinem Grundgedanken ein Geständnis; jedoch ist ein vorbehaltloses Geständnis nicht ausnahmslos zu verlangen (BGH, NStZ-RR 2008, 304), wenn die Interessenlage des Opfers dies erlaubt (BGH NStZ 2003, 199). § 46a Nr. 2 StGB betrifft den materiellen Schadensersatz. Die Erfüllung von Schadensersatzansprüchen genügt nicht. Der Täter muss einen über die rechnerische Kompensation hinaus gehenden Beitrag erbringen, der ihm sozusagen „weh tut" und Ausdruck der Übernahme von Verantwortung gegenüber dem Opfer ist (BGH NStZ 1999, 610; wistra 2009, 309; wistra 2016, 486). Die von der Rechtsprechung entwickelte systematische Unterscheidung zwischen § 46a Nr. 1 und Nr. 2 StGB kann allerdings dann nicht in voller Schärfe aufrecht erhalten werden, wenn es um Fälle mit einer Mehrheit teils materiell, teils immateriell Geschädigter (z. B. bei einem Bankraub) geht (BGH NStZ 2002, 364 = JZ 2002, 363 = JR 2002, 252 jeweils mit Besprechung verschiedener Verfasser; *Detter* NStZ 2001, 469). § 46a StGB ist auch anwendbar, wenn das Opfer eine juristische Person ist (BGH NStZ 2000, 536). Der Täter-Opfer-Ausgleich wird verfahrensrechtlich durch § 153a I 2 Nr. 1 und Nr. 5, II 1, § 153b, § 155a, § 155b StPO gestützt und gefördert. § 155a StPO wirft interessante prozessuale Probleme auf, z. B. ob das Gericht eine Hauptverhandlung unterbrechen oder aussetzen muss, um den Täter-Opfer-Ausgleich zu ermöglichen (BGHSt. 48, 134: kein Anspruch auf Unterbrechung).

473 **ee) Gruppe 5:** Sonstige Darlegungsmängel.

Beispiele:
- Das Fehlen näherer Feststellungen zum Werdegang und zur Persönlichkeit des Angeklagten begründet regelmäßig einen Mangel des Rechtsfolgenausspruchs (BGH NStZ-RR 1999, 46).
- Wird eine Freiheitsstrafe unter sechs Monaten verhängt, müssen die Voraussetzungen des § 47 I StGB erörtert werden (zu den Anforderungen im Einzelnen BGH NStZ 1996, 429).
- Die Ausländereigenschaft als solche darf nicht strafschärfend herangezogen werden (BGH NStZ-RR 2006, 137; NStZ-RR 1996, 71). Auf diesen Rechtsfehler weisen substanzlose Formulierun-

gen vom „Missbrauch des Gastrechts" hin (BGH NStZ 1993, 337). Andererseits rechtfertigt die Ausländereigenschaft für sich allein noch nicht die Annahme besonderer Strafempfindlichkeit (BGH NStZ-RR 2010, 337; NStZ 2006, 35; BGHSt 43, 233), nur besondere Umstände wie etwa Verständigungsprobleme, abweichende Lebensbedingungen und erschwerte familiäre Kontakte können ausnahmsweise zu einer anderen Beurteilung führen (BGH NStZ-RR 2010, 337). Die Ausweisung aus dem Bundesgebiet wegen begangener Straftaten ist in der Regel kein bestimmender und zu erörternder Strafzumessungsgrund (BGH NStZ-RR 2000, 79; 2004, 11). Zur Frage der Berücksichtigung der Herkunft des Angeklagten aus einem anderen Kulturkreis vgl. BGH NStZ-RR 2007, 137; NStZ 2009, 689 mit sehr unterschiedlichen Akzenten.

- Nach §§ 154, 154a StPO ausgeschiedener Verfahrensstoff darf bei der Beweisführung und Strafzumessung i.d.R. nur dann verwertet werden, wenn dem ein Hinweis nach § 265 StPO vorausging (BGH StV 2000, 656). Die Verwertung setzt weiter voraus, dass die ausgeschiedenen Taten prozessordnungsgemäß festgestellt worden sind (BGH NStZ-RR 2012, 368; StV 2015, 555). Von der Berücksichtigung im Rahmen der Strafzumessung zu unterscheiden ist die Wiedereinbeziehung. Im Falle einer Einstellung nach § 154 StPO **durch die Staatsanwaltschaft** sind hierfür eine Nachtragsanklage und ein Einbeziehungsbeschluss (BGH NStZ-RR 2002, 258) erforderlich, denn es fehlt insoweit an einer Anklage.
- Auch verjährte Straftaten können – wenn auch nicht mit ihrem vollen Gewicht – strafschärfend berücksichtigt werden (BGH NStZ 2004, 277). Dies ist von besonderer Bedeutung bei Tatserien, deren frühere, häufig weit zurückreichende Glieder oftmals verjährt sind, bei denen aber regelmäßig die eigentliche kriminelle Initialzündung liegt. Im Gegensatz zum früheren Fortsetzungszusammenhang verjährt nunmehr jeder Teilakt für sich. Voraussetzung der strafschärfenden Berücksichtigung ist aber, dass die verjährten Teilakte konkret und nicht nur allgemein („wie schon früher häufig") festgestellt sind. Notfalls muss auch über verjährte Taten – etwa auf Beweisantrag der Staatsanwaltschaft – Beweis erhoben werden.
- Die **Generalprävention** ist zwar nach wie vor anerkannter Strafzweck. Dieser Strafzweck der Abschreckung anderer darf allerdings nur innerhalb des Spielraums der schuldangemessenen Strafe berücksichtigt werden und nur dann, wenn bereits eine gemeinschaftsgefährliche Zunahme solcher oder ähnlicher Straftaten, wie sie zur Aburteilung stehen, festgestellt worden ist (BGH wistra 2002, 260; StraFo 2008, 336; NStZ-RR 2013, 240; wistra 2018, 484). Welche Anforderungen an die Feststellung einer solchen gemeinschaftsgefährlichen Zunahme zu stellen sind, hat die Rspr. bisher aber noch nicht herausgearbeitet. Daher sollten derartige Strafzumessungserwägungen **weggelassen** werden.
- Häufig wird – vornehmlich in Verkehrsstraf- oder Verkehrsordnungswidrigkeitssachen – „straferschwerend" berücksichtigt, „dass der Angeklagte (Betroffene) schon dreimal wegen Verkehrsordnungswidrigkeiten verurteilt worden ist". Das genügt nicht. Werden Eintragungen im Straf- oder Fahreignungsregister zuungunsten des Täters berücksichtigt, muss angegeben werden, welche gerichtlichen und verwaltungsbehördlichen Entscheidungen diesen Eintragungen zugrunde liegen, wann sie erlassen wurden, rechtskräftig oder unanfechtbar geworden sind, um die Nachprüfung zu ermöglichen, ob sie im Zeitpunkt der tatrichterlichen Entscheidung getilgt oder tilgungsreif waren (BGHR StGB § 55 Abs 1 S 1 Zäsurwirkung 2). Ferner sind – allerdings in kurzer, präziser Zusammenfassung – die Sachverhalte der früheren Verfahren mitzuteilen (BGH NStZ-RR 1996, 266; siehe auch oben Rn. 434f.), es sei denn, die Vorstrafen werden nur insofern berücksichtigt, dass der Angeklagte zwar nicht einschlägig, aber doch vielfach und über einen langen Zeitraum bestraft werden musste und damit gezeigt hat, dass er nicht bereit ist, sich an gesetzliche Vorschriften zu halten (BGH NStZ-RR 2002, 100; OLG Frankfurt NStZ-RR 2009, 23). Mit einschlägigen, straferschwerend herangezogenen Vortaten und ihren Begleitumständen muss sich der Richter näher auseinandersetzen.
- Besonders häufig sind Darlegungsmängel bei der Erörterung oder Nichterörterung der verminderten Schuldfähigkeit nach § 21 StGB.

  Zunächst einmal sind Sachverhalt, Beweiswürdigung, rechtliche Würdigung und Strafzumessung auch insoweit zu unterscheiden. In die Sachverhaltsdarstellung gehört, dass die Einsichts- oder Steuerungsfähigkeit des Täters zur Tatzeit nicht oder nur erheblich eingeschränkt gegeben waren. In der Beweiswürdigung ist zu erörtern, wieso das Gericht vom Vorliegen eines der Eingangsmerkmale ausgeht und wieso es davon ausgeht, dass sich die Störung ausgewirkt hat (siehe dazu Rn. 461). Bei der Strafzumessung geht es im Falle verminderter Schuldfähigkeit noch um die Anwendung des § 21 StGB. Zunehmend besteht die Tendenz, bei vom Täter verschuldeter Trunkenheit die Strafrahmenverschiebung nach §§ 21, 49 I StGB zu versagen (BGHSt. 62, 247).

Auch wenn der Zustand des Angeklagten nicht einen den Voraussetzungen des § 21 StGB genügenden Schweregrad erreicht, schließt dies nicht aus, ihn schuldmindernd bei der Strafzumessung zu berücksichtigen. Verminderte Schuldfähigkeit kann im Einzelfall auch den bedingten Vorsatz bei einem Tötungsdelikt in Frage stellen (BGH StV 1992, 10).
- Zusammentreffen von Alkohol- und Betäubungsmittelgenuss erfordert eine Gesamtbetrachtung.

474 **ff) Gruppe 6:** Strafzumessung außerhalb des eingeräumten Ermessensspielraums/Entfernung vom gerechten Schuldausgleich.

Beispiele:
- Erkennt das Gericht auf die – nicht absolut bestimmte – Höchststrafe oder bleibt es nur unwesentlich darunter, muss es kenntlich machen, dass es den zu beurteilenden Fall für einen der denkbar schwersten hält. Damit ist es z. B. unvereinbar, wenn das Gericht beachtliche, für den Angeklagten sprechende Gesichtspunkte im Urteil erörtert. Umgekehrt schließt zwar das Vorliegen von Strafschärfungsgründen die Verhängung der Mindeststrafe nicht aus, dies darf aber erst nach einer eingehenden Begründung und Gesamtabwägung geschehen. Eine Freiheitsstrafe von dreizehn Jahren für eine – wenn auch unter erschwerenden Umständen begangene – Vergewaltigung hat der BGH (BGH NStZ 2001, 29) als derart hoch angesehen, dass sie ihrer Aufgabe, gerechter Schuldausgleich zu sein, nicht mehr entspricht. Eine Sperre für die Verhängung einer kurzzeitigen Freiheitsstrafe für ein Bagatelldelikt gibt es nicht (BVerfG, Beschluss vom 9. 6. 1994 – 2 BvR 710/94; BGHSt 52, 84).
- Die im Rahmen einer Verfahrensabsprache verhängte Strafe muss schuldangemessen sein (zu den Einzelheiten siehe Rn. 314b).

475 **f) Die Gesamtstrafe.** Die gesetzliche Regelung der Gesamtstrafe (§§ 53 bis 55 StGB) wirft zahlreiche schwierige Rechtsfragen auf. Sie im Rahmen dieser Abhandlung auch nur in groben Zügen zu skizzieren, ist unmöglich.

An dieser Stelle nur einige **examensrelevante Hinweise:**
- Die Gesamtstrafe ist **gesondert zu begründen** (§ 54 I 3 StGB), im „Notfall" durch die stereotype Formel „unter nochmaliger Abwägung aller für und gegen den Angeklagten sprechenden Gesichtspunkte", besser aber durch Erwägungen, ob das Verhältnis der Einzeltaten zueinander unter Berücksichtigung der Täterpersönlichkeit einen scharfen Zusammenzug erlaubt oder einen weniger scharfen gebietet. Die Erhöhung der Einsatzstrafe muss in der Regel niedriger ausfallen, wenn zwischen den einzelnen Taten ein enger zeitlicher, sachlicher und situativer Zusammenhang besteht. Der Gesamtstrafenausspruch bedarf einer besonders eingehenden Begründung, wenn die Gesamtstrafe sich auffallend von der Einsatzstrafe entfernt (BGH StV 2000, 254; NStZ-RR 2009, 167). Die wiederholte Verwirklichung gleichartiger Taten muss nicht Ausdruck einer sich steigernden rechtsfeindlichen Einstellung sein; vielmehr kann die Hemmschwelle für die späteren Taten von mal zu mal niedriger geworden sein (BGH wistra 2003, 19). Die Gesamtstrafe darf nicht auf Grund von Rechenformeln gebildet werden. Jeder Schematismus ist der Gesamtstrafenbildung fremd (BGH NStZ 2001, 365).
- Lässt das Gericht nach § 53 II 2 StGB eine Geldstrafe gesondert bestehen, hat es dies zu begründen. Das gesonderte Bestehenlassen der Geldstrafe kann zu dem Zweck erlaubt und geboten sein, die zeitige Freiheitsstrafe als bewährungsfähig zu erhalten (BGH StV 2007, 129; KG NStZ-RR 2013, 337), dem Verurteilten die Beamtenrechte zu erhalten (BGH wistra 2004, 264), oder wenn neben einer Bewährungsstrafe ein sofort spürbares Strafübel erforderlich erscheint. Die Urteilsgründe müssen in geeigneten Fällen erkennen lassen, dass dies bedacht worden ist. Andererseits muss die Bildung einer Gesamtfreiheitsstrafe aus Freiheitsstrafe(n) und Geldstrafe(n) dann besonders begründet werden, wenn sie nach den Umständen des Falles als das schwerere Übel erscheint (BGHR StGB § 53 Abs. 2 Einbeziehung, nachteilige 6; KG NStZ 2003, 208).
- Frühere rechtskräftig erkannte, noch nicht verbüßte oder vollstreckte **Strafen** (nicht **Urteile** – nur im Bereich des JGG werden Urteile einbezogen, vgl. § 31 II JGG) hat der Richter nach § 55 StGB in eine **nachträgliche** Gesamtstrafe **einzubeziehen.** Er muss dies im Urteil tun und darf es nur, wenn er die Voraussetzungen „schuldlos" nicht feststellen kann, einem späteren Beschlussverfahren überlassen. Im Examen ergeben sich die Voraussetzungen des § 55 StGB in der Regel aus einem in der Aufgabe enthaltenen Vorstrafenverzeichnis oder aus sonstigen Mitteilungen. Der Kandidat muss prüfen, ob der im früheren Verfahren tätige Richter objektiv gesehen in der Lage gewesen wäre, die jetzt zur Beurteilung stehende(n) Tat(en) in sein Erkenntnis einzubeziehen.

Liegen diese Voraussetzungen vor, kann aber die früher erkannte Strafe nicht einbezogen werden, weil sie bereits vollständig vollstreckt ist, so ist ein „Härteausgleich" vorzunehmen. Streitig ist, ob dies bei der Zumessung der Strafe für die jetzt abzuurteilende Tat oder entsprechend der vom Großen Senat für überlange Verfahren entwickelten Vollstreckungslösung dadurch zu erfolgen hat, dass ein der auszugleichenden Härte entsprechender Teil dieser Strafe für bereits vollstreckt erklärt wird. Diese Frage ist in der Rspr des BGH noch nicht abschließend geklärt (Vollstreckungslösung: BGH StV 2010, 239; StV 2012, 596; Strafzumessung: BGH NJW 2011, 868; NStZ-RR 2016, 251). Hätte der frühere Richter einzelne der jetzt zur Aburteilung stehenden Taten – zeitlich gesehen – einbeziehen können, andere nicht, dürfen nur erstere in die jetzt zu bildende Gesamtstrafe einbezogen werden (sog. Zäsurwirkung; anschaulich dazu BGH NStZ 2002, 590 und NStZ-RR 2004, 137). Danach kann es geschehen, dass neben der erstrangig gebildeten Gesamtstrafe eine Einzelstrafe verbleibt oder gar eine weitere Gesamtstrafe gebildet werden muss. *Beispiel:* Früheres Urteil vom 11.9.2017 lautete auf 6 Monate Freiheitsstrafe. Jetziges Urteil hat zum Gegenstand Taten vom 6.9.2017 (4 Monate), 9.10.2017 (5 Monate) und 9.11.2017 (3 Monate). Die früher erkannte Freiheitsstrafe kann nur und muss mit der Strafe für die Tat vom 6.9.2017 zur Gesamtstrafe verbunden werden. Aus den Strafen für die Taten vom 9.10.2017 und 9.11.2017 ist eine gesonderte Gesamtstrafe zu bilden. Denn der am 11.9.2017 tätig gewordene Richter konnte nur die Tat vom 6.9.2017 mit aburteilen, die späteren nicht. Solche Fallgestaltungen sind in der Praxis alltäglich und auch in Klausuren nicht selten. Bei einer jetzt abzuurteilenden Dauerstraftat kommt es darauf an, ob sie der frühere Richter in vollem Umfang hätte mit aburteilen können. Bei der Bildung mehrerer Gesamtstrafen gilt die Grenze des § 38 II StGB nur für die einzelne Gesamtstrafe, nicht aber für deren Summe (BGHSt 43, 216). In solchen Fällen muss aber ein Nachteilsausgleich zur Vermeidung eines zu hohen Gesamtstrafenübels bedacht werden (BGH NStZ 2000, 137; NStZ-RR 2003, 214), und zwar schon bei der Bemessung der Einzelstrafen (BGH StraFo 2003, 63).

- War die frühere Strafe ihrerseits eine Gesamtstrafe, wird nicht sie einbezogen; vielmehr wird sie aufgelöst und werden die Einzelstrafen einbezogen. § 55 StGB findet dann keine Anwendung, wenn das frühere Urteil auf eine Gesamtstrafe erkannt hat, aber keine Einzelstrafen enthält (BGHSt 43, 34; NStZ-RR 2004, 106; a.A. BGH NStZ 1999, 185; NStZ-RR 1999, 137). Die neue Gesamtstrafe braucht nicht höher zu sein als die frühere. War in der früheren Entscheidung die Entziehung der Fahrerlaubnis mit Sperrfrist angeordnet, ist diese Rechtsfolge noch nicht erledigt und bietet die neu abzuurteilende Tat keine Grundlage für die Anordnung einer solchen Rechtsfolge, muss die frühere Maßnahme neben der Gesamtstrafe unverändert aufrecht erhalten (BGH NStZ 1992, 231) werden, § 55 II StGB. Wird dies unterlassen und die Entscheidung rechtskräftig, dann ist die Sperrfrist weg. Rechtfertigt hingegen auch die neue Tat Maßnahmen nach §§ 69, 69a StGB, ist über sie insgesamt neu und einheitlich zu befinden.
- Die Bildung einer Gesamtfreiheitsstrafe aus einer Jugend- und einer Freiheitsstrafe ist nicht zulässig, auch wenn die zeitlichen Voraussetzungen des § 55 StGB vorliegen (BGHSt 36, 294). Ausländische Strafen sind nicht gesamtstrafenfähig; es ist ein Härteausgleich zu bilden (BGH NStZ RR 2000, 105; NStZ 2010, 30). Aus Einzelgeldstrafen darf nur eine Gesamtgeldstrafe, nicht eine Gesamtfreiheitsstrafe gebildet werden (BGH wistra 1999, 297).

Lesetipp: Klappstein/Kossmann, Die Gesamtstrafenbildung, JuS 2010, 785; Georgy/Kretschmer/Lorenz: Das erstinstanzliche Strafurteil im Assessorexamen, JA 2013, 691.

g) Strafaussetzung zur Bewährung. § 56 I StGB wirft besondere examensrelevante Probleme nicht auf. Merken sollte man sich, dass bei Bewährungsbruch und mehrfachen, zumal einschlägigen und mit Freiheitsentzug verbundenen Vorverurteilungen eine günstige Sozialprognose nur in Ausnahmefällen in Betracht kommt. Sie setzt stets voraus, dass die Begehung weiterer Straftaten, ggf. unter Einwirkung von Auflagen und Weisungen, nicht eben wahrscheinlich ist. Der Grundsatz in dubio pro reo gilt nur für Tatsachen, auf welche die Prognose gestützt wird, nicht aber für die Prognose selbst (BGH StV 1992, 106).

§ 56 II StGB setzt zunächst voraus, dass die Voraussetzungen des Abs. 1 (günstige **476**
Prognose) vorliegen; hinzukommen müssen außerdem mildernde Umstände von besonderem Gewicht. Diese dürfen nicht zu engherzig gesehen werden. Der Anwendungsbereich des Abs. II beschränkt sich nicht auf Taten mit Ausnahmecharakter,

etwa Konflikttaten oder Situationen, die an Rechtfertigungs- oder Schuldausschließungsgründe heranreichen. Vielmehr kann schon das auffällige Zusammentreffen durchschnittlicher und einfacher Milderungsgründe ausreichen. Maßgebend ist insoweit die Gesamtwürdigung von Tat und Täterpersönlichkeit. Die für die Bestimmung der Sozialprognose im Sinne von Abs. I maßgeblichen Umstände können auch für Abs. II von Bedeutung sein. Doppelrelevant und erörterungsbedürftig ist auch die Verbüßung von längerer Untersuchungshaft. Der Richter darf eine Freiheitsstrafe von nicht mehr als zwei Jahren nicht im Wesentlichen deshalb aussprechen, um eine Strafaussetzung zur Bewährung zu ermöglichen. Insoweit verstieße er gegen seine Pflicht zur Festsetzung der schuldangemessenen Strafe (BGH NStZ 1992, 489). Allerdings darf er die Frage der Aussetzbarkeit bei der Findung schuldangemessener Sanktionen mitberücksichtigen (BGH wistra 2002, 137). Unzulässig ist es, bestimmte Deliktsgruppen aus dem Anwendungsbereich des § 56 StGB herauszunehmen (BGH NStZ-RR 1999, 281).

477 **h) Maßregeln der Besserung und Sicherung.** Im Hinblick auf das Examen spielt wohl in erster Linie die Entziehung der Fahrerlaubnis eine Rolle. Über sie ist bereits im Zusammenhang mit der Fassung des Tenors einiges gesagt worden. Maßgeblich für die Feststellung der Ungeeignetheit im Sinn des § 69 I StGB ist der Zeitpunkt der Urteilsfindung. Zeitablauf, zwischenzeitliches unbeanstandetes Fahren und die Wirkungen einer vorläufigen Maßnahme nach § 111a StPO können, müssen aber nicht den Eignungsmangel entfallen lassen. Entscheidend für die Dauer der Sperrfrist nach § 69a I StGB ist die voraussichtliche Ungeeignetheit des Täters. Diese ist nicht nach allgemeinen Strafzumessungsregeln zu beurteilen. Die Schwere der Tatschuld ist nur insoweit von Bedeutung, als sie Hinweise auf die charakterliche Ungeeignetheit zu geben vermag, auf die es für die Zulässigkeit der Sicherungsmaßnahme regelmäßig ankommt. Generalpräventive Erwägungen bleiben außer Betracht. Auch bei in § 69 II StGB nicht aufgeführten Tatbeständen kommt die Feststellung einer charakterlichen Ungeeignetheit in Betracht, wenn sie mit dem Führen von Kraftfahrzeugen zusammenhängen. Hierzu zählen etwa das (wiederholte) Fahren ohne Fahrerlaubnis (BGH NStZ-RR 2007, 40; NStZ-RR 2015, 123; Blutalkohol 54, 39), die unter Benutzung des Kraftfahrzeugs begangenen Fälle der Nötigung und des gefährlichen Eingriffs in den Straßenverkehr (§§ 240, 315b StGB), unter Umständen aber auch Fälle des räuberischen Angriffs auf Kraftfahrer gemäß § 316a StGB (vgl. dazu BGHSt 49, 8), wenn der Angriff von dem Fahrer während der Fahrt gegen das mitfahrende Opfer verübt wird. Ansonsten kann sich die charakterliche Ungeeignetheit des Täters zum Führen von Kraftfahrzeugen nur dann ergeben, wenn die Anlasstat selbst tragfähige Rückschlüsse darauf zulässt, dass der Täter bereit ist, die Sicherheit des Straßenverkehrs seinen eigenen kriminellen Zielen unterzuordnen (zum Ganzen BGHSt 50, 93).

Während die vielen Probleme um die Maßregeln der §§ 63, 64 und vor allem 66ff. StGB die Rechtsprechung bis hinauf zum EGMR überreichlich beschäftigen, dürfen sie im Hinblick auf das Examen als kaum relevant angesehen werden.

8. Aufbaubesonderheiten der gemischten Entscheidung

478 Besonderheiten im Aufbau ergeben sich bei sogenannten gemischten Entscheidungen, d.h. wenn wegen eines Teils der dem Eröffnungsbeschluss zugrunde liegenden Taten verurteilt, wegen eines Teils freigesprochen und/oder eingestellt wird. In derartigen Fällen ist der verurteilende Teil einschließlich der Rechtsfolgenbemessung selbstständig abzuhandeln. Dann folgt der Freispruchteil nach seinen früher skizzierten Aufbaugrundsätzen: Grobe Skizzierung des Tatvorwurfs, getroffene Feststellungen, falls er-

forderlich Beweiswürdigung und Darstellung, ob aus tatsächlichen oder rechtlichen Gründen freigesprochen wird. Die Teileinstellung ist gleichfalls nach vollständigem Abschluss des auf Verurteilung erkennenden Teils als eigenständiger Komplex abzuhandeln: Zusammenfassende Konkretisierung des Tatvorwurfs in örtlicher, sachlicher und zeitlicher Hinsicht sowie tatsächliche Darstellung und rechtliche Einordnung des Verfahrenshindernisses. Erst durch die abschließende Kosten- und Auslagenentscheidung sowie gegebenenfalls die Entschädigungsentscheidung nach dem StrEG werden die auf Verurteilung und/oder Einstellung erkennenden Teile wiederum verbunden.

V. Nebenentscheidungen im Urteil

1. Kostenentscheidung im Urteil

a) Grundsätzliches. Nach dem formellen Kostenrecht des § 464 StPO muss in dem Urteil (Tenor) eine Kosten- und Auslagenentscheidung getroffen werden. **Von wem** die Kosten und notwendigen Auslagen zu tragen sind (materielles Kostenrecht), ist vornehmlich in §§ 465 und 467 StPO geregelt. Für besondere Fälle (vgl. etwa §§ 469, 470, 472 StPO) hält das Gesetz ergänzende oder abweichende Regelungen bereit. Für die Klausur genügt es, die wichtigsten Gestaltungen zu beherrschen. Es ist dies aber auch notwendig, da eine unrichtige oder unvollständige Kostenentscheidung auf den Prüfer einen schlechten Eindruck macht. 479

b) Verurteilung. Wird der Angeklagte in vollem Umfang verurteilt, lautet die auf § 465 I StPO beruhende Kostenentscheidung schlicht: „Der Angeklagte trägt die Kosten des Verfahrens". Überflüssig und unrichtig ist der häufig gelesene Zusatz „und seine notwendigen Auslagen". Überflüssig deshalb, weil es eines Ausspruchs über die notwendigen Auslagen nur dann bedarf, wenn sie von einem anderen Verfahrensbeteiligten zu tragen sind als dem, bei dem sie erwachsen sind. Unrichtig oder mindestens unscharf deswegen, weil der Angeklagte seine Auslagen auch insoweit trägt, als sie nicht notwendig gewesen sind. Ausnahmen von der Kostenpflicht des verurteilten Angeklagten können indes nach § 465 II StPO in Betracht kommen. Häufigster Anwendungsfall des § 465 II StPO ist der so genannte **unechte Teilfreispruch:** Werden dem Angeklagten tateinheitlich begangene Verstöße zur Last gelegt und werden sie nur zum Teil erwiesen, so kann der Angeklagte von solchen besonderen gerichtlichen und eigenen notwendigen Auslagen entlastet werden, die ausschließlich der Aufklärung der nicht erweislichen Verstöße dienten. Häufiges Beispiel: Dem Angeklagten wird fahrlässige Körperverletzung im Straßenverkehr in Tateinheit mit fahrlässiger Straßenverkehrsgefährdung durch Trunkenheit am Steuer vorgeworfen; Blutprobenuntersuchung und Sachverständigengutachten ergeben, dass der Vorwurf alkoholbedingter Fahruntüchtigkeit entfällt. In diesem Fall wird die Kostenentscheidung lauten: „Der Angeklagte trägt die Kosten des Verfahrens; jedoch werden die notwendigen Auslagen des Angeklagten und die besonderen Auslagen der Staatskasse insoweit auf diese übernommen, als sie wegen des Verdachts einer Straftat nach § 315c StGB entstanden sind". Gem. § 464d StPO kann eine Aufteilung der Auslagen der Beteiligten nach Bruchteilen erfolgen. 480

c) Freispruch. Wird der Angeklagte freigesprochen, lautet die Entscheidung nach der Neufassung des § 467 I StPO wie folgt: „Die Auslagen der Staatskasse und die notwendigen Auslagen des Angeklagten fallen der Staatskasse zur Last." In der Praxis gängiger ist aber die Formulierung „Die Kosten des Verfahrens und die notwendigen Auslagen des Angeklagten trägt die Staatskasse". Für die früher üblichen, teils unvoll- 481 ständigen, teils bedenklichen Formulierungen „Die Kosten des Verfahrens trägt die Staatskasse“ oder „Der Angeklagte wird auf Kosten der Staatskasse freigesprochen“ ist jetzt kein Raum mehr.

482 **d) Gemischte Entscheidung.** Bei gemischter Entscheidung (teils Freispruch bzw. Einstellung, teils Verurteilung) ist wie folgt zu tenorieren: „Soweit der Angeklagte verurteilt wurde, trägt er die Kosten des Verfahrens. Soweit Freispruch erfolgte/das Verfahren eingestellt wurde, fallen die Auslagen der Staatskasse und die dem Angeklagten erwachsenen notwendigen Auslagen der Staatskasse zur Last“. Eine Quotelung entsprechend dem Zivilprozess wird durch § 464d StPO zwar nicht vorgeschrieben, aber doch erlaubt. Von der Kostenaufteilung nach Bruchteilen soll dann Gebrauch gemacht werden, wenn diese – ggf. auf Grund sachgemäßer Schätzung – ohne besonderen Aufwand möglich ist. Im Falle von vollem oder teilweisem Freispruch (bzw. Einstellung) ist gem. § 467 II–V StPO zu prüfen, ob dem Angeklagten trotz ihm günstigen Verfahrensausgangs Kosten aufzuerlegen sind, § 467 II StPO, oder ob Anlass besteht, von der Überbürdung seiner notwendigen Auslagen auf die Staatskasse ganz oder teilweise abzusehen. Häufigster Fall in der Praxis ist § 467 III 2 Nr. 1 StPO: Der Angeklagte hat trotz früherer Einlassung zur Sache wesentliche für ihn sprechende Gesichtspunkte verschwiegen. Kein Kostennachteil erwächst dem Angeklagten aber daraus, dass er zunächst von seinem Schweigerecht Gebrauch gemacht und sich erst in der Hauptverhandlung eingelassen hat. Von den Sonderfällen kommt § 472 StPO (Beteiligung eines Nebenklägers) besonders häufig vor. Zu beachten ist hier, dass die Belastung des Angeklagten mit den Nebenklagekosten eines dahingehenden Ausspruchs bedarf, da ohne entsprechende Tenorierung die Auslagen des Nebenklägers bei diesem verbleiben. Die Staatskasse darf nie mit den Auslagen des Nebenklägers belastet werden.

483 **e) Rechtsmittel.** Die Kosten- und Auslagenentscheidung unterliegt nach § 464 III StPO und unter den dort bezeichneten Voraussetzungen und Einschränkungen der sofortigen Beschwerde. Diese ist nicht im Hauptrechtsmittel der Berufung oder Revision enthalten. Sie kann neben diesen Rechtsmitteln oder auch selbstständig eingelegt werden. Ersteres empfiehlt sich dann, wenn eine Änderung der Kosten- und Auslagenentscheidung auch für den Fall des Misserfolgs des Hauptrechtsmittels erstrebt wird, Letzteres dann, wenn die Beschwer allein in der Nebenentscheidung oder, was praktisch häufig vorkommt, in ihrer Unterlassung gesehen wird. Zu beachten ist § 464 III 1 StPO: Die sofortige Beschwerde ist unzulässig, wenn eine Anfechtung der Hauptentscheidung durch den Beschwerdeführer nicht statthaft ist, z.B. bei einem Einstellungsbeschluss gem. § 153a StPO.

Tipp: Man sollte, wenn es die Rechtsmittelaussichten gegen ein Urteil darzulegen gilt, stets auch die Möglichkeit und Notwendigkeit einer sofortigen Kostenbeschwerde prüfen. Für sie gilt übrigens, anders als sonst im Strafprozess die Regel, dass bei Fristversäumung dem Angeklagten das Verteidigerverschulden zugerechnet wird.

2. Entscheidungen nach dem StrEG

484 **Vorbemerkung:** Auch im Geltungsbereich von Prüfungsordnungen, in denen das StrEG nicht ausdrücklich als Prüfungsmaterie ausgewiesen ist, empfehlen sich Grundlagenkenntnisse deshalb, weil sie – je nach der Urteilsgestaltung – zwangsläufig zum Bild eines vollständigen Urteils genauso gehören wie die Kosten- und Auslagenentscheidung.

485 **a) Grundsätzliches.** In geeigneten Fällen ist zu prüfen und im Urteil darüber zu entscheiden, ob dem Angeklagten nach dem Gesetz über die Entschädigung für Strafverfolgungsmaßnahmen (StrEG) eine Entschädigung aus der Staatskasse zusteht. Für eine

solche Prüfung und Entscheidung ist stets Anlass, wenn gegen den Angeklagten Strafverfolgungsmaßnahmen im Sinn des § 2 StrEG ausgebracht worden sind, und wenn der Angeklagte entweder freigesprochen wird (bzw. das Verfahren gegen ihn eingestellt wird) oder wenn er zwar verurteilt wird, die im Urteil angeordneten Rechtsfolgen aber hinter den vorläufigen Maßnahmen zurückbleiben, § 4 StrEG. In **allen** Fällen können die Ausschluss- und Versagungsgründe der §§ 5, 6 StrEG einer Entschädigung entgegenstehen; die Entschädigung nach § 4 StrEG für „überschießende" Maßnahmen unterliegt zusätzlich der Billigkeitsschranke.

b) Häufige Fälle: In der Praxis besonders häufig und auch in der Klausur wichtig 486
sind aus dem Maßnahmenkatalog des § 2 StrEG die Untersuchungshaft und die vorläufige Entziehung der Fahrerlaubnis. Hat der Angeklagte solche Maßnahmen erdulden müssen, wird die Entschädigungsfrage in folgenden Fällen relevant:

- Der Angeklagte wird sanktionslos freigesprochen oder das Verfahren wird durch Urteil eingestellt.
- Er wird zwar verurteilt, die Strafe ist aber geringer als die Dauer der erlittenen Untersuchungshaft, oder die im Urteil ausgesprochene Führerscheinmaßnahme erschöpft sich in einem Fahrverbot, das an die Dauer der vorläufigen Entziehung nicht heranreicht.

c) Ausschluss- und Versagungsgründe: Im Vordergrund der Betrachtung steht 487
meist die Frage, ob eine Entschädigung deswegen ausgeschlossen ist, weil der Angeklagte die Maßnahme vorsätzlich (weniger häufig) oder **grob fahrlässig** verursacht hat. Dazu sollte man sich folgende Kernsätze einprägen: Der Begriff „grobe Fahrlässigkeit" ist nicht in strafrechtlichem Sinn zu verstehen, weil es bei dem Erstattungsanspruch nicht um strafrechtliche Schuld, sondern um die nach den Vorschriften des BGB zu beurteilende Zurechenbarkeit eigenen Verhaltens geht. Es gilt daher ein *objektiver Maßstab,* wobei allerdings die besonderen Verhaltensweisen einzelner Personen- oder Berufsgruppen zu berücksichtigen sind. Grob fahrlässig handelt der Beschuldigte, der die im Verkehr erforderliche Sorgfalt in ungewöhnlichem Maße außer Acht lässt, d.h. diejenige Sorgfalt, die ein ordentlicher und verständiger Mensch in gleicher Lage aufwenden würde, um sich vor Schaden durch Verfolgungsmaßnahmen zu bewahren. Die Maßnahme muss nicht mutwillig oder sonst unlauter herbeigeführt sein. Der Kreis der Verhaltensweisen, die nach § 5 II 1 StrEG die Entschädigung ausschließen, ist vom Gesetz nicht beschränkt. Deshalb kommt es nicht darauf an, ob das für die Verfolgungsmaßnahme ursächliche Handeln des Beschuldigten der Tat vorausgeht, in ihr selbst liegt, sie begleitet oder ihr erst nachfolgt. Maßgebend ist der Sachverhalt, wie er sich zurzeit der Anordnung der Verfolgungsmaßnahme darstellte. Die ex-post-Betrachtung nach Durchführung der Ermittlungen ist nicht maßgebend. Begründet ein Verhalten nach objektiven abstrakten Grundsätzen den Vorwurf grober Fahrlässigkeit, trifft den Beschuldigten für seine Behauptung, dieses Verhalten sei ihm ausnahmsweise nicht zuzurechnen, die Beweislast.

Beispiele für grobe Fahrlässigkeit sind: Ein falsches Geständnis, unglaubhafte wechselnde Einlassungen, Untertauchen nach Aufkommen des Tatverdachts, Flucht ins Ausland, unlauteres Einwirken auf Zeugen und andere Beweismittel, Aufenthalt an einem die Verstrickung in Straftaten erkennbar fördernden Ort; für die vorläufige Entziehung der Fahrerlaubnis „Herantrinken" an die Grenze von 1,1‰, Nachtrunk trotz zu erwartenden polizeilichen Einschreitens, belastendes Verhalten beim Alkotest. Kein Vorwurf grober Fahrlässigkeit greift Platz in den Fällen der Rechtfertigung und der erfolgreichen Berufung auf einen Tatbestandsirrtum, es sei denn, der Irrtum wäre grob fahrlässig verschuldet. Kraft Gesetzes ist auch das Schweigen zum Schuldvorwurf vom Vorwurf grober Fahrlässigkeit ausgenommen, § 5 II 2 StrEG.

488 Der **Ausschluss der Entschädigung** kann sich auf einen Teil der Verfolgungsmaßnahme oder auf einen zeitlich begrenzten Abschnitt beschränken, was in dem Vorbehalt „wenn und soweit" zum Ausdruck kommt. Maßgebend ist dabei die Reichweite der dem Betroffenen zurechenbaren Kausalität. Der Ausschluss nach § 5 II StrEG entfällt demgemäß für die Zeit, von der an die vom Betroffenen gesetzte Kausalität nicht mehr fortwirkt und die Maßnahme kraft besserer Erkenntnis hätte aufgehoben werden müssen. Fortfall der vom Beschuldigten gesetzten Kausalität ist z. B. dann anzunehmen, wenn für die Aufrechterhaltung der Maßnahme unrichtige Zeugenaussagen, grobe Bearbeitungsfehler der Strafverfolgungsbehörden, unvertretbare Beweiswürdigung oder fehlerhafte Rechtsanwendung maßgebend waren. An der Mitursächlichkeit des dem Beschuldigten zurechenbaren Verhaltens kann es auch von vornherein fehlen. Bei der Prüfung der Kausalität ist ein strenger Maßstab zu Gunsten des Beschuldigten anzulegen; in Zweifelsfällen gebührt ihm eine Entschädigung.

489 Unter den **fakultativen Versagungsgründen** des § 6 StrEG ist derjenige des I Nr. 1 hervorzuheben. Danach kann eine Entschädigung ganz oder teilweise versagt werden, wenn der Beschuldigte die Verfolgungsmaßnahme dadurch verursacht hat, dass er sich selbst in wesentlichen Punkten wahrheitswidrig oder im Widerspruch zu seinen späteren Erklärungen belastet oder wesentliche entlastende Umstände verschwiegen hat, obwohl er sich zur Beschuldigung geäußert hat (vgl. auch die entsprechende Kostenregelung in § 467 III 2 Nr. 1 StPO). Der auf das Verteidigungsverhalten bezogene Versagungsgrund des § 6 I Nr. 1 StrEG tritt in seiner Bedeutung aber weitgehend zurück, weil bei wahrheitswidriger Selbstbelastung oder bei Verschweigen wesentlicher entlastender Umstände vorrangig der obligatorische Ausschlussgrund des § 5 II StrEG heranzuziehen ist. Denn diese Vorschrift bildet gegenüber § 6 StrEG die umfassendere Sperre gegen eine Entschädigung und hat daher als weitergehende Regelung den Vorrang.

490 **d) Verfahrensrechtliches:** Die Verfahrensweise des Gerichts ist in § 8 StrEG geregelt. Die positive oder negative Entscheidung über die Entschädigung ergeht regelmäßig im Urteil, ausnahmsweise durch isolierten Beschluss. Das Strafgericht erlässt nur eine Grundentscheidung, deren Inhalt sich nach § 8 II StrEG richtet. Sie kann z. B. lauten: „Der Angeklagte ist aus der Staatskasse für die vom ... bis ... erlittene Untersuchungshaft zu entschädigen. Für die darüber hinaus andauernde Untersuchungshaft steht ihm eine Entschädigung nicht zu". Der Angeklagte kann auf eine Entschädigung wirksam verzichten. In diesem Fall erübrigt sich eine Entscheidung. Die Entscheidung über die Entschädigung unterliegt, ob sie nun in Urteils- oder Beschlussform ergeht, der sofortigen Beschwerde (§ 8 III StrEG). Versagt ein Urteil Entschädigung nach dem StrEG, so ist, falls die Klausuraufgabe generell die Rechtsmittelfrage aufwirft, stets auch an eine sofortige Beschwerde nach § 8 III StrEG zu denken. Soll das angefochtene Urteil auch insoweit überprüft werden, bedarf es hierzu gesonderter Anfechtung. Sie ist nicht in dem Rechtsmittel der Berufung und Revision enthalten, auch nicht in der Kosten- und Auslagenbeschwerde. Schweigt das Urteil zur Entschädigungsfrage bewusst oder versehentlich, so unterliegt dieses Unterlassen – anders als bei der Kostenentscheidung – nicht der sofortigen Beschwerde, sondern ist zum Gegenstand eines Antrags auf die gebotene Nachtragsentscheidung zu machen (vgl. § 8 I 2 StrEG; *Meyer-Goßner/Schmitt* § 8 StrEG Rn. 7).

VI. Urteilsbegleitende Beschlüsse

1. Untersuchungshaft und einstweilige Unterbringung (§ 268b StPO)

491 Wird der Angeklagte verurteilt, muss im Zusammenhang mit der Urteilsverkündung auch über die Haftfortdauer entschieden werden. Hat das Urteil gegenüber dem Haft-

befehl den Tatverdacht erheblich umgestaltet, ist dies in den Beschluss aufzunehmen und kenntlich zu machen, welche Haftgründe fortdauern (OLG Karlsruhe wistra 1991, 277; OLG Hamm NStZ-RR 2010, 55). Es genügt nicht die Formel „der Haftbefehl bleibt im Umfang der heutigen Verurteilung aufrechterhalten". Allerdings führt dies allein nicht zur Aufhebung des früheren Haftbefehls. Ergeht ein Haftbefehl erstmals mit Urteilsverkündung, gelten für ihn die Erfordernisse des § 114 StPO. Beim außer Vollzug befindlichen Haftbefehl gilt § 268b StPO seinem Wortlaut nach nicht, eine Entscheidung ist jedoch empfehlenswert: „Der Haftbefehl bleibt wegen Fluchtgefahr aufrechterhalten, jedoch unter Fortgeltung der bisherigen Auflagen außer Vollzug". Wurde die Beschlussfassung – was die Haftfortdauer nicht hindert – unterlassen oder nicht bekannt gegeben, ist sie nachzuholen.

Wird der Angeklagte freigesprochen oder wird das Verfahren eingestellt, gilt nicht § 268b StPO, sondern § 120 StPO, der übrigens in jeder Lage des Verfahrens, auch in der Hauptverhandlung, zu beachten ist.

2. Bewährungsbeschluss u. a. (§ 268a StPO)

§ 268a StPO schreibt vor, dass die mit der Aussetzung der Vollstreckung der Strafe **492**
zur Bewährung (wichtigster Fall) zu verbindenden Entscheidungen durch Beschluss mit der Urteilsverkündung zu ergehen haben. Der Beschlussinhalt richtet sich nach den materiell-rechtlichen Vorschriften der §§ 56a bis d StGB. Sein Mindestinhalt lautet: „Die Bewährungszeit beträgt ... Jahre". Hinsichtlich Auflagen (§ 56b StGB) und Weisungen (§ 56c StGB) gibt es zahlreiche Rechtsprobleme – auch verfassungsrechtlicher Art – die hier nicht abgehandelt werden können.

Die Anfechtung des Urteils (Berufung oder Revision) erstreckt sich nicht auf den Bewährungsbeschluss. Gegen ihn ist Beschwerde zulässig, die aber nur darauf gestützt werden kann, eine getroffene Anordnung sei gesetzwidrig (§ 305a I StPO), wozu auch eine Ermessensüberschreitung zählt.

Hinweis: Die Weisungen müssen systemkonform sein. Deshalb darf als Weisung nicht angeordnet werden, was inhaltlich Gegenstand einer Maßregel sein kann. Gesetzwidrig ist daher z. B. die Weisung, für eine bestimmte Zeit keine Kraftfahrzeuge zu führen (Ausschließlichkeit der §§ 44, 69 StGB) oder – gegenüber einem Ausländer – die Bundesrepublik Deutschland zu verlassen (Vorrang der ausländerrechtlichen Bestimmungen). Schwarzarbeit darf weder bei der Frage berücksichtigt werden, ob der Täter eine Geldauflage erfüllen kann (§ 56b II Nr. 2 StGB), noch bei der Entscheidung, ob er Zeit für gemeinnützige Leistungen i.S.d. § 56b II Nr. 3 StGB hat. Therapieweisungen (§ 56c III StGB) müssen dem Bestimmtheitserfordernis (Beginn, Einrichtung, Behandlungsart) genügen (OLG Hamm StV 2004, 657; ThürOLG NStZ 2006, 39) und setzen eine Einwilligung voraus. Die Weisung, die begonnene Ausbildung zu einem bestimmten Beruf bei einem bestimmten Betrieb fortzusetzen, ist unzulässig (ThürOLG NStZ-RR 2004, 138).

Beispiel für einen Bewährungsbeschluss:

Beschluss

1. Die Bewährungszeit beträgt drei Jahre
2. Der Angeklagte wird der Aufsicht und Leitung der Bewährungshilfe unterstellt.
3. Der Angeklagte hat den Betrag von 1000,– EUR an
   ...
   zu bezahlen.
4. Der Angeklagte hat unverzüglich und unaufgefordert jeden Wechsel seines Wohnorts oder gewöhnlichen Aufenthalts schriftlich dem ...-gericht mitzuteilen.

3. Vorläufige Entziehung der Fahrerlaubnis

493 Wird die Fahrerlaubnis ohne vorausgegangene vorläufige Maßnahme im Urteil entzogen, ist regelmäßig deren vorläufige Entziehung nunmehr zu beschließen. War die Fahrerlaubnis bereits vorläufig entzogen, bedarf es eines Beschlusses über die Fortdauer dieser Maßnahme nicht. Wird im Urteil die Fahrerlaubnis nicht entzogen, so ist die vorläufige Entziehung durch Beschluss aufzuheben. Wird keine Anordnung nach § 69 StGB getroffen, aber ein Fahrverbot gem. § 44 StGB verhängt, ist zwar die vorläufige Entziehung aufzuheben, doch kann die Rückgabe des Führerscheins aufgeschoben werden, wenn der Angeklagte nicht widerspricht (§ 111a V 2 StPO).

VII. Unterschriften

494 Zu den Unterschriften ist in § 275 II StPO das Notwendige gesagt. Ist im Examen die Fertigung eines Urteils verlangt, werden sich für den Bearbeiter keine Probleme ergeben. Er darf nur die Unterschrift(en) nicht vergessen. Auch im Zusammenhang mit der Auffindung von Verfahrensfehlern kommt der Unterschriftsfrage Relevanz zu. Ein Urteil ist erst dann in vollständiger Form (und nicht als Entwurf!) zu den Akten gebracht (vgl. § 275 I StPO), wenn es die Unterschriften aller mitwirkenden Richter (ohne Schöffen, § 275 II 3 StPO) trägt. Ist ein Richter an der Beifügung seiner Unterschrift verhindert, so wird dies unter Angabe des Verhinderungsgrundes von dem Vorsitzenden und bei dessen Verhinderung von dem ältesten beisitzenden Richter unter dem Urteil vermerkt (vgl. § 275 II 2 StPO). Der Verhinderungsvermerk lautet nicht, wie man häufig liest, „zugleich für den durch ... an der Unterschrift verhinderten Richter R.", sondern „Richter R. ist wegen ... an der Unterschrift verhindert". gez.: Vorsitzender. Der Verhinderungsgrund ist stets anzugeben. Das Revisionsgericht prüft auf entsprechende Verfahrensrüge nach, ob der bezeichnete Grund generell geeignet ist, die Verhinderung der Unterzeichnung zu bewirken. Ob der bezeichnete Grund vorlag, prüft es ohne substantiierten Revisionsvortrag nicht nach. Einen Verhinderungsgrund stellt es nicht dar, wenn ein Richter einem anderen Spruchkörper innerhalb desselben Gerichts zugewiesen wurde, wohl auch nicht, wenn er mittlerweile bei einem anderen Gericht des betreffenden Bezirks tätig ist, ferner dann nicht, wenn er am letzten Tag der Frist, innerhalb welcher das vollständige Urteil zu den Akten zu bringen ist, im Gerichtsgebäude nicht erreichbar ist. Enthält die Urteilsurkunde einen vom Vorsitzenden unterschriebenen Vermerk, dass ein Richter an der Unterschriftsleistung verhindert ist, ohne dass der Verhinderungsgrund angegeben ist, kann das Revisionsgericht im Freibeweis nachprüfen, ob der betreffende Richter tatsächlich verhindert war zu unterschreiben. Ergibt die Prüfung, dass ein Fall der Verhinderung nicht vorlag, unterliegt das Urteil der Aufhebung, weil es nicht binnen der Frist des § 275 I StPO in vollständiger Form zu den Akten gelangt ist. Der Mangel kann nicht geheilt werden, weder durch Nachholung der Unterschrift noch durch nachträgliche Genehmigung der Urteilsfassung durch den betreffenden Richter. Es liegt dann der **absolute Revisionsgrund** des § 338 Nr. 7 StPO vor. Dieser Grund greift auch dann, wenn der Verhinderungsvermerk überhaupt fehlt (BGH NStZ-RR 2003, 85).

5. Teil. Rechtsmittel

Rechtsmittel des Strafverfahrens sind nur die *Beschwerde,* die *Berufung* und die *Revision.* 495
Gegenüber anderen Rechtsbehelfen werden sie üblicherweise dahin charakterisiert, dass sie eine noch nicht rechtskräftige Entscheidung zur Nachprüfung vor ein höherrangiges Gericht bringen **(Devolutiveffekt)** und dass sie den Eintritt der Rechtskraft und damit die Vollstreckbarkeit verhindern **(Suspensiveffekt).** Doch gilt diese Wesensbeschreibung nur mit Einschränkungen. In den Grenzen der §§ 319 I, 346 I StPO hat nämlich das Gericht, dessen Entscheidung mit Berufung bzw. Revision angefochten ist, zunächst eine auf Zulässigkeitselemente bezogene eigene Entscheidungsbefugnis. Eine solche hat zwar das Gericht, dessen Entscheidung mit Beschwerde angefochten ist, nicht; indessen steht ihm bei unbefristeter (einfacher) Beschwerde das Abhilferecht zu (§ 306 II StPO), welches bei befristeter (sofortiger) Beschwerde immerhin noch – aber nur – im Falle der Versagung rechtlichen Gehörs gilt (§ 311 III StPO). Der Grundsatz der aufschiebenden Wirkung gilt für die Beschwerde dagegen grundsätzlich nicht (§ 307 I StPO); jedoch kann im Einzelfall die Vollzugshemmung auch vom iudex a quo angeordnet werden (§ 307 II StPO), falls nicht wiederum im Einzelfall das Gesetz (vgl. etwa § 120 II StPO) dies verbietet. Nach alledem ist der gemeinsame Nenner, auf den die Rechtsmittel gebracht werden können, der, dass sie auf Änderung nicht rechtskräftiger Entscheidungen durch ein übergeordnetes Gericht angelegt sind. Dies unterscheidet sie von anderen strafprozessualen Rechtsbehelfen wie Einspruch gegen den Strafbefehl, Wiederaufnahme des Verfahrens und Wiedereinsetzung in den vorigen Stand.

A. Bedeutung für das Examen

Die **Klausurbedeutung** der Rechtsmittel liegt auf der Hand: Beschwerde, Berufung 496
und Revision werfen zahlreiche gemeinsame Rechtsfragen auf, daneben auch wichtige Abgrenzungsfragen. Jedes der einzelnen Rechtsmittel hat außerdem seine speziellen Verfahrensprobleme. Aber nicht nur dies: Die Rechtsmittel der StPO eröffnen vielfach das Tor zur notwendigen Prüfung von Verfahrensvoraussetzungen und zum Eingehen auf materielle Rechtsfragen des allgemeinen und besonderen Teils des StGB. Die Examensklausur soll ja nach Möglichkeit je einen in etwa gleichwertigen prozessualen und materiellen Teil aufweisen. Für diese Kombination eignen sich die Rechtsmittel in vorzüglicher Weise. Im Rahmen der hier vorliegenden Darstellung kann naturgemäß nur auf die Grundsätze der Rechtsmittelproblematik sowie auf besonders „examensverdächtige" Fallgestaltungen eingegangen werden.

B. Übergreifende Verfahrensfragen

497 Vorab sind – über die eingangs genannten hinaus – verschiedene Gesichtspunkte darzustellen, die **allen strafprozessualen Rechtsmitteln gemeinsam** sind oder die zwar für die einzelnen Rechtsmittel Verschiedenheiten aufweisen, aber in jedem Falle zu beachten sind.

I. Bezeichnung des Rechtsmittels

498 Ein Irrtum in der Bezeichnung des zulässigen Rechtsmittels ist unschädlich, § 300 StPO. Das bedeutet zunächst einmal, dass es nicht schadet, wenn man den falschen Ausdruck verwendet, sofern nur ein bestimmtes Rechtsmittel statthaft und dessen Einlegung offensichtlich bezweckt ist.

Beispiel: Jemand greift nur die Kostenentscheidung des angefochtenen Urteils mit der „Berufung" an. Sie ist (§ 464 III StPO) als sofortige Beschwerde zu behandeln.

Falls mehrere Rechtsmittel zulässig sind, ergibt sich aus § 300 StPO, dass das Gewollte durch Auslegung zu ermitteln ist. Im Zweifel gilt das Prinzip der Meistbegünstigung, also der Vorrang des Rechtsmittels, das eine umfassendere Nachprüfung ermöglicht.

Beispiel: Jemand legt in einer Strafsache, die nur eine Ordnungswidrigkeit zutage förderte, Rechtsbeschwerde ein. Sie gilt im Zweifel als Berufung (vgl. dazu auch unten Rn. 543 f.).

In Zweifelsfällen ist eine Erläuterung durch den Beschwerdeführer einzuholen. Unterliegt eine Entscheidung in Hauptausspruch und Nebenfolgen unterschiedlichen Anfechtungsmöglichkeiten (so z. B. die Kostenentscheidung im Urteil), muss allerdings deutlich zum Ausdruck kommen, ob beides gemeint ist. Eine ausdrücklich erklärte Berufung darf nicht in eine Kostenbeschwerde „umgedeutet" werden. Legt der Angeklagte gegen ein amtsgerichtliches Urteil „Rechtsmittel" ein, ist hierin nicht auch die Kostenbeschwerde enthalten (OLG Stuttgart Justiz 2003, 451), weil die Verwendung des Begriffs „Rechtsmittel" im gegebenen Zusammenhang nur bedeutet, dass die Wahl zwischen Berufung und (Sprung-)Revision offengehalten werden soll.

II. Allgemeine Zulässigkeitsvoraussetzungen

499 In aller Regel findet die sachliche Überprüfung eines Rechtsmittels nur dann statt, wenn zuvor seine Zulässigkeit bejaht worden ist. Zulässigkeitsvoraussetzungen sind in jedem Falle eine Beschwer des Anfechtenden sowie die form- und fristgerechte Einlegung des Rechtsmittels. Hierauf muss auch in der Klausur eingegangen werden mit folgender *Einschränkung:*

Nur wenn die Zulässigkeitsprüfung diskussionswerte Probleme aufwirft, ist auf diese einzugehen. In der Regel ist es überflüssig, eingehende Ausführungen zu den Förmlichkeiten und Zulässigkeitsvoraussetzungen eines Rechtsmittels (Adressat, Einhaltung der Formen und Fristen, Beschwer) zu machen. Die Praxis begnügt sich damit, die Statthaftigkeit und Zulässigkeit unter Angabe der einschlägigen Vorschriften festzustellen, wenn diese Förmlichkeiten „außer Streit" sind. Zwar lassen sich mit derlei Erörterungen Seiten füllen; sie belasten aber eine Klausurarbeit selbst dann, wenn sie richtig sind. Kommen nämlich dafür die Ausführungen zu den entscheidenden Problemen des Falles zu kurz, so wirkt sich die Erörterung von Selbstverständlichkeiten ausgesprochen schädlich aus.

Die Rechtsmittelbefugnis setzt eine existent gewordene Entscheidung voraus. „Vorsorgliche“ Rechtsmittel oder solche „auf Verdacht“ sind nicht zulässig. Für Urteile gilt § 268 II StPO: Sie werden erst mit vollständiger Verkündung auch der Gründe existent (Rechtsmittelbelehrung zählt nicht dazu).

Beispiel: Der Angeklagte, der nach Verkündung des Tenors verärgert aufspringt, erklärt, er lege Berufung ein und dann den Saal verlässt, hat ein zulässiges Rechtsmittel auch dann nicht eingelegt, wenn der Vorgang in das Protokoll der Hauptverhandlung aufgenommen wird (*Meyer-Goßner/Schmitt* § 314 Rn. 1; KK-*Paul* § 314 Rn. 1). Wird in solchem Falle die Verkündung fortgesetzt, hat sie in Abwesenheit des Angeklagten stattgefunden (KG JR 1992, 304; OLG Stuttgart NStZ 1986, 520).

Außerhalb der Hauptverhandlung gefasste Beschlüsse oder Verfügungen entfalten Rechtswirkungen ebenfalls erst dann, wenn sie existent geworden sind. Das ist zu dem Zeitpunkt der Fall, zu dem die Entscheidung aus dem inneren Dienstbetrieb ihres Trägers herausgegeben wird. Konkret: Das Schriftstück verlässt die Geschäftsstelle. Erst damit tritt Außen- und Bindungswirkung ein und wird die Entscheidung für die Instanz unabänderbar und anfechtbar. Auf den Zeitpunkt der Zustellung kommt es dagegen nicht an.

Nach alledem sind die nachfolgenden Prüfungspunkte letztlich bei allen Rechtsmitteln relevant:

Allgemeine Zulässigkeitsvoraussetzungen von Rechtsmitteln

1. Statthaftigkeit
2. Frist zur Einlegung
3. Berechtigung
4. Beschwer durch die angefochtene Entscheidung
5. Keine Rücknahme und kein Verzicht
6. Form und Adressat der Einlegung

1. Statthaftigkeit

Zulässigkeitsvoraussetzung eines jeden Rechtsmittels ist seine Statthaftigkeit. Diese ist **500** eine spezifische Zulässigkeitsvoraussetzung und wird daher bei den jeweiligen Rechtsmitteln abgehandelt.

2. Frist zur Einlegung

Die einfache Beschwerde unterliegt vorbehaltlich der Erledigung keiner Fristbegren- **501** zung. Die sofortige Beschwerde ist binnen einer Woche ab Bekanntmachung (§ 311 II StPO), Berufung und Revision sind binnen einer Woche nach Verkündung des Urteils einzulegen (§§ 314 I, 341 I StPO). War der Angeklagte bei der Verkündung auch nur zeitweise abwesend, beginnt die Frist mit der Zustellung des vollständigen (!) Urteils (§§ 314 II, 341 II StPO), es sei denn, er war in den gesetzlich vorgesehen Fällen wirksam durch einen Anwalt vertreten (§ 314 II a.E.; § 341 II a.E.), z.B. im Fall der § 234, 387, 411 oder des § 428 StPO. Für den Nebenkläger (aber auch den Privatkläger) gilt dies übrigens nicht, vgl. § 401 II StPO.

Die **Berechnung der Einlegungsfrist** richtet sich nach § 43 I StPO. Wurde die **502** Entscheidung bspw. an einem Donnerstag verkündet bzw. zugestellt, muss das Rechtsmittel, da die Frist nach Wochen rechnet, mit Ablauf des darauffolgenden Donnerstags beim iudex a quo eingegangen sein. Besonderheiten des Fristendes können sich aus § 43 II StPO ergeben.

Ist für den Beginn der Anfechtungsfrist die Zustellung der Entscheidung maßgebend, muss diese **wirksam** förmlich **erfolgt sein** (§ 35 II StPO). Sie muss vom Vorsitzenden (§ 36 I StPO) angeordnet sein. Der Beginn des Fristenlaufs kann durch Zustellungsmängel gehindert sein. Häufige **Fehlerquellen** sind: Fehlende Unterschrift des Vorsitzenden, fehlerhafte Ersatzzustellung, etwa mangels „Wohnung", Verteidigerzustellung (§ 145a I StPO) ohne in den Akten befindliche Vollmacht (anders bei rechtsgeschäftlichen Zustellungsvollmacht, vgl. OLG Stuttgart Justiz 2003, 300), für die konkludentes, aus dem Protokoll erschließbares Gewährenlassen des Verteidigers in der Hauptverhandlung nicht genügt (BGH NStZ 1996, 97; OLG Karlsruhe NStZ-RR 1996, 237), Unterzeichnung des Empfangsbekenntnisses durch den Sozius des Pflichtverteidigers statt durch ihn selbst (vom BGH besonders häufig beanstandet), fehlende Verhandlungsfähigkeit des Adressaten zurzeit der Zustellung (vgl. KG Berlin StV 2003, 343).

Hinweis: Sind Urteilsteile ausnahmsweise nicht mit Berufung oder Revision, sondern mit sofortiger Beschwerde anfechtbar (§ 464 III StPO, 8 III StrEG), ist für den Fristbeginn auch insoweit grundsätzlich die Verkündung maßgebend.

503 Maßgebend für die Fristwahrung ist, dass die Erklärung innerhalb der Frist in die **Verfügungsgewalt** des zuständigen Gerichts gelangt (vgl. die instruktiven Darstellungen bei *Meyer-Goßner/Schmitt* vor § 42 Rn. 11ff. und KK-*Maul* § 43 Rn. 12ff.). Für Inhaftierte gilt die Sonderbestimmung des § 299 II StPO.

Lässt sich nach Sach- und Aktenlage nicht mehr klären, ob ein befristetes Rechtsmittel rechtzeitig eingelegt worden ist, so findet der Zweifelssatz keine Anwendung. Der Grundsatz „in dubio pro reo" gilt nicht für verfahrenserhebliche Fragen, zumal die Frage der Rechtzeitigkeit eines Rechtsmittels zu Ungunsten wie zu Gunsten des Angeklagten einheitlich beantwortet werden muss. Es ist zu unterscheiden: Die Verwerfung eines Rechtsmittels als unzulässig setzt in jedem Falle voraus, dass die Verfristung feststeht. Bleibt die Frage der Rechtzeitigkeit ungeklärt, muss deshalb das Rechtsmittel als zulässig behandelt werden (BGH NJW 1960, 2202; KG Berlin VRS 83, 448; OLG Stuttgart Justiz 1981, 57; zum Ganzen auch Meyer-Goßner/Schmitt § 261 Rn. 35). Fehlen aber Anhaltspunkte, dass ein Rechtsmittel überhaupt in den Verantwortungsbereich des Gerichts gelangt ist, kann die Abgabe der Prozesserklärung nicht zu Gunsten des Rechtsmittelführers unterstellt werden (OLG Düsseldorf NStZ-RR 2000, 180). Zu Fragen des nicht nachweisbar eingegangenen Telefax und zur Beweiseignung des Sendeprotokolls siehe OLG Karlsruhe NStZ 1994, 200 (vgl. auch OLG Frankfurt NStZ-RR 2001, 375).

3. Berechtigung

504 Anfechtungsberechtigt sind: Der Beschuldigte, die Staatsanwaltschaft zu dessen Gunsten oder Ungunsten (§ 296 I und II StPO), der Verteidiger des Beschuldigten für diesen, aber nicht gegen seinen ausdrücklichen Willen (§ 297 StPO), der gesetzliche Vertreter (§ 298 StPO), im Jugendstrafverfahren auch der Erziehungsberechtigte (§ 67 III JGG), in Sonderfällen auch der Nebenbeteiligte, der Privat- und Nebenkläger, sowie Zeugen, Sachverständige und andere von der Entscheidung betroffene Personen in den Grenzen des § 304 II StPO. Ein vom Nebenkläger zu Gunsten des Angeklagten eingelegtes Rechtsmittel ist unzulässig, wenn der Angeklagte wegen eines Nebenklagedelikts verurteilt worden ist. Dann ist nämlich der Nebenkläger nicht beschwert. § 296 II StPO gilt für den Nebenkläger nicht, allerdings kann ein zulässig eingelegtes Rechtsmittel des Nebenklägers auch zu Gunsten des Angeklagten wirken.

4. Beschwer durch die angefochtene Entscheidung

505 Eine weitere Zulässigkeitsvoraussetzung eines jeden Rechtsmittels ist das Vorliegen einer Beschwer (allgemeine Rechtsprechung; KK-*Paul* vor § 296 Rn. 5 m.w.N.).

Beschwert ist ein Rechtsmittelführer nur, wenn er durch die angefochtene Entscheidung – unabhängig von ihrer Richtigkeit oder Unrichtigkeit – unmittelbar in seinen schutzwürdigen Interessen beeinträchtigt wird (BGHSt 7, 153). Dabei gelten für Rechtsmittel der Staatsanwaltschaft und des Beschuldigten/Angeklagten unterschiedliche Voraussetzungen.

a) Beschwer der Staatsanwaltschaft. Da die Staatsanwaltschaft allgemein Aufgaben der staatlichen Rechtspflege wahrzunehmen hat, ist sie berechtigt, nach pflichtgemäßem Ermessen Entscheidungen anzufechten, die den Geboten der Rechtspflege nicht entsprechen, ohne dass es darauf ankommt, ob sie sachlich an der Entscheidung etwas auszusetzen hat (OLG Düsseldorf NStZ 1990, 293 – Rüge nach § 338 Nr. 4 StPO mit der Begründung, der Angeklagte sei durch willkürliche Verfahrensweise seinem gesetzlichen Richter entzogen worden). Die Staatsanwaltschaft ist auch rechtsmittelbefugt, wenn die Entscheidung dem Antrag ihres Sitzungsvertreters entspricht (RGSt 48, 26; KG JR 1969, 349)! **506**

b) Beschwer des Beschuldigten/Angeklagten. Durch einen **Freispruch** ist der Angeklagte in keinem Fall beschwert, auch dann nicht, wenn die Gründe ihm nachteilig sind, der Freispruch z.B. wegen Schuldunfähigkeit erfolgte oder die Gründe sonst nachteilige Feststellungen enthalten. Denn wird im – allein maßgeblichen – Tenor festgestellt, dass der staatliche Strafanspruch nicht besteht, hat das Verfahren seine Funktion erfüllt (st. Rspr. des BGH; BGHSt. 7, 153). **507**

Bei der Prüfung der Frage, ob ein auf **Einstellung** lautendes Urteil den Angeklagten beschwert, sind die Urteilsgründe mit heranzuziehen. Ergibt sich aus ihnen, dass die Strafklage praktisch verbraucht ist (z.B. bei Verfolgungsverjährung), so ist eine Beschwer nicht gegeben. Anders liegt es, wenn die Gründe des Einstellungsurteils ergeben, dass trotz erfolgter Einstellung des Verfahrens das Verfahrenshindernis noch behoben werden kann oder die Einstellung nur einen bestimmten Verfahrensabschnitt betreffen soll mit der Wirkung, dass vorangegangene belastende Entscheidungen bestehen bleiben (BayObLG JR 1989, 478 m.w.N.). Weiter kann, wenn das Verfahren wegen eines Prozesshindernisses – auch eines dauernden – eingestellt wird, der Angeklagte dann beschwert sein, wenn richtigerweise hätte freigesprochen werden müssen. Ist die Hauptverhandlung bis zur Freispruchreife geführt worden, hat der Freispruch den Vorrang, auch wenn nunmehr ein Prozesshindernis entdeckt wird. Dasselbe gilt für die Einstellung mit der Begründung, eine Straftat sei nicht erwiesen und die erwiesene Ordnungswidrigkeit sei verjährt. Auch hier ist der Angeklagte, wenn eingestellt statt freigesprochen wird, beschwert und kann Rechtsmittel einlegen.

Hinweis: Wird A unter den Personalien des B, deren er sich widerrechtlich bedient, verurteilt (ein in der Ausländerkriminalität nach Diebstahl oder Überlassung und Verfälschung fremder Ausweispapiere nicht seltener Fall), ist B nicht im Sinne einer Rechtsmittelbefugnis beschwert. Die Urteilswirkungen treffen allein den A. Der gegen den B allenfalls bestehende Anschein der Betroffenheit kann durch Urteilsberichtigung beseitigt werden (BGH NStZ-RR 1996, 9; KG NStZ-RR 2004, 240; siehe auch BVerfG JuS 2011, 83).

Beschwert ist ein Angeklagter auch nicht durch die **Unterlassung der Anordnung einer Maßregel** der Besserung und Sicherung (BGH NStZ-RR 2011, 22; demgegenüber kann bei einem ansonsten zulässigen Rechtsmittel des Angeklagten eine Unterbringung in einem psychiatrischen Krankenhaus oder einer Entziehungsanstalt erfolgen). **508**

Bei einer zu Gunsten des Angeklagten eingelegten **Revision** ist die Beschwer auch im Rahmen der Begründetheitsprüfung relevant. Die Revision dringt nämlich nicht durch, wenn zwar Rechtsfehler festzustellen sind, diese sich aber zu Gunsten des Angeklagten ausgewirkt haben.

Beispiel: Das Gericht bewertet das Fehlen eines Strafschärfungsgrundes strafmildernd. Durch diesen Rechtsfehler ist der Angeklagte nicht beschwert.

Die Beschwer muss im Zeitpunkt der beantragten Entscheidung noch vorliegen. Fehlt sie durch tatsächliche oder prozessuale Überholung (Haftbeschwerde nach Rechtskraft des Urteils; Beschwerde gegen bereits vollzogene Überwachung der Telekommunikation) bereits bei Einlegung des Rechtsmittels, wird dieses als unzulässig verworfen. Entfällt die Beschwer erst nach Einlegung des Rechtsmittels, wird es gegenstandslos; in diesem Fall wird dies durch deklaratorischen Beschluss ohne Kostenregelung klargestellt (KK-*Paul* vor § 296 Rn. 8).

Hinweis: Nach der Rechtsprechung des BVerfG (NJW 1997, 2163) dürfen Beschwerden gegen staatliche Eingriffe dann nicht mehr unter dem Aspekt entfallener Beschwer als unzulässig behandelt werden, wenn tiefgreifende Grundrechtseingriffe (etwa eine Wohnungsdurchsuchung als Eingriff in das Grundrecht des Art. 13 GG, BVerfG NJW 2013, 3634) in Rede stehen und der Rechtsschutz vor Erledigung der Beschwerde typischerweise nicht erreicht werden kann.

Andere derartige Fälle sind z. B. freiheitsentziehende Maßnahmen wie Vollstreckungshaftbefehl (BVerfG NStZ-RR 2004, 252), Untersuchungshaft (BVerfG wistra 2006, 59), Ordnungshaft (BVerfG NJW 2006, 40), körperliche Untersuchung (OLG Celle NStZ-RR 2012, 253), länger dauernde Observationen (OLG Frankfurt OLG Frankfurt StV 2006, 122), Beschlagnahme (BVerfG NJW 1999, 273; vgl auch BGH wistra 1999, 109) – bei Beschlagnahmemaßnahmen steht allerdings regelmäßig ein Zeitrahmen zur Verfügung, der dem Betroffenen die Ausschöpfung des Instanzenzuges ohne weiteres ermöglicht (OLG Frankfurt NStZ-RR 2003, 175).

Nicht hierunter fallen die Ablehnung der Strafaussetzung nach § 57 StGB nach Erledigung durch Vollverbüßung (OLG Hamm NStZ 2010, 170) und Einwendungen gegen die Berechnung der erkannten Strafe nach § 458 I StPO (OLG Stuttgart NStZ-RR 2003, 60).
Für viele besonders schwerwiegende Eingriffe trifft § 101 VII 2 StPO eine ausdrückliche Regelung (lesen!).

Gegen erledigte „diskriminierende" Akte bejaht das BVerfG ein fortwirkendes Rechtsschutzinteresse unabhängig von der Möglichkeit rechtzeitiger Überprüfung (BVerfG NJW 2011, 133 zur Unterbringungssituation eines Gefangenen; NStZ 2004, 223 zum Arrest im Strafvollzug; StraFo 2009, 379 zum Anhalten eines Briefes).

5. Rücknahme und Verzicht

509 **a) Grundsätzliches, Wirksamwerden, Zustimmungserfordernis.** Rücknahme und Verzicht, als Prozesshandlungen bedingungsfeindlich, können vor Ablauf der Einlegungsfrist wirksam erklärt werden; die Zurücknahme ist vorbehaltlich § 303 StPO bis zur Entscheidung über das Rechtsmittel zulässig. Die Rücknahmeerklärung des Angeklagten erstreckt sich stets auch auf das Rechtsmittel des Verteidigers (BGH NStZ 1985, 207; KK-*Paul* § 302 Rn. 17 m. w. N.). Die **Form** des Verzichts und der Rücknahme ist die gleiche, die für die Einlegung des Rechtsmittels vorgeschrieben ist. Die Erklärung wird wirksam, wenn sie dem mit der Sache befassten Gericht zugeht. Ehe die Akten dem Rechtsmittelgericht zugegangen sind, ist das Erstgericht für die Entgegennahme zuständig. Ein im **Anschluss an die Urteilsverkündung** erklärter Rechtsmittelverzicht nimmt an der **Beweiskraft des § 274 StPO** nur teil, wenn er nach § 273 III 3 StPO beurkundet worden ist (BGHSt 18, 258; abgrenzend OLG Düsseldorf JMBl NW 1990, 190). Das bedeutet nicht, dass er deswegen unwirksam wäre (BGH NStZ 2014, 533); wird nur die Abgabe der Erklärung im Protokoll vermerkt („Der Angeklagte und der Verteidiger erklärten Rechtsmittelverzicht"), ist **im Streitfall** die Richtigkeit des Vermerks im Freibeweisverfahren zu klären (OLG Hamm NStZ-RR 2010, 215). Wenn entgegen § 140 StPO ein Verteidiger in der

Hauptverhandlung nicht mitgewirkt hat und der Angeklagte unmittelbar nach der Urteilsverkündung auf Rechtsmittel verzichtet hat, so ist der Rechtsmittelverzicht unwirksam, weil sich der Angeklagte nicht mit einem Verteidiger beraten konnte, der ihn vor übereilten Erklärungen hätte abhalten können (OLG München wistra 2006, 118; KG Berlin StV 2006, 685; vgl. auch BGH NStZ-RR 2017, 186). Erklären Angeklagter und Verteidiger im Anschluss an die Urteilsverkündung Rechtsmittelverzicht, so erstreckt sich dieser i.d.R. auch auf die sofortige Beschwerde (§§ 464 III StPO, 8 III StrEG).

Hinweis: Erklärt der Angeklagte im Anschluss an ein nach § 154 II StPO eingestelltes Verfahren zur Sitzungsniederschrift, er nehme sein Rechtsmittel gegen ein anderes vom selben Gericht gesprochenes Urteil zurück, so ist diese Erklärung sogleich wirksam geworden und nicht mehr widerrufbar. Dass sie im Anschluss an ein anderes Verfahren abgegeben wurde, schadet nicht; denn das richterliche Protokoll steht der Niederschrift der Geschäftsstelle gleich und ersetzt sie (BGHSt 31, 109). Damit hat der Angeklagte das Rechtsmittel in zulässiger Form zurückgenommen (BGH wistra 1989, 67).

Im Falle einer **Verfahrensabsprache** gem. § 257c StPO ist ein Rechtsmittelverzicht **510**
ausgeschlossen, § 303 I 2 StPO; wird er gleichwohl erklärt, ist er unwirksam. Ob auch nach der Entscheidung des BVerfG zu Verfahrensabsprachen im Strafprozess (siehe Rn. 315ff.) die Einlegung des Rechtsmittels mit anschließender sofortiger Rücknahme (BGHSt 55, 82) als zulässig angesehen werden kann, ist mehr als zweifelhaft (zum Streitstand KK-*Moldenhauer/ Wenske* § 257c StPO Rn. 56).

Eine **Teilrücknahme** ist in gleichem Umfang zulässig, wie eine von vornherein erklärte Beschränkung des Rechtsmittels. Auch rechtsmittelbezogene Erklärungen müssen **eindeutig** sein. Die Erklärung des Angeklagten, dass er das Urteil „anerkenne", enthält eine Rücknahme bzw. einen Verzicht (vgl. BGH NStZ 1983, 213). Die Mitteilung des Angeklagten und Berufungsführers „ich bin an der Berufungsverhandlung nicht interessiert" ist jedoch keine Rücknahme, sondern sie enthält die Erklärung, man möge im Falle seines Ausbleibens nach § 329 StPO verfahren.

Hinweis: Ein Rechtsmittelverzicht kann auch konkludent geschehen, etwa durch folgende Erklärung des Angeklagten: „Ich ware heilfroh und Ihnen von Herzen dankbar, wenn Sie im Urteil vielleicht auf Haftverkürzungen eingehen könnten wie Halbstrafe, $^{7}/_{12}$ oder $^{2}/_{3}$" (BGH NStZ-RR 2004, 228 Nr. 15; vgl. auch BGH NStZ 2005, 47 – Kopfnicken).

Zur Zurücknahme bedarf der Verteidiger einer ausdrücklichen **Ermächtigung,** **511**
§ 302 II StPO. Die Ermächtigung zur Rechtsmittelrücknahme kann vom Angeklagten mündlich (sogar durch bloßes Kopfnicken, BGH a.a.O.) erteilt und im Freibeweis durch Versicherung des Verteidigers belegt werden. An die Rücknahme bleibt der Angeklagte gebunden (BGH NStZ 2004, 55).

Hinweis: Kein Fall des § 302 II StPO liegt vor, wenn der Verteidiger ohne Bezeichnung des Rechtsmittelziels Revision eingelegt und erst in der Revisionsbegründung erklärt hat, das Rechtsmittel solle nur in beschränktem Umfang (z.B. auf den Rechtsfolgenausspruch beschränkt) eingelegt sein. Darin liegt weder eine Teilrücknahme der Revision noch ein Teilverzicht in Bezug auf den nicht angefochtenen Urteilsteil; es wird lediglich der Umfang der Anfechtung konkretisiert (BGHSt 38, 4; vgl. auch BGH StV 1992, 10). Anders liegt der Fall aber beim Einspruch gegen einen Bußgeldbescheid (OLG Bamberg ZfSch 2018, 588), beim Einspruch gegen den Strafbefehl (OLG Düsseldorf NStZ 2010, 655) und bei der Berufung (OLG Stuttgart Justiz 2011, 104).

Unter den Voraussetzungen des § 303 StPO bedarf die Rechtsmittelrücknahme der **Zustimmung** des Gegners. Fehlt es am Nachweis einer ausdrücklichen Zustimmungserklärung, etwa weil sie den Akten nicht zu entnehmen ist, kommt doch eine stillschweigende Zustimmung in Betracht (OLG Stuttgart Justiz 1990, 469; OLG Hamm StRR 2010, 42; Verkehrsrecht aktuell 2017, 180). Das Schweigen des Rechtsmittelgegners ist jedenfalls dann als wirksame Zustimmungserklärung anzusehen, wenn dieser die Erklärung unzweideutig zur Kenntnis genommen hat, ihm Bedeutung und Tragweite der Zustimmung bewusst sind und sein gesamtes weiteres Prozessverhalten keinen Anhalt dafür bietet, dass er mit der Erklärung nicht einverstanden sein könnte. Die Befugnis des Beschwerdeführers, über sein Rechtsmittel allein zu verfügen, erlischt mit dem Beginn der ersten Hauptverhandlung in der Instanz, so dass es bei mehrmaliger Hauptverhandlung über dasselbe Rechtsmittel (sei es wegen Unterbrechung der Verhandlung über die Frist des § 229 StPO hinaus, sei es wegen Aufhebung des ergangenen Urteils und Zurückverweisung), für eine wirksame Rücknahme oder Beschränkung des Rechtsmittels der Zustimmung des Gegners nach § 303 StPO bedarf.

512 **b) Anfechtung und Widerruf von Rechtsmittelerklärungen.** Anfechtung und Widerruf von Rechtsmittelerklärungen spielen in der Praxis, was die Vielzahl der veröffentlichten BGH-Entscheidungen beweist, eine bedeutende Rolle. Entsprechend groß ist auch ihre Bedeutung für die Examensklausur. Im Einzelnen gilt Folgendes:

513 **aa) Widerruf vor Wirksamwerden.** Rechtsmittelverzicht und Rücknahme werden zu dem Zeitpunkt wirksam, in dem sie bei dem mit der Sache befassten Gericht eingehen. Vorher können sie jederzeit voraussetzungslos widerrufen werden.

Eine Vorverlegung dieses Zeitpunkts ist in § 299 II StPO geregelt. Danach werden Erklärungen, die berechtigter Weise nach § 299 I StPO und in der dort geregelten Form abgegeben werden, bereits mit Abschluss der Beurkundung wirksam. Das gilt auch für Erklärungen nach § 302 I StPO. Ist allerdings die Sache schon beim Rechtsmittelgericht anhängig, wird die **Rücknahme**erklärung doch erst dann wirksam, wenn sie **dort** eingeht (BGH MDR 1978, 218). Vorher ist sie widerrufbar.

514 **bb) Verhandlungsfähigkeit.** Oftmals wird geltend gemacht, der Erklärende sei bei Abgabe der Rücknahme- oder Verzichtserklärung verhandlungsunfähig gewesen. Tatsächlich ist Wirksamkeitsvoraussetzung der Rücknahme- und Verzichtserklärung die Verhandlungsfähigkeit (nicht Geschäftsfähigkeit) des Erklärenden. Sie wird nur durch schwere körperliche oder seelische Mängel ausgeschlossen. Ob Verhandlungsunfähigkeit vorlag, ist im Wege des Freibeweises zu prüfen. Der Grundsatz „in dubio pro reo" gilt nicht (BGH NStZ 1984, 181). Auch fehlende Sprachkenntnisse können die Wirksamkeit eines Rechtsmittelverzichts in Frage stellen (BGH NStZ-RR 2004, 214).

515 **cc) Einfluss von Willensmängeln.** Ansonsten kann die Erklärung, wie auch alle anderen Prozesshandlungen, weder widerrufen, angefochten noch sonst zurückgenommen werden, wenn der Erklärung lediglich ein einfacher Motivirrtum zugrunde liegt (BGH bei *Pfeiffer/Miebach* NStZ 1983, 213).

Erwiesene Willensmängel sind bei Rechtsmittelerklärungen nur dann ausnahmsweise zu beachten, wenn überwiegende Gründe der Gerechtigkeit den Vorrang vor dem Gesichtspunkt der Rechtssicherheit beanspruchen (BGHSt 17, 14). Danach gebietet es ein faires Verfahren, die Unwirksamkeit einer Rechtsmittelerklärung jedenfalls dann anzunehmen, wenn der Willensmangel durch objektiv unrichtige Maßnahmen der staatlichen Strafverfolgungsorgane herbeigeführt worden.

Beispiele für Unwirksamkeit: Der Angeklagte nimmt nach Erlass eines ersichtlich unrichtigen Haftbefehls ein Rechtsmittel zurück, um seine sofortige Freilassung zu erreichen (KG JR 1977, 34); der Betroffene wird mit Mitteln, die bei § 136a StPO oder in dessen Nähe angesiedelt sind, zur Erklärung veranlasst (vgl. z. B. BGH NStZ 2005, 279; ThürOLG NStZ 2003, 616 – Androhung eines Sicherungshaftbefehls); er wird von staatlicher Seite über Voraussetzungen und Aussichten des

Rechtsmittels oder über Art und Zeitpunkt des Verfahrensfortgangs getäuscht – „in absehbarer Zeit bekommen Sie keinen neuen Termin" –; der Vorsitzende nimmt unter Verstoß gegen die richterliche Fürsorgepflicht eine Verzichtserklärung des Angeklagten entgegen, ohne dass dieser Gelegenheit hatte, die Frage des Verzichts mit seinem Verteidiger zu erörtern (vgl. BGHSt 18, 257 – zu Problemen im Zusammenhang mit § 140 StPO siehe oben); der Angeklagte erklärt Rechtsmittelverzicht nach Beratung durch einen nicht mehr als Rechtsanwalt zugelassenen „Scheinverteidiger" (BGH NStZ 2002, 379); der Rechtsmittelverzicht beruht auf einer vom Vorsitzenden unzuständigerweise abgegebenen und alsbald nach Urteilsverkündung nicht eingehaltenen Zusage (z. B. über die Vollzugsgestaltung, BGH NStZ 1995, 556); der Rechtsmittelverzicht des Angeklagten beruht er auf einer – auch irrtümlich erteilten – falschen Auskunft des Gerichts über die beamtenrechtlichen Nebenfolgen des Urteils (BGH NStZ 2001, 493); der Angeklagte hat die Revisionsrücknahme im Vertrauen auf die Richtigkeit einer objektiv unrichtigen Auskunft des Vorsitzenden über die Unmöglichkeit eines Bewährungswiderrufs in anderer Sache erklärt (BGH NStZ-RR 2002, 101).

Beispiele für Wirksamkeit: Hingegen wird ein Willensmangel bei falscher Belehrung durch den Verteidiger nicht berücksichtigt (BGH NStZ-RR 2004, 228 Nr. 14); es liegt auch kein relevanter Willensmangel vor, wenn der Staatsanwalt ankündigt, für den Fall der Nichtabgabe eines Verzichts selbst Rechtsmittel einlegen zu wollen, oder der Verteidiger erklärt, bei Nichtannahme des Urteils das Mandat niederzulegen (BGH NStZ 1986, 277); ohne Relevanz ist auch der Irrtum des Angeklagten, die schriftlichen Urteilsgründe würden keine anderen Gesichtspunkte enthalten als die mündlich mitgeteilten (BGH wistra 1991, 271); auch in einem Fall, in dem der vorab von dem Verteidiger kontaktierte Strafkammervorsitzende sich dahin geäußert hat, die Kammer könne wohlwollende Formulierungen bezüglich der Aufnahme in den offenen Vollzug in das Urteil schreiben, ist ein Rechtsmittelverzicht wirksam. Der Vorsitzende hat damit nämlich nicht zugesichert, der Angeklagte werde nach Rücknahme seiner Revision unmittelbar in den offenen Vollzug geladen (BGH NStZ-RR 2006, 146). Aus enttäuschten Erwartungen kann die Unwirksamkeit des Rechtsmittelverzichts ebenfalls nicht hergeleitet werden, etwa dann, wenn der Angeklagte irrig meint, der Verzicht lasse eine zuvor verkündete Außervollzugsetzung des Haftbefehls unberührt. Das Gericht trifft in diesem Fall auch keine Hinweispflicht (BGH NStZ-RR 2002, 114).

Offengelassen hat der BGH die Frage der Wirksamkeit für den Fall einer unrichtigen Zusage der Staatsanwaltschaft, der Angeklagte könne im Falle der Rücknahme innerhalb einer Woche im offenen Vollzug sein (BGH NStZ 1988, 213); eine bewusste Täuschung – Rechtsirrtum genügt nicht – seitens des Staatsanwaltschaft macht den Rechtsmittelverzicht unwirksam (BGH wistra 1994, 30).

dd) Verfahrensrechtliches. Liegt die Wirksamkeit der Rücknahme im Streit, kann das Rechtsmittelgericht außerhalb der Hauptverhandlung durch Beschluss aussprechen, dass das Rechtsmittel durch die Rücknahme erledigt ist. Dieselbe Rechtsfolge (Erledigung des Rechtsmittels durch Rücknahme) kann das Berufungsgericht auch durch Urteil aussprechen (*Meyer-Goßner/Schmitt* § 303 Rn. 7). Das Urteil unterliegt nach allgemeinen Grundsätzen der Revision. 516

Die wirksame Rücknahme enthält den Verzicht auf erneute Einlegung. Eine solche wäre unzulässig. Auch der Verzicht macht ein gleichwohl eingelegtes Rechtsmittel unzulässig. In beiden Fällen ist die Wiedereinsetzung ausgeschlossen, ein darauf gerichteter Antrag unzulässig (KK-*Paul* § 302 Rn. 15 a. E.).

6. Form und Adressat der Einlegung

Rechtsmittel werden bei dem die Entscheidung erlassenden Gericht schriftlich oder zu Protokoll der Geschäftsstelle eingelegt (§§ 306 I, 314 I, 341 I StPO). Sie sind bedingungsfeindlich. Der inhaftierte Beschuldigte kann sich der Sonderform des § 299 I StPO bedienen. Telegramm, Fernschreiben, Telebrief und Telefax stehen der Schriftform gleich. Telefonische Erklärung ist unzulässig, auch wenn der Urkundsbeamte hierüber einen Vermerk aufnimmt (h.M.; vgl. BGHSt 30, 64; a.A. LG Münster NStZ 2005, 472) – anders ist dies nach h. M. im Bußgeldverfahren beim Einspruch gegen den Bußgeldbescheid, vgl. BGHSt 29, 173. Erklärung zu Protokoll der Hauptverhandlung ist möglich (vgl. BGHSt 31, 109; ein Anspruch auf diese Art der Einlegung besteht aber nicht). Als ausreichend wird auch ein aus einem PC heraus verschicktes 517

Fax, das naturgemäß nicht unterschrieben ist, angesehen (OLG Düsseldorf NStZ-RR 1999, 49; OLG München NJW 2003, 3429; grundlegend BVerfG NJW 2002, 3534), nicht aber eine einfache E-Mail (OLG Oldenburg NJW 2009, 536; OLG Oldenburg NZV 2012, 303).

Nach dem neu eingeführten § 32a StPO können elektronische Dokumente bei Staatsanwaltschaften und Gerichten eingereicht werden. **Rechtsmittel** fallen unter Abs. 3 und 4 der Vorschrift und unterliegen damit erhöhten Anforderungen wie einer qualifizierten elektronischen Signatur und der Benutzung eines sog. sicheren Übermittlungsweges.

Hinweis: Das Fehlen einer Rechtsmittelbelehrung (§ 35a StPO) hindert den Lauf der Frist nicht und kann allenfalls eine Wiedereinsetzung in den vorigen Stand (§ 44 S. 2 StPO) begründen oder der Wirksamkeit eines Verzichts entgegenstehen.

III. Beschränkung von Rechtsmitteln

1. Grundsätzliches

518 Alle drei Rechtsmittel der StPO beinhalten die Möglichkeit der Teilanfechtung oder Rechtsmittelbeschränkung. Für die Berufung und Revision ist die Beschränkung gesetzlich ausdrücklich geregelt (§§ 318, 344 I StPO – „inwieweit"), für die Beschwerde ist sie nach Maßgabe der für die Berufung und Revision geltenden Grundsätze anerkannt (*Meyer-Goßner/Schmitt* § 304 Rn. 4 m. w. N.). Voraussetzung einer wirksamen Teilanfechtung ist stets, dass der angefochtene Teil der Entscheidung gegenüber dem nicht angefochtenen derart selbstständig ist, dass er tatsächlich und rechtlich eine gesonderte Prüfung und Beurteilung erlaubt (sogenannte **Trennbarkeitsformel**). Der unangefochten gebliebene Entscheidungsteil darf zu dem vom Rechtsmittelgericht geschaffenen Entscheidungsteil nicht im Widerspruch stehen; die Teile müssen vielmehr als ein einheitliches Ganzes dastehen und „lesbar" sein. Die Beschränkung ist schon dann unwirksam, wenn durch die getrennte Prüfung die Gefahr von Widersprüchen zwischen den Entscheidungsteilen nicht ausgeschlossen ist (Gebot der **Widerspruchsfreiheit**).

Lesetipp: Altmann: Die Teilanfechtung von Urteilen im Strafprozess, JuS 2008, 790

2. Erklärung der Beschränkung

519 Die Beschränkung des Rechtsmittels muss eindeutig erklärt werden. Vom Angeklagten selbst verfasste Schreiben bedürfen besonders sorgfältiger Auslegung. Sätze wie „Meine Begründung liegt beim Strafmaß", „ein Gefängnisaufenthalt kommt für mich nicht in Frage, ich will Bewährung" oder „die Strafe ist mir zu hoch" enthalten keine eindeutige Beschränkung, weil die Höhe der Strafe bzw. deren Aussetzungsfähigkeit auch auf nicht hingenommenen Schuldfeststellungen gründen kann. In Zweifelsfällen muss der Wille des Rechtsmittelführers durch Erfragen geklärt werden. Keine Beschränkung des Rechtsmittels „auf den Rechtsfolgenausspruch" liegt auch dann vor, wenn die Begründung ergibt, dass sich der Angeklagte in Wahrheit gegen den Schuldumfang und damit gegen den Schuldspruch wendet. In solchen Fällen ist das Rechtsmittel gemäß § 300 StPO in ein unbeschränktes umzudeuten.

3. Einzelfragen zur Beschränkbarkeit

520 **a) Tatmehrheit und Tateinheit.** Das Rechtsmittel kann auf einzelne von mehreren Taten beschränkt werden, die in Tatmehrheit zueinanderstehen, da sie dem Rechtsmittelgericht die Möglichkeit geben, den angefochtenen Teil des Urteils losgelöst vom übrigen Urteilsinhalt selbstständig zu prüfen und rechtlich zu beurteilen. Dies gilt erst recht für verfahrensrechtlich selbstständige Komplexe. Dagegen ist die Beschränkung eines Rechtsmittels innerhalb der Schuldfrage einer Einzeltat nicht möglich, weil dem der Grundsatz der Untrennbarkeit des Schuldspruchs entgegensteht. Deshalb ist auch eine Rechtsmittelbeschränkung auf eine Tat, die mit einer anderen in Tateinheit steht, nicht möglich. Die Beschränkung der Berufung auf den Rechtsfolgenausspruch mit dem Ziel einer anderen rechtlichen Würdigung des festgestellten Sachverhalts (z.B. Nötigung in Tateinheit mit Körperverletzung an Stelle von sexueller Nötigung in Tateinheit mit Körperverletzung) ist unwirksam, weil die Feststellungen zum Schuldspruch nicht bestehen bleiben können, wenn an die Stelle des im angefochtenen Urteil angewandten Strafgesetzes ein in seinen Tatmerkmalen anderes Gesetz treten soll (OLG Frankfurt NStZ-RR 2003, 371).

Hinweis: Nimmt das angefochtene Urteil zu Unrecht Tatmehrheit an, wenn in Wirklichkeit Tateinheit gegeben ist, so muss das Rechtsmittelgericht den ganzen Schuldspruch beurteilen, da sonst die Beschränkung das Rechtsmittelgericht hindern würde, die zu seiner Entscheidung gebrachte Teilfrage richtig zu behandeln (BGH NStZ 1996, 203).

b) Alternative Verhaltensweisen. Sind in einer wahldeutigen Anklage zwei im Verhältnis der Alternativität stehende Straftaten aufgeführt (z.B. falsche Verdächtigung und falsche uneidliche Aussage), ist eine wirksame vertikale Beschränkung des Rechtsmittels auf die Straftat, wegen welcher der Angeklagte verurteilt wurde, nicht möglich. Gegenstand des Rechtsmittelverfahrens sind die beiden in der Anklage aufgeführten alternativen Verhaltensweisen des Angeklagten (OLG Karlsruhe JR 1989, 82). **521**

c) Beschränkung des Rechtsmittels auf den Rechtsfolgen- oder Strafausspruch. In der Praxis besonders häufig ist die Beschränkung des Rechtsmittels auf den Rechtsfolgenausspruch oder Strafausspruch, falls nur ein solcher getroffen wurde. **522**

Eine Beschränkung des Rechtsmittels auf den Rechtsfolgenausspruch ist grundsätzlich möglich und wirksam. Voraussetzung für die Teilanfechtung des Rechtsfolgenausspruchs ist allerdings, dass die Feststellungen zur objektiven und subjektiven Tatseite so vollständig, klar und widerspruchsfrei sind, dass sie eine hinreichende Grundlage für die Prüfung des Rechtsfolgenausspruchs bilden. Als unwirksam ist eine Beschränkung auf den Strafausspruch daher anzusehen, wenn die Feststellungen zum Schuldspruch so mangelhaft sind, dass sie dem Berufungsgericht keine ausreichende Grundlage für seine Entscheidung über die Rechtsfolge liefern. Eine ausreichende Grundlage für die Strafzumessung liegt dann nicht vor, wenn die tatsächlichen Feststellungen zur Tat deren Unrechts- und Schuldgehalt nicht einmal in groben Zügen erkennen lassen (BayObLG NStZ-RR 2003, 117), wenn das angewendete Strafgesetz nicht erkennbar wird und unklar bleibt, von welchem Strafrahmen auszugehen ist (OLG Köln VRS 98, 140 m.w.N.), wenn Angaben zur inneren Tatseite fehlen oder die Schuldform nicht festgestellt ist (BayObLG NStZ-RR 2003, 310), wenn bei einer Alkoholfahrt (§§ 315c oder 316 StGB) Fahrtanlass und Fahrtstrecke nicht mitgeteilt werden (BayObLG NStZ 1997, 359; OLG Bamberg DAR 2015, 273), wenn bei Betäubungsmitteldelikten der Wirkstoffgehalt nicht festgestellt ist (BayObLG NStZ 2000, 210; StraFo 2003, 383; anders, wenn das Vorliegen einer „nicht geringen Menge“ von Betäubungsmitteln gem. § 29a I 2 BtMG ausgeschlossen ist, OLG Frankfurt NStZ-RR 2003, 23; OLG Oldenburg NStZ-RR 2008, 117), wenn bei Körperverletzungsdelikten die konkrete Art und das Ausmaß der Verletzungen offen bleiben, wenn nach den Feststellungen zu dem nicht angefochtenen Schuldspruch eine Straftat überhaupt nicht vorliegt (BayObLG NStZ 1994, 88), wenn eine neue Entscheidung über die Schuldfrage aufgrund der für die Strafzumessung festzustellenden Tatsachen zu einer Verneinung der Schuld führen würde (OLG Köln NStZ 1989, 24) oder – **wichtigster Fall in der Praxis** – wenn der Sachverhalt Anlass gibt, die Frage der Schuldfähigkeit zu prüfen, hierzu aber keine oder unzureichende Feststellungen getroffen sind (BayObLG VRS 99, 420; OLG Bamberg NStZ-RR 2017, 171).

Wenn in der Klausur eine Beschränkung des Rechtsmittels auf den Rechtsfolgenausspruch vorkommt, ist also stets zu prüfen, ob die Feststellungen des angefochtenen Urteils eine Beschränkung überhaupt zulassen.

523 **d) Beschränkung innerhalb des Rechtsfolgenausspruchs.** Die Beschränkung des Rechtsmittels auf die Höhe des Tagessatzes ist zulässig (BGHSt 27, 70; BayObLG VRS 100, 354), weil die Bemessung der Höhe des Tagessatzes ein Bestandteil des Strafausspruchs ist, der regelmäßig in keiner Wechselwirkung zu den übrigen Bestandteilen des Strafausspruchs, der Festsetzung der Zahl der Tagessätze, der Entziehung der Fahrerlaubnis oder der Anordnung der Sperrfrist steht und deshalb losgelöst von ihnen selbstständig überprüft und rechtlich beurteilt werden kann. Zulässig ist i.d.R. auch die Beschränkung auf die Frage der Aussetzung der Vollstreckung einer Freiheitsstrafe zur Bewährung (BGHSt 24, 164; s.a. *Meyer-Goßner/Schmitt* § 318 Rn. 20a m.w.N.). Allerdings gilt dies nur, wenn der Beschwerdepunkt nach dem inneren Zusammenhang des Urteils losgelöst von dem nicht angefochtenen Teil rechtlich und tatsächlich selbständig geprüft und beurteilt werden kann. Sonst aber ist bei der Beschränkung innerhalb des Rechtsfolgenausspruchs äußerste Vorsicht am Platze, weil Hauptstrafe, Nebenstrafen, Nebenfolgen und Maßregeln der Besserung und Sicherung sehr häufig untrennbar miteinander verknüpft sind und in einer unlösbaren inneren Abhängigkeit zueinanderstehen. So ist es in der Regel nicht möglich, den Rechtsfolgenausspruch auf das Fahrverbot, die Entziehung der Fahrerlaubnis zu beschränken (siehe den lehrreichen Beschluss des BGH in BGHSt 47, 32). Zu den zahlreichen Einzelfragen siehe *Meyer-Goßner/Schmitt* § 318 Rn. 18ff.; KK-*Paul* § 318 Rn. 7ff.

523a **e) Beschränkung im Rahmen einer Verständigung.** Ob eine Rechtsmittelbeschränkung Gegenstand einer Verständigung sein darf, ist umstritten (bejahend OLG Nürnberg StraFo 2016, 473 m.w.N.).

4. Wirkungen der Rechtsmittelbeschränkung

524 Bei **unwirksamer Beschränkung** ist das Rechtsmittel nicht unzulässig, sondern gilt, soweit die Unwirksamkeit reicht, als unbeschränkt eingelegt (z.B. bei unwirksamer Beschränkung auf den Rechtsfolgenausspruch als im Ganzen, bei unwirksamer Anfechtung eines Rechtsfolgenteils als im gesamten Rechtsfolgenausspruch) – zu den Besonderheiten der Revision siehe Rn. 579.

Beispiel: A ist mit seinem Motorrad in eine Alkoholkontrolle geraten (BAK 1,3‰). Das Amtsgericht verurteilt ihn zu einer Geldstrafe, entzieht ihm die Fahrerlaubnis und nimmt von der Wiedererteilungssperre Feuerwehrlöschfahrzeuge der Klasse B aus (was § 69a II StGB zulässt). Die Staatsanwaltschaft legt Sprungrevision ein, rügt die Verletzung sachlichen Rechts und beschränkt ihr Rechtsmittel auf die Herausnahme der Löschfahrzeuge von der Sperre. Die Beschränkung ist unwirksam, weil zwischen den Erwägungen zum Entzug der Fahrerlaubnis und der Bemessung der Sperrfrist einerseits und denen zur Ausnahmebewilligung andererseits Wechselwirkung in Betracht kommt (BayObLG NZV 2005, 592). Die Beschränkung auf den nächst folgenden möglichen Punkt (Sicherungsmaßregel insgesamt) ist ebenfalls (i.d.R.) unwirksam, da zwischen Strafzumessung und Maßregel auch Wechselbeziehung besteht. Die zusätzliche Festsetzung der Maßregel kann z.B. zu einer geringeren Strafe als sonst angemessen führen. Also gilt die Revision als gegen den gesamten Rechtsfolgenausspruch eingelegt. Und auch diese Beschränkung könnte im Einzelfall noch unwirksam sein, wenn z.B. die Trunkenheitsfahrt in ihrem Unrechts- und Schuldgehalt zu dürftig geschildert wäre.

Wirksame Beschränkung auf tatmehrheitlich begangene Straftaten führt zur Rechtskraft des Urteils wegen der übrigen. Bei Beschränkung des Rechtsmittels innerhalb einer einheitlichen Tat (z.B. auf den Rechtsfolgenausspruch) tritt die sogenannte **horizontale Teilrechtskraft** ein, die lediglich Bindung des Rechtsmittelrichters an den Schuldspruch und die ihm zugrunde liegenden Feststellungen schafft, die Einstellung des Verfahrens wegen eines Prozesshindernisses aber nicht hindert (*Meyer-Goßner/Schmitt* § 318 Rn. 31).

Hinweis: Dementsprechend kann auch nach Beschränkung der Berufung auf den Rechtsfolgenausspruch der Strafantrag wirksam zurückgenommen werden, solange der Rechtsfolgenausspruch noch nicht in Rechtskraft erwachsen ist (OLG Zweibrücken MDR 1991, 1078).

5. Wirkung der Beschränkung auf den Rechtsfolgenausspruch

Diese ist **im Einzelnen** nachfolgend eingehender darzustellen, da sie in der Praxis 525
und auch in der Klausur von großer Bedeutung ist. Insoweit hat die höchstrichterliche Rechtsprechung zum Umfang der Bindungswirkung *strenge Grundsätze* aufgestellt.

Hinweis: Diese gelten in entsprechender Weise übrigens dann, wenn das Revisionsgericht ein voll angefochtenes Urteil im Schuldspruch bestätigt, aber im Rechtsfolgenausspruch aufhebt und die Sache insoweit an das Tatgericht zu neuer Verhandlung und Entscheidung zurückverweist.

Bindend sind zunächst einmal alle jene Umstände der Sachverhaltsdarstellung, in denen die gesetzlichen Merkmale der dem Angeklagten zur Last gelegten Straftaten gefunden werden. Selbst wenn von mehreren Tatsachen bereits ein Teil ausreichen würde, um ein Tatbestandsmerkmal zu erfüllen, so gehören gleichwohl alle zum Schuldspruch. An dessen Bindungswirkung nimmt also nicht nur das Mindestmaß an Tatsachen teil, ohne das der Schuldspruch überhaupt keinen Bestand mehr hätte. Vielmehr unterliegen auch solche Abweichungen, durch die nur der Schuldumfang betroffen, die rechtliche Beurteilung aber nicht in Frage gestellt wird, dem Widerspruchsverbot.

Die Bindungswirkung besteht also auch für die vom Erstgericht *getroffenen Feststellungen* über den Zeitpunkt des Tatentschlusses, für das tatauslösende Moment und für die Beweggründe der Tatbegehung. Über die genannten Tatumstände hinaus, welche die gesetzlichen Merkmale der dem Angeklagten zur Last gelegten Tat ausfüllen oder auszufüllen geeignet sind, entfalten zum einen auch die Bestandteile der Sachverhaltsschilderung innerprozessuale Bindungswirkung, aus denen der Richter im Rahmen der Beweiswürdigung seine Überzeugung von der Schuld des Angeklagten abgeleitet hat. Zum andern nehmen aber auch jene Teile der Sachverhaltsdarstellung als den Schuldspruch tragend an der Bindungswirkung teil, die das Tatgeschehen im Sinne eines geschichtlichen Vorgangs lediglich näher beschreiben, z.B. die Umstände schildern, die der Tatausführung das entscheidende Gepräge gegeben haben. Der geschichtliche Vorgang, der dem Schuldspruch zugrunde liegt, bildet ein geschlossenes Ganzes, aus dem nicht Einzelteile herausgegriffen und zum Gegenstand neuer, abweichender Feststellungen gemacht werden dürfen.

An die danach zum Schuldspruch gehörenden Feststellungen ist das Gericht im weiteren Verfahren gebunden. Es darf diese zwar noch ergänzen, die ergänzenden Feststellungen dürfen den bindend gewordenen jedoch nicht widersprechen. Die den Schuldspruch tragenden Feststellungen sind sämtlich die „unantastbare Grundlage für das weitere Verfahren und wesentlicher Teil des abschließenden Urteils“. Dies folgt aus dem Grundsatz der Einheitlichkeit **(innere Einheit)** und damit notwendigen Widerspruchsfreiheit der Entscheidung, der unabhängig davon Gültigkeit beansprucht, ob ein Urteil über die Schuld- und Straffrage gleichzeitig entscheidet, oder ob nach rechtskräftigem Schuldspruch die Strafe in einem weiteren Verfahren neu festgesetzt wird. Beweiserhebungen, die darauf abzielen, aufrechterhaltene und damit bindende Feststellungen in Zweifel zu ziehen, sind unzulässig, § 244 III 1 StPO. Beweisergebnisse, die im Widerspruch zu bindenden Feststellungen stehen, haben außer Betracht zu bleiben.

526 Die Bindungswirkung gilt schließlich auch für die sogenannten **doppelrelevanten Tatsachen,** also jene Feststellungen, die sowohl die Schuld- als auch die Straffrage berühren.

Wenn es sich um Umstände handelt, die in Merkmalen der Tat selbst begründet sind, sind sie bindend, z.B. bei § 243 StGB. Nur Feststellungen, die für den Schuldspruch unwesentlich sind, entfalten keine Bindungswirkung; dazu gehören beispielsweise Feststellungen zu Vor- und Nachtaten (OLG Düsseldorf NStZ-RR 2000, 178).

Heißt es z.B. in den Feststellungen zum Tatgeschehen, der Anlass einer Fahrt ohne Fahrerlaubnis habe nicht festgestellt werden können, darf in der Strafzumessung nicht stehen, es habe sich um eine besonders unnötige Vergnügungsfahrt gehandelt oder umgekehrt, sie habe einem anerkennenswerten sozialen Zweck gedient (es geht um die Beweggründe der Tatbegehung). Ergibt sich das eine oder andere innerhalb einer Beweisaufnahme zur Rechtsfolgenfrage, muss es beiseite bleiben. Heißt es im Ausgangsurteil, der Angeklagte habe die Tat spontan begangen, darf das Berufungsurteil nicht ausführen, er habe zielstrebig, überlegt und planmäßig gehandelt. Es darf auch nicht feststellen, die Tat sei von Drohung beeinflusst gewesen, wenn davon im angefochtenen Urteil nicht die Rede ist. Besonders praxisrelevant ist folgendes weitere Beispiel: Geht das erstinstanzliche Urteil davon aus, der Angeklagte sei betäubungsmittelabhängig, darf die Berufungsinstanz nicht feststellen, er sei es nicht (BayObLG NStZ 2000, 275). Auch das Merkmal der Gewerbsmäßigkeit i.S.d. § 263 III StGB (der ja eine Strafzumessungsregel darstellt) bindet die Rechtsmittelinstanz (BayObLG NStZ-RR 2003, 209; OLG Karlsruhe NStZ-RR 2004, 271; OLG Stuttgart NStZ 2014, 719 für die Gewerbsmäßigkeit in § 29 III BtMG; a.A. OLG Köln NStZ-RR 2003, 298).

Hat das Berufungsgericht bei einer Beschränkung der Berufung auf den Rechtsfolgenausspruch die Wirksamkeit der Beschränkung fälschlich verneint und eigene Feststellungen zum Tatgeschehen getroffen oder die Wirksamkeit zwar bejaht, aber über die vom Amtsgericht getroffenen Feststellungen hinaus weitere den Schuldumfang betreffende Umstände festgestellt, so liegt ein sachlich-rechtlicher Mangel des angefochtenen Berufungsurteils vor, der von Amts wegen zu beachten ist (BGH NStZ 1984, 566; BayObLG NJW 1989, 1873; OLG Bamberg, Urteil vom 24. Juli 2012 – 3 Ss 62/12 –, juris). Das Gleiche gilt, wenn die Wirksamkeit der Beschränkung zu Unrecht bejaht wurde (OLG Bamberg StV 2018, 276).

Hinweis: Die Beschränkung des Rechtsmittels auf den Strafausspruch erweist sich dann im Nachhinein als unwirksam, wenn eine neue Entscheidung über die Schuldfrage auf Grund der zu § 21 StGB zu treffenden Feststellungen zu einer Verneinung der Schuld führen könnte (s.o.). Gleiches gilt aber nicht, wenn die zulässige Beweisaufnahme zur Straffrage ergibt, dass der Angeklagte aus anderen Gründen nicht schuldig ist, etwa die Tat gar nicht begangen oder gerechtfertigt gehandelt hat (*Meyer-Goßner/Schmitt* § 318 Rn. 17a).

6. Bindungswirkung bei rechtlich fehlerhaftem Schuldspruch

527 Auf einem anderen Blatt steht, welche Rechtsfolgen eintreten, wenn sich nach Beschränkung auf den Rechtsfolgenausspruch im weiteren Verfahren erweist, dass der Urteilsspruch fehlerhaft ist, die Strafbarkeit sich also nach einer anderen Bestimmung hätte richten müssen. Einigkeit dürfte darüber bestehen, dass der Schuldspruch dann Bestand hat, wenn lediglich eine andere Strafbestimmung von gleichem oder ähnli-

chem Gewicht heranzuziehen gewesen wäre (OLG München, Beschluss vom 23.1.2007, 4 St RR 3/07). Deshalb spielt es z.B. keine Rolle, wenn der Angeklagte statt wegen Täterschaft nur wegen Beihilfe hätte schuldig gesprochen werden dürfen oder wenn statt Betrug Diebstahl in Betracht gekommen wäre u.ä.m. Dagegen soll bei einer Verurteilung wegen eines Verbrechens (§ 249 StGB) die Beschränkung des Rechtsmittels auf den Rechtsfolgenausspruch unwirksam sein, wenn die getroffenen Schuldfeststellungen lediglich die Verurteilung wegen eines Vergehens (§ 242 StGB) tragen (OLG Saarbrücken NStZ 1997, 149), wenn innerhalb derselben Deliktskategorie eine Norm mit geringerem Strafrahmen zum Tragen kommt (OLG Köln NStZ-RR 2000, 49; str., vgl. OLG München a.a.O.) oder wenn sich das als Straftat abgeurteilte Geschehen nur als Ordnungswidrigkeit darstellt (OLG Stuttgart NStZ-RR 2002, 47 – insgesamt lesenswert). Fraglich bleibt, wie zu verfahren ist, wenn man zu der Annahme gelangt, es liege im einen oder anderen Punkt oder gar insgesamt aus Rechtsgründen überhaupt keine Straftat vor. Unzulässig ist es, in solchem Falle die gesetzliche Mindeststrafe auszusprechen mit der Begründung, der Schuldspruch sei falsch (OLG Stuttgart Justiz 1972, 187). Eine gänzlich fehlende Bindung an den Schuldspruch mit dem Ergebnis des Freispruchs wird man auf die Fälle beschränken müssen, in denen der festgestellte Sachverhalt unter keinem denkbaren Gesichtspunkt unter ein Strafgesetz subsumiert werden kann (vgl. BayObLG NStZ 1994, 88). Denn nur dann erscheint es ausgeschlossen, aus dem Schuldspruch eine mit Recht und Gerechtigkeit vereinbare Strafe herzuleiten (weitergehend LR-*Gössel* § 318 Rn. 58f.). In Fällen, in denen es an solcher Evidenz fehlt, also lediglich eine fehlerhafte Subsumtion vorliegt, ist der Mangel des Schuldspruchs bei der Wahl der Rechtsfolge angemessen zu berücksichtigen, d.h. die Auswirkungen der Rechtsfehler eines rechtskräftigen fehlerhaften Schuldspruchs sind auf das unvermeidliche Maß zu beschränken (OLG Karlsruhe Justiz 1978, 116).

Tipp: Das Thema „Wirksamkeit einer Rechtsmittelbeschränkung“ ist jedenfalls ständig im Fluss und immer examensverdächtig!

IV. Verschlechterungsverbot

1. Grundsatz

Legt lediglich der Angeklagte, zu seinen Gunsten die Staatsanwaltschaft oder sein ge- **528**
setzlicher Vertreter Berufung oder Revision ein, dürfen im weiteren Verfahren, gleich, welchen Lauf es nimmt, die im angefochtenen Urteil gegen den Angeklagten erkannten Rechtsfolgen in Art und Höhe nicht verschärft werden – mit Ausnahme der möglich bleibenden Unterbringung in einem psychiatrischen Krankenhaus oder einer Entziehungsanstalt (§§ 331 I und II, 358 II StPO). Das Verschlechterungsverbot (auch Verbot der „reformatio in peius“ genannt) bezieht sich nur auf Urteile, nicht auf Beschlüsse und ihre Anfechtbarkeit mit der Beschwerde (KG JR 1981, 391; OLG Karlsruhe Justiz 1986, 332), weil das Beschwerderecht eine den §§ 331, 358 II StPO vergleichbare Vorschrift nicht kennt. So bezieht sich das Verschlechterungsverbot nicht auf Bewährungsauflagen (BGH NJW 1982, 1544) oder -weisungen (KG NStZ-RR 2006, 137). Dem Verschlechterungsverbot unterliegen lediglich einzelne Beschlussentscheidungen, z.B. die urteilsersetzende (§ 55 StGB!) Bildung einer Gesamtstrafe nach § 460 StPO (vgl. OLG Frankfurt NStZ-RR 1996, 177) und andere Beschlüsse, die Rechtsfolgen endgültig festsetzen und der materiellen Rechtskraft fähig sind (zum Ganzen KK-*Zabeck* § 309 Rn. 12).

Der Angeklagte soll sich nicht durch die *Befürchtung, härter bestraft zu werden,* von der Einlegung eines Rechtsmittels abhalten lassen. Diesem Gesichtspunkt hat der Gesetzgeber den Vorrang vor der unbeschränkten Durchsetzung der materiellen Wahrheit gegeben. Er tut dies allerdings in Grenzen: Dies ergibt sich einmal aus §§ 331 II, 358 II 2 StPO, die überwiegende Interessen der Allgemeinheit zum Tragen bringen; weiter verschont das Gesetz den Rechtsmittelführer, der seine Anfechtung nicht auf die Rechtsfolgen beschränkt hat, nicht vor einer Verschärfung des Schuldspruchs. In der Rechtsprechung haben sich, wie im Folgenden dargestellt, weitere einschränkende Interpretationen des Verschlechterungsverbotes herausgebildet.

2. Kein Verschlechterungsverbot für den Schuldspruch

529 Der Schuldspruch kann im Rechtsmittelverfahren – auch im Revisionsrechtszug – unbegrenzt verschlechtert werden, auch dann, wenn dabei Friktionen im Sanktionensystem eintreten: Geldstrafe für ein Verbrechen, Geldbuße (§ 17 OWiG) für eine Straftat. Umgekehrt zwingt die Reduzierung des Schuldspruchs nicht zur Herabsetzung der Rechtsfolgen. Dasselbe gilt für die Gesamtstrafe bei Wegfall einer Einzelstrafe, wie auch Strafrahmenverschiebungen zu Gunsten des Täters nicht zur Herabsetzung der erkannten Strafe führen müssen.

3. Rechtsmittel der Staatsanwaltschaft „zu Ungunsten“

530 Wirkt sich eine zuungunsten des Angeklagten eingelegte Revision der Staatsanwaltschaft gemäß § 301 StPO zugunsten des Angeklagten aus, löst diese Wirkung nach der Zurückverweisung der Sache an den Tatrichter dort ein Verschlechterungsverbot aus. (BGHSt 13, 41). Wird auf Berufung des Angeklagten der Schuldspruch zu dessen Lasten geändert, so gestattet eine daneben eingelegte Strafmaßberufung der Staatsanwaltschaft die Erhöhung der Strafe bis zur Obergrenze der im ersten Urteil angewandten Strafvorschrift; denn der Angeklagte darf nicht ungünstiger gestellt werden, als wenn allein die Staatsanwaltschaft ein auf den Strafausspruch beschränktes Rechtsmittel eingelegt hätte (BGH NJW 1986, 332).

4. Einzelfälle von Nicht-Verstößen

531 **Bei Dauerstraftaten** gilt das Verschlechterungsverbot nicht für Teile des Delikts, die in die Zeit nach dem ersten Urteil fallen. Sie sind nicht Teil der abgeurteilten Tat (BGHSt 9, 324).

Ein Verstoß gegen das Verschlechterungsverbot liegt auch in Fällen der **faktischen Verlängerung einer Sperrfrist** nach § 69a StGB durch Rechtsmitteleinlegung nicht vor. Hierfür ein signifikantes Beispiel aus der Praxis (vgl. OLG Düsseldorf VRS 75, 356): Das Amtsgericht hatte dem Angeklagten die Fahrerlaubnis vorläufig und sieben Monate später durch Urteil mit einer Sperrfrist von noch drei Monaten entzogen. Der Angeklagte hat Berufung eingelegt, über die wiederum ein Jahr nach der ersten Hauptverhandlung befunden wurde. Hier ist der Berufungsrichter nicht durch das Verschlechterungsverbot gehindert, die Berufung zu verwerfen und damit faktisch die Sicherungsmaßregel um Monate länger andauern zu lassen, als es das Amtsgericht für geboten hielt. Auch die Aufhebung der vorläufigen Maßnahme nach § 111a StPO wird im gegebenen Fall nicht allein durch den fiktiven Ablauf der Sperre begründet, sondern nur dann, wenn der Tatrichter wegen der inzwischen verstrichenen Zeit voraussichtlich eine Fahrerlaubnisentziehung überhaupt nicht mehr für notwendig halten wird, wobei die Rechtsprechung hier zum Teil außerordentlich engherzig ist. Wer gegen ein Urteil, in dem der Entzug der Fahrerlaubnis angeordnet ist, ein Rechtsmittel einlegt, muss also damit rechnen, dass im Endergebnis der Fahrerlaubnisentzug länger dauert, als die in dem angefochtenen Urteil ursprünglich festgesetzte Sperrfrist (OLG Hamm NStZ-RR 2007, 351; bei überlanger Verfahrensdauer siehe aber KG StraFo 2011, 353).

Bei **Einbeziehung von Vorverurteilungen** nach § 55 StGB darf die im ersten Urteil zugebilligte Strafaussetzung zur Bewährung entfallen. Bezieht der Berufungsrichter erstmals eine andere Strafe ein, ist die zu verhängende Gesamtstrafe selbstverständlich höher als die vom Erstrichter erkannte Einzelstrafe, ohne dass gegen das Verschlechterungsverbot verstoßen ist. Hingegen darf das Berufungsgericht aus Freiheitsstrafe und Geldstrafe keine Gesamtfreiheitsstrafe bilden, die das Erstgericht abgelehnt hatte (OLG Düsseldorf NStZ-RR 2001, 21). Gegen das Verschlechterungsverbot verstößt das Berufungsgericht auch dann nicht, wenn es trotz Anwendung eines milderen Strafrahmens die im ersten Rechtszug gefundene Strafe beibehält. Jedoch muss diese Rechtsfolgenentscheidung eingehend begründet werden (OLG Stuttgart NStZ-RR 2001, 16; OLG Bamberg NStZ-RR 2012, 138). Dasselbe gilt, wenn nach Zurückverweisung einer Sache durch das Revisionsgericht dieselbe Gesamtstrafe ausgesprochen wird wie im Berufungsverfahren, obwohl mehrere Einzelstrafen weggefallen sind (BGH NStZ-RR 2003, 272). **532**

5. Rechtsfolgenänderung „zum Nachteil" des Angeklagten

Die **Strafart** darf nicht verschlechtert werden; daher keine Freiheitsstrafe statt Geldstrafe. Umgekehrt kann an Stelle von Freiheitsstrafe auf Geldstrafe erkannt werden, doch darf die Zahl der Tagessätze die frühere Freiheitsstrafe (ein Tagessatz gleich ein Tag Freiheitsstrafe) nicht übersteigen. Bei der Geldstrafe darf grds. weder die Zahl noch die Höhe der Tagessätze noch die Endsumme **erhöht** werden. Jedoch darf der Tagessatz bei gleichzeitiger Senkung der Zahl der Tagessätze in dem Maße erhöht werden, dass der Gesamtbetrag konstant bleibt (OLG Celle NJW 1976, 121) – nicht aber umgekehrt! Die **Freiheitsstrafe** darf nicht erhöht, deren Aussetzung zur Bewährung nicht gestrichen werden. Bei der **Gesamtstrafe** gilt das Verschlechterungsverbot sowohl für die Einzelstrafen als auch für die Gesamtstrafe (siehe aber Rn. 532). Wird Tateinheit statt Tatmehrheit angenommen, darf auf eine Strafe in Höhe der bisherigen Gesamtstrafe erkannt werden. An die Stelle von Fahrerlaubnisentzug kann ein Fahrverbot treten. Schwierigkeiten bereitet die Frage des Verschlechterungsverbots bei **Kumulation** und Kumulationsmöglichkeit mehrerer Rechtsfolgen (Strafe, Nebenstrafe, Nebenfolgen, Maßregeln). Hier muss im Einzelfall in ganzheitlicher Betrachtungsweise ein **Gesamtvergleich** des früheren und des neuen Rechtsfolgenausspruchs vorgenommen werden. **533**

Beispiele: Bei der gebotenen ganzheitlichen Betrachtungsweise stellte es keinen Verstoß gegen das Verschlechterungsverbot dar, wenn auf die Berufung des Angeklagten an Stelle einer Gesamtgeldstrafe von 45 Tagessätzen zu je 20,– EUR und eines Fahrverbots von einem Monat wegen versuchter Nötigung und Beleidigung zwei Geldbußen in Höhe von insgesamt 500,– EUR und ein Fahrverbot von drei Monaten wegen zweier Verkehrsordnungswidrigkeiten festgesetzt wurden (vgl. OLG Düsseldorf VRS 83, 441). Die Erhöhung einer Freiheitsstrafe unter gleichzeitigem Wegfall einer Vermögensstrafe verstößt gegen das Verschlechterungsverbot (BGH NJW 1997, 2335). Dies gilt auch nach Wegfall der Vermögensstrafe auf Grund deren Verfassungswidrigkeit (BGH NStZ-RR 2002, 206). Möglich ist aber die Festsetzung einer kumulativen Geldstrafe (§ 41 StGB) an Stelle der Vermögensstrafe (BGH NStZ 2003, 198). Unzulässig ist die Erhöhung der Anzahl der Tagessätze einer Geldstrafe bei Reduzierung oder Wegfall des angeordneten Fahrverbots (OLG Düsseldorf ZfSch 2006, 587). Möglich ist aber die Erhöhung des Tagessatzes (BayObLG NJW 1980, 849; OLG Karlsruhe VRS 2005, 171).

Hinweis: Stellt das Rechtsmittelgericht auf ein Rechtsmittel des Angeklagten das Verfahren wegen eines behebbaren Verfahrenshindernisses ein (etwa wegen mangelhafter Konkretisierung der Anklagevorwürfe) und werden dieselben Taten neu angeklagt, ist der Richter im neuen Verfahren an das Verschlechterungsverbot gebunden (BayObLG NJW 1961, 1487; LG Zweibrücken NStZ-RR 1997, 111; offen gelassen von BGH NStZ-RR 1999, 303; a.A. KK-*Paul* § 331 Rn. 9 m.w.N.).

C. Verfahrensfragen aus dem Beschwerdeverfahren

I. Examensbedeutung

534 Aus ein und demselben Strafverfahren kann eine Fülle von Beschwerdevorgängen verschiedenster Problematik hervorgehen (Haftbeschwerden, Beschwerden gegen die vorläufige Entziehung der Fahrerlaubnis oder andere Maßnahmen, Beschwerden gegen Ordnungsmittel etc. p.p.), die zum Gegenstand von Prüfungsklausuren gemacht werden können. Vor allem aber eignet sich eine Beschwerdesituation als Rahmen für eine Klausur mit ansonsten materiellem Schwerpunkt oder als prozessuale Zusatzfrage.

Allgemeingültige Grundsätze des Rechtsmittelverfahrens, die für die Beschwerde ganz oder teilweise gelten, sind bereits im vorhergehenden Abschnitt erörtert worden. Auf einige Besonderheiten des Beschwerdeverfahrens ist nachfolgend einzugehen.

II. Prüfungsfolge

535 Bei der Bearbeitung einer Beschwerdesache bietet sich folgende Prüfungsfolge an:

Prüfung einer Beschwerde

A. Zulässigkeit:
- I. Statthaftigkeit
- II. Frist zur Einlegung
- III. Berechtigung
- IV. Beschwer durch die angefochtene Entscheidung
- V. Rücknahme und Verzicht
- VI. Form und Adressat der Einlegung

B. Begründetheit:
In der Begründetheitsstation wird in der Sache selbst entschieden (soweit nicht ausdrücklich nur eine Rechtmäßigkeitsüberprüfung vorgeschrieben ist, z.B. in § 305a I StPO).

Zu den Prüfungspunkten im Einzelnen (soweit nicht bereits unter Rn. 499ff. erläutert):

III. Zulässigkeit der Beschwerde

1. Statthaftigkeit

536 Welche Maßnahmen mit der Beschwerde bekämpft werden können, regelt § 304 StPO: Im Prinzip sind es zunächst alle Beschlüsse und Vorsitzendenverfügungen, die im erstinstanzlichen und im Berufungsverfahren ergehen. In Einzelfällen unterliegen aber auch **Urteils**teile der Beschwerde (vgl. §§ 464 III 1 1. Hs StPO, 8 III 1 StrEG, vgl. ferner § 28 II i.V.m. § 338 Nr. 3 StPO, wonach eine sofortige Beschwerde ins Revisionsverfahren „eingebettet" ist). Über Verfügungen und Beschlüsse des Bundesgerichtshofs und der Oberlandesgerichte treffen § 304 IV und V StPO Sonderbestimmungen, auf die mangels Examensbedeutung hier nicht einzugehen ist.

Die Beschwerde kann sich auch gegen ein Unterlassen richten. Voraussetzung ist jedoch, dass dann im Unterlassen eine Stellungnahme des Gerichts in der Sache selbst, bis hin zur stillschweigenden Ablehnung zum Ausdruck kommt (vgl. BGH NStZ 1993, 296; OLG Frankfurt NStZ 2002, 220 in Fällen ungebührlicher Verzögerung der Entscheidung über die Eröffnung des Hauptverfahrens). Nachteile durch

Überhaft in einer nicht terminierten Strafsache sind keine Umstände, die eine Untätigkeitsbeschwerde rechtfertigen (OLG Stuttgart NStZ-RR 2003, 284). Ein reiner „Untätigkeitsbehelf" ist der StPO fremd. Gegen schlichte Untätigkeit gibt es die Dienstaufsichtsbeschwerde.

Nach § 305 S. 1 StPO unterliegen Entscheidungen des erkennenden Gerichts, die der Urteilsfällung vorausgehen, grundsätzlich nicht der Beschwerde. Grundgedanke dieser Bestimmung ist es, Verfahrensverzögerungen im Zwischen- und Hauptverfahren zu verhindern. Entscheidungen, die im inneren Zusammenhang mit dem nachfolgenden Urteil stehen, sollen bei dessen Erlass und gegebenenfalls erst anschließend im Rechtsmittelverfahren nochmals geprüft werden. In Rechtsprechung und Literatur ist allerdings anerkannt, dass nicht alle dem Urteil zeitlich vorangehenden Entscheidungen der erkennenden Gerichte oder des Vorsitzenden einer Beschwerde entzogen sind. Nach dem Gesetzeszweck gilt der Ausschluss nur für Entscheidungen, die in einem inneren Zusammenhang mit der Urteilsfällung stehen, ausschließlich ihrer Vorbereitung dienen und keine weiteren Verfahrenswirkungen erzeugen, die nicht mehr mit einem Rechtsmittel angefochten und mit ihm in ihrer Wirkung beseitigt werden können (OLG Stuttgart NStZ-RR 1998, 110 zur Ablehnung der Entpflichtung des bisherigen Pflichtverteidigers).

Ein **Beispielsfall** soll dies verdeutlichen. Der Vorsitzende hat in Absprache mit dem Verteidiger Termin zur Hauptverhandlung bestimmt. Es handelt sich nicht um einen Fall notwendiger Verteidigung. Der Verteidiger beantragt dann doch Terminsverlegung, weil er festgestellt hat, dass am fraglichen Tag bereits ein anderer Gerichtstermin wahrzunehmen ist. Der Vorsitzende lehnt unter Hinweis auf die angespannte Geschäftslage des Gerichts ab. Der Verteidiger legt Beschwerde ein. Diese Beschwerde ist unzulässig. Eine Verfügung des Vorsitzenden, mit der ein Antrag auf Terminsverschiebung abgelehnt wird, ist grundsätzlich im Hinblick auf die Vorschrift des § 305 S. 1 StPO unanfechtbar; etwas anderes gilt nur dann, wenn eine in rechtsfehlerhafter Ermessensausübung getroffene Entscheidung für Verfahrensbeteiligte eine besondere selbstständige Beschwer bewirkt (KG StV 2018, 167). Dies ist dann der Fall, wenn eine Verfügung des Vorsitzenden unschwer vermeidbar das Recht des Angeklagten beeinträchtigt, sich des Beistands eines Verteidigers seines Vertrauens zu bedienen (OLG Hamm NStZ-RR 2001, 107; NStZ-RR 2010, 283; OLG Nürnberg StV 2005, 491). Ist ein Termin mit der Verteidigung aber abgesprochen worden, kann davon keine Rede sein (OLG Hamm SVR 2006, 388).

Die Aussetzung der Hauptverhandlung ist der Beschwerde entzogen, wenn sie ausschließlich der weiteren Sachaufklärung oder der besseren Vorbereitung der Verfahrensbeteiligten dienen soll (OLG Düsseldorf VRS 84, 339; OLG Stuttgart StraFo 2011, 97). Dasselbe gilt für die nach Aussetzung der Hauptverhandlung getroffene Anordnung zur weiteren Beweiserhebung. Hier erfasst die Unanfechtbarkeit u.a. auch die Auswahl eines bestimmten Sachverständigen (OLG Schleswig StV 2000, 543; KG Berlin, Beschluss vom 28. Januar 2016 – 2 Ws 26/16 –). Selbstständig beschwerdefähig ist hingegen die Aussetzung ohne triftigen Grund (OLG Stuttgart NStZ 2011, 97; zw.). Unzulässig ist z.B. auch die Beschwerde gegen die Versagung der Akteneinsicht (KG NStZ-RR 2016, 143; OLG Hamburg StV 2017, 160; OLG Hamm NStZ 2005, 226) und die Anordnung der Untersuchung des Angeklagten in einem psychiatrischen Krankenhaus ohne Anstaltsunterbringung (KG StV 2017, 571; OLG Düsseldorf StV 2001, 156).

Eine im Beschwerderechtszug ergangene Entscheidung ist regelmäßig nicht weiter anfechtbar. Dies gilt auch dann, wenn der Rechtsmittelführer durch die Beschwerdeentscheidung erstmals beschwert ist oder jedenfalls ein neuer Beschwerdegrund vorliegt (vgl. § 310 II StPO; OLG Hamm, Beschluss vom 1. August 2013 – III-1 Ws 302/13).

Beispiel: Das Amtsgericht lehnt die Eröffnung des Hauptverfahrens ab. Auf sofortige Beschwerde der Staatsanwaltschaft (§ 210 II StPO) eröffnet das Landgericht. Der Angeklagte hat kein Beschwerderecht, auch nicht gegen die Kostenentscheidung, falls der Beschluss des Landgerichts – wohl überflüssigerweise – eine solche enthält.

Wäre das Beschwerdegericht aber in Wahrheit als erstinstanzliches Gericht zuständig gewesen, so ist die Beschwerde zulässig, da es sich tatsächlich um keine Beschwerdeentscheidung handelt (OLG Düsseldorf NStZ-RR 2001, 111; OLG Frankfurt NStZ-RR 2012, 54).

Eine weitere Beschwerde kennt das Gesetz nur gegen Entscheidungen, die „Verhaftungen oder die einstweilige Unterbringung" betreffen. Den Begriff „Haft" erfüllen aber nur die Untersuchungshaft nach §§ 112ff. und die „Terminshaft" nach §§ 230 II, 236 und 329 III StPO, sowie die Erzwingungshaft (BGH NJW 2005, 2166; KG Berlin StraFo 2008, 199), nicht die Strafhaft, Ordnungshaft, Sicherungshaft (OLG Frankfurt NStZ-RR 2002, 15; OLG Braunschweig NStZ-RR 2013, 317) oder die vorläufige Festnahme (OLG Frankfurt NStZ-RR 2010, 22). Streitig ist, ob die weitere Beschwerde den Vollzug der Haft voraussetzt oder ob der Beschwerdeführer auch den Bestand eines außer Vollzug befindlichen Haftbefehls überprüfen lassen kann; nach der Rspr. Des BVerfG muss die weitere Beschwerde auch ohne Vollzug zulässig sein (vgl. BVerfG NJW 2018, 2469; NStZ-RR 2017, 379).

Hinweis: In einem Grundsatzbeschluss hat der BGH (BGHSt 45, 37) klargestellt, dass der Strafprozess eine „außerordentliche Beschwerde" wegen greifbarer Gesetzwidrigkeit im Gegensatz zum Zivilprozess nicht kennt.

2. Sonstige Zulässigkeitsvoraussetzungen

537 Hier wird auf das unter Rn. 504ff. Ausgeführte verwiesen. Fristgebunden ist nur die sofortige Beschwerde, dazu siehe Rn. 540.

IV. Begründetheit der Beschwerde

538 Das Beschwerdegericht muss die für die Entscheidung wesentlichen Tatsachen *selbst* prüfen und aufklären, auch soweit das bisher nicht geschehen ist (§ 308 II StPO). Es darf bei unaufgeklärtem Sachverhalt die Sache in der Regel nicht zurückverweisen.

Die Entscheidung des Beschwerdegerichts ergeht grundsätzlich ohne mündliche Verhandlung (§ 309 I StPO). Das Gesetz (vgl. §§ 118 II, 124 II StPO) sieht hiervon in Einzelfällen fakultative oder zwingende Ausnahmen vor. Hält das Beschwerdegericht die angefochtene Entscheidung für zutreffend, verwirft es die Beschwerde als unbegründet.

Ist die Beschwerde begründet, hebt es die Entscheidung des Erstrichters auf und trifft eine eigene Sachentscheidung (§ 309 II StPO), die auch Ermessensfragen (OLG Schleswig NJW 1976, 1467; KK-*Zabeck* § 309 Rn. 6) einschließt, es sei denn, das Gesetz sieht im Einzelfall eine begrenzte Prüfungskompetenz vor (vgl. z.B. § 453 II 1 StPO). Das Beschwerdegericht erlässt z.B. im Falle des § 210 II StPO den Eröffnungsbeschluss unter Einschluss der Gesichtspunkte des § 210 III StPO. Es erlässt selbst einen Haftbefehl, wenn ihn der iudex a quo zu Unrecht abgelehnt hat. In manchen Fällen ist die Prüfungskompetenz des Beschwerdegerichts durch dessen geringere Erkenntnismöglichkeiten (so bei Beschwerden gegen Haftentscheidungen während laufender Hauptverhandlung oder nach deren Abschluss, vgl. BGH StV 1991, 525; OLG Brandenburg StV 2000, 505; OLG Schleswig SchlHA 2002, 149), in anderen aus Rechtsgründen begrenzt.

Beispiel: Das erst- oder zweitinstanzlich verhandelnde Landgericht verurteilt den Angeklagten und ordnet zugleich Haftfortdauer an, bestätigt die vorläufige Entziehung der Fahrerlaubnis oder die einstweilige Unterbringung. Diese Begleitbeschlüsse kann der Angeklagte nicht mit der Erwägung bekämpfen, der im Urteil festgestellte Sachverhalt und die Beweiswürdigung, mithin die auch den Begleitbeschluss tragenden Feststellungen seien unrichtig. Denn die Richtigkeit landgerichtlicher Urteile wird allein im Revisionsverfahren nachgeprüft unter den dort geltenden eingeschränkten Prüfungsmaßstäben. Eine inzidente Vorabentscheidung im Beschwerdeweg ist ausgeschlossen. Die Frage, hauptsächlich erörtert in Bezug auf die sog. 111a-Beschwerde, ist immer aktuell in der Rechtsprechung der Oberlandesgerichte, daher examensverdächtig (vgl. OLG Karlsruhe NZV 2017, 230; OLG Hamm NStZ-RR 2014, 384; Brandenburg. OLG Blutalkohol 47, 299).

Eine Aufhebung und Zurückverweisung kommt, da eine dem § 354 II StPO entsprechende Vorschrift fehlt, im Beschwerdeverfahren allenfalls dann in Betracht, wenn das Erstgericht den Antrag zu Unrecht als unzulässig abgelehnt hat und daher eine Sachentscheidung fehlt.

Dennoch kann dem Beschwerdegericht eine eigene Entscheidung „aus der Natur der Sache" heraus verwehrt sein, so z. B. in dem zu § 305 StPO herangezogenen Fall, dass das Beschwerdegericht die Terminsbestimmung des Vorsitzenden wegen Willkür aufhebt. Hier kann es im Hinblick auf die Terminshoheit des Vorsitzenden selbst keinen Termin bestimmen, sondern nur die Rechtswidrigkeit der angefochtenen Verfügung feststellen. Zur Zurückverweisung kann es auch dann kommen, wenn das Beschwerdegericht nur Rechtsgrundsätze zur Auswahl des Pflichtverteidigers aufzustellen vermag, deren „Ausfüllung" aber aus tatsächlichen Gründen dem iudex a quo überlassen bleiben muss. Hier kann das Beschwerdegericht nur bei einer Ermessensreduzierung auf Null selbst entscheiden. Das Landgericht als Beschwerdegericht kann auch keinen Strafbefehl erlassen, weil das Gesetz einen Strafbefehl des Landgerichts nicht kennt. Es muss, wenn das Amtsgericht den Erlass eines Strafbefehls mit unrichtiger Begründung abgelehnt hat, die Sache an dieses zurückverweisen, das dann die Wahl hat, den Strafbefehl zu erlassen oder nach § 408 III 2 StPO zu verfahren. 539

Ein entgegen § 34 StPO begründungslos gebliebener Beschluss rechtfertigt die Zurückverweisung nicht (str.; vgl. OLG Karlsruhe NStZ-RR 2011, 325). Grundsätzlich sind Entscheidungen eines funktionell unzuständigen Spruchkörpers (Kammer statt Vorsitzender und umgekehrt) aufzuheben, und es ist zurückzuverweisen; dessen bedarf es aber nicht, wenn das Rechtsmittel unter keinem rechtlichen Gesichtspunkt erfolgreich wäre (OLG Düsseldorf JMBl NW 1998, 22).

Die Beschwerde kann im Einzelfall auch in einen anderen Rechtsbehelf umzudeuten sein.

Beispiel: Der Haftrichter hat gegen A Haftbefehl wegen Mordverdachts erlassen. A legt Haftbeschwerde ein. Ehe die Beschwerdekammer darüber entscheidet, gelangt die Anklage zur Schwurgerichtskammer. Die Zuständigkeit des Landgerichts als Beschwerdeinstanz ist entfallen. Die Haftkontrolle liegt jetzt bei der Schwurgerichtskammer. Sie behandelt die „Beschwerde" ebenso wie eine etwaige „weitere Beschwerde" (OLG Düsseldorf wistra 1999, 318; OLG Stuttgart Justiz 2004, 166; OLG Frankfurt NStZ-RR 2014, 217) als Haftprüfungsantrag und entscheidet darüber in nunmehr originärer Zuständigkeit. Entsprechend verfährt das Berufungsgericht, wenn es, nach § 321 S. 2 StPO zuständig geworden, unerledigte Haft- oder Führerscheinbeschwerden vorfindet oder wenn solche es erreichen. Die genannten originären Entscheidungen eröffnen einen neuen Rechtsmittelzug.

V. Besonderheiten der sofortigen Beschwerde

Die sofortige Beschwerde unterscheidet sich von der einfachen durch die Fristgebundenheit (§ 311 II StPO) und das Abhilfeverbot (§ 311 III 1 StPO). Die sofortige Beschwerde ist nur dort gegeben, wo sie das Gesetz ausdrücklich anordnet. Eine „weite- 540 re" sofortige Beschwerde gibt es nicht, die Entscheidung des Beschwerdegerichts ist also endgültig. Die sofortige Beschwerde hat nur aufschiebende Wirkung, wenn das besonders bestimmt ist (vgl. z.B. §§ 462 III 2 StPO, 181 II GVG). Es gilt aber § 307 II StPO.

D. Verfahrensfragen aus dem Berufungsverfahren

I. Klausurbedeutung

Die Bedeutung der Berufung für die Examensklausur ergibt sich bereits aus den allgemeinen Ausführungen im Abschnitt „Rechtsmittel", insbesondere aus denen zur Rechtsmittelbeschränkung, zu Rücknahme und Verzicht und zum Verschlechterungsverbot. Es kommen aber noch weitere examensrelevante Gesichtspunkte hinzu, die angesprochen werden sollen, ohne dass eine vollständige Darstellung möglich ist. Hauptsächlich ist noch auf die Rechtsmittelwahl zwischen Berufung und Revision einzugehen, auf das Abwesenheitsverfahren, auf die Überleitung in die erste Instanz und die Verfahrensverbindung. Auch eine Berufungssituation ist nicht selten Aufhänger für eine ansonsten materiell ausgerichtete Klausuraufgabe. **541**

Lesetipps: Ein Klausurenbeispiel aus der Berufungsinstanz findet sich in JA 2017, 289.

II. Wesen der Berufung

Die Berufung ist eine zweite Tatsacheninstanz; sie zielt auf vollständige oder teilweise Wiederholung oder Überprüfung des Sachverhalts und eine erneute tatsächliche und rechtliche Beurteilung. Die in der zugelassenen Anklage bezeichnete Tat wird, sofern die Berufung nicht auf bestimmte Beschwerdepunkte beschränkt oder ein Teil der Vorwürfe gem. § 154 II StPO ausgeschieden worden ist, erneut zum Gegenstand der Urteilsfindung gemacht. Die durch den Eröffnungsbeschluss zugelassene Anklage ist die Grundlage der zweiten Beurteilung. Grundsätzlich findet das Berufungsgericht in derselben Weise wie das Gericht der ersten Instanz unter Durchführung einer neuen Beweisaufnahme sein Urteil (§§ 323, 324 StPO). Eine Berufungsbegründung ist nicht vorgeschrieben, wie sich aus § 317 StPO ergibt. **542**

III. Wahl zwischen Berufung und Revision

Nach § 335 I StPO können Urteile des Amtsgerichts statt mit der Berufung auch mit der (Sprung-)Revision angefochten werden. Dazu wird sich der Rechtsmittelführer entschließen, wenn er an den festgestellten Tatsachen nicht rütteln, sondern nur Rechtsfragen geklärt wissen will, oder wenn er meint, die Tatsachenfeststellungen seien von eindeutig revisiblen Verfahrensfehlern beeinflusst. Die Sprungrevision ist auch das angezeigte Rechtsmittel, wenn eine Berufung an § 313 StPO scheitern würde. Da die Berufung binnen Wochenfrist einzulegen ist und innerhalb dieser Frist die schriftlichen Urteilsgründe in den seltensten Fällen vorliegen, fällt dem Anfechtungswilligen die Wahl zwischen Berufung und Revision häufig schwer. Dem trägt die Rechtsprechung wie folgt Rechnung: **543**

Der Beschwerdeführer braucht erst innerhalb der Revisionsbegründungsfrist die Wahl zu treffen, ob das eingelegte Rechtsmittel eine Berufung oder Revision sein soll. Dieses Wahlrecht verliert er auch dann nicht, wenn er zuvor das Rechtsmittel konkret als ein anderes bezeichnet hat (BGHSt 13, 388). **544**

Hat etwa der Angeklagte innerhalb der Einlegungsfrist das Urteil „angefochten" oder hat er schlicht „Rechtsmittel" eingelegt, kann er innerhalb der Revisionsbegründungsfrist wählen, ob das Rechtsmittel Berufung oder Revision sein soll. Aber auch wenn er sich anfänglich konkret im Sinne der Berufung bzw. Revision erklärt hatte, steht es ihm frei, vor Ablauf der Revisionsbegründungsfrist das jeweils andere Rechtsmittel zu wählen. Es ist sogar die Erklärungskette Anfechtung – Revision – Berufung möglich.

Beispiel: Der Angeklagte geht nach Verkündung des Urteils zur Geschäftsstelle und legt ein „Rechtsmittel" ein. Noch binnen Wochenfrist wählt er durch Anwaltsschriftsatz die „Revision". Dann steht es ihm frei, innerhalb der Begründungsfrist noch zur Berufung überzugehen.

Der Rechtsmittelführer ist jedoch an die Wahl als Revision gebunden, wenn er dies klar, endgültig und zweifelsfrei erklärt hat (BGHSt 13, 388). Bleibt es ohne nachträgliche Konkretisierung bei der „Anfechtung" oder der „Einlegung eines Rechtsmittels", wird die Sache als Berufung durchgeführt. Ist von Anfang an Revision eingelegt und bleibt sie ohne Begründung, wird sie als unzulässig verworfen, also nicht etwa als Berufung behandelt. Die Bezeichnung eines vom Verteidiger als „Revision" eingelegten Rechtsmittels als „Berufung" durch den Angeklagten nach Ablauf der Revisionsbegründungsfrist ist als Rechtsmittelwahl unbeachtlich (KG NStZ-RR 2002, 177). In anderen Fällen der „fehlgeschlagenen Revision" bleibt es aber bei der Berufung, so wenn ein zunächst unbestimmtes Rechtsmittel nach Ablauf der Revisionsbegründungsfrist als Revision bezeichnet wird oder wenn – bei gleicher Ausgangslage – die Revisionsbegründungsschrift ohne Unterzeichnung durch den Verteidiger bleibt (OLG Hamm VRS 97, 181; OLG Bamberg NStZ-RR 2018, 56).

545 Während des Laufs der Frist für die Wahl zwischen Berufung und Revision darf das Berufungsverfahren nicht durchgeführt werden. Geschieht dies dennoch, verliert der Rechtsmittelführer zunächst das Wahlrecht. In einem solchen Fall kann sich der Rechtsmittelberechtigte auf den absoluten Revisionsgrund des § 338 Nr. 8 StPO berufen. Diese Rüge führt zur Aufhebung und Zurückweisung und damit zur Wiederherstellung des Wahlrechts (OLG Frankfurt NStZ 1991, 506; zur Annahmeberufung vgl. einerseits OLG Frankfurt NStZ-RR 2003, 53, andererseits OLG Oldenburg NStZ 2012, 54). Veranlasst das Gericht einen verteidigerlosen Angeklagten, sein unbestimmtes Rechtsmittel als Revision zu präzisieren, ohne nochmals auf die Unterschiede zwischen Berufung und Revision und die bei der Revision zu beachtenden Förmlichkeiten hinzuweisen, so ist die Wahl der Revision nicht bindend (OLG Köln VRS 82, 132). Bei einer Wiedereinsetzung gegen die Versäumung der Revisionsbegründungsfrist wird dem Rechtsmittelführer die Möglichkeit eröffnet, statt einer Revisionsbegründung die Erklärung abzugeben, dass er zur Berufung übergehe (OLG Köln NStZ 1994, 199).

IV. Prüfungsfolge

546 Bei der Bearbeitung einer Berufung bietet sich folgende Prüfungsfolge an:

Prüfung einer Berufung

A. Zulässigkeit:
- I. Statthaftigkeit
- II. Frist zur Einlegung
- III. Berechtigung
- IV. Beschwer durch die angefochtene Entscheidung
- V. Rücknahme und Verzicht
- VI. Form und Adressat der Einlegung
- VII. Annahme in den Fällen der §§ 313, 322a StPO

B. Begründetheit
- I. Verfahrenshindernisse
- II. Im Übrigen Prüfung wie 1. Instanz (im Rahmen einer wirksamen horizontalen

oder vertikalen Beschränkung, §§ 318, 327 StPO, im Übrigen Teilrechtskraft) mit einigen Besonderheiten:
1. Entscheidung nach § 319 II StPO
2. Besonderheiten der Verhandlung und Beweisaufnahme
3. Entscheidung bei Ausbleiben des Angeklagten
4. Überleitung ins erstinstanzliche Verfahren
5. Verbindung von Berufungs- und erstinstanzlichen Sachen
6. Verbot der reformatio in peius, § 331 StPO

III. Besonderheiten des Urteils

Zu den Prüfungspunkten im Einzelnen:

1. Statthaftigkeit

Die Berufung, die in Bagatellfällen als Annahmeberufung ausgestaltet ist (§§ 313, 322a StPO), kann nur gegen Strafurteile des Amtsgerichts gerichtet werden, nicht gegen erstinstanzliche Urteile des Landgerichts, § 312 StPO. Berufungsinstanz bei Urteilen des Strafrichters und bei solchen des Schöffengerichts ist die kleine Strafkammer des Landgerichts (§§ 74 III, 76 I GVG), die große Strafkammer nur als Jugendkammer bei Berufungen gegen Urteile des Jugendschöffengerichts (§ 33b JGG). **547**

2. Annahme

In den in § 313 StPO bezeichneten Bagatellsachen kann das Berufungsgericht durch Beschluss die Annahme des Rechtsmittels ablehnen, § 322a StPO, d.h. die Berufung als unzulässig verwerfen. Sowohl die Annahme als auch die Nichtannahme sind unanfechtbar (§ 322a S. 2 StPO; OLG Hamm NStZ-RR 2006, 346; OLG Bamberg StraFo 2015, 161). Die Rechtsprechung erachtet allerdings in analoger Anwendung des § 322 II StPO eine sofortige Beschwerde gegen die Nichtannahme der Berufung dann für statthaft und zulässig, wenn ein Fall des § 313 I 1 StPO tatsächlich gar nicht vorgelegen hat (vgl. OLG Dresden NStZ 2011, 477; Brandenburgisches Oberlandesgericht, Beschluss vom 10. April 2013 – 1 Ws 56/13 –, juris; KG Berlin, Beschluss vom 16. Januar 2017 – 5 Ws 2/17 – 161 AR 197/16 –, Rn. 4, juris). **548**

Beispiele: Bilden eine Straftat und eine Ordnungswidrigkeit verfahrensrechtlich eine Tat (§ 264 StPO) und führen sie zu einer Verurteilung zu einer Geldstrafe bis zu höchstens 15 Tagessätzen und zu einer Geldbuße, liegen die Voraussetzungen der §§ 313, 322a StPO nicht vor. Die Berufung ist unbeschränkt zulässig (OLG Celle JR 1995, 522). Dasselbe gilt, wenn zur Geldstrafe von nicht mehr als 15 Tagessätzen die Einziehung eines Gegenstands gleich welchen Werts hinzutritt (OLG Hamburg JR 1999, 479). Ein Fall der Annahmeberufung liegt auch nicht vor, wenn das Amtsgericht den Angeklagten auf Antrag der Staatsanwaltschaft freigesprochen hatte. Der Antrag auf Freispruch ist ein aliud und kein minus gegenüber dem Antrag auf eine Geldstrafe von nicht mehr als 30 Tagessätzen, weil zwar dieser, aber nicht jener den Bagatellcharakter einer Strafsache indiziert (OLG Köln NStZ 1996, 150). Das gilt aber nicht, wenn dem Freispruch ein Strafbefehlsantrag der Staatsanwaltschaft über nicht mehr als 30 Tagessätze vorausgegangen war (OLG Dresden NStZ-RR 2011, 152; a.A. OLG Stuttgart NStZ-RR 2001, 84). Ein Fall der Annahmeberufung liegt auch nicht vor, wenn nach § 60 StGB von Strafe abgesehen wird, weil dadurch nicht das Vorliegen eines Bagatelldelikts angezeigt wird (OLG Oldenburg NStZ-RR 1998, 309). Beschränkungen des Verfahrensstoffes nach §§ 154 II, 154a II StPO, die **nach** einer Verurteilung durch das Amtsgericht zu einer Gesamtgeldstrafe von mehr als 15 Tagessätzen erfolgen, führen nicht dazu, dass eine Berufung der Annahme bedarf (OLG Stuttgart Justiz 1999, 494).

Durch die Einführung der Annahmeberufung ist der Anwendungsbereich der Sprungrevision nicht eingeschränkt worden. Die Zulässigkeit der Sprungrevision ist also nicht davon abhängig, ob eine Berufung gegen das Urteil angenommen oder mangels endlicher Erfolgsaussicht als unzulässig verworfen hätte (vgl. BayObLG StV 1993, 572). Erst recht ist die Statthaftigkeit der Sprungrevision nicht von einer vorherigen

Entscheidung des Landgerichts über die Annahme der Berufung abhängig (BGHSt 40, 395).

Hinweis: Eine detaillierte Darstellung der Problematik findet sich bei LR-*Gössel* § 313 Rn. 6ff.

Die Annahmeberufung ist sicherlich ein examensträchtiges Thema.
In allen vorbezeichneten Beschlussfällen entscheidet die kleine Strafkammer durch den Vorsitzenden allein (§ 76 I 2 GVG).

3. Sonstige Zulässigkeitsvoraussetzungen

549 Insoweit wird auf die Ausführungen unter Rn. 499ff. verwiesen.

IV. Besonderheiten des Berufungsverfahrens

1. Entscheidung nach § 319 II StPO

550 Hat das Amtsgericht eine Berufung nach § 319 I StPO als verspätet verworfen, so kann der Berufungsführer die Entscheidung des Berufungsgerichts beantragen, § 319 II StPO. In diesem Fall prüft das Landgericht dann nur im Beschlussverfahren, ob die Verwerfung als unzulässig zu Recht erfolgt ist. Wenn ja, wird der Antrag als unbegründet verworfen und die Entscheidung ist rechtskräftig; anderenfalls wird der Beschluss des Amtsgerichts aufgehoben. Dann gehen die Akten dorthin zurück und das Amtsgericht legt sie über die Staatsanwaltschaft zur Durchführung der Berufung wieder vor. Oft ist das Verfahren nach § 319 II StPO mit einem Wiedereinsetzungsantrag verbunden.

Werden auf die Berufung die Akten gem. §§ 320, 321 StPO dem Landgericht vorgelegt, wird zunächst die Zulässigkeit der Berufung geprüft. Sie kann ohne Hauptverhandlung durch Beschluss § 322 I StPO als unzulässig verworfen werden, wenn entweder das Amtsgericht die Verspätung übersehen oder fälschlich verneint hat, oder wenn das Berufungsgericht andere, vom Amtsgericht nicht zu berücksichtigende Zulässigkeitsvoraussetzungen verneint (z.B. weil ein Rechtsmittelverzicht erklärt wurde; vgl. OLG Düsseldorf VRS 86, 129).

2. Besonderheiten der Verhandlung und Beweisaufnahme

551 Die Verlesung des Anklagesatzes entfällt. Stattdessen hält der Berichterstatter einen Vortrag über die Ergebnisse des bisherigen Verfahrens, § 324 I StPO. Dieser Vortrag schließt die den Erfordernissen der Berufungsverhandlung angepasste Verlesung des angefochtenen Urteils ein. Der Vortrag umfasst den gesamten Sachverhalt in sachlich- und verfahrensrechtlicher Beziehung und hat den Zweck, den Verhandlungsgegenstand zu bezeichnen und einzugrenzen – wichtig vor allem bei beschränkter Berufung.

Die **Beweisaufnahme** läuft nach den Grundsätzen des erstinstanzlichen Verfahrens ab. Neue Beweismittel sind zulässig, § 323 III StPO. Eine Einschränkung des Grundsatzes der Unmittelbarkeit der Beweisaufnahme schafft § 325 StPO. Unter den dort genannten Voraussetzungen und Einschränkungen kann die Vernehmung von Zeugen und Sachverständigen durch Verlesung ihrer im Protokoll des Amtsgerichts festgehaltenen Aussagen ersetzt werden. Selbst wenn aber die formellen Voraussetzungen einer Verlesung vorliegen, kann die Aufklärungspflicht eine erneute Anhörung der Aussageperson gebieten. Dies gilt zumal bei Unklarheiten der protokollierten Aussage, ferner wenn das Berufungsgericht von der Würdigung der persönlichen Glaubwürdigkeit durch den Vorderrichter abweichen, die Erinnerungsfähigkeit anders beurteilen oder der Aussage in der Gesamtwürdigung ein anderes Gewicht geben will, weiter wenn es auf den persönlichen Eindruck von der Aussageperson ankommt oder die Aussage von prozessentscheidender Bedeutung ist; schließlich wenn die Aussage durch unklare Problemstellung in erster Instanz beeinflusst ist oder die Zeugenaussage verfahrensfehlerhaft (z.B. unterbliebene Vereidigung des Dolmetschers nach § 189 GVG) zustande kam. Diese Einschränkungen gelten übrigens auch für andere Verlesungsgründe, so z.B. nach § 251 StPO.

3. Entscheidung bei Ausbleiben des Angeklagten

a) Berufung des Angeklagten. Besonders prüfungsverdächtig ist die Möglichkeit der Verwerfung der Berufung ohne Sachurteil bzw. die Verhandlung über die Berufung in Abwesenheit des Angeklagten. 552

Wenn zu Beginn der Berufungshauptverhandlung der

- ordnungsgemäß geladene (dabei ist die Wahrung der Frist des § 217 StPO bedeutungslos) und
- vorab über die Folgen belehrte Angeklagte
- **unentschuldigt fehlt** und
- auch kein zu seiner **Vertretung bevollmächtigter und bereiter Verteidiger** anwesend ist und
- alle Prozessvoraussetzungen vorliegen,
- das Gericht **15 Minuten gewartet** hat (wobei nicht der Aufruf der Sache, sondern die angesetzte Terminsstunde maßgeblich ist, vgl. OLG Düsseldorf NStZ-RR 2001, 303),
- hat das Berufungsgericht nach § 329 I 1 StPO die Berufung ohne Sachprüfung zu verwerfen.

Dem unentschuldigten Ausbleiben des Angeklagten stehen

- das unentschuldigte Sich-Entfernen des zur Vertretung bevollmächtigten Verteidigers (Abs. 1 S. 2 Nr. 1) bei gleichzeitiger unentschuldigter Abwesenheit des Angeklagten sowie
- das unentschuldigte Sich-Entfernen des zunächst erschienenen Angeklagten bei Abwesenheit eines mit Vertretungsvollmacht ausgestatteten Verteidigers (Abs. 1 S. 2 Nr. 2), ferner
- die **schuldhafte Herbeiführung der Verhandlungsunfähigkeit** durch den Angeklagten bei Abwesenheit eines Verteidigers mit nachgewiesener Vertretungsvollmacht (Abs. 1 S. 2 Nr. 3) gleich.

In diesen Fällen ist die Verwerfung der Berufung des Angeklagten zwingend.

Die Regelung gilt nur dann nicht, wenn ein erstes Berufungsurteil durch das Revisionsgericht aufgehoben und die Sache an das Berufungsgericht **zurückverwiesen** wurde (Abs. 1 S. 4).

aa) Unentschuldigte Abwesenheit. Ausgeblieben ist der Angeklagte, wenn er **zu Beginn des Termins** physisch nicht im Sitzungssaal oder dessen unmittelbarer Nähe angetroffen werden kann. Eine analoge Anwendung des § 329 IV 2 StPO auf den zum Termin erschienenen, aber sich zu einem späteren Zeitpunkt entfernenden Angekl. ist nicht angezeigt (OLG Hamburg NStZ 2018, 559. 552a

Für die Frage, ob das Ausbleiben **unentschuldigt** ist, ist nicht relevant, ob sich der Angeklagte genügend entschuldigt hat, sondern ob er genügend entschuldigt ist (OLG Brandenburg NJW 1998, 842). Das hat das Berufungsgericht aufgrund seiner Aufklärungspflicht von Amts wegen zu prüfen (OLG Saarbrücken NJW 1975, 1613). Den Angeklagten trifft an sich weder eine Darlegungspflicht noch eine Pflicht zur Glaubhaftmachung des Entschuldigungsgrundes; mittelbar wird durch die Grenzen der Amtsaufklärungspflicht des Gerichts aber praktisch doch eine Erklärung des Angeklagten oder seines Verteidigers erforderlich. Das Gericht muss nämlich nur dann, wenn ein Hinweis auf einen Entschuldigungsgrund vorliegt, dem Grund für das Ausbleiben des Angeklagten im Freibeweisverfahren nachgehen (OLG Frankfurt NJW 1998, 2965).

Zu den einzelnen **Entschuldigungsgründen** wird auf die Kommentarliteratur (*Meyer-Goßner/Schmitt* § 329 Rn. 25–29; KK-*Paul* § 329 Rn. 8–11) verwiesen; hier nur die populärsten:

Wird eine **Erkrankung** vorgebracht und ein Attest vorgelegt, muss das Gericht bei Zweifeln (ein normales AU-Attest ohne detaillierte Diagnose allein genügt nicht, OLG Hamm DAR 2008, 398) weitere Ermittlungen anstellen, z.B. beim Arzt nachfragen. Die Vorlage eines Attestes gilt in einem solchen Fall als Erklärung der Schweigepflichtentbindung (BayObLG NStZ-RR 1999, 143)! Bestehen Anhaltspunkte für eine Erkrankung des Betroffenen, ist sein Ausbleiben nicht erst dann entschuldigt, wenn er verhandlungsunfähig ist. Es genügt vielmehr, dass ihm infolge der Erkrankung das Erscheinen vor Gericht nicht zuzumuten ist. Darüber hinaus kann ein Betroffener auch in subjektiver Hinsicht entschuldigt sein, etwa weil er im Vertrauen auf ein ärztliches Attest davon ausgegangen ist, ein Erscheinen sei ihm krankheitsbedingt nicht zuzumuten (KG Berlin StraFo 2015, 255).

Ein **Stau** als solcher entschuldigt nicht; der Betroffene muss bei der Planung der Anfahrt zum Hauptverhandlungstermin zeitliche Verzögerungen durch Staus und Parkplatzsuche einkalkulieren (KG Berlin VRS 111, 432).

Eine **Autopanne** stellt i.d.R. eine genügende Entschuldigung dar (OLG Hamm VRS 97, 44), sofern die Verspätung darauf beruht (nicht, wenn man schon zu spät losfährt).

Urlaub entschuldigt nicht, wenn die Buchung nach Ladung erfolgte (OLG Hamm VRS 110, 28).

Ganz allgemein gilt, dass **private oder berufliche Angelegenheiten** gegenüber der Pflicht, zu einem bestimmten Zeitpunkt vor Gericht zu erscheinen, zurückzutreten haben. Bei unaufschiebbaren und besonders bedeutsamen beruflichen oder geschäftlichen Angelegenheiten kann dem Betroffenen aber ausnahmsweise das Erscheinen vor Gericht unzumutbar sein (OLG Hamm NZV 2003, 348; OLG Düsseldorf NZV 1994, 44).

Das Ausbleiben des Betroffenen im Hauptverhandlungstermin ist auch dann als entschuldigt anzusehen, wenn es auf der **Information seines Verteidigers** beruht (KG Berlin DAR 2012, 395). Ein Vertrauen auf einen derartigen Hinweis des Verteidigers ist nur dann nicht gerechtfertigt, wenn sich dem Betroffenen nach der konkreten Sachlage Zweifel aufdrängen müssen, ob die Äußerung seines Verfahrensbevollmächtigten zutreffend ist (OLG Hamm Verkehrsrecht aktuell 2013, 88).

Die Berufung darf nicht verworfen werden, wenn das Ausbleiben des Angeklagten auf **Haft** in anderer Sache beruht (OLG Braunschweig NStZ 2002, 163) oder wenn er nach **Ausweisung** das Bundesgebiet verlassen hat (BayObLG StV 2001, 339; OLG Stuttgart NStZ-RR 2004, 338). Befindet sich der Angeklagte in Haft, hat er das Recht auf eine Vorführung zur Hauptverhandlung. Ein Fall des unentschuldigten Ausbleibens liegt aber vor, wenn der Angeklagte die Vorführung ablehnt (nicht, wenn er sich lediglich nicht von sich aus darum bemüht). Es ist die Aufgabe des Berufungsgerichts, rechtzeitig die Vorführung des inhaftierten Angeklagten anzuordnen.

bb) Verhandlungsunfähigkeit. Dem physischen Ausblieben steht es nach § 329 I 2 Nr. 3 StPO gleich, wenn der Angeklagte sich zu Beginn der Hauptverhandlung in einem von ihm selbst verschuldeten Zustand der Verhandlungsunfähigkeit, besonders nach Alkohol-, Drogen- oder Medikamentenkonsum. Die Anforderungen an die Verhandlungsfähigkeit des Angeklagten sind je nach Verfahrensart und Verfahrenslage unterschiedlich. Ob sie vorliegt, ist im Freibeweisverfahren zu klären. Dabei muss das Gericht einen Arzt als Sachverständigen vernehmen, § 329 I 3 StPO). **552b**

cc) Vertretung durch einen Verteidiger. Eine Berufungsverwerfung nach § 329 I StPO scheidet aus, wenn der Angeklagte in der Berufungsverhandlung durch einen mit nachgewiesener Vollmacht zur Vertretung bevollmächtigten, präsenten und zur Vertretung tatsächlich bereiten Verteidiger vertreten wird. **552c**

Erforderlich ist zunächst eine ausdrückliche Vollmacht zur Vertretung des Angeklagten in der Berufungshauptverhandlung. Diese muss nachgewiesen werden. Obwohl der Wortlaut hierauf nichts hergibt, verlangt das Kammergericht Berlin eine schriftlich vom Angeklagten erteilte Vollmacht; nicht ausreichend sei, wenn die Vollmacht aufgrund einer mündlichen Ermächtigung durch den Angeklagten von dem zu bevollmächtigten Verteidiger selbst unterzeichnet werde (KG StraFo 2018, 71). Eine Übermittlung per Telefax am Vortag an die allgemeine Posteingangsstelle des Gerichts hindert den Erlass eines Verwerfungsurteils nicht, wenn die schriftliche Vollmacht bis zu Beginn der Hauptverhandlung nicht zur Kenntnis des Tatgerichts gelangt ist und vom Verteidiger in der Hauptverhandlung auch nicht vorgelegt wird (OLG Köln NStZ-RR 2017, 256).

Der Verteidiger muss zur Vertretung bereit sein. Eine ausdrückliche Erklärung des Verteidigers, dass er für den Angeklagten in dessen Abwesenheit verhandeln wolle, setzt § 329 I StPO nicht voraus. Es ist lediglich die Bereitschaft des Verteidigers hierzu erforderlich. Diese ist nur zu verneinen, wenn konkrete Anhaltspunkte dafür vorliegen, dass er es gar nicht zu einer Sachverhandlung kommen lassen will (OLG Hamm StV 2018, 150).

dd) Fortsetzung und Zurückverweisung. Nach § 329 Abs. 1 S. 4 gilt die Regelung über die Berufungsverwerfung wegen unentschuldigten Ausbleibens des Angeklagten nicht für eine erneute Hauptverhandlung, die begonnen wird, nachdem das Revisionsgericht ein früheres Berufungsurteil aufgehoben und die Sache an das Berufungsgericht zurückverwiesen hatte (BGHSt 17, 188 (189); KG StraFo 2013, 469 (470); OLG Oldenburg StraFo 2009, 114). **552d**

ee) Verwerfungsurteil. Die Verwerfung geschieht durch **Urteil.** Es ergeht auch dann, wenn die Staatsanwaltschaft ihrerseits Berufung eingelegt hat und über diese nunmehr zu verhandeln ist. Es muss begründet werden; geltend gemachte oder sonst in Betracht stehende Entschuldigungsgründe sind abzuhandeln. **553**
Das Verwerfungsurteil nach § 329 StPO ist ein reines Prozessurteil ohne materiellrechtlichen Gehalt. Dem Berufungsgericht ist grundsätzlich jede Änderung des angefochtenen Urteils untersagt; lediglich § 329 VI StPO bildet insoweit eine Ausnahme. § 329 VI StPO ermächtigt den Tatrichter nicht dazu, auch über die Bewährungsfrage neu zu befinden.

Gegen das nach § 329 I StPO ergangene Urteil kann mit der **Verfahrensrüge** nur geltend gemacht werden, das Berufungsgericht habe seine Aufklärungspflicht verletzt und daher seiner Entscheidung nicht alle in diesem Zeitpunkt erkennbaren Entschuldigungsgründe zugrunde gelegt, oder es habe die Rechtsbegriffe des Ausbleibens oder der genügenden Entschuldigung verkannt. Dabei ist das Revisionsgericht an die tatsächlichen Feststellungen gebunden. Nur auf die Rüge, das Berufungsgericht habe seine Ermittlungspflicht verletzt, überprüft das Revisionsgericht im Wege des Freibeweises das Vorliegen einer genügenden Entschuldigung (KK-*Paul* § 329 Rn. 14; *Meyer-Goßner/Schmitt* § 329 Rn. 48 je m. w. N.). Die Verfahrensrüge unterliegt aber erleichterten Voraussetzungen, weil nach herrschender Auffassung das Revisionsgericht insoweit die Feststellungen im angegriffenen Urteil ergänzend heranziehen kann, so es welche enthält (BayObLG NJW 1999, 3424). Die allgemeine Sachrüge führt nur zur Prüfung, ob Verfahrenshindernisse vorliegen (BGHSt 21, 242; 46, 230).

Nach § 329 VII StPO kann der Angeklagte **Wiedereinsetzung** in den vorigen Stand beantragen. Die Wiedereinsetzung setzt aber voraus, dass zur Entschuldigung geeignete neue Tatsachen geltend gemacht werden, die dem Berufungsgericht bei seiner Entscheidung weder bekannt waren noch bekannt sein mussten. Tatsachen, die das Gericht bereits im Urteil verwertet und als zur Entschuldigung nicht geeignet gewürdigt hat, sind nur dem Angriff durch die Revision zugänglich (OLG Düsseldorf VRS 97, 139). Hat das Berufungsgericht ihm unterbreitetes oder sonst bekannt gewordenes Entschuldigungsvorbringen in seinem Urteil nicht gewürdigt, kann der Antragsteller zwischen Wiedereinsetzung und Revision (Aufklärungsrüge) wählen (OLG München NStZ 1988, 377; OLG Hamm NStZ-RR 1997, 368).

Achtung: Hat der Verteidiger in Verkennung dieser Rechtslage erfolglos Wiedereinsetzung begehrt, steht dem Angeklagten Wiedereinsetzung gegen die dann regelmäßig eintretende Versäumung der Revisionseinlegungsfrist nicht zu (OLG Düsseldorf NJW 1982, 60). Wird umgekehrt zunächst nur Revision eingelegt, ist ein Wiedereinsetzungsantrag nicht mehr möglich, § 342 III StPO.

Verwerfung der Berufung gem. § 329 I 1 StPO

Erste Hauptverhandlung, ausgesetzte Hauptverhandlung, Wiedereinsetzung nach Verwerfung, Fortsetzung nach vorherigem Einstellungsbeschluss nach § 153a StPO (nicht: Hauptverhandlung nur unterbrochen, Zurückverweisung nach Revision)
- Zulässige Berufung
- Kein Prozesshindernis nach erstinstanzlichem Urteil
- Ordnungsgemäße Ladung mit Hinweis auf Folgen des Ausbleibens
- Ladung auch des Verteidigers
- Ausbleiben des Angeklagten oder verschuldete Verhandlungsunfähigkeit bei Aufruf der Sache und nach angemessener Wartezeit
- Nichterscheinen eines vertretungsbereiten Verteidigers mit schriftlicher Vertretungsvollmacht
- Keine ausreichende Entschuldigung

554 **ff) Vorführung oder Verhaftung.** Erst wenn weder eine Verwerfung der Berufung durch Prozessurteil noch eine Sachverhandlung in Abwesenheit des Angeklagten zulässig ist, kommt die Anwendung von Vorführung oder Verhaftung in Betracht (Abs. 3). Als milderes Mittel kann demgegenüber auch noch eine Unterbrechung der Hauptverhandlung unter erneuter Ladung des Angeklagten und Anordnung seines persönlichen Erscheinens angezeigt sein (Abs. 4 S. 1). Erscheint der Angeklagte in diesem Fall auch im weiteren Termin nicht, ist seine Berufung ohne Sachentscheidung zu verwerfen, wenn die persönliche Anwesenheit weiter erforderlich wäre und der Angeklagte mit der erneuten Ladung über die Möglichkeit der Verwerfung belehrt wurde (Abs. 4 S. 2).

gg) Abwesenheitsverhandlung. Ist ein mit nachgewiesener Vertretungsvollmacht ausgestatteter Verteidiger anwesend, kann die Berufungshauptverhandlung auch in Abwesenheit des Angeklagten durchgeführt werden, allerdings nur, soweit seine Anwesenheit „nicht erforderlich" ist (Abs. 2 S. 1 1. Alt.). Das Gleiche gilt, wenn aufgrund einer Berufung der Staatsanwaltschaft verhandelt wird (Abs. 2 S. 1 2. Alt.), siehe Rn. 555. **554a**

Ist in Abwesenheit des Angeklagten verhandelt worden, ohne dass ein Verteidiger mit nachgewiesener Vertretungsvollmacht anwesend war, hat der Vorsitzende den Angeklagten oder einen vertretungsberechtigten Verteidiger, wenn dieser nachträglich erscheint, über die bisherige Verhandlung zu unterrichten (Abs. 5 S. 1). Eine Berufungsrücknahme der Staatsanwaltschaft ist auch ohne die Zustimmung des Angeklagten in der Abwesenheitsverhandlung möglich, soweit kein Fall der erneuten Berufungsverhandlung nach Zurückverweisung durch das Revisionsgericht vorliegt (Abs. 5 S. 2).

b) Berufung der Staatsanwaltschaft. Wird aufgrund einer Berufung der Staatsanwaltschaft verhandelt, so kann auch in Abwesenheit des Angeklagten verhandelt und entschieden werden, wenn dessen Abwesenheit nicht genügend entschuldigt und seine Anwesenheit nicht erforderlich ist (Abs. 2 S. 1 2. Alt.). Ob das Gericht von dieser Befugnis Gebrauch macht oder die Anwesenheit des Angeklagten nach § 329 III StPO erzwingt, hängt von den Umständen des Einzelfalles ab. Vor allem die Aufklärungspflicht, Belange der Wahrheitserforschung, die Notwendigkeit eines Augenscheins, einer Gegenüberstellung oder eines persönlichen Eindrucks vom Angeklagten können sein Erscheinen gebieten; dies gilt insbesondere, wenn die Staatsanwaltschaft eine gewährte Strafaussetzung beanstandet. In der Regel wird bei einer Berufung der Staatsanwaltschaft die Anwesenheit des Angeklagten erforderlich sein. **555**

Abwesenheitsverhandlung gem. § 329 II StPO

Erste Hauptverhandlung, ausgesetzte Hauptverhandlung, Wiedereinsetzung nach Verwerfung, Fortsetzung nach vorherigem Einstellungsbeschluss nach § 153a StPO (nicht: Hauptverhandlung nur unterbrochen, Zurückverweisung nach Revision)
- Kein Prozesshindernis nach erstinstanzlichem Urteil
- Ordnungsgemäße Ladung mit Hinweis auf Folgen des Ausbleibens
- Ladung auch des Verteidigers
- Ausbleiben des Angeklagten oder verschuldete Verhandlungsunfähigkeit bei Aufruf der Sache und nach angemessener Wartezeit
- Keine ausreichende Entschuldigung
- Zulässige Berufung der StA oder Erscheinen eines vertretungsbereiten Verteidigers mit schriftlicher Vertretungsvollmacht
- Anwesenheit des Angeklagten nicht erforderlich

4. Überleitung ins erstinstanzliche Verfahren

Es gibt Fälle, in denen das Berufungsgericht in die Prüfung eintreten muss, ob es die Sache in ein erstinstanzliches Verfahren überzuleiten hat. **556**

Beispielsfall: A und B haben nach den Feststellungen des Schöffengerichts als Geschäftsführer 30.000,– EUR Firmengelder veruntreut und nach Liechtenstein transferiert. Sie wurden zu je zehn Monaten Freiheitsstrafe mit Bewährung verurteilt. Angeklagte und Staatsanwaltschaft haben unbeschränkt Berufung eingelegt. In der Berufungshauptverhandlung der kleinen Strafkammer stellt sich heraus, dass die Angeklagten in Wahrheit Gelder in mehrfacher Millionenhöhe veruntreut haben. Das Berufungsgericht erwägt gegen die einschlägig vorbestraften Angeklagten im Hinblick auf §§ 266

II, 263 III 2 Nr. 2 StGB Freiheitsstrafen von über vier Jahren. Dies ist ihm aber verwehrt, weil es keine höhere Strafgewalt hat als das Schöffengericht. Wie hat es zu verfahren?

Die früher (vor dem 1. 3. 1993) geltende Berufungszuständigkeit der großen Strafkammer ermöglichte in derartigen Fällen einen Übergang ins erstinstanzliche Verfahren und ein Weiterverhandeln als Gericht der ersten Instanz. Die jetzt für Berufungen allein zuständige kleine Strafkammer kann diesen Übergang nicht vornehmen, da ihr keine erstinstanzliche Zuständigkeit gebührt. Sie muss die Sache entweder im Wege des § 328 II StPO oder nach den Absätzen I bis III des § 225a StPO an die große Strafkammer verweisen (BGH NStZ-RR 2010, 284; KK-*Paul* § 328 Rn. 12f.). Die Abgabe ist jedoch unzulässig, wenn ein Prozesshindernis besteht (BGHSt 33, 167) oder vertikale Teilrechtskraft eingetreten ist (Beschränkungen auf den Rechtsfolgenausspruch werden gegenstandslos, vgl. BGHSt 34, 159) oder eine Überschreitung der Rechtsfolgenkompetenz des Amtsgerichts wegen des Verbots der Schlechterstellung (§ 331 StPO) untersagt ist. Im letzteren Falle stünde nichts einer Entscheidung der Strafkammer als Berufungsgericht entgegen. Hätten im Beispielsfall also nur die Angeklagten und nicht auch die Staatsanwaltschaft Berufung eingelegt, könnte die Strafkammer die Berufung der Angeklagten verwerfen und in den Gründen den überschießenden Schuldgehalt darlegen mit dem Hinweis, sie sei durch das Verschlechterungsverbot gehindert, die schuldangemessene Strafe zu verhängen.

5. Verbindung von Berufungs- mit erstinstanzlichen Sachen

557 Nach der Rechtsprechung des Bundesgerichtshofs kommt eine Verbindung von Berufungs- und erstinstanzlichen Strafsachen durchaus in Betracht (BGH NStZ 1998, 628). Auszugehen ist von folgendem

Fall: Die Staatsanwaltschaft hat A, B und C wegen zweier gemeinschaftlich begangener Taten aus einer größeren Diebstahlsserie zum Schöffengericht N angeklagt. Dort werden sie zu je zwei Jahren Gesamtfreiheitsstrafe verurteilt. Alle legen Berufung ein. Diese liegt bei der 38. kleinen Strafkammer des Landgerichts S, als die Staatsanwaltschaft nach Abschluss der umfangreichen Ermittlungen weitere drei Fälle der Diebstahlsserie zur 19. großen Strafkammer des Landgerichts S anklagt. Die 19. Strafkammer hat, nachdem sie das bei ihr anhängige Verfahren gegen A, B und C eröffnet hatte und sie von der 38. Strafkammer um Übernahme des dortigen Berufungsverfahrens gebeten worden war, beide Verfahren verbunden, gemeinsam verhandelt und A, B und C – nach entsprechenden Hinweisen gemäß § 265 StPO – wegen fünf Fällen des Bandendiebstahls (§ 244 I Nr. 2 StGB) zu Gesamtfreiheitsstrafen von je fünf Jahren verurteilt.

558 Die Verbindung eines Berufungsverfahrens mit einem bei demselben Landgericht anhängigen erstinstanzlichen Verfahren ist in entsprechender Anwendung des § 4 I StPO zulässig (vgl. BGH, Beschluss vom 13. Dezember 2017 – 2 ARs 495/17 –, juris). Die Verbindung führt zu einer Verschmelzung der Verfahren, was zur Folge hat, dass die Strafkammer insgesamt erstinstanzlich zu verhandeln und eine eigenständige Entscheidung über den gesamten Verfahrensstoff zu treffen hat und die vorgehende Entscheidung des Amtsgerichts aufheben muss (BGH NStZ-RR 1999, 257). Dass sich die Sachen in verschiedenen Verfahrensstufen befinden, schadet nicht. Es darf aber noch kein Urteil ergangen sein. Der Bundesgerichtshof **ist für die Revision insgesamt zuständig. Das Tatgericht muss in einem solchen Fall auch insgesamt das für den ersten Rechtszug** maßgebende Verfahrensrecht anwenden. Die Rücknahme der Berufung ist nach erfolgter Verschmelzung ausgeschlossen (BGH NStZ 1992, 501). In materiell-rechtlicher Hinsicht hat das Gericht eine Gesamtstrafe zu bilden. Eine Verschmelzung ist allerdings dann nicht mehr zulässig, wenn im Berufungsverfahren horizontale Rechtskraft eingetreten ist.

Hinweis: Die von der großen Strafkammer des Landgerichts S vorgenommene Verbindung war sachlich und verfahrensökonomisch vernünftig. Denn nur durch die Gesamtschau der Fälle konnte die bandenmäßige Begehung nachgewiesen werden. Die Aufspaltung des Verfahrens durch die Staatsanwaltschaft war im Hinblick auf §§ 121, 122 StPO geschehen. Ein etwaiger negativer Kompetenzkonflikt zwischen der großen und kleinen Strafkammer hätte über § 14 StPO (Entscheidung des OLG) gelöst werden müssen.

Dagegen ist es nicht möglich, zwischen einem erst- und zweitinstanzlichen Verfahren **559** des Landgerichts eine bloße Verhandlungsverbindung nach § 237 StPO herzustellen, die jeden der Fälle in dem für ihn geltenden Verfahrensrecht beließe und die konsequenterweise zu zwei getrennten Urteilen mit unterschiedlichen Anfechtungsmöglichkeiten führen würde. Denn die große Strafkammer – ausgenommen die Jugendkammer – darf nach geltendem Recht kein Berufungsverfahren mehr durchführen.

Zulässig ist es aber auch, zwei beim Landgericht anhängige Berufungsverfahren im Hinblick auf die „Gesamtstraferwartung" von mehr als vier Jahren zu dem Zweck zu verbinden, die Fälle insgesamt erstinstanzlich bei der großen Strafkammer zu verhandeln (OLG Stuttgart NStZ 1995, 248). Dies wird sich aber nur bei engem Sachzusammenhang empfehlen und auch dann nur, wenn die Sachverbindung zur Erfassung des Gesamtunrechts unerlässlich ist. Fehlt es an diesen Voraussetzungen, kann ein Bedürfnis nach gemeinsamer Verhandlung unschwer über § 237 StPO befriedigt, eine Gesamtstrafe später nach § 460 StPO gebildet werden.

6. Verbot der reformatio in peius

Insoweit wird auf die Ausführungen unter Rn. 528ff. verwiesen. **560**

V. Besonderheiten des Urteils

In der Hauptverhandlung entscheidet das Gericht – vorbehaltlich von Einstellungsbe- **561** schlüssen nach §§ 153ff. StPO, die auch noch nach Eintritt horizontaler Teilrechtskraft möglich sind – durch Urteil; dies gilt auch, wenn jetzt erst die Unzulässigkeit der Berufung entdeckt wird.

1. Mögliche Urteilsinhalte/Tenor

Hält das Berufungsgericht die angefochtene Entscheidung für richtig, verwirft es das **562** Rechtsmittel mit dem Tenor „die Berufung des/der … gegen das Urteil des Amtsgerichts … vom … wird als unbegründet verworfen". Die Kosten des Rechtsmittels werden dann dem Berufungsführer auferlegt, § 473 I StPO. Wird eine Berufung der Staatsanwaltschaft verworfen, so ist ein gesonderter Ausspruch über die notwendigen Auslagen des Angeklagten nötig. Erachtet das Berufungsgericht die Berufung für begründet, hebt es das Urteil auf und trifft selbst die gebotene Sachentscheidung (§ 328 I StPO). Je nach Art der Abänderung kann die Formulierung verwendet werden „die Berufung des/der … gegen das Urteil des Amtsgerichts … vom … wird mit der Maßgabe verworfen, dass …" oder „Auf die Berufung des/der … wird das Urteil des Amtsgerichts … vom … dahingehend abgeändert, dass …". Ist dies nicht möglich oder untunlich, wird das Urteil – auch bei Teilerfolg der Berufung – aufgehoben und insgesamt neu gefasst einschließlich der Kosten- und Auslagenentscheidung für die erste und zweite Instanz und der Beifügung einer aktuellen Liste der angewandten Vorschriften (sog. Strafliste). Die auf Rechtsmittel allgemein – und damit auch auf die Berufung – bezogene Kosten- und Auslagenentscheidung des § 473 StPO ist im Einzelnen kompliziert. Klausurmäßig wichtig ist: Hat der Angeklagte die Berufung z.B. von vornherein auf den Rechtsfolgenausspruch beschränkt und hat damit Erfolg, trägt die Staatskasse die Rechtsmittelkosten und die dem Berufungsführer insoweit erwachsenen notwendigen Auslagen (§ 473 III StPO), hingegen bleibt es für den ersten Rechtszug bei der dortigen Regelung, da diese ja auch dann gegolten hätte, wenn der Angeklagte von vornherein milder bestraft worden wäre. Hatte der Angeklagte aber in vollem Umfang Berufung eingelegt und hat er nur im Rechtsfolgenausspruch Erfolg, gilt § 473 IV StPO. Der Kostenausspruch könnte dann lauten: „Die Berufungsgebühr wird um $^{1}/_{3}$ ermäßigt; von den Kosten des Berufungsverfahrens und den dadurch entstandenen notwendigen Auslagen des Angeklagten tragen er selbst $^{2}/_{3}$, die Staatskasse $^{1}/_{3}$“.

563 Eine Aufhebung des Urteils unter **Zurückverweisung** der Sache an das Amtsgericht wegen grober Verfahrensmängel lässt das Gesetz grundsätzlich nicht zu. Hat jedoch das Amtsgericht den Einspruch gegen einen Strafbefehl zu Unrecht gemäß § 412 StPO verworfen, so hat das Berufungsgericht die Sache (unter Aufhebung des Urteils) zu neuer Verhandlung und Entscheidung an die Vorinstanz zurückzuverweisen (BGHSt 36, 139). Dasselbe gilt, wenn das Amtsgericht zu Unrecht das Verfahren wegen eines Verfahrenshindernisses eingestellt hat (OLG Stuttgart NStZ 1995, 301). Die Regelung des § 328 StPO steht diesen Verfahrensweisen nicht entgegen; ebenso wie § 327 StPO der Überprüfung des Urteils durch den Umfang der Anfechtung Grenzen setzt, ist die Entscheidungskompetenz des Berufungsgerichts durch Inhalt und Tragweite der angefochtenen Entscheidung begrenzt. Auf ein erstinstanzliches „Prozessurteil“ (§ 260 III StPO) kann deshalb in der Berufungsinstanz keine Entscheidung zur Sache folgen.

Die Verweisung durch Urteil an ein anderes als das bisher tätig gewordene Gericht kommt unter den Voraussetzungen des § 328 II StPO in Betracht.

Beispiel: (Erst) in der Berufungsverhandlung stellt sich heraus, dass die Unterbringung des Angeklagten nach § 63 StGB in Betracht kommt. Diese durfte das Amtsgericht und darf demgemäß die kleine Strafkammer nicht aussprechen (§ 24 II GVG). Folge: Die kleine Strafkammer verweist gemäß § 328 II StPO durch Urteil an die große Strafkammer des Landgerichts. Ein solches Urteil ist revisibel, auch für den als beschwert einzustufenden Angeklagten. Zum notwendigen Inhalt der Urteilsgründe vgl. BayObLG NStZ-RR 2000, 177. An Stelle eines Urteils nach § 328 II StPO kommt auch eine Verweisung nach § 225a I bis III StPO in Betracht (BGH NStZ 2003, 320); diese Vorschrift ist im Berufungsverfahren entsprechend anwendbar.

2. Gestaltung der Urteilsgründe

564 Vorab wird festgehalten, weswegen (ohne Sachverhalt) und mit welchen Folgen das Amtsgericht den Angeklagten verurteilt hat und/oder von welchem Vorwurf es ihn freigesprochen bzw. wegen welchen Verfahrenshindernisses es das Verfahren eingestellt hat.

Sodann ist darzustellen, wer hiergegen und mit welchem Ziel Berufung eingelegt hat. Ist die Berufung von vornherein oder nachträglich auf bestimmte Beschwerdepunkte beschränkt worden, ist dies festzuhalten. Wird die Beschränkung für wirksam erachtet, bewendet es bei der entsprechenden Feststellung „wirksam auf den Rechtsfolgenausspruch beschränkt“. Sonst ist darzulegen, dass und warum die Beschränkung unwirksam ist und die Berufung als unbeschränkt eingelegt gilt.

Der weitere Aufbau entspricht dem des erstinstanzlichen Urteils. Beim Berufungsurteil stellt sich häufig die Frage nach den Möglichkeiten der **Bezugnahme** auf das erstinstanzliche Urteil: Im Berufungsurteil darf Bezug genommen werden auf die tatsächlichen und rechtlichen Ausführungen des Urteils erster Instanz, sofern die dortigen Schuldfeststellungen so klar und eindeutig sind, dass sie eine sichere Urteilsgrundlage für das Berufungsgericht ergeben (vgl. OLG Stuttgart NStZ-RR 2003, 83; OLG Köln VRS 86, 351). Voraussetzung ist weiter, dass der Umfang der Bezugnahme genau und zweifelsfrei angegeben wird, vorzugsweise durch Angaben von Seitenzahlen und/oder Gliederungsabschnitten (z. B. „Ziff. II. des Urteils"). Unzulässig ist dagegen die pauschale Bezugnahme auf Beweiswürdigung und Strafzumessung des angefochtenen Urteils (BGH StV 1989, 5). Diese hat das Berufungsgericht in eigener Verantwortung vorzunehmen und auch darzustellen.

Nicht um eine Bezugnahme im eigentlichen Sinn handelt es sich dann, wenn durch Berufungsbeschränkung einzelne Urteilsfeststellungen bindend geworden sind. Diese gelten auch ohne Bezugnahme. Ein entsprechender Vermerk hat nur deklaratorischen Charakter. Mitunter birgt er Gefahren in sich, weil zu den bindend gewordenen Urteilselementen auch solche zählen können, die nicht im Sachverhalt, sondern in der Beweiswürdigung oder gar in der Strafzumessung stehen. Deshalb empfiehlt sich im prozessualen Vorspann die Wendung: „Damit sind der Schuldspruch und die zugehörigen Feststellungen bindend geworden". Bei Beschränkung der Berufung auf den Rechtsfolgenausspruch muss das Berufungsgericht die persönlichen Verhältnisse eigenständig feststellen. Die Praxis lässt es aber überwiegend zu, dass das Berufungsgericht zu erkennen gibt, es habe insoweit dieselben Feststellungen getroffen wie das Amtsgericht und nehme auf die dortige Darstellung – quasi zur Vermeidung überflüssiger Schreibarbeit – Bezug (OLG Stuttgart NStZ-RR 2003, 83). Findet die Berufungshauptverhandlung erst geraume Zeit nach Ergehen des erstinstanzlichen Urteils statt, muss das Berufungsurteil auch Feststellungen zu den persönlichen Verhältnissen treffen, die sich auf den Zeitraum nach dem erstinstanzlichen Urteil beziehen.

E. Verfahrensfragen aus dem Revisionsverfahren

I. Klausurbedeutung

565 Das Revisionsrecht hat eine *enorm hohe Bedeutung* für die Assessorklausur. Das liegt vordergründig daran, dass sehr viele Prüfer Richter bei den Strafsenaten der Oberlandesgerichte sind oder aber Beamte im Dienst der Generalstaatsanwaltschaften. Diese Prüfer sind tagtäglich mit dem Revisionsrecht befasst und können hinsichtlich der Prüfungsstoffe praktisch aus dem Vollen schöpfen. Sie sind nicht darauf angewiesen, solche Stoffe zu erfinden oder der Fachliteratur zu entnehmen. Das Revisionsrecht hat außerdem den Vorteil, dass man jeden Grundfall mit genügend hinzugenommenen außerfallmäßigen Rechtsfragen anreichern kann: Man kann Verfahrensfehler und Verfahrensrügen der verschiedensten Art in den Fall einbauen, und auch im Bereich des materiellen Rechts und der Sachrüge kann man den Klausurstoff praktisch beliebig anreichern, z.B. durch falsche Anwendung von Straftatbeständen, unzulängliche Sachverhaltsfeststellungen, fehlerhafte Beweiswürdigung und – ein fast unerschöpfliches Thema – Einbau von Fehlern in die Rechtsfolgenbemessung. Hinzu kommen die ebenfalls „einbaufähigen" Prozessvoraussetzungen und Verfahrenshindernisse. Kein Examenskandidat kommt deshalb an der Notwendigkeit vorbei, sich mit dem Revisionsrecht intensiv zu befassen. Eine gründliche Kenntnis seiner Grundsätze zahlt sich daher aus, zumal man auch in der mündlichen Prüfung häufig Praktikern des Revisionsrechts gegenübersitzt.

Revisionsklausuren können in verschiedensten Arten und Aufgabenstellungen vorkommen (vgl. auch *Weitner/Schuster* JA 2016, 60; 2010, 142):

566 Es ist eine **Revisionsbegründungsschrift** zu fertigen. Vorgegeben ist in der Regel eine Anklageschrift, ein Protokoll der Hauptverhandlung und ein entweder vollständiges oder in Auszügen wiedergegebenes Urteil. Richtet sich die Revision gegen ein Berufungsurteil, kommen entsprechende Vorgaben hinzu. Da ein (versierter) Verfasser einer Revisionsbegründungsschrift in dieser keine Gesichtspunkte aufnehmen wird, die nach seiner Überzeugung dem Rechtsmittel nicht zum Erfolg verhelfen werden, wird dies auch in der Klausur erwartet. Anders als in der Praxis ist dann aber in aller Regel zusätzlich ein Hilfsgutachten bzgl. der in der Revisionsbegründung nicht angesprochenen Punkte anzufertigen.

Lesetipp: Hinweise zur Abfassung einer Revisionsbegründung in der Assessorexamensklausur gibt Huber in JuS 2009, 521 und 2009, 614.

567 Häufig hat der Verfasser bei gleichen Vorgaben wie unter Rn. 566 ein auf alle Gesichtspunkte **eingehendes Rechtsgutachten** über die Aussichten der Revision zu erstatten. Der Vorteil dieser Klausurform gegenüber der in Rn. 566 genannten liegt darin, dass die Arbeit nicht aufgespalten werden muss in einen Entscheidungs- und Gutachtenteil, ihr Nachteil ergibt sich daraus, dass sie nicht die Erkenntnis vermittelt, ob der Bearbeiter Revisionsrügen, insbesondere Verfahrensbeanstandungen in der vom Gesetz verlangten strengen Form (§ 344 StPO!) zu Papier bringen kann. Deshalb wird oft zusätzlich die beispielhafte Ausführung einer oder mehrerer Verfahrensrügen verlangt.

Lesetipp: Beispiele für eine solche Assessorexamensklausur finden sich in JA 2015, 140.

568 Manchmal erhält der Bearbeiter zu den unter Rn. 566f. genannten Vorgaben eine Revisionsbegründungsschrift und lautet die Aufgabe dahin, die **Entscheidung des**

Revisionsgerichts (Urteil oder Beschluss) zu fertigen. Natürlich sind dann im Entscheidungsentwurf sowohl die Gesichtspunkte abzuhandeln, die der Revision zum Erfolg verhelfen, als auch diejenigen, bei denen das nicht der Fall ist. Da es der Praxis der Revisionsgerichte entspricht, im Falle des Erfolges des Rechtsmittels nur die Gesichtspunkte anzuführen, die den Erfolg herbeiführen, ist auch in diesem Falle ein Hilfsgutachten über alle übrigen diskussionswerten Probleme anzufertigen.

Lesetipp: Ein Beispiel findet sich in JA 2014, 855.

Schließlich kann die Aufgabe auch darin bestehen, die Stellungnahme der Bundesanwaltschaft bzw. der Generalstaatsanwaltschaft nach § 349 II StPO zu entwerfen (vgl. zu diesem Klausurtyp *Jahn* JuS 2000, 383). Da jene Stellungnahme in der Praxis knapp gehalten wird, sich z.B. bei Aufhebungsanträgen regelmäßig auf den tragenden Gesichtspunkt beschränkt, wird auch hier häufig die Beigabe eines Ergänzungsgutachtens vonnöten sein. Die Prüfungspunkte sind im Wesentlichen dieselben wie bei Rn. 568. **569**

Lesetipp: Ein Beispiel findet sich in JuS 2000, 383.

II. Wesen der Revision

Während die Berufung zu einer umfassenden Neuverhandlung der Sache führt, die alle tatsächlichen und rechtlichen Aspekte einschließt, gestattet die Revision nur die Nachprüfung des angefochtenen Urteils auf **Rechtsfehler.** Nur wenn ein Urteil auf der Verletzung eines Gesetzes beruht, mithin eine Rechtsnorm nicht oder nicht richtig angewendet worden ist, kann eine Revision erfolgreich sein (§ 337 StPO). Dem Laien – auch dem „juristischen“ – wird demgemäß das Wesen der Revision vereinfachend so erklärt, dass mit ihr nur die „Rechtsfrage“, nicht aber die „Tatfrage“ aufgegriffen werden könne, d.h. an die tatsächlichen Feststellungen des angefochtenen Urteils komme das Revisionsgericht nicht heran, es müsse von dem festgestellten Sachverhalt als bindend ausgehen und dürfe nur nachprüfen, ob auf ihn das Gesetz richtig angewendet worden sei. Den besonders Interessierten lässt man dann noch wissen, die Beweiswürdigung des Tatrichters sei frei (§ 261 StPO), deshalb sei sie dem Revisionsrichter „verschlossen“, dasselbe gelte für die Strafzumessung, die „ureigene Sache“ des Tatrichters sei, da allein er sich auf Grund der Hauptverhandlung ein zuverlässiges Bild von Tat und Täter bilden könne. **570**

Nähme man diese vereinfachende Darstellung für bare Münze, bliebe für den Wirkungsbereich der Revision wenig übrig. Er beschränkte sich auf den klassischen Fall der Subsumtion eines vorgegebenen Sachverhalts unter das Strafgesetz. Dass dies nicht richtig ist, die vorangestellten Deutungen also wenig hilfreich sind, liegt auf der Hand. Sie sind mehr verwirrend als aufklärend. § 337 StPO lässt die Frage, wann eine „Verletzung des Gesetzes“ vorliege und was eine „Rechtsnorm“ sei, zunächst unbeantwortet. § 344 II StPO hilft hier weiter. Er spricht von Rechtsnormen „über das Verfahren“ und von Verletzung „einer anderen Rechtsnorm“. Mit der „anderen Rechtsnorm“ ist das sachliche (oder materielle) Recht gemeint, und zwar fallen hierunter nicht nur die Normen des gesetzten Rechts, sondern auch die Grundregeln der Rechtsanwendung. Danach sind kraft Gewohnheitsrechts auch Verstöße gegen die **Denkgesetze,** die Gesetze der **Logik,** gegen **Erfahrungssätze** sowie ferner die Missachtung **offenkundiger Tatsachen** revisibel. Zum sachlichen Recht gehört auch das Gebot klarer, widerspruchsfreier, lückenloser und in sich geschlossener Darstellung der festgestellten Tatsachen, der Beweiswürdigung und der Strafzumessung. **571**

572 Von der Ursprungsaussage gilt immerhin noch Folgendes: Tatsächliche Feststellungen, die verfahrensfehlerfrei gewonnen wurden und frei von Darlegungsmängeln sind, binden das Revisionsgericht. Ferner schließt es der Grundsatz der freien Beweiswürdigung aus, dass das Revisionsgericht eine fehlerfreie, ihm aber bloß vertretbar erscheinende Beweiswürdigung des Tatrichters zum Anlass nimmt, ein Urteil aufzuheben, um eine ihm besser erscheinende Beweiswürdigung zur Geltung zu bringen. Das Gleiche gilt für die Revisibilität der Rechtsfolgenbemessung. In gleicher Weise ist es auch dem Revisionsführer verwehrt, an den Feststellungen zu rütteln und im Rahmen der Beweiswürdigung und Strafzumessung seine eigenen Erwägungen an die Stelle derjenigen des Tatrichters zu setzen.

Aus dem bereits erwähnten § 344 II StPO ergibt sich, dass der Revisionsführer das Urteil sowohl mit der Sachrüge wie auch mit der Verfahrensrüge angreifen kann. Die Anforderungen an die Begründung der beiden Rügen sind, wie später zu zeigen sein wird, unterschiedlich. Zulässigkeitsvoraussetzung für die Revision ist jedenfalls, dass wenigstens **eine** Rüge in der vom Gesetz verlangten Form erhoben ist.

Hinweis: Weil das Revisionsverfahren eine Rechts- und keine Tatsacheninstanz ist, in dem dem Angeklagten nur eine „Statistenrolle" zukommt, genügt hier eine eingeschränkte Verhandlungsfähigkeit, wie BGH und BVerfG in der Strafsache gegen Erich Mielke entschieden haben. Beide Entscheidungen (NStZ 1995, 390 ff.) sind lesenswert und bieten einen guten Einblick in das Wesen und die Eigenart des Revisionsverfahrens.

III. Prüfungsfolge

573 Bei der Bearbeitung einer Revision hängt die Prüfungsfolge von der Aufgabenstellung bzw. Perspektive des Bearbeiters ab. Je nachdem, ob aus der Sicht etwa der Verteidigung die Erfolgsaussichten oder aus der Sicht des Revisionsgerichts Zulässigkeit und Begründetheit einer gegebenen Revision geprüft werden sollen, verschieben sich die einzelnen Prüfungspunkte.

Wird eine Revisionsbegründung verlangt, so ist die nachfolgende gutachtliche Prüfung zwar nicht in die Reinschrift der Klausurlösung aufzunehmen, aber zur Vorbereitung notwendig.

Prüfung der Erfolgsaussicht einer Revision

A. Zulässigkeit:
- I. Statthaftigkeit, §§ 333, 335 StPO
- II. Frist zur Einlegung, § 341 StPO
- III. Berechtigung
- IV. Beschwer durch die angefochtene Entscheidung
- V. Keine Rücknahme und kein Verzicht
- VI. Kein Fall des § 55 II JGG

B. Begründetheit
- I. Verfahrenshindernisse
- II. Sachlich-rechtliche Fehler des Urteils
  Überprüfung des Sachverhalts, der Beweiswürdigung, der rechtlichen Würdigung (Subsumtion unter die vom Tatgericht angenommenen Tatbestände) und der Strafzumessung; Beschwer; Beruhensfrage
- III. Verfahrensfehler
  1. Verstoß gegen eine Verfahrensnorm
  2. Beschwer durch den Fehler
  3. Beruhensfrage (nicht bei § 338 StPO)

Falls verlangt:

C. Revisionsschrift
- I. Adressat
- II. Revisionsbegründungsfrist, § 345 StPO
- III. Revisionsantrag, § 344 I StPO
- IV. Revisionsbegründung, § 344 StPO
  1. Sachrüge
  2. Verfahrensrügen
     a. Konkrete Tatsachenbehauptung
     b. Bestimmt behaupten
     c. Ausschluss Protokollrüge
     d. Schlüssigkeitsprüfung (vollständig?)
- V. Form, § 345 II StPO

Prüfung einer Revision aus Sicht des Revisionsgerichts

A. Zulässigkeit:
- I. Statthaftigkeit, §§ 333, 335 StPO
- II. Frist zur Einlegung, § 341 StPO
- III. Berechtigung
- IV. Beschwer durch die angefochtene Entscheidung
- V. Keine Rücknahme und kein Verzicht
- VI. Kein Fall des § 55 II JGG
- VII. Frist zur Begründung der Revision, § 345 StPO
- VIII. Revisionsantrag, § 344 I StPO
- IX. Revisionsbegründung, § 344 StPO
  1. Art der Rüge klargestellt?
  2. Sachrüge?
  3. Verfahrensrügen?
     a. Bestimmte Tatsache
     b. Bestimmt behauptet
     c. Keine Protokollrüge
     d. Vollständigkeit
- X. Form, § 345 II StPO

B. Begründetheit
- I. Verfahrenshindernisse
- II. Sachrüge
  Falls ordnungsgemäß erhoben:
  Überprüfung des Sachverhalts, der Beweiswürdigung, der rechtlichen Würdigung (Subsumtion unter die vom Tatgericht angenommenen Tatbestände) und der Strafzumessung; Beschwer; Beruhensfrage
- III. Verfahrensrügen
  Für jede erhobene Verfahrensrüge:
  1. Ordnungsgemäße Erhebung, § 344 II 2 StPO
  2. Begründetheit der Rüge
  3. Beschwer durch gerügte Fehler
  4. Beruhensfrage (nicht bei § 338 StPO)
  5. Nachweisbarkeit des Verstoßes

Zu den Prüfungspunkten im Einzelnen:

IV. Zulässigkeit der Revision

1. Statthaftigkeit

Die Revision ist statthaft gegen Berufungsurteile des Landgerichts sowie gegen Urteile **574**
des Amtsgerichts im Falle der Sprungrevision. Revisionsinstanz ist in den Fällen der

erstinstanzlichen Zuständigkeit der Amtsgerichte das Oberlandesgericht (§ 121 GVG); das in Bayern früher für Revisionen zuständige Bayerische Oberste Landesgericht gibt es seit 30. Juni 2006 nicht mehr. Die Revision findet ferner statt gegen erstinstanzliche Urteile des Landgerichts und des Oberlandesgerichts. Zuständig ist der Bundesgerichtshof (§ 135 I GVG). Mit geringen individuellen Ausnahmen (§ 55 II 1 JGG) gilt der Merksatz:

Revisionsfähig sind **alle Urteile,** **die nicht selbst Revisionsurteile** sind (§§ 333, 335 StPO).

2. Frist zur Einlegung

575 Form und Frist der **Einlegung** sind bereits im Abschnitt „Rechtsmittel" (vgl. dort Rn. 501 f.) abgehandelt.

3. Rechtsmittelbeschränkung des § 55 II JGG

576 Klausurträchtig ist die Vorschrift des § 55 II JGG. Nach dieser Vorschrift kann derjenige, der eine zulässige Berufung eingelegt hat, nicht mehr Revision einlegen. Diese Regelung ist auch anzuwenden, wenn der Angeklagte nicht mehr Jugendlicher, sondern Heranwachsender ist, sofern auf ihn Jugendstrafrecht angewendet worden ist (§ 109 II JGG). Die Beschränkung gilt auch dann, wenn auf Grund der gleichzeitigen Berufung eines anderen Anfechtungsberechtigten – in der Regel der Staatsanwaltschaft – das Berufungsurteil für den Angeklagten ungünstiger ausfällt als das von ihm vergeblich angefochtene erstinstanzliche Urteil. Hat allerdings die Staatsanwaltschaft gegen ein freisprechende Urteil Berufung eingelegt, steht dem nunmehr erstmals in diesem Strafverfahren verurteilten Jugendlichen (bzw. zu Jugendstrafe verurteilten Heranwachsenden) die Revision zu, da er sonst nicht einmal die Möglichkeit einer einmaligen Anfechtung hätte, die erkennbar auch im Jugendstrafverfahren jedem Verfahrensbeteiligten zugestanden werden soll (BGH StV 2007, 5). Hinzuweisen ist in diesem Zusammenhang auch darauf, dass § 357 StPO (Revisionserstreckung auf Mitangeklagte) nicht zu Gunsten eines früheren Mitangeklagten anwendbar ist, für den die Revision wegen § 55 II StPO unzulässig war (BGH NStZ 2006, 518 ff.).

4. Frist zur Begründung

577 Im Gegensatz zur Beschwerde und Berufung bedarf die Revision (als weitere Zulässigkeitsvoraussetzung) einer Begründung. Diese ist regelmäßig binnen eines Monats ab Zustellung des vollständigen Urteils (mit Gründen!) ohne Verlängerungsmöglichkeit beim iudex a quo einzubringen. Die für die Einlegung erörterten Fristfragen sind auch hier einschlägig. Die Monatsfrist berechnet sich nach § 43 I StPO (Zustellung am 30. Juni, Eingang am 30. Juli; Zustellung 31. Januar, Eingang 28. bzw. 29. Februar; jeweils vorbehaltlich § 43 II StPO).

5. Form

578 Da die Begründungserfordernisse streng sind und die Revisionsgerichte nicht mit nutzlosen Eingaben und Ausführungen behelligt werden sollen, darf der Angeklagte die Begründung nur durch Anwaltsschriftsatz oder zu Protokoll der Geschäftsstelle abgeben (§ 345 II StPO). Diese Personen sollen Gewähr dafür bieten, dass die Begründung von sachkundiger Hand stammt. Bereits das Erfordernis des § 345 II StPO erweist sich in der Praxis als eine häufige – auch in der Klausur zu beachtende – „Zulässigkeitsfalle". Ergibt sich nämlich, dass die Gewährspersonen in Wahrheit die Verantwortung für die Begründung nicht übernommen haben, ist das Rechtsmittel

unzulässig, nicht aber schon, wenn ein Wahlverteidiger die von einem anderen Wahlverteidiger verfasste Begründungsschrift mit „i.V." unterzeichnet (BVerfG StV 2016, 769; a. A. BayObLG NJW 1991, 2095; OLG Hamm VRS 99, 285). Bedeutsam sind in diesem Zusammenhang auch sogenannte **Distanzierungsvermerke,** wie „auf ausdrücklichen Wunsch des Angeklagten habe ich vorzutragen" oder (vom Rechtspfleger bei der Erklärung zu Protokoll der Geschäftsstelle herrührend) „der Beschwerdeführer wünscht ausdrücklich, dass die beigefügte, von ihm unterzeichnete Schrift als Begründung dienen solle" (Beispiele bei BGHSt 25, 272). Derlei Vermerke machen die Revision in der Regel unzulässig, wenn nicht wenigstens die Übernahme einer die allgemeine Sachrüge abdeckenden Teilverantwortung der Gewährsperson ausgemacht werden kann, wobei jeweils Zweifel am Verantwortungswillen genügen (BGH NStZ 2000, 211; 2004, 166; NStZ-RR 2013, 289; OLG Rostock NStZ-RR 2009, 381; OLG Frankfurt NStZ-RR 2013, 355). Eine Revisionsbegründung ist regelmäßig als unzulässig anzusehen, wenn sich der Urkundsbeamte den Inhalt des Protokolls vom Angeklagten diktieren lässt, wenn er sich darauf beschränkt, einen vom Angeklagten überreichten Schriftsatz des Angeklagten abzuschreiben oder einen solchen Schriftsatz lediglich mit den üblichen Eingangs- und Schlussformeln des Protokolls zu umkleiden (vgl. BGH NStZ-RR 1997, 8; OLG Hamm VRS 109, 361), oder wenn der Verteidiger eine vom Angeklagten stammende Schrift lediglich unterzeichnet, ohne dass die Ausübung der Prüfungs- und Verantwortungskompetenz erkennbar wäre (BGH NStZ-RR 2006, 84; NStZ 2012, 528). Dadurch sollen die Revisionsgerichte vor einer Überlastung durch unsachgemäßes Vorbringen Rechtsunkundiger bewahrt werden. Zugleich soll sichergestellt werden, dass Revisionen rechtsunkundiger Angeklagter nicht an Formfehlern und sonstigen Mängeln scheitern. Der Verteidiger muss außerdem beachten, dass bloße Ankündigungen einer Begründung diese nicht ersetzen. Schreibt der Verteidiger bei Einlegung der Revision: „Die Revision wird begründet, sobald das schriftliche Urteil vorliegt. Es soll die Verletzung formellen, aber auch materiellen Rechts gerügt werden", so kann dies nicht als Revisionsbegründung ausgelegt werden; das Schreiben enthält lediglich eine Ankündigung, dass eine Revisionsbegründung später abgegeben werde (BGH NStZ 1986, 209).

Fehlt es an einem der bisher erörterten Zulässigkeitserfordernisse, findet das in § 346 I und II StPO geregelte, hier nicht näher zu erörternde Verfahren statt. Die Befugnis des Tatrichters zur Verwerfung der Revision ist auf diejenigen Fälle beschränkt, in denen der Beschwerdeführer die für die Einlegung und Begründung des Rechtsmittels vorgeschriebenen Formen oder Fristen nicht gewahrt hat; er hat also nicht zu prüfen, ob sich per Auslegung eine Begründung feststellen lässt oder ob der Revision ein wirksamer Rechtsmittelverzicht entgegensteht. Derlei Prüfungen sind dem Revisionsgericht vorbehalten (BGH NStZ 2000, 217; StraFo 2007, 421). Hat der Tatrichter die Revision nach § 346 I StPO wegen Verspätung (häufigster Fall) verworfen, hat der Antrag nach II nur dann Aussicht auf Erfolg, wenn ein Fall der Fristversäumung in Wahrheit nicht vorlag.

Beispiel: Die Urteilszustellung ist zwar bewirkt worden, jedoch wegen Verstoßes gegen § 273 IV StPO unwirksam. Nach dieser Bestimmung darf das Urteil nicht zugestellt werden, bevor das Protokoll fertiggestellt, d.h. mit der letzten seinen Inhalt deckenden Unterschrift versehen ist. In einem solchen Fall hat die Revisionsbegründungsfrist noch gar nicht zu laufen begonnen. Daher auf Protokollunterschriften achten; bei Wechsel des Protokollbeamten muss der abgelöste den von ihm protokollierten Teil unterschreiben.

Will der Angeklagte in Wahrheit geltend machen, ihn treffe an der Fristversäumung keine Schuld, muss er Wiedereinsetzung in den vorigen Stand beantragen, über die nach § 46 I StPO ebenfalls das Revisionsgericht entscheidet (zum Verfahren bei Zusammentreffen beider Anträge vgl. *Meyer-Goßner/Schmitt* § 346 Rn. 16 und 17). Liegt ein Fall des § 346 StPO nicht vor oder werden seine Voraussetzungen nicht erkannt, gelangen die Akten auf dem in § 347 StPO bezeichneten Weg zum Revisionsgericht.

6. Revisionsantrag

579 Anders als bei der Berufung, die grds. zu umfassender Neuverhandlung führt, aber beschränkt werden kann, unterliegen in der Revision nur die gestellten Revisionsanträge der Prüfung des Revisionsgerichts, § 352 StPO. Nach § 344 I StPO ist die Revision deshalb nur dann ordnungsgemäß begründet, wenn ein Revisionsantrag gestellt wird und wenn dieser Antrag in Form der Sach- oder Verfahrensbeschwerde begründet wird (BGH NStZ-RR 2010, 288; wistra 2016, 164). In der Praxis fehlt es häufig an einem ausdrücklichen Revisionsantrag. Dieser ist auch nicht in einer Ankündigung enthalten („Es wird beantragt werden …" – vgl. BGH a.a.O.). Dieses Fehlen führt aber dann nicht zur Unzulässigkeit der Revision, wenn sich das Ziel des Rechtsmittels aus dem Inhalt der Begründung ergibt (BGH JZ 1988, 367; OLG Stuttgart Justiz 1980, 154; OLG Jena NStZ-RR 1998, 144). Ist uneingeschränkt die Verletzung materiellen Rechts gerügt, ist das Urteil insgesamt angefochten (siehe aber BGH wistra 2016, 164). Das gilt allerdings nicht für den Nebenkläger; dieser muss darlegen, dass eine Änderung des Schuldspruchs hinsichtlich eines Nebenklagedelikts erstrebt wird (BGH StraFo 2003, 15).

Hinweis: Bei einem Strafverfahren gegen mehrere Angeklagte, denen eine Vielzahl von Straftaten zur Last gelegt wird, lässt sich aus einer nicht näher ausgeführten Sachrüge das Anfechtungsziel der Staatsanwaltschaft nicht sicher ermitteln. Es bedarf vielmehr eines ausdrücklichen Antrags i.S.d. §§ 344 I, 352 I StPO, um das Begehren der Beschwerdeführerin hinreichend klar zu erkennen (BGH StV 2004, 120). Der revidierende Nebenkläger muss spätestens in der Revisionsbegründung deutlich machen, dass er mit seinem Rechtsmittel ein gemäß § 400 StPO zulässiges Ziel verfolgt (OLG Hamm VRS 104, 147).

Vielfach nimmt der Beschwerdeführer ohne ausdrückliche Antragsbeschränkung in den Gründen nur zu einzelnen Beschwerdepunkten Stellung, so etwa zu einzelnen tatmehrheitlichen Verurteilungen oder nur zu den Rechtsfolgen. Daraus ist noch nicht ohne weiteres auf ein beschränktes Rechtsmittel zu schließen. Verbleiben Zweifel, gilt die Anfechtung als umfassend. Zur Frage, ob und inwieweit die Beschränkung eines Rechtsmittels wirksam ist und welche Rechtsfolgen hieraus jeweils resultieren, gelten auch hier die oben in Rn. 518 ff. beschriebenen Grundsätze.

7. Revisionsbegründung

580 **a) Sachrüge.** Der Prüfungsstoff, der dem Revisionsgericht auf die Sachrüge hin unterbreitet wird, ist umgrenzt. Revisible sachlich-rechtliche Fehler werden nur im Urteil selbst gesucht. Daher sind die Anforderungen an die Erhebung der Sachrüge gering. Es genügt der Satz: *„Ich erhebe die Sachrüge"* oder *„Ich rüge die Verletzung sachlichen Rechts"* (übrigens nicht, wie auch immer wieder zu lesen: *„Ich rüge die Anwendung materiellen Rechts"* – was soll das Gericht wohl sonst tun?). Dieser Satz ermächtigt und verpflichtet das Revisionsgericht, die angefochtene Entscheidung auf die Verletzung sachlichen Rechts hin umfassend zu prüfen.

Achtung: Für die *Klausur* gelten natürlich andere Anforderungen. Besteht die Aufgabe darin, eine Revisionsbegründung zu erstellen, kann sich der Verfasser selbstverständlich nicht auf die allgemeine Sachrüge beschränken, sondern er muss die sachlich-rechtlichen Fehler aufzeigen, die seiner Ansicht nach dem Urteil anhaften und der Revision zum Erfolg verhelfen werden. Auch die Verfahrenshindernisse sind aufzuzeigen.

Nicht genügt die bloße Erklärung, es werde Revision eingelegt, regelmäßig auch nicht die Angabe eines prozessualen Ziels wie „Aufhebung und Zurückverweisung" und „Einstellung". Zweifelhaft ist, ob Anträge auf „Freispruch" oder auf „Überprüfung der Strafmaßerwägungen" eine ausreichende Sachrüge darstellen (vgl. dazu *Gribbohm* NStZ 1983, 98; BGH NStZ 2000, 388).

Hinweis: Der Revisionsantrag auf Freispruch wird aber überwiegend als zulässige Sachrüge angesehen, weil damit die Behauptung verbunden sei, der festgestellte Sachverhalt unterfalle nicht dem Strafgesetz.

Zu warnen ist vor folgender **Klausurfalle:** 581

Manche Revisionsführer verstehen es tatsächlich, dem Satz „Ich erhebe die allgemeine Sachrüge" die Wirkung wieder zu nehmen und die Zulässigkeit des Rechtsmittels dadurch zu vereiteln, dass sie die Sachrüge alsdann ausschließlich mit unzulässigen Ausführungen begründen, z. B. mit unbeachtlichen Angriffen gegen die tatsächlichen Feststellungen oder mit ebenso unzulässigen Angriffen gegen die vom Tatrichter rechtsfehlerfrei vorgenommene Beweiswürdigung. Dies ist dann der Fall, wenn nur auf Ansichten des Verurteilten Bezug genommen wird (BGH NStZ-RR 2013, 289), oder wenn der Beschwerdeführer die Sachrüge ausschließlich damit begründet, der Sachverhalt habe sich in Wahrheit ganz anders zugetragen als festgestellt, oder statt den Zeugen A. und B. hätte der Tatrichter den Zeugen C. und D. Glauben schenken müssen. Gleiches gilt, wenn der Beschwerdeführer sein Vorbringen, er habe die Straftat nicht begangen, allein auf seine durch die Beweisaufnahme widerlegte Einlassung stützt (KG NZV 1990, 43). Mit solchen Ausführungen zeigt der Revisionsführer, dass er in Wahrheit keinen Rechtsfehler geltend machen will. Diese auf die Rechtsprechung des Reichsgerichts zurückgehende Auffassung entspricht noch heute fast allgemeiner Praxis (vgl. KK-*Gericke* § 344 Rn. 28; BGH NStZ 1991, 597; NStZ 2001, 425; OLG Celle NStZ-RR 2001, 117).

Hinweis: Wird mit der Revision lediglich das Fehlen von Verfahrensvoraussetzungen oder das Vorliegen von Verfahrenshindernissen behauptet, so ist darin die Erhebung der Sachrüge zu sehen (OLG Düsseldorf NStZ 1992, 39).

Natürlich wird der Bearbeiter in einer Examensklausur das Rechtsmittel nicht auf Gesichtspunkte stützen, die letztlich nicht „greifen". Der Kandidat soll auch nicht in der Richtung „praxisnah" handeln, dass er in der Begründungsschrift bewusst falsche Ausführungen macht in der – vergeblichen – Hoffnung, das Revisionsgericht möge auf sie hereinfallen. Nicht zielführende Erwägungen sind einem Hilfsgutachten vorzubehalten, das in aller Regel neben der Begründungsschrift ausdrücklich verlangt wird und in dem diejenigen rechtlichen Gesichtspunkte zum Tragen kommen, die zwar im Gesamtzusammenhang zu prüfen sind, letztlich aber das Urteil nicht zu Fall bringen können.

b) Verfahrensrüge. aa) Grundsatz. Die Verfahrensrüge muss „die den Mangel enthaltenden Tatsachen" benennen. Anders, als dies bei sachlich-rechtlichen Fehlern der Fall ist, können Verfahrensfehler sich nicht nur aus dem Urteil ergeben. Sie können im Protokoll manifestiert sein, sonst aus den Akten erkennbar oder auch gar nicht dokumentiert. Aufgrund der Unübersehbarkeit des denkbaren Prüfungsstoffes kann also das Revisionsgericht nicht von sich aus das gesamte Verfahren auf Ordnungsmäßigkeit prüfen. Deshalb stellt die Rechtsprechung an die Verfahrensrüge, anders als bei der Sachrüge, strenge Anforderungen: Die geltend gemachten Verfahrensverstöße müssen so bestimmt und ausführlich dargelegt werden, dass das Revisionsgericht allein unter Zugrundelegung dieser schriftlichen Ausführungen prüfen kann, ob ein Verfah- 582 rensfehler vorliegt, sofern die behaupteten Tatsachen zutreffen (vgl. KK-*Gericke* § 344 Rn. 32). Diese Schlüssigkeitsprüfung muss dem Revisionsgericht ohne Bezugnahmen auf die Akten, insbesondere auf die Sitzungsniederschrift und ihre Anlagen, möglich sein. Solche Bezugnahmen sind nicht statthaft (auch die Bezugnahme auf die Revisionsbegründung eines anderen Verfahrensbeteiligten ist unzulässig, vgl. BGH NStZ 2007, 166; unzulässig ist selbst die Bezugnahme auf Ausführungen zu einer anderen Rüge in derselben Revisionsbegründung, BGH StraFo 2015, 70). Fehlt es an diesen Voraussetzungen, ist die Rüge unzulässig (Beispiele bei BGH NStZ 2010, 97; NStZ-RR 2010, 384; NStZ 2010, 530). Sie wird nicht auf ihre Begründetheit überprüft, auch wenn diese noch so sehr auf der Hand liegt.

Tipp: In der Examensklausur sollte jede Rüge einzeln für sich von Anfang bis zum Ende auf Zulässigkeit und Begründetheit durchgeprüft werden.

Natürlich kann man im Aufbau auch nach Schwerpunkten variieren. Scheitert eine Rüge ersichtlich an der Rechtskreistheorie oder wurde ein Mangel ersichtlich geheilt, sollte man die Entscheidung ohne die überflüssige Prüfung der Vorstationen auf diesen Punkt stützen. Die Praxis hält es auch für zulässig, die in Einzelfällen sehr komplizierten Zulässigkeitsvoraussetzungen einer Rüge dahinstehen zu lassen, wenn ihre Unbegründetheit auf der Hand liegt. Hier muss aber der Klausurverfasser vorsichtig zu Werke gehen, denn häufig will man von ihm gerade wissen, ob er die Frage der Zulässigkeit richtig einschätzen kann. Der Kandidat muss ein Gefühl dafür entwickeln, wo im Einzelnen der Schwerpunkt liegt und worauf der Aufgabensteller hinauswill.

583 **bb) Bestimmtheitsgebot.** Notwendig ist die Behauptung einer konkreten Tatsache. Rechtsausführungen reichen nicht.

Der Verfahrensverstoß muss dann auch bestimmt behauptet sein. Vermutungen, Andeutung von Möglichkeiten, Darlegung von Zweifeln und Bitten um Überprüfungen, ob bestimmte Verfahrensvoraussetzungen beachtet worden sind, reichen nicht aus.

584 **cc) Protokollrüge.** Fehler des Hauptverhandlungsprotokolls als solche rechtfertigen niemals eine Revision. Das Protokoll ist lediglich ein Beweismittel. Daher kann eine Verfahrensrüge nicht darauf gestützt werden, das Protokoll sei unvollständig oder sonst fehlerbehaftet (BGH NStZ-RR 2007, 52; StV 2012, 73). Rügen dieser Art werden als Protokollrügen bezeichnet. Eine typische unzulässige Protokollrüge wäre die Behauptung, die Sitzungsniederschrift enthalte keinen Vermerk über die Erteilung des letzten Wortes. Der Beschwerdeführer muss vielmehr behaupten, ihm sei das letzte Wort nicht erteilt worden und sich zum Beweis dessen auf das Protokoll berufen. Eine Protokollrüge liegt auch dann vor, wenn die Behauptung dahin geht, „ausweislich des Protokolls" oder „laut Protokoll" sei das letzte Wort nicht erteilt worden. In der Klausur kann man aber insoweit auch eine andere Auffassung vertreten.

Reine Protokollrügen bleiben auch vor dem Hintergrund der Entscheidung des BVerfG zur Verständigung unzulässig (BGHSt 59, 130; a.A. BGHSt 58, 310; BGH NStZ 2014, 219; OLG Bremen StV 2016, 790; vgl. auch BVerfG NJW-Spezial 2016, 121). Soweit ein Beschwerdeführer beanstandet, aus dem Protokoll ergebe sich keine Belehrung des Angeklagten gemäß § 273 I 2 StPO, ist Gegenstand der Verfahrensrüge allein die Frage einer ordnungsgemäßen Protokollierung; denn aus der Revisionsbegründung ergibt sich nicht die Behauptung, dass eine Belehrung in der Hauptverhandlung tatsächlich unterblieben ist, und dieser Gesichtspunkt von der Urteilsanfechtung umfasst sein soll. Es entspricht ständiger Rechtsprechung, dass dem Vorbringen in der Revisionsbegründung, ein bestimmter Verfahrensvorgang sei nicht protokolliert worden, regelmäßig nicht die Behauptung zu entnehmen ist, dieser Verfahrensvorgang habe tatsächlich in der Hauptverhandlung auch nicht stattgefunden (vgl. BGH BGHSt 59, 130; allgemein zur Protokollrüge BGHSt 7, 162; BGH NStZ-RR 2007, 52).

dd) Rügeverlust. Rügeverlust kann eintreten durch Rügepräklusionen (§§ 6a, 16, 25, 217 II, 218 S. 2 StPO) oder wirksamen Verzicht auf die Einhaltung von Verfahrensvorschriften, wobei jedoch die § 338 StPO unterstehenden Verfahrensrechte oder solche von ähnlichem Gewicht unverzichtbar sind. Rügeverlust tritt schließlich ein, wenn der Angeklagte es, wo notwendig, unterlassen hat, einen Gerichtsbeschluss nach § 238 II StPO herbeizuführen (vgl. § 338 Nr. 8 StPO). Neuere Entscheidungen des BGH lassen die Tendenz erkennen, unredliche Revisionsführer mit Rügeverwirkung zu „bestrafen" (vgl. BGH Beschl. v. 16.9.2013 – 1 StR 264/13; BGH NJW 2006, 3579). Dies gilt in Fällen, in denen der Beschwerdeführer die unterbliebene Bescheidung eines Beweisantrags rügt, obwohl er schweigend miterlebt hatte, dass ihn der Tatrichter nach einer als gleichwertig erachteten Beweisaufnahme offensichtlich als erledigt angesehen hatte, oder er ein Missverständnis seines Beweisantrags geltend macht, obwohl er durch den ablehnenden Beschluss in der Hauptverhandlung erfahren hatte, wie das Gericht den Antrag verstand, ohne dass er das nun gerügte Missverständnis zu beseitigen versucht hätte (vgl. BGH StV 1989, 465; BGH NStZ-RR 2001, 261; NJW 2006, 708). Damit korrespondiert andererseits die Verpflichtung des Gerichts, im Rahmen fairer Verfahrensgestaltung erkannte Missverständnisse der Verteidigung durch entsprechende Hinweise auszuräumen (BGH StV 1994, 411). Diese Hinweispflicht gilt aber nicht bei Fehlbewertungen der Verteidigung auf Grund von Uneinsichtigkeit oder nachhaltiger Unaufmerksamkeit (BGH NStZ-RR 2003, 117). 585

Hinweis: Widersprüchliches Revisionsverhalten missbilligt der BGH zunehmend. So ist eine erneute Revision unzulässig, nachdem der Angeklagte nach Aufhebung und Zurückverweisung der Sache durch das Revisionsgericht so verurteilt wurde, wie er es im ersten Verfahren vor dem Landgericht und im ersten Revisionsverfahren begehrt hat (BGH StV 2001, 100). Wer dem Gericht eine schriftliche Erklärung zum Anklagevorwurf übergeben hat mit dem dann erreichten Ziel der Verwertung im Urteil, kann nicht rügen, die Erklärung sei nicht prozessordnungsgemäß in die Hauptverhandlung eingeführt worden (BGH NStZ-RR 2001, 101). Einer auf Verletzung des § 229 StPO gestützten Rüge, in einem „Schiebetermin" sei nicht verfahrensfördernd verhandelt worden, droht Erfolglosigkeit, wenn die beanstandete karge Verfahrensgestaltung gerade auf dem Wunsch des Verteidigers beruhte (BGH NStZ 2000, 606). Dasselbe gilt bei fehlendem Schlussvortrag des Pflichtverteidigers in Absprache mit dem Wahlverteidiger (BGH NStZ 1997, 451). All diese Erkenntnisse beruhen auf dem Prinzip, dass widersprüchliches Prozessverhalten keinen Rechtsschutz verdient (vgl. auch BGH NStZ 2005, 646; NStZ 2006, 649; NJW 2006, 708; StraFo 2011, 318).

ee) Rechtzeitige Geltendmachung. Im Gegensatz zur Sachrüge, die bis zur Entscheidung jederzeit *ergänzt* werden kann, muss die Verfahrensrüge bei Ablauf der Revisionsbegründungsfrist in vollständiger Form vorliegen. Hinterher kann eine unvollständige Verfahrensrüge nicht nachgebessert werden; man kann auch keine neuen Rügen nachschieben. Liegt eine zulässige, weil z. B. mit der allgemeinen Sachrüge begründete Revision vor, ist eine Wiedereinsetzung in den vorigen Stand zur Nachschiebung von Verfahrensrügen nicht möglich (vgl. BGH NStZ-RR 2010, 289). Hiervon hat der Bundesgerichtshof allerdings verschiedene Ausnahmen zugelassen, z. B. bei Einschränkung der Verteidigung durch – obwohl hartnäckig angemahnte – nicht rechtzeitige Vorlage des Protokolls, bei verspäteter Gewähr von Akteneinsicht, bei unterlassener Benachrichtigung entgegen § 145a III 1 StPO oder bei sonstigen unüberwindbaren Hindernissen (BGH NStZ 1997, 45; NStZ 2000, 326; NStZ-RR 2006, 211; NStZ-RR 2008, 247; wistra 2016, 163; NStZ-RR 2017, 148). 586

Hinweis: Wer behauptet, er habe Verfahrensrügen ohne Akteneinsicht nicht anbringen können, muss dies bezüglich jeder einzelnen Rüge im Wiedereinsetzungsvortrag darlegen (BGH NStZ 1997, 45). Selbstverständlich muss die Nachholung ebenfalls sodann fristgerecht erfolgen.

587 **ff) Anforderungen an die Begründung einzelner Rügen.** Da in der Klausur zuweilen die Aufgabe gestellt wird, eine oder mehrere Verfahrensrügen beispielhaft zu begründen, sind nachfolgend einige für die Praxis wichtigen Fälle zu skizzieren:

Die Aufklärungsrüge erfordert nach gefestigter Rechtsprechung die Angabe (a) eines bestimmten Beweismittels, dessen sich das Gericht hätte bedienen müssen (BGH NStZ 2006, 713), (b) einer konkreten Beweistatsache, (c) des zu erwartenden Beweisergebnisses (BGH NStZ-RR 2010, 316; NStZ-RR 2017, 317) sowie (d) der Umstände, die das Gericht zu der vermissten Beweiserhebung hätten drängen müssen (BGH NStZ 2008, 349; NStZ 2013, 672; NStZ-RR 2017, 317). Mit letzterem Erfordernis tun sich Revisionsführer und deren Verteidiger regelmäßig schwer, die weder einen entsprechenden Beweisantrag gestellt noch eine Beweisanregung gegeben haben (vgl. aber BGH StV 2017, 789). Ob und inwieweit dies geschehen ist, ist vorzutragen (BGH NStZ 2013, 672).

588 Die Rüge, ein Beweisantrag sei zu Unrecht abgelehnt worden, muss den Antrag im Wortlaut wiedergeben. Dasselbe hat mit dem ablehnenden Gerichtsbeschluss zu geschehen. Des Weiteren muss der Beschwerdeführer darlegen, inwieweit diese Ablehnung fehlerhaft gewesen ist. Wenn nicht auf der Hand liegt, weshalb das Beweismittel geeignet sein soll, die aufgestellte Behauptung zu belegen, ist auch hierzu vorzutragen („*Konnexität*" zwischen Beweismittel und Beweisbehauptung; vgl. BGHSt. 43, 321; BGH NStZ 2006, 585; NStZ-RR 2008, 4; NStZ 2011, 301; OLG Frankfurt StV 2017, 297).

Eine Ausnahme vom strengen Begründungserfordernis und Verbot der Bezugnahme gilt für die Rüge der fehlerhaften Behandlung von Beweisanträgen nach § 244 VI 3 StPO und Hilfsbeweisanträgen, die im Urteil wiedergegeben und beschieden sind. Bei gleichzeitig und wirksam erhobener Sachrüge – und nur dann – kann die Wiedergabe von Antrag und Ablehnung durch Bezugnahme auf die Urteilsgründe ersetzt werden, und zwar deshalb, weil das Revisionsgericht kraft der Sachrüge genötigt ist, vom Urteilsinhalt Kenntnis zu nehmen (BGH StraFo 2004, 245).

589 Die Rüge, ein nach § 265 I StPO notwendiger Hinweis auf die Veränderung des rechtlichen Gesichtspunkts sei nicht erteilt worden, erfordert die Mitteilung, welchen Inhalt die zugelassene Anklage insoweit hatte, sowie die Angabe, dass der Angeklagte ohne den erforderlichen Hinweis in dem betreffenden Punkt anders verurteilt worden ist.

590 Macht der Angeklagte geltend, das Tatgericht habe einem Ablehnungsgesuch zu Unrecht nicht stattgegeben (§§ 28 II, 338 Nr. 3 StPO), sind das Ablehnungsgesuch und die Entscheidung des Gerichts hierüber je im Wortlaut mitzuteilen, bei Ablehnung wegen Verspätung auch der Verfahrensverlauf, aus dem sich die Rechtzeitigkeit beurteilen lässt. Es handelt sich – wie bereits ausgeführt – um eine Rüge, über die das Revisionsgericht nach Beschwerdegesichtspunkten entscheidet. Kommt es zu der Auffassung, der Tatrichter habe das Gesuch zu Unrecht als verspätet oder sonst unzulässig zurückgewiesen, so muss es in eine eigene Sachprüfung (Freibeweis) eintreten und darüber befinden, ob das Gesuch begründet war.

591 Für die sogenannte Nicht-Inbegriffs-Rüge (Rn. 614) reicht nicht die Darlegung, die der Feststellung zugrunde liegende Urkunde sei nicht verlesen worden. Es muss darüber hinaus dargelegt werden, die Feststellung könne auch nicht auf andere Weise, etwa durch Vorhalt, durch Bericht des Vorsitzenden, durch das Selbstleseverfahren

nach § 249 II StPO, durch Bekundungen eines Zeugen oder Sachverständigen Gegenstand der Hauptverhandlung geworden sein. Verschweigt die Rüge auch nur eine der nach Lage des konkreten Falles möglichen Quellen, ist sie unzulässig (BGH NStZ 2010, 466).

Hinweis: Das Erfordernis des Vortrages von Negativtatsachen, vom BGH mit Strenge gehandhabt, ist selbst bei erfahrenen Strafverteidigern gefürchtet, für die Klausur jedoch keineswegs ohne Bedeutung. Die Rüge, der Tatrichter habe seiner Entscheidung eine Einlassung des Angeklagten zugrunde gelegt, obwohl dieser – wie durch das Protokoll erwiesen – keine Angaben zur Sache gemacht habe, ist nur dann zulässig erhoben, wenn vorgetragen wird, dass der Verteidiger in der Hauptverhandlung keine diesem zurechenbare Erklärung zur Sache abgegeben habe (BayObLG NStZ 2003, 388). Immer dann, wenn der Sachverhalt Anhaltspunkte dafür bietet, ein gerügter Verfahrensverstoß könnte im weiteren Verlauf der Hauptverhandlung geheilt worden sein, tut der Revisionsführer gut daran, hierauf einzugehen.

gg) Geltendmachung eines Verwertungsverbots. Soll ein Verstoß gegen ein 592
Beweisverwertungsverbot aus §§ 136 I, 163a III 2 und IV 2 StPO oder aus dem Grundgedanken dieser Vorschriften (z.B. bei Überwachung der Telekommunikation, BGHSt. 51, 1; StV 2008, 63; beim Einsatz verdeckter Ermittler, BGH NStZ-RR 2001, 260; bei einer Verletzung von § 81a StPO, OLG Hamm NJW 2009, 242; OLG Karlsruhe NJW-Spezial 2010, 442; OLG Köln DAR 2013, 35; vgl. auch BGHSt. 58, 84) beanstandet werden, so gehört hierzu der Vortrag, dass der davon betroffene Revisionsführer der entsprechenden Beweiserhebung rechtzeitig i.S. des § 257 StPO widersprochen hat (vgl. Rn. 64). Die Mitteilung, es sei in der Hauptverhandlung widersprochen worden, reicht als zu ungenau nicht aus, weil sie die Möglichkeit eines verspäteten Widerspruchs offenlässt (BGH NStZ-RR 2001, 260).

**hh) Geltendmachung eines Verstoßes gegen die Regeln über die Verständi- 592a
gung im Strafverfahren.** Soweit sich ein solcher Verstoß nicht ausnahmsweise aus dem Urteil selbst ergibt (vgl. Rn. 432, 458a, 472, 474), ist er grds. mit der Verfahrensrüge geltend zu machen.

Im Einzelnen:

Verwertungsverbote: Eine allgemeine Rüge der *Verletzung des Fairnessgrundsatzes* wird von der Rechtsprechung mit Blick auf § 344 II 2 StPO nicht zugelassen, wenn nicht mit der Ablehnungsbeschwerde (§ 24 StPO, § 28 Abs 2 S 2 StPO, § 338 Nr 3 StPO) oder mit der Rüge der *Verletzung von § 136a StPO* ein bestimmter Punkt beanstandet und dies nach Maßgabe von § 344 II 2 StPO mit Prozesstatsachen erläutert wird (BGH NStZ 2009, 168; StV 2012, 134). Ist gegen den Angeklagten eine *Sanktionsschere* eingesetzt worden, wurde mit einer unzulässigen Sanktion gedroht, eine unzulässige Zusage gemacht oder wird auf den Angeklagten außerhalb der Hauptverhandlung in unangemessener Weise Druck ausgeübt, dann kann ein Beweisverwertungsverbot nach § 136a III StPO bezüglich des Geständnisses geltend gemacht werden (BGH NStZ 2005, 526; NStZ 2008, 170; NJW 2011, 1526). Ein Widerspruch gegen die Verwertung und ein entsprechender Vortrag in der Revisionsbegründung sind nicht erforderlich (MüKoStPO-*Jahn/Kudlich*, § 257c Rn. 195). Die Rechtsfolge des Beweisverwertungsverbots tritt nämlich kraft Gesetzes ein und nicht aufgrund einer Dispositionsentscheidung und Prozesserklärung der Verteidigung.

Mitteilungspflichten: Die Mitteilungspflicht des § 243 Abs. 4 Satz 2 StPO besteht nur hinsichtlich solcher Erörterungen der Verfahrensbeteiligten, deren Gegenstand die Möglichkeit einer Verständigung war, in denen also ausdrücklich oder konkludent Fragen des prozessualen Verhaltens des Angeklagten in Konnex zum Verfahrensergebnis gebracht wurden. Für die Beurteilung der Frage, ob der Mitteilungspflicht genügt wurde, ist deshalb von maßgebender Bedeutung, welchen Inhalt die zwischen den Verfahrensbeteiligten stattgefundenen Erörterungen hatten. Deshalb müssen der Inhalt der zwischen den Verfahrensbeteiligten stattgefundenen Erörterungen, das jeweilige Verfahrensstadium und die Teilnehmer im Rahmen der Revisionsbegründung gemäß § 344 Abs. 2 Satz 2 StPO vorgetragen werden (BGH NStZ 2014, 529; NStZ 2014, 290; OLG Celle NStZ 2014, 290; KG Berlin StV 2014, 78).

Dokumentationspflicht: Die Verfahrensrüge des fehlenden Negativattestes gemäß § 273 Ia 3 StPO ist unzulässig, wenn sich schon aus dem Rügevorbringen ergibt, dass Verständigungsgespräche zu keinem Zeitpunkt stattgefunden haben (BGH NStZ 2013, 541; laut BGH NStZ 2015, 417 fehlt es am Beruhen).

Belehrungspflicht: Auch ein Verstoß gegen die Pflicht zur Belehrung gem. § 257c Abs. 5 StPO führt zur Aufhebung eines Urteils, wenn dieses nach vorausgegangener Verständigung aufgrund eines Geständnisses des Angeklagten ergangen und dieser entsprechend der Zusicherung verurteilt worden ist; der Revisionsführer braucht den ursächlichen Zusammenhang zwischen dem behaupteten Rechtsverstoß und dem angefochtenen Urteil nicht ausdrücklich darzulegen (BGH StV 2014, 518).

Bindungswirkung: Die Aufklärungsrüge bleibt auch dann zulässig, wenn der Angeklagte im Verständigungsverfahren auf Beweisanträge verzichtet hatte oder ein Geständnis ablegte. Die Aufklärungspflicht bleibt nach § 257c Abs 1 S 2 StPO durch das Absprachenverfahren völlig unberührt und das Gericht hat das Geständnis zu überprüfen (BGH NJW 2014, 872; NStZ 2014, 170; NStZ 2016, 489). Wann aber die Aufklärungspflicht im Verständigungsverfahren durch partielles Unterlassen einer strengbeweislichen Absicherung des Geständnisses verletzt ist, bleibt den Umständen des Einzelfalls überlassen.

Fehlgeschlagene Verständigung: Ist eine Verständigung fehlgeschlagen, dann folgt der Revisionsangriff auf das Urteil den herkömmlichen revisionsrechtlichen Regeln. Nach der Rechtsprechung ergeben sich aus dem Scheitern der Verständigung regelmäßig keine revisiblen Nachteile für den Angeklagten, wenn danach das konventionelle Verfahren ordnungsgemäß durchgeführt wird (BGHSt 49, 84). Erforderlich ist in Fällen einer Lösung von einer wirksam herbeigeführten Verständigung vor allem ein protokollierter Hinweis des Gerichts auf diesen Befund. Dieser Hinweis kann ausnahmsweise entbehrlich sein, wenn die Veränderung der prozessualen Lage offensichtlich ist, wie etwa bei der Einbeziehung einer Nachtragsanklage (BGH StV 2009, 239). Hierzu ist entsprechend vorzutragen.

593 **ii) Beruhensfrage.** Ein Eingehen auf die Beruhensfrage muss die Verfahrensrüge an sich nicht enthalten. Diese Frage prüft das Revisionsgericht von Amts wegen. Die Tatsachen, die das Revisionsgericht zur Prüfung der Beruhensfrage braucht, müssen aber mitgeteilt werden.

Beispiel: Gerügt wird, dass ein Urteil nicht im beschleunigten Verfahren hätte ergehen dürfen. Hier ist zusätzlich darzulegen, wieso das im beschleunigten Verfahren ergangene Urteil möglicherweise anders ausgefallen wäre, wenn es im „Normalverfahren" verkündet worden wäre. Es kommt deshalb darauf an, ob das Urteil des Amtsgerichts möglicherweise durch verfahrensrechtliche Besonderheiten beeinflusst ist, die nur für das beschleunigte Verfahren gelten und durch die sich dieses Verfahren vom „Normalverfahren" abhebt, etwa die Beweiserleichterungen des § 420 StPO. Derartiges muss vorgetragen werden (OLG Stuttgart Justiz 2003, 28).

Da ein Beruhen des Urteils auf einem Verstoß gegen die Mitteilungspflicht nach § 243 IV StPO auszuschließen ist, wenn zweifelsfrei feststeht, dass es keinerlei Gespräche über die Möglichkeit einer Verständigung gegeben hat (BGHSt 58, 315; BGH NStZ-RR 2015, 118; vgl. aber BVerfG NStZ 2014, 592), muss die Revisionsbegründung mitteilen, über welche Kenntnisse und Hinweise bezüglich etwaiger Verständigungsgespräche der Revisionsverteidiger und der Angeklagte – gegebenenfalls nach zumutbarer Einholung entsprechender Auskünfte beim Instanzverteidiger – verfügen (a.a.O.), weil nur so das Revisionsgericht die Beruhensfrage prüfen kann (BGHSt 58, 315; BGH NJW 2015, 266; NStZ 2014, 529).

Im Übrigen wird auch die Revisionsbegründung vom Grundsatz „falsa demonstratio non nocet" beherrscht. Der Revisionsführer muss nicht unbedingt die richtige rechtliche Einordnung des Verfahrensverstoßes finden. Entscheidend ist, dass die Begründung dem Revisionsgericht dies ermöglicht. Es kann auch durchaus die so bezeichnete „Sachrüge" eine zulässige Verfahrensrüge enthalten und umgekehrt: Sehr häufig enthalten „Verfahrensrügen" die dürftigen essentialia der Sachrüge.

Beispiel für die Prüfung eines Verfahrensfehlers und die Umsetzung in eine Verfahrensrüge **593a**

In der Hauptverhandlung beantragt der Verteidiger, neun namentlich und mit Anschrift benannte Jugendliche und zwei Sozialarbeiter eines Jugendclubs darüber zu vernehmen, dass sich der Angeklagte zum Zeitpunkt des Raubüberfalls in dem Jugendzentrum aufgehalten habe. Mehrere der Zeugen hätten dort bereits ein bis zwei Stunden Karten gespielt, als sich der Angeklagte eingefunden habe. Zusammen sei man dann Bowling spielen gegangen; die Ausgaben seien von den Sozialarbeitern aus Clubmitteln bezahlt worden und in der Buchhaltung auch erfasst. Der Vorsitzende fragt daraufhin, warum so viele Zeugen benannt seien, wenn doch die Sache so klar sei. Darauf entgegnet der Verteidiger, es sei nicht bekannt, wer von den Zeugen nach nunmehr fast drei Jahren noch etwas zum Beweisthema sagen könne. Es ergeht der Beschluss: „Der Antrag wird abgelehnt. Es handelt sich lediglich um einen Beweisermittlungsantrag, der nur in der Hoffnung gestellt ist, dass einer der Zeugen eventuell etwas sagen könne. Dafür fehlen jedoch jegliche Anhaltspunkte." (Der Fall ist BGH NStZ 1988, 324 nachgebildet)

Gutachten	**Revisionsbegründung**
Verstoß gegen § 244 Abs. 3 StPO?	Gerügt wird ein Verstoß gegen § 244 Abs. 3 StPO:
Vorliegen eines Beweisantrags im Sinne von § 244 Abs. 3 StPO? Angabe einer konkreten Beweistatsache? (+), Aufenthalt des Angeklagten zur Tatzeit an einem anderen Ort Bestimmte Behauptung der Beweistatsache? (+) Konnexität zwischen Beweismittel und Beweistatsache (vgl. BGH NStZ 2011, 169)? (+), ergibt sich aus dem weiteren Inhalt Kein Antrag „ins Blaue"? (–), nachvollziehbar, dass sich einer erinnert Angabe eines bestimmten Beweismittels? (+), Zeugen benannt	Der Verteidiger hat in der Hauptverhandlung folgenden Beweisantrag gestellt: … (Kopie) …
Wirksame Stellung des Beweisantrags? Mündlich? (+) In der Hauptverhandlung? (+) Durch einen Berechtigten? (+) Unzulässige Bedingung? (–)	Dieser Antrag wurde mündlich im Fortsetzungstermin vom … vom Verteidiger gestellt.

Unzulässige Ablehnung? Durch Gerichtsbeschluss? (+) Kein Ablehnungsgrund? Keine Unzulässigkeit? (–) Keine Offenkundigkeit? (–) Keine Bedeutungslosigkeit der behaupteten Tatsache? (–), es handelt sich um einen zentralen Alibibeweis Keine Erwiesenheit der behaupteten Tatsache? (–) Keine völlige Ungeeignetheit des Beweismittels? (–), es liegt trotz der verstrichenen Zeit nicht fern, dass einer der Zeugen sich erinnern kann, weil mehrere Erinnerungsanker vorgetragen werden Keine Unerreichbarkeit des Beweismittels? (–) Keine Wahrunterstellung der behaupteten Tatsache? (–) Keine Verschleppungsabsicht? (–) Kein Fall § 244 Abs. 4 oder 5 StPO? (–)	Im Fortsetzungstermin vom ... wurde folgender Gerichtsbeschluss verkündet: ... (Kopie) ...
Beschwer? A ist von dem Verfahrensfehler betroffen. Der Fehler begünstigt ihn nicht.	(Ausführungen erübrigen sich)
Beruhen? Dem Beweisantrag wurde auch später nicht nachgegangen.	Auf dem Verfahrensverstoß beruht das Urteil. Die benannten Zeugen wurden nicht vernommen, die behauptete Beweistatsache war zu keinem Zeitpunkt Gegenstand der Beweisaufnahme.

8. Sonstige Zulässigkeitsvoraussetzungen

594 Insoweit wird auf die Ausführungen unter Rn. 499f. verwiesen.

V. Begründetheit der Revision

1. Verfahrensvoraussetzungen und -hindernisse

595 Fehlen Verfahrensvoraussetzungen oder liegen Verfahrenshindernisse vor, hat der Tatrichter das Verfahren durch Beschluss nach § 206a StPO oder in der Hauptverhandlung durch Urteil nach § 260 III StPO einzustellen. Häufig werden solche Hindernisse von allen Beteiligten übersehen und daher auch nicht zum Gegenstand einer entsprechenden Revisionsrüge gemacht.

Stellt das Revisionsgericht ein vom Tatrichter unbeachtet gebliebenes Verfahrenshindernis fest, so hat es dieses seinerseits zu beachten und das Verfahren einzustellen, soweit dieses von dem Hindernis beeinflusst ist. Die Prüfung durch das Revisionsgericht geschieht von Amts wegen ohne hierauf gerichtete Beanstandung. Voraussetzung für eine solche Prüfung und Absehen von einer Verwerfung als unzulässig ist aber, dass die Revision in jeder Hinsicht zulässig ist, also neben den allgemeinen Form- und Fristerfordernissen zulässig i.S.d. § 344 II StPO begründet wurde. Der Revisionsführer muss also entweder wirksam die Sachrüge erhoben oder wenigstens eine Verfahrensrüge in der gesetzlich erforderten Form angebracht haben. Wäre überhaupt keine Revision eingelegt worden, bliebe das Verfahrenshindernis ja auch unbeachtet. Schon mit dem Satz

„gerügt wird die Verletzung sachlichen Rechts“ (vgl. Rn. 580f.) erreicht der Beschwerdeführer also eine Prüfung der Prozessvoraussetzungen.

Tipp: Man sollte das Augenmerk immer auf mögliche Verfahrenshindernisse richten. Ergeben sich Besonderheiten mit den **Strafanträgen?** Ist **Strafklageverbrauch** eingetreten auf Grund einer sich aus der Aufgabe ergebenden Vorverurteilung? Liegt ein formrichtiger **Eröffnungsbeschluss** vor? Erfasst der Eröffnungsbeschluss dieselbe prozessuale Tat, die abgeurteilt wurde? Sind Anklage und Eröffnungsbeschluss hinreichend konkretisiert? Wie steht es mit **Verjährung?** Auf Verfahrenshindernisse ist nur einzugehen, wenn sie ernsthaft in Betracht kommen. Für die Praxis und damit auch für die Klausur ist von Bedeutung, dass Verfahrenshindernisse auch dann noch zu berücksichtigen sind, wenn eine Rechtsmittelbeschränkung vorliegt. Auch wenn schon horizontale Teilrechtskraft eingetreten ist, schlagen fehlende Verfahrensvoraussetzungen oder Verfahrenshindernisse voll durch und zwingen zur Einstellung des Verfahrens (BGH NJW 1958, 1307).

Hinweis: Ist das Prozesshindernis erst **nach dem angefochtenen Urteil** eingetreten (z.B. bei Antragsdelikt der Strafantrag nach Urteilsverkündung zurückgenommen worden), so ist das Prozesshindernis vom Revisionsgericht auch bei fehlender oder unzureichender Revisionsbegründung nach § 344 II StPO zu beachten, sofern die Revision im Übrigen form- und fristgerecht eingelegt wurde (BGH NJW 1968, 2253; BGHSt 25, 259). In diesem Falle genügt es schon, dass der Eintritt der Rechtskraft durch wirksame Einlegung des Rechtsmittels gehemmt worden ist. In diesem Falle geht es auch nicht um die Nachprüfung eines fehlerhaften Urteils, sondern um Beachtung eines nach Urteilserlass eingetretenen Ereignisses, das eine neue Verfahrenslage geschaffen hat.

2. Verletzung des sachlichen Rechts

Was gehört zum sachlichen Recht? **596**

Die Abgrenzung zum Normbereich des Verfahrensrechts bereitet häufig Schwierigkeiten. Es kommt nämlich nicht unbedingt darauf an, ob die Vorschrift in der StPO oder in einem anderen Gesetz steht. Maßgebend ist, ob es sich bei der verletzten Regel um eine solche handelt, die den prozessualen Weg der Entscheidungsfindung bestimmt, also den Weg, auf dem der Richter zur Entscheidungsfindung berufen und gelangt ist (BGHSt 19, 273). Alle anderen Vorschriften sind dem sachlichen Recht zuzuordnen. Sehr viele Rechtsverletzungen, die – auch in veröffentlichten Entscheidungen – § 261 StPO zugeordnet werden, gehören nach dieser Formel in Wahrheit dem sachlichen Recht zu.

a) Herkömmliche Subsumtion. Einer der Hauptbereiche der Sachrüge ist sicher- **597**
lich die Prüfung, ob der festgestellte Sachverhalt nach der äußeren und inneren Tatseite den Schuldspruch trägt. Das sachliche Recht ist verletzt, wenn eine auf den festgestellten Sachverhalt anzuwendende Norm nicht oder nicht richtig angewendet worden ist oder wenn eine unanwendbare Rechtsnorm oder eine „Norm“ angewendet worden ist, die keine Rechtsnorm ist (*Meyer-Goßner/Schmitt* § 337 Rn. 33).

b) „Darstellungsrüge“. Wie bereits oben in Rn. 570f. ausgeführt, beschränkt sich **598**
auf diesen „klassischen“ Anwendungsbereich die Revision nicht. Das Revisionsgericht prüft vielmehr auch, ob die Urteilsfeststellungen überhaupt eine tragfähige Grundlage für diese Prüfung bieten, insbesondere, ob sie frei von Lücken, Widersprüchen und Verstößen gegen Denkgesetze und Erfahrungssätze sind. Diese Kontrolle der Voraussetzungen richtiger Rechtsanwendung wird im Schrifttum unter dem Begriff „Darstellungsrüge“ zusammengefasst (vgl. *Meyer-Goßner/Schmitt* § 337 Rn. 21 m.w.N.). Dieser Begriff ist für den Examensgebrauch wenig hilfreich. Deshalb sollen nachfolgend die Bereiche angesprochen werden, die in der Praxis besonders häufig vorkommen, und dabei dargelegt werden, was mit der Sachrüge geltend gemacht werden kann und was nicht.

599 Was im Bereich der Beweiswürdigung und der Strafzumessung der Sachrüge zugänglich ist, wurde bereits im Abschnitt über das Urteil (dort Rn. 440ff. u. Rn. 462ff.) jeweils unter Hinweis auf revisionsrechtliche Relevanz dargestellt. Hierauf wird verwiesen. Weisen umgekehrt die Beweiswürdigung und Strafzumessung die dort bezeichneten oder auf gleicher Ebene liegenden Fehler nicht auf, sind sie mit der Revision nicht angreifbar.

Insbesondere gilt der Kernsatz:

> Die Revision kann nicht
> **an Stelle der Beweiswürdigung/Strafzumessung des Gerichts ihre eigenen Erwägungen setzen** oder
> die Gewichte lediglich anders verteilen.

600 Die Rüge eines **Verstoßes gegen die Denkgesetze** hat selten Erfolg. Sie fällt in den meisten Fällen auf denjenigen zurück, der sie erhebt. Viele Beschwerdeführer meinen, ein Denkfehler liege dann vor, wenn eine vom Tatrichter gezogene Schlussfolgerung nicht zwingend sei. Dies braucht sie aber nicht zu sein. Das Revisionsgericht muss die Folgerung bereits dann hinnehmen, wenn sie möglich ist, vorausgesetzt, der Tatrichter hat alle aus dem Urteil ersichtlichen Umstände gewürdigt, die Schlüsse zu Gunsten oder zu Ungunsten des Angeklagten zulassen. Beispiele für echte Verstöße gegen Denkgesetze sind: Rechenfehler, Zirkelschlüsse (Schlüsse, die die zu beweisende Tatsache in einem der Untersätze als bewiesen voraussetzen), Verwendung von Nichtbewiesenem als Beweisanzeichen.

601 Tatfrage, nicht Rechtsfrage ist die **Auslegung von Verträgen.** Diese ist im Grundsatz nicht revisibel. Als Tatsachenwürdigung steht sie dem Tatrichter zu. Der Revisionsrichter muss seine Prüfung darauf beschränken, ob die tatrichterliche Auslegung rechtsirrtümlich oder lückenhaft ist, ob sie gegen Sprach- und Denkgesetze, Erfahrungssätze oder allgemeine Auslegungsregeln verstößt (BGH NJW 2003, 1821; OLG Köln JuS 1989, 331). Dasselbe gilt für andere **Individualerklärungen** sowie Verwaltungsakte, Urkunden und bildliche Darstellungen.

602 Die Rüge, der Grundsatz **„in dubio pro reo"** sei verletzt, ist, so häufig sie auch erhoben wird, nur selten begründet. Der Zweifelsatz ist nur dann verletzt, wenn der Richter Zweifel an der Schuld des Angeklagten hatte und sich diese Zweifel **aus dem Urteil selbst** erschließen. Dass der Angeklagte oder sein Verteidiger Zweifel haben, genügt nicht. Häufig meint aber der Beschwerdeführer – und dies ist durch Auslegung zu ermitteln – etwas ganz anderes: Er will dartun, das Urteil leide an Darlegungsmängeln; der Richter habe sich von mehreren Möglichkeiten für eine dem Angeklagten ungünstige entschieden, ohne andere gleich oder ähnlich nahe liegende Möglichkeiten in die Erörterungen einzubeziehen. Diese Darlegungsrüge ist zulässig und führt häufig zum Erfolg, weil der Richter im Urteil erkennen lassen muss, dass er auch andere, nicht fern liegende Möglichkeiten eines anderweitigen Geschehensablaufs gesehen und in seine Erwägungen einbezogen hat. Allerdings bleiben solche Geschehensabläufe außer Betracht, die nach Sachlage fern liegen.

Hinweis: Es ist daher in Klausuren, wenn die Verletzung des Zweifelssatzes gerügt ist, stets auch die Möglichkeit eines Darlegungsmangels zu bedenken und das Wesen des Zweifelssatzes klarzustellen.

Achtung: Ist andererseits in Klausuren eine Beweiswürdigung erforderlich (Urteilsklausur), sollte man im Zweifel davon ausgehen, dass der Autor sich eine eindeutige Lösung und keine Anwendung des Zweifelssatzes vorgestellt hat.

In der Rüge, der Grundsatz „in dubio pro reo" sei verletzt, kann im Einzelfall auch der revisionsrechtlich zulässige Einwand liegen, vom Tatrichter gezogene Schlussfolgerungen entfernten sich so sehr von einer Tatsachengrundlage, dass sie letztlich eine bloße Vermutung darstellten, die nicht mehr als einen – wenn auch schwerwiegenden – Verdacht begründeten (BGH NStZ 1986, 373). Hierauf hat das Revisionsgericht schon auf die allgemeine Sachrüge hin sein Augenmerk zu richten.

In der Klausur ist auch auf diese Umdeutungsmöglichkeit gegebenenfalls einzugehen.

Die Gründe tatrichterlicher Urteile erweisen zuweilen, dass der Zweifelssatz in seiner *rechtlichen* Tragweite verkürzt angewendet worden ist. Der Zweifelssatz gilt z.B. auch dann, wenn ungeklärt ist, ob die tatsächlichen Voraussetzungen der Tateinheit oder der Tatmehrheit vorlagen (BGH StV 1992, 54). Verkannt wird oft auch die Notwendigkeit seiner doppelten Anwendung, so im Rahmen der doppelten Alkoholwertberechnung für § 316 StGB einerseits und § 21 StGB andererseits (vgl. dazu Rn. 143f.). Dazu als weiteres

Beispiel: A fügte dem B eine Vielzahl von Faustschlägen und Fußtritten zu und ließ ihn in hilfloser Lage liegen. B verstarb. Auf Grund des Zweifelssatzes konnte ein Tötungsvorsatz nicht festgestellt, aber auch nicht ausgeschlossen werden. Das Gericht verurteilte wegen Körperverletzung mit Todesfolge gem. § 226 StGB (gültig bis 31.3.1998; jetzt § 227 StGB) in Tateinheit mit § 221 StGB. Der BGH (StV 1996, 131) beanstandete die Verurteilung wegen Aussetzung. Denn insoweit musste – wiederum nach dem Zweifelssatz – davon ausgegangen werden, dass das Opfer mit bedingtem Tötungsvorsatz misshandelt wurde, was die nach § 221 StGB erforderliche Garantenstellung ausschloss. Denn wer einen Erfolg billigend in Kauf nimmt, ist nicht zugleich verpflichtet, ihn abzuwenden. Zur doppelten Anwendung des Zweifelssatzes vgl. auch BGH MDR 1992, 632; StV 1992, 7; StV 1994, 115; NStZ 2004, 499; NStZ 2010, 449; NStZ-RR 2014, 307; NStZ-RR 2018, 47.

Ist die Tatbeteiligung mehrerer Angeklagter zu prüfen, sind sichere Feststellungen aber nicht zu treffen, ist bei jedem Angeklagten die für ihn günstigste Möglichkeit zugrunde zu legen. Dies kann dazu führen, dass im selben Urteil von einander ausschließenden Fallgestaltungen ausgegangen werden muss (BGH StV 1992, 260; BGH NStZ-RR 2014, 282).

Beispiel: Beide Angeklagte werden wegen Beihilfe zum Mord verurteilt, obwohl denknotwendig zumindest einer von beiden Täter gewesen sein muss. Nur weiß man nicht, welcher.

Der Grundsatz „in dubio pro reo" ist keine Beweis-, sondern eine Entscheidungsregel, die das Gericht erst dann zu befolgen hat, wenn es nach abgeschlossener Beweiswürdigung nicht die volle Überzeugung vom Vorliegen einer für den Schuld- oder Rechtsfolgenausspruch unmittelbar entscheidungserheblichen Tatsache zu gewinnen vermag (BGH NStZ-RR 2015, 83). Kommt das Gericht bezüglich einer entlastenden Indiztatsache zu einem non liquet, ist sie nicht zu Gunsten des Angeklagten als bewiesen anzusehen, sondern mit der ihr zukommenden Ungewissheit in die Gesamtwürdigung des Beweisergebnisses einzustellen (BGH NStZ 2001, 609; StV 2005, 421).

3. Verletzung des Verfahrensrechts

a) Allgemeines. Das Verfahrensrecht ist verletzt, wenn eine gesetzlich vorgeschrie- **603**
bene Handlung unterblieben, wenn sie fehlerhaft vorgenommen worden ist oder wenn sie überhaupt unzulässig war. Das Gesetz unterscheidet absolute Revisionsgründe (§ 338 StPO) und relative Revisionsgründe. Der Unterschied liegt darin, dass bei den absoluten Revisionsgründen das Gesetz dem Revisionsgericht die Beweisführung abnimmt, ob das Urteil auf dem Verstoß beruhe. Dies wird unwiderleglich vermutet. Beim Eingreifen aller übrigen, nicht § 338 StPO unterfallender Verstöße muss die Be-

ruhensfrage individuell geprüft werden, d.h. es wird gefragt, ob ein Einfluss des Rechtsverstoßes auf den Tenor des Urteils zumindest nicht ausgeschlossen werden kann (vgl. dazu unten Rn. 636f.). Letztlich enthält § 338 StPO nichts als eine Beweisregel. Diese Bestimmung ist nicht die verletzte Norm! Die begangenen Verfahrensfehler muss man z.B. im Protokoll aufsuchen und dann unter spezielle gesetzliche Bestimmungen subsumieren. Es ist also falsch, wenn – wie nicht selten zu lesen – eine „Verletzung des § 338 StPO“ geprüft wird

604 **b) Relative Revisionsgründe.** Die Zahl der relativen Revisionsgründe ist immens. Eine vollständige oder auch nur annähernd vollständige Darstellung ist ausgeschlossen. Sie fehlt überwiegend auch in der Kommentarliteratur, die sich damit begnügt, am Schluss der Kommentierung einer jeden Verfahrensnorm darzulegen, wie es mit der Revisibilität bestellt ist. Die hier abzugebende Darstellung muss sich damit begnügen, in der Praxis besonders häufige Verfahrensverstöße bzw. Gruppen solcher Verstöße aufzuzeigen, da diese regelmäßig auch im Examen eine Rolle spielen. Daneben sollen auch Hinweise gegeben werden, wie man solche Verfahrensverstöße auffinden kann. Denn in der überwiegenden Zahl von Revisionsklausuren erhält der Kandidat ja nicht eine fertige Revisionsbegründung zur Begutachtung, sondern muss selbst die Revisionsbegründung gutachtlich vorbereiten und/oder abfassen.

Dazu der praktische Rat: Das Sitzungsprotokoll sollte besonders aufmerksam gelesen werden. Wo sich Ansätze für einen Verfahrensverstoß finden, sollte dies am Rand notiert oder sogleich stichwortartig auf einem gesonderten Blatt festgehalten werden. So ist sichergestellt, dass etwas Aufgefundenes nicht wieder in Vergessenheit gerät. Erweist sich der Verdacht einer Gesetzesverletzung bei späterer Durchdringung des Stoffes als nicht stichhaltig, kann der Gesichtspunkt wieder ausgeschieden werden. Bei der späteren schriftlichen Ausarbeitung sollte dann in der aus dem Protokoll ersichtlichen zeitlichen Reihenfolge vorgegangen werden; auch dies schützt davor, dass etwas untergeht. Jede Rüge ist sodann vollständig nach Zulässigkeit, Begründetheit und Beruhensfrage abzuhandeln.

605 **aa) Verfahrensfehler bei Vorschriften über die *Beweisaufnahme* (§§ 244 bis 246 StPO).** Alle gestellten Beweisanträge sind darauf zu überprüfen, ob der vom Gericht herangezogene Ablehnungsgrund passt. In Richtung auf die Bescheidung von Hilfsbeweisanträgen müssen auch die Urteilsgründe herangezogen werden. In diesem Zusammenhang wird noch einmal auf die Ausführungen zur Ablehnung von Beweisanträgen in Rn. 366ff. verwiesen.

606 **bb)** In diesem Rahmen ist auch bereits zu untersuchen, ob die Urteilsgründe oder andere der Aufgabe beiliegende Unterlagen eine Verletzung der **Aufklärungspflicht** nahelegen (§ 244 II StPO). Siehe die Darstellung Rn. 360f.

607 **cc)** Besonders zu beachten sind Vorgänge, die im weitesten Sinn den **Unmittelbarkeitsgrundsatz** tangieren können (§§ 250 bis 256 StPO). Heranzuziehen sind hier die Ausführungen Rn. 345ff.

608 **dd) Beschränkung des Fragerechts (§§ 240, 241 StPO).** Gerichtsbeschluss ist erforderlich.

609 **ee) Verletzung von Belehrungspflichten (§§ 52ff., 136, 243, 257c StPO).** Vgl. hierzu Rn. 82f., 115, 287.

610 **ff) Verletzung von Vereidigungsvorschriften (§§ 59, 60 StPO, 189 GVG – Dolmetscher).** Vgl. dazu Rn. 328ff. Viele Probleme, die §§ 59ff. StPO früher in

revisionsrechtlicher Hinsicht bereiteten, haben sich durch die Neuregelung und ihre obergerichtliche Aufarbeitung nach und nach erledigt. Nachdem die Nichtvereidigung nun auch bei Zeugen der gesetzliche Regelfall ist, wird auch eine Entscheidung über die Vereidigung nur auf Antrag für notwendig erachtet (BGHSt 50, 282; BGH NStZ 2009, 647), so dass das Unterlassen einer Entscheidung nicht mehr die Revision begründen kann, wenn nicht zuvor nach § 238 II StPO die Entscheidung des Gerichts beantragt wurde. Zudem kann ein Urteil auf einem Unterlassen der Vereidigung eines Zeugen nur beruhen, wenn es bei einer ordnungsgemäßen Entscheidung zu einer Vereidigung des Zeugen gekommen wäre, und wenn sodann nicht auszuschließen wäre, dass der Zeuge in diesem Falle andere, wesentliche Angaben gemacht hätte (BGH NStZ-RR 2013, 348). Folglich ist es auch nicht revisibel, wenn sich aus dem Protokoll nicht ergibt, dass eine Entscheidung über die Vereidigung getroffen wurde (BGH NStZ 2006, 114).

Für den **Dolmetscher** muss das Protokoll (§ 274 StPO) ausweisen, dass er entweder vereidigt wurde oder sich auf seinen allgemein geleisteten Eid berufen hat. Vereidigung in einem vorausgegangenen Haftprüfungsverfahren oder einer ausgesetzten Hauptverhandlung genügt nicht. Auf einem Verstoß hiergegen kann das Urteil beruhen (BGH StV 1997, 515; anders bei allgemein vereidigten Dolmetschern, die jahrelang offensichtlich beanstandungsfrei bei Gericht übersetzt und sich immer wieder auf ihren allgemein geleisteten Eid berufen haben, vgl. BGH NStZ 2005, 705; NStZ 2014, 228). Regelmäßig unbeachtlich ist die Rüge, der Dolmetscher sei nicht genügend qualifiziert gewesen. 611

gg) Verletzung der Pflicht zur Gewährung des letzten Worts (§ 258 II StPO). Häufiger Klausurfall: Letztes Wort war schon gewährt, Gericht tritt nochmals in die Verhandlung ein, ohne dass die Niederschrift die notwendige erneute Gewährung ausweist, vgl. auch Rn. 584. Es muss sich aber um einen relevanten Wiedereintritt in die Verhandlung drehen. Wann von einem u. U. konkludenten Wiedereintritt auszugehen ist, ist anhand der konkreten Umstände des Einzelfalls zu bestimmen. Insbesondere liegt ein Wiedereintritt vor, wenn der Wille des Gerichts zum Ausdruck kommt, im Zusammenwirken mit den Prozessbeteiligten in der Beweisaufnahme fortzufahren (BGH NStZ 2013, 612: rechtlicher Hinweis) oder wenn Anträge mit den Verfahrensbeteiligten erörtert werden (BGH StraFo 2014, 251: Beweisanträge; BGH NStZ-RR 2014, 15: Erörterung des Adhäsionsantrags des Nebenklägers). Daran fehlt es bei bloßer Entgegennahme eines (Hilfs-)Beweisantrags (BGH NStZ-RR 1999, 14; NStZ 2004, 505) und bei Verkündung eines Teileinstellungsbeschlusses nach § 154 II StPO (BGH StV 2001, 437). Dagegen verpflichtet die Verkündung eines Haftbefehls zur Neuerteilung des letzten Wortes (BGH NStZ-RR 2001, 372). 612

hh) Verletzung der Hinweispflicht (§ 265 StPO). Es ist stets zu prüfen, ob die zugelassene Anklage mit der Verurteilung übereinstimmt. Auch die Strafliste und die Gründe müssen hier oft mit herangezogen werden (z. B. Mittäterschaft statt Alleintäterschaft). Vgl. auch Rn. 388. 613

ii) Sogenannte Nicht-Inbegriffs-Rüge. In der Praxis besonders häufig ist die Rüge, das Gericht habe seinem Urteil Feststellungen zugrunde gelegt, die nicht Gegenstand der Hauptverhandlung waren (§ 261 StPO). Diese Rüge steht häufig auf wackeligen Beinen, weil sie nur dann Erfolg hat, wenn nach den Umständen, insbesondere nach der Art und dem Inhalt der Feststellung **auszuschließen** ist, dass sie dem Inbegriff der Hauptverhandlung entstammt. Dabei ist das Gericht nicht verpflichtet, jede Feststellung im Einzelnen nach ihrer Herkunft zu „belegen" und darzulegen, 614 welche Erörterungen und Beweisergebnisse ihr jeweils zugrunde lagen. Wird z.B. die Beobachtung eines Augenzeugen wiedergegeben, der nicht vernommen wurde und dessen Aussagen auch nicht durch Verlesung in die Hauptverhandlung eingeführt wurden, so bleibt je nach Eigenart der Beobachtung die Möglichkeit, dass andere Aussagepersonen die Reaktion des Zeugen erkannt haben und hierüber berichteten. Hingegen ist § 261 StPO z.B. verletzt, wenn die Urteilsfeststellungen zu einer in der Hauptverhandlung verlesenen Zeugenaussage und der Inhalt der in der Hauptverhandlung **verlesenen** Niederschrift nicht übereinstimmen. Eine solche Divergenz darf das Revisionsgericht feststellen (BGH NStZ 1987, 18).

Achtung: Es kann nicht gerügt werden, die Wiedergabe einer Zeugenaussage im Urteil entspreche nicht dem Inhalt der – bei amtsgerichtlichen Strafverhandlungen – nach § 273 II StPO protokollierten Aussage des Zeugen. Nur wenn die Aussage in dem Verfahren nach § 273 III StPO wörtlich protokolliert worden ist, kann der Gegenbeweis gegen die Urteilsfeststellungen geführt werden (KG VRS 100, 454). Das gilt erst recht für Strafverhandlungen vor den Land- und Oberlandesgerichten, bei denen die Protokollierung der Aussageinhalte von Vernehmungen gar nicht vorgeschrieben sind, § 273 II 1 StPO. Hier heißt es im Protokoll lediglich: „Der Zeuge machte Angaben zur Sache." Der Inhalt der Aussage kann also grds. nur dem Urteil entnommen werden (siehe auch BGH NStZ 2004, 630).

Tipp: Man kann es auf die griffige *Formel* bringen (auch für Klausurzwecke geeignet): Eine auf § 261 StPO gestützte Rüge ist nur dann begründet, wenn **ohne Rekonstruktion der Beweisaufnahme** der Nachweis geführt werden kann, dass eine im Urteil getroffene Feststellung nicht durch die in der Hauptverhandlung verwendeten Beweismittel und auch sonst nicht aus den zum Inbegriff der Hauptverhandlung gehörenden Vorgängen gewonnen worden ist (BGH NStZ-RR 1998, 17; StRR 2012, 460; NStZ 2013, 98; NStZ-RR 2014, 15).

615 Gleichartige Grundsätze gelten, wenn der Revisionsführer einen Verstoß gegen § 261 StPO durch Nichterörterung in der Hauptverhandlung erhobener Beweise rügt. Diese Rüge kann nicht auf Vorgänge in der Hauptverhandlung gestützt werden, die einer Klärung im Wege des Freibeweises nicht zugänglich sind (z.B. Inhalt und Wertigkeit einer Zeugenaussage im Gegensatz zu einer im Urteil „unterschlagenen" Urkundenverlesung – vgl. BGH NStZ 1991, 500; StV 2002, 354). Es ist also aussichtslos zu rügen, der Zeuge X habe in der Hauptverhandlung wichtige Dinge bekundet, die im Urteil nicht wiedergegeben und verwertet worden seien. Sind aber z.B. Geschäftsunterlagen verlesen worden, so kann gerügt und vom Revisionsgericht festgestellt werden, der Inhalt dieser Unterlagen hätte in die Beweiswürdigung – so wie sie vom Tatgericht strukturiert wurde – Eingang finden müssen (OLG Hamburg StV 1994, 643; zu einem ähnlichen Fall BGH NStZ 2007, 115). Denn vom verlesenen Inhalt kann das Revisionsgericht zuverlässig und ohne Rekonstruktion der Beweisaufnahme Kenntnis nehmen. Revisionsrechtlich unerheblich sind, für sich allein gesehen, auch Widersprüche zwischen dem Urteilsinhalt und den Akten, wenn sie sich nicht aus den Urteilsgründen selbst ergeben oder der entsprechende Inhalt durch Urkundenbeweis eingeführt wurde (keine Rüge der Aktenwidrigkeit, vgl. BGH NStZ 1992, 506; 1997, 294; 2007, 115; BGH, Beschl. v. 9.8.2017 – 5 StR 75/17). Erfolglos bleibt daher die Rüge, die im Urteil wiedergegebene Aussage eines Zeugen stehe im Widerspruch zu seinen in den Ermittlungsakten enthaltenen Bekundungen gegenüber der Polizei und/oder zu anderen aktenkundigen Beweiserkenntnissen. Denn diese Widersprüche können sich in der Hauptverhandlung in Wohlgefallen aufgelöst haben (BGH NStZ 1995, 27).

Hinweis: Die Rüge der Aktenwidrigkeit wird zunehmend in Form einer „Doppelrüge" erhoben: Der Revisionsführer greift eine Aktenstelle (Einlassung des Angeklagten, Zeugenaussage) heraus, die sich mit einer Feststellung im Urteil nicht vertrage. Er bringt vor, entweder habe das Gericht diese

Aktenstelle nicht beachtet und deshalb nicht in die Hauptverhandlung eingeführt oder es habe sie eingeführt, aber bei der Beweiswürdigung im Urteil nicht erwähnt; das eine wie das andere sei fehlerhaft entweder im Sinn von § 244 II oder § 261 StPO. Der BGH gibt dieser „Doppelrüge" – bislang – keinen Raum (NStZ 1992, 506; 1999, 423; 2000, 156; 2007, 115; hierzu auch BVerfG Beschluss vom 29. Januar 2007, 2 BvR 2455/06; vgl. aber BGH NStZ 2010, 466). Jedoch hält der BGH (NStZ 1999, 423) die Rüge, die Urteilsfeststellungen beruhten nicht auf dem Inbegriff der Hauptverhandlung oder sie seien unter Verletzung der Aufklärungspflicht zustande gekommen, ausnahmsweise dann für zulässig, wenn der Akteninhalt „ohne weiteres" die Unrichtigkeit der Urteilsfeststellungen beweist (zur Problematik vgl. auch *Bauer* NStZ 2000, 72).

Ein Verstoß gegen § 261 StPO liegt aber dann vor, wenn das Urteil berichtet, der Angeklagte habe sich nicht zur Sache geäußert, er dies aber laut Protokoll – wesentliche Förmlichkeit im Sinn von § 273 StPO – durch spätere Einlassung doch getan hat (BGH NStZ 1992, 49). Und umgekehrt: Berichtet das Urteil von einer Einlassung des Angeklagten, der sich nach dem Inhalt des Protokolls nicht geäußert hat, ist § 261 StPO verletzt. Denn macht der Angeklagte nach anfänglichem Schweigen im Laufe der Hauptverhandlung doch noch Angaben zur Sache, ist diese Tatsache als wesentliche Förmlichkeit i.S. des § 273 I StPO in die Sitzungsniederschrift aufzunehmen. Das gilt auch dann, wenn die Einlassung im Rahmen einer Äußerung nach § 257 oder nach § 258 StPO erfolgt (BGH NStZ 1995, 560). 616

Ein klarer Verstoß gegen § 216 StPO ist es auch, wenn ein Urteil Umstände berücksichtigt, die erst nach Verkündung eingetreten sind (BGHR StPO § 261 Inbegriff der Verhandlung 47).

Bei Widersprüchen zwischen dem mündlich erstatteten Gutachten und einem vorbereitenden Gutachten in entscheidenden Punkten muss sich das Gericht nach BGH NStZ 2005, 161 mit diesen Widersprüchen auseinandersetzen; hierin liegt aber keine Anerkennung eines Revisionsgrundes der Aktenwidrigkeit, denn in der angesprochenen Entscheidung wies das Urteil selbst darauf hin, der Gutachter habe seine vorab schriftlich geäußerten Befunde revidiert.

Hinweis: Mit der Verfahrensrüge kann auch nicht geltend gemacht werden, die Urteilsgründe seien unvereinbar mit der Aufzeichnung einer audiovisuellen Zeugenvernehmung (§ 247a StPO). Eine solche Rüge verstieße gegen das Rekonstruktionsverbot (BGHSt 48, 268).

An dieser Stelle wird nachdrücklich darauf hingewiesen, dass viele Fehler der Beweiswürdigung – siehe Rn. 440ff. – entgegen ihrer häufig geübten Zuordnung zu § 261 StPO in Wahrheit der Sachrüge angehören und auf deren allgemeine Erhebung von Amts wegen zu beachten sind, also nicht etwa einer besonders ausgeführten Verfahrensrüge bedürfen.

c) Absolute Revisionsgründe. Besonders in Hinsicht auf absolute Revisionsgründe sind die protokollierten Vorgänge aufmerksam durchzusehen. Die Bedeutung des § 338 StPO besteht darin, dass bei den dort abschließend aufgeführten Verstößen **gegen andere Verfahrensvorschriften** unwiderleglich vermutet wird, dass das Urteil auf ihnen beruht, weil sie als besonders schwerwiegend angesehen werden, oder weil ein konkreter Einfluss auf das Urteil bei ihnen regelmäßig nicht nachzuweisen ist. 617

aa) § 338 Nr. 1 StPO: Vorschriftswidrige Gerichtsbesetzung. Dieser Revisionsgrund spielt in der Klausurpraxis keine allzu große Rolle, weil seine Grundlagen (z.B. Mängel der Geschäftsverteilung – Geschäftsverteilungsplan ohne abstrakte Maßstäbe –, Vorliegen eines Verhinderungsfalles, unrichtige Schöffenbestellung) in der Aufgabenstellung nicht leicht und organisch unterzubringen sind. Ein Fall des Nr. 1 ist z.B. dann gegeben, wenn eine Hauptverhandlung über den Zeitraum des § 229 I StPO hinaus „vertagt" wird, die anwesenden Schöffen „hiermit" geladen werden und 618 auch nach der Aussetzung anwesend sind. Hier kann man übrigens darüber streiten, ob die Rügepräklusion eingetreten ist (mündlich bekannt gegebene Ladung als Besetzungsmitteilung?). Auch der „schlafende Schöffe" kann durchaus Gegenstand einer zu begutachtenden Revisionsrüge sein (er muss bekanntlich über einen erheblichen Zeitraum und nachhaltig „weggetreten" sein); der Revisionsführer muss, was selten gelingt, konkrete Tatsachen vortragen, welche eine Konzentration des Richters auf die wesentlichen Vorgänge der Verhandlung ausschließen (vgl. BGH NStZ 1982, 41; BVerwG NJW 2001, 2898). In seltenen Fällen kann gerügt werden, dass die Strafkammer unter Verletzung des § 76 II 2 GVG und Überschreitung des ihr eingeräumten Beurteilungsspielraums keinen dritten Richter zugezogen hat (BGH NStZ 2004, 56; NStZ-RR 2004, 175). Dabei ist aber dann zu beachten, dass der Besetzungseinwand des § 222b StPO auch insoweit gilt (BGH NStZ 2005, 465). Zu einer Erörterung dieser Fragen wird aber in der Klausur kaum je Anlass bestehen. In sehr vielen Arbeiten wird diese Frage behandelt, ohne dass Anlass hierzu besteht.

619 **bb) § 338 Nr. 2 StPO: Mitwirkung eines ausgeschlossenen Richters.** Auch diese Vorschrift ist nicht sehr klausurträchtig. Ein Richter ist kraft Gesetzes ausgeschlossen, wenn er zuvor als Beamter der Staatsanwaltschaft irgendetwas zur Erforschung des Sachverhalts oder zur Beeinflussung des Ganges des Verfahrens getan hat. Eine Sachstandsanfrage bei der Polizei und die Verfügung einer Wiedervorlagefrist genügen (Tätigkeit nach § 22 Nr. 4 StPO, wobei eine Erledigung nach § 154 StPO unerheblich ist, vgl. BGH NStZ 1982, 78). Nicht ausgeschlossen ist der Richter, der in einem früheren Verfahren gegen den Angeklagten als Staatsanwalt tätig war, wenn die dort erkannte Strafe in die nun zu bildende Gesamtstrafe einbezogen werden muss (BGHSt 28, 262). Unschädlich ist auch die frühere Mitwirkung des Richters in einem Zivilprozess zwischen Angeklagtem und Verletztem (BGH NStZ 1983, 208). Ein Richter ist nicht deshalb als Verletzter einer Untreue gemäß § 22 Nr. 1 StPO von der Entscheidung ausgeschlossen, weil die angeklagte Vermögensstraftat sich gegen eine als nichtrechtsfähiger Verein organisierte politische Partei richtete, deren Mitglied er ist (BGHSt 51, 100; NStZ 2006, 646). Ein Ausschluss kommt auch nicht in Betracht, wenn ein Richter an das Justizministerium abgeordnet war, sofern er während der Zeit seiner Abordnung keine Tätigkeiten entfaltet hat, die der Erforschung des Sachverhalts oder einer Beeinflussung des Ganges des Verfahrens gegen den Angeklagten dienten oder dienen sollten. Die Ausübung der Dienstaufsicht ist nicht dazu bestimmt, Einfluss auf ein bestimmtes Strafverfahren zu nehmen, sondern dient allein der allgemeinen dienstlichen Überprüfung des Handelns der beaufsichtigten Behörde (BGH wistra 2006, 310).

620 **cc) § 338 Nr. 3 StPO: Mitwirkung abgelehnter Richter.** Diese Vorschrift hat hohe Klausurbedeutung, weil sich die zur Ablehnung führenden Vorgänge gut in jedes Protokoll einbauen lassen. Hier wird vor allem geprüft, ob der Kandidat weiß, dass es sich um eine ins Revisionsverfahren eingebaute sofortige Beschwerde (§ 28 II StPO) handelt, die das Revisionsgericht nach Beschwerdegrundsätzen prüft. Das Revisionsgericht behandelt eine zu Unrecht als unzulässig behandelte Ablehnung nach sachlichen Gesichtspunkten und übt in diesem Fall eigenes Ermessen aus. Der Klausurbearbeiter hat hier auch Gelegenheit zu zeigen, ob er Gespür dafür hat, was in den Augen eines „besonnenen Angeklagten" den Argwohn der Voreingenommenheit des Richters rechtfertigt und was nicht. Dazu gibt es eine umfangreiche Kasuistik. Insoweit wird auf die einschlägige Kommentarliteratur verweisen (vgl. etwa KK-StPO-*Gericke* § 338 Rn. 58-64a).

Hingegen ist der abgelehnte Sachverständige (§ 74 StPO) nach allgemeinem Revisionsrecht zu behandeln (*Meyer-Goßner/Schmitt* § 74 Rn. 21). Der abgelehnte Sachverständige darf und muss, wenn die Aufklärungspflicht es gebietet, als Zeuge zu den Tatsachen gehört werden, die Gegenstand seiner Wahrnehmung gewesen sind.
Die Mitwirkung eines „befangenen“ Staatsanwalts ist kein absoluter Revisionsgrund.

dd) § 338 Nr. 4 StPO: Unrichtige Annahme der Zuständigkeit. Die Vorschrift betrifft die örtliche, sachliche und besondere Zuständigkeit gleichrangiger Gerichte, nicht aber die Verteilung der Geschäfte unter den Strafkammern desselben Landgerichts. Die Revision kann grundsätzlich nicht auf die Behauptung gestützt werden, ein Gericht niedrigerer Ordnung sei zuständig gewesen, es sei denn der Angeklagte sei willkürlich seinem gesetzlichen Richter entzogen worden. 621

Hinweis: Wenn ein Landgericht sich an Stelle des Amtsgerichts (objektiv) entgegen § 24 I GVG willkürlich für sachlich zuständig erklärt, liegt ein Verstoß gegen den Grundsatz des gesetzlichen Richters vor. Das Landgericht (große Strafkammer) darf also ungeachtet § 269 StPO keine Fälle verhandeln, in denen von vornherein eine Freiheitsstrafe von mehr als vier Jahren ausgeschlossen erscheint, sondern muss „nach unten“ eröffnen, es sei denn es kommt die Unterbringung in der Psychiatrie oder der Sicherungsverwahrung in Betracht, § 24 II GVG, oder die Staatsanwaltschaft erhebt Anklage zum Landgericht wegen der Bedeutung oder des Umfangs der Sache (vgl. z.B. BGHSt 47, 16). Von besonderer Bedeutung ist eine Sache, die sich aus tatsächlichen oder rechtlichen Gründen, etwa wegen des Ausmaßes der Rechtsverletzung, wegen der Auswirkungen der Straftat, wegen der Erhöhung des Unrechtsgehalts durch die hervorragende Stellung des Beschuldigten oder Verletzten aus der Masse der durchschnittlichen Strafsachen nach oben heraushebt oder wenn die rasche Klärung einer grundsätzlichen, für eine Vielzahl gleichgelagerter Fälle bedeutsame Rechtsfrage durch den Bundesgerichtshof ermöglicht werden soll (BGH a.a.O.; BGHSt 43, 53). Ob in einem solchen Fall ein von Amts wegen zu beachtendes Verfahrenshindernis vorliegt (so BGHSt 38, 172) oder eine nur auf entsprechende Verfahrensrüge zu prüfende willkürliche Zuständigkeitsverschiebung (so BGHSt 42, 205), ist unklar (offengelassen bei BGH NStZ-RR 2016, 220).

Ein praktisch und für die Klausur bedeutsamer Fall des § 338 Nr. 4 StPO ist die Verbindung von Strafsachen gegen Erwachsene und Jugendliche bzw. Heranwachsende. Hierfür sind die Jugendgerichte zuständig (§§ 112, 108 I, 103 II JGG). Wird z.B. in einer Mordsache gegen einen zur Tatzeit Heranwachsenden und einen Erwachsenen gemeinsam verhandelt, ist die Jugendkammer zuständig, nicht die Schwurgerichtskammer (*Meyer-Goßner/Schmitt* § 209a Rn. 11). Ein Verstoß hiergegen ist nicht von Amts wegen zu beachten, bildet vielmehr einen absoluten Revisionsgrund nach § 338 Nr. 4 StPO (BGHSt. 26, 191), auf den sich auch der Erwachsene berufen kann, für den ohne die Verbindung der tätig gewordene Spruchkörper zuständig gewesen wäre (BGHSt. 30, 260). Die Rüge ist nicht abhängig von einem Besetzungseinwand in der Hauptverhandlung. Eine den §§ 6a, 16 oder 222a StPO entsprechende Vorschrift sieht das Gesetz im Verhältnis Erwachsenengericht – Jugendgericht nicht vor. Gerügt werden kann auch die Abtrennung des Verfahrens gegen einen erwachsenen Angeklagten nebst Verweisung an die Erwachsenenstrafkammer; § 47a JGG schließt für das Stadium nach Eröffnung des Hauptverfahrens die Zuständigkeitsübertragung aus. Ist von der Aufhebung und Zurückverweisung durch das Revisionsgericht nur ein Erwachsener betroffen, kann es die Erneuerung der Hauptverhandlung vor dem Erwachsenengericht anordnen.

ee) § 338 Nr. 5 StPO: Vorschriftswidrige Abwesenheit. Dies ist die für die Examensklausur **wichtigste Vorschrift** im Katalog des § 338 StPO. Sie betrifft die Verletzung von Anwesenheitspflichten. Der Klausurbearbeiter muss immer ein geschärftes Augenmerk dafür aufbringen, ob das Protokoll Hinweise auf die Abwesenheit des Angeklagten enthält. Abwesenheit des Angeklagten ist immer ein Warnsignal, 622 und zwar nicht nur im Hinblick auf den Revisionsgrund des § 338 Nr. 5 StPO; auch andere Rechtsfolgen können dadurch ausgelöst werden, so z.B. das Erfordernis der Urteilszustellung zur Ingangsetzung der Rechtsmitteleinlegungsfrist.

Das Problem der **Abwesenheit des Angeklagten** taucht in folgenden Fällen auf:

623 **Anwesenheitsgebot nach §§ 230 I, 231 I StPO:** Die Verletzung des Anwesenheitsgebots setzt voraus, dass sich die Abwesenheit des Angeklagten auf einen **wesentlichen Teil** der Hauptverhandlung bezog (vgl. dazu *Meyer-Goßner/Schmitt* § 338 Rn. 37). Auch für die Abwesenheit anderer Verfahrensbeteiligter, deren Anwesenheit grundsätzlich notwendig ist, gilt diese einschränkende Auslegung. Gestattet das Gesetz gem. § 231 II StPO eine Verhandlung in Abwesenheit des Angeklagten, so gilt dies nur, wenn der Angeklagte **eigenmächtig** der Hauptverhandlung fernblieb (ungeschriebenes Tatbestandsmerkmal des § 231 II StPO; vgl. BGHSt. 10, 304; NStZ 1993, 446). Hinsichtlich der zum Begriff der Eigenmächtigkeit von der Rechtsprechung entwickelte Kasuistik wird auf die einschlägige Kommentarliteratur verwiesen (siehe hierzu *Meyer-Goßner/Schmitt* StPO § 231 Rn. 10ff.). Ein inhaftierter Angeklagter kann der Verhandlung nicht eigenmächtig fernbleiben (BGH NStZ 1993, 446; vgl. aber BGH NStZ 2014, 350). Ein kranker und deshalb verhandlungsunfähiger Angeklagter braucht sich einer die Verhandlungsfähigkeit wiederherstellenden Operation jedenfalls dann nicht zu unterziehen, wenn ihm diese unzumutbar ist (BVerfG NStZ 1993, 598; vgl. dazu auch die Ausführungen oben zu § 329 StPO). Eigenmächtig bleibt dagegen fern, wer sich durch Hungerstreik in den Zustand der Verhandlungsunfähigkeit versetzt hat (praktisch geworden in Staatsschutzprozessen).

Nimmt das vollbesetzte Gericht in Anwesenheit des Staatsanwalts, des Verteidigers und anderer Verfahrensbeteiligter beschlussgemäß „außerhalb der Hauptverhandlung", aber während diese noch andauert, einen Augenschein in Abwesenheit des inhaftierten Angeklagten ein, so ist § 230 I StPO verletzt. Denn es handelt sich entgegen der im Beschluss getroffenen Bezeichnung um eine Beweisaufnahme vor dem erkennenden Gericht und somit um einen Teil der Hauptverhandlung. Das zur Entscheidung berufene Gericht kann sich nicht selbst in voller Besetzung mit einer Beweisaufnahme außerhalb der Hauptverhandlung beauftragen. Der absolute Revisionsgrund des § 338 Nr. 5 StPO liegt dann vor (BGHR StPO § 338 Nr. 5 Angeklagter 15; siehe auch BGHSt 31, 236). Unzulässig ist weiter, einen Augenschein in Abwesenheit des Angeklagten durchzuführen, weil ein privater Eigentümer des Augenscheinsorts ihm den Zutritt nicht gestattet (Hans. OLG Hamburg NStZ 1986, 569).

624 **Vorübergehende Abtrennung und Beurlaubung nach § 231c StPO:** Im Verfahren gegen Mitangeklagte gilt, dass der in erlaubter Abwesenheit des Mitangeklagten behandelte Stoff diesen nachweislich nicht betreffen darf. Die erörterten Vorgänge dürfen mit dem abgetrennten Verfahrensteil in keinem inneren Zusammenhang stehen (BGH NStZ 1987, 16; BGHR StPO § 231c Betroffensein 1). Dies gilt vor allem für eine in Abwesenheit des Mitangeklagten durchgeführte Beweisaufnahme (BGH wistra 1985, 155). Es reicht bereits, wenn eine den Beurlaubten gar nicht betreffende Beweisaufnahme durchgeführt wird, die vom Beurlaubungsbeschluss nicht gedeckt ist. In erlaubter Abwesenheit des Angeklagten dürfen **auch seine Beweisanträge nicht abgelehnt werden,** auch dann nicht, wenn dies rechtsfehlerfrei geschah (BGH wistra 1990, 155). Sind in Abwesenheit des Angeklagten gleichwohl Handlungen vorgenommen worden, die mit dem Gegenstand seiner späteren Verurteilung im Zusammenhang stehen können, sind sie in seiner Anwesenheit zu wiederholen. Eine Unterrichtung reicht nicht.

Tipp: Erfahrene Strafrichter beherzigen den Rat des BGH und machen um § 231c StPO einen weiten Bogen, um nicht in – zumeist von gewieften Verteidigern aufgestellte – Revisionsfallen zu tappen. **Befasst sich die Klausur mit einer Beurlaubung nach § 231c StPO, deutet dies in der Regel auf einen revisionsrechtlich relevanten Belang hin!**

Fall des § 247 StPO: § 247 S. 1 StPO erlaubt die Entfernung des Angeklagten nur 625
für die Dauer der **Vernehmung** eines Zeugen oder Mitangeklagten. Die Verhandlung über die Vereidigung des Zeugen und ggf. die Vereidigung selbst sowie die Verhandlung über die Entlassung des Zeugen (BGHSt 55, 87; NStZ 2011, 534) haben in Anwesenheit des Angeklagten zu geschehen, nachdem er zuvor über den wesentlichen Inhalt der Aussage unterrichtet worden war und er Gelegenheit hatte, an den Zeugen Fragen zu stellen. Es ist zwar zulässig, während einer solchen Vernehmung einen Augenschein (z. B. Lichtbilder) vorzunehmen und zu erörtern, ein solcher Augenschein muss aber in Anwesenheit des Angeklagten wiederholt werden (BGH NStZ 2001, 262; NStZ 2011, 51; NStZ 2014, 223). Dasselbe gilt für die Verlesung von Briefen und anderen Urkunden (BGH StV 2002, 408). Für den Fall, dass die Gefährdung des Zeugen, etwa gesundheitlicher und psychischer Art, der Grund für die Entfernung des Angeklagten aus dem Sitzungszimmer war, hat der Bundesgerichtshof die Entfernung des Angeklagten auch auf die Vereidigung des Zeugen (nicht aber auf die Verhandlung hierüber) erstreckt, um dem Sinngehalt der Vorschrift zu genügen (BGH NStZ 1985, 136; vgl. aber BGHSt 55, 87). Bei nachträglichen Fragen des Angeklagten, bei der Verhandlung über die Vereidigung und bei der Verhandlung über die Entlassung eines Zeugen (vgl. BGH NStZ 2015, 104) brauchen sich Angeklagter und Zeuge aber nicht zu begegnen: Der Angeklagte wird zugelassen, der Zeuge gleichzeitig in den Abstand verwiesen; es wird der jeweilige Verhandlungsteil durchgeführt, der Angeklagte wieder entfernt und dann der Zeuge weiter befragt etc. Eine Vereidigung selbst kommt ja praktisch nicht mehr vor. Die Unterrichtung des wieder anwesenden Angeklagten über den Inhalt der Vernehmung gemäß § 247 S. 4 StPO ist unverzichtbar (BGHSt 3, 384; BGH NStZ 2010, 465; NStZ-RR 2010, 283 für den Parallelfall der §§ 231a und b StPO). Die fehlende Unterrichtung ist allerdings kein absoluter Revisionsgrund.

Hinweis: Erklärt ein Zeuge, er werde bei Anwesenheit des Angeklagten von seinem Zeugnisverweigerungsrecht oder von seiner umfassenden Befugnis nach § 55 StPO Gebrauch machen, kann die Pflicht zur umfassenden Sachaufklärung die Entfernung des Angeklagten rechtfertigen und gebieten (BGH NStZ-RR 2004, 116; BVerfG, Beschluss v. 16. 3. 2006, 2 BvR 168/04). Die Einfügung des § 247a StPO hat hieran nichts geändert (BGH NStZ 2001, 261; StV 2002, 10). Dagegen reicht der bloße Wunsch eines Zeugen, in Abwesenheit des Angeklagten aussagen zu dürfen, allein als Begründung für dessen Entfernung nicht aus (BGH NStZ-RR 2002, 217).

Für den Fall einer **Abwesenheitsverhandlung nach § 329 II StPO** sieht § 340 StPO einen Rügeausschluss hinsichtlich der Beurteilung des Tatrichters vor, dass die Anwesenheit des Angeklagten in der Hauptverhandlung nicht erforderlich sei. Selbst wenn sich die Fehlerhaftigkeit einer derartigen Einschätzung aufdrängt, sind Rügen, die hierauf gestützt die Abwesenheit des Angeklagten beanstanden, unzulässig; dies umfasst auch § 338 Nr. 5 StPO.

Für die **Klausur** ist zu raten, stets das Protokoll genau daraufhin zu untersuchen, wie der Entfernungsbeschluss lautet, was in Abwesenheit des Angeklagten geschehen ist und ob die Entfernung und ihre Dauer von dem Beschluss gedeckt ist.

Abwesenheitsprobleme **bei anderen Personen:**

Dolmetscher: Ist der Angeklagte der deutschen Sprache **gänzlich** unkundig, bildet 626
die auch nur zeitweise Abwesenheit des Dolmetschers einen absoluten Revisions-

grund. Der Dolmetscher gilt auch in dem Zeitraum als anwesend, in dem er als Zeuge vernommen wird. Bei **beschränkten** Sprachkenntnissen des Angeklagten bildet die Abwesenheit des Dolmetschers allenfalls einen relativen Revisionsgrund, an dessen Ausführung der BGH (MDR 1991, 1025) fast unüberwindbare Anforderungen stellt.

627 **Verteidiger:** Bei Abwesenheit des Verteidigers ist darauf zu achten, ob es sich um eine notwendige Verteidigung im Sinne des § 140 StPO handelt, ferner um einen wesentlichen Teil der Hauptverhandlung und – im Falle von Abtrennung und Beurlaubung – um Vorgänge, für die das Betroffensein des Angeklagten nicht ausgeschlossen werden kann. Der den Schlussvortrag verweigernde Verteidiger ist nicht abwesend, es sei denn, mit der Weigerung sei die Erklärung verbunden, zur weiteren Verteidigung außerstande zu sein (BGH NStZ 1992, 503; vgl. auch BGH wistra 2000, 146). Ein unangemessenes Verhalten von Strafverteidigern (hier: Unpünktlichkeit und Verlassen des Sitzungssaals während des Plädoyers des Staatsanwalts) berechtigt den Vorsitzenden nicht, in deren Abwesenheit weiter zu verhandeln (BGH wistra 2015, 35).

Hinweis: In der Rechtsprechung wird inzwischen allgemein angenommen, dass bei Erwartung von einem Jahr Freiheitsstrafe und mehr die Verteidigung wegen der Schwere der Tat im Sinne von § 140 II StPO notwendig ist (OLG Karlsruhe NStZ 1991, 505; OLG Celle StV 2013, 12; OlG Nürnberg StV 2014, 275). Kommt es wegen Verletzung dieses Grundsatzes zur Aufhebung und Zurückverweisung, muss der neue Tatrichter auch klären, ob eine ohne anwaltlichen Beistand zunächst erklärte Berufungsbeschränkung vom Willen des Angeklagten erfasst wird und daher (un)wirksam ist (OLG Stuttgart VRS 98, 360; OLG Köln StV 1998, 645; abgrenzend OLG Hamburg StV 2006, 175).

628 **Staatsanwalt:** Auch insoweit muss ein „wesentlicher" Teil der Hauptverhandlung betroffen sein. So ist es z.B. durchaus denkbar und in der Praxis häufig zu beobachten, ohne den Staatsanwalt „anzuverhandeln", d.h. die Sache aufzurufen, die Identität des Angeklagten festzustellen, die Zeugen und Sachverständigen aufzurufen und zu belehren. Das Weiterwirken des als Zeugen vernommenen Staatsanwalts ist nicht ein Problem seiner Anwesenheit, sondern unterfällt § 337 StPO (BGH NStZ 2008, 353). Der Staatsanwalt, der keinen Schlussvortrag hält, handelt pflichtwidrig, ist aber nicht abwesend.

629 **Sachverständige** zählen nicht zu den Personen, deren dauernde Anwesenheit das Gesetz vorschreibt.

630 **ff) § 338 Nr. 6 StPO: Ungesetzliche Beschränkung der Öffentlichkeit.** Die Vorschrift birgt zwei Problembereiche, einmal die Beschränkung des Zugangs zur Hauptverhandlung, zum andern die Ausschließung durch Gerichtsbeschluss. Der Grundsatz der Öffentlichkeit des Verfahrens bedeutet, dass im Rahmen der tatsächlichen Gegebenheiten jedermann die Möglichkeit haben muss, an den Verhandlungen als Zuschauer teilzunehmen, (sog. unmittelbare Öffentlichkeit). Nur dies ist gemeint, wenn in StPO und GVG der Begriff Öffentlichkeit gebraucht wird. Vorschriften, die eine Erweiterung des Zugangs zu Gerichtsverhandlungen (sog. erweiterte Öffentlichkeit) betreffen, sind keine Vorschriften über die Öffentlichkeit des Verfahrens in diesem Sinne. Nach ständiger obergerichtlicher Rechtsprechung soll deshalb ein absoluter Revisionsgrund nur bei unzulässiger Beschränkung des Zugangs zu Verhandlungen vorliegen (BGHSt 36, 119; vgl. zu einem sog. Kuttenverbot BVerfG NJW 2012, 1863). Allerdings kann eine unzulässige Erweiterung der Öffentlichkeit als Verstoß gegen § 169 S. 2 GVG ein relativer Revisionsgrund sein, wenn das Urteil darauf beruht.

631 **Zugang zur Hauptverhandlung:** Die Beschränkung der Öffentlichkeit muss vom Gericht zu vertreten sein (BGHSt 21, 72; BGH NStZ 1995, 143; OLG Karlsruhe

StV 2004, 431; OLG Celle NStZ 2012, 654). Daran fehlt es z.B., wenn der Gerichtswachtmeister ohne Kenntnis des Gerichts das Gebäude abschließt. Besondere Vorsicht ist bei Verhandlung außerhalb des Saales geboten. Sitzungsaushang ist erforderlich bei Fortsetzung der Verhandlung auf einem privaten oder öffentlichen Grundstück. Der externe Verhandlungsort, etwa die Tatörtlichkeit zum Zweck der Einnahme eines Augenscheins, ist genau zu bezeichnen (HammOLG StV 2002, 474). Wird danach im Amtsgericht des Augenscheinsorts weiterverhandelt, bedarf es eines weiteren Aushangs nicht. Bei Zugangskontrollen muss mit dem Beginn der Hauptverhandlung zugewartet werden, bis die Personen, die sich zum vorgesehenen Sitzungsbeginn an der Kontrollstelle eingefunden haben, im Saale sind. Dies gilt aber nicht für die Fortsetzung einer unterbrochenen Hauptverhandlung, wenn die Zugangskontrollen bekannt sind (BGHSt 29, 258; BGH NStZ-RR 2001, 267). Schließt der Vorsitzende aus sitzungspolizeilichen Gründen Zuschauer aus, muss dies nach § 238 II StPO beanstandet werden, sonst ist die Rüge präkludiert (BGH NStZ 2013, 608). Bei einer Ortsbesichtigung schränkt das Hausrecht die Öffentlichkeit des Verfahrens ein (BGHSt 40, 191– Pflichtlektüre). Es bedarf hier keines Beschlusses über den Ausschluss der Öffentlichkeit, ebenso keiner Unterrichtung der Zuhörer über den Inhalt der nicht öffentlich durchgeführten Verhandlungsteile (BGH NStZ-RR 2000, 366). Auf Grund des Hinweises am Gerichtseingang „Das Amtsgericht ist freitags ab 13 Uhr geschlossen" kann eine nach diesem Zeitpunkt stattfindende Hauptverhandlung gegen den Grundsatz der Öffentlichkeit verstoßen (OLG Zweibrücken NJW 1995, 3333). Die sogenannte Medienöffentlichkeit (Gestattung von Aufnahmen außerhalb der Verhandlung) kann durch Pool-Lösungen beschränkt werden (BVerfGE 91, 125; BVerfGE 119, 309). Siehe zu Presse und Medien auch *Humberg* JR 2006, 391.

Probleme beim Ausschließungsbeschluss: Wird die Öffentlichkeit für einen bestimmten Akt der Hauptverhandlung ausgeschlossen (etwa Vernehmung einer Zeugin), ist § 169 GVG i.V.m. § 338 Nr. 6 StPO dann verletzt, wenn danach die Öffentlichkeit nicht wieder hergestellt oder ein entsprechender Beschluss – laut Protokoll – nicht ausgeführt wird. Die Entscheidung über einen weitergehenden Ausschluss muss in öffentlicher Sitzung verkündet werden. Der Ausschluss „für die Dauer der Vernehmung eines Zeugen" gilt für alle Anträge, Erklärungen und Entscheidungen, die damit im Zusammenhang stehen (BGH NStZ 1983, 213). **632**

Eine Urteilsverkündung in nichtöffentlicher Sitzung ist ein absoluter Revisionsgrund.

Ein Gerichtsbeschluss ist für die Ausschließung erforderlich. Blickverständigung genügt; die Anordnung des Vorsitzenden genügt nicht (BGH NStZ 1999, 371).

Der Ausschließungsbeschluss ist zu begründen, der Gesetzeswortlaut genügt nicht (bei § 172 Nr. 1a GVG genügt aber die Angabe dieser Bestimmung; BGHSt 41, 145). Allerdings bedarf es keiner ausdrücklichen Aufklärung der Zuhörer im Gerichtssaal über Inhalt und Bedeutung derjenigen Vorgänge in der Hauptverhandlung, die unter Ausschluss der Öffentlichkeit verhandelt werden sollen (BGHSt 45, 117). Er ist von der Revision im Wortlaut mitzuteilen und wird vom Revisionsgericht nur auf Ermessensfehler überprüft. Nach neuerer Rechtsprechung schadet die fehlende Begründung des Ausschließungsbeschlusses dann nicht, wenn den Verfahrensbeteiligten und den Zuhörern der Grund zweifelsfrei erkennbar war, etwa durch den Inhalt einer vorangegangenen Antragstellung (BGHSt 45, 117; BGH NStZ-RR 2004, 236).

§ 338 Nr. 6 StPO greift nicht ein bei öffentlicher Weiterverhandlung trotz Ausschluss (BGH MDR 1979, 458).

Grundloser Ausschluss eines einzelnen Zuhörers verletzt den Grundsatz der Öffentlichkeit (vgl. BGH NStZ 1982, 389 – Saalverweis wegen Mitschreibens). Zuhörer, von denen ein Druck auf das Aussageverhalten von Zeugen ausgeht, dürfen aus dem Sitzungszimmer entfernt werden (hierin liegt kein Ausschluss der Öffentlichkeit, sondern eine sitzungspolizeiliche Maßnahme nach § 176 GVG; BGH NStZ 2004, 220).

Verlässt eine Person (vernommener Zeuge, der noch in einem anderen Verfahren benötigt wird) auf „Bitten" des Vorsitzenden den Saal, liegt eine Verletzung des Öffentlichkeitsgrundsatzes nicht vor (BGH NStZ 1988, 467), wohl aber dann, wenn die „Bitte" in Wahrheit den Charakter einer Anordnung hatte (BGH NStZ 1999, 426) oder wenn solcher Ausschluss auf „freiwilliger" Basis die gesamte Zuhörerschaft betrifft (BGH NStZ 1993, 450).

Zuhörer, die als Zeugen in Betracht kommen, darf der Vorsitzende aus dem Sitzungssaal verweisen (§ 58 StPO). Ihm steht für die Entscheidung, ob dies der Fall ist, ein Beurteilungsspielraum zu (BGH StV 2002, 5). Allerdings muss das Gericht tatsächliche Anhaltspunkte dafür haben, dass jeder einzelne von der Maßnahme Betroffene Sachdienliches zur Aufklärung beitragen kann. Gruppenmerkmale („alle Armenier") reichen nicht (BGH NStZ 2004, 453).

Der Grundsatz der Öffentlichkeit ist nicht verletzt, wenn Handlungen, die außerhalb der Hauptverhandlung vorgenommen werden dürfen (z.B. Fragen der Untersuchungshaft und Richterablehnung), während des Ausschlusses der Öffentlichkeit erledigt werden (BGH NStZ 2002, 106).

In Ausnahmefällen hat der BGH den absoluten Revisionsgrund des § 338 Nr. 6 StPO mit der Erwägung verneint, ein Beruhen auf dem Verstoß sei „denkgesetzlich ausgeschlossen" (BGH StV 2000, 248; vgl. dazu kritisch *Kudlich* JA 2000, 975 und *Ventzke* StV 2000, 249).

Furcht eines Zeugen vor Presseberichten ist kein Ausschließungsgrund.

Ein Verstoß gegen § 169 S. 2 GVG bildet entsprechend den Ausführungen oben keinen absoluten, sondern nur einen relativen Revisionsgrund im Sinn des § 337 I StPO, da es hier nur um die sog. „erweiterte Öffentlichkeit" geht (BGHSt 36, 119 – Fall Weimar).

632a Die Vorschriften zur Mitteilung und Dokumentation über eine **Verständigung im Strafverfahren** (§ 257c, § 243 IV, § 273 Ia StPO) gehören nicht zu den Vorschriften über die Öffentlichkeit des Verfahrens.

633 **gg) § 338 Nr. 7 StPO: Fehlende oder verspätete Urteilsbegründung.** Die Vorschrift kommt hinsichtlich des Fehlens von Gründen nur zum Tragen, wenn die Entscheidung überhaupt keine enthält. Dass sie dürftig sind, genügt nicht. Die Versäumung der gesetzlichen Urteilsabsetzungsfrist des § 275 I StPO sollte in Klausuren, soweit Daten mitgeteilt sind, grds. geprüft werden; sie kommt auch insbesondere dann in Betracht, wenn nicht ein Urteil, sondern in Wahrheit nur ein Entwurf zu den Akten gebracht wurde. Darauf wurde bereits im Abschnitt „Urteil" bei den „Unterschriften" eingegangen. Auch hier nochmals der Ratschlag: Die Wirksamkeit von Verhinderungsvermerken prüfen! Das Fehlen von Urteilsgründen ist auch auf die allgemeine Sachrüge hin zu prüfen (stärkste Form des Darlegungsmangels). Neuere Entscheidungen des BGH zu diesem Revisionsgrund finden sich in StV 2011, 210; NStZ-RR 2011, 118; NStZ-RR 2014, 87; NStZ-RR 2015, 257; NStZ-RR 2016, 286. Interessant auch OLG Stuttgart Justiz 2017, 394. Zu den Anforderungen an eine Unterschrift siehe OLG Köln NStZ-RR 2011, 348 und OLG Frankfurt JA 2018, 312.

hh) § 338 Nr. 8 StPO: Beschränkung der Verteidigung in wesentlichem Punkt. In dieser Auffangvorschrift, die nicht immer die Verletzung einer **speziellen** Verfahrensnorm voraussetzt, sondern u.a. das Gebot des „fair trial" zur Geltung bringt, berühren sich relative und absolute Revisionsgründe. Zur Erhaltung dieser Rüge müssen der Angeklagte oder sein Verteidiger einen Beschluss nach § 238 II StPO herbeiführen. Die Rechtsprechung hat eine recht umfangreiche Kasuistik zu diesem Revisionsgrund entwickelt. Die *wichtigsten Fälle* sind: 634

- Zurückweisung von Beweisanträgen ohne Inhaltsprüfung wegen Missbrauchs prozessualer Rechte (BGHSt 29, 149).
- Beschluss, keine Anträge der Verteidigung mehr entgegenzunehmen (BGH JR 1980, 219; siehe aber auch BGHSt 38, 111; BGH NStZ 2010, 161; NStZ-RR 2010, 384).
- Weigerung, eine schriftliche Erklärung des Angeklagten zur Kenntnis zu nehmen (BGH StV 2013, 373).
- Gerichtliches Äußerungsverbot für Angeklagten vor Eintritt in die Beweisaufnahme (BGH NStZ 1981, 111).
- Rechtsfehlerhafte Unterbindung des Fragerechts nach §§ 240, 241 StPO (BGH NStZ-RR 2001, 138).
- Unzulässige Beschränkung der Akteneinsicht (BGH NStZ 1985, 87).
- Weigerung, dem Angeklagten (Verteidiger) einen angemessenen Sitzplatz zuzuweisen (OLG Köln NJW 1980, 302).
- Versäumnis, den Verteidiger zur Berufungshauptverhandlung zu laden (OLG München NStZ 2006, 590), sofern nicht wegen notwendiger Verteidigung ohnehin ein Fall des § 338 Nr. 5 StPO vorliegt.
- **Kein** absoluter Revisionsgrund bei ermessensfehlerfreier Ablehnung von Aussetzungs- und Unterbrechungsanträgen, wenn Gelegenheit zu effizienter Verteidigung und ihrer Vorbereitung bleibt (vgl. BGH NStZ-RR 2006, 272; NStZ 2005, 650; NStZ 2012, 462).
- **Kein** absoluter Revisionsgrund bei unterlassener Mitteilung der Anklage (OLG Celle StV 1998, 531), wenn kein Aussetzungsantrag gestellt wird und die Anklage in der Hauptverhandlung bekannt gemacht wird.
- **Kein** absoluter Revisionsgrund bei Vorenthaltung von Spurenakten durch das Gericht (BGHSt. 30, 131; BVerfG NStZ 1983, 273; OLG Bamberg StraFo 2016, 461; siehe aber auch BGH NStZ 1983, 228).
- **Kein** absoluter Revisionsgrund, wenn der Angeklagte bei eigenem Missbrauch des Beweisantragsrechts auf künftige Stellung über den Verteidiger verwiesen wird (BGHSt 38, 111; zu den Begründungserfordernissen für einen Missbrauch vgl. BayObLG NStZ 2004, 647).

§ 338 Nr. 8 StPO schließt Rügen, die auf eine unzulässige Beschränkung der Verteidigung außerhalb gerichtlicher Beschlüsse abzielen, nicht aus. Im Rahmen des Geltungsbereichs des § 238 II StPO, soweit bei Verwertungsfragen die sog. Widerspruchslösung gilt und bei Terminierungsfragen kann er jedoch präkludiert sein. Soll etwa gerügt werden, der Wahlverteidiger sei aufgrund der Ablehnung von Verlegungsanträgen verhindert, setzt dies einen Aussetzungsantrag voraus. Bei dessen Ablehnung kann dann 338 Nr. 8 StPO greifen (vgl. BGH NStZ 2018, 607).

4. Beschwer durch den gerügten Fehler

Das Vorliegen eines Rechtsfehlers allein führt noch nicht zur Aufhebung eines Urteils. Handelt es sich nicht um eine Revision der Staatsanwaltschaft, ist Voraussetzung einer Urteilsaufhebung, dass der Rechtsmittelführer durch den Fehler auch beschwert 635 ist. Die Beschwer ist also nicht nur eine in der Zulässigkeitsstation zu prüfender Umstand, sondern gehört zusätzlich in der Begründetheitsstation zur Prüfung jedes einzelnen Fehlers!

Beschwert ist der Rechtsmittelführer, **den der Fehler betrifft und nicht ausschließlich besserstellt.**

Von einem Verstoß gegen § 140 StPO durch Abwesenheit des notwendigen Verteidigers ist nur dessen Mandant betroffen; andere Mitangeklagte können diesen Fehler also nicht rügen.

Es gibt Fälle, in denen ein Verfahrensfehler schlüssig vorgetragen ist, der Angeklagte ihn aber nicht rügen kann, weil die verletzte Norm seinen Rechtskreis nicht berührt (sogenannte Rechtskreistheorie).

Beispiel: Die Verletzung der Belehrungspflicht nach § 55 StPO ist nicht revisibel (BGHSt. 11, 213); dasselbe gilt für §§ 54, 57 StPO. Revisibel hingegen ist die unterbliebene Belehrung nach § 52 III StPO (umfassendes Verwertungsverbot bei Verstoß), umgekehrt auch die unrichtige Belehrung des Zeugen, er sei nach § 52 StPO zur Verweigerung des Zeugnisses berechtigt, wenn der Zeuge alsdann hiervon Gebrauch gemacht hat.

Auch die Verletzung bloßer „Ordnungsvorschriften" bleibt nach der Rechtsprechung ohne Rechtsfolgen (z.B. Verletzung des § 145a III 2 StPO; KG Berlin, NJ 2007, 233; vgl. dazu auch BVerfG NJW 2002, 1640).

Stellt ein Rechtsfehler einen Rechtsmittelführer ausschließlich besser, so kann er ihn nicht rügen, beispielsweise eine nachträgliche Gesamtstrafe, die entgegen § 55 StGB gebildet wird.

5. Beruhensfrage

636 Ist ein Rechtsfehler erwiesen, bedarf es noch der Prüfung, ob das Urteil auf dem Fehler beruht. Die Rüge greift dann durch, **wenn nicht ausgeschlossen werden kann, dass der Tenor der Entscheidung ohne den Fehler anders gelautet hätte**.

637 **a) Sachlich-rechtliche Fehler.** Bei sachlich-rechtlichen Fehlern ergibt sich das Beruhen aus dem Urteil. Fehlerhafte Hilfserwägungen im Urteil schaden nicht. Bei einzelnen fehlerhaften Strafzumessungserwägungen behilft sich die Praxis häufig mit der Erwägung, es könne ausgeschlossen werden, dass die Strafe bei Weglassen der fehlerhaften Erwägung milder ausgefallen wäre.

638 **b) Verfahrensfehler.** Bei den **absoluten** Revisionsgründen, die § 338 StPO erschöpfend aufzählt, bedarf es keiner gesonderten Prüfung der Beruhensfrage. Das Gesetz bejaht in diesen Fällen die Beruhensfrage ohne Möglichkeit des Gegenbeweises. Bei den **relativen** Revisionsgründen muss die Möglichkeit des Beruhens im Einzelfall festgestellt werden. Im Zweifel ist stets davon auszugehen, dass der Einfluss besteht. In Einzelfällen von Verletzungen nach §§ 258 III, 265 I StPO verneint die Praxis ein Beruhen, wenn nicht ersichtlich ist, dass das rechtsfehlerfreie Verfahren irgendeine Möglichkeit besserer Verteidigungsposition eröffnet hätte (BGH NStZ-RR 1998, 15). Die Beruhensfrage ist zu verneinen, wenn der Verfahrensverstoß geheilt wurde (der in Abwesenheit des Angeklagten vorgenommene Augenschein wurde in seiner Anwesenheit wiederholt). Die Beruhensfrage ist auch zu verneinen in manchen Fällen „rechtmäßigen Alternativverhaltens".

Beispiel: Der Tatrichter hat einen Beweisantrag mit falscher Sachbegründung abgelehnt. Er hätte ihn richtigerweise als unzulässig zurückweisen müssen. Einen fehlerhaften sachlichen Ablehnungsgrund kann das Revisionsgericht regelmäßig nicht durch eine andere sachliche Begründung ersetzen (BGH

NStZ 2000, 437). Im Einzelfall kann aber ein Beruhen ausgeschlossen werden, so z.B. wenn ein Auslandszeuge zwar nicht unerreichbar ist, der Ablehnungsgrund des § 244 V 2 StPO aber zweifelsfrei gegriffen hätte und nicht ersichtlich ist, dass die Verteidigung dem etwas hätte entgegensetzen können. Auf die fehlende Bescheidung eines Hilfsbeweisantrages in den Urteilsgründen kann die Revision nicht gestützt werden, wenn die Feststellungen eine rechtsfehlerfreie Ablehnung des Antrages erlaubt hätten, denn ein Reagieren der Verteidigung hierauf in der Hauptverhandlung ist denkgesetzlich ausgeschlossen (OLG Hamm NZV 1993, 122).

Wie an anderer Stelle (vgl. Rn. 316h) bereits ausgeführt, sind nach der Entscheidung des BVerfG zur Verständigung im Strafverfahren viele damit im Zusammenhang stehende Verfahrensfehler zu quasi absoluten Revisionsgründen erhoben worden.

6. Nachweis der Verstöße

a) Verfahrenshindernisse/-voraussetzungen. Über das Vorliegen von Verfahrenshindernissen oder das Fehlen von Verfahrensvoraussetzungen entscheidet das Gericht von Amts wegen im Freibeweisverfahren. Hierbei kann es alle ihm zugänglichen Erkenntnisquellen benutzen, insbesondere schriftliche und telefonische Auskünfte einholen. Zur Frage der Verjährung der Morde von Caiazzo hat der BGH (JR 1996, 117) Militärhistoriker als Sachverständige angehört. Das Freibeweisverfahren gilt aber nicht für so genannte doppelrelevante Tatsachen, also für solche, die nicht lediglich zur Beurteilung von Prozesshindernissen festgestellt sind, sondern die der Tatrichter auch zur Schuld- und Straffrage festgestellt hat; an letztere ist das Revisionsgericht gebunden. 639

Beispiel: In Verfahren gegen junge Ausländer ohne gesicherten Geburtsnachweis bleibt häufig unklar, ob sie zur Tatzeit das 21. Lebensjahr überschritten hatten oder nicht. Diese doppelrelevante Tatsache betrifft nicht nur die gerichtliche Zuständigkeit (Jugend- oder Erwachsenengericht), sondern im Hinblick auf die unterschiedlichen Rechtsfolgen, die das Gesetz für Erwachsene einerseits und Heranwachsende und Jugendliche andererseits vorsieht, auch die Anwendung des materiellen Rechts. Daher ist das Revisionsgericht an entsprechende Feststellungen gebunden. Der Freibeweis ist nicht eröffnet (BGH NStZ 2000, 388; BayObLG NStZ-RR 2001, 271). Auf eine zulässige Verfahrensrüge kommt es zur Aufhebung und Zurückverweisung.

Bleiben Zweifel am Bestehen eines Prozesshindernisses, sind die Rechtsfolgen nicht für alle Verfahrensvoraussetzungen einheitlich bestimmbar. Für Verhandlungsunfähigkeit z.B. gilt der Zweifelsatz nicht; im Zweifel wird Verhandlungsfähigkeit angenommen. Bleibt die Stellung eines Strafantrags im Dunkeln, fehlt er im Zweifel. Bestehen Unklarheiten über den Zeitpunkt der Tatbegehung, ist die Tat im Zweifel als verjährt einzustufen.

b) Sachlich-rechtliche Fehler. Ob die Verletzung sachlichen Rechts nachgewiesen ist, muss sich aus der Urteilsurkunde ergeben und aus ihr allein. Widersprüche zwischen den Urteilsfeststellungen und den protokollierten Aussagen von Beweispersonen sind unbeachtlich, wie überhaupt der Akteninhalt bei der Sachrüge vom Revisionsgericht nicht berücksichtigt werden darf. Die Rüge, eine Feststellung sei aktenwidrig, ist unbeachtlich. Dennoch kennt die Beschränkung auf den Urteilsinhalt eng begrenzte Ausnahmen: Im Bereich der Erfahrungssätze darf das Revisionsgericht wissenschaftliche Publikationen beiziehen und sogar selbst Sachverständigengutachten einholen. Dies hat der Bundesgerichtshof z.B. bei Bestimmung der Promillegrenze im Rahmen des § 316 StGB jeweils getan. Das Revisionsgericht darf selbstverständlich auch offenkundige Tatsachen berücksichtigen, z.B. im Kalender nachschauen, wann an welchem Tag die Sonne auf- oder unterging. Mit solchen Tatsachen kann es auch Lücken in den Urteilsfeststellungen schließen. 640

c) Verfahrensfehler. Der behauptete Verfahrensverstoß muss bewiesen sein. Zweifel schlagen nicht zu Gunsten des Beschwerdeführers aus, sondern zu Gunsten der Recht- 641 mäßigkeit des Verfahrens. Vorgänge, die an der positiven oder negativen Beweiskraft des Protokolls (§ 274 StPO – zum Wegfall der Beweiskraft in Ausnahmefällen vgl. z. B. BGH NStZ 2002, 270; StV 2004, 297; StV 2015, 98) teilnehmen, können allein durch das Protokoll bewiesen werden. Gegen den diese wesentlichen Förmlichkeiten betreffenden Inhalt lässt das Gesetz nur den Nachweis der Fälschung zu (§ 274 Satz 2 StPO). Eine Protokollberichtigung aber ist jederzeit zulässig und geboten, falls die Urkundspersonen Mängel erkennen (vgl. BGHSt 1, 259; NStZ 2005, 281), entgegen früherer einhelliger Rechtsprechung (sog. Verbot der Rügeverkümmerung: RGSt 2, 76; BGHSt 2, 125; BGHSt 7, 218) auch, wenn sie einer zulässig erhobenen Verfahrensrüge die Tatsachengrundlage entzieht (BGH Großer Senat für Strafsachen, NJW 2007, 2419; BGH StV 2010, 675).

Hinweis: In der neueren Rechtsprechung des BGH werden Verfahrensrügen, die auf unwahre Tatsachenbehauptungen gestützt werden, als unzulässig behandelt (vgl. BGHR StPO § 344 Abs. 2 S. 2 Beweisantragsrecht 8; BGH StraFo 2011, 318; anders noch BGH StV 1999, 585).

In Einzelfällen können sich Verfahrensfehler auch aus dem **Urteil** ergeben: Teilnahmeverdacht gegen einen vereidigten Zeugen, mangelhafter Verhinderungsvermerk bei den Unterschriften, Übergehen oder Fehlbescheidung von Hilfsbeweisanträgen in den Urteilsgründen. Wieder in anderen Fällen ist **Freibeweis** zu erheben, z. B. zur Aufklärung der Rüge, zur Verwertung gerichtskundiger Tatsachen sei das nötige rechtliche Gehör nicht gewährt worden.

VI. Entscheidung des Revisionsgerichts

1. Entscheidungsarten und -inhalte

642 Das Revisionsgericht entscheidet außerhalb der Hauptverhandlung durch **Beschluss** (§ 349 I bis IV StPO), in der Hauptverhandlung durch **Urteil** (§ 349 V StPO), es sei denn, es stellt das Verfahren gemäß §§ 153 ff. StPO durch Beschluss ein, wozu es – mit Ausnahme des § 153a StPO – in jeder Lage des Revisionsverfahrens befugt ist. § 153a StPO steht in der seit 24.8.2017 geltenden Fassung nicht mehr nur dem Tatgericht zur Verfügung, sondern auch dem Revisionsgericht.

Die möglichen Beschluss- und Urteils**inhalte** sind vielfältig. Die Revision kann, wenn es an den Zulässigkeitsvoraussetzungen fehlt, nach § 349 I StPO durch Beschluss als unzulässig verworfen werden. Häufigster Anwendungsfall: Es ist weder die Sach- noch die Verfahrensrüge in zulässiger Form angebracht. Die Verwerfung als unzulässig könnte theoretisch auch durch Urteil geschehen, wenn erst in der Hauptverhandlung die Voraussetzungen hierfür entdeckt würden, was aber in der Praxis nicht vorkommt. In der Praxis besonders häufig ist hingegen die **Beschlussverwerfung** nach § 349 II StPO. Sie setzt einen entsprechenden Antrag der Staatsanwaltschaft und Einstimmigkeit voraus. Dem Beschluss liegt eine Begründung in der Regel nicht bei (das ist verfassungsrechtlich unbedenklich; BVerfGE 50, 287; NJW 2014, 2563); allerdings pflegen die Revisionsgerichte tragende Gedanken der Verwerfung in mehr oder weniger ausführlichen Vermerken „unter dem Strich" darzulegen. Klausurmäßig spielt diese Entscheidungsform allenfalls als Entscheidungsvorschlag im Anschluss an ein Gutachten eine Rolle. Haben sowohl der Angeklagte als auch die Staatsanwaltschaft Revision eingelegt, behandeln die Strafsenate jene häufig nach § 349 II StPO, während sie – nur – über diese mündlich verhandeln (vgl. BGH NStZ 1999, 425).

Hinweis: In zahlreichen Revisionsbegründungen finden sich Elemente der Unzulässigkeit **und** Unbegründetheit. Hier wird nicht als teils unzulässig, teils unbegründet verworfen, sondern einheitlich als unbegründet nach § 349 II StPO. Ca. 85% der von Angeklagten eingelegten Revisionen werden

„o. u.“ (als offensichtlich unbegründet) verworfen. Die Revisionsgerichte legen das Merkmal „offensichtlich“ weitherzig aus in dem Sinne, dass die von der Revision aufgeworfenen Fragen von dem jeweiligen Spruchkörper zweifelsfrei zu beantworten sind und dass auch eine Hauptverhandlung keine andersartigen Erkenntnisse erwarten lässt (BGH NJW 2001, 85). Diese Praxis ist verfassungsrechtlich unbedenklich (BVerfG NStZ 2002, 487; kritisch zum Verfahren *Dahs* NStZ 2001, 298). Das Revisionsgericht darf bei der Staatsanwaltschaft die Stellung eines Antrags im Sinne von § 349 II StPO anregen (OLG Zweibrücken StV 2002, 16; OLG Düsseldorf NStZ 2012, 470).

Ist die Revision begründet, ist das Urteil aufzuheben (§ 353 I StPO). Das Revisions- **643**
gericht kann nach § 349 IV StPO, wenn es die zu Gunsten des Angeklagten eingelegte Revision einstimmig für begründet erachtet, das angefochtene Urteil durch Beschluss aufheben. In der Hauptverhandlung wird diese Rechtsfolge (selbstverständlich ohne Einstimmigkeitserfordernis) durch Urteil ausgesprochen. An die Aufhebung wiederum können sich sehr verschiedene Rechtsfolgen knüpfen.

In den Fällen des § 354 I StPO kann das Revisionsgericht „durchentscheiden“, d.h. die *Sachentscheidung selbst treffen.* Es stellt ein, wenn die Vorinstanzen ein Verfahrenshindernis übersehen haben. Erkennt das Revisionsgericht im dritten Rechtszug auf Einstellung, bedarf es einer Aufhebung der vorangegangenen Urteile nicht. Die Einstellung beseitigt die Urteilswirkungen (OLG Frankfurt NJW 1991, 2849). Das Revisionsgericht spricht frei, wenn die tatsächlichen Feststellungen erweisen, dass eine Straftat zu Unrecht angenommen wurde und wenn weitere Feststellungen zum Nachteil des Angeklagten nicht zu erwarten sind (BGH NStZ-RR 2008, 273). Der **Tenor** lautet dann:

Auf die Revision des Angeklagten wird das Urteil des ... vom ... aufgehoben.
Der Angeklagte wird freigesprochen. Die Kosten des Verfahrens und die dem Angeklagten dadurch entstandenen notwendigen Auslagen trägt die Staatskasse.

In solchem Falle muss das Revisionsgericht gegebenenfalls auch über Maßnahmen nach dem StrEG befinden.

Hinweis: Im Aufsehen erregenden „Pistazieneis“-Fall hat der BGH eine Tante vom Vorwurf des Giftmordes an ihrer Nichte freigesprochen, weil er die Beweiswürdigung des Landgerichts Stuttgart und – nach Zurückverweisung – auch des Landgerichts Heilbronn nicht für tragfähig hielt und damit endgültig eine „objektiv hohe Wahrscheinlichkeit der Tatbegehung“ durch die Angeklagte fehle. Die lesenswerte Entscheidung (NJW 1999, 1562 mit Anm. *Salditt* NStZ 1999, 420) zeigt zum einen auf, wie tief der BGH teilweise in die Beweiswürdigung eingreift, zum anderen verwundert die Prognose, auch eine dritte Hauptverhandlung werde keine tragfähigen Grundlagen für einen Schuldnachweis zutage fördern (vgl. auch BGH NStZ-RR 2004, 270). Interessant auch die Gründe, aus denen sich der BGH in diesen Fällen einer Entscheidung nach dem StrEG ausnahmsweise enthalten hat.

Auf der anderen Seite kann das Revisionsgericht, z. B. falls eine absolut bestimmte Strafe in Betracht kommt, auch zu Ungunsten des Angeklagten durcherkennen.

Das Revisionsgericht kann durch Urteil oder Beschluss nach § 349 IV StPO das erstinstanzliche Urteil des Amtsgerichts **„wiederherstellen“.** Das kommt z.B. vor, wenn das Landgericht den in erster Instanz freigesprochenen Angeklagten nach fernmündlich eingelegter und daher unzulässiger Berufung der Staatsanwaltschaft verurteilt hat. Hier lautet die Entscheidung:

Auf die Revision des Angeklagten wird das Urteil des Landgerichts R. vom ... aufgehoben.
Die Berufung der Staatsanwaltschaft gegen das Urteil des Amtsgerichts R. vom ... wird als unzulässig verworfen.
Die Kosten beider Rechtsmittelzüge einschließlich der dem Angeklagten dadurch entstandenen notwendigen Auslagen trägt die Staatskasse.

Der häufigste Annex zur Aufhebung ist aber die **Zurückverweisung** (§ 354 II und **644**
III StPO). Dies hat dann zu geschehen, wenn in Bezug auf das materielle und/oder

formelle Recht behebbare Mängel in Betracht stehen. Mit aufzuheben sind in der Regel die dem Urteil zugrunde liegenden Feststellungen (§ 353 II StPO). Der Tenor lautet:

Auf die Revision des Angeklagten (bzw. der Staatsanwaltschaft) wird das Urteil des ... vom ... mit den Feststellungen aufgehoben.

Die Sache wird zu neuer Verhandlung und Entscheidung an eine andere Strafkammer des Landgerichts zurückverwiesen.

In verbundenen Verfahren gegen einen Erwachsenen und einen Jugendlichen oder Heranwachsenden kann das Revisionsgericht die Sache an eine allgemeine Strafkammer statt an die Jugendkammer zurückverweisen, wenn sich das weitere Verfahren nur noch gegen den Erwachsenen richtet (BGHSt 35, 267).

Oft liest man im Ausspruch über die Zurückverweisung den Zusatz „auch über die Kosten der Revision". Dies ist sprachlich unrichtig, denn zum Zwecke der Kostenentscheidung wird die Sache nicht zurückverwiesen. Wenn überhaupt, sollte man den Nebensatz anfügen „die auch über die Kosten der Revision zu entscheiden hat". Dieser Nebensatz ist aber eine Selbstverständlichkeit. Zur Klarstellung reicht ein Hinweis in den Gründen.

645 Neben der Verwerfung und Aufhebung gibt es noch zahlreiche **„Mischformen"**. Am häufigsten ist die Teilverwerfung, verbunden mit einer Teilaufhebung und Zurückverweisung. Diese Entscheidungsform wird formal am häufigsten praktiziert durch eine gemischte Beschlussentscheidung nach § 349 II und IV StPO (diese Kombination ist zulässig; vgl. BGH NJW 1997, 2061 mit krit. Anm. *Wattenberg* NStZ 1999, 95), materiell vorwiegend bei Aufrechterhaltung des Schuldspruchs und Aufhebung im Rechtsfolgenausspruch. Der Tenor lautet:

Auf die Revision des Angeklagten wird das Urteil des ... im Rechtsfolgenausspruch mit den zugehörigen Feststellungen aufgehoben.

Insoweit wird die Sache zu neuer Verhandlung und Entscheidung ... zurückverwiesen.

Die weitergehende Revision wird als ... verworfen.

646 Das Revisionsgericht hat auch die Möglichkeit, einen Schuldspruch zu berichtigen (etwa, wenn die Feststellungen einen anderen Straftatbestand als vom Tatrichter angenommen ausweisen). Ist nach Sachlage auszuschließen, dass sich durch die Berichtigung Änderungen im Rechtsfolgenausspruch ergeben, hat es damit sein Bewenden.

Tenor:

Die Revision des Angeklagten wird mit der Maßgabe verworfen, dass er nicht des Diebstahls, sondern der Unterschlagung schuldig ist.

Kommt eine Änderung des Rechtsfolgenausspruchs in Betracht (Beispiel: Das Revisionsgericht stuft den Schuldspruch zu einer Ordnungswidrigkeit herab), wird im Rechtsfolgenausspruch aufgehoben und zurückverwiesen. Voraussetzung für eine Schuldspruchberichtigung durch das Revisionsgericht ist stets, dass ein rechtlicher Hinweis nach § 265 StPO entbehrlich ist, denn der kann nur in der Tatsacheninstanz erteilt werden. Das ist dann der Fall, wenn es nach Beurteilung des Senats ausgeschlossen erscheint, dass sich der Angeklagte anders als geschehen hätte verteidigen können.

Ob der freigesprochene Angeklagte auf die Revision der Staatsanwaltschaft vom Revisionsgericht unter Zurückverweisung zur Festsetzung der Rechtsfolgen mit einem Schuldspruch überzogen werden darf, ist streitig (vgl. die Nachweise bei *Meyer-Goßner/Schmitt* § 354 Rn. 23). Möglich wird es in Fällen sein, in denen sich aus den lückenlosen, rechtsfehlerfrei getroffenen, zu Gunsten des Angeklagten mit Sicherheit nicht mehr veränderbaren Feststellungen des Tatgerichts der Schuldspruch zwangsläufig herleiten lässt und lediglich ein Subsumtionsfehler in Rede steht (OLG Düsseldorf JR 1992, 165). Dagegen darf das Revisionsgericht auch nicht „ein Quäntchen" an eigener Beweiswürdigung vornehmen, nicht einmal den vom Tatgericht gehegten theoretischen Zweifel (vgl. Rn. 446) überwinden (vgl. BVerfG NStZ 1991, 499; NStZ 2004, 273).

In entsprechender Anwendung des § 354 I StPO darf das Revisionsgericht **auch** 647 **selbst** auf Strafaussetzung zur Bewährung erkennen, wenn die nicht mehr ergänzungsbedürftigen Feststellungen zu § 56 StGB dies entgegen der Auffassung des Tatrichters rechtfertigen (BGH NStZ-RR 2012, 357). Die Festsetzung der Bewährungszeit (§ 56a StGB), die Erteilung von Auflagen und Weisungen (§§ 56b ff. StGB) und die Belehrung des Angeklagten nach § 268a StPO überlässt es allerdings dem Tatrichter. Das Revisionsgericht kann umgekehrt auch eine vom Tatrichter bewilligte Strafaussetzung zur Bewährung in Wegfall bringen (BGH NStZ 1983, 167; BayObLG NStZ 2005, 272), wenn nach dem nicht mehr ergänzungsfähigen Sachverhalt die Bewährungsversagung die einzige rechtsfehlerfreie Entscheidung darstellt. Das Revisionsgericht darf ferner eine vom Berufungsgericht unter Verstoß gegen das Verschlechterungsverbot festgesetzte (Einzel-)Strafe auf das Maß herabsetzen, auf das ohne den Rechtsfehler mit Sicherheit erkannt worden wäre oder – im Falle der Zurückverweisung – erkannt werden würde. Auch die Tagessatzhöhe darf das Revisionsgericht selbst bestimmen, wenn es das dazu erforderliche Material im tatrichterlichen Urteil vorfindet (BayObLG NJW 1992, 2582).

Häufig kommt es vor, dass das Revisionsgericht abweichend vom Tatrichter eine 648 Mehrheit von Täter- oder Beihilfehandlungen als eine einheitliche Tat wertet. Häufiger Fall: Die Handlung des Täters oder Gehilfen erschöpft sich in einem einzigen Organisationsakt, der für zahlreiche Einzeltaten anderer Beteiligten wirksam wird (BGH NStZ-RR 2004, 9). Hier stellt das Revisionsgericht den Schuldspruch auf eine Tat um. Die vom Tatrichter ausgeworfene Gesamtstrafe lässt es häufig als Einzelstrafe bestehen, wenn sich durch die Umgestaltung des Schuldspruchs am festgestellten Unrechtsgehalt nichts ändert und ausgeschlossen werden kann, dass bei zutreffender Beurteilung der Konkurrenzfrage eine andere Strafe verhängt worden wäre. Im umgekehrten Fall (der Tatrichter ging fehlerhaft von Bewertungseinheit statt Tatmehrheit aus), stellt das Revisionsgericht den Schuldspruch auf Tatmehrheit um, wenn die getroffenen Feststellungen dies rechtfertigen. Zum Strafausspruch muss es dann i.d.R. zurückverweisen, wenn revisionsrechtlich, z.B. durch Einsatz von Mindesteinzelstrafen, nicht durcherkennend abgeholfen werden kann. Der BGH tendiert dazu, nach Möglichkeit Zurückverweisungen zu vermeiden und Rechtsfolgen selbst abschließend zu bestimmen. Er nimmt vor allem Strafmaßkorrekturen dann vor, wenn es um die Kompensation rechtsstaatswidriger Verfahrensverzögerungen geht und ein weiterer Aufschub durch Zurückverweisung unvertretbar wäre (BGH wistra 1999, 261; in dieser Entscheidung berücksichtigt der BGH übrigens einen Revisionsgrund, der weder dem Urteil noch dem ihm vorgelagerten Verfahren anhaftet und den der Revisionsführer gar nicht rechtzeitig geltend machen konnte – Verzögerung des Revisionsverfahrens durch die Staatsanwaltschaft um über ein Jahr). Zu weiteren Fällen dieser Art vgl. BGH wistra 2001, 57; OLG Stuttgart Justiz 2002, 375.

Absätze 1a und 1b in § 354 StPO erweitern die Durchentscheidungsmöglichkeiten. § 354 Ia 1 StPO schafft die Möglichkeit, eine rechtsfehlerhaft begründete Rechtsfolge dann aufrecht zu erhalten, wenn sie angemessen ist. Dies enthebt das Revisionsgericht der oft kunstvollen Argumentation, es könne ausgeschlossen werden, dass die Rechtsfolge bei Unterbleiben der fehlerhaften Erwägung(en) anders ausgefallen wäre. § 354 Ia 2 StPO setzt das Revisionsgericht in den Stand, die fehlerhaft begründete Rechtsfolge auf Antrag der Staatsanwaltschaft angemessen herabzusetzen. Ob die Beurteilung der Angemessenheit allein aufgrund der Urteilsgründe möglich ist oder ob es etwa in besonderem Maße auf den persönlichen Eindruck vom Angeklagten ankommt und deshalb die Aufhebung des Strafausspruchs und die Zurückverweisung der Sache geboten ist, ist eine Frage des Einzelfalls (BGH NStZ-RR 2007, 152). Eine Entscheidung gem. § 354 Ia StPO kann auch auf eine Revision der Staatsanwaltschaft getroffen werden, selbst wenn das Rechtsmittel zuungunsten des Angeklagten eingelegt wurde (BGHSt 51, 18). Das Revisionsgericht kann auch nach § 354 Abs 1a S 1 StPO in dessen verfassungskonformer Auslegung die Strafe selbst zumessen (BGHSt 51, 84) oder aufgrund von Beruhenserwägungen das Ergebnis billigen.

Durch beide Alternativen von Absatz 1a sollen unnötige und kostspielige, in ihrem Ergebnis ohnehin absehbare Zurückverweisungen vermieden werden. Dies ist rechtsstaatlich unbedenklich, da auf dem angesprochenen Sektor das Revisionsgericht nicht minder leistungsfähig erscheint als ein neuer Tatrichter. Der § 354 Ib StPO hat den häufigen Fall im Auge, dass lediglich Fehler bei der Gesamtstrafenbildung zur Aufhebung führen. Statt einer Neuverhandlung soll hier das Beschlussverfahren nach §§ 460, 462 StPO ermöglicht werden (zum Ganzen vgl. aber BVerfG NStZ 2007, 598 m. Bespr. *Gaede* GA 2008, 394).

649 Die Revisionsgerichte haben auch die Befugnis – und machen regen Gebrauch davon – einzelne Vorwürfe oder auch Merkmale nach § 154 II oder § 154a II StPO auszuscheiden, wenn das Urteil insoweit Fehler aufweist, eine Zurückverweisung nur deswegen sich aber nicht lohnt, weil sich das Gesamtbild nicht verschiebt und ausgeschlossen werden kann, dass die Strafe bzw. Gesamtstrafe bei Kürzung des Schuldspruchs um den ausgeschiedenen Teil geringer ausgefallen wäre. Dies kann so weit gehen, das Merkmal der **vorsätzlichen** Begehungsweise auszuscheiden und nur Fahrlässigkeit anzunehmen, wenn der geschilderte Sachverhalt diese Umstellung zulässt. Die Aufrechterhaltung einer Gesamtstrafe durch das Revisionsgericht trotz gewichtiger Schuldspruchreduzierung ist aber verfassungswidrig (BVerfG NStZ 2004, 273).

Die wohl am weitesten gehende, weil rechtskraftdurchbrechende Wirkung erzeugende Entscheidungsbefugnis des Revisionsgerichts schafft § 357 StPO (Revisionserstreckung auf Mitangeklagte). Die Wirkung einer Sachrüge sowie die fehlerhafte Beurteilung von Verfahrensvoraussetzungen – nicht der Verfahrensrüge – kommt auch dem vom Fehler in gleicher Weise betroffenen Mitangeklagten zugute, der nicht in Revision gegangen ist. Die Vorschrift findet im Berufungs- und Beschwerdeverfahren keine entsprechende Anwendung. Der Tenor lautet:

Auf die Revision des Angeklagten A. wird das Urteil des ... S. vom ... – auch soweit es den früheren Mitangeklagten B. betrifft – aufgehoben.
Der Angeklagte A. und der frühere Mitangeklagte B. werden freigesprochen.
Die Kosten des Verfahrens sowie die den Angeklagten dadurch entstandenen notwendigen Auslagen trägt die Staatskasse.

Natürlich kann der Nichtrevident auch von einer Zurückverweisung betroffen sein. Zu den daraus sich ergebenden Problemen der aufgedrängten Verfahrensfortsetzung, die ohne rechtliches Gehör stattfindet, vgl. *Wohlers/Gaede* NStZ 2004, 9.

2. Gestaltung der Gründe

650 Für die Fassung der Gründe der Revisionsentscheidung gibt es keine für alle Fälle gültigen Richtlinien. Voranzustellen ist in jedem Falle ein kurzer Hinweis auf den bisherigen Verfahrensverlauf. Steht die Sachrüge im Vordergrund, ist eine gedrängte Darstellung der vom Tatrichter getroffenen Feststellungen anzuschließen und auszuführen, ob und inwiefern das materielle Recht verletzt wurde. Hat die Revision mit der Verfahrensrüge Erfolg, bedarf es einer Wiedergabe des festgestellten Sachverhalts zumeist nicht. Vielmehr teilt die Revisionsentscheidung mit, wie der Tatrichter verfuhr, welche Rüge deswegen erhoben wurde und weswegen sie durchgreift. Bei einer Mehrheit von Rügen, insbesondere der Häufung von Sach- und Verfahrensrügen, begnügt sich die Praxis häufig damit, lediglich auf die Rüge einzugehen, die der Revision zum vollen Erfolg verhilft. Auf die weiteren Rügen wird allenfalls in der Weise eingegangen, dass Hinweise für das weitere tatrichterliche Vorgehen erteilt werden. Wird in der Examensklausur die Entscheidung auf **eine** Rüge gestützt, ist – was die Aufgabenstellung in der Regel ausdrücklich verlangt – auf die übrigen revisionsrelevanten Probleme in einem Hilfsgutachten einzugehen.

6. Teil. Allgemeine Hinweise zur Klausurbearbeitung

Allgemeine, für jedermann und für jeden Fall gültige Rezepte für die Bearbeitung strafrechtlicher Assessorklausuren gibt es u. E. nicht. Jede Klausur hat ihre eigenen Probleme, Gesetzmäßigkeiten und Fragestellungen. Gleichwohl gibt es natürlich einige in jedem Fall gültige und beherzigenswerte Arbeitsanleitungen. 651

Lesetipp: *Schafranek*: Zweite juristische Staatsprüfung: Was macht eine gute Klausur aus? In JA 2016, 765.

1. Achten Sie genau auf die Aufgabenstellung

Schauen Sie sich zunächst die Aufgabenstellung(en) und eventuelle Bearbeitervermerk(e) an, und zwar gleichviel, ob sie der Aufgabe vorangestellt sind oder sie abschließen. Dabei ist vor allem darauf zu achten, ob Vorgaben/Einschränkungen bzgl. des Prüfungsumfangs gegeben werden, z. B. hinsichtlich der zu prüfenden Vorschriften („nur StGB") oder dahingehend, dass bestimmte Tatsachen unterstellt werden sollen. Nur die gestellten Fragen dürfen in der Lösung beantwortet werden. 652

2. Verschaffen Sie sich einen Gesamtüberblick

Lesen Sie anschließend die Aufgabe in all ihren Bestandteilen durch und verschaffen sich so einen Gesamtüberblick. Verbeißen Sie sich, ohne die Lektüre der Aufgabe vollständig abgeschlossen zu haben, noch nicht in Einzelheiten und versteifen Sie sich nicht auf einzelne Gesichtspunkte, sondern führen Sie die Eingangslektüre in einem Zug zu Ende. Kontrollieren Sie jetzt noch einmal die Aufgabenstellung. Ein großes Problem stellen für viele Kandidaten solche Klausuraufgaben dar, die einem praktischen Arbeitsschritt entsprechen (z. B. „Bereiten Sie die Abschlussverfügung(en) der Staatsanwaltschaft vor und entwerfen Sie diese"). Hier ist zunächst einmal festzustellen, aus welcher Perspektive man prüft und welcher Schritt je nach bisherigem Verfahrensstadium nun ansteht. Ansonsten kann das Thema verfehlt werden. So wäre es etwa nach Ergehen eines Urteils und Einlegung einer Revision bei der Aufgabe, die Entscheidung des Gerichts zu entwerfen, das das angefochtene Urteil erlassen hat, nicht Aufgabe, Zulässigkeit und Begründetheit der Revision komplett durchzuprüfen. Vielmehr wären nur die nach § 346 StPO dem Tatrichter vorbehaltenen Formalien durchzusehen. 653

3. Machen Sie sich Notizen an den Rand der Arbeit

Machen Sie bereits beim ersten Durchlesen, wenn Sie Probleme erkennen und Einfälle zur Lösung haben, im Aufgabentext (tunlichst am Rand) Notizen, um so das Problem, bzw. den Lösungsansatz festzuhalten. Dadurch wird der Gesichtspunkt vor dem Vergessen bewahrt. Bei Beteiligung mehrerer Personen und bei Häufung von Zeitangaben empfehlen sich Sachverhaltsskizzen und Datentabellen. 654

4. Erarbeiten Sie nun Ihre Lösung und fangen Sie rechtzeitig an, in Reinschrift zu schreiben

Lesen Sie jetzt die Aufgabe unter Heranziehung des zuvor gewonnenen vorläufigen Verständnisses erneut, ergänzen und vertiefen Sie die eingangs angestellten Gedankengänge und Aufzeichnungen. Scheiden Sie jetzt dasjenige aus, was bei vertiefter Betrachtung nicht zum Thema gehört oder zur Falllösung nichts beiträgt. Machen Sie sich klar, wo die Schwerpunkte der Aufgabe und die Schrittfolgen zu ihrer Lösung 655 liegen und wie Sie dementsprechend die Aufgabe angehen und gliedern werden. Bedenken Sie, dass im Vergleich zu einem Kapitalverbrechen ein Bagatelldelikt kaum mehr Raum einnehmen sollte und dass unproblematische Punkte knapp (Urteilsstil), rechtlich oder tatsächlich schwierige Fragen dafür breiter (Gutachtenstil) abzuhandeln sind. Vor allem der gekonnte Stilwechsel und die richtige Schwerpunktbildung zeigen den Könner (siehe auch unten). Wenn Sie im einen oder anderen Punkt zwar Problembewusstsein haben, aber noch kein feststehendes Arbeits- und Lösungskonzept, verlieren Sie möglichst wenig Zeit mit bloßem Sinnieren. Verlassen Sie sich vielmehr darauf, dass sich bei der weiteren Ausarbeitung Ihre Gedanken verfestigen und klären. Skizzieren Sie den Aufbau der Arbeit, aber vermeiden Sie in jedem Fall ein ausformuliertes Konzept, das zu viel Zeit kostet.

Wichtig: Mit der „Reinschrift" sollten Sie spätestens bei „Halbzeit" der insgesamt zur Verfügung stehenden Bearbeitungszeit beginnen.

5. Vermeiden Sie überflüssige, langatmige Ausführungen, zumal zu Selbstverständlichkeiten

656 Legen Sie die Niederschrift nicht unnötig breit an. Für das materiell-rechtliche Gutachten z.B. bedeutet dies, dass zwar sämtliche Tatbestände und Tatbestandsmerkmale festzustellen, nicht aber dass sie alle in gleicher Breite zu würdigen sind. Bei Tatbeständen und Merkmalen, deren Vorliegen keinerlei Zweifeln unterliegt, genügt die bloße Feststellung ohne nähere Begründung. Für Selbstverständlichkeiten interessiert sich der Prüfer nicht. Die Wiederholung des Sachverhalts („dadurch, dass der Angeklagte ...") ist regelmäßig überflüssig. Der Prüfer kennt den Sachverhalt. Auch für das Prozessrecht gilt das „Verbot" langatmiger Erörterung von Selbstverständlichkeiten. Die Zulässigkeitserfordernisse eines Rechtsmittels (Fristen, Förmlichkeiten, Adressat, Beschwer) zu erörtern, wenn diese erkennbar „außer Streit" sind, ist ein echter Fehler. Wer keine oder nur dürftige Kenntnisse hat, dem bleibt naturgemäß die Problematik einer Aufgabe weitgehend verschlossen. Deshalb die wiederholte und dringende Empfehlung, regelmäßig die Rechtsprechungsübersichten in der NStZ und im NStZ-RR sowie die Besprechung von Strafrechtsentscheidungen in der JuS, der JR und in den „Juristischen Arbeitsblättern" zu lesen. Die Lektüre sichert einen fortlaufenden aktuellen und praxisbezogenen Wissensstand über potenzielle Examensfragen und fördert das Problembewusstsein. Haben Sie eine Patentlösung gefunden, die andere mit der Aufgabe aufgeworfene Streitfragen obsolet macht, seien Sie mutig und zugleich skeptisch: Vertreten Sie Ihre Lösung, wenden Sie sich aber den anderen Fragen in einem Hilfsgutachten zu. So vermeiden Sie es, wertvolle Punkte zu verschenken.

6. Gehen Sie unbefangen an die Arbeit heran

657 Jeder Kandidat hat im jeweiligen Prüfungsgebiet – so auch im Strafrecht – Stärken und Schwächen. Daraus erwächst naturgemäß der Wunsch, seine besonderen Stärken möchten sich in der Examensaufgabe wiederfinden. Der Kandidat ist aber dringend davor zu warnen, seine besonderen Wissens- und Interessengebiete sozusagen „mit Gewalt" in die Aufgabe hineinzuverlegen. Quetschen Sie nicht den Sachverhalt. Das kann nicht gut gehen, und die „Verfehlung des Themas" in Teilen oder im Ganzen ist eine der Todsünden der Klausur. Sie verstellt zudem den Blick für die wahre Problematik, die sich ohne solche unglückliche Fixierung möglicherweise hätte erschließen lassen. Daher der dringende Rat: Gehen Sie an die Aufgabe unbefangen heran. Haben Sie das Problem erfasst und fehlen Ihnen die spezifischen Sachkenntnisse zu seiner Lösung, bemühen Sie sich gleichwohl um eine vernünftige, Ihrem juristischen Verständnis entsprechende Abhandlung. Auch solche Lösungen werden honoriert, solange die Gedankengänge und Ergebnisse vertretbar sind.

7. Verlieren Sie sich bei Punktesachen nicht zu sehr in Detailfragen

Bei „Punktesachen" – etwa bei einer Mehrzahl aufzugreifender Straftatbestände, zu behandelnder Beschwerden oder Ansatzpunkte für eine Revision – sollten Sie alle oder doch möglichst viele Gesichtspunkte aufgreifen und bearbeiten. Obwohl jeder Prüfer in der Beurteilung letztlich frei ist, verständigt sich das „Korrekturteam" häufig über Bewertungsrichtlinien und weist jedem der Klausurprobleme einen ungefähren Stellenwert in der Beurteilung zu. Vermeiden Sie es, mit der Ausführung Ihnen besonders vertrauter Detailfragen allzu viel Zeit zu verbringen, die Ihnen dann für andere Bereiche fehlt. Denn der „Zuschlag" für besonders gelungene Einzelabhandlungen ist viel zu gering, als dass er das Fehlen oder die allzu stiefmütterliche Behandlung anderer Sachgebiete je kompensieren könnte. Kommen Sie gegen Ende der Bearbeitungszeit in Zeitnot, befassen Sie sich lieber mit einzelnen noch ausstehenden Problemkreisen kürzer und notfalls stichwortartig, als sie ganz wegzulassen und sie aus der „Punktewertung" herauszunehmen. **658**

8. Unterschätzen Sie die Bedeutung des prozessualen Teils der Klausur nicht

Leider ist immer wieder zu beobachten, dass Kandidaten fast ihr gesamtes Augenmerk **659**
auf den materiellen Teil lenken und den **prozessualen** ganz **vernachlässigen,** sei es aus Zeitnot, sei es, weil er ihnen weniger liegt. Diese einseitige Behandlungsweise ist ein **schwerer Fehler.** Gehen Sie – wenn nicht eine andere Gewichtung aus der Aufgabe klar ersichtlich ist – davon aus, dass **beide Teile** für den Prüfer **von gleicher Bedeutung** sind und sich dies auch in den Bewertungsrichtlinien niederschlägt. Ein fehlender oder mangelhafter Verfahrensteil führt auch bei überdurchschnittlichen materiell-rechtlichen Ausführungen in der Regel dazu, dass die Arbeit nicht in den Prädikatsbereich kommt. Deshalb lassen Sie bei ihren Dispositionen den Prozessteil nicht zu kurz kommen, auch dann nicht, wenn Sie ihm wenig Sympathie abgewinnen können. Denn gerade die Beherrschung des Prozessrechts zeichnet den Praktiker aus, und über die Praxistauglichkeit des Kandidaten soll das Assessorexamen Aufschluss geben.

9. Zeigen Sie Praxisnähe

Versuchen Sie, in der Klausurlösung praxisnah zu bleiben. Sie werden von Praktikern **660**
korrigiert und solche haben (in der Regel) die Aufgaben auch gestellt. Bei Handlungen, die durchaus ständiger gerichtlicher oder staatsanwaltschaftlicher Arbeitsweise entsprechen, sollten Sie Ihrer Sache schon ganz sicher sein, bevor Sie diese Verfahrensweise als Verstoß gegen den „fair trial" oder gegen § 136a StPO behandeln. Lassen Sie also auch in diesen Breiten die Kirche tunlichst im Dorf. Und schließlich: Die Strafzumessungserwägungen sollen kritisch überprüft werden. Aber nicht alle Strafzumessungserwägungen in Examensklausuren sind falsch oder unzulänglich. Viele Kandidaten schießen hier weit über das Ziel hinaus.

10. Stil und Aufbau

Auf Stilfragen und sprachliche Eleganz sollten Sie keinen allzu großen Wert legen. Li- **661**
teraturpreise werden im Examen nicht vergeben. Wichtig sind die Sachinformationen, die Sie zur Bewertung unterbreiten. Auf eine ordentliche Rechtschreibung sollten Sie allerdings ebenso achten wie – vor allem – auf eine lesbare Handschrift.

Bemühen Sie sich vor allem um einen organischen und nachvollziehbaren Aufbau der Arbeit. Bei der Fertigung eines Urteils, einer Anklage, eines Haftbefehls oder eines anderen Beschlusses ist er in der Regel durch die jeweils hierfür geltenden und dargestellten Aufbaugrundsätze vorgegeben. Beim Gutachten sollten Sie sich um einen möglichst organischen Aufbau bemühen, der dem Prüfer ein kontinuierliches Mitdenken ermöglicht und ständiges Hin- und Herdenken, Zurückblättern und Wiederaufgreifen schon abgeschlossen geglaubter Gedankengänge vermeidet. Sie erleichtern dem Korrektor die Arbeit, wenn Sie (sparsam) sinntragende Worte unterstreichen.

Stichwortverzeichnis

(Die Zahlen verweisen auf die Randnummern)